# 函海

□清 李調元 輯

仿萬卷樓原本

人民出版社

# 第七冊目錄

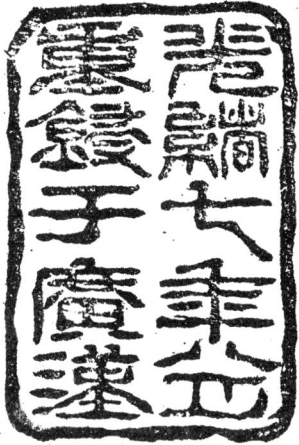

光緒七年[illegible]重鐫于廣漢

# 周禮摘箋

## 周禮摘箋序

周禮古周官底簿也漢武帝時始出賈氏以爲始皇嚴加禁絶故其出獨後者非也北宮錡問周室班爵祿之制孟子謂諸侯惡其害已而皆去其籍是戰國時周禮已不傳於世矣孟子且不見漢世焉得而有之乎自河間獻王得之遂入秘府猶未甚顯至成帝時劉歆始著于錄畧於是馬融作周官傳註以授鄭元元復網羅衆家爲之註於是周禮盛行其註詳矣顧其經文中互異之字則未之兼註也竊以古本相沿必有取義或從古或從今當就其義之長以折衷于一庶乎周公治太平之遺意不至隕墜余嘗作周禮箋十卷簡明詳說不但便於誦讀而周官之制大綱節目皆備焉善讀之亦可曉然于朱子運用天理爛熟之言矣復以其餘摘取註中經文互異之字而箋之以折衷于一蓋亦有志于古者之所必考也夫周官雖去其籍而出自漢儒去古未遠又安知鄭之所網羅衆家之註之無戰國以前之人乎余故曰周禮者古周官底簿也羅江李調元童山撰

# 周禮摘箋目錄



周禮摘箋目錄



# 周禮摘箋卷一

羅江　李調元　撰

## 天官

### 大宰

官聯注故書聯作連按聯連也官職雖分政同一體相連合也宜從連

家削之賦本亦作稍又作郁

羞服之式服或作膳按羞服膳羞衣服之用

嬪貢注故書嬪作賓按以奉賓客也筐篚元黃之類宜從賓

藪于云宜作叟按聚集曰藪爲之邑里使安居欲民藪萃而不渙也

挾日而斂之字又作浹于本作帀子合反十日也按挾夾通中間一日日夾謂懸象二日遂收之也



前期十日本或作先按前期先祭期十日謂卜吉前十日散齋七日致齋三日而後祭

眡滌濯本或作視後皆同

祀大神示示本又作祇按示祇同地曰示大示謂神州

含玉本又作哈後同按含玉以玉實尸口

### 小宰

掌建邦之宮刑注杜子春云宮當爲官

斂弛之聯事劉本作施按歲入斂收非一人歲出支取非一事甲之所斂乙之所施則相聯

聽政役以比居注政或爲正或作征以多言之宜從征按政謂田賦也

聽稱責以傅別注故書傅別作傅辨鄭大夫讀爲符別按傅合也別分也謂合書其數各分其半執之爲信

七事者注七事故書爲小事按七事謂自祭祀至喪荒凡七也

令百官府共其財用禮本字供皆作共

宰夫

賓賜之飧牽一本作賓賜掌其飧牽按賓賜王賜賓客飧熟食牽生牢

庖人

賓客之禽獻注獻古文爲獸按賓在館常日所供如掌客職上公乘禽日九十雙侯伯七十雙子男五十雙之類令獸人取禽獸獻賓也

春行羔豚膳膏香香禮記作薌音同按春氣香順木令也



鳥皫色而沙鳴貍皫本又作曉按羽色皫白無潤澤病鳥也

豕盲視而交睫腥注杜云盲視當爲望視腥當爲星按豕乃聽物不合望視而眼睫毛交豕病也

馬黑脊而般臂螻臂徐本作辟音方紙反按馬脊黑而前脛有班文者必螻

凡掌共羞注共當爲具按共羞治羞供之也

甸師

祭祀共蕭茅注鄭云蕭字或爲莤讀爲縮按蕭香蒿也

獻人本又作魚亦作魰按魰漁同掌取魚

腊人

凡祭祀共豆脯注豆當爲羞按謂脯實豆猶腊實鼎也

疾醫

冬時有嗽上氣疾嗽本亦作欶按冬水方生子勝其母上逆成欶爲氣壅之疾

瘍醫

折瘍之祝藥折劉本作斯同時設反注祝當爲注按祝脫落也凡瘍發于肌表利於外脫訓注非也

以五氣養之注五氣當爲五穀按謂內以五穀養其元氣也

酒正

酒正奉之故書無酒字按凡賓客酒齊皆使其屬下士奉之酒正不親供王燕飲賓客之酒計數供之則酒正親奉也

凌人



掌冰正歲十有二月注故書正爲政按正歲夏正之歲十二月建丑也必言正歲者周十二月令之十月也

春始治鑑本或作監按治鑑創冰成鑑冰清故名鑑

籩人

羞籩之實糗餌粉餈注故書餈作茨按餈言滋濡餅也

醢人

醓醢醓本又作𥁃按肉醬曰醢醢汁曰醓以齊酒醢鹽雜漬成也

豚拍注鄭杜皆以拍爲膊按豕脅也

芹菹說文作菦云菜類蒿也音謹按芹水菜也

鴈醢注故書鴈或爲鶉

醯人本又作醢

宮人

掌王之六寢之脩本亦作修按脩潔除也

掌舍

設梐枑再重注故書枑爲柜按舍王所舍遠舍交木爲行馬以御衆曰梐枑

爲壇壝宮棘門注杜云棘門或爲材門按棘戟通列棘爲門也

掌次

設皇邸一本作皇羽邸按皇邸天子舍次之稱皇大也邸抵止鄭司農謂後版也郊天禮盛故稱皇邸康成謂染羽色象鳳凰爲屏風也

玉府



若合諸侯則共珠槃玉敦注故書珠爲夷按珠槃玉敦享禮之器以珠玉飾之

外府

共其財用之幣齎注鄭云齎或爲資按幣齎路費也

司會

以參互攷日成注故書互爲巨按參參以彼此互互其同異如今人總撒較勘皆會計之法

司書

受其幣注故書受爲授按幣謂幣餘支用有餘司會受之以付職幣待別用也

職幣

皆辨其物而奠其錄注故書錄爲祿按奠定也謂定其錄籍

司裘

諸侯則共熊侯豹侯注故書諸侯則共熊侯虎侯

大喪廞裘飾皮車注故書廞爲淫按廞言壎藏也生時所注壎藏之皮車以皮輓送車葬用革輅

內宰

使各有屬以作二事注故書二爲三按二事謂絲枲太宰七曰嬪婦化治絲枲

正其奇衺本亦作邪

出其度量涫制注故書涫爲敵杜讀爲純按出其度量齊民俗也幅廣曰純匹長曰制古布帛廣四咫是三尺二寸也制長丈八尺



上春詔王后帥六宮之人而生穜稑之種穜本或作重音同案如字書禾旁作重是種稑之事作穜是穜殖之字今俗則反之稑本又作穋同按先穜後熟曰穜後種先熟曰稑生其種以獻于王勤耕耤也鄭以爲傳類蕃孳之祥鑿也

閽人

囿斿亦如之本亦作游按苑囿游觀之處不在宮中其門亦掌之閽人故別言之

凡內外命夫命婦出入則爲之闢闢本又作辟按謂有急出入雖當其閉爲之闢也

九嬪

凡祭祀贊玉齍注故書玉爲王按玉齍玉敦簠簋之類以盛黍稷后薦之九嬪贊之

女祝

掌以時招梗禬禳之事注鄭讀梗爲亢杜爲更按招延請便桿禦禬求福禳郤災

典婦功

以授嬪婦及內人女功之事齎注故書齎爲資按嬪婦九嬪世婦及所屬女御輩各有女功之事者齎資同布帛皆資財也

凡授嬪婦功注授當爲受國中嬪婦所作成即送之不須獻功時也

典絲

及獻功則受良功而藏之注良當爲苦字之誤按獻功工人成縑帛來獻絲功精曰良

內司服

揄狄闕狄注狄當爲翟按狄翟同鄭据爾雅揄作搖闕狄喪大記作屈狄飛揚曰揄栖伏曰屈禪狄有揄屈猶衮龍有升降也

展衣注展字當爲襢按白衣也詩有云瑳兮瑳兮其之展也瑳白貌

緣衣注緣或作稅實作褖衣按黑衣也

縫人

喪縫棺飾焉注故書焉爲馬按馬以駕遣車縫䄙被爲飾

衣翣柳之材翣本又作䈉注故書翣柳作接櫝按喪車曰柳柳旁障以方扇曰翣材以木爲骨縫彩衣于上柳言酉字從卯詩云維參與昴西方宿日入之鄉爲昧谷因以名喪車鄭云亦尙書昧谷作柳穀柳言聚也日入多彩色故聚飾曰柳

染人



夏纁元注故書纁作𥿮按夏日用丹朱染纁纁赤色應火氣也纁入黑成元

屨人

青句注句當爲絇按句絇通拘也以絲着舄頭爲鼻拘東行屨也王與后舄絇用青象東方帝出之生氣也

夏采采或作菜

以乘車建綏復于四郊注故書綏爲禭當作綏今禮家定作蕤誤作綏耳按綏綏同詩云淑旂綏章以旄牛尾注竿首建于車上其狀綏然建綏不用旒變也

周禮摘箋卷一

# 周禮摘箋卷二

## 地官

羅江 李調元 撰

### 大司徒

以土會之灋辨五地之物生注杜子春讀生爲性按會計也計土地生人物之等五氣發生于地山林爲木川澤爲水邱陵爲火墳衍爲金原隰爲土人物之生各有所肖

辨其山林川澤邱陵墳衍原隰之名物原本又作邍按高平曰原

其植物宜早物早音皁本或作皁按皁物橡栗之類皁房殼詩云既方既皁俗謂橡子爲皁斗之內



其動物宜鱗物鱗劉本作麟音鱗

其植物宜膏物注膏當爲櫜按膏物樹有膏脂者穀漆桐柏之類鄭以膏作櫜蓮芡之類宜水然此舉其氣類非謂遂種于水也

其民黑而津津一本作濜音同潤也按黑水色津涎沫之類

五曰以儀辨等則民不越注故書儀或爲義按儀禮以教序

正日景本或作影非

以求地中注故書求爲救按以土爲圭長尺有五寸夏至日午樹表八尺以土圭量日景尺五寸合者其地即天地之中也測土深謂地深不可見以土圭正日景測之蓋地與星辰四游升降進退不越三萬里夏至地東南游萬五千里下降亦然秋分復正冬至西北游亦萬五千里上升亦然春分復正大約日景每千里差一寸景尺五寸是地南戴日下一萬五千里爲地中心與天心相對也

一易之地家百畝本亦作古晦字

聯兄弟一本作聚兄弟按兄弟謂昏姻聯相親也

五比爲閭使之相受注故書受爲授按五比二十五家相受有事相寄託

五黨爲州使之相賙注杜云賙當爲紏按五黨二千五百家有凶荒則相賙

### 小司徒

凡征役之施舍注施當爲弛按貴者免役賤者供役強壯者施之老幼廢疾者舍之施猶加舍釋通免也論語曰勿施勞君子不施其親鄭作弛非也

乃分地域而辨其守注故書域爲邦按分地域謂分鄉遂都鄙邦國辨其守謂虞衡之屬



施其職而平其政注政當作征按施其職謂九職任民平其政謂正其貢賦

### 鄉師

共茅蒩注杜云蒩當爲菹鄭大夫讀爲藉按蒩苴同藉也士虞禮束茅長五寸設于几東席上命佐食取黍稷等祭于苴

與其輂輦注故書輦爲連按駕牛馬曰輦以載輜重人輓曰輦以載器用

執斧以涖匠師注故書涖爲立按天子窆用六綍木爲豐碑四面置鹿盧縣棺而下匠師用斧鄉師執以相助

巡其前後之屯注故書巡作述屯或爲臀鄭讀爲殿按屯聚也陣有前後各爲屯聚巡視其不用命者戮之田以習戎故用軍法

以歲時巡國及野而賙萬民之囏阨囏本亦作艱

鄉大夫

四曰和容五曰興舞注故書舞爲無和容爲和頌無爲舞和容之容與頌通樂歌也射有工歌如騶虞采蘋之類歌一節發一矢矢與歌應曰和頌興動也舞舞蹈樂容也升降揖讓比耦履物執弓挾矢動與舞應即春官之大司樂詔諸侯以弓矢舞也

族師

各掌其族之戒令政事月吉則屬民而讀邦法注故書上句或無事字杜云當爲正月吉疏云月與上政字連政又爲正字按六鄉七百五十族故云各掌其族月吉每月朔族百家一校學者萃焉每月初屬族人讀邦法是一歲十二讀法多於黨也

春秋祭酺亦如之注故書酺或爲步按酺言醻也合出錢飲酒曰醵禮器之旅酬六尺其猶醵與明堂禮乃命國醵漢法賜大酺即醵也百家之衆春秋合錢祭社因共飲酒鄭謂酺



爲人物災害之神又作步爲馬神誕也

以相葬埋本或作貍按謂平居死喪相賙軍中陣亡相收卹也

閭胥

凡春秋之祭祀役政注杜讀政爲征按春秋祭祀祭社也役政公家之役

凡事掌其比觵撻罰之事注故書或言觵撻之罰事按觵觥同酒器角爲之以罰失禮者撻猶朴也書云撻以記之又云朴作教刑二者皆罰事所以教也

比長

有辠奇衺則相及辠本亦作罪

舞師

教皇舞注皇故書或爲聖或爲義按皇美也用采羽爲帗舞雩用之取百穀豐美之義

牧人

凡外祭毀事用尨可也注故書毀爲甈尨作庬按外祭祭外神裂牲體曰毀如宗伯疈辜月令九門磔禳之類雜毛曰尨

載師

以廛里任國中之地注故書廛或作壇按王畿方千里四周各五百里中央王城爲國中廛里國中布居廛言纏繞屋地曰廛猶言環堵里居也國中之地皆以分授居民責其賦故曰以廛里任國中

以宅田士田賈田任近郊之地注故書郊或爲蒿按城外百里曰遠郊五十里內曰近郊有城中貴家富民之宅在曰宅田士任也任者常祿之外有圭田孟子云卿以下圭田五十畝賈價也謂近城官地民輸價得種者三等地稅皆在附郭故曰任近郊之地



以家邑之田任稍地注故書稍或作削按家邑謂向外環三百里以分諸大夫采地稍給之曰稍地其餘天子使吏治之收稅故曰任稍地

唯其漆林之征二十而五注故書漆林爲桼林本又作漆音七劉本作桼字之變也按漆林利重不耕而穫故稅比稍甸縣鄙又加半分

遺人

鄉里之委積以恤民之囏阨注故書囏阨作攩阨按少曰委多曰積鄉里猶鄉居囏阨困乏也

野鄙之委積以待羇旅注故書羇作寄按野外都鄙去王城遠有賓客羇留旅處者則賙之

均人

掌均地政注政讀爲征按地政即地守地職之政也

師氏

掌國中失之事注故書中爲得按中猶得也凡國事中道或失道皆掌之以詔王教國子弟亦以中失教之

凡國之貴遊子弟學焉注杜云遊當爲猶按貴遊子弟謂王公子弟遊閒末有官守者皆受學焉

王舉則從注故書舉爲與按王舉謂王親行則師氏從王

使其屬帥四夷之隸注故書隸或作肆按使其屬謂使中士以下四夷之隸謂秋官蠻隸之類

媒氏

周禮摘箋 卷二 五 二十五函

入幣純帛無過五兩注純實緇字也古緇以才爲聲按入幣納幣純全也帛每匹長二丈從兩端捲至中爲兩象偶也

司市

大市日昃而市昃本又作昃按日中爲市至于日昃也

平肆展成奠賈注杜云奠當爲定按平肆即上云陳肆辨物也展視也奠定也即上云以量度成賈也

上旌于思次注思次當爲司次按上旌司市舍前植旌開市則懸之市罷則下之思次市司涖市之次思者僾若之貌

市師涖焉而聽大治大訟胥師賈師涖於介次而聽小市小訟注故書涖作立按介副也每二十肆設一胥師胥師所舍謂介次副司市也

辟布者注故書辟作辭按辟法也布泉也辟布法當輸官泉者

其附于刑者歸于士注故書附爲柎按謂附于重刑者以歸于司寇之士

質人

壹其淳制注杜云淳當爲純制解見天官內宰職

邦國朞本或作朞同按賣價不平者近則計旬遠則朞年以質劑來訟受而聽之過此不聽

廛人注故書廛爲壇按掌市稅市居迫狹曰廛

掌斂市絘布總布絘本或作次總注杜云當爲儳鄭讀爲穗按絘布列肆之稅絘次也布泉也列肆曰次一肆曰總下文肆長斂其總布是也

凡珍異之有滯者注故書滯或爲廛按珍異四時食物美者賣而不售留滯市中

周禮摘箋 卷二 六 二十五函

則買以供王之膳也

賈師

凡國之賣價注故書賣爲買按國之賣價爲官買賣物各帥羣賈更代值月以均勞佚

胥

襲其不正者注故書襲爲習按不正謂作諸奇衺不法事襲掩捕也

肆長

斂其總布注杜云總當爲儳按總布謂一肆之稅斂肆長斂

泉府注故書或作錢按泉錢也流通不竭之稱

貨之滯于民用者注故書滯爲癉按謂有不售之貨留滯于市切于民用如布帛菽粟之類官以所值價買之

各從其抵注抵實柢字按抵柢同本也令出本價而已

司門

祭祀之牛牲毄焉本又作繫按毄祭祀之牲牽于國門使養之城門多隙地可爲牢也

掌節

以英蕩輔之注杜云蕩當爲帑按英美石蕩簜同竹也輔之謂雜用竹石鄭謂蕩作帑書函以盛節

遂人

及窆本作窆按下棺於壙曰窆之

遂師



庀其委積庀又作庇注故書庀爲比按庀共也

及蜃車之役注禮記或作槫或作輇按蜃車載棺車四輪迫地行似蜃曰蜃車及壙脫之

委人

以甸聚待羈旅注故書羈作奇按甸二百里近城以待羈旅

凡其余聚注余爲餘按余餘同所用畜聚之餘以待賞賜

草人

凡𡊅種𡊅本亦作糞

騂剛用牛注故書騂爲挈按土有色騂而剛者宜用牛糞也

墳壤用麋注故書墳作盆按土有勃起而塵壤者宜用麋糞山澤多禽獸各取其糞以糞田也

彊檃用蕡檃本又作墾呼覽反劉音濫按蕡麻子言土有彊檃不柔和者宜用麻子搗汁漬種也

掌葛

以權度受之注故書受或爲授按權度計葛麻輕重短長

舂人

祭祀共其齍盛之米齍本亦作粢按米藏于廩皆舂人舂之

饎人注故書饎作饌音熾按饌饎同炊飯供王及后食不繫天官地產也

稾人本作稾注讀爲犒



周禮摘箋卷二

# 周禮摘箋卷三

羅江　李調元　撰

## 春官

### 大宗伯

以佐王建保邦國佐本或作左

掌建邦之天神人鬼地示之禮示本或作祇下神示地示之例皆倣此

以吉禮事邦國之鬼神示注故書吉或爲告按祭祀謂之吉禮者以其卜吉而祭祭而獲吉也鄭謂古本作告禮近是祭以告神禮何獨祭爲吉也

以實柴祀日月星辰注故書實柴或爲賓柴按柴眥通詩云助我舉眥謂牲肉也實於柴燎之使烟臭上達致陽神也辰謂日月



所會十二次如正月亥當危奎二月次戌當奎胃三月次酉當胃畢之類

以槱燎祀司中司命飌師雨師槱本亦作楢音同積也按槱積薪也司中司命皆天神謂司中界與人命之神緯書云三台星上台司命中台司中文昌第四亦曰司命第五亦曰司中風師箕星雨師畢星

以血祭祭社稷五祀五嶽注故書祀作禩按血祭殺牲取血以薦社土神稷穀神五祀五氣之神四時迎氣祀之五嶽東岱南衡西華北恒中嵩也

以疈辜祭四方百物注故書疈爲罷按疈披牲胷也辜磔禳也四方百物如八蜡之類

侯執信圭注信當爲身按侯伯圭七寸信伸也躬詘也伸以臨下詘以事上能伸能屈乃可獲上治民

以禽作六摯摯本或作贄按摯致也凡初相見皆有執以自致

涖玉鬯注故書涖作立按涖監也玉圭瓚之屬玉鬯酒祭天地無鬯唯宗廟有之

省牲鑊省本又音眚息井反後省牲鑊皆同按牲大牢鑊烹牲器也

### 小宗伯

掌建國之神位注故書位作立鄭司農云立讀爲位古者立位同字古文春秋經公即位爲公即立

大賓客受其幣之齎本齎又作資按齎即幣也諸侯覲畢致貢享于廟庭實之物皆小宗伯受之

卜葬兆甫竁亦如之注鄭讀竁爲穿音義云字書無此字今注本或有作䆴字



者按卜兆卜葬域竁穿壙

肄儀爲位注故書肄爲肆儀爲義按位主也肄儀演習禮儀

### 肆師

及其祈珥注故書祈爲幾杜讀幾當爲祈珥當爲衈康成謂幾當爲禨珥當爲衈按祈珥祈禱於神割牲耳以薦珥衈通取其聽也

表齍盛告絜注故書表爲剽按表齍盛六齍各標黍稷等名簠簋有蓋外須記識

共設匪甕之禮注匪筐字之誤按匪筐通竹器甕瓦器公食大夫禮云君不親食使大夫侑幣致之豆實實于甕簋實實于筐

用牲於社宗則爲位注故書位爲涖按社軍社宗遷主出征甸獵皆以社主於遷廟主行有事祭告用牲則肆師涖位爲主

凡師不功注故書功爲工古者功與工同按師不功敗績也則助牽社宗二主之車

治其禮儀以佐宗伯注故書儀爲義

鬯人

禜門用瓢齎注故書瓢作剽杜讀齎爲粢鄭讀爲齊按禜營兆以祭門祭國門瓢蠡匏器齎齊通盛受也

凡山林四方用蜃注故書蜃或爲謨按蜃蜃器也官掌蜃職祭祀共蜃器蜃脤也脤日脤今之螺蚕受脤領編之器

凡祼事用概注祼當爲埋按祼事宗廟祼將和鬱用鬯多寡有量概量也天官酒正云皆有酌數氣量

雞人



夜嘑旦以嘂百官嘑本又作呼按呼將旦而呼嘂叫同驚使起

司尊彝

其朝踐用兩獻尊獻本或作戲犧同素何反按朝踐朝旦所行之禮迎牲入庭延尸出堂告殺薦腥酌醴齊獻尸尸祏飲故謂之獻尊鄭云獻作犧讞也王獻酌獻尊后獻酌象尊兩獻尊一盛醴齊所謂縮酌也一盛盎齊所謂涚酌也

其朝踐用兩大尊注故書踐作餞按大尊大古之瓦尊

諸臣之所酢也注酢讀爲醋字之誤也按酢酢通諸臣助獻用尊之醴齊盎齊諸臣受神酢用罍之凡酒罍取雷同雷聞百里百里爲同臣非一人酢非一舉同雷也

醴其縮酌注故書縮爲數齏爲齊讀爲粢按醴齊糟初成最濁用茅縮下其汁乃酌則朝踐之尊也

司几筵

加藻席藻本又作繅音藻按繅葉通織五采文䌷爲席

凶事仍几注故書仍爲乃按謂喪事仍用生者舊几若孝子廢毀亦不得憑新几

天府

凡國之玉鎮大寶器藏焉注故書鎮作瑱按玉鎮玉器之最重者猶王圭曰鎮圭也大寶器加赤刀天球之類

典瑞

執鎮圭注故書鎮作瑱按手曰執鎮圭長尺二寸

珍圭以徵守注杜云珍當爲鎮書亦或爲鎮按珍畛也分別意故以徵召防守又珍軫也憂患意故以賑恤凶荒



典命

掌諸侯之五儀注故書儀作義按儀謂禮節五儀五等諸侯之儀節

司服

祭社稷五祀則希冕注希讀爲絺或作黹字之誤也按希少文也當如字

凡弔事弁經服注故書弁作絻按弁謂冠弁絰謂以麻爲小首絰如環加弁上

廞衣服注故書廞爲淫按廞藏也死者遺衣服藏之寢廟以待祭祀授尸即下守祧所掌鄭謂明器之衣恐非

守祧

掌守先王先公之廟祧注故書祧作濯按天子祖七廟遠祖曰祧祧迢也自始祖而下親盡以次遷其主於太廟夾室曰廟祧大祫及禱祀則請而祀之

其祧則守祧黝堊之堊本或作惡按祧室黝堊功省則守祧爲之黝黑色堊白色皆牆屋之飾爾雅地曰黝牆曰堊

世婦

及祭祀比其具比本亦作庀按比校督也具所濯溉及粢盛之爨

內宗

薦加豆籩注豆籩故書爲籩豆按謂尸食後王后亞獻所薦豆籩謂之加天官醢人籩人加籩加豆之實是也

大司樂

播之以八音注故書播爲藩按謂八音齊乃能播揚

九磬之舞注九磬讀當爲大韶按即書云簫韶九成九德九磬皆人事宜奏之宗廟



屍出入本亦作尸

樂師

有皇舞注故書皇作翌按皇美也五采羽爲拂其文美也

趨以采齊齊本亦作薺注故書趨作跢按急促曰趨采齊樂章以繪比也

詔來瞽皋舞注鄭云瞽當爲告按詔來瞽將作樂則告眡瞭扶瞽工入皋嗥通舞者之聲瞽主歌國子主舞皆樂師詔之

燕射帥射夫以弓矢舞注故書燕爲舞帥爲率射夫爲射矢按射夫謂衆耦

凡軍大獻教愷歌遂倡之注故書倡爲昌按大獻獻功於廟樂師主倡

小胥

觵其不敬者本或作觥同按罰爵也

士犆縣犆本亦作特縣謂編鐘編磬縣于簨虡宮縣四面如宮牆軒縣闕南面似軒判縣又闕北面似兩判特縣又闕西面成孤特

太師

令奏擊拊注故書拊爲付按拊樂器形如鼓以韋囊實糠擊以導歌樂作曰奏令太師令奏樂音先擊拊而後瞽歌也

大喪帥瞽而廞作匶謚注故書廞爲淫按廞藏樂器過客入音也匶柩同陳死者生平行實作謚德成於樂功歌於頌謚由瞽作也

瞽矇

世奠繫注故書奠或爲帝杜云讀爲定按奠定也繫帝王相傳之統系諷誦古人詩因述古世系以指作詩之由明興亡之戒鄭謂作詩爲謚書於世本非



眡瞭

擊頌磬笙磬注頌或作庸功也按頌歌也頌磬合歌笙磬合笙儀禮頌磬在西象成功也笙磬在東象生物也

典同

掌六律六同之和注故書同作銅按六律六陽管六同六陰管

高聲碮注故書碮或作硍按聲病太高則碮衰也如雷衰然于上

鐘師

納夏本或作夏納注故書納作內

齊夏本又作齋按九夏皆頌今不可考王出入奏王夏尸出入奏肆夏牲出入奏昭夏四方賓客來奏納夏臣有功奏章夏夫人祭奏齊夏族人侍奏族夏客醉而出奏祴夏公出入奏驁夏

籥章

國祭蜡則龡豳頌注故書蜡爲蠶按蜡歲終之祭蜡言腊犒物也物至冬而犒古聖人大索其神祀之豳豳風七月之詩所言皆天時農政故歲事用之豳雅豳頌即豳風也明農務本陳善納誨亦謂之雅稱頌先公功德亦謂之頌

大卜

掌三兆之灋兆亦作兆坼兆象也

掌三夢之灋夢音夢本亦作夢按人晝陽神外明魂爲主向離爲覺夜則陰精內揜魄爲主背坎爲夢夢與覺人身中陰陽故以夢參卜筮也

二曰觭夢注杜云觭字直當爲奇按角一俯一仰曰觭觭夢反覆與常者鄭氏以致夢爲夏后氏作觭夢爲殷人作咸陟爲周人作甚牽強



其經運十注運或爲緷當爲煇祝禮所掌十煇也按運氣運也凡夢皆精氣轉運故古夢之書曰運運別有九十一運而九變也鄭作煇近汀

菙氏本又作華按菙楚也取以燃火灼龜士喪禮謂楚焞也

遂龡其焌契注焌書亦或爲俊按契蒸火木以灼龜即楚焞也焌契之銳頭讀若鑮拄于燋上吹之使燃杜子春謂契爲開龜之鑿非

簭人

一曰巫更二曰巫咸三曰巫式四曰巫目五曰巫易六曰巫比七曰巫祠八曰巫參九曰巫環

注此九巫字皆當讀爲筮筮字之誤也按筮有九名猶龜有八命也巫當作筮更改也如遷國之類咸皆也謂衆是衆非式試同用也謂用人易交易如鄭以爲易許之類比親也逆女求昏之類祠交之類參參乘卜車右與御也環即夏官環人遣偵敵情者如今探卒去輒還曰環

占夢本又作㝱

二曰噩夢注杜子春云噩當爲驚愕之愕按噩驚愕叫號之貌夢之不正者也

四曰寤夢本又作寣按寤似夢非夢似覺非覺如今之魘寐也

乃舍萌於四方注杜讀萌爲明或云其字當爲明按舍猶釋也萌惡兆也除萌即月令九門磔禳及下文毆疫之類康成謂舍萌猶釋菜

遂令始難毆疫注故書難或爲儺按難作儺走相逐也毆猶逐也疫惡疾也季冬寒氣方盛微陽未達令民閒喧呼以達陽氣逐陰慝也本夏官方相氏掌之而占夢令之月令命有司大儺旁磔出土牛以送寒氣是也

眡祲



七曰彌八曰敘九曰隮注故書彌作迷隮作資按彌氣隮天敘次也每日至其時則煇如定敘也隮升也氣自地起觸天

大祝

二曰造注故書造作竈按造謂即其神所在而致祭也如造于祖之類

一曰祠注鄭司農云祠當爲辭謂詞令按祠廟祀也鄭非

三曰詰注杜云詰當爲告書亦或爲告按詰詰神之尊者如敢昭告皇后帝之類

二曰衍祭三曰炮祭注衍字當爲延炮字當爲包聲之誤也按九祭皆尸祭衍作餈祭黍稷也炮祭燔炙也

䭫首本又作稽按稽叩也擊也稽首以頭叩也

四曰振動注鄭大夫云動讀爲董書亦或爲董按動拜而惶悚戰栗也

祭示注故書祇爲疷按示祭地祇杜子春云疷當爲祇

小祝

大喪贊渳注故書渳爲攝按渳謂浴尸

設熬置銘注銘今書或作名按設熬熬黍稷置棺旁或蚍蜉也銘書死者姓名于旌置西階上表識之

設道齎之奠注杜云齋當爲粢按將葬設大遣奠于廟庭包其牲體以車載送曰道齎

則保郊祀于社注故書祀或作禩按保郊保護四郊神𡌵社主兵祀以求福

喪祝

掌大喪勸防之事注杜云防當爲披按勸謂執纛柩前卻行勸帥六引防謂執披者居柩旁防傾側也



甸祝

表貉之祝號注杜讀貉爲百書亦爲禡按貉禡通祭始爲兵者無壇壝立表以祭詩曰是類是禡田動眾講武必禡康成謂禱氣勢之十百而多獲也

司巫

及蒩館注書或爲和飽按蒩以茅爲藉主入館藉以茅皆奉神主至壇場陳設之事

男巫

望衍注衍讀爲延聲之誤也按衍演習歌呼舞蹈望神來也與延進游衍之義異

冬堂贈注故書贈爲矰按冬歲除堂宅也贈古本作矰逐疫宅內桃爲弓矢射四方辟鬼物日堂矰猶秋官庭氏以大陰之弓枉矢射之之類無方無定向無算無定數皆謂矰也鄭据占夢職贈送惡夢與無方無算未協



春招弭注杜讀弭如彌兵之彌康成讀爲敉安凶禍也按春陽發生招福弭災也

王弔則與祝前注故書前爲先按與喪祝前王也

大史

與羣執事讀禮書而協事注故書協作叶或爲汁按執事謂大卜之屬讀禮協事謂考禮書合所行事使無違錯也

小史

掌邦國之志奠繫世注故書奠爲帝杜奠爲定按瞽矇職謂古帝系此謂繫昭代之世辨昭穆即因繫世而辨昭生穆穆生昭也

史以書敘昭穆之俎簋注故書簋或爲几按史以書即所屬史八人供書寫之役者据禮法按昭穆書其世敘俎盛牲簋盛黍亦書其先後多寡之敘鄭謂大史讀禮小史書敘誤也



內史

掌王之八柄之灋柄又作枋按枋柄通冠禮加柶面枋八柄即冢宰八柄載在方策內史掌之掌其書遂執其法

巾車

金路鉤樊纓九就注故書鉤爲拘按鉤金鉤著鞶上以懸纓詩云鉤膺也

革路龍勒條纓五就條依注作絛按龍厖通雜色也勒馬轡絛纓以隺皮爲帶綴纓於上

木路前樊鵠纓前依注作翦按前作淺如士喪禮疏布緇翦之翦淺黑色也鵠乾鵠鵠也鵠纓黑色纓也

重翟錫面朱總注故書朱總爲總按翟雉羽以爲車蔽表裏皆翟曰重翟錫面與于玉路馬面飾同總馬轡其色朱

安車彫面鷖總鷖或作翳按安車尋常出入安乘之車與祭饗禮法之車異彫面彫刻飾馬面鷖水鳥素色以鷖色繒爲轡

連車組輓有翣羽蓋連本亦作輦注故書翣爲毣書亦爲蔽按輦車人所輓之車無馬無總以絲縩輓行別用翣扇掩其旁羽蓋覆其上

犬禃尾櫜疏飾注故書疏爲揟按軾憑處覆以皮曰禃犬狗皮尾車上所飾戈矛以狗尾爲旌櫜而藏之疏粗布禃櫜皆以疏布緣飾之

藻車藻蔽注故書藻爲轢杜轢讀爲藻直爲華藻也按藻藻同水草蒼色也

駹車雚蔽然禃髤飾注故書駹作龍髤爲軟杜讀軟爲桼直爲髤桼也按駹雜



文雚葦席然果然猨屬莊子云腹猶果然髤髤同桼飾曰髤革緣而加桼色駹色髤飾猶未全桼也至桼車則全桼矣

孤乘夏篆注故書夏篆爲夏緣按夏彩色篆彫刻車衡畫采加彫篆也

歲時更續共其弊車注故書更續爲受讀按更續謂四時置造新車以續舊車其弊壞者供以還官

大祭祀鳴鈴以應雞人注故書鳴鈴或作軨按鳴鈴鳴其車上和鸞大祭雞人呼旦驚百官巾車亦鳴鈴應之三出祭必乘車應雞人者勸駕之意

車僕

苹車之萃注故書苹作平杜讀當爲軿車按苹屏通對敵及安營屏蔽之車萃猶副也一戎路出衆戎路副之曰萃

司常

皆畫其象焉注杜云畫當爲書按皆畫其象如曲禮前有塵埃則載鳴鳶前有車騎載飛鴻之類

都宗人

則令禱祠禱本作禂禱古字



周禮摘箋卷三

# 周禮摘箋卷四

羅江　李調元　撰

## 夏官

### 大司馬

暴內侵外則壇之注壇讀如墠鄭讀從墠書亦或爲墠按壇墠通平其地以爲墠遷徙之也

放弑其君則殘之本又作殺同音試

乃以九畿之籍注故書畿爲近按畿邊界籍圖冊也

將軍執晉鼓本或作軍將按將戰金鼓交作則擊晉鼓軍之進退係于將故將軍執之

有司表貉注鄭云貉讀爲禡按表貉立表貉祭貉禡也祭始爲兵蚩尤也

羅弊致禽以祀祊注祊當爲方聲之誤也按羅網也秋田多𣪊主網羅王制云鳩化爲鷹則設尉羅秋祭四方報成物祊方也詩以社以方

鼓皆誡本亦作駭按駭疾擊鼓也

及致建大常比軍眾注比或作庀按致召集六師天子自將大司馬用王之大常致眾

### 司勳

司勳注故書勳作勛按主賞功軍事賞爲先

無國政正本亦作征按凡須賞地參之一食一無征二猶征也惟特加恩賜之田全無征正征通稅也

### 馬質

綱惡馬注鄭云綱讀爲亢書亦爲亢按惡馬謂馬蹄齧者綱維之使馴服也



### 小子

而掌珥於社稷祈於五祀注故書祀作禩康成謂珥讀爲衈祈或爲刉用毛牲爲刉羽牲爲衈按珥割牲耳以薦也

凡沉辜侯禳釁積注故書積爲眦按積積于柴上焚燎之羊

### 司爟

司爟注故書爟爲燋按爟火明也與觀通書云予若觀火

### 服不氏

以旌居乏而待獲注杜云待當爲特書亦或爲特按以旌居乏中待射者中矢舉旌唱獲也

### 掌畜

祭祀共卵鳥劉本作卵音卵按卵鳥鳥子

### 司士

掌羣臣之版注故書版爲班按謂內外大小羣臣版籍也

### 諸子

掌國子之倅注故書倅爲卒按國子謂公卿大夫之子在國學者倅副貳也古者世官子副父曰倅

### 太僕

戒鼓傳達於四方注故書戒爲駭

### 隸僕

掌五寢之埽除糞灑之事按寢在廟後天子之廟云五寢者鄭云二祧無寢

弁師
諸侯之繅斿九就瑉玉三采侯當為公字之誤也故書瑉作璑鄭云繅
當為藻按繅藻同采絲也諸侯兼公上公以九為節九就九繅九斿瑉美石似玉三采三色瑉玉
王之皮弁會五采玉璂注故書會作膾璂本亦作琪按皮弁王視朝首服弁
縫曰會以五采絲貫玉飾縫曰璂輿綦通結也

司兵
大喪廞五兵注故書廞為淫按五兵弓矢殳矛戈戟廞藏之居喪不親兵革之事也鄭
謂車上五兵有夷矛無弓矢步卒之五兵無夷矛有弓矢詩云不失其馳舍矢如破是射御相依也
又云公車千乘二矛重弓是弓矢皆在車也鄭說難据



司弓矢
玉弓弧弓以授射甲革椹質者注故書椹為鞎鄭司農云非是按玉
弧二弓往體寡來體多最強甲革堅甲皮革椹砧通厚木質即止以此為質尚力之身故用強弓
夾弓庾弓師儒相傳庾讀為庾本或作庾

槀人
試其弓弩注故書試為考

戎右
贊牛耳桃茢注故書茢為滅杜云當為厲按牛耳盛以珠槃示神人共聽也桃桃枝茢
若帚二物皆辟惡歃血用之戎右贊之

大馭
及犯軷注故書軷作罰按玉路以郊郊出國門故有行道之祭山行曰軷即祭名詩取羝以
軷郊非遠必軷重其行也封土象山柏棘為主以車轢過其上示無險難曰犯軷
右祭兩軹祭軓注故書軹為軒軓為範杜又云軓當讀為軓按大御左手執轡右手
舉酒澆兩軹及軓皆祭之車軸兩端曰軹軾前曰軓與範同

校人
三皁為毄本毄又作繫按皁十二匹繫三十六匹也
八麗一師八趣馬八趣馬一馭夫注八皆宜為六字之誤也按兩
馬曰麗一圉牧之八麗十六馬一師牧之八師一百二十八馬一趣馬掌之八趣馬一千二十四匹
一馭夫領之大約七馭夫所領得馬七千一百六十八匹視良馬數乃可三倍

庾人
以皁馬佚特注杜云佚當為逸按皁蕃盛也牡馬曰特佚之不使勞困資生息也



圉師
夏庌馬注故書庌為訝按庌廡下夏休馬廡下避暑也

職方氏
其浸五湖本浸又作寖下同按浸澤之深者五湖彭蠡洞庭巢湖太湖鑑湖是也
其利金錫竹箭注故書箭為晉
其澤藪曰雲瞢漢書地理志作雲夢
其浸潁湛杜云湛或為淮按湛未詳或曰淮也
其浸波溠注波讀為播禹貢曰滎播既豬按水自洛出為波溠水在漢南春秋傳楚子梁
溠營軍臨隨是也
其澤藪曰望諸地理志作孟諸按望諸即孟諸在睢陽

其川淮泗其浸沂沭注鄭司農云淮或作睢沭或爲洙按沂水出蓋縣沂山淮水出桐柏泗水出卿琊東莞

其浸盧維注盧維當爲雷雍字之誤也地理志作盧維按鄭作雷雍禹貢所載雷夏既澤雍沮會同是也

其澤藪曰弦蒲注鄭云弦或爲汧蒲或爲浦按鄭云吳嶽山在汧西汧水出焉是爲弦蒲之藪按蒲汧浦也

訓方氏

方三百里則七伯注方三百里之積以九約之得十一有奇云七伯者字之誤也

誦四方之傳道注故書傳爲傳按傳道謂四方所傳須稱道嘉言善事謂爲王誦也

形方氏

無有華離之地注杜云離當爲雜書亦作雜按華雜也離亂也言副員方正不錯雜問斷也



秋官

大司寇

五曰國刑上愿糾暴注暴當爲恭按國刑立國之刑所尙在謹厚糾其狂暴以正風俗

以邦成弊之注故書弊爲憋按邦成即天官八成待萬民之治故以弊庶民之獄獄須弊斷也

使其屬趩趩本亦作蹕注故書趩作避杜云當爲辟按屬士師以下也康成云蹕止行也

附于刑用情訊之注故書附作付按附于刑有罪當刑也用情鄭重也訊問也

以八辟麗邦灋附刑罰注故書附作付按辟法也麗附也

士師

七曰爲邦朋注故書朋作倗按邦朋比周爲黨也

則以邦辯之灋治之注辯當爲貶聲之誤也按貶減損意

正之以傅別約劑注故書別爲辨鄭云傅或爲符按傅謂地傅別謂判書約謂期約劑謂要書劵也

鄉士

汁日刑殺汁本亦作協下同按協日擇用刑之日

朝士

帥其屬而以鞭呼趨且辟趨本又作趣按帥其屬其徒六十八也鞭執以爲威呼呵呼趨疾行辟辟人也



凡有責者有判書以治則聽注故書判爲辨按責債也凡以債責償人必有分劵可治則聽之

則令邦國都家縣鄙慮刑貶注故書慮爲憲貶爲窆杜云窆當爲禁按慮刑貶議省刑也貶尤損也宜如字

司刺

再赦曰老耄耄本又作旄按年老昏耄情可矜當赦也

犬人

用牷物牷本亦作全按牷物體色純全

凡幾珥沈辜用駹可也注故書駹作龍幾讀爲刉珥當爲衈按幾珥猶刉衈

刵耳也珥作衈凡釁禮割牲耳取其血也沈其物祭山川也辛磔牲禳災也駹雜色不必純也

掌戮

掌斬殺賊諜而搏之注搏當爲膊按斬以鈇鉞殺以刀刃賊叛寇也諜姦細爲反間者搏剥通去其衣而磔之賊諜罪大加重刑也

髡者使守積鄭司農云髡當爲完按髡髮者無虧損使守積聚

閩隸

掌子則取隸焉注杜云子當爲祀按掌子之掌字當移在掌役下云閩隸掌役掌畜養鳥而阜蕃教擾之則取隸焉子卽卵鳥取謂祭祀取鳥子也取隸取之閩隸也鳥類產於閩地者多故閩人多習鳥性語鴂音此閩隸所以掌畜養鳥而供卵鳥也鄭謂王立世子取隸謬

蜡氏按蜡腊通虫死乾者皆曰腊人死骴骼亦謂蜡蜡人清野故屬秋官鄭訓蜡作蛆云骨肉腐臭



蠅虫所蜡未然

掌除骴注故書骴作脊按骨連肉曰骴除掩埋也

司烜氏注烜讀如燬故書燬爲烜按烜火明也詩云赫兮烜兮鄭作爔秋水涸物槁故禁火

共墳燭庭燎注故書墳爲蕡按墳燭大燭設于門外庭燎設于庭中

條狼氏注杜云條當爲滌按條卽鞭也狼鞭趣貌鄭云滌除也狼狼扈道上辟除道上狼藉不潔之物

脩閭氏

掌比國中宿互㰃者注故書互爲巨按宿守夜互梐枑以止衆㰃柝通宿互者所擊

薙氏注薙書或夷按除草曰薙

春始生而萌之注故書萌作甍按萌之謂春草方生斬其萌芽

翦氏

掌除蠹物注故書蠹爲橐按謂虫穿食人服器者

赤犮氏按赤丹砂之屬可驅邪惡犮祓通拂除也

以蜃灰攻之注故書蜃爲晨按蜃大蛤攻之謂擣蜃灰坋之則虫去

壺涿氏注故書涿爲獨鄭讀爲濁書亦或爲濁按壺瓠器汲水者涿椓通擊也

以炮土之鼓敺之注故書炮作泡按炮土之鼓卽瓦壺

則以牡橭午貫象齒而沈之注故書橭爲梓午爲互杜云橭讀爲枯書或爲樗按枯榆也牡不實者以橭木爲幹以家齒一縱一橫午貫之而沈水中也

大行人



王禮再祼而酢注故書祼作果讀爲灌再祼再飲公也酢報飲王也按王禮謂王廟中設酒以禮諸侯祼用鬱鬯酌用圭瓚敬之如神也上公再祼謂王初祼后亞祼皆太宗伯攝主而王與后拜送賓酌主曰酢諸侯則惟王一祼無后亞祼矣

其貢嬪物注故書嬪作頻按嬪物絲麻之屬

協辭命注故書作叶詞命鄭云叶當爲汁按辭命六辭之命也

則令賻補之注故書賻作傅按助喪曰賻助貧曰補

司儀

王燕則諸侯毛毛劉本作毣按王燕謂既朝賜燕毛謂尚齒髮白者居上

登再拜授幣注授當爲受按登堂主君拜賓至賓授幣于主君授當如字

賓亦如之注賓當爲擯按賓亦如之謂揖讓拜同也

客刅拜辱于朝刅本作從按主君就館省客客即從主君往拜謝于朝也

行夫

焉使則介之注故書曰夷使鄭司農云夷使使于四夷則行夫主爲之介康成謂夷發聲也按焉字屬上句居于其國則掌行人勞辱之事焉若大小行人出使則行夫爲之介耳

掌客

牲三十有六注牲當爲腥字之誤也按腥生肉也

受牲禮注牲亦當爲腥按謂賓客遇主國有喪於主國饔食鼎豆之類皆不受惟生肉則受之



周禮摘箋卷四

周禮摘箋卷五

羅江　李調元　撰

冬官

考工記

或通四方之珍異以資之注故書資作齊按物貴爲珍殊無異彼此不通其所有則無以相資故必有以懋遷有無也

秦無廬本或作蘆按廬作纑纘竹爲矛柄通作縷言細而長也國語侏儒扶廬

爍金以爲刃爍義當作鑠

作舟以行水注故書舟作周

鸛鴒不踰濟鸛本或作鸜按鸜鴒鳴鳩産南方濟北地水名踰濟自南而北也



貉踰汶則死注貉或爲猿依字作貈按貉狐屬産北方汶水入于濟踰汶自北而南也

妢胡之笴注故書笴爲筍杜云妢書或爲邠字按妢胡地名近楚古胡子國笴讀如夏官稾人之稾竹可爲矢者也

凡攻木之工七注故書七爲十

攻皮之工五函鮑韗韋裘注鮑書或爲鞄韗本或作鞾同按皮工五函人爲甲鞄人治皮韗人爲鼓韋氏裘氏事缺

刮摩之工玉楖雕矢磬注故書刮作捖雕或爲舟杜云非也按刮摩猶琢磨玉人治玉矢人爲矢磬氏爲磬楖氏雕氏事缺

摶埴之工陶旊注埴書或爲植按摶揉也植黏土陶人爲甗甑旊人爲簋也

崇於軫四尺崇本亦作崈崈古崇字

不微至無以爲戚速也注速書或作數按微至輪著地者微則圜極易轉戚促逼速行疾也

輪人

牙也者以爲固抱也注牙書或作䄻按輪有二材輪心虛而容軸者曰轂輪內周迴直木三十曰輻輪外周迴抱輻曰牙一謂之輞

欲其微至也注鄭云微至書或作危至按微至謂著地微少圜之至也

取之圜也注故書圜或作圓

眡其綆欲其蚤之正也注蚤當如爪綆作緶扁通謂輪兩偏平面蚤爪通三十輻如人爪正平正無參差邪枉也

必矩其陰陽注故書矩爲距按矩猶度也陰木濕而柔陽木燥而堅



則轂雖敝不藃注藃當作耗按藃鏬逼以火養陰木使灼乾則不耗縮生鏬

萬之以眡其匡也注故書萬作禹書或作矩按萬矩同匡方也

桯長倍之四尺者二十分寸之一謂之枚注故書十與二合爲二十字按此言爲車蓋之法桯即杜戴達者也桯長四尺者二高八尺也加部二尺共一丈即下文所謂十尺也十分之一爲枚枚一分部尊一分謂蓋板厚一分也

弓長六尺謂之庇軹注故書庇作秘按弓即達鑿達爲牡下函於桯鑿上二分下四分者牡上小而下大如棺衽然鑿深二寸有半謂鑿桯爲牝以受達下直二分上端一分者亦上小而下大也弓之長六尺謂達橑周圍平分除曲各六尺共一丈二尺則并車輪兩旁皆覆之故曰庇軹

參分其股圍去一以爲蚤圍注蚤當爲爪按弓近頂稍纖爲股近宇稍細爲蚤蚤爪通爪殺上三分之一

輿人

爲之校崇注故書校作權按式人所憑依而式敬較兩較上出式者式與較皆在車前式高三尺三寸較高於式二尺寸則兩輢總高五尺五寸矣

以爲轛圍注轛書或作軡按式下兩旁植木相對橫加一木置式於上植者爲轛橫者爲軹與轂末之軹名同而異轛者以其向人爲名其圍二寸有奇

飾車欲侈注故書侈作移按謂大夫以上革輓之車結束固雖侈無害侈謂張向外不同士之棧車欲斂向內也

舟人

軓前十尺而策半之注十或作七非也軓書或作軋按軓即輪輪爲車法曰軓輈自輪以前長十尺而御馬之策半謂長五尺取足以及馬也



不伏其轅注故書伏作偪按車前俯至地爲摯同輊太高厚仰曰軒言軒摯中節平地勝任及登高後仰不使人按伏則牛挂轅如懸縊矣

必縮其牛後注故書縮作鰌按大車下拖車郎前頸不使人扳援則壓制牛尾如縮

輈注則利準注故書準作水按流轉曰注即順利平準意無滯曰利不欹曰準當如字

左不楗注故書楗或作券康成謂今倦字也按左謂尊者居車左楗謂動搖車和則乘者安

鳧氏

兩欒謂之銑注故書欒作樂本又作鸞按鳧氏爲鐘鳧鴨也善鳴而喙扁古鐘小而口扁因以名口旁兩角曰欒欒尖曰銑也

侈弇之所由興注故書侈作移按侈口大弇口斂

爲遂六分其厚以其一爲之深而圜之注故書圜或作圓按遂即隧也與燧通如鏡取火日中者鐘受擊處爲圜形微起而擀斂光明似鏡約鐘體厚六分取其一分高起仍以六分爲圜以爲受擊之處深高也猶覲禮爲壇深四尺之深鄭謂窒之誤

㮚氏注㮚古文或作歷按㮚古栗字粒通詩云實頴實栗故主量爲㮚氏

權之然準之注故書準或作水

其臀一寸注故書臀作脣按足曰臀謂覆其足底可實四升也

凡鑄金之狀注故書狀作壯按言大凡煉金錫之法也

察其線欲其藏也注故書線或作綜按線謂以此革縫之則線藏不見

欲其柔滑而腥脂之則需注故書需作劙按欲揉滑以厚脂潤之則柔輭需猶馬不契需薄其帑則需之需輭也



則雖敝不甐注甐故書或作鄰按線藏革中不見則雖久敝而其縫不裂甐破裂也

韗人按韗或作鞠即臯陶之陶鼓木也

爲臯陶注鄭云韗書或爲鞠康成謂以臯陶名官則陶字則陶字從革按臯與高通鼓長者曰臯古者爲土鼓瓦匡故名陶後世以木板合而規之

謂之鼖本或作鼖又作鼖按高八尺者爲鼖鼓鼓大也地官職云鼖鼓以鼓軍事也

㡛氏按㡛即柳車之荒眾采所聚故以名設色

以涚水漚其絲注故書涚作湄按灰滂水曰涚

淫之以蜃注杜云淫當爲涅書亦爲湛按謂以蜃灰淫蕩之蜃蛤也

玉人

命圭七寸謂之躬圭伯守之注故書或云五寸杜云當爲七寸

上公用龍注龍當爲尨按尨圭首龍形與瓚將三者皆祼圭諸侯來朝執此爲贄助王祼明臣服也詩云侯服于周厥作祼將是也

天子圭中必注必讀爲縪按天子圭即鎮圭一圭中開午分爲四必者分判之名一圭分爲四圭即春官典瑞云四圭有邸以祀天也合四成圭即聘義云孚尹旁達也鄭解未達

祼圭尺有二寸注祼或作淉或作果按祼圭酌酒灌神之圭有瓚盛酒圭爲柄以祀宗廟也

黃金勺注勺故書或作約按圭判曰璋判爲大巾邊三璋皆瓚柄也璋之貫勺者曰射勺即瓚盤盛酒者

以致稍餼注餼或作氣按賓客在館執璋邸致稍餼米曰稍牲曰餼

楖人楖本或作櫛按亦玉工



雕人雕本亦作彫按亦玉工

磬氏一條　矢人五條

已下則摩其耑耑本或作端按凡樂器厚則聲清薄則聲濁已上謂太厚聲清摩其旁使薄則濁矣已下謂聲濁薄者不可使厚則摩其兩端使短小形小則厚而清矣

茀矢參分注茀當爲殺按茀矢矢輕疾者茀矢三分當作殺矢三分下殺矢七分當作茀矢殺矢有刃在前與鏃矢皆三分其矢之長而衡之以前一分後二分爲平前有鏃刃重有茀矢七分以前三後四爲平鏃尤小也

殺矢七分注殺當爲茀按茀貌鐵又差短小也

參分其長而殺其一本又作殺按矢笴長三尺殺其前一尺令小趨鏃也

則雖疾風亦弗之能憚矣注故書憚或作但按謂不能驚憚也

是故夾而搖之本搖又作搯按謂以指夾而搖之則知羽之豐殺也

梓人

爲筍虡筍本又作筍按橫者曰筍直者曰虡懸鐘磬之具

以胷鳴者胷本亦作骨又作胷于本作骨云敝屍屬也賈馬作胷賈云靈蠵也鄭云榮原屬也不知榮原之屬以何鳴作骨者恐非也沈云作胷爲得亦所未詳劉本作胷音鹵按胷鳴榮原之屬俗名脚蛇

數目顅脰小體騫腹注故書顅或作牼按數目急視也顅脰長頸也騫腹腹縮而騫舉也

則於眡必撥爾而怒注故書撥作廢按眡怒視撥拔起貌怒謂張其鬐鬣

且其匪色必似鳴矣注故書匪作飛按匪斐同匪色猶言光景



則必如將廢措其匪色注故書措作厝按廢措猶言委頓

觚三升觚當爲觶按鄭謂觚作觶觶三升觚二升豆酒之豆作斗然禮文之不合不但觶觚之二三升耳存焉可也

則一豆矣注豆當爲斗舊音主多口反下一豆酒同

飲一豆酒注豆當爲斗亦聲之誤按四升爲豆食一豆肉飲一豆酒中人之常

廬人

凡兵句兵欲無彈刺兵欲無蜎注故書彈或作但蜎或作絹鄭司農云掉也按句兵謂戈戟用以句取人彈圜也句兵側用故柄欲如斧柄之扁則有力刺兵謂矛以直刺柄用圜則中深蜎蠕也謂如蜎虫體弱而撓也

匠人

置槷以縣注故書槷或作弋按槷臬同直木爲臬以縣繩

環涂七軌注故書環或作轘按上經涂城中直道可並容九車此環涂即繞途旁出四達之道鄭謂環城之道迂也

謂之隧本又作遂

里爲式注里讀爲已聲之誤也按凡爲溝防之始必以一日之工或鑿或築計其深爲準又以里爲式則一日可推百日一里可準百里然後可以合衆人之力總計其大成鄭注里作以未然

凡任索約大汲其版謂之無任注故書汲作沒按任索謂用繩也約束版築牆也汲引也引太急則板曲而築不堅謂之無任版不勝任也

囷窌倉城依字當作窖作窌假借也

車人



半矩謂之宣宣本或作寡按矩即今曲尺一倨一句如人磬折半句五寸也首項髮際以上曰宣易曰巽爲宣髮宣長五寸故半矩謂之宣此以車明矩而以人身爲度序車之登下以人爲節故矩由人身非强設也

其博三寸注故書博或爲搏按輻長四尺五寸寬三寸也

行山者仄輮注故書仄爲側按山陸阜也輮輮木爲牙以抱輪反輮謂側其木使表裏相依山行則磨不磷而完固也

弓人

角之本蹙於剒而依於氣剒本又作腦按蹙近也剒腦同角根欲白蓋近腦有生氣則和柔而可曲爲勢勢謂木微曲有勢也

夫角之中恒當弓之畏注故書畏作威按畏隈通謂弓曲隈處牛角之中欲

青蓋角之中當弓之曲張弓曲撓而不堅則易折青堅之驗也

**凡昵之類不能方** 注故書昵或作樴或爲𦃇按昵黏也類聚也方分也易曰方以類聚凡黏合之類不能分人事物理莫不皆然以明六膠不可合聚也

**強者在內而摩其筋** 注故書筋或作薊按栝檍桑橘等木多節節長強勁不平則內挺直摩搓其筋筋殫絕由此始

**撟角欲孰於火而無燂** 注故書燂或作朕按撟矯同揉也燂燖同爛也角不火則不柔過則腐故無燂此弓人合材之節

**角不勝幹幹不勝筋** 注故書勝或作稱按謂角盡美幹盡美筋盡美三者相當不能相勝亦謂三均

**筋三侔** 本又作牟亦作桙按三猶參也侔言謀也均和之意



**則莫能以速中** 注故書速或作數按八和弓柔矢豐是人弓矢皆安太緩而不提惡能中

**利射侯與弋** 注故書與作其按弓張時體曲弛時體直其弓柔可用諸射侯與弋烏皆不遠故利

周禮摘箋卷五

# 儀禮古今考

光緒壬午年
鋟於樂道齋

## 儀禮古今考序

儀禮周公所手著蓋以爲儀法之大備者故命爲儀禮周官六典皆天子之事儀禮則周公制之以教天下士故儀禮首士誠爲士者所宜習也自遭于暴秦燔滅典籍漢興求錄遺文之後有古文今文漢書云魯人高堂生爲漢博士傳儀禮十七篇是今文也至武帝之末魯恭王壞孔子宅得古儀禮五十六篇其字皆以篆書是爲古文也古文十七篇與高堂生所傳者同而字多不同其餘三十九篇絶無師說秘在于館漢鄭康成注儀禮時以今古二字竝之或從今或從古皆逐義彊者從之若二字俱合義者則互兩見從之是今之儀禮乃古今文互出之雜本也余以爲儀禮古禮經當從古文不當從今文蓋今文出于傳而古文出于篆傳者口授或訛而篆者古本猶存也朱子曰儀禮禮之根本禮記乃其枝葉故朱子撰古禮經通解以古七十篇爲主而取大小戴及他書傳所載凡繫于禮者附入之此實百世之定論也但古今文所不同未及詳加箋校今特博采羣書摘古今之參互者悉心考訂折衷于古以補注疏之闕以釋從今之非庶乎讀禮經者一自了然不致開卷而

嘆文公之所苦也夫不學禮無以立論語言之矣孔門執禮執此禮也仲尼時戴禮未出七十子之徒將何所執乎余之從古文非敢謂古禮可行之今亦猶我愛其禮之意云爾嗟乎儀禮古禮經也漢以前先儒聚訟不一至唐昌黎直以爲難讀嗟乎難讀而遂不讀尙得爲士乎西川李調元贊庵自序



# 儀禮古今考卷上

綿州李調元贊庵撰

## 士冠禮

闑西閾外古文闑作槷閾作蹙考闑與槷通考工記置槷以縣門中橛也爾雅釋訓蹙蹙鞫也與蹴同曲禮蹙路馬芻有誅據此則門限應從蹙

旅占古文旅作臚考韻會臚音旅與旅同陳也論語季氏旅於泰山師古曰旅陳也臚旅聲相近其義一耳

纁裳純衣今文纁作熏考爾雅釋器三染謂之纁又考工記三入爲纁並無從熏之說說文熏从屮从黑火煙上出也裳不可言熏



側尊一甒醴古文甒作廡考釋名甒幠也覆也并冀人謂之庌幕酒器也中寬下直上銳平低疏謂廡是廈屋雨下故不從古文非

爵弁皮弁緇布冠各一匴古文匴作篹考集韻匴通作篹禮明堂位薦用玉豆雕篹注以竹爲之形似吕是竹器盛冠者匴篹義同但禮多作篹並無作匴者祇比有之訓今之冠箱恐誤

執以待於西坫古文坫作襜考禮明堂位崇坫康

圭反論語有反坫皆惟廟中有之此言堂上角爲
名則不應作坫應从襜帷也博雅襜襦謂之襜裗
堂上施帷以屏蔽以爲餙也柳文垂帷襜襜
兄弟畢袗玄古文袗作均考袗玄服也注云同也則
應从均古文均釣通
將冠者采衣紒古文紒作結考集韻紒結俱吉屑切
義同說文締也類篇結作紒古文通同
贊者盥於西南古文盥皆作浣浣立換濯衣垢也與
盥同義
贊者奠纚笄櫛於筵南端古文櫛爲節考節裁節也



不可言笄櫛應古文脫誤木字偏旁
加柶覆之面葉古文葉作擖考擖亦作揲渠列切音
傑舉而豎之也
面枋古文枋作柄疏枋柶柄考爵豆之屬亦有柄禮
祭統尸酢夫人執柄
啐醴古文啐作呼釋文呼音虛吹氣聲也呼醴卽曲
禮揚飯之意若啐則近驚嘑不敬然啐亦訓嘗禮
雜記衆賓兄弟則啐之
儷皮古文儷作離考左傳昭元年設衞離服注離陳
也鄭注本聘禮謂君於臣臣於君用麋鹿皮可也

疏云言可者以無正文似屬牽合
再醮攝酒今文攝作聶考左傳成十六年請攝飲焉
是也聶說文附耳小語徐曰一耳就二耳也竝無
攝訓惟管子侈靡篇十二歲而聶廣注代將亂而
攝其廣與攝飲不同義禮少儀聶而切之爲膾注
聶言摆也牛羊與魚先藿葉切之復報切之則成
膾義同應从攝
設扃鼏古文扃爲鉉鼏作密考集韻鉉涓熒切與扃通
陸德明音義扃鼎扛也又士喪禮右人抽扃士虞
禮左人抽扃卽鉉字禮少儀不窺密注曲隱處也



又樂記陰而不密注閉也與鼏言蓋也正同義
羸醢今文羸作蝸考郭璞江賦鸚螺蜁蝸謂蝸牛也
故曰鸚鵡螺狀如覆杯頭如鳥頭向其腹視似鸚
鵡故以爲名今人有鸚鵡杯是也若蝸牛則形似
蛣蝓背負殼每生壁間或懸葉下不可爲杯亦不
可爲醢羸本作螺
禮於祚今文禮作醴考鄭注不從今文以其言醴則
不兼醮言禮則兼醴醮二法要之上有迎賓揖讓
之文則統以禮字爲是
某有子古文某作謀考易訟卦君子以作事謀始今

請賓與子加冠乃成人之始故曰謀言商度也謀
名成一句公羊傳云名不若字字不若子子者男
子之美稱與子加冠故以美稱呼之若某則泛言
事物之稱與下言吾子之教義相格
以病吾子古文病作秉考秉執持也與柄同言某不
敏恐不能共事唯吾子執持而行也
賓對曰某敢不夙興今文無對字係脫
眉壽萬年古文眉作麋考古文眉麋二字通用荀子
非相篇伊尹之狀無鬚麋
嘉薦亶時古文亶作癉考釋文癉音亶又與僤同亦



作癉
孝友時格今文格作嘏考嘏音賈大也禮禮運祝嘏
莫敢異其常古是謂大嘏與下文永乃保之不合
書呂刑庶有格命疏謂登壽考者格登也應从格
士昬禮
當阿東面今文阿作庪考庪古委切音詭說文庪本
字爾雅祭天曰庪疏謂埋藏之也與此義全殊釋
曰案鄉飲酒聘禮皆云賓當楣無云當阿者非也
考工記匠人四阿重屋注四柯今四柱也此義近
之

如初禮古文禮作醴考古文禮偏旁多从醴蓋所謂
酒以成禮也
主人拂几授校古文校作枝考鄭注校几足也釋曰
知校几足者既夕記云綴足用几校在南御者坐
持之故知校是几足也授几謂以衣袖拂塵示新
似近鑿案手節曰枝孟子爲長者折枝趙岐注折
枝按摩手節也爲長折枝卽罪者爲尊者授几之
意與禮捧杖屨同形容其貌也枝不與校通又不
與枝通枝卽枚也不从古文而紛紛訟說無謂也
肫髀不升古文肫髀作鈞脾考說文鈞三十斤也詩



嘉殽脾臄禮內則兎爲腕脾又鴇奧鹿胃注鴇奧
脾胵也周禮天官脾析蠯醢注脾析牛百葉也上
言魚有十四腊一此言肫脾不升者言大殺不登
卽牲體用一胖不得云特牲少牢亦用全之義
大羹湆在爨今文湆皆作汁考佩觿集湆湆汏丘及
翻湆幽濕湆大羹湆乞及切音泣博雅羹謂之[illegible]
或作清禮少儀凡有湆者不以齊是也今監本作
湆非若汁則訓液讀爲莎禮郊特牲汁獻涚於醆
酒言秬鬯者中有煮鬱和以盎齊摩莎泲之出其
香汁因謂之汁莎非羹之名也

姆加㬎今文㬎作憬考鄭注㬎制蓋如明衣加之以
爲行道禦塵因無正文故曰蓋如案詩衣錦褧衣
錦疑與㬎通用但錦尊者之服又非士妻所用存
考若作憬从心㬎聲則不知何訓矣
贊啟會郤於敦南今文啟作開考書詩開皆作啟古
文郤作綌考說文郤仰也謂仰于地也案上言御
布對席則郤應从綌謂巾綌也禮曲禮爲國君者
華之巾以綌不如從古文爲是今文以郤綌二字
皆綺戟切音隙疏遂以仰于地訓之殊費解且于
地二字亦贅



贊爾黍古文黍作稷考禮記稷曰明粢說文注關東
謂之糜月令章句稷秋種夏熟歷四時備陰陽穀
之貴者
主人說服於房今文說作稅考古文稅說通用音脫
北止古文止作趾考上文衽良席在東皆有枕衽卧
席也趾足也曲禮請席何鄉請衽何趾是也
媵侍於户外今文侍作待考媵妾分卑應作侍若待
則有敵體之義不宜从
贊見婦於舅姑古文舅皆作咎考古文咎與舅通荀
子臣道篇晉之咎犯

婦贊成祭今文無成字考鄭氏注贊成祭者授處之
也係今文脫誤
於是始飯之錯古文始作姑考本文言媵餕舅餘御
餕姑餘上言雖無娣媵先於是與姑飯之錯詩獻
醻交錯傳東西爲郊邪行爲錯
酬以束帛古文錦皆作帛說文繒也易賁卦束帛戔
戔
笲緇被纁裏加於橋今文橋作鎬考鎬說文溫器也
此外皆地名不知今文何以誤
又弗能教古文弗作不無能字係今文脫



我與在古文與作豫考古與亦音豫俗作預餘同
夙夜毋違命古文毋皆作無考毋無古通用
視諸衿鞶今文視作示考鄭氏注視乃正字乃俗誤
行之則今文非矣
請終賜見今文無終賜二字考本義係脫
士相見禮
左頭奉之今文頭作脰考曲禮執禽者左首謂尚左
以從陽也頭陽也若作脰音豆則以項言于義不
順後結于面左頭同
某將走見今文無走考士昏禮亦有此句應係脫

某不敢爲儀今文不作非
固以請吾子之就家也古文云固以請
某也固辭今文無也字
主人答壹拜古文壹皆作一
某也既得見矣今文無也字考本義係脫
妥而後傳言古文妥作綏考書禹貢五百里綏服傳
綏安也詩福履綏之義同今文妥係方言字
毋改衆皆若是古文毋作無今文衆作終考賈氏疏
今文不从者以上已有卒卒爲終故从古爲衆衆
謂諸卿大夫同在此者是也



若父則遊目毋上於面毋下於帶今文父爲甫考說
文甫男子美稱也如稱仲尼爲尼甫周大夫有嘉
甫宋大夫有孔甫之類不宜言父
君子欠伸問日之早晏禮記作問日之蚤暮古文伸
作信早作蚤考古字伸信早蚤俱通用
問夜膳葷古文葷作薰考爾雅爞爞炎炎薰也注皆
旱熱薰炙人聞之亦能防卧不必葱薤之屬方能
止卧也
若君賜之爵今文無君字考禮玉藻有君字係今文
脫落



容彌蹙今文無容字考本文係脫
執玉者則惟舒武舉前曳踵今文無者字古文曳作
枻考枻音曳一作栧古字通
凡自稱於君士大夫則曰下臣宅者今文宅作託考
宅者謂致仕者棄官而居宅託係宅之訛
在野則曰草茅之臣古文茅作苗說文草生于田者
草苗二字本相連屬

鄉飲酒禮

賓厭介入門左介厭衆賓入衆賓皆入門左北上厭
今文皆作揖又皆入下無門字考鄭氏注推手曰



揖引手曰厭二字本有區別左字上無門字義不
接
坐奠爵於篚下今文無奠字考下文盥洗言洗爵致
潔也
坐捝手古文捝作說考韻會捝亦作說與脫通禮檀
弓使子貢脫驂而賻之不必拭手爲捝也
主人介右北面拜送爵今文無北面二字考本義係
脫
衆賓辯有脯醢今文辯皆作徧考辯同辨說文判也
又與徧通禮樂記其治辯者其禮具

衆受酬者受自左今文無衆酬二字考本義係脫
遵者降席東南面今文遵作僎考本注言大夫能以
　禮樂化其民使遵法之故曰遵者僎則介紹之屬
六書通謂僎通作遵特未深考耳
主人釋服古文釋作舍考釋舍古通用
賓介不與古文與作預考正字通預與豫同
脊脇胳肺今文胳作骼考釋文露骨曰骼禮月令掩
　骼薶胔尊俎之物不應作骼
則獻諸西階上古文無上字考上字疑衍文
磬階間縮霤北面鼓之古文縮作蹙考釋名齊人謂



車枕以前曰縮言局縮也又短也注訓縮為從謂
霤以東西為從似未合

鄉射禮

主人阼階前西面今文無阼階二字考本義不成文
退少立古文曰少退立考係今文顛倒
進坐取觶今文無進字考係脫落
坐奠觶拜今文又曰坐奠之拜考奠觶二字相連作
　之誤也
兼挾乘矢古文挾皆作接禮曲禮接下承附又音協
　與挾同

某御於子古文曰某從於子作御非降自西階下阼
　階之東南今文無南字係脫
豫則鉤楹內今文豫作序考豫宜從榭今文非也
適堂西今文曰適序西非
執旌負侯而俟今文俟作立非
不貫不釋古文貫作關考禮雜記叔孫武孫見輪人
　以其杖關轂而輠輪者疏關穿也應从關
上握焉今文上作尚考說文从八向聲曾也庶幾也
　與上下之義別
拜受爵古文曰再拜受爵考今文脫再字



各以其耦進今文以作與考左傳能左右之曰以應
　从以
告左右今文曰告於賓非
司射釋弓視算今文曰視數考算即無算爵之算作
　數非
舉觶者退反位古文曰反坐應从坐
以虛觶降奠于篚執觶者洗升實觶反奠于賓今文
　無執觶二字及賓字觶皆作爵係脫
五職今文作植古文作胾考說文胾大臠也詩毛炰胾
　羹考本禮膱脠也音職長尺二寸上言薦脯用籩

五臟遙所不能容應从截至今文作植則疑誤字
無疑
獻工與笙今文無與笙二字考本文上句三笙一和
而成聲此句不應脫
遂命倚旌古文曰遂命獲者倚旌係今文脫
無物則以白羽與朱羽糅杠長三仞以鴻脰韜上二
尋今文糅作縮韜作翻考博雅糅或作杻韜音叨
杠也言以帛巾冐杠上加鴈頸也今文改作翻非
餘同
侯道五十弓今文改弓爲肱非考五十弓言侯中所



取數也肱謂臂幹也于義未切
惟君有射於國中其餘否古文有作又今文無其餘
否三字係脫
大夫射則肉袒今文無射字係脫
燕禮
羃用絡若錫今文錫作緆考說文緆先的切音錫細
布也亦作裼既夕纁綼緆注飾裳在幅曰綼在下
曰裼據此不應與錫通
坐取觚洗古文觚皆作觶考說文鄉飲酒之爵也受
三升者謂之觚考冬官工記疏觚大二升觶大三

升故鄭从二升觚三升觶也韓詩外傳二升曰觚
觚寡也飲當寡少此觶音寘說文鄉飲酒角也禮
曰一人洗舉觶受四升禮器注三升曰觶案各說
三升四升不同要之觚受少而觶受多也又增韻
賓曰觴虛曰觶
主人降賓洗南坐奠觚自此以下今文觚皆作爵
主人辭洗今文無洗字係脫
更爵洗古文更作受言受爵而洗也
媵觚於賓今文媵皆作騰考公食大夫禮注騰當作
媵媵送也俗作騰據則今文从俗字不宜从又領



爵亦曰媵
奠於篚今文無此三字係脫
遂卒爵古文曰卒爵不拜與今文異
賓降洗升媵觚於公考注此當言媵觶酬之禮皆用
觶言觚者字之誤也
洗象觶今文曰洗象觚非餘同
公答拜古文曰公答再拜係今文脫
以賜鍾人於門內霤古文賜作錫易或錫之鞶帶
寡君有不腆之酒今文無之字係脫古文凡腆皆作
殄詩遂篠不殄箋殄當作腆善也正義曰腆與殄

古今字之異故儀禮注云腆古文字作殄是也案
腆本作𦛟音殄說文設膳腆腆多也
使某固以請今文無使某二字係脫
與卿燕則大夫爲賓今文無則字係脫
與大夫燕今文無燕字不成文

大射儀

西階之西頌磬東面古文頌作庸考周禮春官眡瞭
掌凡樂擊笙磬頌磬注磬東方曰笙笙生也在西
方曰頌或作庸庸功也今作頌誦通郎歌也歌則
擊磬故謂頌磬解甚牽强



羃用錫若絺綴諸箭今文錫作緆絺作綌古文箭作
晉考周禮冬官記盧人凡爲殳去一以爲晉圍注
鄭司農云晉謂矛戟下銅鐏也釋文箭又音箭其
義本明今解箭小竹爲尊蓋費矣
更洗爵古文更作受係今文誤
降適阼階下適古文作造考周禮地官司凡四方之
賓客造焉則以告正韻造詣也
相者皆左何瑟後首首古文作手考下言內弦挎越
右手相後者徒相言不荷樂器空手扶之也應从
手不知鄭注上下皆从手解何以又从首不可解

也
挾乘矢於弓外古文挾皆作接考見前
士御於大夫今文凡於皆作于
皆適次而俟今文俟作待
不異侯古文異作辭考本文言與尊者同耦卽不辭
侯也
三耦俟於次北今文俟爲立非
至乏聲止古文聲作磬乃今文偏旁之訛上言右執
簫又言諾以宮又言諾以商故言至乏磬止也
授獲者退立於四方古文獲皆作護考護樂名已覽



古樂篇湯乃命伊尹大護與上文義同
獲而未釋獲古文釋作舍義通
順羽且左還古文且作阻考禮儒行沮之以兵正字
通與阻同阻止也謂沮之教以左體向南順羽在
北也
既拾取矢捆之古文捆作魁考禮檀弓不爲魁魁猶
首也謂齊四矢之首皆內向楅也解作叩非下揚
觸捆復同
不貫不釋古文貫作關考見前
適阼階下今文無適字係脫

還右乃降今文曰右還係顛倒
以袂順左右隈今文順作循非
公親繚之古文繚作紐考類篇繚女故切雜色繒也
於義無取紐女久切系也說文一曰結而可解莊
子人閒世舜禹之所紐也音義系而行之曰紐上
言左執弣右執簫以授公公系而行之也郝氏節
解誤改爲揉字言親揉之以審其安危也謬甚矣
揉以手挺之使曲直順善也弣簫有何曲直之有
遂以所執餘獲適阼階下餘獲古文作餘算考投壺
較勝負之籌曰算鄉射禮一人執算以從之故曰



執謂執矢算所獲之數也作餘獲非
十純則縮而委之古文縮皆作蹙見前
賓升就席今文席作筵考周禮春官司几筵注鋪陳
曰筵籍之曰席筵鋪於下席鋪於上惟於上故曰
賓升
司馬師命獲者以旌與薦俎退今文無司馬二字係
脫
士長升拜受觶今文觶皆作觚下同
公答再拜今文無再字係脫
洗象觚考注此觚當作觶而古今文俱作觚譌

卷上終



# 儀禮古今考卷下

綿州李調元贊庵撰

## 聘禮

帥衆介夕古文帥皆作率考古文帥本作逵音帥廣
韻从所類切率去聲俗通用後帥大夫以入同
管人布幕於寢門外古文管作官今文布作敷考類
篇管古丸切猶館也謂掌次舍帷幕之官也敷考
書舜典敷奏以言詩大雅罔敷求先王古文皆作
敷
加其奉於左皮上則北面古文奉作卷今文脫則字



考說文卷膝曲也謂寘於膝曲也又能卷舒之謂
卷亦通下文有取幣降卷幣實於笲可証
使者載旜古文旜皆作膳考聘禮上賓大牢積惟芻
禾介皆有餼韻會熟食曰饔具食曰膳从旜非後
同
取圭垂繅今文繅作璪考璪音早雜采絲貫玉爲冕
飾也禮郊特牲戴冕璪十有二旒繅所以薦玉字
義各別下圭與繅皆九寸同
介皆與北面西上古文與作豫
陳皮北首西上古文曰陳幣幣可兼皮皮不可兼幣

士爲紹擯今文脫擯字
介皆入門左今文脫門字
公側授宰玉裼降立古文裼皆作賜謂賜玉也
公升側受几於序端今文脫升字
賓進訝受几於筵前今文訝作梧考訝迓也古通用
謂迎受几於筵前也前有訝賓於館之文故云梧
有枝梧觝梧之義於本義不合
公壹拜送壹古文俱作一下同
上介奉幣皮先入門左古文重入字今文脫
歸饔餼五牢今文歸作饋考論語齊人歸女樂歸孔



子豚饋皆作歸後同
皆二以並並今文皆誤作併併平聲
車乘有五籔今文籔作逾考疏十斗曰斛十六斗曰
籔十籔曰秉逾訛字
至於階讓古文凡階讓皆曰三讓
庭實設今文曰入設入係衍文
賓拜禮於朝今文凡禮作醴誤後同
壹食再饗今文饗作鄉非
燕與羞俶獻無常數古文俶作淑者說文淑清湛也
又善也

以侑幣古文侑皆作宥考周禮大司樂王大食三宥
謂以樂勸食也與侑同
迎於外門外今文曰迎於門外脫上外字覲禮句同
升自西階自左南面受圭今文作由西階無南面二
字係脫
公使卿贈今文公作君非
赴者未至今文赴作訃考左傳凡諸同盟薨則赴以
告訃赴古通用
宰問幾月之資古文資作齎考周禮齎皮馬注齎猶
付也與資同



出祖釋軷古文軷作祓考周禮女巫掌歲時祓除軷
乃祭行之神見詩大雅取羝以軷注
繫長尺絇組今文絇作約考注采成文曰絇無事則
以繫玉約與紃同紃音旬急就篇注若今之刺繡
韠雜記紃施諸縫巾若今時條也
爲肆古文作肄考禮玉藻肆束及帶注肆讀肄餘也
釋文肆音肄羊至切
賓入門皇古文皇皆作王考室無四壁曰皇應訛字
皮馬相間可也古文間作干考類篇豻或作干大射
儀量人量侯道干五十注豻侯者豻鵠豻飾也

賄在聘于賄古文賄皆作悔考集韻悔虎猥切音賄
乃音之訛

擯者立于闑外以相拜古文闑作槷考見前

負右房而立今文脫而字

賜饔無羹飪古文羹作羔飪作腍考禮記腥肆爓腍
祭音飪熟食也羹說文从羔从美故古文从羔

如饋食之禮今文無之字

眇肉及庾車古文眇作紛考禮內則左佩紛帨注紛
帨拭物之佩巾也注从眇訓賦也鑿

明日問大夫古文曰問夫人應字訛



既致饔古文既作餼通用

則重賄反幣今文脫則重二字

十筥曰稯古文稯作緵考韻會周禮四秉曰筥十筥
曰稯十稯曰秅稯猶束也論語注六百四十斛曰
稯說文稯布八十縷徐鍇正之曰此即十筥稯也
蓋言非八十縷布也諸韻書皆釋稯爲八十縷布
誤案集韻稯緵通作子紅切音嵏案史記令徒隸
衣七緵布注緵八十縷也與布相似七升布用五
百六十縷是稯緵古通用也

公食大夫禮

設扃鼏今文扃作鉉古文鼏作密考見前

西面南上古文無南上二字

坐奠于鼎西南今文奠作委非

左人待載古文待作持今文誤

倫膚七今文倫作論係偏旁之訛

賓立於階西今文曰西階係倒誤

昌本南麋臡今文臡皆作麋考周禮天官醢人注有
骨爲臡無骨爲醢禮郊特牲恒豆之菹注天子朝
事之豆有昌本麋臡玉篇麋臡肝髓醢也韻會作
醢及臡者必先膊乾其肉乃復莝之雜以粱麴及



鹽酒置甀中百日則熟釋名臡胒也骨肉相搏胒
無汁也今文作麋麋非爾雅麋牲麐牝皆鹿肉也
並無麋麋之文

宰夫設黍稷六簋於俎西二以竝竝今文作併非下
同簋古文皆作軌考漢書注凡不循法度者謂之
不軌亦作不簋又簠簋不飭義亦同

大羹湆不和今文湆作汁考見前

由門入升自阼階今文無升字係脫

以辯擩于醢上豆之閒今文無于字係脫

膷以東臐膮牛炙古文膷作香臐作熏考禮內則膷

膴膮醢釋文膷音香牛臛也集韻膷牛臛膮牛臛
膮豕臛膴玉篇今時臛也羊曰膴是二字似不可
以香熏㯳之疑字訛
牛鮨今文鮨作鰭考鮨音脂說文魚䏘醬也出蜀中
一曰鮪魚名又音祁鮓也爾雅魚謂之鮨注鮓屬
也鰭音祁魚脊上骨少儀夏右鰭又正義鰭魚背
上鬣也據此則鮓應从旨不从耆
從者訝受皮今文訝作梧考見前
魚腊不與古文作豫
西東毋過四列古文毋作無



侑幣束錦也今文無束字係脫
加萑席今文萑作莞考周禮春官其柏席用萑黼純
注萑如葦而細詩豳風疏初生者爲菼長大爲亂
成則爲萑萑莞俱音桓小蒲席也楚謂之莞蒲一
名白蒲
牛藿羊苦豕薇皆有滑今文苦作芐考說文芐音户
地黃也爾雅翼地黃生以水試之浮者名天黃半
沈半浮者人黃沈者地黃芐字从下亦趨下之義
芐入藥並無作食菜者又禮閒傳芐剪不納疏芐
爲蒲苹爲席亦未言可食今文誤也詩唐風采苦

采苦傳苦菜也陸璣云生田及山澤中得霜甜脆
而美牛藿羊苦豕薇皆言小也藿豆葉也說文薇
似藿菜之微者也皆有滑言味之滑利也
簋有蓋冪今文冪作幕考冪本作鼏古字或作鼏又
作冪覆食巾也

覲禮

天子賜舍今文賜作錫非考見前
伯父帥今文帥作率考見前
以瑞玉有繅今文玉爲璧繅作璪考見前
伯父實來予一人嘉之今文實作寔通用嘉作賀考



揚子方言自關而西隴冀以往謂之賀四方來賀
蓋以下慶上之稱以上慶下應从嘉
四亯考注四當作三古書作三四或皆積畫此篇又
多四字字相似由此誤也
太史是右古文是作氏
尚左古文尚作上考見前
四傳擯古文傳作傅係偏旁訛
祭地瘞古文瘞作殪殪與瘞通

喪服

冠布纓削杖布帶疏屨期者今文無冠布纓三字係

脫
庶孫之中殤注此當爲下殤言中殤者字之誤也考
禮喪服傳年十六至十九死爲長殤十二至十五
死爲中殤八歲至十一歲死爲下殤七歲以下爲
無服之殤生未三月不爲殤禮檀弓周人以殷人
之棺槨葬長殤以夏后氏之堲周葬中殤下殤以
有虞氏之瓦棺葬無服之殤又周禮禁嫁殤者注
殤十九以下

士喪禮

綴足用燕几今文綴作對考綴音掇猶據也又連也
緝也作對足非
爲銘今文銘作旃考禮檀弓銘明旌也繼旐曰旃將
帥所建不應从旃
爲垼於西牆東下東鄉今文鄉作面考垼音役坄同
說文竈窋也
不綪古文作精考綪音蒨赤繒也精宜讀綪屈也江
沔之間謂縈收繩索爲綪疑綪精俱有訛
布巾環幅不鑿古文還作環古文環還通漢書還廬
樹桑
牢中旁寸今文牢作纋旁作寸考牢類篇𤘽郎侯切



音樓握手用玄纁裏長尺二寸廣五寸牢中旁寸
注讀爲樓樓削約握之中央以安手也疏讀從樓
者義取縷斂狹少之意云削約者謂削之使約少
也纋音纋笄之中央髮也本節文鬠笄用桑長四
寸纋中故今文从纋
決用正王棘若檡棘古文王作三今文檡作澤考檡
音宅唐韻檡棘善理堅韌者可以爲射決見周禮
繕人注作澤非也三棘蓋王字之訛
褖衣古文褖作緣考緣音願衣純也禮深衣純袂緣
純褖衣御于王者之服
竹笏今文笏作忽考釋名笏忽也備忽忘也一名手
版禮大夫以魚鬚文竹今文誤作忽
挋用巾古文挋皆作振考振拂去塵也禮曲禮振書
端書于君前
渜濯棄於坎古文渜作緣考渜古作湪音偄浴餘汁
也
鬠用組古文鬠皆作括考括與髺通絜髮也禮檀弓
袒括髮鬠乃髺鬠髮短貌不宜从
執以從今文脫執字
設韐帶古文韐作合考集韻韎韐士服制如韍或作

袷帢本作合因帶用革後人加革旁
麗於掔古文麗作連掔作捥考掔俗擥字捥捩也
櫜之今文作櫜考櫜古文作囮音拓囊也囊無底曰
櫜毛傳小曰櫜大曰囊櫜音高韜也左傳伍舉請
垂櫜而入詩受言櫜之櫜係誤
冪奠用功布古文奠作尊考冪尊謂覆尊巾用功布
也不宜从奠
其實特豚四鬄去蹄兩胉脊肺設扃鼏今文鬄作剔
胉作迫古文鼏作密餘同見前考鬄與剔同除也
本髺字解也言四解之殊肩髀而已胉音柏脅也



又五音集韻胸膊也作迫非後兩胉亞同
二人以並今文並作併見前
主人髻髮袒衆主人免於房古文髻作括見前今文
免作絻考絻音問左傳使太子絻注始發喪之服
也又弔所執紼亦曰絻玉篇亦作免
士舉男女奉尸侇於堂憮用夷衾今文侇作夷考侇
尸也夷衾覆尸柩之衾也作夷非
抽扃予左手兼執之取鼏委於鼎北今文扃作鉉古
文予作于鼏作密俱考見前
乃枇載載兩髀於兩端古文枇作匕髀作脾考枇匕

也謂以匕取肉載于俎也作枇非髀音俾股也从
骨从卑在下稱也脾音陴胃下土藏也作脾疑舛
腊進柢今文柢皆作胝考爾雅邸謂之柢言進于邸
次也胝腄也胼也解者謂腊骨進从胝謬甚矣
襚者以褶古文褶作襲考襲褶古通用重衣也
羸醢見前既夕句同
無縢今文縢作甸考縢縢緘也作甸非
載魚左手進鬐古文首作手鬐作者疑訛
主人拜稽顙成踊今文脫成字
主人拜送今文脫拜字



敦啓會今文脫敦字
兼執之今文脫兼字
度茲幽宅兆基今文兆基作兆期基期古通用
不述命古文述作術通用
闑閾二字見前
占曰某日從古文曰作日謂卜日也

既夕

請啓期今文啓作開見前
商祝免袒今文免作絻見前
取銘置於重今文銘作名非

設披今文披作藩考披古文作翍音賁禮檀弓孔子之喪設披注披柩行夾引棺者所以備傾虧藩周禮漆車藩蔽注今時小車漆席爲之非喪禮之用也

緇翦今文緇作淺考翦謂染爲淺緇之色也淺係從俗

甒二古文皆作廡見前

皆木桁久之久古今文皆作久考注久當作灸桁音衡葬具所以蓋也苞筲甕甒之屬以木桁塞其口內

兩杅今文杅作桙考杅音于盛湯漿器也其形方荀子槃圓而水圓杅方而水方作桙非

賓奠幣於棧左服今文棧作輚考說文竹木之車曰棧柩車亦謂之棧輚卧車也又兵車也輚一作轏左傳逄丑父寢於轏車義不同

髀不升今文作脾見前

特鮮獸古文特作俎考詩傳獸三歲曰特于文義重應从俎

執筭古文筭皆作筴考筴箸也

商祝執功布以御柩今文脫以字



屬引古文屬作燭謂以燭導引也

乃窆今文窆作封考窆謂葬下棺也見周禮

曰如之何古文無曰字

士處適寢今文處作居誤

設牀第古文第作茨考楊子方言牀陳楚之閒謂之第茨疑誤

楔貌如軛上兩末今文軛作厄考正韻轅端橫木駕馬領曰軛並不與厄通楔門兩旁木柣也爾雅棖謂之楔

校在南古文校作枝見前

赴曰今文作訃見前

掘坎今文掘作塞考本節文當作掘

垼用塊古文垼作役見前

凡絞紟用布倫如朝服今文無紟字係脫古文倫作輪考禮檀弓美哉輪焉注大也言大如朝服也

實角觶四木柶二古文角觶作角柶考角柶喪禮所用禮喪大記注以角爲之長六寸兩頭屈曲作角觶非考角觶聘禮所用見禮記宰夫實觶于醴加柶于觶柶音四匕也

主人說髦今文說皆作脫見前

主人乘惡車古文惡作堊考禮雜記三年之喪廬堊
室之中故車亦曰堊謂不塗墍也作惡非
白狗幦古文幦作冪考幦音覔覆車笭也與幎通周
禮春官木車蒲蔽犬複注謂以犬皮爲覆笭郎白
狗幦也作冪疑誤
御以蒲菆古文菆作騶考騶音鄒說廐御也又同菆
漢書材官騶發騶矢道同的注蘇林曰騶音馬驟
之驟如淳曰騶矢也師古曰騶矢之善者也春秋
左傳作菆字音同騶發發騶矢以射者也蘇音失
之矣



木錧今文錧作錯考錧音管車具也與輨同孟子題
辭五經之錧錧車轄常用金喪用木錯音轄車軸
頭鐵也孝經鉤命決孝道者萬世之桎轄二字分
義
木鑣古文鑣作苞考爾雅注鑣馬勒旁鐵也釋名鑣
苞也所以苞斂其口佩觿集草名之苞不當通厥
包之包作苞非
馬不齊髦今文髦作毛考禮曲禮乘髦馬疏不鬋落
鬣鬛齊翦也音毛髮也作毛非
啟之昕古文啟作開見前

夷牀輁軸古文輁作拱考輁音蛩廣韻輁軸所以支
棺也輁牀如長牀穿桯前後著金而關軸輁又音
拱義同
序從如初適祖今文無從字係脫
革靾載旜古文靾作殺考廣韻以馬鞍贈亡人曰靾
博雅鞫靾韅鞍也作殺疑誤
膏車載簑笠今文膏作潦考膏車脂車也見毛詩潦
勞上聲水淹也今文誤
抗木刊古文刊作竿考竿竹挺也作刊誤
弓矢之新沽功今文沽作古誤考沽音古物之麤惡



曰沽周禮掌五兵五盾辨其物注謂功沽上下也
作古非
有柲古文作柴考柲音祕周禮戈柲六尺有六寸又
弓檠曰柲作柴疑誤
設衣撻焉今文撻作銛考撻古文作遾鼓二字音闥
弣側矢道也以韋爲之銛鍤屬作銛非

士虞禮

藉用葦席古文藉作席席字句
設扃鼏見前
束縮古文作蹙見前

魚亞之今文無之字
佐食出立于户西今文無于户西三字係脫
啟會今文作開見前
祝命佐食墮祭今文墮作綏特牲少牢或爲羞失古
正矣後不綏祭同
播餘于篚古文播作半考半謂一半餘于篚也
酌酒酳尸古文酳作酌考酳引去聲饋食禮有酌酳
尸謂獻尸也
祝取肝擩鹽振祭今文無擩鹽二字考周禮辨九祭
六曰擩祭擩讀爲芮以肝肺菹擩鹽醢中以祭也



又見公食大夫禮今文脫去誤
尸謖古文謖作休考禮祭統尸謖君與卿四八　謖
起也作休即先生休矣之休亦通後同
殺于廟門西今文脫廟字
取諸左𦛨上古文𦛨作股考說文脛本曰股𦛨脰肉
也𦛨从股
進柢今作賑魚進鬐古作耆見前
鉶芼用苦古文苦作枯今文苦作苄俱誤苦苦菜也
苄地黃也考見前下饋食禮同
明齊溲酒考注明齊或曰當爲明視今文作明粢皆

非今文溲作醙考醙古文作酸一作醻音溲黍酒
也聘禮醙黍清皆兩壺古溲醙通下普薦溲酒同
哀薦袷事今文袷作古非
他用剛日今文他作宅古他字
乃餞古文餞作踐疑誤
尊兩甒古文甒作廡考見前
饌籩豆脯四脡古文脡作挺疑誤
二尹縮古文作蹙見前
丈夫說絰今文作稅
主人不與古文作豫



猶出几席古文作筵以上俱考見前
隮祔爾于爾皇祖某甫今文隮作齊考隮登也謂登
祔也齊字非
明日以其班祔考注古文班或爲辨氏姓或然今文
作胖非胖牲之半體也又析肉意也
沐浴櫛搔翦考注今文作蚤揃又作蚤鬋見前
取諸脰膉古文作頭嗌考脰項也膉咽也楚辭不溢
嗌只
朞而小祥古文作基見前
曰薦此常事古文常作祥言吉事也

中月而禫古文禫作導疑誤
特牲饋食禮
乃宿尸考注凡宿或作速或作肅皆古今文訛字
主婦視饎爨于西堂下古文饎作糦考詩吉蠲爲糦
糦酒食也又火熟曰爛氣熟曰糦周禮饎人掌祭
祀饎與饍同按饎音熾李巡云得酒食則喜歡也
今解炊黍稷曰饎是糦與饎兩義宜从糦說
藉用萑古文用作于謂藉于萑席也
大羹湇今文作汁見前
賓長以肵從古文無長字疑衍

尸以醋主古文作酢醋非也
佐食授挼祭古文挼作綏考周禮曰既祭則藏其綏
謂祭神食也與挼通
主婦洗爵酌今文作酌爵係倒
坐捝手古文作說見前
主婦拜受爵今文作授非
尸備答拜焉古文作尸復備非也
皆奠觶于薦右今文無觶字係脫
䔩者舉奠古文䔩作餕見前
湇沃今文湇作漱非湇沃也周語王乃湇濯饗醴淳

刌肺三今文刌作切考刌音忖切也从刀寸聲作切
非
少牢饋食禮
宿字古文皆作羞字應从羞
廩人概甑甗匕與敦于廩爨古文甑作烝考古字多
作烝古史考曰黃帝始作甑周禮甑實二鬴厚半
寸注量六斗四升曰鬴用甑字始見此各經無用
者
司馬升羊右胖髀不升古文胖作辨髀作脾考見前
皆設扃鼏古文作密

兩甒古文作廡
有冪今文作鼏以上皆見前
南柄今文作南方非考禮祭統尸酢夫人執柄亦通
枋士昏禮面枋疏枋柶柄也從無作方者
長枇古文枇作匕見前
心皆安下切今文切作刌非
主婦興入于房今文無興字係脫
尸取韭菹辯換于三豆今文辯作編考見前換即擩
字
舉尸牢幹古文幹作肝釋名肝幹也五行屬木故其

體狀有枝幹也凡物以大爲幹應从肝
乃酳尸古文酳作酌見前
以綏祭古文綏作肵考注應讀墮見前肵禮曾子問
祭殤不舉肺無肵俎肵音祈謂心舌之俎也下佐
食綏祭同
以嘏古文嘏作格見前
使女受祿于文古文祿作福通用
眉壽萬年勿替引之古文眉作微替作袂袂或爲戴
聲相近也眉作微疑誤戴與耋同年之至也漢書
犬馬齒戴



挂于季指古文挂作卦考挂音卦懸也戰國策無把
銚挂搙之勢通作掛卦卜也从卦疑誤
祝拜坐受爵今文無坐字係脫
資黍今文資作齎見前
有司徹
司宮攝酒今文攝作聶非見前
乃燅尸俎古文燅作尋應燖字之訛燅燖通用作尋
非
乃議侑于賓古文侑皆作宥考見前
二手執挑匕枋今文挑作抌疏挑器名讀如或舂或



抌之抌作挑者秦人語也楚謂搏曰抌抌深擊也
作抌誤
以挹湆今文挹作扱非考挹酌也酌汁也男子稽首
曰扱士昏禮婦拜扱地作扱非
主人北面于東楹東古文曰東楹之東係今文脫
取糗與腶修古文腶作斷考腶音鍛禮郊特牲大饗
尙腶修而已釋文加薑桂曰腶修謂脯也作斷疑
誤
主婦主人之北西面答拜今文無西面二字係脫
南面主婦立于席西今文曰南面尸于席西無主婦



立三字係脫
羊骼一古文骼作胳考胳音各腋下也後脛骨二膊
胳不从骼考見前
若是以辯今文若作如辯作徧見前
其脀體儀也今文儀皆作曦或作議非考脀音蒸升
也俎也謂升特牲體于俎饋食禮宗人告祭脀是
也
主人就筵古文曰升就筵係今文脫
舉觶于其長考古文觶皆爲爵延熹中詔校書定作
觶

腊辯無髀古文作脾見前

乃摭于魚腊俎今文摭作揲考禮記有順而摭也注拾取也揲音舌蓍也又摺揲也皆干本文無干應从摭

其綏祭古文綏作挼見前

尸以醋主婦今文醋作酢見前

右凡厞用席古文厞作茀考厞肥去聲隱也饋食禮几在南厞言不知神之所在而改饌爲幽闇庶其饗之也今言凡厞用席者萑葦爲之也茀音弗詩蔽芾甘棠王應麟詩考作蔽茀或從大雅作茀祿爾康之義亦通



儀禮古今考卷下

# 禮記補註

光緒七年辛巳夏鐫于廣漢

## 禮記補註序

雲莊禮記集說十卷元陳澔撰澔字可大都昌人雲莊其號也其書成于至治壬戌朱彝尊經義考作三十卷今本十卷坊賈所合併也初延祐科舉之制易書詩春秋皆以宋儒新說與古註疏相參惟禮記則專用古註疏葢其時老師宿儒猶有存者知禮不可以空言解也澔成是書又在延祐之後亦未爲儒者所稱明初始定禮記用澔註湖廣等修五經大全禮記亦以澔註爲主用以取士遂誦習相沿葢說禮記者漢唐莫善於鄭孔而鄭註簡奥孔疏典贍皆不似



澔註之淺顯宋代莫善於衛湜而卷帙繁富亦不似澔註之簡便又南宋寶慶以後朱子之學大行而澔父大猷師饒魯魯師黃幹幹爲朱子之壻遂藉考亭之餘蔭得獨列學官如　今定制所尚是也余少習舉子業先大夫郎授以陳氏集說余受而讀之以其間穿鑿附會並及掛一漏萬之處頗不慊於心因徧採說禮諸家爲之補註於上以備參考合之各得若干條因輯爲四卷夫說禮之家一百四十四人求其多不傷煩少不傷簡則衛湜之後斷推陳氏微嫌鄭孔概行刪汰此說禮者所以不能無歎然也余之補

所以補陳氏也而諸書說有可引者亦叅考而互證之使陳氏無竹垞兎園之譏由蒙訓而入經術起陳氏於今日亦應所俛首而心肯者乎西蜀李調元雨村識



# 禮記補註卷一

羅江李調元贊庵

## 曲禮

曲禮曰毋不敬儼若思安定辭安民哉

釋文曲禮委曲說禮之事此即古禮之篇名也古禮已亡小戴記其所聞仍以曲禮名之毋不敬三字該括一書儼若思敬之見於行者安定辭敬之見於言者所謂修己以敬也安民哉所謂修己以安人安百姓也禮記事雖繁多不出乎此三者故小戴以之冠首



敖不可長

敖說文作敖隸作敖游也从放出之義俗作敖非

狠毋求勝

狠本音痯犬鬬聲之名今借作人之忿爭曰狠譬猶乃多疑獸之名今借作人之不決曰猶狠字見於五經只此

若夫坐如尸立如齋

所謂入門如承大祭也禮莫大於祭故以尸齋比之

夫禮者所以定親疏决嫌疑别同異明是非也

親疏父子有親也嫌疑夫婦有別也同異長幼有序也是非君臣有義也陳氏引疏專以五服言疑未確

猩猩能言不離禽獸

禽字從内内音蹂爾雅釋獸貍狐貒貈醜其跡内疏内蹯掌也此四獸之類皆有掌蹯其指頭著地處名内白虎通禽鳥獸總名言爲人禽制也陳氏注本此孔穎達云王用三驅失前禽則驅走者亦曰禽干越志禽即獸也兩翼爲禽四足爲獸釋文別本作不離走獸後人妄加也又韻會鳥獸未孕亦曰禽



八十九十曰耄

一本作八十曰耄九十曰旄按耄說文作薹年九十曰薹又釋名七十曰耄頭髮白耄耄然也與薹同又作耋與旄同周禮秋官再赦曰老旄孟子反其旄倪古文通用此乃後人因說文而妄加不知其重疊也

凡爲長者糞之禮

陳氏引少儀云掃席前曰拚義與糞同又拚席不以鬣按糞字各書不一集韻作𡊮𡎤粟坋𡒄𢿲壣韻會本作𡊨隸作糞或作撲亦作拚又作叁玉篇作𦬹海篇作糞字彙補作𡊨古文作𦾔𡐓一字而形各異未有如糞字之多者陳氏止引少儀未爲詳備

斂髮毋髢

古本髢作肄按髢一名髲音被益髮也言人髮少聚他人髮益之也儀禮主婦被裼注讀爲髲鬄古者或剔賤者刑者之髮以被婦人之紒爲飾因名髲鬄爲詩鄘風不屑髢也左傳哀十七年初公自城上見巳氏之妻髮美使髡之以爲呂姜髢類篇作鬄髢即今之假髮也吉時以纚韜髮凶則去纚而露其髻故謂之髽檀弓魯婦人之髽而弔也是也斂即纚也言不用益髮也



不同椸枷

古本枷作架按内則注云植者曰椸橫者曰枷枷與架同爾雅釋器疏凡以竿爲衣架者多箷據此則椸枷應作箷架箷音匙又音弛楊子方言榻前几也趙魏之間謂之箷枷今俗多作打穀連枷及項械之枷不與度物之枷通矣

共飯不澤手

古本澤作擇陳注謂古之飯者以手與人共飯摩手而有汗澤人將惡之而難言按疏以手宜潔淨不得臨食始挼莎也此似近禮如謂古之飯者以手則飯黍毋以箸及羹之有菜者用梜何以稱焉箸與櫡同匙箸飯具見於史記無切肉又不置櫡梜猶箸也見廣韻今人謂箸謂梜提是漢以前已有之古人雖質曾未有舍匙箸不用而以手者手容恭之謂何則從注挼莎爲是再按手字古人多活用如檀弓子手弓而可公羊傳曹子手劍而從之則從以手執器之義亦可謂不論何器俱手不



擇飯器也又乾肉不齒決註謂治之以手亦疑非

笑不至矧怒不至詈

陳氏注齒本曰矧按矧本音哂作哂解亦通言不但不大笑亦不微笑也韻會正斥曰罵旁及曰詈言不但不正斥亦不旁及也

獻鳥者佛其首

陳氏注轉捩其首恐其喙之害人也按佛古本作拂禮記拂字多作佛學記其施之也悖其求之也佛俱作逆戾之拂讀今直以佛作捩轉解疑未確

急繕其怒

舊讀繕爲勁陳氏從呂說讀如字言作而致其怒按周禮夏官繕人注繕之言勁也以其所掌弓弩有堅勁而善堪爲王用者據此則繕本作勁解不必讀作勁也

頭有創則浴身有瘍則浴

創古文瘡字瘍注古本作痒按說文瘍音陽頭創也左傳襄十九年荀偃癉疽生瘍於頭疏瘍頭創也既言瘡不言瘍作痒似是周禮天官夏時有痒疥疾詩小雅癙憂以痒痒病也

爲其拜而蓌拜



蓌釋文盧本作蹲按蓌音挫謂介者有甲其身難以挫折朱子訓枝挂是也作蹲拜則近踞矣

國君不名卿老世婦至士不名家相長妾

此皆以主家事之臣妾言老即趙魏老之老以先君所遺故不名世臣猶言世僕以父在時所使故不名家相長妾妾之有子而年長理家事故不名

鞮屨素簚

釋文古本又作幭莫歷反音覓按幭字亦作簚覆車笭也亦作幦聆儀禮作幦旣夕禮也主人乘惡車白狗幦是也周禮作複春官大複鹿淺複然複

豻褀倶字異而義同笭音靈車籠也詩大雅鞹鞃
淺幭傳言覆式與此同又作幕

臨諸侯畛於鬼神

陳氏引呂注猶畔畛之相接按爾雅釋言畛致也天子巡狩至諸侯之國必使祝史致祭鬼神又一本畛作祇

庶人僬僬

陳氏引呂注僬僬雖無所考大抵趨走促數不爲容之貌按僬僬二字見荀子不苟篇誰能以己之僬僬受人之掝掝音作卽肖切明察也此從子消



切體變也義雖不同不得無所考

粱曰薌萁稷曰明粢

釋文古本無稷曰句又一本明粢作明粱按粱似粟而大稷關中謂之縻米爲黃米本二種以明粢作明粱古本誤也本草稷卽穄一名粢故曰明粢

羽鳥曰降四足曰漬

降讀户江切音缸落也陳氏失注漬疾智切音胔注謂獸相瀸汙而死按此段自天子以及下段皆言人死之名不應脫言鳥獸疑亦謂人之死于鳥獸者故下言死寇曰兵

庶人之摯匹

匹陳注音木按小爾雅倍兩謂之匹前漢書布帛廣二尺二寸爲幅長四丈爲匹俗作疋疑卽布帛也陳氏讀作鶩未知何據

椇

椇陳氏注形似珊瑚味甜美一名石李按內則蓤椇疏梨屬其味不善疏云椇法也婦人有法故以爲贄二說不同疑有二種考正字通本作枸石經作椇一名雞距子一名木屈櫟梵書謂之木蠹然詩南山有枸疏如白楊子又一種也



檀弓

布幕衞也縿幕魯也

幕一本作帟按幕音莫說文帷在上曰幕帟音覓車上覆笭也音義各不同

士之有誄自此始也

陳注二人遂赴鬬而死按記言馬驚敗績公隊佐車授綏公曰末之卜也言卜國微末無勇也縣賁父曰他日不敗績而今敗績是無勇也遂死之是縣賁父見公責卜國無勇故死之並未言卜國亦死也注者何所據而言二人並死乎此春秋莊公

十年事有經無傳何從知之孟子孟賁注勇士也
書綴衣虎賁傳虎賁以勇士事樂記粗厲猛起奮
末廣賁之音作而民剛毅賁之爲言勇也亦怒氣
充實剛毅之象也誄者累次其實行以爲謚有誄
則有謚是賁父之賁卽其謚也然則士之誄自縣
賁父始也卜旣無勇國亦非謚不得並言二人
古也墓而不墳
陳注墳塋域曰方言凡葬無墳謂之墓有墳謂之
塋又平曰墓封曰冢高曰墳
華而睆大夫之簀與

簀陳訓簟也按說文簀牀棧也爾雅釋器簀謂之
第注牀板也與詩小雅下莞上簟之簟不同簟竹
席也與簀自是兩物今訓爲簟誤矣又睆字兩見
毛詩有睆其實睆彼牽牛言實也明也徐邈又音
睆爲刮刮削節目使其睆睆然好疑未是
邾婁復之以矢蓋自戰於升陘始也
婁陳氏引釋云邾人呼邾聲曰婁故曰邾婁按蘇
氏演義時人以無分別者爲邾婁不辨邾婁小國
微小之人不能分別也六書故春秋邾國號邾婁
蓋言愚昧也又繫馬曰維繫牛曰婁凡山形連延

中忽斷絶曰陘
魯婦人之髽而弔也自敗於臺鮐始也
臺鮐春秋傳作狐鮐臺字當爲壺字之誤
死而不弔者三畏厭溺
陳註謂畏懼而不知所出多自經於溝瀆此眞爲
死於畏似難專指戰陳無勇或謂鬬狠亡命曰畏
按畏古文與威通用尚書自我民明威周禮夫角
之中恆當弓之畏註畏作威作亡命之說亦通
曾子之喪浴於爨室
爨七亂反音竄今之竈也浴用湯故就炊爨之所

曾子反席未安而沒未有遺命故權從其儉也陳
氏謂士喪禮浴於適室無浴爨室之文疑曾元從
非禮而賤其親未必然也又按掘中霤而浴毀竈
以綴足謂死而掘室中之地作坎以牀架坎浴尸
於上令汁入坎死人令強足辟戾不可著屨故用
毀竈之甓綴足令直可著屨是近竈而浴亦禮也
子張病召申詳而語之
註太史公傳曰子張姓顓孫今曰申詳周秦之聲
二者相近未聞孰是正義云言申與顓聲相近也
按顓孫自是復姓申詳其名不必疑申與顓姓之

異聲也

大功不稅

過時而追爲之服曰稅古禮經語故曾子駁之

徒使我不誠於伯高

孔子之使未至冉子攝束帛乘馬而將之子言己之禮未到而用他人代行禮所謂吾不與祭如不祭也不誠應如此解

蟻結於四隅

蟻陳註言於褚之四角畫蚍蜉之形交結往來按蟻裳見書顧命古人多以畫裳本作蟻其大者別



名蚍蜉

不爲魁

魁首也史記天官書註魁北斗第一星故今人謂第一爲魁謂從父兄弟之仇不爲首也故云主人能則執兵而陪其後陪隨也

塡池

今人於棺前設奠池以鐵爲之如鼎而四足曰池子疑卽此塡奠也池徹也不宜作音

夫祖者且也

且當作徂祖者徂也言往也卽喪事有進而無退之義下且字一句言暫且反當終往也

飯於牖下小斂於戶內大斂於阼殯於客位祖於庭葬於墓

陳氏引士喪禮小斂在戶之內大斂出在東階未忍離其爲主之位也主人奉尸斂於棺則在西階矣掘肂於西階之上肂陳也謂陳尸於坎也按斂裹也用布絞以東之阼東階主階也客位西階也爲主指主階也主位謂重也重主道也士重木三尺始死作重以依神殷禮以殯時置重於殯廟之庭旣成虞則綴此重而埋於新死行殯之廟周人



虞則徹重而埋之檀弓所謂殷主綴重周主重徹也此殯時所有之事陳氏訓作大斂未忍離爲主之位非此時未有主也又訓肂爲陳按肂音四坎也士喪禮掘肂見衽註埋棺之坎也凡置棺於肂中而塗之謂之殯訓作掘陳則難通矣由此以往皆一節遠一節故曰祖者徂也

五十以伯仲

陳註朱子引儀禮賈公彥疏云小時便稱伯仲某甫至五十乃去某甫而專稱伯仲此說爲是如今人於尊者不敢字之而曰幾丈是也按此係孔頴

達疏文正與賈說相反陳氏誤記

絰也者實也

絰音耋儀禮苴絰在首曰首絰在腰曰要絰首絰象緇布冠之缺項註作缺項非要絰卽絞帶也又有參革帶陳註引朱子首絰大一搤要絰較小絰帶又小絞帶象革帶一頭有彄子以一頭串於中而束之按搤音厄滿手曰搤註謂是拇指與第二指一圍似非彄環矣或作觳卽觳子也實言實以表哀非虛文也陳氏言有忠實之心亦迂

及葬毀宗躐行



毀宗應謂毀宗廟之邊牆故曰躐行註引疏訓毀爲毀廟訓躐爲躐壇恐非廟豈可因葬而毀之乎壇豈可躐乎

請粥庶弟之母

粥陳氏引鄭氏註謂嫁之也妾賤取之曰買意謂妾賤嫁之而使人買也按荀子儒效篇魯之粥牛馬者不豫賈王制亦有田里不粥之文皆訓作賣售人之物曰賣並無訓爲嫁及買者急就章出曰賣入曰買妾賤取之曰買意用曲禮買妾不知其姓則卜之之買以訓粥而不知粥人之母則言買

卜人師扶右射人師扶左

卜人自應主應氏說作卜筮之人與下射人皆平日役令左右之人故仍用之君疾時卜人主休咎故卽用以扶之也若讀作僕則此時安用御車之人乎

喪具君子恥具

絞紟衾冒之屬死而后制若棺衣之屬慮倉卒爲變而先制今人皆習爲故常儼然對其親而爲之矣仁人不忍先死其親故曰一日二日而可爲也者君子弗爲也恥字當作不忍解然則倉卒不備



奈何曰準六十歲制七十歲制之禮不使親知而備所謂亡於禮者之禮也其動也中矣

瓦不成味

味陳註音沬註當作沬皆非也沬音末本末之末也味音未未必之未也自是兩字味黑光也味滋味也義各不同

公叔木

木春秋傳作戍註木當爲朱非

宋襄公葬其夫人醯醢百甕

此言明器而用人器且實之故曾子非之

孟獻子之喪司徒旅歸四布
陳註稱左傳叔孫氏之司馬鬷戾今孟獻子之喪亦有司徒是家臣亦有司馬司徒也按司馬司徒特供其役未必遂設其官然卽可見僭妄而夫子曰可以時人方貪而獻子獨能使旅下士歸還四方所賻之布其廉猶可取也旅歸四布四字見檀弓良史筆法

讀賵
穀梁傳歸死者曰賵歸生者曰賻讀者讀方版所書助葬人名與物於柩前也旣曰物則不獨車馬



曰賵矣曲禮書方雜記出乃包奠而讀書皆是也

飲食衎爾
衎安定也陳註謂喪下當有如之何否則問當聞記者之畧按文勢衎爾下亦當有闕文檀弓章法最密非記者之畧也

葬也者藏也
此譏今人封壤爲墳並樹之非禮

馬鬣封之謂也
鬣馬領毛也按斧形與馬鬣不似殆取其毛卑之意言草創也則孔子之墳方剏爲馬鬣封今人概謂墳曰馬鬣非是

池視重霤
柳車池也如銅池承霤又埋柩曰肂肂坎曰池

歲一漆之
漆木汁可髹物也今人棺用漆本此

衽每束一
註衽今小要衽或作漆或作髹古者棺不用釘惟以皮直二橫三束之衽陳註形如今之銀則子兩端大而中小漢時呼爲小要不言何物爲之其亦木乎合棺與蓋鑿木置衽按銀則子意卽今之銀



定也

紂衣
紂作緇側其反又作純

子顯以致命於穆公
註盧氏云古者命字相配故顯當作韅公子縶之字也

殷練而祔周卒哭而祔
陳氏引孝經曰爲之宗廟以鬼享之孔子善殷之祔者以不急於鬼其親也按左氏傳特祀於主烝嘗禘於廟謂祔後主反殯宮至喪畢乃還新廟大

戴禮諸侯遷廟禮奉衣服由廟而遷於新廟此廟實爲殯宮顧命諸侯出廟門俟孔傳曰殯之所處曰廟又士喪禮巫止於廟門外註凡宮中有鬼神曰廟賈疏廟門者士死於適室以鬼神所在則曰廟故名適寢曰廟然則祔廟者實祔於殯宮非宗廟也

塗車芻靈

與孟子始作俑者其無後乎皆孔子之言而其詞不同塗車陳註謂以泥爲車按塗如塗畫之塗如今之刻木爲車或翦紙爲車之類皆上加采畫以



象車車工爲多泥似難成卽燒瓦爲之閹人亦未有能者不知何所據芻註云束草爲人形以爲死者之從衞如此則與以木爲人何異孔子何以稱善按芻蒿也卽生芻一束之芻言以蒿結爲靈坐如今以蒿爲架象宮室形上以紙糊之謂之靈位是也

進人若將加諸膝退人若將隊諸淵毋爲戎首

加諸膝愛如赤子也戎首首先起事也

設蔞翣

蔞周禮作柳死時柳車也

故子之所刺於禮者亦非禮之訾也

荀子不苟篇直指舉人之過惡非毀疵也韻會疵毀今人相承作訾毀久矣又管子形勢篇毀訾賢者之謂訾

杜蕢洗而揚觶

春秋傳作屠蒯洗而媵觶按媵送也宜作揚

使吾二婢子夾我

夾我使殉葬也尊已陳乾昔之子也不從父之亂命與魏顆同

公輸若方小斂般請以機封



般若之族孟子公輸子之巧於此可見

與其隣重汪踦往

隣或作談重當作童春秋傳作童汪踦

殺人之中又有禮焉

指朝不坐燕不與殺三人爲禮非謂每斃一人揜其目爲禮也

曹桓公葬於會

桓公謚宣言桓聲之誤也

進書

弔書也今人遣弔有書始此

予昭惠伯爲介及郊爲懿伯之忌不入

爲左傳作遇忌仇也言及郊始遇仇也敬叔嘗殺懿伯惠伯叔父也若作忌日豈惠伯于受命之日不辭而此乃不入乎自應從左傳

畫宮而受弔焉

畫宮應作圖其形於宮疑卽今之影堂若單作畫宮室之位則豈無宮室設位何以畫爲疑陳註未確

齊莊公襲莒于奪杞梁死焉

鄭注春秋傳杞植華還載甲夜入且于之隧隧奪



聲相近或爲兌梁卽植也按左傳杜註且于莒邑隧狹路鄭氏引以證經云隧奪聲相近又云或作兌據此則奪非也又敓古奪字兌卽敓之省文周書敓攘矯虔言强取也今本作奪攘陳澔失考音兌以爲地名誤矣奪徒活切隧徐醉切字書並無奪音

哀公欲設撥至爲榆沈故設撥

舊說以撥爲紼陳氏引方說謂撥雖無所經見然以文考之爲榆沈故設撥則是以手撥榆沈而纚於道也先儒以爲紼失之矣今按方說如此亦未知是否闕之可也按史記孔子世家會于夾谷齊有司請奏四方之樂于是旍旄羽袚矛戟劍撥鼓譟而至索隱撥房越切音伐謂大楯也不得云無所經見諸侯輴而設幬幬大路之素幬也索隱謂車蓋素帷疑撥卽天子陳設之喪具如前章云設披設旐之屬故云設紼言執不言設如前章執引執紼是也

季子皐葬其妻犯人之禾申詳以告曰請庚之至買道而葬

庚買也謂犯人之禾請償其直故云買道而葬後



難繼也後世出葬用大紙錢名曰買路疑本此

夫子之母名徵在

卽顏氏母名也昌黎文引此

邾婁考公之喪

考疑作定觀後章邾婁定公之時可見

易則易于則于

言來弔者事易行則答禮亦易事于遠則答禮亦于遠徐君使其臣容居來進侯玉以弔邾婁蓋自擬天子也故斥之爲易于雜者未之有也言從來無此

昔我先君駒王西討濟於河
周之先有駒伯疑駒王即此後以爲姓漢有駒幾
廢其祀刎其人
陳註何法之峻乎按刎割也疑斬割其人之木以爲棺槨若刎人無此刑
子弒父凡在宮者殺無赦 至 洿其宮而豬焉
在宮在宮之人也豬即書大野既豬言以爲池沼也
晉獻文子成室晉大夫發焉
發遣也言遣使致禮往賀也獻文趙武之謚如貞



文子今但稱文子此說是也
是全要領以從先大夫於九京也
陳引鄭註晉大夫墓地在九京按九京山名在今絳州又爾雅邱絕高曰京應从居卿切
仲尼之畜狗死 至 末
帷車帷蓋車蓋周禮輪人爲蓋以象天崇十尺故言丘也貧無蓋非苫蓋之蓋席蒲也青齊人謂蒲席爲蒲蓋封窆也埋狗亦謂之封首狗首也陷謂墜入地也
曾子與子貢入其廄而修容焉
廄馬廄也脩容爲君在內暫避於廄整冠束帶以俟見也註作以威儀悚動閽人以求入非豈二子素無威儀必至此始脩容淺之乎視賢者矣
貍首之斑然
貍野猫也有數種大小似狐毛雜黃黑有斑
叔仲皮學子柳
學教也子柳仲皮之子是父教子亦謂之學
衣衰而繆絰
注繆當爲不樛垂之樛按儀禮喪經不樛垂註不絞其帶之垂者與繆通謂兩股相交也漢書天雨



有草葉相繆結與此同
王制
百畝之分
孟子分作糞
祭用數之仂
仂數之餘也通作防周禮以其圍之防捎其數註防三分之一也鄭註以防爲十一疏以爲分散之名陳註大概是總計一歲經用之數而用其十與周禮皆不合應從三分之一爲是故下云喪用三年之仂

葬不爲雨止
不爲雨徵期也
西方曰棘
棘鄭註作㯗地名陳氏謂不若讀本字急也欲其遷善之速也似屬附會不如鄭註爲是
八十非人不煖
亦七十行役以婦人之義陳星齋曰非人不煖利用之具甚奇
月令
天子乃以元日祈穀於上帝乃擇元辰天子親載耒



耜
陳氏註元日上辛也郊祭天而配以祈穀也元辰郊後吉日也日以干言辰以支言互文也按元日旣屬上辛則不得謂上辛亦可謂之元辰祈穀矣按襄公七年傳孟獻子曰夫郊祀后稷以祈穀事啟蟄而郊郊而後耕桓公五年秋大雩左氏傳曰書不時也凡祀啟蟄而郊龍見而雩大戴禮載郊祀曰承天之神興甘風雨庶卉百穀莫不茂者則郊兼祈穀家語郊問篇至于啟蟄之月則又祈穀于上帝王肅註曰啟蟄而郊郊而後耕是郊與祈穀自是一時兩事不得謂郊祭天爲祈穀也
擇元日命民社
陳氏註郊特牲言祭社用甲日此言擇元日是又擇甲日之善者與召誥社用戊日按元日而謂之擇則或甲或戊皆可用
田獵罝罘羅網畢翳餧獸之藥
今月令無罘字又翳作弋按潘岳賦習媒翳之事註媒翳所隱以射者急就篇註凡鳥羽之可隱翳者也
鳴鳩拂其羽
羽有張而欲弛歛而欲舒二義



戴勝降於桑
師古曰勝婦人首飾謂首有文如勝也曲禮羽鳥曰降陳氏註謂降而下則死此又註言降者重之若自天而下不應前後矛盾若是故愚於前降字屬人言願闕之以俟知者
王瓜生
今月令云土蓏生小夏正云王萯秀未知孰是按萯字有二字異音萯音倍山名見山海經萯音附草名萯葽也或謂卽今之黃瓜誤

毋休於都
今月令休作伏言毋藏匿於都邑俗謂游手好閒亦通
乃以雛嘗黍
陳氏舊註以內則之雛爲小鳥此雛爲雞未詳孰是按說文雛仕干反雞子也釋文以爲仕干反是也
毋燒灰
灰炭也周禮地官掌炭掌灰物炭物之徵言仲夏火方盛毋燒炭也與內則冠帶垢和灰請漱衣裳



垢和灰請澣不同炊米以薪是灰無日無之未可禁也陳氏謂火之滅者爲灰似未確觀季秋草木黃落乃伐薪爲炭可見
腐草爲螢
螢一本作熒爾雅熒火即照註夜飛腹下有火古今註熒一名耀夜一名景天一名熠燿一名丹良一名燐一名夜光一名宵燭並無螢字螢俗字也
命漁師伐蛟取鼉登龜取黿
今月令漁師作榜人蛟狀似蛇而四足細頸頸有白嬰大者數圍卵生眉交故謂之蛟說文池魚三千六百蛟來爲之長謂之伐漢武射蛟江中之義鼉似蜥蜴長丈餘其甲如鎧可冒鼓龜甲蟲之長天性無雄以虵爲雄黿介蟲之長似鼈而大爾雅天地之初介潭生先龍先龍生元黿元黿生靈龜故月令先記其大者
民多瘧疾
今月令作瘧疫
國多風欬
今人謂之欬嗽
盲風至



荀況佹詩列星隕墜日暮晦盲即盲風之謂
民多鼽嚏
鼽病寒鼻窒也嚏噴鼻也蜀人謂嚏爲噴嚏
乘元路
今月令元作軫鄭注似當爲袗字之誤按說文袗元服則路不得爲袗自應從元
命太史釁龜筴
今月令釁下有祠字衍文
大酋監之
考周禮天官酒正二曰昔酒註今之酋久白酒並

無大酋官名陳氏謂酒官之長不知何據按說文云酋繹酒也揚子太元經註酋聚也疑謂酒已成就可蓄聚也大酋作句謂兼用六物大酋也監之乃謂酒官詩或立之監是也

及百祀之薪燎

今月令無此六字

共寢廟之芻豢

註謂養牛馬曰芻犬豕曰豢疏謂食草曰芻食穀曰豢又韻會羊曰芻犬曰豢其說各異按芻者飼牛馬之草豢以穀圈養豕也



禮記補註卷一

# 禮記補註卷二

## 曾子問

羅江李調元贊庵撰

房中亦踊三者三

檀弓婦人倡踊此房中亦謂婦人也彼娣姒之義故曰倡言相倡和也此子婦之道故曰三者三言哭亦如子以三度爲節也凡踊先男而後女

豈大功耳

言豈但大功乎耳字禮記句法下文何必小功耳亦同



嫁女之家三夜不息燭思相離也取婦之家三日不舉樂思嗣親也

思相離謂女思女之父母也思嗣親謂男思嗣續之重也據此則今之息燭舉樂爲無禮之甚矣陳氏但言思相離則不能寢寐思嗣親則不無感傷義尚未明

吾聞諸老聃云

石梁謂此老聃非古五千言者按孔子學禮於老聃正謂此不得謂有二人但禮記出於漢儒以爲皆非夫子之言則可以爲非老聃則不可鄭註謂

老眊古壽考者之稱亦未是老眊曰耶惟師得呼名也

喪慈母自魯昭公始也

昭公少喪其母有慈母良及其死公弗忍故爲練冠以喪慈母其事詳見鄭注孔疏應補入

不菲不杖

菲與扉通亦草履也

雨霑服失容

霑音沾濕也

君出疆以三年之戒以椑從



椑音僻蓋杝棺也檀弓君卽位而爲椑此言自以椑隨行蓋當時相尙此禮故問之

有陰厭有陽厭

厭者壓也鎭禳也祭殤之禮壓冠難使之銷磨也

葬引至于堩

儀禮唯君命止柩于堩是也

下殤土周葬于園遂輿機而往

土周火墼塊也一曰堲周輿機一本作餘機言不用人舉棺祇以餘機載尸也

文王世子

曲藝皆誓之以待又語

誓約束也言用言詞共相約束以待又語又語卽今之所謂再考也

周公踐阼

陳氏謂因缺一相字而遂啟明堂位周公踐天子位之說其後馴致新莽攝篡漢之禍實此語基之

愚按此四字以結上文如禮子貢問樂及老眊云之類石梁謂爲衍文非也權姦等皆不學無術莽無此語未必不居攝豈得以後之篡位而歸其獄於作禮者乎陳氏說誤矣



公族其有死罪則磬于甸人其刑罪則纖剸亦告于甸人

愚少讀禮記見陳註解磬爲縊殺之引左傳室如懸磬皇氏如懸樂器之磬也竊疑穿鑿磬控磬折皆磬字也言公族其有死罪則折其氣而控制之先羈于甸人之官不市于朝其刑雖罪至纖刺剸剸亦當鞫告故下云公族無宮刑以見公族犯法之異于民也若縊殺之則更倍于市朝矣豈立法之意乎

世子之記

古亡書名也小戴記其餘以附篇末所以存其名

禮運

其燔黍椑豚汙尊而抔飲蕢桴而土鼓

椑釋文作擘俱博厄切又作擗按內則塗皆乾擘之謂兩手擘也汙音窊鑿也音鑿木爲尊也抔本作捊引取也蕢音塊古文作凷一作與凷通凷音塊讀爲蕢聲之誤也凷堛也桴擊鼓杖也俗謂之枹言以堛爲枹也又爾雅椋亦曰桴土鼓即堛今八音之一也陳氏俱訓爲燒石摶土古人雖樸亦早剏車刻舟奚豈必盡以土爲乎竊疑未確



升屋而號告曰皋某復然後飯腥而苴孰

復以招魂皋說文从白从夲禮祝曰皋登曰奏故皋奏皆从夲夲進趣也周禮詔來瞽皋舞註皋告之也今俗皋乃隸書不可從凡肉未熟曰腥論語君賜腥必熟而薦之是也陳註謂以生稻米爲含不知何據苴藉也一本作俎

冬則居營窟夏則居橧巢

營即詩經之營之之營橧說文北地高樓無屋曰橧按橧樓今北方民居皆築之橧桴重棼見張衡西京賦一本作曾又作增非也

故仕於公曰臣仕於家曰僕

此臣僕二字之分

諸侯非問疾弔喪而入諸臣之家是謂君臣爲謔

如春秋陳靈公飲於夏氏及齊莊公縣如崔氏之禍恆于此

故君者所明也非明人者也

陳註謂明當作則不知所據按書黜陟幽明又視遠惟明應讀作本字解不必迂其說

故聖人耐以天下爲一家

耐古能字傳書世異古字時有存者此類是也按



荀子仲尼篇能耐任之註忍也謂忍任其事也宋祁漢書高帝紀註云古者能字皆作耐後世以三足之能爲能故今人書能無有作耐字者能熊屬也凡能任之能皆當作耐若說文耏或从寸則髡罪之耐也與此迥別

山出器車河出馬圖

器車言出作車之器如木材之類馬圖即指龍馬負圖也陳註引器爲銀甕丹甑車爲山車垂鉤又引晉時恆山大樹自枝根下有璧七十圭七十三又張掖柳谷之石有八卦璜玦之象何其鑿也

鳳凰麒麟皆在郊棷龜龍在宮沼
陳氏謂龍之變化不測未必宮沼有之不以辭害
意可也按說文龍鱗蟲之長能幽能明能細能巨
能短能長春分而登天秋分而潛淵此宮沼有之
證也古者天下有道則麟鳳龜龍見非異事也此
章言聖人體信達順則天地位萬物育而四靈畢
至又何以辭害意之有乎

禮器

五重八翣
重謂𧝓車上之飾也陳謂五重謂抗木與茵茵用



淺色緇布夾爲之以茅秀香草著其中如今褥子
中用絮然縮二橫三爲一重按茵當作𧝓𧝓卽褥
也褥字五經不見但見于疏翣陳氏此條下引見
檀弓註云以布衣木如䎃與按鄭氏喪大記註云
漢禮翣以木爲筐廣三尺高二尺四寸兩角高衣
以白布畫雲氣柄長五尺如䎃與者如漢時之扇

大路繁纓一就
陳註繁馬腹帶纓鞅也在馬膺前染絲而織以爲
罽五色一帀曰就罽居例切音猘氂罽也爾雅註
毛氂所以爲罽疏織毛爲之若今毛氈𣯛也今騎

垂於馬膺前著纓亦以氂毛爲之但散而不織名
曰貼胸有品級意卽古繁纓之遺意

樿杓
樿木名山海經風雨之山其木多棷樿杓杯杓也
謂以樿爲杓故云犧尊疏布鼏樿杓陳氏謂杓爲
沃盥之具殆因玉藻有櫛用樿櫛而誤也樿亦可
爲櫛

不麾蚤
麾與撝同言不指撝執事之人令其過早也
夫奧者老婦之祭也盛於盆尊於瓶



周禮陶人爲盆實二鬴古以盆爲㽘也缶謂之瓵
小者謂之瓶
故魯人將有事于上帝必先有事于頖宮晉人將有
事於河必先有事于惡池齊人將有事于泰山必先
有事于配林
言先習禮于頖宮惡池配林也惡一作虖山海經
木馬之水東北注于虖池配當以配侑得名
樂有相步
瞽無目步必有相所謂相師之道也
割刀之用鸞刀之貴

言宗廟宗以刀割牲而用鸞者取其刀環有鸞鈴其聲中節也此流水句法非兩刀也

莞簟之安而稾鞂之設

莞簟席也上莞下簟稾曰秸言去其皮祭天以爲席也說文穗去實曰鞂

內金至金次之

內者所以通上下之情次者不過通情不在金也郊特牲又言以鐘次之以金莫大於鐘也

郊特牲

郊血大饗腥三獻爓一獻孰



郊郊天也則先設血後設腥爓孰大饗祫祭宗廟也則血與腥同時薦三獻祭社稷及五祀也則用爓爓沈肉於湯也名爲三獻以禮皆三獻故也一獻祭羣小祀也禮唯用孰肉故名一獻凡此凡由遠而近由尊而卑由重而輕凡薦獻皆謂薦稷稷曰明粢是也近而卑輕者饗味遠而尊重者饗氣

饗禘有樂而食嘗無樂陰陽之義也

饗禘俱在春食嘗俱在秋饗以恤孤子食以食耆老禘嘗俱在宗廟按禮言陰陽之義也陰故不用樂陽故用樂凡聲陽也故不用樂按楚茨之詩所以逑公卿有田祿者力於農事以奉其宗廟之祭也其二章曰以往烝嘗其六章曰樂具入奏朱註謂宗廟之制前廟以奉神後寢以藏衣冠祭於廟而烝於寢故於此將燕而祭時之樂皆入廟而燕於寢此時旅酬燕毛之禮皆備則是食嘗未嘗無樂也文云飲養陽氣也故有樂食養陰氣也故無聲謂饗禮主於酒食禮主於飯也而詩既曰神具醉止又曰既醉既飽則又不專言食皆不可解陳氏謂此夏殷之禮周皆用之故有樂禮或然與

鼎俎奇而籩豆偶



凡數雙曰偶隻曰奇

旅幣無方

如禹貢所載是也

庭燎之百由齊桓公始也

庭燎設炬火於庭以照來朝之待漏也用百言桓公僭用天子之禮

大夫之奏肆夏也由趙文子始也

肆夏見周禮九夏樂章名也其樂不可詳上言卒爵而樂闋孔子屢歎之其樂可知矣賓入門奏之惟諸侯得用趙武以大夫何得僭也

大夫强而君殺之義也由三桓始也
按三桓三家哀昭定之間僭妄極矣何能殺也疑言不能如成季以莊公之命酖殺僖叔及殺慶父由三桓始方順
天子之失禮也由夷王以下
周之衰平王東遷禾黍離離之所由作也
臺門而旅樹反坫繡黼丹朱中衣大夫之僭禮也
臺門而旅樹反坫卽論語邦君樹塞門管氏亦樹塞門邦君爲兩君之好有反坫管氏亦有反坫此言大夫僭禮卽指管仲也不言管仲以昭昭在人



耳目也舊讀繡爲綃故石梁王氏以爲當依詩文不可改爲綃按詩唐風素衣朱繡箋云繡當爲綃韻補云讀如肖綃生白繒似縑而疏則如詩文亦可讀俏王氏殊失考言綃黼爲中衣之領丹朱爲中衣之緣也丹朱染繒爲丹朱色也
諸侯不臣寓公
寓寄也凡寄寓他國皆爲寓公此諸侯指其所寓之國之諸侯言寓公或有先爲諸侯而失國寓此者不以爲臣以其先爲諸侯也
鄉人禓孔子朝服立於阼存室神也
此卽論語鄉人儺禓舊說强鬼之名禓从示从昜
按祭道上神曰禓
迎貓爲其食田鼠也迎虎爲其食田豕也
眉山蘇氏以爲迎貓則爲貓之尸迎虎則爲虎之尸陳氏以爲近于倡優所爲按有主必有尸既言主先嗇則必爲尸矣不然知貓虎何物而曰迎若神則祭之而已又何云迎乎
土反其宅水歸其壑昆蟲毋作草木歸其澤
草木亦曰歸言歸生于林藪也上古祝辭如歌如謠如此



羅氏致鹿與女
陳氏謂女爲俘於亡國之女非也羅氏掌鳥獸之官致鹿其職也不應有所俘亡國之女按上節言諸侯貢屬焉則鹿與女皆諸侯所貢也故曰與女謂與鳥獸咸貢者羅氏以之轉致於天子而子詔客告于諸侯以好田好女者亡其國之言戒諸侯也客卽諸侯所遣介紹之客也如此方是
天子樹瓜華
爾雅瓜曰華之曲禮爲國君者華之華字不應作花蓏解按此節另爲一章衍出於此陳註以爲亦

令使者歸戒其君之語恐爲天子不應自贊天子
也
壹與之齊終身不改故夫死不稼
齊一本作醮按齊卽妻也者齊也之義稼當作嫁
古通用
夫也者夫也
下夫一本作傅按卽夫也者扶也之義
擧斝角
斝音賈玉爵也周禮祼用斝彝黃彝黃彝卽黃目
亦爵名也斝受六升兩柱交似禾稼故音同稼俗



作斝非角如今犀角杯之類卑者擧角受四升
內則
左佩紛帨
拭器巾曰紛粗布也拭手巾曰帨細布也卽今手
巾也
刀礪
刀卽今小刀礪卽今磨石玉篇崦嵫山石可磨刀
小觿金燧
小觿小骨錐也今謂之解手言可以解結也金燧
取火於日周禮作鑒燧卽金鋼鑽也今人有用水
晶照日取火曰火晶
右佩玦捍
玦卽詩童子佩韘之韘韘玦半環也卽今之扳指
成人所佩也捍今謂之韝子
管
陳註言筆彄其形制未聞按管籥也古與鑰通卽
月令愼管籥之管疑卽今之鑰匙也作筆彄恐未
確
遰
刀鞞也卽今刀鞘也詩鞞琫容刀下曰鞞上曰琫



古之言鞞猶今之言鞘
大觿木燧
解大結謂之大觿錐稍鈍木燧今謂鑽子用之穿
物故曰鑽所謂檳梨曰鑽之也論語鑽燧改火卽
此天陰所用也按以上所佩十二物皆今人所佩
其遺制也
屨著綦
朱子訓綦爲鞋口帶按釋名鞋解也綦與約同卽
今之鞵系子
箴管

箴與鍼同緻衣箴也今通謂之針管即鍼筩

線纊

線即綫縷也纊綿也

施縏袠

縏小囊也袠疏訓袠爲刺言以針刺縏而爲囊也按袠如書衣劍衣之類後漢楊厚傳吾綈袠中有先祖所傳秘記疑即今之縷籠

衿纓

衿衣小帶也纓系也曲禮女子許嫁纓示有所系束也與此所佩香纓不同香纓疑即今小袷囊



綦屨

女綦狀如刀衣鼻在屨頭以爲行戒與絇同疑今之套鞋按以上十二物今婦女皆用之

蕡

爾雅蕡藹註蕡麻子也按即胡麻膳夫經一名巨勝退皮九蒸九曝可煮粥陳註謂大麻子未見可食也

堇荁

堇葵也詩堇荼如飴是也廣雅夏荁秋堇滑如粉

枌榆

嵇康養生論食榆令人瞑言啖榆則眠不欲覺膳夫經云蕪荑乃沙塞之赤榆子也味辛椒之亞也白榆曰枌莢謂之榆錢今北人炒而食之

敦牟卮匜

敦儀禮黍稷四敦皆蓋之敦牟齊人呼其釜之名卮酒器匜盥器似羹魁柄中有道可以注水

糗餌粉酏

糗書峙乃糗糧擣穀爲糒也餌餅也糕也陳訓餈非也餈以豆爲粉糝餌則先屑米爲粉然後溲之爲餅也粉米粉也酏以黍爲粥也即黍酏後爲稻



粉糬溲之以爲酏是也四物各不同陳皆訓爲餈餅誤也

稰穛

陳註熟穫曰稰生穫曰穛而說文又訓早取穀曰穛未知孰是

黍稷

黍即今之高粱稷即今之粟穀

不食雛鼈狼去腸狗去腎狸去正脊兔去尻狐去首豚去腦魚去乙鼈去醜

此節言不可食有九也陳氏皆失註故補之雛鼈

伏乳之小鱉也國語路都父怒鱉小曰長而食之是也狼其腸直故鳴則後竅皆沸其性貪戾有毒狗腎性熱南方有白面而尾似牛尾者爲牛尾狸極肥人多糟爲珍品正脊卽爲其腸在中也不利人兎詩有兎斯首炮之燔之尻髖也脊骨盡處尻有九孔故不可食狐死首丘氣極臊烈腦頭髓也食之令人腦漏爾雅魚腸謂之乙魚餒必自腸始形屈如乙字醜臭也去其穢也陳氏訓醜爲竅引或云頸下有骨能毒人按養生雜纂鱉有四目獨目白目目陷凹赤足三足頭足不能縮腹下有小



字王字天字頷下有軟骨如龜形皆不可食也

牛夜鳴則庮羊冷毛而毳羶狗赤股而躁臊鳥皫色而沙鳴鬱豕望視而交睫腥馬黑脊而般臂漏

此言不可食又有六也庮朽木臭也見周官內饔註毳細毛也鬱蒸氣也漏疑卽腦漏之漏

雛尾不盈握弗食舒鴈翠鵠鴞胖雉肝鴈腎鴇奥鹿胃

此言不可食又有九也雛雞子也五指在內爲一掘又六觚爲一握不盈握言其小也翠如翠羽之翠言尾有翠毛不可食鵠水鳥大於鴈羽毛白澤翔極俗呼天鵝鴞青鴞其肉甚美可作炙莊子見彈而求鴞炙是也與鵂鶹別一種胖如脯而腥周禮凡掌共羞脩刑膴胖骨鱐以待共膳鴇毛有豹文又名獨豹無後趾陳註趾作指誤奥烹和也荀子泔之傷人不若奥之是也陳氏謂奥爲脾肶脾者背上兩膊間鴇至細微而言及脾所謂蟭蟟巢於蚊睫無是理也胃釋文作腡

大夫七十而有閣天子之閣左達五右達五

閣以度飲食五五重也左達右達言相通也

淳熬



此周禮八珍之一凡以火而乾五穀之類曰熬背沃以膏凝者曰脂澤者曰膏

淳毋

此八珍之二與上所異者稻黍

炮

此八珍之三炮裹物燒也皾皮肉上之䐢膜也

擣珍

此八珍之五擣手椎也脄背肉也楚辭敦脄血拇脄或作脢釋文徐讀亡代反

漬

此八珍之六漬浸也醷音億濁漿也
爲熬
此八珍之七異於湆熬者湆以膏澆之此則專肉於火上爲之也
肝膋
此八珍之八幪之以其膋謂覆之而濡以膋膋腸脂也舉燋釋文作巨焦炬火也
小切狼臅膏以與稻米爲酏
此卽前粉酏之酏亦粥也以狼臅臆肉小切之糝入稻米粉之中而成粥也陳氏註此爲粥而於粉酏之酏則以爲當作餈何前後矛盾也
斂枕篋簟席襡器而藏之
襡連要衣也今謂之纏要與前斂簟而襡義不同若此訓襡爲韜藏則是藏器而藏之矣於文爲不順
妻不在妾御莫敢當夕
當夕自當云當夫之夕陳氏以爲當妻之夕恐未確
詩負之
詩者持之以手也儀禮作詩懷之



翦髮爲鬌男角女羈
陳氏引嚴氏夾囟曰角兩髻也午達曰羈三髻也囟俗作顖顖顱也一縱一横曰午今女翦髮留其頂縱横各一相交通達故曰午達不如兩角相對但縱横各一在頂上故曰羈羈者隻也又髻也
父執子之右手咳而名之
男子由右婦人由左故也
聘則爲妻奔則爲妾
奔釋文作衒凡嫁娶而禮不備亦曰奔周禮仲春之月會男女奔者不禁謂不必六禮備非淫奔也



玉藻
史定墨君定體
墨氣色下也周禮龜人各以方色與體辨之以决其吉凶也左傳所謂國有墨及君無墨也陳註以墨畫龜恐未確
大夫以魚須文竹
魚須又見左思吳都賦文竹竹之有文者以魚須飾其是以爲笏也劉昌宗文竹讀作珉竹亦通
二爵而言言斯禮已三爵而油油以退
王肅本二爵而言作一句註云飲二爵可以語也

言斯禮已作一句註云語必以禮三爵而油註云
悦敬貌無巳字及下油字油作一由
深衣三袪縫齊倍要衽當旁袂可以回肘
此槪言深衣之制其詳見深ゝ註訓袪袖口也蓋
袂口統名曰袪裳在前曰襟在後曰裾在旁曰衽
長中繼揜尺袷二寸
陳註訓長中長衣中衣與深衣制同著於內則曰
中衣蓋著在朝服或祭服之內也著於外則曰長
衣以素爲純緣者也雜記所云練冠長衣以筮深
衣之純以素者也繼揜尺者幅廣二尺二寸以半



幅繼續袂口而揜覆一尺也袷曲領也按後漢輿
服志宗廟諸祀冠長冠服袀元絳緣領袖爲中衣
絳絝袜漢書萬石君傳中帬若今中衣是中帬卽
長中也在小衣之外祭服之襲衣也深衣乃大夫
士在私朝及家朝夕所服不得云與深衣制同
士不衣織無君者不貳采
織繒也錦綺之屬不貳采猶云不二色
襲裘不入公門
陳註謂揜其襲衣而不露裼衣也疏云裘之上有
裼衣裼衣之上有襲衣襲衣之上有正服按曲禮
疏襲衣卽所謂中衣而陳註其有藉者則裼無藉
者則襲以爲古人之衣近體有袍襗之屬其外或
葛或裘上皆有裼衣裼衣上有襲衣襲衣上有常
著之服則皮弁服及深衣之屬是也揜而不開謂
之襲袒而見衣謂之裼考玉藻君衣狐白裘錦衣
以裼之註錦衣復有上衣天子狐白上衣皮弁服
皮弁卽爲錦衣上服是裼衣上不復更有中衣也
釋名中衣言在小衣之外小衣卽襲衣也中衣但
得襲襲衣不得襲裼衣也
凡帶有率無箴功



率繂同綷也無箴功所謂裁縫滅盡鍼線跡也
瓜祭上環
削瓜似環也上環近蒂處也
親癠
癠有才詣前西二切方氏謂人氣體和則齊不和
則害於齊故病謂癠應从前西切
端行頤霤如矢
霤堂前承霤屋水所流也釋文頤或爲霆音追亦
音夷
禮記補註卷二

禮記補註卷三

羅江李調元贊庵撰

明堂位

昧東夷之樂也任南蠻之樂也

昧取開其冥昧之義任者取縻以恩信之義

復廟重檐刮楹達鄉

屋亦謂之廟復廟重屋也檐俗作簷所以蔽風雨俗稱捲棚刮楹摩刮其柱也達鄉言窻牖皆向明使通達也陳氏以爲四戸八窻相對故云達鄉似鑿



俎用梡嶡

有脚曰梡脚中央横木曰嶡

崇鼎貫鼎大横封父龜天子之器也越棘大弓天子之戎器也

中庸陳其宗器此之類也

垂之和鐘叔之離磬女媧之笙簧

鐘周禮皆作鍾古字通用其實鍾酒器六斗四升爲鍾鐘樂器也二字不同垂作鍾無句作磬見世本無句卽叔名也女媧說文古神聖女也始制笙簧

喪服小記

別子爲祖繼別爲宗繼禰者爲小宗至庶子不祭禰者明其宗也

陳註謂別子有三一是諸侯適子之弟別於正適二是異姓公子來自他國別於本國不來者三是庶姓之起於是邦爲卿大夫而別於不仕者皆稱別子也爲祖者別與後世爲始祖也繼別爲宗者別子之後世以適長子繼別子與族人爲百世不遷之大宗也繼禰者爲小宗謂別子之庶子以其長子繼已爲小宗而其同父之兄弟宗之也又註



庶子不祭祖者明其宗也言其適子之爲適士者固祭祖及禰矣庶子止得立禰廟不得立祖廟而祭祖明其宗有在也又註下文庶子不祭禰者明其宗也言庶子不得立禰廟故不得祭禰明主祭在宗子廟必在宗子之家也庶子雖貴止得供具牲物而宗子主其禮也上文言庶子不祭祖是猶得立禰廟以其爲適士也此言不祭禰以此庶子非適士或未仕故不得立廟以祭禰也言未仕者意以士止爲小宗不得爲大宗以士無祖廟也按荀子士有常宗楊倞註繼別子之後爲族人所常

宗百世不遷之大宗也據此則士亦得爲大宗矣即以本記言之士攝大夫惟宗子其義可知矣又庶子不祭殤與無後者殤與無後者從祖祔食註言庶子不得祭此二者以巳是父之庶子不得立父廟故不得自祭其殤子也若巳是祖之庶孫不得立祖廟故無後之兄弟巳亦不得祭之也祖廟在宗子之家此殤與此無後者當祭祖之時亦與祭於祖廟也考鄭氏註宗子之諸父無後者爲墠祭之孔氏疏若宗子是士無曾祖廟故諸父無後者爲墠祭之又曾子問曰宗子爲士庶子爲大夫其祭也如之何孔子曰以上牲祭於宗子之家曰孝子某薦其常事註言庶子既爲大夫當用上牲然必往宗子家而祭者以廟在宗子家也又曾子問曰宗子去他國庶子無爵而居者可以祭乎孔子曰祭哉望墓而爲壇以時祭若宗子死告於墓而後祭於家宗子死稱名不言孝註言庶子卑賤無爵不得於廟行祭禮但當祭之時即望墓爲壇以祭也若宗子死則庶子告於墓而後祭於家亦不敢稱孝子某但稱子某及介子某而已據此是宗子無爵其家無廟而祭於庶子之家是且有無



廟而爲宗子者矣大若謂有祖廟乃得爲大宗士或未仕故不得立廟止爲小宗充其說不特士不得爲大宗據祭法則大夫止有宗祖廟將大夫亦不得爲大宗乎

妾祔於妾祖姑亡則中一以上而祔祔必以昭穆慈母與妾母不世祭也

陳註引上章言妾祔於妾祖廟者疏云妾無廟今乃云祔及高祖當是爲壇以祔之耳按所謂不得祔者祔於先君之廟也爲壇以祔之說經無明文見於漢唐諸疏比節專言祔廟言妾死則祔於祖之妾廟也禮祖廟三昭三穆惟廟有昭穆故云亡則中一以上言祖無妾則又間曾祖一位而祔高祖之妾以昭穆之次不同列也雜記所謂妾祔於妾祖姑無妾祖姑則亦從其昭穆之妾是也廟中尚有昭穆之妾何云無廟並不言壇壇則有何昭穆之有不世祭謂子固祭之至子之子乃其妾祖姑祭之亦可不必世世祭也

士不攝大夫士攝大夫唯宗子

謂大夫以公事出而家人攝祭則義當使親子弟雖無爵者可攝如宗子是也

婦人書姓與伯仲如不知姓則書氏

今婦人書皆言某氏禮言婦人如不知婦又買妾不知其姓蓋殷以前六世則相爲昏周以後卽不然也

大傳

大夫士有大事省於其君干祫及其高祖

孔疏祫合也謂雖無廟而得與有廟者合祭大夫蓋祫於曾祖廟而上及高祖上士則祫於祖廟而上及曾祖高祖下士則祫於禰廟而上及祖與曾祖高祖干者從下而上之義陳註謂大夫三廟士二廟二廟不敢私自舉行以卑者而行尊者之禮殊未明晰

殊徽號

徽號之所始所以殊其旗之名非殊其旗之色也

徽一本作褘見釋文

服術有六

言服之法有六也六曰從服而從服又有六鄭疏謂服術有六其一是徒從按其一乃屬從其二爲徒從鄭誤也

少儀



臣如致金玉貨貝於君則曰致馬資於有司

馬資如今云路費

執箕膺擖

陳註擖箕舌也謂今之箕口氾埽卽洒埽言延漫其水以埽之也註訓廣埽未確

不擢馬

馬投壺之算今謂之籌馬以象牙雜骨及竹木爲之擢取也言三馬成勝若一朋得二馬一朋得一馬則二馬應取彼一馬以足已三馬不擢不敢取尊者之馬也

刀卻刃授穎

按陳氏一訓穎爲警枕一訓穎爲刀鐶同一穎而兩訓非也穎卽史記脫穎而出之穎錐柄也字从木不从禾

羞濡魚者進尾冬右腴夏右鰭

凡腴之下肥曰腴腴魚腹也

君子不食圂腴

犬豕腸有似人穢故不食

爲君子擇葱薤則絶其本末

本末謂顛與頭須也葱薤可以止卧故君子食之

麋鹿爲菹野豕爲軒皆聶而不切麕爲辟雞兔爲宛脾皆聶而切之

菹酢菜也生釀之使阻于寒温之間不得爛也野豕山豬也軒音憲切肉大如藿葉曰軒聶與腜同薄切肉也不切報切也麕麞也麕牡麌牝麜其子肉可爲脯辟雞膾名宛脾卽脾析牛百葉也見周官醢人釋文徐讀蒲佳反

大牢則以牛左肩臂臑九個少牢則以羊左肩七個猶豕則以豕左肩五個

臑亦作胹楚辭肥牛之腱臑若芳些是也陳註訓臂腳則臂又何訓或止訓腳則臑說文止訓臂又難解也今人謂一枚爲一個個字五經中始見此



馬不常秣

常嘗也古通用

學記

古之教者家有塾黨有庠術有序

古今注塾之爲言熟也詳熟所學之事也在巷門之側孟子庠者養也養育人材也術有序陳氏註術當爲州萬二千五百家爲州州之學曰序周禮卿大夫春秋以禮會民而射於州序是也按周禮卿大夫實無此文陳氏誤記也術業也儒行營道同術是也管子百家爲里里十爲術術十爲州左思蜀都賦亦有甲第當衢向術是也本與遂通周禮萬二千五百家爲遂不當訓州亦陳氏誤記序學也學長幼之序也古者東西牆謂之序

比年入學中年考校

比年每一年也中年隔一年也今謂入學爲入庠考校爲考試是也

夏楚二物

陳氏訓夏榎也按夏楚作榎楚皆俗字榎同檟楸木也按詩大雅不長夏以革王博士云夏用木革用皮皆鞭朴之用則夏不論何木皆可爲之詩言刈其楚卽杜荊也多產楚地故名古者刑杖以荊故字从刑其生成叢而踈爽故又謂之楚



呻其佔畢

呻莊子所謂呻吟裘氏之地之呻也呻一本作㬤

良冶之子必學爲裘良弓之子必學爲箕

冶與裘弓與箕絕不相謀也而相悟言學者貴於善悟也

樂記

變成方謂之音比音而樂之

陳註成方猶言成曲調也竟以樂府曲調爲樂非方比也卽比合其音而播之樂器之謂也故下云比音而樂之詩疏曰音比曰音單出曰聲是也

是故知聲而不知音者禽獸是也

陳註引方氏謂若瓠巴鼓瑟流魚出聽伯牙鼓琴六馬仰秣此禽獸之知聲者按此但泛言不知音之人近於禽獸卽曲禮以自別於禽獸之謂不必如此怗滯說也

清廟之瑟朱絃而疏越一倡而三歎有遺音者矣



疏越卽清越以長註謂越爲瑟底孔未聞三歎卽詠歎之歎訓作三歎息非

百姓無患天子不怒

言不怒而民威於鈇鉞也

以敬四海之內

禮毋不敬言一以敬行於四海之內也應氏以四海之內恐在合字上非

綴兆舒疾樂之文也

謂舞也綴表也兆行列也表其行列也卽後治民勞者其舞行綴遠其治民逸者其舞行綴短樂必有舞故亦曰樂之文

春作夏長至制禮以配地

乾坤交於否泰一歲則正月泰二壯三夬四乾五姤六遯皆有乾以統陰是乾主春夏也七否八觀九剝十坤子復丑臨皆有坤以統陽是坤主秋冬也春作夏長爲仁樂近之秋斂冬藏爲禮義近之乾主春夏故樂以應天坤主秋冬故禮以配地如此解較直截

夔始制樂以賞諸侯

夔始制樂一句以賞諸侯一句言樂始於夔而諸



侯有德者賞之以樂王氏謂夔制樂豈專爲賞諸侯此處皆無義理謬也

故觀其舞知其德聞其諡知其行也

引聞諡以比觀舞

壹獻之禮賓主百拜終日飲酒而不得醉焉

百拜言其多也非眞有百拜也

寬裕肉好

肉言音之洪美也又見史記樂書

土敝則草木不長水煩則魚鼈不生

土敝惡土也水煩熱水也

五色成文而不亂八風從律而不姦
成文成五行之色也從律從八卦之風也
及優侏儒獶雜子女
獶獮猴也言舞者如獮猴戲也據此則俳優雜戲蓋古有之矣
未及下車而封黃帝之後於薊封帝堯之後於祝
薊一作續祝一作鑄未及下車而封及下車而封甚言急於解散紂虐之意非有先後也
名之曰建櫜
建應作鞬鞬以韜弓櫜以受箭左傳右屬櫜鞬是



也讀建爲鍵訓作鎖非是
倨中矩句中鉤
矩之直者曰倨折而衡者曰句磬有倨句戈亦有倨句詳周禮冬官考工記陳氏謂倨爲微曲句爲甚曲非也

雜記

有父母之喪尚功衰而附兄弟之殤則練冠附於殤稱陽童某甫不名神也
陳註三年喪練後升數與大功同故名功衰今按已是曾祖之適與小功兄弟及父皆庶人不得立祖廟故曾祖之妾孫爲之立壇而附之若已是祖之適孫則大功兄弟之殤得附祖廟其小功兄弟之殤則祖之兄弟之後也今以練冠而附謂小功及緦麻之殤耳若正服大功則變練冠與按此乃孔氏疏按疏有殤於從祖立神而祭不爲祖立廟語尤爲詳而未引其名氏乃陳氏摘入也庶子之殤祭於室之白處故曰陽童宗子之殤祭於室之奧處故曰陰童甫字也未成人則不稱名不以廟名也
狄稅素沙



揄狄卽搖翟畫雉以爲文章內司服六服之一也素沙今之白縳也周禮內司服素沙以白縳爲裏使之章顯今世有沙縠者出於此言至搖翟至稅衣皆用白縳爲裏也白縳陳氏以爲白絹沙卽紗
疏布輤四面有章
疏布麤布也輤載柩車蓋也殯謂之輤葬謂之柳大牛車爲柳葬車亦謂之柳章音障言四面有障布也
暢臼以椈杵以梧枇以桑
暢鬱也椈性堅緻有脂而香故古人破爲臼用以

擣鬱見埤雅枇與朼同匕也所以載牲體也

如三年之喪則既潁其練祥皆行

陳註前喪後喪俱是三年之服其後喪既受葛之後得爲前喪行練祥之服也註言今之喪既服潁乃爲前三年者變除而練祥祭也此主謂先有父母之服今有喪長子者其先有長子之服今又喪父母其禮亦然按既字乃字之意本謂未潁以前練祥不得行正如纂言附論後喪變麻可補行之說非謂既潁而值前喪一期再行也玩上節有父之喪如未沒喪而母死其除父之喪也服其除服



卒事反喪服可見未沒喪謂在大祥後小祥前也謂不得服祥以母未葬祥祭用吉服也潁音褧似苧可績爲麻無葛之地卽用潁

孔子曰少連大連善居喪三日不怠三月不解期悲哀三年憂東夷之子也

少連見論語逸民此又有大連亦如叔齊之有伯夷也言東夷之人而能如是也

見似瞿瞿聞名心瞿

似似父貌也名父名也免喪之禮容也

鑿巾以飯公羊賈爲之也

鑿在到切孔竉也不音鑿鑿之鑿當覆尸巾而對口鑿一孔竉以含飯也記士僭大夫飯含之禮由此始

無鹽酪不能食

酪陳氏引說文以爲乳漿按禮運以爲醴酪酪烝釀之以爲酢截漢食貨志敎民煮木爲酪如淳曰作杏酪之屬也言功衰乃末服可用杏酪也今猶用之杏酪可卒辦乳酪不可卒辦也

曾申問於曾子曰哭父母有常聲乎曰中路嬰兒失其母焉何常聲之有



陳註所謂哭而不偯雜記云童子哭而不偯言未能成聲直遂其哀而已

恤由之喪哀公使孺悲之孔子學士喪禮士喪禮於是書

士喪禮儀禮篇名據此則儀禮在諸禮之前爲孔子所授書矣論語孔子不見孺悲又何也

廐焚孔子拜鄉人爲火來者拜之

言不爲救火而來者不拜也此應是論語孔子退朝時事

成廟則釁之

此下封羊刲豬皆釁廟之禮也衈耳旁毛也音二

喪大記

男子不死於婦人之手婦人不死於男子之手

論語毋寧死於二三子之手乎是也手與守義相近

無林麓則狄人設階

狄即翟也祭統翟人樂吏之賤者也即此

浴水用盆沃水用枓

枓㪺水器也凡方者爲斗若安長柄則名爲枓音主㪺音拘挹也



朝一溢米暮一溢米

孔叢子兩手曰掬一手曰溢

甸人取所徹之西北厞薪用爨之

古人於死者正寢亦謂之廟厞西北隅幽隱處也

陳氏引舊說厞是屋簷非

小臣爪手翦須

周禮凡攫閷援簭之類必深其爪出其目作其鱗之而註爪手足甲也按爪古作叉本爲抓爪之爪非手足甲也此言爪言去其手之爪也義各不同

用牛骨鐕

陳註鐕爲釘按說文鐕可以綴物者言大夫用元緑貼棺以牛骨綴之也君用朱緑雜金鐕亦同石梁王謂用牛骨爲釘不可從是也

君大夫鬊爪實于緑中

鬊古文作巛翦餘髮也緑與角通棺内角也

熬君四種八筐大夫三種六筐士二種四筐加魚腊焉

註熬以火炒穀令熟㷔俗作炒種分黍稷稻粱以次遞減故曰四三二棺内用熬及魚腊陳氏謂使蚍蜉聞香而來食免侵尸故梁王氏謂不可從按



古人制禮之意殆以食死者恐鬼其餒而也若謂食蚍蜉豈不患反招蚍蜉之食尸乎愚竊有疑

素錦褚加僞荒

柳車上覆曰荒荒下用屋曰褚僞與帷通用

魚躍拂池

註訓爲銅魚疑雉幡下所懸如龍帷三池然車行則動搖而拂棺上之竹籠也

君葬用輴四綍二碑至士葬用國車二綍無碑

陳氏云此章二輴字一國字註皆讀爲輇船音然以檀弓諸侯輴而設幬言之則諸侯殯得用輴豈

葬不得用輴乎今讀大夫葬用輴與國字並作船音君葬用輴音春同一輴字而作兩音向竊疑之考輴與𨊠同不與輇同輇與輲諸書多混纏眯目今辨之輇音船說文蕃車下庳輪也一云無輻車也斫直木爲之輲音湍有輻者別用木爲之輲是也無輻者合大木爲之輇是也輲可載柩雜記載以輲車是也輇不可載柩止可約𨊠集韻車約𨊠是也𨊠亦音椿周禮孤乘夏 一日下棺車說文約𨊠約謂刻飾之也今𨊠本作篆謂五采畫轂約也說文引作夏𨊠音不同而義同古字或通用也然



則輴當作𨊠明矣鄭氏謂輴當爲載以輇車之輇以爲聲之誤也註又謂輇字或作團是以文誤爲國亦非國者言一國所用之車也自應從王氏讀如字碑卽壇弓豐碑桓楹也註用大木爲碑空其中著鹿盧兩頭各入碑木以綍之一頭系棺緘以一頭遶鹿盧旣訖而人各背碑負綍末頭聽鼓聲以漸却行而下棺也桓楹不似碑形如大楹通曰碑桓郵亭表如今橋旁表柱也

君裏椁虞筐大夫不裏椁士不虞筐

陳氏云虞氏雖有解釋鄭云未聞今不錄按虞安也卽儀禮士虞禮之虞也筐卽前四種八筐言君則椁棺內俱安四種八筐大夫則棺內安三種六筐椁外亦安之不于椁裏也士則止于棺內安二種四筐外則不虞筐也如此解似近之陳氏于筐止註置之棺旁不表內外且云筐同異未聞故于此宜不錄也

## 祭法

幽宗祭星也雩宗祭水旱也

註宗皆當爲禜字之誤按左傳昭公元年山川之神則水旱疫癘之災於是乎禜之日月星辰之神



則雪霜風雨之不時於是乎禜之禜壇域也設緜蕝爲營域以禳之是除去凶災之祭也陳氏謂宗之爲言尊也未合

凡生於天地之間者皆曰命其萬物死皆曰折人死曰鬼

鬼精魂所歸也人死始化爲鬼旣生魄又生魂魄人陰神魂人陽神

王爲羣姓立社曰大社王自爲立社曰王社諸侯爲百姓立社曰國社諸侯自爲立社曰侯社大夫以下成羣立社曰置社

疏曰大社在庫門之內右王社所在書傳無文崔氏云王社在藉田王所自祭以供粢盛國社亦在公宮之右侯社在藉田居𤲅百家得立社爲衆特置故置社按五經通義大社在中門之外王社在籍田之中孔疏及通典俱字其說左傳閔公二年傳間於兩社爲公室輔杜預註周社亳社兩社之間朝廷執政所在孔穎達曰魯是周之諸侯故國社謂之周社則國社之所在爲朝廷執政之所在其爲中門內無疑諸侯之國社與天子之大社同也周書作雒篇曰乃設立丘兆於南郊以上帝配



后稷日月星辰先王皆與食諸侯受命於周乃建大社於國中國中與南郊對舉則大社不在郊而在國中中門之內可知今陳註所引以爲大社在庫門之內右國社在公宮之右又云王社所在書傳無文皆未詳悉

泰厲　公厲　族厲

周禮司厲註犯政爲惡曰厲泰大也公諸侯之公也族大夫之族也

是故厲山氏之有天下也

厲左傳作列

祭義

風戾以食之

今人呼爲風乾是也

歲既單矣世婦卒蠶

單盡也方氏云三月非歲盡之時然蠶成之時若孟夏稱麥秋按今俗有雙月單月之稱則疑以三月爲單月也

祭統

舞莫重於武宿夜

疏云皇氏云師說詩傳云武王伐紂至于商郊停



止宿夜士卒歡樂歌舞以待旦因名焉熊氏云此即大武之樂也陳氏云武舞之曲名也其義未聞按宿夜二字不連上應包上祭有三重言之言宿夙也又肅戒也言當給事先於夙夜告戒之也

夫祭有畀煇胞翟閽者惠下之道也

畀使也畀及賤者祭以有事爲榮也

草艾則墨

墨五刑之一鑿其額涅以墨書言草而刈之則以墨也

公曰叔舅

按孔悝於蒯聵姊之子蒯聵悝之舅也今亦謂舅是古人稱甥亦謂之舅也周禮同姓之臣稱伯叔父異姓之臣稱伯叔舅亦一證也



# 禮記補註卷四

羅江李調元贊庵撰

## 經解

故詩之失誣至春秋之失亂

石梁王氏謂孔子時春秋之筆削者未出又曰加我數年卒以學易豈遽以此教人且有愚誣奢賊煩亂之失疑非孔子之言非也詩與書樂易禮春秋皆古有此書孔子因病其愚誣奢賊煩亂之失故刪詩書定禮樂贊周易修春秋如今所傳雖經秦火非其全然聖人所作與天地並行非秦火能燼流傳異聞則有之未必皆出漢儒手也石梁皆疑非孔子之言誤矣若今所傳五經但失樂而已此皆經孔子所作自無愚誣奢賊煩亂之失若孔子以前已有六經非有此失孔子何必重加釐訂乎王氏以春秋易未出而孔子非之謬矣

差若毫氂繆以千里

氂古與釐通十絲曰毫十毫曰氂

## 哀公問

然後言其喪算

算謂算其三月五月期年三年之期也 本此下

無備其鼎俎四字

午其衆以伐有道

午交橫貌猶言分布也故一縱一橫曰旁午謂率其衆縱橫以伐有道之國也陳謂與迕同爲違逆衆心近迂

仲尼燕居

倀倀乎其何之

倀狂行不知所如也

非燭何見

古無蠟燭皆火炬也



夫夔達於樂而不達於禮

夔以樂稱遂爲樂所掩非真不達禮也

孔子閒居

聖敬日齊

齊亦作躋

神氣風霆

四字疑衍

負牆而立

負牆以背貼牆猶面牆以面向牆也

坊記以下表記緇衣三篇如出一手皆于首章用子之言三字而坊記皆作子云曰每章皆有引證不應如此齊同且中有子曰下又引論語王氏以爲非孔子之言是也此三篇必出一人手所成而小戴采入之如采呂不韋月令是也坊取譬則坊與之坊

相彼盍旦尚猶患之

此逸詩句也盍旦月令作鶡旦因求旦之聲得名亦作曷旦又作鶡鴠鴠音侃

履無咎言

詩作體言所履無咎亦通

閨門之內戲而不歎

戲即今之戲矣老萊斑衣之舞是也

陽侯猶殺繆侯而竊其夫人



鄭云陽侯繆侯兩君之謚其國未聞石梁王氏謂陽侯繆侯既同是侯則殺字當如字讀鄭既未聞其國何以知陽侯爲弑君按春秋閔公二年齊人遷陽註陽國名也或爲陽侯溺水爲海神故云陽侯之波繆未詳此章言男女不交爵下言故大饗廢夫人之禮大饗者兩君相見之禮也其事必起於大饗之交爵矣

易曰不耕穫不菑畬凶

易今本無凶字

寡婦不夜哭

為其近於有所思也

壻親迎見於舅姑

據此則男子亦謂妻之父曰舅姑成氏云但加外字不必也

表記 取第十章仁者天下之表以爲篇名鄭氏謂記君子之德見于儀表明黃道周謂取于八尺之表皆非也篇內稱子言之者八子曰四十有五此上原本有中庸三十一章今取入四書篇內

子言之歸乎君子隱而顯

言盡不歸乎君子隱居以求其志行義以達其道可也註引潛雖伏矣未確



無能胥以寧

書作罔克胥匡以生

事君大言入則望大利小言入則望小利

望大利小利謂行其言則有益於天下有益於一國非謂大祿小祿也呂氏註謂大小祿非也入一本俱作入

故天下有道則行有枝葉

枝葉言暢達其所行也

君子淡以成小人甘以壞

淡即水甘即醴水惟淡故味不壞醴惟甘故味壞

緇衣 取第二章好賢如緇衣之緇衣以爲名

王言如絲其出如綸王言如綸其出如綍

絲緒也綸網也綍引也此言由小而引大也註引棺大索以解綍字比擬失倫

苗民匪用命

命書作靈

有梏德行

梏詩作覺

尹吉曰惟君躬先見於西夏

吉古文告字之誤篇內二見皆作告尹誥也天當



爲先字之誤見一作敗邑一作子

昔吾有先正其言明且淸國家以寧都邑以成庶民以生誰能秉國成不自爲正卒亂百姓

緇衣音義云此亦逸詩也上五句今詩無此語餘在小雅節南山篇按上五句或孔子删之也

君雅曰夏日暑雨小民惟曰怨資冬祈寒小民亦惟曰怨

雅書序作牙牙雅假借字也夏日周書無日字鄭氏謂資當爲至按書作咨此傳寫之誤而下復缺一咨字陳氏謂鄭不取書文乃讀資爲至今從書

以資字屬上句是也

苟有車必見其軾苟有衣必見其敝

大學所謂誠於中必形於外也

周田觀文王之德

此句鄭氏謂古文爲割申勸文王之德今博士讀爲厥亂勸文王之德三本互異古文宜從之按割申勸古文篆字似周田觀

不可以爲卜筮古之遺言與

論語作不可以作巫醫

兌命曰爵無及惡德民立而正事純而祭祀是爲不敬事事煩則亂事神則難



按此文與今商書頗多大異首句無字書作罔此句下書有惟其賢慮善以動動惟厥時有其善喪厥善矜其能喪厥功惟事事乃其有備有備無患無啟寵納侮無恥過作非惟厥攸居政事惟醇黷于祭祀時謂弗欽下二句同但事煩書作禮煩此必記者引書有誤如政事惟醇黷于祭祀時謂弗欽文義方順今作純而祭祀是爲不敬幾不成語毋論純作醇既曰純矣而又云不敬此誠何解意者民立三句乃古之逸書與

---

恒其德偵

偵易作貞

奔喪

見星而行見星而舍

見星猶戴星也言天未明有星而行天既昏有星而舍今俗云兩頭黑言心忙意亂故夜行也

襲免絰于序東

比父喪同但加免少絞帶免音問其制以布廣一寸從項中而前交於額又卻向後而遶於髻也此適子之禮也



相者告事畢

相者如今稱禮生檀弓杜橋之喪宫中無相以沾也言不立相侍故譏其粗畧沾音古粗也

所識於野張帷

所識卽今言一面之識於朋友較輕則張帷哭之而已

問喪 以下問喪閒傳三年問三篇皆小戴爲經作傳故用傳曰又名閒傳皆至情至理之

雞斯徒跣

此雞斯乃笄縰之聲誤也與犬戎雞斯馬讀本字

不同言孝子先去冠露首也徒跣不著屨露足也

傷腎乾肝焦肺

腎水藏也故曰傷肝木藏也故曰乾肺金藏也故曰焦

婦人不宜袒故發胸擊心爵踊殷殷田田如壞牆然

袒肉袒也婦人不肉袒固也何以記按釋名袒汗衣或曰鄙袒或曰羞袒作之用六尺裁足覆胸背言羞鄙於袒而衣此耳古人衣制詳於外而畧於內意袒即見汗衣之謂非露肉體也不宜袒謂婦人不宜見汗衣也未知是否爵雀也小跳也如壞



牆然比發胸擊心之聲也

然則禿者不免傴者不袒跛者不踊

頭無髮曰禿足偏廢曰跛身不伸曰傴三者非不使備禮不能備禮也註家謂惜其醜則然禿傴跛豈遂不在人類乎

服問

公子之妻爲其皇姑

皇大也恐其嫡女君故云大姑註作皇爲君則是有天下之稱大於帝矣稱妾爲皇姑又何以處姑乎

麻之有本者變三年之葛

言麻帶不必斷本不可以留爲練也

傳曰辠多而刑五喪多而服五

言五刑準五服之制也按辠正字秦始皇以其似皇字改爲罪

間傳　此應併入服問而另列篇者以在喪服輕重之間今作閒

有事其縷無事其布曰緦

陳註事謂煮治其紗縷而後織按紡絲而織爲紗輕爲紗重爲縠紗以名絲不以名麻

輕者包重者特



輕謂齊衰重謂斬衰包兼服特獨服

三年問

小者至於燕雀猶有啁噍之頃焉

啁噍鳥聲也音輈遒

若駟之過隙

駟與駉同

深衣

續衽鉤邊要縫半下

陳註引楊云說深衣制度惟續衽鉤邊一節難考鄭註續衽二字文義甚明特疏家亂之耳鄭註云

續猶屬也衽在裳旁者也凡裳前三幅後四幅旣分前後則其旁兩幅分開而不相屬惟深衣裳十二幅交裂裁之皆名爲衽續謂連裳旁兩幅又引衣圖旣合縫了又再覆縫方便於著以合縫爲續衽覆縫爲鉤邊要縫半下以爲衣玉藻縫齊倍要是也按說文衽衣裣也裣卽襟衣以裳之前爲襟而旁爲衽說文以衣襟爲衽則不獨裳爲衽矣又爾雅曰執衽謂之袺扱衽謂之襭李巡曰衽者裳之下也云下則裳之下皆名衽不獨旁矣然方言褸謂之衽註衣襟也與說文前襟名衽義正同又云或曰衽裳際也則是兩旁矣又劉熙釋名云襟禁也交於前所以禁禦風寒也裾倨也倨倨然直言在後當見倨也衽襜也在旁襜襜然也謂裳前襟後裾皆直幅不交裂則卽釋名所云倨倨然直也謂在旁者乃名衽則卽釋名在旁襜襜之義也蓋裳十二幅前名襟後名裾惟在旁者始名衽也今云皆名爲衽殆不深考玉藻衽當旁之義以啟後人聚訟特詳辨之



袼之高下可以運肘袂之長短反詘之及肘帶下毋厭髀上毋厭脅當無骨者

此節不言尺寸皆以人身之長短而言也故就肘脾脅骨分之以尺寸古今有異而人則大小長短可稱體裁衣也袼一作胳腋下也肘或作腕手腕也肘手腕動脉處也故言運

制十有二幅以應十有二月袂圜以應規曲袷如矩以應方負繩及踝以應直下齊如權衡以應平

人身備四時之氣故象四時爲之袂袪口也袷曲領也玉藻袷二寸曲禮天子視不上於袷是也縫在背故謂之負下齊裳下邊也取其齊故曰齊

純袂緣純邊廣各寸半

註緣禓也在幅曰綼在下曰緆方氏慤曰袌口謂之袂裳下謂之緣衣側謂之邊其純皆廣寸半袂也緣也邊也三事也而皆用純純衣之緣也



投壺 古禮雖不可考而投壺則今猶存觀此篇可見

主人奉矢司射奉中使人執壺

矢用柘與棘不去皮中謂刻木如兕鹿而伏背上立圜圈以勝算也士鹿中大夫兕中壺之制見後段頸脩七寸腹脩五寸口徑二寸半容斗五升壺中實小豆焉爲其矢之躍而出也

某有枉矢哨壺

矢言不直壺言口黷皆主人謙詞也
順投爲入
矢本先入爲入謂之順矢末先入則逆也不釋算
猶言不上算
一馬從二馬三馬既立請慶多馬
算謂之馬馬所以習武故爲比後人打馬圖本此
從從其手以取之不言奪示讓也慶賀也不勝者
罰爵勝者正爵
二算爲純
此句又見儀禮鄉射禮言八算得二算爲全也



請奏貍首
射義貍者樂會也貍首詩亡記有原壤所歌及射
義所引曾孫侯氏八句疑皆貍首詩也
賜灌
今人謂虐飲者曰灌不勝當罰故言賜灌勝當敬
故言敬養
算多少視其坐籌室中五扶堂上七扶庭中九扶
言因人數多少如容四圭亦四是也前言東面執
八算與則其全數也四指曰扶扶廣四寸五扶者
二尺也七扶者二尺八寸也九扶者三尺六寸也

矢雖有長短皆去賓主之席各二矢半是室中去
席五尺堂上去席七尺庭中去席九尺有室堂庭
之分者以日中則於室日晚則於堂大晚則於庭
各向明而投也舊註在司射進度壺下今移於此
段
毋踰言若是者浮
踰一作遙浮一作匏以浮爲匏見淮南子註按浮
罰也爵名也出說苑魏文侯與大夫飲使公乘不
仁爲觴政曰飲不釂者浮以大白卽此浮也
魯鼓薛鼓



投壺有命弦之禮故記者附圖鼓於魯薛令弟子
辭之後帝嚳令人造鼓鼙之樂鄭氏謂〇者擊鼙
口者擊鼓是也
儒行
儒有席上之珍以待聘
韞匵而藏以待價不自衒也
其大讓如慢小讓如僞大則如威小則如愧
按下二句應承上言讓陳氏註以容貌言
道途不爭險易之利冬夏不爭陰陽之和
不爭見愛其身以有待養其身以有爲非但恕也

多文以爲富
文文籍也即今經籍文字
鷙蟲攫搏
凡鳥之 勇獸之鷙者皆曰鷙月令鷹隼蚤鷙曲禮前有鷙獸是也
儒有忠信以爲甲冑禮義以爲干櫓
城上守禦望樓亦曰櫓
篳門圭窬
窬應作竇窬穿牆爲戶如圭故云圭
雖分國如錙銖
言夷然不屑如錙銖之不足較也此言夸大石梁王氏謂儒行爲戰國之士所言此類是也
不敢以儒爲戲
戲玩弄也言不敢玩弄儒也
冠義此篇上有大學第四十二今入四書不載
筮日筮賓
内卦爲巳身外卦爲他人冠成人之始爲巳身故用筮不用卜
昏義
御輪三周



三周三匝也
以著代也
言將家事使主代於外婦代於內故於親迎也父親醮子而命之也其執見也舅姑共饗婦甚重之也代者上以事宗廟而下以繼後世也故重之甚矣昏禮之大也
教以婦德婦言婦容婦功
所謂家教也
是故日食則天子素服而修六官之職蕩天下之陽事月食則后素服而修六宮之職蕩天下之陰事
六官三公九卿二十七大夫八十一元士是也六宮三夫人九嬪二十七世婦八十一御妻是也治國陽事也齊家陰事也蕩洗其無道之行如親小人遠君子之類是也
鄉飲酒義
三賓象三光也讓之三也象月之三日而成魄也
三光即心辰伐辰北辰三辰也月之輪廓無光之處名曰魄明盛則魄不可見惟晦前三日之朝月自東出明將滅而魄可見朔後三日之夕月自西將墮明漸盛而魄不可見矣明讓則魄見不讓則

不見故也晦月盡也月光如灰故曰晦朔一月始蘇也明消更生故言朔月之始日謂之朔書上日即朔日也

四面之坐象四時也

四面指東南西北言象四時東方者春南方者夏西方者秋北方者冬故也

烹狗於東方

東方生氣也順生氣以養賓也古人多用食狗見於內則取義如此今人以狗有功於人多不入食較古爲是



## 射義

諸侯以貍首爲節

註云曾孫侯氏是也呂氏引原壤歌非詩見下節曾孫侯氏四正具舉大夫君子凡以庶士小大莫處御於君所以燕以射則燕則譽

此貍首詩也下言君臣相與盡志於射以習禮樂則安則譽也

射者各射己之鵠

畫布曰正棲皮曰鵠陳氏註鵠小鳥難中故以中爲儁未聞

桑弧蓬矢六

以桑爲弧以蓬爲矢六者六矢也以之射天地四方故用六弧則一也

## 燕義

庶子官職掌諸侯卿大夫之庶子之卒掌其戒令

庶子見周禮夏官諸子職掌其戒令以下十九句皆周禮文記者引之也

再拜稽首

稽古本作䭫

## 聘義

米三十乘禾三十車



乘車也

酒清人渴而不敢飲也肉乾人飢而不敢食也

此言聘射之禮故兼射言之射禮諸侯先行燕禮大夫先行鄉飲酒之禮故有之聘則聘享請覿後有酌醴禮賓事不至飢渴也

天下有事則用之於戰勝

勝一本作陣

君子比德於玉焉

比德於玉謂如詩溫其如玉如圭如璧之類陳氏

謂古人用玉皆象其美若鎮圭以召諸侯以恤凶荒用其仁也齊有食玉用其智也牙璋以起軍旅用其義也國君相見以禮相享以璧用其禮也樂有鳴球服有佩玉用其樂也拜國玉節用其信也琬以結好琰以除慝用其忠也兩圭祀地黃琮禮地用其能達於地也四圭祀天蒼璧禮天用其能達於天也圭璋特達用其能達於德也則單以器言非君子之比德也

喪服四制 四卽篇中恩制義制節制權制也

毁不滅性



謂身體髮膚受之父母故也卽禮所謂毁瘠不形毁不危身也

苴衰不補墳墓不培

麻之有子者爲苴苴経與苴杖皆斬衰之服所謂苴惡貌也言聽其如苴之黎黑故不補卽壠一成不再加土古不修墓故也

或曰擔主或曰輔病

擔扶也輔佐也言杖所以爲爵而設無爵而用杖必假主與病之名乃可也

高宗者武丁武丁者殷之賢王也 至 善之故載之書中而高之故謂之高宗

高宗事見於禮記者三檀弓坊記及此與論語各不同而三年不言言乃讙則一論語則止有三年不言一句讙謂一言而人心讙悦是未嘗不言也此言然而曰言不文者謂臣下也是但言之不文非不言也皆於論語有異而此段言高宗諒闇之事而明其謚法之所由尤詳諒作梁闇作廬謂有楣梁之廬也然而言不文者謂言而已無詔誥之文詞於臣下也



禮記補註卷四

# 月令氣候圖說

光緒七年五
重鐫于齋蓮

月令載於呂覽大都紀候之書不過周官中一事耳然千百年民咸用之誠不以人廢言也唐李林甫議呂氏纂輯舊儀以孟春日在營室有拘恒檢無適變通乃更定節候亂其篇次增益其文顧以天氣上騰地氣下降爲一候閉塞而成冬爲一候此固譬杖杜之故智不足當通人之一笑者竊以巢居知風穴居知雨將雨而魚噞將風而鵲下雞知將旦鶴知夜半微物何知尚闗占候況乎天時之寒暖民事之先後與夫鳥獸草木之凋榮尤大彰明較著雖農夫野老類能言之而能知之者乎自唐以後言月令者無慮



數十百家卒皆駁李氏而從不韋之舊亦間有發抒已見有所廣益者乎暇即會萃其意删繁薙蕪衷以鄙見而爲之說並冠中星氣候圖於首則凡陰陽消長景物移易星辰出入無不可按圖而知之或於是書之舊不無小補云又按錢氏毄者月令說謂月令於劉向別錄屬明堂陰陽記則是篇本古明堂遺制呂氏從而錄之而蔡邕王肅張華皆言是周公作或必有據云童山李調元序

月令氣候圖說序畢

# 月令氣候圖說



## 月令

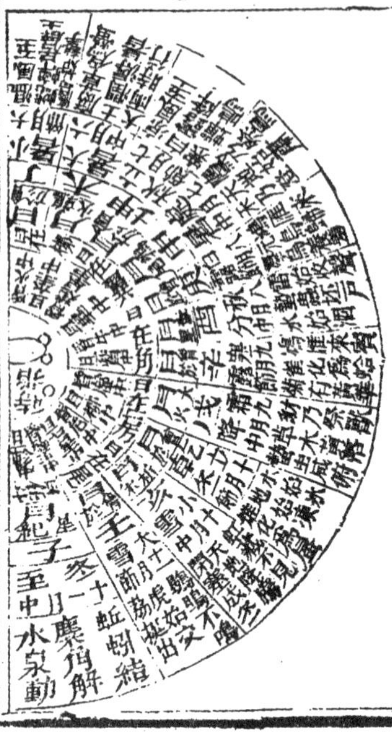

## 總圖

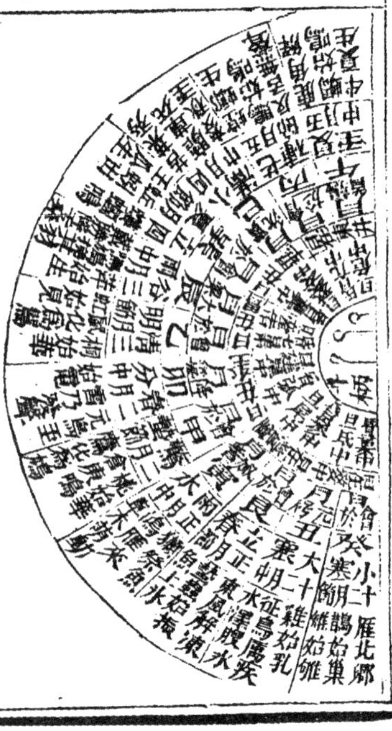



月令氣候圖說

月令氣候之說諸說各異升菴云呂不韋月令自東風解凍至水澤腹堅後魏始入歷爲七十二候其所載與夏小正淮南時則訓管子書汲冢書互有出入朱文公作儀禮經傳解備引之王冰注素問亦引呂令七十二候與今世行呂氏春秋及歷中所載不同如桃始華爲小桃華雷乃發聲下有芍藥榮田鼠化爲鴽下有牡丹華王瓜生作赤箭生苦菜秀作吳葵華麥秋至作小暑至螢蟲坏戶下有景天華惟易通卦驗亦載節候而其書今亡類書所引若條風至而

楊柳津景風至而搏勞鳴蝦蟆無聲涼風至而鶴鳴閶闔風至而青蜊吟日至而泉躍泉躍卽水泉動也是古今節候之異前人已備言之然考琅邪代醉編呂氏月令芍藥華爲二月節牡丹花爲三月節今牡丹三月芳菲而芍藥至四月乃華此又不可解也夏小正正月采芸二月榮芸已屬不同而班史歷志周三月二日庚申驚蟄周建子三月爲今之正月雖歷法因置閏驚蟄亦有在正月者然多在望後不應在二日庚申及考月令章句孟春以驚蟄爲中又自危十度至壁八度謂之豕韋之次立春驚蟄居之衛之分野自壁八度至胃一度謂之降婁之次雨水春分居之魯之分野然後知古以驚蟄爲正月雨水爲二月節也爾雅師古於驚蟄註云今日雨水於雨水註云今日驚蟄可見矣史記歷書亦謂孟春冰泮啟蟄左傳桓公五年啟蟄而郊杜氏註以爲夏正建寅之月疏引夏小正曰正月啟蟄漢興猶仍其舊太初歷初行亦未之改正范蔚宗後漢書乃先雨水而後驚蟄則雨水爲正月中啟蟄爲二月初節自後漢始也又西漢以前穀雨爲三月節清明爲三月中先清明而後穀雨亦自後漢始班范二志可考也明張鼎思云今甲午正月一日雨水二月二日春分三月三日穀雨四月四日小滿五月五日夏至六月六日大暑七月七日處暑八月八日秋分九月九日霜降十月十日小雪十一月十一日冬至十二月十二日大寒節氣之改月與日符考癸辛雜著元至元甲午正月一日立春歷至十二月十二日小寒自元至今蓋四百年而再遇紛紛之說迄未有定善夫馬氏之言曰歷象日月星辰以授人時自堯以來未之有改也舜齊七政周用五紀其究一也蓋日月星辰之往來不窮或離或合或贏或縮進退相代終始相循者天以



是而命萬物而人奉之以爲令者亦因是也今詳加考定按月令所載一歲十二月二十四氣七十二候備歷於左庶使覽者不紊云

大寒後十五日斗柄指艮爲立春正月節立建始也五行之氣往者過來者續於此而春木之氣始至故謂之立也立夏秋冬同一候東風解凍凍結於冬遇春風而解散不曰春而曰東者呂氏春秋曰東方屬木木火母也火氣溫故解凍二候蟄虫始振蟄藏也振動也蟄藏之虫因氣至而皆蘇動之矣鮑氏曰動而未出至二月乃大驚而走也三候魚陟負冰陟升

也魚當盛寒伏水底而逐煖至正月陽氣至則上遊而近水故曰負汲冢書作魚上冰

立春後十五日斗柄指寅爲雨(去聲)水正月中天一生水春始屬木然生木者水也故立春後繼之雨水且東風既解凍則散而爲雨水矣一候獺祭魚獺一名水狗賊魚者也埤雅曰西方白虎之屬似狐而小青黑色膚如伏翼水居食魚援神契曰謂多賴故不使超賴才也胆分卮飲酒卽蟯淮南子曰獺穴知水之高下祭魚取魚以祭天也所謂豺獺之報本歲始而魚上遊則獺初取以祭埤雅云獺取鯉於水裔四方



陳之進而弗食世謂之祭魚徐氏曰獺祭圓鋪圓者水象也豺祭方鋪方者金象也二候鴻雁北雁知時之鳥熱歸塞北寒來江南沙漠乃其居也孟春陽氣既達候雁自彭蠡而北矣汲冢書作鴻雁來月令漢書作鴻鴈北三候草木萌動天地之氣交而爲泰故草木萌生發動矣

雨水後十五日斗柄指甲爲驚蟄二月節夏小正曰正月啓蟄言發蟄也萬物出乎震震爲雷故曰驚蟄是蟄蟲驚而出走矣一候桃始華呂氏春秋作桃李華淮南子作桃李始華桃菓名花色紅是月始開二候

倉庚鳴庚亦作鶊黃鸝也詩所謂有鳴倉庚是也章龜經曰倉清也庚新也感春陽清新之氣而初出故名其名最多詩云黃鳥齊人謂之搏黍又謂之黃袍僧家謂之金衣公子其色鵹黑而黃又名鵹黃諺曰黃栗留黃鶯鶯兒皆一種也三候鷹化爲鳩鷹鷙鳥也鷂鸇之屬鳩卽今之布穀章龜經曰仲春之時林木茂盛又喙尙柔不能捕鳥瞪目忍饑如痴而化故名曰鳴鳩

驚蟄後十五日斗柄指卯爲春分二月中分者半也此當九十日之半故謂之分秋同義夏冬不言分者



蓋天地間二氣而已方氏曰陽生於子終於午至卯而中分故春爲陽中而仲月之節爲春分正陰陽適中故晝夜無長短云一候元鳥至元鳥燕也齊魯謂之乙春秋運斗樞曰搖光星散爲燕淮南子曰燕入水爲蛤元中記曰千歲之燕戶北向高誘曰春分而來秋分而去也二候雷乃發聲陰陽相薄爲雷至此四陽漸盛猶有陰焉則相薄乃發聲矣乃者韻會曰象氣出之難也註疏曰發猶出也三候始電電陽光也四陽盛長值氣泄時而光生焉故歷解曰凡聲陽也光亦陽也易曰雷電合而章公羊傳曰電者雷光

是也徐氏曰雷陽電陰非也蓋盛夏無雷之時電亦
有之可見矣
春分後十五日斗柄指乙爲清明三月節按國語曰
時有八風歴獨指清明風爲三月節此風屬巽故也
萬物齊乎巽物至此時皆以潔齊而清明矣一候桐
始華桐木名有三種華而不實者曰白桐爾雅所謂
榮桐木是也皮青而結實者曰梧桐一曰青桐淮南
子曰梧桐斷角是也生於山崗子大而有油者曰油
桐毛詩所謂梧桐不生山崗者是也今始華者乃白
桐耳按埤雅桐木知日月閏年每一枝生十三葉蓋



與天地合氣者也今造琴瑟者以花桐木是知桐爲
白桐也二候田鼠化爲鴽音如按爾雅註曰鼫鼠形大
如鼠頭似兎尾有毛青黄色好在田中食粟豆鴽一
曰鴾母盋青州呼鵪音安鶉爲鴾母鮑氏曰鼠陰類鴽
陽類陽氣盛故化爲鴽蓋陰爲陽所化也三候虹始
見去聲虹虹霓也詩所謂蝃蝀俗謂之蚼也注疏曰是
陰陽交會之氣故先儒以爲雲薄漏日日照雨滴則
虹生焉今以水噀日自側視之則暈爲虹朱子曰日
與雨交倏然成質陰陽不當交而交者天地淫氣也
虹爲雄色赤白蜺爲雌色青白然二字皆從虫說文

曰似蝃蝀狀諸書又云嘗見虹入溪飲水其首如驢
恐天地間亦有此種物但虹氣似之借名也
清明後十五日斗柄指辰爲穀雨三月中自雨水後
土膏脈動今又雨其穀於水也雨讀作去聲如雨我
公田之雨蓋穀以此時播種自上而下也故說文云
雨本去聲今風雨之雨在上聲雨下之雨在去聲也
一候萍始生萍水草也與水相平故曰萍漂流隨風
故又曰漂歴解曰萍陰物靜以承陽也二候鳴鳩拂
其羽鳩卽鷹所化者布穀也拂過擊也本章云拂羽
飛而翼拍其身氣使然也蓋當三月之時趨農急矣



鳩乃追逐而鳴鼓羽直刺上飛故俗稱布穀三候戴
勝降於桑戴勝一名戴鵀爾雅註曰頭上有勝毛此
時恒在于桑蓋蠶將生之候矣言降者重之若天而
下亦氣使之然也
穀雨後十五日斗柄指巽爲立夏四月節夏假也物
至此時皆假大也一候螻蟈鳴螻蟈小虫生穴土中
好夜出今人謂之土狗是也一名螻蛄一名碩鼠一
名螜音斛淮南子曰螻蛄鳴邱螾出陰氣始而二物應
之夏小正三月螜則鳴是也且有五能不能成一技
飛不能過屋緣不能窮本泅不能渡谷穴不能掩身

走不能先人故說文稱鼫爲五技之鼠古今註又以螻名鼫鼠可知埤雅本草俱以爲臭虫陸明德鄭康成以爲蛙皆非也二候蚯蚓出蚯蚓卽地龍也一名曲蟺歴解曰陰而屈者乘陽而伸見也三候王瓜生圖經云王瓜處處有之生平野田宅及牆垣葉似栝樓烏藥圓無了缺有毛如刺蔓生五月開黃花花下結子如彈丸生青熟赤根似葛細而多糝又名土瓜一名落鴉瓜今藥中所用也禮記鄭元註曰卽萆挈本草作菝葜陶隱居辯其謬謂菝葜自有本條殊不知王瓜亦有本條也



立夏後十五日斗柄指巳爲小滿四月中小滿者物至於此小得盈滿也一候苦菜秀埤雅以荼爲苦菜毛詩曰誰謂荼苦（荼卽茶也故韻會茶註本作荼）是也凌冬不彫一名游冬顏氏家訓曰葉似苦苣而細斷之有白汁花黃似菊鮑氏曰感火之氣而苦味成爾雅曰不榮而實者謂之秀榮而不實者謂之英此苦菜宜言英也蔡邕月令以謂苦蕒菜非二候靡草死鄭康成鮑景翔皆云靡草葶藶之屬禮記註曰草之枝葉而靡細者方氏曰凡物感陽而生者則彊而立感陰而生者柔而靡謂之靡草則至陰之所生也故不勝至陽而死三候麥秋至百穀成熟之期此於時雖夏於麥則秋故云麥秋也汲冢書作小暑至

小滿後十五日斗柄指丙爲芒種五月節謂有芒之種穀可稼種（去聲）矣一候螳螂生螳螂草虫也飲風食露感一陰之氣而生能捕蟬而食故又名殺虫曰天馬言其飛捷如馬也曰斧虫以前二足如斧也又曰蟷蠰莫貑蛑石蜋巨斧說文又名蚚父深秋生子於林木間一殼百子至此時則破殼而出藥中桑螵蛸是也二候鵙始鳴鵙（音局）百勞也本草作博勞朱子孟註曰博勞惡聲之鳥盖梟類也曹子建惡鳥論百勞



以五月鳴其聲鵙鵙然故以之立名似俗稱濁溜故埤雅禽經注云伯勞不能翺翔直飛而已毛詩曰七月鳴鵙蓋周七月夏五月也三候反舌無聲諸書以爲百舌鳥以其能反復其舌故名特註疏以爲蝦蟆盖蛙屬之舌尖向內故名之今辨其非者以其此時正鳴不知失考也易通卦驗丹鉛餘錄俱卽名爲蝦蟆無聲若以五月正鳴殊不知初旬見形後形亦藏矣陳氏曰螳螂鵙皆陰類感微陰而或生或鳴反舌感陽而發遇微陰而無聲也

芒種後十五日斗柄指午爲夏至五月中韻會曰夏

假也至極也萬物於此皆假大而至極也一候鹿角解音駭鹿形小山獸也屬陽角支向前與黃牛一同麋形大澤獸也屬陰角支向後與水牛一同夏至一陰生感陰氣而鹿角解解角退落也冬至一陽生麋感陽氣而角解矣是夏至陽之極冬至陰之極也二候蜩音調始鳴蜩蟬之大而黑色者蜣蜋脫殼而成雄者能鳴雌者無聲今俗稱蜘蟟是也按蟬乃總名鳴於夏者曰蜩即莊子云蟪蛄不知春秋是也蓋蟪蛄夏蟬故不知春秋鳴於秋者曰寒蜩即楚辭所謂寒螿也故風土記曰蟪蛄鳴朝寒螿鳴夕今秋初夕陽之



際小而綠色聲急疾者俗稱都了是也故埤雅各釋其義然此物生於盛陽感陰而鳴月令注疏作蟬始鳴三候半夏生半夏藥名居夏之半而生故名也

夏至後十五日斗柄指丁爲小暑六月節說文曰暑熱也就熱之中分爲大小月初爲小月中爲大今則熱氣猶小也一候溫風至至極也溫熱之風至此而極矣二候蟋蟀居壁一名蛬一名蜻蛚即今之促織也禮記曰生土中此時羽翼稍成居穴之壁至七月則遠飛而在野矣蓋肅殺之氣初生則在穴感之深則在野而鬬三候鷹始摯摯搏擊也應氏曰殺氣未肅鷙猛之鳥始習於擊迎殺氣也禮記作鷹乃學習

小暑後十五日斗柄指未爲大暑六月中一候腐草化爲螢螢又名曰丹良曰丹鳥曰夜光曰宵燭離明之極則幽陰至微之物亦化而爲明也詩曰熠燿宵行另種也形如米虫尾亦有火不言化者不復原形也二候土潤溽暑溽濕也土之氣潤故蒸鬱而爲濕暑俗稱齷齪熱是也三候大雨時行前候濕暑之氣蒸鬱今候則大雨時行以退暑也

大暑後十五日斗柄指坤爲立秋七月節秋揫也物



於此而揫斂也一候涼風至西方淒清之風曰涼風溫變而涼風始肅也周語曰火見而清風解寒是也禮記作盲風至二候白露降大雨之後清涼風來而天氣下降茫茫而白者尚未凝珠故曰白露降示秋金之白色也三候寒蟬鳴寒蟬爾雅曰寒螿蟬小而青紫者馬氏曰物生於暑者其聲變之矣

立秋後十五日斗柄指申爲處暑七月中處止也暑氣至此而止矣一候鷹乃祭鳥鷹義禽也秋令屬金五行惟金氣肅殺鷹感其氣始捕擊諸鳥然必先祭之猶人飲食祭先代爲之者也不擊有胎之禽故謂

之義三候天地始肅秋者陰之始故曰天地始肅三
候禾乃登禾者穀連藁秸之總名又稻秫苽粱之屬
皆禾也成熟曰登
處暑後十五日斗柄指庚爲白露八月節屬金金色
白陰氣漸重露凝而白也一候鴻雁來鴻大雁小自
北而來南也不謂南鄉非其居耳詳見雨水節下淮
南子作候鴈來二候元鳥歸元鳥解見前此時自南
而往北也燕乃北方之鳥故曰歸三候羣鳥養羞三
人以上爲衆三獸以上爲羣羣者衆也禮記註曰羞
者所美之食養羞藏之以備冬月之養也淮南子作

羣鳥翔
白露後十五日斗柄指酉爲秋分八月中一候雷始
收聲鮑氏曰雷二月陽中發聲八月陰中收聲入地
則萬物隨入也二候蟄虫坏揞戶淘瓦之泥曰坏細
泥也按禮記註曰坏益其蟄穴之户使通明處稍小
至寒甚乃墐塞之也三候水始涸禮記註曰水本氣
之所爲春夏氣至故長秋冬氣返故涸也
秋分後十五日斗柄指辛爲寒露九月節露氣寒冷
將凝結也一候鴻雁來賓雁以仲秋先至者爲主季
秋後至者爲賓通書作來濱濱水祭也亦通二候雀

入大水爲蛤雀小鳥也其類不一此爲黃雀大水海
也國語云雀入大海爲蛤蓋寒風嚴肅多入於海變
之爲蛤此飛物化爲潛物也蛤蚌屬此小者也三候
菊有黃花草木皆華於陽獨菊華於陰故言有桃桐
之花皆不言色而獨菊言者其色正應季秋土旺之
時也
寒露後十五日斗柄指戌爲霜降九月中氣肅而凝
露結爲霜矣周語曰駟見而隕霜一候豺祭獸祭獸
以獸而祭天報本也方鋪而祭秋金之義月令作豺
乃祭獸戮禽二候草木黃落色黃而搖落也三候蟄
虫咸俯咸皆也俯垂頭也此時寒氣肅凜虫皆垂頭

而不食矣
霜降後十五日斗柄指乾爲立冬十月節冬終也萬
物收藏也一候水始冰水面初凝未至於堅也二候
地始凍土氣凝寒未至於坼也三候雉入大水爲蜃
雉野雞鄭康成淮南子高誘俱註蜃爲大蛤玉篇亦
曰蜃大蛤也禮記之註曰蛟屬埤雅又以蚌蜃各釋
似非蛤類然按本草車螯之條曰車螯是大蛤一名
蜃能吐氣爲樓臺又嘗聞海中蜃氣成樓垣章龜經
曰蜃大者如車輪島嶼間吐氣成樓與蛟龍同也則

知此爲蛤明矣況爾雅翼引周禮諸家辯蜃爲蛤甚明禮記之註以謂雉由於蛇化之說故以雉子爲蜃埤雅旣曰似蛟而大腰下盡逆鱗知之悉矣然復疑之一曰狀似螭龍有耳有角則亦聞而識之不若本草章龜經爲是即一物耳大水淮也晉語曰雉入於淮爲蜃

立冬後十五日斗柄指亥爲小雪十月中雨下而爲寒氣所薄故凝而爲雪小者未盛之辭一候虹藏不見禮記註曰陰陽氣交而爲虹此時陰陽極乎辨故虹伏虹非有質而曰藏亦言其氣之下伏耳二候天



氣上升三候地氣下降閉塞而成冬天地變而各正其位不交則不通不通則閉塞而時之所以爲冬也

小雪後十五日斗柄指壬爲大雪十一月節大者盛也至此而雪盛矣一候鶡鴠不鳴禽經曰鶡毅鳥也似雉而大有毛角鬬死方休古入取爲勇士冠名可知矣漢書音義亦然埤雅云黃黑色故名爲褐據此本陽鳥感六陰之極不鳴矣若郭璞方言似鷄冬無毛晝夜鳴即寒號虫陳皓與方氏亦曰求旦之鳥皆非也夜即鳴何謂不鳴耶丹鉛餘錄作雁亦恐不然淮南子作鳱鳴詩注作渴旦二候虎始交虎猛獸故

本草曰能辟惡魅今感微陽氣益甚也故相與而交三候荔挺出荔本草謂之蠡實馬薤也鄭康成蔡邕高誘皆云馬薤況說文云荔似蒲而小根可爲刷與本草同但陳皓註爲香草附和者即以爲零陵香殊不知零陵香自生於三月也

大雪後十五日斗柄指子爲冬至十一月中終藏之氣至此而極也一候蚯蚓結六陰寒極之時蚯蚓交相結而如繩也二候麋角解說見鹿角解下三候水泉動水者天一之陽所生陽生而動今一陽初生故云耳



冬至後十五日斗柄指癸爲小寒十二月節月初寒小故云小月半則大矣一候雁北鄉鄉去聲鄉向導之義二陽之候雁將避熱而回今則鄉北飛之至立春後皆歸矣禽鳥得氣之先故也二候鵲始巢喜鵲也冬至天元之始至後二陽已兆得來年之節氣鵲爲巢知所向也三候雉雊雊文明之禽陽鳥感於陽而復有聲

小寒後十五日斗柄指丑爲大寒十二月中一候鷄乳雞本畜麗於陽而有形故乳在立春節前也二候征鳥厲疾征伐也殺伐之鳥乃鷹隼之屬至此而猛

厲迅疾也三候水澤腹堅陳氏曰冰之初凝水面而已至此則徹上下皆凝故云腹堅腹猶內也以上一年共十二月二十四氣七十二候皆一元默運萬彙馮生四序循環千古不易總不過此氣之推遷也

月令氣候圖說畢

# 夏小正箋

光緒七年立夏錢子賡箋

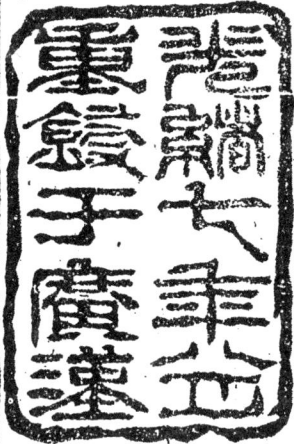

## 夏小正箋序

夏小正者所謂夏之時也而曰小正何也言政令之小者也本大戴禮之一篇隋書經籍志始於大戴禮外別出夏小正一卷註云戴德撰宋傅崧卿序謂隋重賞以求逸書進書者多離折篇目以邀賞故別出於理或然考吳陸璣草木鳥獸蟲魚疏引大戴禮夏小正傳言大戴禮舊本但有夏小正之文而無其傳戴德爲之作傳遂自爲一卷後盧辨作註始採其傳入經文下隋所謂戴德撰者乃傳也當誤傳作撰其以傳別於經者實自崧卿始其爲一卷亦猶之小爾



雅乃孔叢子之一篇因李軌之註遂別爲一卷也夏小正或云子夏作雖未必然然文句簡奥實三代之書自傳崧卿撰戴氏傳四卷外近又有徐世傳之解黃叔琳之註諸錦之詁雖博稽廣註苦多穿鑿未愜於心且多舛訛脫漏如經傳有合爲一行者有經大書而傳小書者亦無定本因得永樂副本經文抬頭而傳空一字俱大書此可遵也因去其繁蕪約爲之箋以通其義夫古人之書殘篇斷簡詰曲聱牙其不盡可箋也明矣若必一一而強爲之注不至於鑿不止此聖人之所以甚重乎史闕文也予之所以爲箋

也正所以正諸家之鑿也彼夫徐氏之以爽死爲爽鳩以五日爲夏五黃氏之以丹白鳥之爲螢火納卵蒜以爲兩物諸氏之以短震斷雨句李粥之斷爲祝雞通則通矣其如鑿何故曰予之所以爲箋也所以正諸家之鑿也西蜀李調元童山撰



# 夏小正箋卷一

漢　戴德　傳　　　蜀童山李調元註

## 正月

正月孟春之月也月令曰在營室昏參中旦尾中營室在亥娵訾之次也

啓蟄　言始發蟄也

蟄藏也靜也言藏伏靜處也啓發也月令孟春蟄蟲始振始者一歲之始也蟄讀作執見郭象註莊

鴈北鄉　先言鴈而後言鄉者何也見鴈而後數其鄉也鄉者何也鄉其居也鴈以北方爲居何以謂之居生且長焉耳九月遰鴻鴈先言遰而後言鴻鴈何也見遰而後數之則鴻鴈也何不謂南鄉也曰非其居也故不謂南鄉鴻鴈之遰也而一作如不記其鄉何也曰鴻不必當小正之遰者也

月令季冬鴈北鄉此于孟春何也冬去而春來時也大曰鴻小曰鴈月令孟春之月鴻鴈來鴈夜宿鴻內鴈外更相驚避又名陽鳥書禹貢陽鳥攸居所謂居也生且長言生于斯長于斯也遰去也北來則曰鄉南去則曰遰不記其鄉謂經文九月遰鴻鴈無鄉之文以文相比而得其義也鄉向同遰

特討反長數並上聲

雉震呴　呴也者鳴也震也者鼓其翼也一本作震也者鳴也呴也者鼓其翼也正月必雷雷不必聞惟雉爲必聞何以謂之雷則雉震呴相識以雷案正月必雷下一本多雷則雉震呴五字

雉一名翟野鷄也易震爲雷月令仲春雷乃發聲今于孟春者言雷未發而雉先震呴也陰陽相薄以生萬物其聲甚者爲震震戰也言所擊破如戰也呴與雊同雉雊鳴也雷始動雉鳴而雊其頸从句者句亦聲也又見月令識知也

魚陟負冰　陟升也負冰云者言解蟄也



月令魚上冰負背也言背冰而上也陟言登升也陟音穉

農緯厥耒　緯束也束其耒云爾用是見君之亦有耒也

月令孟春天子親載耒耜束之爲言親載也君亦有耒卽耕耤之耒也緯羽鬼切

初歲祭耒　始用暢一作暘也其曰初歲云者暢也暢也者終歲之用祭也言是月之始用之也初者始也一本始用暢作經文今從永樂大典本

或曰祭韭也此句疑在下文囿有見韭下錯簡

祭耒者將有事于田疇故祭之也暢與暘同長也言通暢也田不生者用力以治之也或曰祭韭謂祭用韭也暢丑亮切

囿有見韭　囿也者園之燕者也

韭種而能久之菜也其美在黃春始見也內則春用韭有藩曰園有墻曰囿燕言居息之處也

時有俊風　俊者大也大風南風也何大於南風也曰合冰必於南風解凍必於南風生必於南風收必於南風故大之也

合冰冰凍也解冰冰解也月令東風解凍是也其



南風謂之俊風者卽尚書大傳時有俊風是也南風止則冰合故曰生南風起則冰解故曰收大之喜之詞非南風始名大也

寒日滌凍塗　滌也者變也變而煖也凍塗也者凍下而澤上多也澤釋古通用

滌言煖風也塗泥也傳言澤上多卽詩其耕釋釋之釋言凍在下而釋於上者爲多也

田鼠出　田鼠者嗛鼠也記時也

田鼠生于田間害稼之鼠也寓鼠曰嗛嗛之云者頰裏貯食處也嗛戶監反

農率均田　率者循也均田者始除田也言農夫急除田也
　均平也言相率平田也
獺獻魚　獺祭魚其必與之獻何也曰非其類也祭也者得多也善其祭而後食之十月豺祭獸謂之祭獺祭魚謂之獻何也豺祭其類獺祭非其類故謂之獻大之也
　獺如小狗水居食魚魚鱗屬獺獸屬故云非其類
　獻享也善亦多也
鷹則為鳩　鷹也者其殺之時也鳩也者非其殺之



時也善變而之仁也故其言之也曰則盡其辭也鳩為鷹變而之不仁也故不盡其辭也
　鷹鷙鳥以膺擊故曰鷹王制鳩化為鷹秋時也故言殺之時月令鷹化為鳩在二月此正月時也故言非其殺之時生青氣盛鷹感之而化不曰化曰目為者反歸舊形也春乃生氣之始所謂毋用牝毋覆巢毋殺孩蟲胎夭飛鳥時也故曰仁傳謂小正凡言則者皆盡其辭也
農及雪澤釋古通　言雪澤之無高下也
　管子所謂正月令農始作服于公田農耕及雪釋



是也言雪皆釋而高下皆可耕也
初服于公田　古有公田焉者古者先服公田而後服其田也
　傳言私田所謂雨我公田遂及我私也
采芸　為廟采也
　芸草似苜蓿一名芸蒿似邪蒿而香可供宗廟故采之也其香又可去蚤蝨辟書蠹
鞠則見　鞠者何也星名也鞠則見者歲再見云爾
　鞠當作咮爾雅咮之謂柳詩召南鄭康成箋噣在東方正月時也噣與咮同



初昏參中　蓋記時也
　昏自冥也凡日入三刻為昏不盡三刻為明一云日入後二刻半為昏又云日入虞淵為黃昏日入蒙谷為定昏昏時參星在南方之中
斗柄縣在下　言斗柄者所以著參之中也
　斗柄北斗杓也第一至四為魁第五至七為杓合為斗初昏時斗柄指參故云參之中
柳稊　稊也者發孚也孚孚同
　柳小楊也一物二種楊枝硬而楊起故謂之楊柳枝弱而垂流故謂之柳稊亦作荑木之更生者孚

甲也孟春其日甲乙萬物皆解孚自抽軋而出先
于柳見之故曰發孚
梅杏杝桃則華　杝桃山桃也
月令仲春桃始華此于孟春節氣有早晚故也杝
一作柂爾雅柂椵樹似白楊而古今字書有杝而
無柂亦無有訓山桃者白椵也詩析薪杝矣是也
山桃爾雅旄冬桃榹山桃是也自是二種訓杝桃
爲山桃者意即榹山桃也　榹同杝音移榹音思
緹縞　縞也者莎隨也緹也者其實也先言緹而後
言縞何也緹先見者也何以謂之小正以著名也按此



二句儀禮經傳通解置篇首夏小正之下另爲一行但爾雅緹著連引此文益何以謂之句應斷言小正書法以緹著而先見故名緹縞也
縞與薃通薃侯也一名侯莎俗名香附子即博雅
所謂毛莎薃也故曰莎隨隨與薃通緹䕸種土色
也其色縓周禮地官草人糞種赤緹是也或云緹
草名未詳
鶏桴粥　粥也者相粥之時也或曰桴嫗伏也粥養
也案桴與孚通相粥之時也舊本作相粥粥呼也粥與祝粥通
傳言桴爲嫗伏者謂煦姁覆育也鶏育雛必嫗而
伏以母其子也粥粥鶏聲亦作粥粥嫗伏則卵發

孚也伏扶幼反
以上正月較月令少以立春天氣下降地氣上
騰天地和同草木萌動
二月
仲春之月也月令日在奎昏弧中旦建星中奎宿
在戌降婁之次也
往耰黍禪　禪單也
耰覆種也黍禾屬而粘者以大暑而種故謂之黍
禪言單者單盡也言往耰種黍之田而盡其力也
或云往耰黍之時始服單袷未詳



初俊羔助厥母粥　俊也者大也粥也者養也言大
羔能食草木而不食於母也羊蓋非其子而後養之
善養而記之也或曰夏有暑而祭祭者用羔是時不
足喜樂善羔之爲生也而記之與案舊本作謂　牛羊腹時
也暑一作覽牛一作羔
羊子謂之羔俊言羔始大也本木萌也言羔食其
母稍長大而後食草木以助之也子猶字也非其
字言不爲母所字而後繼以養之故善之也不足
喜樂言羔甫生尚小不足以祭不足喜也與之爲
言猶也言牛羊皆能自育其子也月令仲春天子

乃鮮羔開冰謂獻羔以祭司寒之神綖即暑祭也

綏多女士　綏安也冠子取婦之時也（禮疏引傳作冠子取妻）時也

綏即月令養幼存諸孤也存亦安也冠去聲

丁亥萬用入學　丁亥者吉日也萬也者干戚舞也入學也者大學也謂今時大舍釆也（案匡謬正俗云古之經史釆菜）相通

丁亥謂上旬之丁也萬舞兼羽籥干戚省文也月令上丁命樂正習舞釋菜入學習樂也舍釆與釋菜古通用



祭鮪　祭不必記記鮪何也鮪之至有時美物也鮪者魚之先至者也而其至有時謹記其時

周禮獻人春獻王鮪月令季春薦鮪于寢廟此于仲春言祭鮪者先祭鮪而後獻廟也鮪一名鮥似鱣而青黑頭小而尖似鐵兜口在頷下甲可摩薑大者曰王鮪小者曰叔鮪

榮堇采蘩　堇菜也蘩由胡由胡者蘩母也蘩旁勃也皆豆實也故記之

堇萱屬生水濱俗名苦菜旱芹也蘩白蒿也似細艾三月采俗呼蒫蒿由胡見爾雅北海謂之旁勃

博雅蘩母旁勃也皆白蒿別名豆實者言皆可充籩豆之實也

昆小蟲抵蚳　昆者眾也由魂魂也魂魂也者動也小蟲動也其先言動而後言蟲者何也萬物至是動而後著抵猶推也蚳蟻卵也爲祭醢也取之則必推之推之不必取故言推而不言取（由魂魂一本作田螺螺誤）

魂魂猶沄沄也言猶沄沄行不休也由與猶通蟻同周禮醢人掌四豆之實有蚳醢推之爲言進也

來降燕乃睇（疑脫室字）　燕乙也降者下也言來者何也



莫能見其始出也故曰來降言乃睇何也睇者眄也眄者視可爲室者也百鳥皆曰巢突穴又謂之室何也操泥而就家入人內也（突一作窔　操一作摻）

燕言乙者象鳥舉首也从乙不从乙後人加鳥作鳦元鳥也月令是月也元鳥至南楚謂眄曰睇操泥即御泥也

剝鱓（案即鼉字）　以爲鼓也

鱓一作鮀皮可爲鼓剝者取其皮而裂之也

有鳴倉庚　倉庚者商庚也商庚者長股也

倉庚黃鸝也亦作鶩黃見月令註商庚見爾雅長

股以其股之長也

榮芸 無傳

前巳言芸矣此復言芸者前言芸之初生此言芸之華生也

時有見稊始收　有見稊而後始收是小正序也小正之序時也皆若是也稊者所爲豆實

稊楊之秀也蕢收爲豆實

以上二月較月令少始雨水桃始華日夜分又雷乃發聲始電蟄蟲咸動啓戸始出先見正月

三月



季春之月也月令日在胃昏七星中旦牽牛中胃宿在酉大梁之次也

參則伏　伏者非亡之辭也星無時而不見或有不見之時故曰伏云

孟春云昏參中此云參則伏者前星巳過故伏而不見也

攝桑　攝而記之急桑也 一本攝上衍桑字

攝伐也月令命野虞伐桑柘是也急桑言莫亟于桑

萎楊 ○萎一作委　楊則華而後記之

萎柔弱貌楊將華時其條柔弱也一云委落也非傳意

羵羊　羊有相還之時其類羵羵然記變爾或曰羵羝也

羵之爲言圍也謂其環聚也還古通環羵羵羊相逐貌牡羊三歲曰羝或說殆非也

㲉則鳴　㲉天螻也

天螻螻蛄也一曰蟑

頒冰　頒冰也者分冰以授大夫也

此非分冰時而言頒者先言分後言頒以授大夫



所謂伐冰之家也

采識　識草也

識當作識爾雅作識郎苦參也葉似槐花黃色結角如蘿藟子二三粘如小豆味苦除伏熱說文闕識後人加草也

妾子始蠶　先妾而後子何也曰事有漸也言事自卑者始

妾子皆統于妻妾子始蠶其妻可知月令后妃齋戒親東鄉躬桑今不言妻而先言妾子故言自卑者始

執養宮事　執操也養長也
宮事卽蠶事也今謂養蠶是也執養宮事卽祭義夫人繅三盆手遂布于三宮夫人世婦之吉者使繅之事也

祈麥實　麥者五穀之先見者故急祈而記之也一本麥者作麥實
月令乃爲麥祈實孟夏爲麥秋故此云先見詩所謂貽我來牟帝命率育也

越有小旱　越于也記是時恒有小旱
越聿同語詞田家五行有三月聽蛙聲占水旱之



諺

田鼠化爲鴽　鴽鵪也變而之善故盡其辭也鴽爲鼠變而之不善故不盡其辭也
月令同鴽鵪鶉也十二支辰子水位鼠屬子伏乃鶉火之次豈可移易蓋三月大辰候當出火故田鼠至建辰月化爲鴽八月辰伏九月當納火而鴽于建酉月爲鼠者辰巳伏也子與午陰陽之極神交爲變化如此可類推也鴽善類鼠不善類也八月日鴽爲鼠不言化故曰不盡其辭

拂桐芭　拂也者拂也桐芭之時也或曰言桐芭始生貌拂拂然也
芭華也月令桐始華或訓芭爲茅未詳

鳴鳩　言始相命也先鳴而後鳩何也鳩者鳴而後知其鳩也
命鳴也相命言相呼也鳩能自呼其名
以上三月較月令少虹始見萍始生戴勝降于桑

四月

孟夏之月也月令日在畢昏翼中旦婺女中畢宿在申實沈之次也



昴則見　無傳
昴七星天之耳也白虎之中星也昴之爲言留也言物成就繫留也

初昏南門正　南門者星也歲再見壹正蓋大正所取法也
月令昏翼中翼南方宿名也卽所謂南門也言天子當陽所取法也十月但云南門見不言正也

鳴札　札者寧縣也鳴而後知之故先鳴而後札縣懸同
札爾雅作蚻似蟬而小有文寒蟬也大者爲馬蚻

甯縣爾雅注引作虎縣

圜有見杏　圜者山之燕者也

禮祭法夏祠用杏小正韭則圜杏則山也

鳴蜮（案即蟈字）　蜮也者或也屈造之屬也

蜮當作蟈口文从國即蝦蟆別名非射工之蜮也月令螻蟈鳴是也蜮一作蟿屈或作蛣蝠蛣蚍木中蟲也屬之云者言皆其類蜮爲射工故以或說存之

王萯秀（案秀舊本作莠下竝同）　王萯即王瓜草挈也王瓜色赤感火之色而生也



月令王瓜生今月令云王萯秀萯應从刀貝音故不从力負音倍莠秀通用

取荼　荼也者以爲君薦蔣也

荼苦菜也月令苦菜秀感火之味而成也是月其味苦故也一名游冬葉似苦苣而細斷之白汁花黃似菊周禮地官掌荼言蔣以爲君薦也蔣當作將或云蔣蓋負茲之類未詳

秀幽（案即秀葽）

幽當作葽謂之幽者幽陰之義也四月陽氣極于上而微陰已胎于下葽感之而早秀豳風四月秀葽是也爾雅釋草葽繞棘蒬註今遠志也

越有大旱　記時爾

大旱對小旱言之羣芳譜言四月十六日立一丈竿量月影月當中時影過竿夏旱人饑長九尺八尺七尺六尺主雨水五尺主夏旱又談苑江南民于四月一日至四日卜一歲之豐凶云一日雨百草枯言旱也二日雨傍山居言避水也三日雨騎木驢言踏車取水亦言旱也四日雨餘有餘言大熟也小正凡言小旱大旱所以重農事也

執陟攻駒　執也者始執駒也執駒也者離之去母



也陟升也執而升之君也攻駒也者教之服車數舍之也

周禮所謂校人執駒攻特也月令三月遊牝于牧犧牲駒犢舉書其數此則四月矣駒已成矣故言執駒升之君離之去母使之服車也數入聲

以上四月較月令少以立夏蚯蚓出聚畜百藥靡草死麥秋至農乃登麥

五月

仲夏之月也月令日在東井昏亢中旦危中東井在未鶉首之次也

參則見　參也者伐星也故盡其辭也
漢天文志參爲白虎三星直者爲衡石下有三星銳曰罰謂罰在參間上小下大故曰銳伐與參連體參爲列宿統名之若一宿然參又名實沈見左傳
浮游有殷　殷衆也浮游殷之時也浮游者渠略也朝生而暮死稱有何有見也
浮游通作蜉蝣楊子方言蜉蝣秦晉之間謂之渠畧爾雅蜉蝣渠畧是也似蛣蜣身狹而長有角黃黑色大如指長三四寸甲下有翅能飛聚生糞土



中朝生暮死夏日陰雨時地中出燒炙噉之美如蟬猪好啖之詩浮游之羽衣裳楚楚是也樊光之閒謂之糞中蝎蟲
鴂則鳴　鴂者百鷯也鳴者相命也其不辜之時也是善之故盡其辭也
月令鵙始鳴鵙鴂也鶗鴂也一名搗鶪即百鷯也今謂之巧婦又謂之襪雀是也辜負也于是載續矣鳴不負其時也
時有養日　養長也一則在本一則在末故其記曰有養日云也（案一本有作時日作白）本末言初終也一則謂或則也月令鄭注云辰角見九月本也天根見九月末也即本末之說也
乃瓜　乃者急瓜之辭也瓜也者始食瓜也（按黃本以瓜爲衣末句作始剝衣也）
詩豳風七月食瓜此月言乃瓜者蔬蓏之屬也按孟夏天子始絺作衣近是
良蜩鳴　良蜩也者五采具
蜩蟬也良當作蜋爾雅蜩蜋蜩是也豳風五月鳴蜩五采具言其翅有文采也
匽之興五日翕望乃伏　其不言生而稱興何也不



知其生之時故曰興以其興也故言之興五日翕也望也者月之望也而伏云者不知其死也故謂之伏五日也者十五日也翕也者合也伏也者入而不見也
匽爾雅作蝘蜓蚻也一名蝘蚻莊子所謂蟪蛄不知春秋是也合聚也
啓灌藍蓼　啓者別也陶而疏之也灌也者聚生也記時也
藍染青草也有三種蓼藍染綠大藍如介染碧槐藍如槐染青皆可作澱成勝毋荀子青出于藍而

青于藍此言藍蓼即蓼藍也青乃赤之母故陶而蔬之月令令民毋刈藍以染恐傷時氣也啓灌謂閈別其蘩雜也

鳩爲鷹（傳無）

傳所謂變而之不仁也

唐蜩鳴　唐蜩者匽也

唐當作螗螗蜩者似蟬而小也俗呼爲胡蟬江南謂之螗蛦江東呼爲茅截傳言匽言蝘之類也與上匽同名異實

初昏大火中種黍菽糜（按蒲本脫此四字）　大火者心也心中種黍菽糜時也



大火鶉火辰次之名心爲大火故心屬火黍註見前菽豆也糜赤苗穀也詩維糜維芑是也心中正中也糜音門

煑梅　爲豆實也

梅似李實酢者可以和羹籩實之乾藤也

蓄蘭　爲沐浴也

草之一幹一花而香有餘者蘭也蓄以爲蘭湯沐浴之用也

菽糜　已在經中又言之是何也時食矩關而記之（按矩關一作短閔或作豆齋皆傳寫之訛）

菽糜以菽作糜也糜粥也煑米糊爲饘也矩或解作法非矩當爲巨大也言夏時以菽爲糜乃所食之大關故不復著種黍而祥記菽糜也

頒馬　分夫婦之駒也（夫婦一作大夫）

月令遊牝別羣班馬政是也季春遊牝于牧至此妊孕已遂故不使同羣所謂分夫婦之駒也夫婦者牝牡也頒與班同布也言布散其牝牡之馬也

將閒諸則（閒與閑通）　或取離駒納之則法也

月令摯騰駒是也閒防其騰躍則止其踶齧也



以上五月較月令少螳蜋生反舌無聲農乃登黍羞以含桃日長至陰陽爭生死分鹿角解半夏生木堇榮

六月

季夏之月也月令日在柳昏火中旦奎中柳宿在午鶉火之次也

初昏斗柄正在上　五月大火中六月斗柄正在上用此見斗柄之不正當心也蓋當依依尾也（一本上依字下有也字）

火大火心星也尾尾星也

煑桃　桃也者杝桃也杝桃也者山桃也煑以爲豆
實也
註見正月
鷹始摯　始摯而言之何也諱殺之辭也故言摯云
一本無故言二字
月令鷹乃學習此言始摯言始學擊摯也不言殺
而言摯故曰諱殺按六月月令最悉此月太畧疑
有脫文也摯鷙通
以上六月較月令少温風始至蟋蟀居壁腐草
爲螢土潤溽暑大雨時行



七月
孟秋之月也月令日在翼昏建星中旦畢中翼宿
在巳鶉首之次也
秀雚葦　未秀則不爲雚葦秀然後爲雚葦故先言
秀 雚當作萑
是月凉風至白露降矣萑菼也葦葭也豳風八月
萑葦此在七月言始生故曰秀
狸子肇肆　肇始也肆遂也言其始遂也或曰肆殺
也 [illegible]或曰一本作其 或曰狸一作貍
狸似貓狐類莊子卑身而伏以候敖者狸音离

湟潦生苹　湟下處也有湟而後有潦有潦而後有
苹草也
湟潦積水也苹水苹蘋蕭也葉青白色莖似箸今
蘋蒿也湟音黃潦勞去聲
爽死　爽也者猶疏也
爽當作薁草也疏與蔬通言草似蔬也
荓秀 荓永樂大典作苹　荓也者馬帚也
荓草似蓍俗謂蓍荓旱苹也可爲掃帚荓音餅
漢案戸　漢也者天漢也案戸也者直戸也言正南
北也 漢一作河



天漢言天河也箕斗之間漢津也直戸言天漢當
戸如横案然
寒蟬鳴　寒蟬也者蝭蠑也 蟬一本作蝗
蝭蠑小蟬一名蛥蚗自關而東謂之蛁蟟或謂之
蝭蟧蝭大兮反蠑當作蟧
初昏織女正東鄉 無傳
織女三星天女也
時有霖雨 無傳
久雨謂之滛久滛謂之霖凡雨自三日以往爲霖
灌荼　灌藂也荼雚葦之秀爲蔣褚之也雚未秀爲

菼葦未秀爲蘆

荼萑苕也一云野菅一云茅秀萑葦卽蒹葭也萑初生爲菼長大爲薍成則爲萑蒹聚生也蔣疑作將藉著也猶今絮也言將著絮也

斗柄縣在下則旦無傳

旦明也斗柄縣在下則天明日至於曲阿北是謂旦明

以上七月較月令少涼風至白露降鷹乃祭鳥用始行戮以立秋農乃登穀

八月



仲秋之月也月令日在角昏牽牛中旦觜觿中角在辰壽星之次也觜音茲觿音攜

剝瓜 剝瓜也者畜瓜之時也

剝削也七月食瓜之後又畜瓜爲明年種也

元校 玄也者黑也校也者若綠色然婦人未嫁者衣也姜兆錫儀禮內外編讀經文連下作元校剝句棗栗零句

校當作絞蒼黃色玉藻絞衣以裼之按校本字見禮記祭統夫人薦豆執校謂豆中央直者爲校傳言校爲衣未詳

剝棗 剝也者取也

剝擊也詩八月剝棗是也

栗零 零也者降也零而後取之故不言剝也

栗可充籩實零零落也

丹鳥羞白鳥 丹鳥也者謂丹良也白鳥也者謂蚊蚋也其謂之鳥者何也重其養者也有翼者爲鳥羞也者進也不進食也蚊一本作閩

丹良蟲名疑卽蠸也蠸黃甲蟲列子蚊瞀生於腐蠸

辰則伏 辰也者謂心也伏也者入而不見也

辰者大火也爲心星伐爲參星也



鹿人從 鹿人從者從羣也鹿之養也離羣而善之離而生非所知時也故記從不記離君子之居幽也不言或曰人從也者大者於外小者於內率之也

鹿善聚善散鹿人從者鹿若人之相從也善之善走也大者處外小者處內俱指鹿言鹿于小時必相離乃得生此時長成矣如人之相從矣故記之不記離者如人之幽處亦無可記也故云君子之居幽也不言

鴽爲鼠無傳

註見前

參中則旦（無傳）
言天明正參中時也
以上八月較月令少盲風至鴻鴈至元鳥歸羣鳥養羞日夜分雷始收聲蟄蟲坏戶

九月
季秋之月也月令日在房昏虛中旦柳中房在卯大火之次也

內火　內火也者大火（按此下一有也字）大火也者心也
大火鶉火辰次之名也內者言向內也詩九月流火是也



遰鴻鴈　遰往也
註見正月

主夫出火　主夫也者主以時縱火也
案傳崧卿云夫當作火以備寒也主火主薪炭之人也宜納而出何也于是不出也

陟元鳥蟄　陟升也元鳥也者燕也先言陟而後言蟄何也陟而後蟄也（或云經文蟄字當連下能羆貊貉爲句）
月令仲秋元鳥歸此于季秋則歸而蟄矣

能羆貊貉鼶鼬則穴（按能羆一作熊羆鼶鼬一作鼬鼪今從爾雅文改鼶音斯鼬音袖）　穴也者言蟄也
月令所謂蟄蟲咸俯在內皆墐其戶也能古熊字羆羆屬貊似熊如大驢能食鐵色蒼白貉似狸銳頭尖鼻蒼色鼶鼠狠也江東曰黃鼠狠鼬似鼦赤黃色大尾啖鼠也一名地猴

榮鞠樹麥　鞠草也鞠榮而樹麥時之急也
鞠與菊通鞠榮者菊華榮也月令鞠有黃華樹麥者種麥也月令仲秋乃勸種麥

王始裘　王始裘者何也衣裘之時也
周禮季秋獻功裘是也月令天子始裘在十月

辰繫于日（無傳）



辰日月所交會之地止言繫于日者者日在房所謂房在卯大火之次也

雀入于海爲蛤　蓋有矣非常入也
飛物化爲潛物也雀與爵通月令爵入大水爲蛤是也不言水而言海以水之大者言也黃雀秋化爲蛤春復爲黃雀五百年爲蜃蛤見述異記
以上九月較月令少豺乃祭獸戮禽霜始降上丁命樂正入學習樂草木黃落乃代薪爲炭

十月
孟冬之月也月令日在尾昏危中旦七星中尾在

寅析木之次也七星見季春
豺祭獸　善其祭而食之也（按而下一有後字）
豺狼屬長尾白頰色黃身瘦俗呼瘦豺月令季秋
之月豺乃祭獸此言孟冬月者秋冬之交也
初昏南門見　南門者星名也及此再見矣
詳見四月此月南門朝見于東南隅言昏見疑文
有誤
黑鳥浴　黑鳥者何也烏也浴也者飛乍高乍下也
烏慈烏也能反哺謂之孝烏又一種脛下白者爲
雅又一種大喙白脛者爲鬼雀不詳鳥也烏多羣



飛一起一伏如浴于水然故謂之浴一云沐浴于
大化亦通
時有養夜　養者長也若日之長也
養夜言夜之長與日之長等也見五月
元雉入于淮爲蜃　蜃者蒲盧也
亦飛物化爲潛物也言元雉應元冥也大蛤曰蜃
月令雉入于水爲蜃按古語謂隨變而成者曰蒲
盧不專指蜂也一名蒲盧水虫名
織女正北鄉則旦（無傳）
孟秋言昏東鄉此孟冬則旦時正北鄉矣

以上十月較月令少水始冰地始凍虹藏不見
以立冬天氣上騰地氣下降天地不通閉塞而
成冬天子始裘
十有一月
仲冬之月也月令日在斗昏東辟中旦軫中斗在
丑星紀之次也
王狩　王狩者言王之時田也獵爲狩
詳見周禮大司馬月令季秋天子乃厲飾執工挾
矢以獵乃秋獵也此于仲冬故曰冬獵大閱時也
陳筋革　陳筋革者省兵甲也



筋革所以包兵甲
嗇人不從　不從者弗行
嗇當作穡農夫也言大閱之時農夫不從狩所以
休息也
於時月也萬物不通（八字應爲經文各本誤作小註）
月令天地不通閉塞而成冬是也是月曰暢月言
諸蟄皆充暢于內若大房然發天地之房則諸蟄
必死
隕麋角　隕墜也日冬至陽氣至始動諸向生皆蒙
蒙符矣故麋角隕記時焉爾

月令麋角解隕亦解也麋鹿屬冬至解其角衍會
合也言衆生皆與陽氣會合也
以上十一月較月令少冰始壯地始坼鶡旦不
鳴虎始交芸始生荔挺出水泉動日短至

十有二月

季冬之月也月令日在婺女昏婁中旦氐中

鳴弋　弋也者禽也先言鳴而後言弋者何也鳴而
後知其弋也

弋鳶也古通用或作弋弓也謂角弓鳴恐鑿

元駒賁　元駒也者蝗也賁者何也走于地中也



元駒蟻別名也蝗蟻通賁僨通義同奔

納卵蒜　卵蒜也者本如卵也者納者何也納之君
也

蒜葷菜也大蒜爲葫小蒜爲卵或作蒜訓蘇同謂
草木疏貌與傳義不合且于卵字格礙

虞人入梁　虞人官也梁者主設罟罶者也

月令命漁師始漁是也罟古罔字罟罶結繩爲之
所以取魚

隕麋角　蓋陽氣且睹也故記之也

已見仲冬此疑衍文傳應別有註也或云向始動
今明見故兩記之亦通

以上十二月較月令少鵲始巢雉雊雞乳征鳥
厲疾冰方盛水澤腹堅命取冰命有司大儺日
窮于次月窮于紀星回于天數將幾終歲且更
始

夏小正箋畢

# 逸孟子

光緒乙未年
鋟於樂道齋

## 逸孟子序

漢書儒家孟子十一篇史記則以為與萬章之徒述仲尼之意作孟子七篇豈篇之離合不同歟抑亦秦火之亡也孟子之書久夷於諸子漢孝文時始與孝經爾雅同置博士其識卓矣而旋即罷至趙宋設科語孟並列註疏之家常相表裏雖司馬光之疑晁說之之詆馮休之删鄭厚叔之斥究不能為之軒輊也故自趙岐注而外唐之翼孟者有劉軻續孟者有林慎思至宋余允之為尊孟辨七卷以正之而推崇極矣竊閒嘗考孟子之遺文墜緒見於諸子百家者尚



復不少實秦火之後所逸也因不揣愚昧為採集成編述曰逸孟子庶幾可以存一二於千百乎夫孟子之書崇仁義闢楊墨趙岐所謂帝王公侯遵之可以致隆平頌清廟卿士大夫蹈之可以尊君父立忠信守志厲操者儀之可以崇高節抗浮雲信斯語也則片言何可逸所願與翼孟續孟尊孟者共商之也綿州李調元童山撰

# 逸孟子卷一

綿州李調元童山輯

孟子曰堯舜之道非遠人也而人不思之爾鹽鐵論

孟子曰人知糞其田莫知糞其心糞田莫過利苗得粟糞心易行而得其所欲何謂糞心博學多聞何謂易行一性止淫也同上

孟子曰有人道我善者是吾賊也道吾惡者是吾師也文選註

孟子曰夫有意而不至者有矣未有無意而至者也法言



孟子曰人皆知以食為饑莫知以學愈愚說苑

孟子曰仁義禮智信天爵也後漢書註

孟子曰曲意事貴脅肩所意俗之情也同上

孟子曰今人之於爵祿得之若其生失之若其死梁書

孟子曰戰者危事也北堂書鈔

孟子曰紂貴為天子而死曾不如匹夫是紂先自絕久矣非死之日天去之也漢書

孟軻曰堯舜不勝其美桀紂不勝其惡傳言失指圖景失行風俗通

孟子曰矯枉者過其正後漢書註

孟子曰討及下者無遺策文選注

孟子曰離婁者古明目者也能視百里之外見秋毫之末文選注

孟子曰桀紂逆天暴萬民故天棄之民去之湯武從天理萬物故天下欲之民歸之紂昏昏以亡湯武謌謌以昌太平御覽

孟子曰軻少貧在墓間識葬理事又徙在市則軻知市井之利又徙在習學所遂諳識禮儀太平御覽

孟子云陳仲子齊陳氏之族兄為卿仲子以為不義乃適楚居于於陵自謂於陵子仲楚王聘以為相仲子遂夫妻相與逃為人灌園司馬貞史記索隱



孟子曰居今之朝不易其俗而成千乘之勢不能一朝居也桓寬鹽鐵論

孟子曰國與民同其利也三輔黃圖

孟子曰强其君所不能為忠也量君之所不能為賊也袁宏後漢紀

孟子云千年一聖謂之連步拾遺記錄

孟子曰若久塗炭則易政意林

高子問於孟子曰夫嫁娶者非已所親也衛女何以得編於詩也孟子曰有衛女之志則可無衛女之志

則怠若伊尹於太甲有伊尹之志則可無伊尹之志則篡夫道二常之爲經變之爲權懷其常道而挾其權變乃得謂賢夫衛女行中孝慮中聖權如之行詩曰既不我嘉不能旋反視爾不臧我思不遠韓詩外傳

孟子曰滕文公卒葬有日矣天大雨雪甚至於牛目羣臣請弛期太子不許惠子諫曰昔王季葬渦山之尾欒水嚙其墓見棺前和文王曰先君欲見羣臣百矣乃爲出帳三日后葬今先王欲小留而安撫社稷故使雪甚弛期而更爲日此文王之義也藝類類聚所引案戰國策作魏惠王卒云云不謂孟子



孟子三見宣王不言事門人曰曷爲三遇齊王而不言事孟子曰我先攻其邪心荀子

孟子說齊宣王而不說淯于髡侍孟子曰今日說公之君公之君不說意者其未知善之爲善乎淯于髡曰夫子亦誠無善耳昔者瓠巴鼓瑟而潛魚出聽伯牙鼓琴而六馬仰秣魚馬猶知善之爲善而况君人者也孟子曰夫電雷之起也破竹折木震驚天下而不能使聾者卒有聞日月之明徧照天下而不能使盲者卒有見今公之君若此也淯于髡曰不然昔者揖封生高商齊人好歌杞梁之妻悲哭而人稱詠夫聲無細而不聞行無隱而不形夫子苟賢居魯而魯國之削何也孟子曰不用賢削何有也吞舟之魚不居潛澤度量之士不居汙世夫蓺冬至必彫吾亦時矣詩曰不自我先不自我後非遭世者與韓詩外傳按郎名寶章而記載不同

魯平公與齊宣王會於鳧繹山下樂克備道孟子於平公曰孟子私淑仲尼其德輔世長民其道發政施仁君何爲不見乎廣文選

以上皆今文所無



孟子謂惠王曰虐政殺人何異刃邪庖有肥肉廄有肥馬民有饑色野有餓莩此率獸食人人且人惡之况虐政乎敬勞愛幼推心於民天下運掌中也故推恩足以保四海不推恩不足以保妻子以下俱見唐馬總意林所錄與今文異者唐時尚未尊孟子故以諸子竝列

雖有智慧不如乘時雖有鎡基不如待時齊人議管晏饑者易爲食渴者易爲飲同上

見孺子入井非孺子之父母亦有惻隱之心同上

枉己者未能直人當以直矯枉若以曲何以正人同上

子産以其乘輿濟人於溱洧孟子曰不知政不如以時修橋梁同上

白羽白性輕白雪白性消白玉白性貞雖俱白其性
不同也（同上）
伊尹不以一芥與人亦不取一芥於人（同上今本芥作介）
齊人有一妻一妾其夫出則饜飽而反欺其妻云與
富貴人共飲食耳夫出伺之見乞人祭餘食之妻乃
告妾相與泣於中庭其夫自外來未知猶驕其妻妾
由君子枉道得富貴而驕人也（同上）
孟子曰千年一聖五百年一賢賢聖未出其間有命
世者（以下見文選註命今文作名）
孟子曰墨子兼愛摩頂致於踵（同上）



孟子曰人無好惡是非之心者非人也（以下見三國志註）
孟子曰殺一不辜而得天下仁者不爲也（同上）
孟子曰伯夷叔齊目不視惡色耳不聽惡聲與鄉人
居若在塗炭蓋聖賢之清也（見世說註）
孟子曰舜年五十而不失其孺子之心（見禮記坊記註）
孟子曰人之善不善在見目其心正則童子瞭然其
心不正則童子眊然（見白孔六帖今文童子作眸子）
孟子曰仁人心也義人路也舍其路弗由放其心而
弗求人有雞犬放則知求之有放心而不知求其於
心爲不若求雞犬哉不知類之甚矣悲夫終亦必亡
而已矣故學問之道無他焉求其放心而已詩曰中
心藏之何日亡之（見韓詩外傳）
孟子曰今之士今之大夫皆罪人也皆逢其意以順
其惡（見鹽鐵論）
鄒衍湻于髡孟軻皆至梁梁惠王曰寡人不佞兵三
折以外太子虜上將死國以空虛以羞先君宗廟社
稷寡人甚醜之叟不遠千里辱幸至敝邑之廷將何
以利吾國孟軻曰君不可以言利若是夫君欲利則
大夫欲利大夫欲利則庶人欲利上下爭利國則危
矣爲人君仁義而已矣何以利爲（史記魏世家）



秦攻梁惠王謂孟軻曰先生不遠千里辱幸敝邑今
秦攻梁先生何以禦乎孟軻對曰昔太王居邠狄人
攻之事之以玉帛不可太王不欲傷其民乃去邠之
岐今王奚不去梁乎惠王不說（見新論與今文異今本作對滕文公文按史記梁惠王謀欲攻趙孟軻稱太王去邠此其有意阿世俗苟合而已哉持方枘欲內圓鑿其能入乎則去邠應屬梁惠不知今文何以作滕文公也鹽鐵論云孟子守舊術不知世務故困於梁宋亦不言滕也）
梁惠三謂孟子曰寡人有疾寡人好色孟子曰王誠
好色於王何有王曰若之何好色可以王孟子曰太
王好色詩云古公亶父來朝走馬率西水滸至於岐
下爰及姜女聿來相宇太王愛厥妃出入必與之偕

當是時內無怨女外無曠夫大王若好色與百姓同之民唯恐王之不好色也王曰寡人有疾寡人好勇孟子曰王若好勇於王何有王曰若之何好勇可以王孟子曰詩曰王赫斯怒爰整其旅以按徂莒以篤周祜以對於天下此文王之勇也文王一怒而安天下之民今王亦一怒而安天下之民民惟恐王之不好勇也見新序今本作對齊宣王語按作遏繹史云文選註云雖往來屯難不見任用終亦爲周威王師則未聞也

將軍市被圍公宮攻子之不克將軍市被及百姓反攻太子平將軍市被死以徇因死者數萬人恫恐百



姓離志孟軻謂齊王曰今伐燕此文武之時也不可失也王因令章子將五都之兵以因北地之眾以伐燕士卒不戰城門不閉燕王噲死齊大勝燕子之亡見韓非子戰國策作齊宣王是史年誤也史記言燕子之七六國表云君噲及相子之皆死紀年云齊人禽子之而醢其身按此與今孟子小異

佃魚以時魚肉不可勝食鹽鐵論

楊子拔體一毛以利天下高誘呂覽注

凡見赤子將入井莫不趨而救之

仁宅也義路也俱見抱朴子

葛伯不祀湯問曰何爲不祀曰無以供祠祭酈道元水經注

孟子曰葛伯不祀湯往征之其君子實玄黃於篚以迎其君子其小人簞食壺漿以迎其小人文選註誤以周事屬湯

孔子德如金聲也後漢書註

使自求之文選註

能以言距楊墨者遠矣皮日休題後魏書釋梵志

衆人皆曰殺之未可也卿大夫皆曰殺之未可也天下皆曰殺之然後察之乃置于法舊唐書崔元亮傳

伊尹耕於有莘之野湯往謁之伊尹囂然勿顧太平御覽

孟子曰湍水決之東則東決之西則西世說註



性猶湍水意林節脫去孟子曰三字

孟子曰性猶杞柳義猶桮棬藝文類聚刪去告子先于意林

是豈水之性哉其所以導引之者然也人之性皆善其不善亦猶是也李翺復性書

孟子曰請無以辭卻之以心卻之言受之而不用也

宋施彥執北窗炙輠錄誤以萬章之言爲孟子以上今文所有小異

## 孟母傳

孟子之母姓仉氏見風俗通字典仉音掌父名激公宜說見皇甫謐孟母有賢德夢神人乘雲攀龍鳳自泰山來將止於嶧凝視久之忽見片雲墜所居而窺閭巷皆見五

色雲覆孟氏居而孟子生焉三歲喪父其母教之（見闕里志及太學典紀彙考于諸考無所據疑附會）其舍近墓孟子之少也時嬉遊為墓間之事踴躍築埋孟母曰此非吾處子乃去舍市傍其嬉戲為賈人衒賣之事孟母曰非吾所以處子也復徙舍學宮之傍其嬉遊乃設俎豆揖讓進退孟母曰眞可以居吾子矣遂居之（見列女傳）東家殺豚孟子問其母曰東家殺豚何為母曰欲啖汝其母自悔而言曰吾懷妊是子席不正不坐割不正不食胎教之也今適有之而欺之是教之不信也乃買東家豚肉以食明不欺也（見韓詩外傳）孟子之少也旣學而歸



孟母方績問曰學何至矣孟子曰自若也孟母以刀斷其織孟子懼而問其故孟母曰子之廢學若吾斷斯織也夫君子學以立名問以廣知是以居則安寧動則遠害今而廢之是不免於廝役而無以離於禍患也何以異於織績而食中道廢而不為寧能以其夫子而長不乏糧食哉女則廢其所食男則墮於修德不為竊盜則為虜役矣孟子懼旦夕勤學不息師事子思遂成天下之名儒（見列子韓詩外傳云孟子少時誦其母方織孟子輟然中止乃復進其母知其諠也呼而問之曰何為中止對曰有所失得　其母引刀裂其織以比自是之後孟子不復諠矣與列女傳小異）子車尚幼　請見子思子思見之

甚說其志子上請曰白聞士子車上崇子上不願也客退子上請曰白聞士無介不見女無媒不嫁孟孺子無介而見大人說而敬之白也未喻敢問子思曰然昔吾從夫子於郯遇程子於塗傾蓋而語終日而別子路將束帛贈焉以其道同於君子也今孟子車孺子也言稱堯舜性樂仁義世所希有也事之猶可況加敬乎非爾所及也（見孔叢子）孟子既娶將入私室其婦袒而在內孟子不說遂去不入婦辭孟母而求去曰妾聞夫婦之道私室不與焉今者妾竊惰在室而夫子見妾勃然不說是客妾也婦人之義蓋不



客宿請歸父母於是孟母召孟子而謂之曰夫禮將入門問孰存所以致敬也將上堂聲必揚所以戒人也將入戶視必下恐見人過也今子不察於禮而責禮於人亦不遠乎孟子謝遂留其婦（見列女傳又韓詩外傳云孟子妻獨居踞孟子入戶視之白其母曰婦無禮請去之母曰何也曰踞母曰何知之孟子曰我親見之母曰乃汝無禮也非婦無禮禮不云乎將入門問孰存將上堂聲必揚將入戶視必下不掩人不備也今汝雖燕私之處入戶不有聲令人踞而視之是汝之無禮也非婦無禮也於是孟子自責不敢去婦詩曰采葑采非無以下體與此文小異荀子云孟子惡敗而出妻謂此也）孟子處齊而有憂色擁楹而歎孟母見之曰子若有憂色何也孟子曰不敏也異日閒居（孟子）擁楹而歎孟母曰鄉見子有憂色

曰不敏也今擁楹而歎何也孟子對曰軻聞之君子稱身就位不爲苟得而受賞不貪榮祿諸侯不聽則不達其上聽而不用則不踐其朝今道不用於齊願行而母老是以憂也孟母曰夫婦人之禮精五飯羃酒漿養舅姑縫衣裳而已矣故有境內之修而無境外之志易曰在中饋無攸遂詩曰無非無儀惟酒食是議以言婦人無擅制之義而有三從之道也故年少則從乎父母出嫁則從乎夫夫死則從乎子禮也今子成人也而我老矣子行乎子義吾行乎吾禮君子謂孟母知婦道矣傳列女



舊史氏曰甚矣孟母之善教也其事見於韓詩外傳列女傳諸書彰彰矣無是母不生是子無是子不顯是母信哉而太史公孟子本傳無片言及之何歟予幼從師讀孟習聞師舉示孟母之軼行而未得其詳也今因有逸孟子之輯而並輯孟母傳附于後以見天下之名儒未有不始于家教者也而亦見必賢如孟子乃足顯其母之賢韓子曰孟子其師事子思而子思之學出于曾子淵源固有自與

逸孟子畢

光緒壬午年
鋟於樂道齋

# 十三經注疏錦字





十三經注疏錦字序

訓詁之文非詞章之學也而深於訓詁者詞章亦不外是焉漢唐儒者一生精力悉耗之注疏中至有一字一言之微累千百言解之而不能盡者學者病其繁重兼謂治經之外無所復施幾於高閣庋之不知其詮釋名物研芳摭豔洵屈楊班馬無以過豈專講經而已乎余故摘其標新領異之語別爲四卷名曰注疏錦字或者謂訓詁之文不宜與詞章作料是猶未得忠恕而語一貫宜乎其茫然也童山李調元序

十三經注疏錦字卷一

羅江 李調元 雨村 輯

周易

渾沌 疏易緯乾鑿度太易者未見氣也太初者氣之始也太始者形之始也太素者質之始也氣形質具而未相離謂之渾沌 水土二行兼信與知 疏易緯乾鑿度 磁石引鍼 琥珀拾芥 蠶吐絲而商弦絕 銅山崩而洛鐘應 疏有德司契 注疏老子經 禍從口出患從口入 疏先儒語 鼫鼠五能不成一伎 疏蔡邕勸學篇王注曰能飛不能過屋能緣不能窮木能游不能度谷能穴不能掩身能走不能先人 井中蝦蟆 疏子夏傳井中蝦蟆呼爲鮒魚 大夫蘭 疏王度記天子鬯諸侯薰大夫蘭士蕭庶人艾 天苞地符 疏春秋緯河以通乾出天苞洛以流坤吐地符 車



劇 疏子夏傳軸車劇也 隆眇 疏目隆眇 烏號弓 疏家語楚昭王出遊亡烏號之弓 阪上走丸 疏

尚書

百兩篇 疏前漢時東萊張霸僞造尚書百兩篇 舜父有目 注舜父有目不能分別好惡故謂之瞽 舜不立正妃 疏禮記注舜不告而注不立正妃 堯正建丑舜正建子 疏康成說 禄籍 注疏福禄名籍 米糂 疏說文今人謂飯爲米糂 粟冰 注粉若粟冰 疏粉之在粟其狀如冰 紫磨金 疏鏐即紫磨金 葛越 注疏南方布名 聆風 疏箘簬聆風也 隱括 注疏隱審檃括此舊語不知出何書 司農少府國之淵 疏史游急就篇 虎據鷹跱 疏帝王世紀商容及殷民觀周兵之入見大公至民曰是吾新君也容曰非也視其爲人虎據而鷹跱當敵將衆威怒自倍見利即前不顧其後故君子臨衆果于進退見周公至民曰是吾新君也容曰非也視其爲人忻忻休休志在除賊是非天子則周之相國也故君子臨衆知之 受德紂字 注受德紂字帝乙愛焉爲作善字 君陳周公子 疏中庸鄭注 句孑戟 疏康成曰戈即今句孑戟 從吉 疏 東萊稱 疏康成云今代東萊稱或以大半兩爲鈞十鈞爲鐶 距堙 疏兵法攻城築土爲山以闚望城內謂之距堙 蓬生麻中不扶自直 白沙在涅與之俱黑 疏荀卿書 行百里者半於九十 疏古語 釘鏁 疏鏁音脇鐶也 其弟管叔 注疏孔以管叔爲周公之弟不用孟子說 朝夕坐於門塾 疏伏生書傳禮致仕之臣教於州里大夫爲父師士爲少師朝夕坐於門塾而教出入之子弟 消帖 疏 息土 疏九章筭術穿地四爲壤五壤爲息土 相染易 疏今俗語 胥餘 疏書傳不見箕子名唯司馬彪注莊子云箕子名胥餘不知出何書 剔去 疏今人去肉至骨謂之剔去 無狀招禍 疏近代以來遭重喪答人書云無狀招禍 三苗貫桑



疏書傳成王時有三苗貫桑葉而生同爲一穗其大盈車長幾充箱民得而上諸成王 大功以上得相容隱 疏今律 青雘 疏山海經青邱之山多有青雘 狃忕 疏古言狃忕是貫習之義 翦竹 疏荀爲翦竹 白削 疏吳錄吳人嚴白虎聚衆友遣弟與詣孫策策引白削斫席與體動曰我見刀爲然 鑱斧 疏康成云劉蓋今鑱斧 疑罪各依所犯以贖論 疏今律

毛詩

面稱目諫 疏 水始木始火始金始 疏詩緯汎歷樞大明在亥水始也四牡在寅木始也嘉魚在巳火始也鴻雁在申金始也 五際六情 疏春秋緯演孔圖詩含五際六情汎歷樞云午亥之際爲革命卯酉之際爲改正辰在天門出入候聽卯天保也酉祈父也午采芑也亥大明也然則亥爲革命一際也亥又爲天門出入候聽二際也卯爲陰陽交際三際也午爲陽謝陰興四

際也酉爲陰盛陽微五際也案酒疏黃栗留看我麥黃葚熟疏黃鳥貞

鸝留也或謂之黃栗留當甚熟時來在桑間故俚語云云煩悶箋音義猶樓莎也乳母疏昏

禮鄭注姆婦人五十無子出而不復嫁能以婦道教人者若今時乳母賈疏漢時乳母與喪服乳母別

茮苢如李出於西戎疏周書王會金獸之瑞疏駮異義洪範五事二曰

言於五行屬金孔子時周道衰於是作春秋以見志其言可從故天應以金獸之瑞角核疏駮異義

獄者埆也四證於角核之處周禮謂之圓土漢世名帳爲禂疏憒辱箋憒辱無

照察兄曰姊月疏孝經讖調戲疏人道我箋今俗人嚏云人道我涇水

一一石其泥數斗疏漢書溝洫志古名舟曰虛疏耳聾多笑箋

金環退之銀環進之傳后妃羣妾以禮御於君所女史書其日月授之以環以進退

之生子月辰則以金環退之當御者以銀環進之著於左手既御着於右手步搖疏追師注副之



言覆所以覆首爲之飾其遺象若今步搖矣編列髮爲之其遺象若今假紒矣假紒見上袢延

傳疏熱之氣也九能傳建邦能命龜田能施命作器能銘使能造命升高能賦師旅能誓山川能說

喪紀能誄祭祀能語君子能此九者可謂有德音可以爲大夫美人疏郭璞曰俗名虹爲美人仲

明疏陸璣曰鮪今東萊遼東人謂之尉魚或謂之仲明仲明者樂浪尉溺死海中化爲此魚童容

箋幃裳童容也曾子見益母而感疏翻車疏郭璞曰罦今之翻車有兩轂中施

骨以捕鳥諸盧箋卿士之館在天子之宮如今之諸盧斫檀不諦得繫迷

繫迷尚可得駮馬疏陸璣曰檀木皮正青滑澤與繫迷相似又似駮馬故里語云云上

山斫檀挈榼先殫疏陸璣曰繫迷一名挈榼故齊人諺云云鷘毛矟箋喬矛矜

也上及室題所以縣毛羽疏經傳不言矛有羽毛鄭以時事言之猶今之鷘毛矟也學子傳三

商疏尚書緯謂刻爲商鄭士昏禮目錄日入三商爲昏摩獮疏子母環傳疏謂大環貫

一小環也魚大盈車疏孔叢子衛人釣於河得鰥魚焉其大盈車子思問人曰如何得之對曰吾

下鉤垂一魴之餌鰥過而不視又以豚之半鰥則吞矣子思嘆曰魚貪餌以死士貪祿以亡居就

糧粱水魴疏遼東梁水魴特肥而厚故鄉語云云網魚得鱮不如啗茹

疏鱮似魴厚而頭大魚之不美者故里語云云方文席傳疏用竹爲席其文必方暗咀疏嗟

是口之暗咀題肩疏齊魯之間名題肩爲正正鳥之捷黠者射之難中故射取名焉酸迷

疏莫味酢而滑五方通謂之酸迷冀州人謂之乾絳澆飯疏說文飧水澆飯也趨織鳴嬾

婦驚疏蟋蟀楚人謂之王孫幽州人謂之趨織故里語云云櫄樗栲漆相似如

一疏俗語澀如杜疏赤棠子澀而酢故俗語云云迫迮梱致箋根相迫迮梱致

色如生鐵疏羣者色如生鐵討羽傳蒙討羽也箋討雜也婁胸疏膺馬帶若今

婁胸葳紒疏陸璣曰紒荊揚之間一歲三收今官園種之歲再刈刈便生剝之以鐵若竹挾之表厚



皮自脫但得其裏韌如筋者謂之徽紒霜降逆女冰泮殺止疏荀卿書苦如

薏疏陸璣曰蓮青皮裏白子爲的的中有青爲薏味甚苦故里語云云召人以瑗絕人

以玦疏荀卿書聘士以圭復士以璧召人以瑗絕人以玦牟桃韜筆管疏陸璣曰牟桃

近下根刀切其皮著熱灰中脫之可韜筆管宿田翁疏陸璣曰禾秀爲穗而不成謂之童粱今

人謂之宿田翁十三月疏春秋元命苞夏以十三月爲正凍醪傳春酒凍醪也機槅

傳桔据機槅也殺子致旱疏陸璣曰鸛雀樹上作巢大如車輪卵如三升杯若殺其子則一村

致旱災魚獸疏陸璣曰魚獸似猪其皮背上斑文腹下純青今以爲弓鞬步叉皮雖乾燥海水潮

及天將雨其毛皆起水潮還及天晴其毛復如故寅車疏司馬法夏曰鉤車殷曰寅車周曰元戎

戰不出頃曰不出防傳達屨傳舄達屨也所尊莫是過疏春執規

夏持衡秋執矩冬持權疏援神契雞知將旦鶴知夜半疏淮

南子穀皮紙疏陸璣曰穀今江南人擣以爲紙謂之穀皮紙潔白光輝其裏甚好牆衽疏縮
板若今之牆衽夜衣箋褻衣夜衣萬世桎鎋疏孝經鉤命決孝道者萬世之桎鎋說文桎車
鎋也暴辛公善塤蘇成公善篪疏譙周古史考更衣帳疏大射注次若
今更衣帳張席爲之督酒箋行縢箋邪幅若今行縢疏縅也言行而縅束之縢命民
疏書傳古者必有命民得乘飾車騈馬衣文錦斯白箋今俗語斯白疏齊魯之間其語鮮斯聲相近
鼠尾沐髮疏陸璣曰陵苕一名鼠尾七八月中華紫可染皂煮以沐髮即黑磬作疏今
俗語譬喻物曰磬作問婦人欲買赭不謂竈下自有黃土問買
叙不謂山中自有楛疏陸璣曰楛似荊上黨人屈以爲叙故上黨人調云云時
臺疏公羊說天子有靈臺以觀天文有時臺以觀四時有囿臺觀爲獸魚鼈人先疏蔡邕月令章
句高禖祀名高猶尊也禖猶媒也謂之人先僩狄剖背生契疏帝王世紀河目



海口疏孔子河目海口冬葱疏管子北伐山戎出冬葱及戎菽布之天下嬰弓疏公
羊注天子彤弓諸侯彤弓大夫嬰弓士盧弓順御箋疏謂順適其意彭亨傳炰烋猶彭亨
也鐵驄疏釋畜青驪駽孫炎曰色青黑之間郭璞曰今之鐵驄也嚇炙疏旱母疏神
異經南方有人長二三尺袒身而目在頂上走行如風名曰魃所見之國大旱一名旱母遇者得之投溷
中卽死當盧箋鏤錫今當盧也疏當馬之額盧在眉眼之上巴竹筍疏陸璣曰巴竹筍八
月九月生徐靚傳祁祁徐靚也蠶爲龍精疏蠶書賣餳吹簫箋鷦鷯
生鵰疏陸璣云鷦鷯微小于黃雀其雛化而爲鵰故俗語云連錢驄疏釋畜青驪驎驒郭
璞曰色有深淺班駮隱粼今之連錢驄也泥驄疏釋畜陰白雜毛駰舍人曰今之泥驄也禖宮
疏稷爲司馬疏尚書刑德故子尾送女器疏王肅云太和中魯郡於地中得齊
大夫子尾送女器有儀尊辯護疏中侯握河紀說堯受河圖之禮云稷辯護注辯護供時用相禮儀

晨露疏呂氏春秋湯命伊尹作爲大濩歌晨露修九招六列善心善容疏揚雄云善心
爲窈善容爲窕九言疏摯虞流別論詩有九言者泂酌彼行潦挹彼注茲是也顏延之云詩體本無
九言者將由聲度闡緩不協金石仲治之言未可据也耳璫疏陸璣曰卷耳葉青白色白華細莖
四月中生子如婦人耳中璫今或謂之耳璫幽州人謂之爵耳祿者錄也上所以敬
錄接下下所以謹錄事上疏援神契奏雞鳴疏書傳古者后夫人將侍
君前息燭後舉燭至於房中釋朝服襲燕服然後入御於君雞鳴太師奏雞鳴於階下然後夫人鳴佩玉
於房中告去抱帳疏鄭志諸妾不必人抱一帳施者因之如今漢抱帳也平較疏較謂車
兩旁今謂之平較扇汗傳音義鑣馬銜外鐵也一名扇汗又曰排沫水濂傳音義濂陂也
呼食爲粲疏郭璞曰今河北人呼食爲粲銓量疏銓量輕重曲城疏闕是門外之
城今之門外曲城是也佃食疏多方云田爾田今人謂佃食古之遺語萬歲疏杻檍也葉似



杏而尖白色皮正赤爲木多曲少直枝葉茂好二月中葉疎花如練而細蕊正白今官園種之名曰萬歲
伯翳綜聲於語鳥葛盧辯音於鳴牛疏蔡邕語戴星馬疏馬
額有白毛今之戴星馬也歷錄傳疏文章貌療饑箋說文療治也車下李疏晉
宮閣銘華林園中有車下李三百一十四株薁李一株女匠疏鷦鷯似黃雀而小其喙尖如錐取
茅秀爲巢以麻紩之如刺襪然幽州人謂之巧婦或曰女匠喜子疏郭璞曰長踦小蜘蛛長脚者
俗呼爲喜子陸璣曰荊州河內人謂之喜母此虫來著人衣當有親客至有喜也幽州人謂之親客親
客見上鬼火疏淮南子久血爲燐許慎云謂兵死之血爲鬼火一宿酒傳疏毛以爲無
酒明是卒爲之故云蓋於時有之脆脆箋柔謂脆脆脆七歲反脆音問楚籠疏爾雅籠
謂之罩李巡曰籠編細竹以爲罩捕魚也孫炎曰今楚籠也然則罩以竹爲之無竹則以荊故謂之楚籠
萊黍疏萊草名其葉可食今兗州人黍以爲茹謂之萊黍摺土箋栘榴十也疏摺者以手平物

之名紡塼傳瓦紡塼顏叔子獨處於室隣之嫠婦又獨出於
室夜暴風雨至而室壞婦人趨而至顏叔子納之而
使執燭放乎旦而蒸盡搯屋而繼之傳疏此有成文不知所出河
精上為天漢疏河圖括地象肥胗箋肉物肥胗宿澤疏冬積雪為宿澤天
子玉琫而珧珌諸侯璗琫而璆珌大夫鐐琫而璆珌
士珕琫而珕珌傳疏未知出何書緇縰疏言綸之緇謂與之作緇猶今人接縰謂
之纚縰也烓竈傳煁烓竈也音義烓音惠說文云行竈也行竈見上黑公疏皐陶于洛見
黑公黑烏疏湯登堯臺見黑烏白雀疏秦穆公白雀集於車踐爾兵革審權
矩應詐縱謀出無孔疏雒師謀說太公受兵鈐之法四友疏書傳散宜生南宮
括閎天三子學頌於太公遂與三子見文王于羑里獻寶以免文王孔子曰文王得四臣吾亦得四友自



吾得回門人加親非疏附與自吾得賜遠方之士至非奔走與自吾得師前有輝後有光非先後與自吾
得由惡言不至於門非禦侮與鉤梯箋鉤梯所以鉤引上城者疏墨子稱公輸般作雲梯以攻宋蓋
謂此也青盲疏有眸子而無見曰矇鄭今之青盲者也左脇三人右脇三人
疏楚世家陸終取於鬼方氏曰女潰孕三年不乳乃剖其左脇獲三人焉剖其右脇獲三人焉四乳
龍顏疏文王四乳龍顏侍御箋米之率糲十粺九鑿八侍御七周公祭天用
太公為尸疏石渠論周公祭太山用召公為尸疏白虎通天鉞
疏六韜大柯斧八斤一名天鉞鳳皇巢阿閣讙樹疏中候握河紀言讙讙在樹也皁
白箋分別皁白一穀不升徹鶉鷃二穀不升去鳧雁三穀
不升去兎四穀不升去囿獸疏白虎通三輔疏漢於長安幾內立三郡
謂之三輔京兆在中馮翊在東扶風在西外郡長謂之太守此三輔謂之京兆尹左馮翊右扶風左右猶

太守也漢書稱馮翊扶風之人皆幷言左右後漢書始不言左右毛氍毹疏罽者織毛為之若
今之毛氍毹就酒疏巴竹筍八月九月生始出地長數寸鬻以苦酒鼓汁浸之可以就酒及食
白魚入舟疏太誓太子發升舟中流白魚入於王舟王跪取出涘以燎之至於五日有火自上
復於下至於王屋流之為鵰其色赤其聲魄五至以穀俱來授右疏中候合符后魚長三尺赤文
有字題之目下授右注右助也天告以伐紂之意是其助然則目下有此授右之字也垂作銚
疏世本張皇疏方言錫謂之張皇或云滑饋王鮪岫居疏河南鞏縣東北崖上山腹有
穴此穴與江湖通鮪從此穴而來北入河西上龍門入漆沮故張衡云王鮪岫居謂此穴也靈星
祠疏漢書郊祀志高祖詔御史令天下立靈星祠張晏曰龍星左角曰天田則農祥也晨見而祭之
驄馬疏倉騏曰騏謂青而微黑今之驄馬也黑玉赤勒疏中候雒予命天乙在亳東觀
於洛黃魚雙躍出濟於壇黑烏以雒隨魚亦上化為黑玉赤勒曰元精天乙受神福命之予伐桀命克予為



商滅夏天下服

十三經注疏錦字卷一

# 十三經注疏錦字卷二

羅江 李調元 雨村 輯

## 禮記

小車注安車若今小車疏漢世駕一馬而坐乘桿槔注橋井上桿槔梜提注今人謂箸爲
梜提率然疏兵書善用兵者似率然率然者常山蛇擊其首則尾至擊其尾則首至擊其中則首尾
俱至衣車疏隱義獵車之形今之鉤車是也衣車如鼈而長漢桓帝時禁臣下乘之揮作弓
夷牟作矢疏世本注皆黃帝臣負子疏白虎通諸侯病曰負子子民也言憂民不復子之
也白石李疏棋郎今之白石李形如珊瑚味甜美黑龍之精疏論語緯撰考叔梁
紇與徵在禱尼邱之山感黑龍之精生仲尼虵文畫注殷之蟻結似今虵文畫契刀疏刀
有一種契刀錯刀也契刀直五百錯刀直一千契刀無鏤而錯刀用金鏤之方中疏天子之葬掘



地爲方壙漢書謂之方中金泥銀繩疏封禪或曰封以金泥銀繩或曰石泥金繩封之印璽
行辟反支疏前漢張竦行辟反支出辟往亡入辟歸忌疏後漢陳伯子
出辟往亡入辟歸忌亥爲天倉疏陰陽式法正月亥爲天倉土長冒橛陳根
可拔耕者急發注農書疏先師以爲氾勝之書若盧疏囹圄秦獄名漢曰若盧魏曰
司空地順受澤謙虛開張含泉任萌滋物歸中注孝經說雞
鳴戟疏考工記注戈若今雞鳴戟㝵奧注女有歸皆得㝵奧之家宜成醪疏酒正注
泛齊成而滓浮泛泛然如今宜成醪矣醴齊成而汁滓相將如今恬酒矣盎齊成而翁翁然葱白色如今酇
白矣緹齊成而紅赤如今下酒矣沈齊成而滓沈如今造清矣恬酒見上酇白見上下酒
見上造清見上上通無莫注孝經說六十律疏漢元帝時郎中京房受學故小黃
令焦延壽等六十律相生之法捋治注田人所捋治疏以手捋聚即耕種耘耡宮致鳳皇

身信羽致幽昌身知疏樂緯銀甕丹甑注援神契其政太
平山車垂鉤疏禮緯斗威儀先炊注老婦先炊者也祝融爲竈神疏古
周禮說強鬼注禓強鬼也強其丈反筆彊注管筆彊米瀾注潘米瀾也掉磬
注疏北海人謂相敫之事爲掉磬軟棗疏栭軟棗鹿矮注今益州有鹿矮音義益州人取鹿
殺而埋之地中令臭乃出食之名鹿矮火脯注熬似今之火脯膏臅注狼臅膏臆中膏也
以煎稻米則似今之嘗餰矣餰音旃午達注疏一縱一橫曰午斑玉六寸明自
炤注相玉書頭忖注上環頭忖也芆帚注苅芆帚也沙羽注橼尊以沙羽爲畫飾
桴思注屏謂之樹今桴思也桑根車注漢祭天乘殷之輅今謂之桑根車無句作
磬注世本垂作鐘無句作磬女媧作笙簧禿楬注齊人謂無髮爲禿楬楬若瞎友警枕
注頴警枕也凍洛注疏今人謂地堅爲洛行蟲注六英五莖疏樂緯帝嚳樂



日六英顓頊樂日五莖宋均注爲六合之英華爲五行之道立根莖也獮猴舞疏漢書檀長卿
爲獮猴舞袿袍注六服皆袍制不禪以素紗裹之如今袿袍襈重繒矣大襡注茵衣裳若今
大襡鷖彌注嬰兒嬰猶鷖彌也通裁疏士喪禮注浴衣已浴所衣之衣以布爲之其制如今通
裁被識注就以組類爲之綴之被傾側若今之被識矣黃腸疏諸侯以松黃腸爲椁黃腸松
心也天子之孝曰就諸侯曰度大夫曰譽士曰究庶人
曰畜疏援神契食雞知棲半露食鶩知其黑白疏符郎善能知味食
雞知棲半露食鶩知其黑白邪巾貊頭注今時始喪者邪巾貊頭幷纚之存象也擁咽
疏古者方領似今擁咽女叔注疏謂壻之妹君有五期輔有三名疏易緯通
卦驗天皇之先與乾曜合元君有五期輔有三名注天之用事王亦有五期三名公卿大夫也少宮
主婦少商主政疏禮緯斗威儀宮主君商主臣角主父徵主子羽主夫少宮主婦少商主

政六紀九十一代疏六藝論注六紀者九頭紀五龍紀攝提紀合洛紀連通紀序命紀
九十一代者九頭一五龍五攝提七十二合洛三連通六序命四器滿則傾志滿則疏漢
覆疏六韜未滿八歲八十以上非手殺人他皆不坐疏漢
律輲輪疏書傳畧說致仕者以朝乘車輲輪注乘車安車言輲輪明其小也策身疏杖以策
身九賜疏出禮緯含文嘉摳衣前請疏漢時受學有摳衣前請之法今之稱
喏猶古之稱諾疏喏音惹古者爲候爲進注疏古時謂迎客爲進漢
時謂迎客爲候文家稱叔質家稱仲疏含文嘉嫡長稱伯庶長稱
孟又烝葱注洓烝葱也摟沙注倒傳疏寫器謂倒傳之齒本注齒本日
剝鼓容十二斛疏東海樂浪人呼容十二斛者爲鼓以量米晉祀夏郊以
董伯爲尸疏左氏說舜入唐郊以丹朱爲尸疏虞夏傳送杵相注



謂送杵聲著天子九尺諸侯七尺大夫五尺士三尺疏說文
天子龜一尺二寸諸侯一尺大夫八寸士六寸疏三正記
轄頭疏軨轄頭也雷刺疏蠲雷刺也死人移書疏書謂條錄送死者物件多少
如今死人移書漢於蠻夷稱天子於王侯稱皇帝注且字注某
甫且字也疏且假借此字崑崙神州疏地統書括地象地中央曰崑崙其東南方五千里曰神
州蒼帝靈威仰赤帝赤熛怒黃帝含樞紐白帝白招
拒黑帝汁光紀疏春秋緯文燿鉤今俗呼盡爲澌疏濺汗注漬
謂相濺汗而死折聖疏弟子職右手折聖音義聖燭頭燼也白面長人疏禮緯稽命徵
天命禹觀河見白面長人黑龜與書疏洛予命湯觀於洛沈璧而黑龜與之書黃魚雙躍牛
鼻繩疏雉牛鼻繩也癸比疏帝王世紀長妃娥皇無子次妃女英生商均次妃癸比生二女霄

明燭禓漢時扇疏承霤注今宮中有承霤以銅爲之小要疏漢時呼棺衽
光爲小要天子飯以珠含以玉諸侯飯以珠含以璧卿大
夫飯以珠含以貝疏禮緯稽命徵子卯自刑疏五行子卯自刑架橙
疏閣架橙之屬門廡注夏屋今之門廡題湊注音義題頭湊也湊聚也南方謂都
爲豬注自陳疏文子覺識故稱名自陳攜獎疏鎖須疏鍵謂鎖之入內者俗謂
之鎖須鑰匙疏管謂夾取鍵今謂之鑰匙五精疏元命苞周爵五等法五精列侯
墳高四丈關內侯以下至庶人各有差疏漢律正衛疏駁
異義胥徒給公家之事如今之正衛戚施直鎛蘧除蒙璆侏儒扶盧矇
瞍修聲聾聵司火疏晉語輿陰疏釋名陰蔭也氣在內輿陰孳萌於
子紐牙於丑引達於寅冒茆於卯振美於辰已盛於



巳咢布於午昧曖於未申堅於申留孰於酉畢入於
戌該閡於亥疏律歷志出甲於甲奮軋於乙明炳於丙大
成於丁豐茂於戊理紀於已改更於庚悉新於辛懷
任於壬陳揆於癸又河內葭莩金門山竹疏律歷志以河內葭
莩爲灰宜陽金門山竹爲管負冰注夏小正正月啟蟄魚陟負冰候雁疏通卦驗二月節候
雁北小被疏禘謂小被別獄注圄圄所以禁守繫者若今別獄孚乳注燕巢人堂宇
而孚乳帶以弓韣禮之禖下其子必得天材注王居明堂禮縮
栗注枝葉縮栗萆挈注王瓜萆挈疏本草文八能之士疏易緯通卦驗夏至人主
從八能之士或調黃鍾或調六律或調五音或調五聲或調五行或調小歷或調陰陽或調正德所行
埤闌疏槩是埤闌也大理注有虞曰士夏曰大理周曰大司寇丹良疏丹良螢火關

中注疏闕通也通取中央言之小史直日注御者如今小史直日赤雀入酆
止於昌戶疏中候我應男八月生齒八歲而齔疏大戴禮孚甲
疏希豈疏希驢驢仰慕清祀疏廣雅夏曰清祀殷曰嘉平蒼牙疏易緯蒼牙通靈昌
之成運孔演命明道經蒼牙伏羲也拱救注負竭疏五行負竭如夏火王則負竭於木鋒
杪疏劍戟鋒杪為端首赤文綠色疏中候握河紀堯時受河圖龍銜赤文綠色丹甲
青文疏河圖云靈龜負書丹甲青文方案注禁如今方案隋長局足高三寸齊人所
善日麈注合錢注合錢飲酒曰醵大社唯松東社惟柏南社
惟梓西社惟栗北社惟槐疏尚書無逸篇雷公疏鄭駁異義今人謂雷曰
雷公天曰天公沂鄂注幾謂漆飾沂鄂也紳約注紳所以自紳約也土釜疏甃土釜梅
槃注醷梅漿藏桃藏梅疏王肅云桃菹梅菹即今之藏桃藏梅會稽獻煎茱



萸注漢律魄莫注彼皮肉之上魄莫也筋腱注隱義腱筋之大者王逸注楚辭筋頭也
農率注夏小正農率均田疏農率田畯也蟬鳴黍疏蔡邕云仲夏黍新熟今蟬鳴黍是也
幧頭注帶士以下皆襌不合而絳積如今作幧頭為之也要鼓疏禮圖天子鞞制形如要鼓
天子將出撞黃鐘之鐘右五鐘皆應入則撞蕤賓之
鐘左五鐘皆應疏尚書傳靡匜疏靡匜搖動赤龍疏河圖云慶都感赤龍而
生堯韓盧宋促疏桓譚新論皆狗名促鵲音同刀榼疏廣雅夫橈木劍衣謂以木為劍衣
若今刀榼百里有師疏白虎通古之教民百里皆有師里中之老有道德者為右師其次為左
師馬子疏駒也齊人謂糠為相注里尹注王度記百戶為里里一尹其
祿如庶人在官者三鄰為朋疏洛誥傳古者八家為鄰三鄰為朋三朋為里澆落疏落
謂與賓客燕會以酒食澆落之緘繩注今齊人呼棺束為緘繩三命注疏援神契命有三科有

受命以保慶有遭命以摘暴有隨命以督行依陰注蒼頭疏漢家僕隸謂蒼頭以蒼巾為
飾異於民也宛轉繩疏張華云綸如宛轉繩有秩嗇夫注綸今有秩嗇夫所佩疏
續漢書百官表云鄉置有秩三老遊徼有秩郡所置秩百戶其鄉小者縣所置嗇夫按此則有秩嗇夫職
同但隨鄉大小故名異曲裾注鉤邊若今曲裾疏漢時朝服曲裾明帝所為

## 周禮

陰爵陽爵疏王朝三公八命卿六命大夫四命皆為陰爵出封為諸侯乃為陽爵衛士
注胥徒民給徭役者若今衛士矣什長注胥謂其有才知為什長侍史官婢注古者從
坐男女沒入縣官為奴其少才知以為奚今之侍史官婢冰室注凌冰室解止注舍行所解止
之處疏解憩止息少內注職內主入若今之泉所入為之少內裁縫官注內司服主宮
中裁縫官之長天子圍百里大國四十里次國三十里小國



二十里疏白虎通東齊人物立地中為傳疏月奉注祿若今月奉
疏漢時奉月給之口率出泉注賦口率出泉也今之算泉占會百物注關市山
澤謂占會百物斥幣注幣餘謂占賣國中之斥幣疏指斥與人故謂之斥幣質几疏功
狀注治功狀也疏治職功狀文書貸子注稱責謂貸子疏貸而生子若今舉責月平注賈
劑謂市中平賈今時月平是也上計吏注疏漢之朝集使謂之上計吏大手書注傳別謂
為大手書於一札中字別之最目注簿書之最目獄訟之要辭皆曰契小計注主每月之小
計侍曹伍伯注治敘次序官中如今侍曹伍伯傳朝吏也疏伍伯五人之長傳在朝羣吏諸
官事務於朝也引籍注今時宮中有罪禁止不能出亦不得入及無引籍不得入宮司馬殿門疏引
籍者有門籍及引人譎觚注譎觚非常疏兵書有譎觚之人填街蹕注今時衛士填街蹕
疏漢儀大駕行幸使衛士填塞街巷以亡行人彫胡疏南方有菰米一名彫胡荊州鮺魚

青州蟹胥注疏鄭時有之涼州鳥翅注饗衛士注饗士庶子衛王宮者若
今時饗衛士水偃注梁水偃偃水爲闗空以笱承其空有病不治恒得中醫
疏諺酸削注痟酸削也疏酸嘶也宜成醴醪蒼梧縹清疏酋柚酒賦酋
久白酒注昔酒今之酋久白酒常滿尊注三酒以飲諸臣盎之若今常滿尊截漿
注漿今之截漿疏截之言載米汁相載漢時名爲截漿給事中注疏在朝羣臣親近于王總名
給事中寒粥注涼今寒粥若糗飯雜水也榀室注鮑者於榀室中糗乾之出於江淮今
河閒以北煮穜麥賣之名曰逢注雁頭疏芡雞頭今人或謂之雁
頭魚衣注箈水中魚衣顆鹽疏鹽出於鹽池今之顆鹽是也石鹽注飴鹽鹽之恬者今
戎鹽有焉疏鹵石鹽是也路廁注匽路廁也行馬注梐枑謂行馬清器虎子注褻
器清器虎子之屬最凡注契最凡也圭衣注今世有圭衣者蓋三翟之遺俗疏刻爲圭形



綴於衣白縛注素沙今之白縛縛音絹今齊人名麴麩曰媒注麧魚列反
皂斗注今謂柞實爲皂斗割察注糾猶割察也八月案比注大比今時八月案比是
也發昫注司馬法昏鼓四通爲大鼜夜半三通爲晨戒旦明五通爲發昫縣肉格注互
若今屠家縣肉格聚會注嫁殤者爲嫁死人今時娶會是也斗撿封注璽節印章如今斗
撿封矣疏漢法斗撿封其形方上有封撿其內有書豐年粟儉年玉疏諺畫指疏券
兩書一札同而別之刻其側若今畫指也行頭疏肆長撿校一肆之事若今行頭也街彈之
室注樹者里宰治處也若今街彈之室疏漢時在街治室撿彈一里之民黏疏汁埴墻黏疏者
叉灰注白盛之蜃謂飾牆使白之蜃也今東萊用蛤謂之叉灰疏叉取以爲灰故名石主疏今
山陽俗祠有石主承槃注舟尊下臺若今承槃合歡席注纅席削蒲翦展之編以五采
若今合歡席矣揵盧注驅外有揵盧也疏揵盧若鋸牙然魂衣注奠衣服今坐上魂衣也立

基疏孝經緯伏犧之樂曰立基神農之樂曰下謀祝融之樂曰屬續下謀見上屬續見上
九淵疏皇甫謐曰少昊之樂曰九淵靈星舞子注帗析五采繒今靈星舞子持之是也
短罷注罷皮買反黃門倡注散樂野人爲樂之善若今黃門倡雅拜注奇讀如奇偶
之奇謂先屈一郄今雅拜是也傾戲注戲音虧就巫下禓注今世死既斂就巫下禓
巫降之遺禮戒浴疏今三月三日水上戒浴贏蘭車注蒲蔽謂贏蘭車疏漢時有贏長蘭
乘不善之車果然注疏獸名居句注句方曲也私火注爟爲私火名湯熱
爲觀注今燕俗名湯熱爲觀放想注疏漢時有此語是可畏怖之貌立秋貙劉
注國語禘郊之事天子必自射其牲今立秋有貙劉疏劉殺也魌頭注冒熊皮者以驚敺疫癘之鬼
如今魌頭也魌音欺扶蘇注藩盾盾可以藩衛者如今之扶蘇飛矛注杜矢者取名變星
飛行有光今之飛矛是也矢箙注弁夾矢箙也疏矢箙之言出於漢時箙奴軸反菩芻棘



柏注行山曰軷犯之者封土爲山象以菩芻棘柏爲神主既祭之以車轢之而去相士作乘
馬注世本牧庌注疏放牧之處皆有庌廡以蔭馬馬蓏注蓐馬蓏也瓜哨注疏
瓜者兩頭寬中狹陷不正也狙司注疏俗語狠屋注疏猶今言狠籍捇拔注疏除去
之也宿偝注疏時夜宿逐賊謂之偝傳語注疏傳聚也楬櫫注今時之書有所表職謂
之楬櫫昌翔注疏昌狂翗翔次金注疏漢時主役之官名次金柞鄂注獲柞鄂也疏
豎柞於中向上鄂鄂然所以載禽獸使足不至地不得躍而出局絹注弧張罿學之屬所以局絹禽
獸秅秭麻荅注疏俗語秅束之總名秭數之總號荅是鋪名刈麻者數把共爲一鋪摩
鐧注盧摩鐧之器紛容掔參注梟棊注博立梟棊疏立一子於中央蜂藪注疏
蜂窠有孔藪然匡刺注魚字注鰒魚字疏字猶名也書刀注削金之書刀曼胡
疏戟東齊秦晉之間其大者謂之曼胡其曲者謂之句孑曼胡鬋頭無髮注疏時俗以無髮爲

觿令甓祴注堂涂若今令甓祴疏令甓塼也祴塼道也定張車注牟車善車也若今
定張車湖漂絮注疏俗語切腹陷貫注燕人膾魚方寸切其腴以啗所貴疏鄭時事
竹萌注筍竹萌起膠餅疏醴粥也以酒釀爲餌若今起膠餅蒸菜疏今煮菜謂之蒸菜
平帳注帝平帳承塵注帝主在幕若幄中坐上承塵火精疏玉火精偶衣注神之偶
衣媚道注奇袤若今媚道疏漢書孝文時事今掖庭令晝漏不盡八刻
日錄所記推當御見者注地燭注燎地燭疏對人手爇者爲手燭手
燭見上日者天之明月者地之理陰契制故月上屬爲
天使婦從夫放月紀注疏孝經援神契文沙縠注六服皆袍制以白縛爲裏使
之張顯今世有沙縠者名出於此天子三公一曰司徒公二曰司馬
公三曰司空公疏書傳象斗疏象斗樂魚司空郡國輿地圖



注十地之圖若今司空郡國輿地圖橐籥注蓮芡之屬有橐籥天門地戶疏河圖括地象
天不足西北地不足東南西北爲天門東南爲地戶天門無上地戶無下四時言事注小司徒
歲時入其數若今四時言事疏漢承周後皆四時入其數今時日役簿皆在于冬酺嘗注門
徒注監門門徒蝝螟酺神疏漢時有蝝螟之酺神又有人鬼之步神小案比注族
師以時屬民而校登其族之夫家衆寡辨其貴賤老幼廢疾可任使者如今小案比漢時有置
於犬之上謂之根疏五岳藏神四瀆含靈五土出利
以給天下黃白宜種禾黑墳宜種麥蒼赤宜種菽洿
泉宜種稻疏援神契三老人疏漢法十里有亭亭有三老人皆有宮室洞五九
禮闕郵疏中候義明注闕壯郵過言五帝後洞三王之世其治各九百歲當以禮止過也白
矢參連剡注襄尺井儀注五射鳴和鸞逐水曲過君表

舞交衢逐禽左注五御方田粟米差分少廣商功均輸
方程贏不足旁要注九數重差夕桀句股注疏算術名漢法增之今
九章以句股替旁要則旁要句股之類也市亭注次謂吏所治舍思次介次也若今市亭然候
樓注次市中候樓也粉解注勃壤粉解者黃下麥注今時謂禾下麥爲黃下麥言芟刈
其禾於下種麥鹹淡疏康成時有採者嘗知鹹淡即知有金玉豕首注染草茹藘槀蘆豕首紫
蒴之屬目眹注璧色繒注帛如今璧色贈也今南陽名穿地爲竁
注桃枝席注次席桃枝席有次列成文疏漢世以桃枝竹爲席柔濡注大貝疏書
傳散宜生之江淮之浦取大貝如車渠貞于陽卜注國語抵欺注竹使符
注珍圭以徵守若今徵郡守以竹使符銅虎符注牙璋發兵若今以銅虎符發兵駔疾
注疏當時有此語毛布疏爾雅毛氂謂之罽則續毛爲之若今之毛布天子墳高三



仞樹以松諸侯半之樹以柏大夫八尺樹以藥草士
四尺樹以槐庶人無墳樹以楊柳疏春秋緯天帝明堂疏春
秋緯文耀鉤房心爲天帝明堂布政之所出鼓陂注今時行禮於大學罷出以鼓陂爲節王
者行師出軍之日授將弓矢士卒振旅將張弓大呼
大師吹律合音商則戰勝軍士強角則軍擾多變失
士心宮則軍和士卒同心徵則將急數怒軍士勞羽
則軍弱少威明注兵書疏武王出兵之書飛鉗涅醽注疏鬼谷子有飛鉗揣摩
之篇飛鉗者言察是非語飛而鉗持之飛鉗涅醽使之不語東夷之樂曰韎持矛
助時生南夷之樂曰任持弓助時養西夷之樂曰侏
離持鉞助時殺北夷之樂曰禁持盾助時藏皆於四

門之外右辟疏孝經緯鉤命決巫咸作筮注世本細目燋注疏俗讀
八會注疏堪輿大會有八小會亦有八有炤炤大明瀸滅無光奈何以
陰侵陽以卑侵尊注董仲舒救日食祝持節拜注褒拜今時持節拜是也街
路祭注漢儀每街路輙祭侏大注疏肥大也漢時語龍度天門疏歲星本在東方謂
之龍以辰爲天門故以歲星跳度爲龍度天門軿車注翟車有握則無蓋如今駢車輜車後
戶注疏漢時輜車後開戶漢朝上計律陳屬車於庭注亭長絳
衣注屬謂徽識今城門僕射所被及亭長著絳衣皆其舊象熱火注疏對司烜以夫燧文於日中
者爲令火胡孑疏漢時戈有旁出者爲句孑亦名胡孑青瘦注馬上鼓疏提謂馬
上鼓有曲木提持鼓立馬髦土者無干車無自後射注疏漢田律假馬注爭
僉而不審者罰以假馬假馬謂獲僞所箕之籌疏壘門注軍門曰和今謂之壘門南郡黃



雀注春鳥若今南郡黃雀之屬道引注前驅如今道引大會小會疏漢歷有大會
小會薄借綦注疏漢時語逆衙注衙五嫁反房爲龍馬注孝經緯疏是馬祖
禹井疏地里志會稽山上有禹井苗山疏越傳禹到越望苗山會諸侯更名苗山曰會稽山
因疾死葬棺冢壙深七尺高三尺土階三寸三周方畝小子言平注疏俗讀屋笮注疏
俗讀鬅小兒頭注疏俗讀爵族注疏雀窠也御食蛙注蟈今御所食蛙也決
事比注邦成若今時決事比也疏若今律斷事皆依舊事其無條取比類以決之讀鞫注讀
書則用法如今時讀鞫已乃論之金印紫綬疏漢法丞相中二千石金印紫綬御史大夫二
千石銀印青綬縣令六百石銅印墨綬奉引注小司寇前王而辟若今執金吾下至令尉奉引矣
望後利日注協日刑殺若今時望後利日疏利日合刑殺之日大會殿注今司徒府有
天子以下大會殿亦古之外朝無故入人室宅廬舍上人車船牽引

人欲犯法者其時格殺之無罪注疏漢賊律宦男女注宮者丈
夫割勢女子閉於宮中若今宦男女今律過失殺人不坐死注鐵券丹
書注俗語罰作注凡害人者不使冠飾任之以事若今時罰作抵閣注疏道路之名鄉
亭注有郵之官有部界之吏今時鄉亭是也都候注夜事主行夜徼候者如今都候之屬麻
燭注蕡燭麻燭也揭頭注明竈若今揭頭明書其罪法也敢蠱人及教令者
棄市注漢賊律王杖注年七十當以王命受杖今時命之爲王杖九月斷文書
注諸侯秋獻功若今計文書斷于九月其舊法不恙注車枕疏軫輿後横木即今之車枕也
泰山平原所樹立物爲菑注迫唶注疏俗讀橑子疏漢世名蓋弓
爲橑子擁頸注戈或謂之擁頸疏以其胡曲故也三鋒戟注戟今三鋒戟也辟邪
注今時旋有蹲熊盤龍辟邪疏辟邪獸名鍾乳注枚鍾乳也羊豬戔注音義未見出處俗



謂羊豬脂爲膱音素千反豈取此乎志無空邪注鹿車緷注音義今此俗[illegible]有此語
音府結反蓋古語乎僻衛注今人以指夾矢僻衛悁邑注疏詩中心悁悁是悁邑之意兩
腳耜疏後漢用牛耕種故有岐頭兩腳耜皓落注頭髮皓落曰宮剛關頭斧注疏
漢時斧近刃皆以剛鐵爲之又以柄關孔今亦然膗敗注脂膏膗敗疏今人頭髮有脂膏者謂之
膗音義膗音膱膏敗也裻縰注疏俗語裻音督摻縛注疏俗讀乞鞫注鞫外不聽若
今時徒論決滿三日不得乞鞫金雞玉羊疏易說云泰山失金雞西嶽亡玉羊玉羊者西嶽之
精

## 儀禮

假吏注有司謂主人之吏所自辟除府史以下也今時卒吏及假吏皆是也重錢交錢
單錢折錢疏筮法古用木畫地今用錢以三少爲重錢九也三多爲交錢六也兩多一少爲單

錢七也兩少一多爲折錢八也韇丸注今時藏弓矢者謂之韇丸摶風疏榮屋翼郎今之摶
風幘粱注纚今之幘粱隋方注隋方曰隨疏隋狹而長也冠箱注隱竹器名今之冠
箱也遾遁注遁音旬偃領注卿大夫之妻刺纚以爲領如今偃領矣笥笙籚注笄
竹器而衣者其形蓋如今之笥笙籚鳱鵠知來注淮南子寒具笥注竹篚方以竹爲之
狀如籃而方如今寒具笥不借注繩屝今時不借也疏此凶屨不得從人借亦不得借人鄧總
注凡布細而疏者謂之總今南陽有鄧總疏鄧氏造布有名總刻鏤摘頭注疏鄭時摘頭之物
刻鏤爲之酒敦注敦之形如今酒敦魂車注蔿車者象生時將行陳駕也今時謂之魂車竹
篣蓋注笠竹篣蓋也疏篣竹青之皮縅耳注屬引于縅耳褌褑注中帶若今之褌褑大
木爨注撥之制如今大木爨飯槮注疏匕挑匕皆有淺升狀如飯槮疏以漢法況之陽
豫之卦疏春秋緯演孔圖孔子修春秋九月而成卜之得陽豫之卦注陽豫夏殷之卦名士



用鐵大夫用銅諸侯用白銀天子用黃金疏漢禮器制度洗之
所用卷幘注今未冠笄者著卷幘小吏冠注緇布冠今小吏冠其遺象也坋汙注
射韝注遂射韝也以韋爲之所以遂弦官布注今官布幅廣二尺二寸旁削一寸行神
注今時民春秋祭祀有行神祝板疏方若今之祝板不假編連之江淮之間名量
爲籔注萊陽之間刈稻聚把名爲筥注俱鄭時絺素屏
風注依如今絺素屏風疏絺赤也素白也江沔之間謂縈收繩索爲縡
注馬絆綦注疏俗讀馬有絆名爲綦拘止馬使不得浪去單被疏喪大記注紟今之單被
也桑叉注神物惡桑叉拂仿注孰功布以接神爲有所拂仿也疏拂仿去凶邪之氣也轉
轔注軸狀如轉轔疏漢名轉軸爲轉轔轅縳注輅轅縳所以屬引疏謂以木縳於柩車轅上以屬
引於上而挽之故名轅縳雞脾肶注疏俗有此語鑿木置食注今時有死者鑿木置食

其中樹於道側內堂注下室如今之內堂弓彇疏依者以韋依纏其弦今時弓彇是也擐
衣注鞠祖如今擐衣



十三經注疏錦字卷二

# 十三經注疏錦字卷三

羅江 李調元 雨村 輯

## 左傳

延道注隧若今延道餬紙疏今人以薄鬻塗物謂之餬紙餬白持簿注斑玉笏若今吏之
持簿索帬注纓在馬膺前如索帬疏服虔云今乘輿大駕有之馬鞅疏康成云纓今馬鞅隱
疾難爲醫疏俗語朗榆疏木有似榆者俗呼爲朗榆靳故疏俗語戲而相愧也
管仲井疏濟北穀城縣城中有管仲井陰諧疏廣雅鵅鳥雄曰運目雌曰陰諧盜羊
遺頭疏杜世族譜羊舌氏姓李名果有人盜羊而遺其頭不敢不受受而埋之事發辭連李氏李氏
掘羊頭而示之明已不食誰識其舌舌存得免號曰羊舌栫木疏寘薪若今栫木領車疏牙
車頷車牙下骨名緹衣疏周禮司服凡兵事韋弁服鄭注以韎韋爲弁今時伍伯緹衣古兵服之



遺色車屐疏轅車下伏兔也今人謂之車屐雄鳴上風雌承下風疏鷁雄鳴
上風雌承下風則孕天苑主牛疏春秋說雨入鼻注厎瘠病之人其面向上俗謂天哀
其病恐雨入其鼻故爲之早嗟汝腦疏俗相罵云嗟汝腦嗟鹽指疏食指俗所謂捷鹽
指馬檛注策馬檛音義馬杖也千歲之黿能與人語疏元中妥記絳
幡白幡注今軍行前有斥候蹹伏皆持以絳及白爲幡見騎賊舉絳幡見步賊舉白幡余車
疏司馬法夏后氏謂輦曰余車殷曰胡奴車周曰輜輦歇前注爾雅無室曰榭謂屋歇前疏歇前
者無壁也如今廳是也可用藉手疏服虔云今河南俗語治生求利少有所得皆言可用藉
手矣杜後冠疏應劭漢官儀法冠一名杜後冠左傳南冠而縶則楚冠也秦滅楚以其冠賜近臣
御史服之卽今獬廌冠也白癡注不慧蠢也所謂白癡委頓疏今俗語赤紙爲籍
以鉛爲軸疏魏律緣坐配沒爲工樂雜戶者皆用赤紙爲籍其卷以鉛爲軸艮食疏國

語子尙艮食俳諧集疏宋太尉袁淑取古之文章令人笑者次而題之名曰俳諧集好驚
疏今人謂數驚爲好驚拂捎疏今人謂拂爲拂捎生男如狼猶恐其尪生
女如鼠猶懼其虎疏曹大家女誡吳楚之人少鬚疏積灰生
蠅疏張叔皮論賓爵下華田鼠上騰牛哀虎變鮀化爲熊久血爲燐積灰生蠅赤熊闚屏
疏汲冢書瑣語晉平公夢見赤熊闚屏惡之而有疾枚雷疏今俗語總也解冠注絳服如
今解冠贊理疏晉語士景伯如楚叔魚爲贊理五行嫁娶疏陰陽書有五行嫁娶之
法吳門白馬疏孔子登泰山見吳門之白馬痎瘧疏俗人呼二日一發瘧爲痎瘧白
玉管疏後漢書章帝時零陵文學奚景于陰冷道舜祠下得白玉管笭牀注楄柎棺中尸牀也
哀家女未必慧慧家女未必哀疏今俗語刑神疏晉語虢公夢在廟
有神人面白毛虎爪執鉞立面阿覺召史嚚占之對曰蓐收也天之刑神也忘歸矢疏孔叢楚



王張繁弱之弓載忘歸之矢以射蛟於雲夢靈子疏車葱中豎木謂之靈今人猶名爲靈子扈
閣疏春秋緯黃帝坐於扈閣鳳皇銜書至帝前其中得五始之文草次注疏猶造次觀魚
臺注今高平方與縣北有武唐亭魯侯觀魚臺立春調風至春分明庶風
至立夏清明風至夏至景風至立秋涼風至秋分閶
闔風至立冬不周風至冬至廣莫風至疏易緯通卦驗坎主
冬至樂用管艮主立春樂用塤震主春分樂用鼓巽
主立夏樂用笙離主夏至樂用弦坤主立秋樂用磬
兌主秋分樂用鐘乾主立冬樂用柷敔疏樂緯計獻注朝
而發幣於公卿如今計獻詣公府卿寺疏晉時諸州年終遣會計之吏獻物于天子因令以物詣公府卿
寺自漢以來三公所居謂之府九卿所居謂之寺白玉珠疏司馬彪漢書輿服志考明帝永平

二年初詔有司采周官禮記尚書之文制冕皆前圓後方朱裏元上前垂四寸後垂三寸天子白玉珠十二旒三公諸侯青玉珠七旒卿大夫黑玉珠五旒皆有前無後 **赤皮蔽膝** 疏徐廣車服儀制古者韍如今蔽膝戰國連兵以韍非兵飾去之漢明帝復制韍天子赤皮蔽膝魏晉以來用絳紗爲之 **今人謂裹書之物爲表** 疏 **闇虛** 疏張衡靈憲當日之衝光常不合是謂闇虛在星則星微在月則月食 **發石** 疏賈逵以爲發石一曰飛石范蠡兵書有作飛石之事 **臨軒策拜** 疏古人之立太子蓋亦待其長大特加禮命如今之臨軒策拜 **幵官氏** 疏世本孔子年十九取於宋幵官氏一歲而生伯魚 **公主** 疏秦漢以來嫁女使三公主之呼爲公主 **夷吾亭** 注東莞蒙陰縣西北有夷吾亭或曰鮑叔解夷吾縛於此因以爲名 **王表** 疏吳孫權時有人自稱王表言語與人無異而形不可見 **鴆不得渡江** 疏晉書制鴆不得渡江有重法石崇爲南中郎得鴆以與王愷養之大如鵝喙長尺餘純食蛇虺司隸傅祗於愷家得此鳥奏之宣示百官燒於都街

**赤頰** 疏鶴蒼色者今人謂之赤頰 **涼糜** 疏粥涼糜 **閒稼** 疏呂氏春秋耨六寸所以閒稼也注所以入苗閒也 **明月珠** 疏裴淵廣州記鯨鯢長百尺雄曰鯨雌曰鯢目即明月珠也故死即不見眼睛 **倍人曰茂十人曰選倍選曰雋千人曰英倍英曰賢萬人曰傑倍傑曰聖** 疏辨名記 **殷色** 注今人謂赤黑爲殷色 **羿彈十日** 疏歸藏易 **百官箴** 疏漢成帝時揚雄受虞箴遂依放之作十二州二十五官箴後亡失九篇後漢崔駰駰子瑗瑗子實世補其闕及臨邑侯劉騊駼太傅胡廣各有所增凡四十八篇廣乃次而題之署曰百官箴 **決鄴水以灌鄴旁終古斥鹵生稻粱** 疏呂氏春秋吳起爲鄴令引鄴水以灌田民歌之曰決鄴水以灌鄴旁終古斥鹵生稻粱 **跳出** 疏魏晉儀注寫章表別起行頭者謂之跳出 **大曲之弓** 疏魯連書楚子享魯侯于章華之臺與大曲之弓既而悔之 **蕪荑鹽豉** 疏楚辭招魂備論飲食而言不及豉史游急就篇乃有蕪荑鹽豉蓋



秦漢以來始爲之 **無射鐘** 疏周景王無射鐘在王城鑄之移就洛陽秦徙之長安歷漢魏晉常在長安及劉裕滅姚泓又移於江東歷宋齊梁陳時鐘猶在東魏使魏收聘梁收作聘遊賦云珍是淫器無射在縣是也及開皇九年平陳又遷於西京置太常寺至十五年勅毀之 **胡曹作冕** 疏世本注胡曹黃帝臣 **挽歌** 疏挽歌漢初田橫之臣爲之晉初荀顗制禮以吉凶不雜送葬不宜有歌去之

## 公羊傳

**三科九旨** 疏宋氏注春秋說三科者一張三世二存三統三異內外九旨者一時二月三日四王五天王六天子七譏八貶九絕五始者元年春王正月公即位是也七等者州國氏人名字子是也六輔者公輔天子卿輔公大夫輔卿士輔大夫京師輔君諸夏輔京師是也二類者人事與災異是也 **五始七等六輔二類** 見上 **閉房** 注男子六十閉房 **雙生** 注 **投最** 注最之言聚今最民爲投最 **得來** 注齊人名求得爲得來 **高舂** 疏淮南子日至於悲谷是謂餔時至於淵隅是謂高舂至於連石是謂下舂至於悲泉爰止其女爰息其馬是謂懸輿 **乳犬攫** **虎伏雞搏貍** 注 **佼易** 注 **五諫** 注諫有五一諷諫二順諫三直諫四爭諫五贛諫 **郭都** 注僖公退辟正殿飾過求已循省百官放佞臣郭都等理冤獄四百餘人精誠感天不雩而得澍雨咸精符文 疏 **陰威列索** 注 **竹簁** 注笥竹簁一名編輿 **雙雙** 疏雙雙之鳥一身二首尾有雌雄隨便而偶 **今呼犬謂之屬** 疏 **馬盂** 疏杅若今馬盂舊說杅是杅字若今食俗 **食俗** 見上 **挍室** 注八家共一巷中里爲挍室 **保辜** 注 **赭衣** **墨幪** 疏唐傳唐虞之象刑上刑赭衣不純中刑雜屨下刑墨幪 **更衣** 注今俗名解流衣復之爲更衣 **因諸** 疏博物志周曰囹圄齊曰因諸 **負棰** 注負棰謝過 **酌酒切肺** 疏書傳散宜生等受學於太公太公除師學之禮酌酒切肺約爲朋友 **白藏天子青藏諸侯**

注半珪曰璋白藏天子青藏諸侯千歲之龜青頋注軒城注天子周城諸侯軒城軒城者欽南面以受過也婦人首祭事注齊俗血書飛爲赤烏注得麟之後天下血書魯端門曰趨作法孔聖沒周姬亡彗東出秦政起胡破術書紀散孔不絶子夏明日往視之血書飛爲赤烏化爲白書署曰演孔圖頑曹疏白馬朱鬣疏禮緯文王得白馬朱鬣犬貝元龜單馬木車疏書傳士乘飾車兩馬庶人乘單馬木車童男女八人注使童男女各八人舞而呼雩故謂之雩靈社注羔羊跪乳注斗漱疏無垢加功曰漱若里語曰斗漱律親親得相首匿注禮夫人居中宮少在前右媵居西宮左媵居東宮注瞬眼疏以目通指曰眣若今時瞬眼矣長人十二疏關中記秦始皇二十六年有長人十二見於臨洮身長百尺皆夷狄服始皇以爲瑞乃收天下兵器鑄作銅人十二象之就搢注今俗名就搢爲縉搢億措疏億瘦也措置也鸛鴒來巢于榆疏運斗樞叩頁注額猶豆今叩頭以草衣城注裴城若今以草衣城千雉注天子千雉公侯百雉伯七十雉子男五十雉疏春秋說文

## 穀梁傳

青鼓疏救日五鼓廢信徐邈云東方青鼓南方赤鼓西方白鼓北方黑鼓中央黃鼓龍門之戰疏桓十三年公會紀侯鄭伯及齊侯宋公衛侯燕人戰春秋考異郵云時戰在魯之龍門胡豆疏徐邈云戎豆今之胡豆也結綠疏周有藍田楚有和氏宋有結綠晉有垂棘紫微爲大帝大微爲天庭疏元命苞右主左主疏衛次仲云宗廟主皆用栗右主八寸左主八寸廣厚三寸祭訖則納於西壁焰中去地一尺六寸右主謂父左主謂母五莱注家作一圃以種五菜疏世所謂五辛之菜也捶打注捥殺謂捶打殘賊而殺木瓜疏木水比木瓜

十三經注疏錦字卷三



# 十三經注疏錦字卷四

羅江 李調元 雨村 輯

## 孝經

辜較疏孔傳云盡者辜較之辭劉炫云辜較猶梗槩也天子大社疏韓詩外傳天子大社東方青南方赤西方白北方黑中央黃土若封四方諸侯各割其方色土苴以白茅而與之諸侯以此土封之爲社明受於天子也稷壇在社西俱北鄉並列同營共門疏條牒

## 爾雅

人大謂之奘疏秦晉之間凡人大謂之奘自家而出謂之嫁注方言自家而出之嫁猶女出爲嫁那那注左傳棄甲則那那猶今人云那那薄努疏方言鄙語曰薄努猶勉努也周鄭之間曰勔釗齊魯曰勗茲勔釗見上女人稱我曰姎疏說文自呼爲身注今人自呼爲身阿陽注今邑濮之人自呼阿陽呼厭極爲鬠注江東呼厭極爲鬠拘樓注樓聚也猶今言拘樓凍窅疏凍窅空貌蹉歎注今河北人云蹉歎厭串注俗語貫伏注俗語疏東晉時有此厭串貫伏之語振訊注振訊所以爲潔清契斷注今江東呼刻斷物爲契斷摸取注嫉妎注洮米注結髮疏嬾人臥室疏說文嬾懶也草木皆自豎立惟瓜瓠之屬臥而不起似若嬾人常臥室好媛注美女爲媛所以結好媛彥詠注美士爲彥人所彥詠撫拍注撫掩猶撫拍謂慰恤也歸人注尸子古者謂死人爲歸人威姑疏姑謂之威漢律曰婦告威姑兄鍾注夫之兄爲兄公今俗呼兄鍾語之轉耳僚壻注江東人呼同門爲僚壻地栿疏門根俗謂之地栿伕儒柱注人踐三尺疏白虎通人踐三尺法天地人步渡彴注聚石水中以爲步

波彴瓴甈注瓴甈小甖百甕罌注九罭今之百甕罌撩罌注罩今之撩罌縮貉注綸者繩也謂牽縛縮貉之今俗語亦然呼母爲㑃注今江東呼母爲㑃㑃音是遮氣疏律管所以遮氣劑刀注南方人呼翦刀爲劑刀屬累注以事相屬累爲誣諉刺探注凌懅注三隅竈注煁今之三隅竈疏無釜之竈若今火爐隱賑注疏豐則也暮然注暮然暮夜黏黐注膠黏黐暇豫之吾吾不如鳥烏人皆集于菀已獨集于枯疏晉語驪姬與優施謀飲里克酒乃歌曰云云揞拄注細作注間左傳謂之諜今之細作也小跪注姡然注面姡然羽褋幢注翿今之羽葆幢魚舍疏小爾雅魚之所息謂之潛潛槮也積柴水中魚舍也刀衣鼻疏士冠禮注絢之言拘也以爲行戒狀如刀衣鼻在屨頭香纓注褵郎今香纓鬼衣疏說文裻鬼衣也大巾疏方言蔽厀魏宋南楚之間謂之大巾糷飯疏米皮注康米皮酢餾疏方言甑或謂之酢餾減字注以筆減字爲點錍箭注金鏃翦羽謂之鍭今之錍箭骨骲注骨鏃不翦羽謂之志今之骨骲宛轉注弓有緣者謂之弓即今宛轉牟頭疏方言箭三鐮者謂之牟頭犂錧注田器疏消搖疏徒歌曰謠聲消搖也驚咢疏徒擊鼓曰咢聲驚咢也檐鼓注今荊楚人呼牽牛星爲檐鼓檐荷也吉玉注山海經縣以吉玉磔狗止注今俗當大道中磔狗云以止風白地錦注越王約髮注今江東呼兩頭蛇爲越王約髮亦名弩弦言是越王約髮所變也疏松柏之鼠不知堂密之有美樅注尸子天井注山海經天井夏有水冬無水瀵魁注今河東汾陰縣有水口如車輪許漬沸涌出其深無限人壅其流以爲陂種稻呼其本出處爲瀵魁苦如蘗疏藥狗毒樊光曰俗語苦如蘗丹書八字疏抱樸子蟾諸壽三千歲者頭上有角頷下有丹書八字元中記蟾諸生角者食之壽千歲火中白鼠疏山海經去扶南東萬里有耆薄國復五千里許有火山



國其山雖霖雨火常然火中白鼠時出山邊求食人捕得之以毛作布名火澣布鵁鶄厭火注鵁鶄江東人家養之以厭火災鳳皇高丈二疏京房易傳白鷺縗注白鷺頭翅背上皆有長翰毛今江東人取以爲睫㰌名曰白鷺縗朱鷺曲疏楚威王時有朱鷺合沓飛翔而來舞舊鼓吹朱鷺曲是也四足之美有麃兩足之美有鷚疏陸璣曰鷚微小於鷚走而且鳴曰鷚鷚其尾長肉甚美故林木山下人語云云嚘羿疏郭圖讚云鵅鶾之烏一名嚘羿應弦銜鏑矢不著地逢蒙縮手養由不睨兕有九孔疏崔豹古今注舐毫而孕疏論衡兕舐毫而孕及其生子從口而出捕虎一購錢三千其狗半之注晉律狗虎子脣蔽目疏郭讚云狒狒怪獸被髮操竹獲人則笑脣蔽其目終亦號咷反爲我戮旋毛如乳注伯樂相馬法旋毛在腹下如乳者千里馬瞿有瞿有觚胥粢爲酒尊于兩壺兩羭歆之三日然後蘸士有澤我取其魚疏歸藏視犬之字如畫狗也疏說文孔子說狗叩也叩气吠以守也疏說文孔子語别囿疏尸子墨子貴兼孔子貴公皇子貴衷田子貴均列子貴虛料子貴别囿其學之相非也數世矣而已皆弇於私也韻絶注於乎皆語之韻絶膠詐疏方言膠譎詐也涼州西南之間曰膠自關而東西或曰膠詐獼離注茀離即彌離彌離猶蒙籠耳重甗注今呼重甗爲甑餥飯注今呼餥飯爲饋今江東呼大爲且注叢緻注今人呼物叢緻者爲礦屋梠注屋檐一名櫋一名屋梠唱射注容如今牀頭小曲屏風唱射者所以自防隱五劇鄉注今南陽冠軍樂鄉數道交錯俗呼之五劇鄉步橋疏廣雅衙步橋也救絲注救絲以爲絇拘腸疏方言箭四鐮或曰拘腸瑄玉注漢書皓旴注疏日光出之貌永風疏尸子仁意篇述太平之事云燭於玉燭飲於醴泉暢於永風木子疏果木子涷雨注江東呼夏月暴雨爲涷雨涷音東琅玕樹注山海經崑崙山有

瑯玕樹浦隩注隩隈今江東呼爲浦隩伯益作井疏世本單船注士特舟單船
雁齒取藺緒注緜馬草細葉葉羅生而毛有似羊齒今江東呼爲雁齒繅者以取藺緒三
足鼈六眼龜注吳興郡陽羨君山上有池池中出三足鼈又有六眼龜疏以時驗而言擬
鳥注雉俗呼爲擬鳥大鳥如馬駒注漢元帝時琅邪有大鳥如馬駒時人謂之爰居
護田鳥注今婟澤鳥似水鴞蒼黑色常在澤中見人輒鳴喚不去有象主守之官因名澤虞俗呼
爲護田鳥狂鳥疏大荒四經栗廣之野有五采之鳥有冠名曰狂鳥吐蚊注鷏似烏鸔而大黃
白雜文鳴如鴿聲今江東呼爲蚊母俗說此鳥常吐蚊因名云鷿鷉瑩刀注鷉鷿鷉似鳧而小
膏中瑩刀鷉音梯䝤子注俗呼小豶猪爲䝤子䝤音偉幺豚注家最後生者俗呼爲幺
豚犎牛疏東觀記疎勒王遣使文時詣闕獻獅子似虎正黃有貊耏尾端茸毛大如斗封牛其領
上肉隆起若封然因以名之即今之峯牛是也騉蹄苑注秦時有騉蹄苑疏取駿馬以名其苑也



踏雪馬注四蹄皆白首俗呼爲踏雪馬官府馬注回毛在膺宜乘樊光云俗呼之官府馬
果下牛注犤牛庳小今之㹀牛也又呼果下牛出廣州高涼郡疏以其庳小可行果樹下

論語

欲爲論念張文疏漢書張禹受魯論於夏侯建諸儒爲之語曰欲爲論念張文大震
疏司馬法前驅啟乘車大震倅車屬馬大震大殿也旁牌疏干今謂之旁牌烏曹作簙
疏

孟子

舜作竹簫以象鳳翼疏風俗通阿堵物疏今呼錢爲阿堵物扣椓注捆
猶扣椓也織屨欲堅故扣之馬衣注褐以毳織之若今馬衣刺人草疏皇覽孔子冢去城
一里冢塋百畝南北廣十步東西十二步高一丈二尺冢前以瓴甓爲祠壇方六尺與地平之無祠堂冢

營中樹以百數皆異種魯人世世無能名其樹者民傳言孔子弟子異國人各持其方樹來種之其樹柞
枌雒離女貞五味毚檀之樹塋中不生荊棘及刺人草氣成樓閣疏張華云趙簡子冢在臨
水界冢上氣成樓閣犀首疏司馬彪曰犀首魏官名若今虎牙將軍荊蘭之衣疏高士傳
老萊子楚人少以孝行養親極甘脆年七十父母猶存萊子服荊蘭之衣爲嬰兒戲親前言不稱老爲親
取食上堂足跌而僵因爲嬰兒啼斗食注庶人在官者食祿之等差由農夫有上中下之次亦有
此五等若今之斗食佐史除吏也疑首善筭疏傳記有云疑首天下之善筭也有鴻鵠過彎
弧擬問以三五則不知鴻鵠亂之也牛角歌疏三齊記齊桓公夜出迎客甯戚疾擊其牛角高歌
曰南山粲白石爛生不逢堯與舜禪短布單衣適至骭從昏飯牛薄夜半長夜漫漫何時旦桓公乃召與
語說之遂以爲大夫涓蜀梁疏荀子夏首之南有人曰涓蜀梁其爲人善畏明月而宵行俯見其
影以爲伏鬼也仰視其髮以爲立魅背而走比至其家失氣而死五女疏秦武王時大蛇從身出



復入穴五女示之五丁拔蛇壓殺五女雙珠疏韓詩隋侯字元暢往齊國見一蛇在沙中頭上血
出隋侯以杖挑于水中而去後還到蛇處乃見此蛇銜珠來隋侯前隋後意不懌是夜夢脚踏一蛇驚起
乃得雙珠後人稱爲隋侯珠踸踔注

十三經注疏錦字卷四畢

光緒壬午年鋟於樂道齋

# 蜀碑記



宋王象之蜀輿地碑記目原本次序

山碑　萬歲寺碑　善頌堂留題　范公鎮留題
法天寺留題　蜀州刺史廳壁記

眉州碑記十六

漢刻黃龍甘露之碑　唐眉州𠛅羅城記　北平山碑　南康郡王紀功碑　唐眉州新移彭山縣記　唐丹稜縣龍鶴山成練師植松碑　城東貢院佛殿中唐碑及五代碑　象耳山李白留題　杜子美兩川夔峽諸詩石刻　夷獠誓碑　大池院題州園十詠　眉州古志　通義編　江鄉志

簡州碑記十一



後周宇文泰紀功碑　郡守壁記名氏　韋南康紀功之碑　唐乾符修城碑　天光觀唐碑　羅漢院石刻　靈巖院石刻　周文王廟碑　北巖院碑　聖居院碑

嘉定府碑記十五

漢楊宗暘墓碑　漢和帝時開道碑　漢靈時張道陵碑　沐川古碑　李德裕石闕　孝女碑　都安王廟碑　靈鷲山碑　韋南康大像碑　郭璞移水記　張無盡沐川寨記　申孝友西南會要　嘉定志　續志　嘉定詩

雅州碑記十五

漢蜀郡太守治道記　羊竇道碑　漢故檢校巴郡太守樊府君碑　高孝廉墓碑　邛崍關開路記　龍興寺碑　平羌江繩橋碑　兩面碑　尊楗閣記　神水閣記　李白月下帖　楊凝式詩帖　魯直木蘭歌帖　魯直梁甫吟帖　雅安志

威州碑記三

鼓角樓記　天寶寺碑　伏波廟碑

茂州碑記七

唐廻車院碑　唐刺史題梁　張延賞修城記



州治平寺碑　滋茂池善應廟碑　西山記　更生閣記　圖經

隆州碑記二十六

漢黃龍甘露之碑　豔陽洞石碑　唐金剛經碑　道超和尚精德碑　開國王碑　張天師靈廟碑　貴平縣牟尚書墓記　文宣王廟碑　龍興寺大藏經碑　篆字心經碑　修大悲堂碑　黃帝書陰符經　古大悲堂碑　超覺寺記　龍華院山門路記　唐節度使楊公墓碑　靈泉院碑　僧曉微碑　鐵騎將軍碑　寶峰院記　飛泉山碑　飛泉山院

碑　玉堂硯銘　蔡君謨法帖　東坡多心經　文
與可書千字文
永康軍碑記二十八
漢石刻治道碑　鬼界古碑　天師戒鬼筆迹　晉
塼　隋薛道衡磨崖碑　唐正觀十三年韋作觀魚
記　唐崇德廟記　唐元和十四年寶幢院記　唐
僖宗中和年改海晏寺記　唐觀音院記　青城山
碑　元宗真容碑　修丈人殿祝文碣　置丈人觀
碑　紀符瑞碣　脩諸觀功德記　延慶移觀手詔
碑　唐吳行魯碑　玉壘關碑　獠澤水石記　唐



人徐浩書金剛經　杜光庭重修冲妙觀記　韓擇
木入分書　蜀嘉王宗壽墨迹　迎祥寺鐘樓刻字
青城山甲記　永康志　青城山乙記
石泉軍碑記闕
瀘州碑記十六
蕭齊碑　唐高宗安樂山取丹經詔碑　唐高宗賜
進經道士詔碑　劉真人藏經碑　唐真如寺碑
唐蘇公甘井碑　黄太史書砥柱銘碑　大像記醉
僧圖詩碑　尹吉甫祠堂記　吏隱閣記　鏡硯銘
瀘州平夷記　劉真人傳　合江縣安樂山騰清

三觀記　江陽志　江陽譜
潼川府碑記十九
晉雲南太守段宗仲德政碑　唐護聖寺鐘銘　甘
泉寺晉犀碑　李義府碑　馬元直開元中詔　陳
拾遺與趙彦昭郭元振題壁　唐薛稷書慧普寺
梓州官僚磨崖贊　游仙觀老君碑田真人殿記
王勃庾信護聖寺碑　彌勒院記李商隱書甘泉亭
碑李潮八分書　劉蛻文塚碑　精舍四證堂碑
道興觀碑　道士班君新井碣銘　蓮花漏記　梓潼
古今記　梓潼風俗譜　舊圖經　新潼川志



遂寧府碑記十三
唐張九宗題記　唐釁甎鑄鐘記　唐劉纂文宣王
廟記碑　唐磨崖金剛經圖　唐天復四年禪林碑
記　唐賈島詩碑　蜀安國寺碑　後唐武信軍衙
卞高五十六體篆字碑　蜀明德四年碑　金
地院孝童孝女碑　遂寧好　遂寧志
順慶府碑記二十
漢車騎崖石刻　相如故宅石記　二良牧碑　唐
朱鳳山觀銘　唐金泉山僊居迹　唐鄭餘慶詩刻
唐詰刻　僞蜀刺史徐光溥詩刻　唐移縣碑

唐王維送楊長史赴果州詩　唐屈突公德政碑
唐僊林觀碑　唐程仙師蟬蛻偈皂筴碑　唐圭峯
禪師傳法碑　唐相如縣石龕佛像記　僞蜀晢火
碑　永興節度使王彥超重建行成思堂石刻　謝
寰山靈泉碑　耆舊錄　開漢志

資州碑記二十七

漢永建五年漢安脩棧道記　陳君德政碑　隋勅
改羅漢院碑　唐開元棲神山磬記　唐顏魯公書
中興頌碑二　河相宏農碑　王褒墓石表　三仙
磨崖題名　洗公石馬塔院記　滴水巖結界記



鄉詩　陳圖南詩　崇壽觀碑　杜光庭醮壇山北
帝院記　王師閔西巖龍潭瀑布詩　李渭北巖詩
盧弁北巖詩　張公瑾北巖詩　董脩北巖記
裴晉公自贊　靈仙觀碑　唐裴瞻墓碑記　唐韋
皐紀功碑　安夷軍詩碑　青松亭記　毗沙門天
王讚　資中志

普州碑記十一

唐棲巖山寺讚銘序　唐老君應見碑　唐紫極宮
碑　唐西巖禪師受戒序　普慈志　郡北小千佛
院記　唐宣宗賜浪仙墨制　賈浪仙墓表　賈島

墓誌　聶公真龕記　茗山平寇錄

合州碑記十七

唐令長新戒　古書巖　石門彌陀像　祭龍多山
題名　涪內水石鏡題名　唐大歷王鋋題名　盧
舍那佛二菩薩記　集聖院記　季札墓銘　濮巖
銘　唐孫樵龍多山錄　龍多山鶖臺院記　將軍
祠石刻　唐永泰二年石刻　雁塔題名　涪樂鄉
校記　墊江志

榮州碑記十

大周聖德勒石文碑　州院碑　真義侯碑　唐刺



史薛高卭磨崖碑　榮隱山修道觀石碑　榮黎山
古寺碑　唐乾符元年禱雨碑　榮德山薛刺史磨
崖碑　靜難侯廟碑　圖經

昌州碑記十一

演教院碑　淨土院碑　石佛寺記　唐韋君碑
吳季子墓碑　高祖大風歌碑　古文孝經　六經
圖碑　六十四卦象碑　畫維摩石碑　靖南志

渠州碑記八

雙石闕　二聖碑　道德經碑　後漢車騎將軍馮
緄墓誌銘　公府建置碑　唐渠江縣冲相寺碑

古賓城碑　宕渠志

敘州碑記十

晉張麟夫人墓表　韋南康紀功碑　定誇湖唐碑

唐都督戎州李通破賊碑　唐南詔王碑　唐古

戎道記　唐黎榦墓表　唐張九宗修花臺寺記

金箱浩　山谷悟軒石刻

懷安軍碑記十四

漢張子陽碑　唐昌利觀記　王頭陀塔銘　如舜

禪師碑銘　支提石塔記　鸜鵒舍利塔記　爲八

戒和尚謝復三學山精舍表　放生記誓文　杜光



庭功德記　楊浦壽昌寺記　三學山飛石記　段

翳故宅舊碑　金堂尉沛國武犍碑　金淵志

廣安軍碑記一

廣安志

長寧軍記錄文

五代僞蜀敕牒　國朝所給誥劄　祥符平夷本末

慶歷皇祐平夷略　熙寧經制諸夷本末　元豐

平乞弟本末　范中書百祿誓平　范榮公進誓平

夷文表　趙招討平晏夷賀捷文表　長寧志　小

桃源銅牌　梅聖俞春雪詩

富順監碑記六

漢董孝子墓表　磨崖碑　中巖普覺院記　咸平獎

諭丁處榮勅　石燈臺讚　富順志

夔州碑記十八

漢鹽鐵盆記　晉桓溫隸字碑　唐夔州刺史廳壁

記　夔州始興寺移鐵像記　夔州都督府記　鏁

水記　神女廟詩　關城白帝廟碑　巫山詩碑

重修大仙廟記　杜少陵詩石刻　移城記　八陣

圖銘　甃井記　夔州圖經　舊圖經　固陵集

新夔州志



開州碑記五

盛山宿雲亭記石　盛山十二題詩　唐開元刺史

新宅記　盛山集　圖經

施州碑記七

招撫蠻人盟誓碑　知保順州田承恩誓狀　蠻人

納貢物碑　皇宋獎諭碑　蠻人向永忠等誓柱文

蠻人田思忠等受降碑文　蠻人廖萬崇等誓柱

文碑

達州碑記九

漢車騎將軍馮緄碑　漢廣漢蜀國侯李翊墓銘及

蜀國侯夫人墓銘　書字崖碑　唐處士墓碑　元積告畬三陽神文　廣福院修佛殿記　瀘潭院鑄佛記　節婦碑　黄山谷贈通州令韓廣叔文

珍州碑記闕

忠州碑記二十四

丁房雙闕　屈原碑　江原君石闕　嚴孝子碑　五大夫碑　修道碑　嚴顔碑　玉虚觀有唐碑四　洞真觀唐明皇夢天帝降碑　禹廟唐碑　豐都景德觀唐碑十　唐平都二仙公碑　唐平都山二仙君銘　玉石碑　唐平都山真人景堂記　唐士



洲耆老思舊記　唐刺史房公式善狀碑　唐豐都三官堂碑　唐杜光庭碑　唐率更栢粱帖　王右軍半月橘帖　商比干銅盤銘　南賓志　荔枝圖序

涪州碑記十一

涪陵太守闕　唐十福院水泉記　李文定公神道碑　普淨院記　誓虎碑　古書山碑　山谷碑　涪陵紀書錄　花藥夫人詩序　龜陵志　新志

重慶府碑記八

漢故益州刺史碑　巴郡太守張汭頌德碑　白君冢碑　禹廟碑銘　豐年碑　蜀廣政十五碑　周濂溪跋彭應求詩序碑　圖經

黔州碑記六

漢故孝廉柳莊敏碑　唐黔南節度使趙國珍德政碑　重建州衙碑　廣德元年碑　崔能神道碑

萬州碑記十三

黄魯直留題　報恩寺漢碑　絶塵龕石刻　寶像記　岑先生銘　岑公洞記　魯直留題　聖業院碑　大雲寺碑　冉仁才碑　萬州廟碑　白刺史題名記　靈顯



王碑　南浦志　新志

思州碑記一

縉紳馮先生作夏總幹墓誌畧

梁山軍碑記六

凉山呂保藏漢篆　浮蘭碑　梁山驛唐碑　舊梁山驛碑　飛練亭碑　圖經

南平軍碑記七

西心坎崖隸書　吹角垻古磨崖　姜維碑　南州石像頌　白鶴寺鐘碑　劉孝標墓銘　南平志

大寧監碑記一

丁晉公謂夔州後城記

雲安軍碑記四

周靈王符碑　漢處士金廣延母子碑　唐雲外尊師碑　人物碑

興元府碑記二十二　今隸陝西不錄

利州碑記六

唐南池新亭碑　李義山碑　蘇頲利州北佛龕前重題　棧道銘　山谷紀行碑　圖經盛武志

閬州碑記十八

唐貞觀碑　王蜀咸康碑　顏魯公磨滅記　元稹



留題　新政縣大歷碑　王嶽留題　李後主書

崔善德政碑　鮮于氏神道碑　裴晉公銘　唐道襲墓碑　汝南令神道闕　寇萊公詩　司馬公留題　閬苑記　前記　續記　新記

隆慶府碑記十七

李業闕　後漢趙相國雍墓石闕　漢沛國范伯友墓石闕　晉張載劍閣銘　魏太尉鄧公神廟記

鄧艾衛聖侯碑　唐李商隱重陽亭銘　悟本寺碑

清義何氏古碑　陰平縣記　開元寺重修中和極樂院銘　唐韋表微劍閣銘　劉國均石刻　宣

詔亭內碑　新城縣路樾石刻　景福院石碑　始州碑

巴州碑記四十三

唐守巴州裴禮修廨宇記　唐古佛龕石刻　北山老君影跡詩　唐張禮題驛歐樓　唐巴州紫極宮記　唐嚴將軍廟記　南龕題詩石刻　唐兜率寺碑　集州兩角山記　集州紫極宮記　唐李繼顏詔祠　放生潭三字　節使君布政碑　唐人題西龕櫻桃詩　成王李雄詣青泥石碣　璧州神廟石刻　龍興寺碑　璧州山寺記　菖蒲澗記　石鼓



峽記　唐正元石刻　南隆州牟縣界碑　唐韋蘇州詩　唐難江公山威惠廟記　唐嚴武乞賜山南寺表　南山記　巴南新置屋宇什物石記　孫氏圓石刻　修路記　城牙樓記　七佛龕　沙塤渡碑　嚴侍御暮春五言　史俊寄嚴侍御楠木詩

郝昂陪嚴使君暮春五言二首　蕭珂建天王堂記

七楊士諤十四詠　折柳詩十絕　流盃十四詠

巴南十七景　清化前志　續志

蓬州碑記五

清業州普光寺碑　周萬歲通天碑　西天佛足碑

唐僖宗碑　安康志

洋州碑記十二

漢永平間石門記　唐許敬宗撰桂州都督李襲志墓碑　唐衡州刺史李公孝儒之碑　周洋州司馬李正亮墓碑　華陽寨磨崖刻　山南西道節度使南陽張公淸德美化之碑　唐德宗復洋州租賦詔唐德宗升洋州爲望州詔　重興營田務堰懷昌堰記　碑子渡碑　明妙庵記　洋州記

金州碑記十二

干祿字碑　顔魯公書碑刻　安祿山題　福緣寺



唐碑　賈氏本支碑　石佛院碑　大蓬山天寶碑咸通中石刻　景福寺碑　方等院碑　羅漢閣記　咸安志

大安軍碑記二

九井灘記　龍洞記

劒門關碑記九

修關石刻　唐碑　劒門銘　唐叔明題劒門　唐劒門山記　唐盧照隣悟本寺記　唐劒門制置之記　唐劒閣碑　趙淸獻公留題

原本次序終

# 蜀碑記目錄

## 卷一

### 成都府

成都四

華陽三十五

新津一

金堂十二

新都一

簡十三

崇慶十



灌二十三

新繁一

## 卷二

### 重慶府

巴九

永川一

榮昌十

南川七

黔江六

合十二

卷三







卷四



卷五







卷六

蜀碑記卷一

宋 王象之 撰

成都府

成都縣

漢蜀郡守何君造尊楗閣碑 容齋隨筆云在成都末云建武中元一年

唐僧大辯修功德碑 元和十五年立在文殊閣

觀政閣記 秦漢至唐領太守刺史節度使之職有功續可考者畫像得二十八人別圖於他閣而榜曰觀政呂大防成都志云二十有八人李冰文翁王遵張堪第五倫廉范种暠李膺高眹諸葛亮王濬高儉陸象先蘇頲嚴武翟盜韋皐高崇文武元衡段文昌李德裕楊嗣復杜悰魏謩牛叢夏侯牧高駢陳敬瑄



成都古今前後記 眉山人孫汝聰修成都古今前後記六十卷見眉州江鄉記

趙清獻公成都記 見張有成光福寺記

成都志 袁說友序

古石刻 共二十有三在廢蕃府中後改爲貢院於瓦礫中得之背古名書內有仙筆四按察使李翀霄賢之至公堂左爲文記之

華陽縣

漢文翁學生題名 集古錄不著書人名氏文翁題名可見者凡一百十二人碑在益州

漢文翁石柱記 集古錄云漢隸不著書撰人名氏永初中火災被焚惟廟內兩闕存太守高眹重立又於其東創周公禮殿碑以初平五年立

殿柱記 先儒謂鍾會書按鍾會於季漢炎興元年始入蜀距漢興平初稘已七十二年不應追書也今在禮殿

東漢學殿歲月記 繫年錄云紹興六年成都教授范仲殳奏疏言本府學殿建於東漢之初平漢人以大隸記其修築歲月刻於東楹至今九百四十三年蓋天下棟宇之古無過於此者

宋高宗御書大成殿榜 繫年錄云紹興六年上書大成殿榜賜成都府學

左右生題名 集古錄謂爲晉宋間碑

晉益州刺史羅君碑 在碑陰

晉朱齡石刻宋高祖檄譙縱文 在石室

館學廟堂記 唐永徽元年賀公亮撰集古錄謂不著撰人名氏不同

州學廟堂頌 唐神龍二年立



唐太平公主出家勅 在天慶觀

孔子廟堂碑 唐開元中周灑撰

唐平蠻碑 集古錄云唐蕭晉用撰開元十九年刻石紀功在成都昭烈帝廟又容齋隨筆成都有開元十九年南蠻爲邊患明皇遣內常侍高守信爲南道招慰處置以討之拔其九城此事新舊唐書及野史皆不載肅宗以魚朝恩爲觀軍容處置使憲宗用王承璀爲招討使議者譏其以中人主兵柄不知明皇用守信蓋有以啟之

先主廟碑 貞元四年蘇端撰在昭烈帝廟中

韋皐寶國寺詩 貞元中立

段文昌元和中律師銘 在府學

蠶市記 韋南康撰在寶歷寺寺有南康像

武侯碑陰記集古錄云唐崔備撰元和二年武元衡刻及其僚屬題名於武侯廟碑陰

古柏行長慶四年段文昌撰

重寫前益州五長史真記李文饒撰云益州草堂寺列畫前長史一十四人代稱絶迹余嘗於數公子孫之家獲見圖像乃知草堂繪事靡不造眞者余以精舍甚古貌相將頽乃選其功德尤盛者五人模於郡之廳記

資福院記集古錄云唐李德裕撰長慶二年立石

諸葛武侯碑在昭烈帝廟中長慶四年裴度撰柳公綽書

總管大學碑周益州刺史齊國公宇文憲頌德碑

石室贊唐維州刺史鄭藏休撰大歷十年殿中侍御史李樞篆

修文宣王廟碣會昌五年裴坦撰



唐柳公權書金剛經在嘉祐禪院

唐韋南康碑二並在大慈寺佛殿中

石九經本在府學容齋隨筆云孟昶時所刻其書九經淵世民三字皆闕畫蓋高祖太宗諱也

龍興寺碑容齋隨筆云前蜀王氏所立及唐諸帝皆半闕云

高駢築城記在城中信相院唐中和四年翰林王徽記

孟知祥修城記後唐天成二年李昊記

唐明皇追謚孔子册文宋太平興國五年府尹辛仲甫立石

十賢贊舊志今存其七姚崇贊冉伯牛宋璟贊冉有源乾曜贊閔子騫韋抗贊子貢陸餘慶贊子路盧從愿贊子游裴漼贊子夏

文翁等畫像十贊宋祁撰祠之內圖文翁嚴君平鄭子真司馬相如揚子雲蜀士先賢

凡九及公之像而十常山公贊

蘇文忠公留題成都志云極樂院有文忠公壁間留題至和丙申季春二十八日眉陽蘇軾與弟蘇轍來觀盧楞伽筆迹今存

新津縣

唐開元皇帝送趙仙甫尊師歸蜀詩在寶貞觀

金堂縣

漢張子陽碑漢幽州刺史牂牁太守張子陽碑在唐化鎮沿江五里許乃子陽墓漢順帝永建四年造

唐昌利觀記在昌利山延祥觀開元中金堂尉沛國武㨗撰

王頭陀塔銘在雲頂山塔院貞元十五年薛偃撰



如舜禪師碑銘在龍槐院唐節度使杜悰撰

支提石塔記在三學山唐節度使段文昌撰

爲八戒和尚謝復三學山精舍表李商隱撰

放生記誓文在中江岸太和二年令狐綯撰

杜光庭功德碑在三學山

楊浦壽昌記在郎中山

三學山飛石記邑宰張西撰

段翳故宅舊碑後漢隱士段翳故宅即今天慶觀有段隱君李真人二像舊碑字畫磨滅不可辨

金堂尉武㨗碑在延祥觀唐開元中立

新都縣

漢王渙墓碑在縣北五里墓前二石闕一題漢故兗州刺史雒陽令王君稚子之闕一題漢故先靈侍御史河内縣令王君稚子之闕

簡州

後周宇文泰紀功碑碑在本州界泰數遣都督入蜀一治石闕縣一治懷遠縣見簡池志

郡守壁記名氏唐貞觀十三年建見劉左史折柳亭記

韋南康紀功碑在州治頒春亭側碑甚巨乃御製皇太子臣誦奉勅書

廣乾符修城碑在州城隍廟

天光觀唐碑觀在陽安縣東三十里有唐碑可讀云和初三洞道士王道踢因張文舉施地



基創建

羅漢院石刻在陽安縣東有僧繼暉斬木開基而崇石呈露見石鐫羅漢等像有碑曰唐興元年禪師道明鐫刻

靈巖院刻石在平泉縣西南二十五里元和長慶間刻

周文王廟碑在陽安縣西北七十五里即後周高祖文帝廟舊碑題額云大周植基碑元年歲次丁丑造元年即後周閔帝之初元也

北巖院碑院有唐碑大歷時重修

聖居院碑唐中和年建

孔聖顏子像二碑宋趙伯豪得之於　孔聖家廟吳道子所畫今在文廟

紀功碑在舊城內唐韋南康駐節於簡立石紀功碑存

西銘石刻宋學士趙介肖手書置之東巖今失

崇慶州

蜀先主碑在晉原縣西南二里唐房琯撰

唐李百藥碑在江源縣之萬歲寺

唐開元碑在晉原常清觀鮮于仲通撰

唐樊知遷碑在江源縣淨居寺唐顏師古撰

翠圍山碑在永康之翠圍寺

萬歲寺碑在萬歲寺

善頌堂留題見趙抃記

范公留題在太平院范公入蜀遊岷山過此紀行於寺之經閣上云熙甯八年三月遊青城聞



四月遊峨眉俱過此與百世相見百朋百嘉侍行蜀郡公記

法天寺留題見法天寺記

蜀州刺史廳壁記唐詩紀事貞元十四年皇甫澈刺蜀州時唐四相詩序曰蜀州刺史廳壁記云居相位者前後四公謨明弼諧遷轉歷止顧已撫取柰跡於斯景行遺烈嗟嘆不足也謹述其行事詠其休美庶將來君子知聖朝之德云爾

灌縣

漢石刻治道碑在平磨崖之西有漢石刻二一日建平五年省孝哀時刻一日永平元年省孝明時刻

隋薛道衡磨崖碑在玉女祠後刺史薛道衡撰或云薛曾

唐韋作觀魚記在北山朝天寺貞觀十三年立

唐崇德廟記李德裕鎮蜀時重建崇德廟命段全緯爲記

唐寶幢院記在青城海晏寺元和十四年立

唐僖宗中和年改海宴寺記在本寺

唐觀音院記在廢青城縣東南九里乾符二年記

青城山碑在常道觀軒轅石龕之下隋大業七年立太常博士陰道撰

唐明皇眞容在六時巖下

修丈人殿祝文碣在丈人觀進士任礵撰

置丈人觀碑徐大亨撰在丈人觀三門下

紀符瑞碣甘遺榮八分書在丈人觀三門右

延慶移觀手詔碑在延慶觀後絕峯上石龕中唐開元十二年立



唐吳行魯碑在闞鷄臺字畫磨滅唐大中十一年治隸彭州時長史吳行魯建

玉壘關碑唐大中十年白敏中帥蜀日建旁郎慕府陳可度頌功德碑

獠澤水石記石門崖壁鐫吳行魯大中七年奉使巡邊行見獠澤水石記

徐浩書金剛經天宮院有唐人徐浩書金剛經全帙刻石

杜光庭重修冲妙觀記在廢青城縣

韓擇木八分書延慶觀靈寶眞人五符幢下有記銘開元十二年立

僞蜀嘉王墨迹僞蜀王建宗子嘉王宗壽與能仁院僧卯往來書劄二十餘簡墨迹如新

迎祥寺鐘樓石刻在廢導江縣北迎祥寺不記年月觀其有節度押衙字知爲唐末五代間刻也又有老泉爲記東坡所書碑刻

青城山甲記唐杜光庭編

永康志教授張增編

新繁縣

誓水碑在縣北二十里李冰鑿山導江刻石於水旁誓曰淺無至足深無至肩唐貞元十四年立今毀



蜀碑記卷一終

蜀碑記卷二

宋　王象之　撰

重慶府

巴縣

漢故益州刺史碑在本府

巴郡太守張訥頌德碑漢靈帝中平五年立事見合州志今碑在府學

白君冢碑字殘缺

禹廟碑銘塗山有大禹及塗后祠皆有碑銘

豐年碑在江岸碑謂之雍熙碑每水落碑出則年豐人爭摹搨數十年不一見　國朝康熙四十八年十二月内此碑見



蜀廣政十五碑在東陽鎮市心

周濂溪跋彭應求詩序碑在温泉寺

圖經李宗諤編

雙狀元碑在儒學内爲宋守紹興狀元黄鳳祥開禧狀元馬時行立

永川縣

石佛寺記在縣東二十里方舟李公石爲記

榮昌縣

演教院碑在昌州舊基院有斷碑唐咸通歲縣令唐允中建

淨土院碑在昌元縣東四十里唐太和五年建

唐韋君碑在北山乾寧二年靖南令胡密撰

吳季子墓碑在北山相傳爲孔子書開元中殷仲容奉詔模搨大歷中蕭定刊之潤州有張從申題其後

高祖大風歌碑在北山

六經圖碑舊志在郡學郡人楊甲鼎卿著

六十四卦象碑在昌元縣

畫維摩石碑紹興閒北山刻云郡惠因寺藏殿壁陰有水墨畫文殊詣維摩問疾一堵意全相妙合經所說

古文孝經在北山凡二十二章與今文十八章小異按今文先出於漢初而古文與尚書同出孔子壞宅今文已盛而古文獨不得列之學官惟孔安國馬融爲之傳及明皇注今文十八章孝經爲古文益微矣司馬光范祖禹皆會繳進光謂始藏文府去古未遠其書最真祖禹又



爲之說亦云古文庶得其正

靖南志太守黎伯巽序

南川縣

西心坎崖上隸書心坎崖上有隸書云太初三年三月十六日共二十餘字多殘缺不可讀在溱溪呰路

吹角壩古磨崖吹角壩有古磨崖風雨腹剝苔蘚侵蝕惟識建安二字他不可辨在溱州堡

姜維碑在吹角壩穴内相傳爲姜維碑今已磨滅

南州石像頌南川鎮下三里崖上有石佛像近歲有碑出於下云南州城門前石崖石像頌并序司法參軍員外郎置司正斯豫撰乃開元十八年十二月丙戌中大夫使持節南州諸軍

事守南州刺史上柱國晉昌唐虞景所造盧舍那石像也

白鵠寺鐘碑鐘記字雖磨滅尚餘一二可識曰白鵠寺鐘處士彭城劉欣撰

劉孝標墓銘晏殊撰

南平志郡守趙彥遵序

黔江縣

漢故孝廉柳莊敏碑在州廨內字跡模糊

唐黔南節度使趙國珍德政碑上元二年立在州南隔江

重建州衙碑在州治

廣德元年碑寰宇記云開寶四年黔南上言江心有石魚見上有古記云廣德元年二月大江水退石魚見部民相傳豐稔之兆



崔能神道碑歐陽公集古錄在長慶二年

黃魯直留題魯直謫居有涪翁晚策杖至此觀江漲雨餘天欲凉十五字墨跡在州之嘉禾堂此外如綠陰堂丹泉萬卷堂皆魯直墨跡

合州

唐令長新戒在赤水縣開元二十四年立明皇嘗擇縣令百六十三人賜以丁盌之戒其後爲縣者皆以戒刻石集古錄取焉景祐中令重刻之

石門彌陀像在石照縣之北巖唐開元二十三年州別駕張釗爲刺史孫希莊作

涪內水石鏡題名大唐大歷十年三月三日此石出時兵甲息黎庶歸六氣調五種熟刺史兼侍御史王鋋記又大歷十三年立題名記於石鏡之阯

盧舍那佛二菩薩記在石照縣之北巖唐長慶二年刺史劉溫撰

集聖院記在赤水縣之龍多山唐咸通間李稽撰

濮巖銘距城三里元祐五年郡守州劉象功磨崖

龍多山鷲臺院記紹興三十二年十一月縉雲馮時行紀

將軍祠石刻在龍門東八里印土院有將軍祠石刻云故唐將也逃難山中而死葬山陰或日戰國人也歲春夏民以車蓋迎其神張幄致饗

唐永泰二年石刻在縣西五十里化度院石刻但云永泰二年按永泰齊明帝唐代宗年號齊永泰止五月而永泰二年十一月始改大歷其爲唐無疑

鴈塔題名在赤水縣廨宣和間柳瑊始刻置長安慈恩寺

活樂鄉校記沿涪江四十二里郡人度正立夫子廟士之向學者始有所依歸又自爲記

墊江志郡守任逢編



銅梁縣

古書巖在巴川縣石皆隱隱如篆文不可讀

祭龍多山題名天寶十四載十月十一日大中大夫守巴川郡太守真盌縣開國男上柱國賜紫金魚袋韋藏鋒準制醮祭

季子墓銘在巴川縣相傳孔子書張從申記云舊石堙滅明皇命殷仲容搨本傳之大歷中再刻

忠州

丁房雙闕在臨江縣巴王廟有二闕對峙廟高二丈上爲層觀飛簷亥良四房多刻人物皆極巧妙諸刻漫滅僅有漢丁房等字尚可辨也

屈原碑見九域志

江原君石闕在州西十五里今遷於郡庠有延熹二年等十七字

嚴孝子碑在城西十二里今遷於郡儀門碑字漫滅有延熹二年七八十字

五大夫碑在梁山軍界上隸字俱漫滅

修道碑字亦漫滅有建初二年等十八字

嚴顔碑蘇東坡嚴顔碑詩註在忠州詩曰先主反劉璋兵意顔不義孔明古豪傑何以爲此事劉璋固庸主誰爲死不二嚴子獨何賢談笑傲碪几國亡君已執嗟子死誰爲何人刻山石使我空涕淚

玉虛觀有唐碑四皆修建觀字碑

洞眞觀唐明皇夢天帝降碑在本觀

禹廟唐碑字畫漫滅



唐士洲耆老思舊記貞元十七年段文昌記

唐刺史房公式善狀碑在唐士洲上普寧院中今在郡庠

唐卒更柘漿帖唐卒更柘漿帖眞蹟藏於臨江農民瞿氏聖深購得之命男宗摹於忠之議道堂紹聖四年七月二十四日題後有涪翁跋

王右軍半月橘帖在州庠有涪翁題跋

南賓志樊漢炳序

荔枝圖序白文公撰

鄷都縣

鄷都景德觀唐碑十段丞相修觀記段少監修齋記天尊石像記老君石像記感應碑張大理詩杜光庭石函記李吉甫眞人影堂記二眞君碑二仙公碑

唐平都二仙公碑景雲二年李虔之撰

唐平都山二仙君銘景雲二年薛湜撰

玉石碑郎景德觀三眞人碑唐貞元中李吉甫撰碑石瑩潤號曰玉石碑

唐平都山眞人景堂記平都堂碑惟此三碑尤佳皆李吉甫撰又曰玉石碑

唐鄷都三官堂碑唐中和元年忠州刺史陳侁撰

唐杜光庭碑在平都山

商比干銅盤銘唐人開元間於偃師縣掘地得商比干銅盤銘有十六字字畫奇古具釋云布林左泉後岡前道萬世之銘茲焉是寶後五步乃比干墓今碑銘復刻於平都山

涪州

涪陵太守闕書漢涪陵太守龐肱闕龐肱郎龐士元之子劉後主時嘗爲涪陵太守淳熙中



賢良任子宜舟過涪陵於小民家見漢隸隱然遂載以歸碑在左縣任賢良家至今猶存此事得之夔路鈐幹馮田馮乃任之甥

唐千福院水泉記光啓中太守張濬撰

李文定公神道碑在報恩光孝禪寺張方平撰

普淨院記在涪陵江北普淨院治平間校書郎傅耆記

誓虎碑在許雄山下廣漢縣道俗傳爲誓虎碑碑仆遂有虎入城設祭立碑虎害乃能止

古書山碑樂溫縣四十里按石刻云唐大歷間有人修山路于石穴中得科斗書數軸故名

山谷碑在涪陵尉廨廳

涪陵紀書紀伊川和靖諸賢語錄

花蘂夫人詩序熙寧五年臣安國奉詔定蜀民所獻書可入三館者得花蘂夫人詩乃出

於花蘂手而辭甚奇與王建宮辭無異建自唐至今誦者不絕口而此獨遺棄不見甚爲可惜也臣謹繕寫入三館而歸口誦數篇於丞相安石翊日與中書語及之而王珪馮京願傳其本於是盛行於時花蘂者僞蜀孟昶夫人事在國史臣安國題

龜陵志序 楊興

新志序 鄭鑑



蜀碑記卷二終

# 蜀碑記卷三

宋 王象之 撰

## 保寧府

### 閬中縣

唐正觀碑 在太霄觀其石光瑩前後可鑒人號透明碑

顏魯公唐滅記 在慶新政縣離堆山下歐陽修集古錄唐顏真卿撰并書碑以寶應元年立於閬州

大歷碑 在廢新政縣江崖之次顏真卿書碑傍有佛老孔子像及二小記大歷中建

王巖留題 唐僖宗朝丞相王巖及第時曾經閬中次南部合符年賦有詩

李後主書 南唐李主煜善書元祐二年太守李孝五乃煜族孫也家藏有煜親書李白古風摹勒於普通院



唐道襲墓碑 在報恩寺

寇萊公詩 準嘗過新井慈光院留海棠詩云春風花雜滿欄香盡日憑吟興異常翻笑牡丹虛得地玉階間落對君王今刻於縣廳事

閬苑碑記 有二前記朱涉文

後記 何未文

續記 曹無忌文

新記序 王震

### 南部縣

鮮于氏神道碑 一在三教院崖上一在墓田其文與書皆出顏真卿又有獎諭仲通碑在

墓田亦眞卿書

裴晉公銘唐丞相晉公之後裴某嘗爲新政令因家於南部收得晉公之像及畀任告身自撰眞賛墓銘藏於其家

廣元縣

南池新亭碑劒南詩稿云唐長慶中南池新亭碑在漢高帝廟側亭已失所在

李義山碑在籌筆驛

棧道銘歐陽詹文撰

蘇頲利州北佛龕前重題在佛龕

山谷紀行碑在廢嘉川縣靈溪寺元豐三年題

圖經寰武志楊炎正編鄧卿序



巴州

唐守巴州裴禕修廨宇記會昌四年甲子歲立今在郡廳

唐古佛龕石刻在城南二里大書石刻載唐乾元三年山南西道嚴武奏臣頃牧巴州其州南一里有古佛龕舊石鐫五百餘佛望特賜洪名勅以光福爲額

北山老君影跡詩王望山舊名北山山半石壁隱出老君像唐人爲賦北山老君影跡

詩

唐張禕題擊甌樓賦唐中和四年尚書右丞相戶部張禕記賦在樓下

唐巴州紫極宮記大中元年軍事判官進士蕭珣記在迎眞宮

唐嚴將軍廟記廟在城西門內碑在本廟唐貞元元年韋曾爲廟記

南龕題詩石刻在州南二里廣福寺島唐迄今題詠皆刻於石

唐兜率寺碑在東龕寺廢而碑存字剝落難辨

唐李繼顏誥詞刻於郡廳唐光化三年中書舍人錢珝行

放生潭字在州東五里有一潭石刻放生潭字每水落石出方見意亦唐刻也

薛使君布政碑唐乾符年間壁州刺史裴賨辭立石

唐人題西龕櫻桃詩在西龕其名磨滅

石鼓峽記趙寅爲集州刺史有石鼓峽記在難江縣

唐貞元石刻在恩陽縣南渡江登石梯數百級上義陽舊縣治石梯之側懸崖上有刻字唐貞元四年十月二十日再修此路餘皆磨滅難辨

南隆州牟縣界碑在恩陽縣西北百里有斷碑刻南隆州牟縣界十里北集州難江縣界五里縣令李晏立



唐韋蘇州詩韋蘇州送令狐岫宰恩陽詩刻石於縣之驛亭

唐難江公山威惠廟記唐天寶改元田彥識撰廟在難江縣神乃漢張魯之神也

唐嚴武乞賜山南寺表乾元三年

南山記唐中和四年尚書右丞相張禕題

巴南新置屋宇什物石記會昌四年巴州刺史裴禕記

修路記鄭子信撰

城牙樓記圖經李樨爲記有舊碑二其一僞蜀廣政已未記其一天聖乙丑記

七佛龕圖經唐張禕題從僖宗入蜀經此鐫龕名公鉅卿題詠甚多皆刻於後

沙埧渡碑在難江縣唐集州刺史蘇味道題字

嚴侍御暮春五言詩在西龕寺

史俊寄嚴侍御楠木詩 在南龕

郗昂陪嚴使君暮春五言二首 在南龕

蕭珣建天王堂記 在天王堂

羊士諤十四詠 在東龕

折柳詩十絶 嘉祐五年太守鄭淵賦柳詩十絶刻石其自序見折柳亭下

流桮十四詠 流觴亭在西龕寺唐乾元戊戌嚴鄭公武所創大歷間盜起地遂廢開成丙辰刺史唐元封復修葺取羊士諤流桮十四詠以自序爲證云

巴南十七景 蘇欽以閬中望江南十首記郡景別駕史彭永仍賦巴南十七景

清化前志 教授劉甲編

續志 教授李釣編



通江縣

壁州神廟石刻 在縣北有元光三年制書刻於石

龍興寺碑 在縣南一里龍興寺唐壁州刺史鄭凝績之父鄭畋作乾符中鄭凝績侍養其父畋於壁時所作也

山寺記 大唐中和歲次癸卯丞相鄭畋撰

孫氏園刻石 在縣二十里龍池之側唐監察御史盧重皐率壁州刺史辛巢父等六人分韻賦詩鐫於石

南江縣

集州雨角山記 唐集州刺史楊師謀書今在難江縣

集州紫極宮記 唐開元二年兵部尚書牛仙客書在難江縣

菖蒲澗記 唐開成四年或云集州刺史蘇味道遺蹟

劒州

種松碑 在今武連驛晉郭璞遺跡也碑刻云縣路翠武功貴縣路青武功榮

磨崖碑 在州東鶴鳴山崖廣丈餘刻顏真卿書元結中興頌於上蓋宋以前所刻也

悟本寺碑 唐盧照鄰撰在臨津縣之悟本寺文闕

清義何氏古碑 在劒門登高臺有一古碑唐光宅中建云何氏名纂者生四子孝弟義遜家八十口不異居儀鳳二年勅賜淸義門

靈泉碑 在廢普安縣報國寺唐僖宗巡幸至此有微恙飲其泉頓覺清愈因名爲報國靈泉劉國均撰有記刻石

唐韋表微劒閣銘



修關石刻 在劒門石刻甚多皆開牒五代天成長興廣政牒也

唐碑 在梁山寺東坡南行錄題木櫪觀詩飛檐如劒寺註云出劒門東望有一寺山巔樓閣隱隱可見有一二碑皆磨滅此唐碑也

唐叔明題劒門碑 在關口棄繻亭之南貞元二年張九書

唐劒閣碑 李復撰

趙淸獻留題 在誌公寺

魏太尉鄧公祠廟記 唐長慶四年刺史邢册題

鄧艾衛聖侯碑 唐中和五年刺史郭淮立石

宣詔亭碑 天成四年立

懷素書 在鴛鴦山紫霄觀崖半

晉張載劍閣銘 王隱晉書云昔張載隨父入蜀作劍閣銘益州刺史張敏見其文乃表天子刻石於劍閣焉



蜀碑記卷三終

蜀碑記卷四

宋 王 象 之 撰

順慶府

南充縣

二良牧碑 馬肩孟撰載唐二刺史事碑在郡治醋庫之側

唐移縣碑 在縣門首大中年立文字磨滅不可辨

漢車騎崖石刻 郡國志後漢車騎將軍馮緄於此鐫崖刻石十有餘處寰宇記在流溪縣

唐朱鳳山觀銘 長史息袁玘文在山上

唐金泉山僊迹居述 唐太和五年果州刺史韋公肅文在山上

唐鄭餘慶詩刻 在金泉山



唐詰刻 在金泉山

僞蜀刺史徐光溥詩刻 在金泉山

唐王維送楊長史赴果州詩 在郡治

僞蜀誓火碑 永平五年建在州北廣川廟

永興節度使王彥超重建行成思堂石刻 不著其姓今石刻云

作堂在姑孰把摩來果山男子四方志萬里如目前振振佳公子性行純於天既知仁有本自應枝葉繁宣尼語參孝推廣十八篇若能擴充之九思極其全道行身亦立揚名顯其先回觀盧墓人卑卑何足言

謝寰山靈泉碑 謝眞人父謝寰所居名謝寰山院名靈泉有唐碑字多訛缺

耆舊錄 自漢紀信以下三十六人並見學錄蒲士龍所編耆舊錄又有趙嗣業趙昌藻游問爲之

贊升繪像於鄉賢堂又自隱逸王公字以下一十四人在耆舊錄外亦繪像於鄉賢堂又復搜訪自玉綰以下二十餘士悉繫於左而其游公仲鵠傳紀趙忠定紹興甲寅始末甚詳

開漢志郡守朱繁開漢志序紀將軍加封誥詞有云實開漢業故建樓命名曰開漢郡志名編亦曰開漢

西充縣

唐屈突公德政碑在縣資福寺河南府陸渾尉崔晟撰

唐仙林觀碑在縣列真觀唐中書侍郎趙彥昭撰

唐程仙師蟬蛻偈阜麥碑在縣降真觀

唐圭峰禪師傳法碑在縣金蓮院

蓬州



隋蒙州普光寺碑歐陽集古錄云蒙州普光寺碑蒙州舊漢南陽郡之青陽縣也碑以仁壽元年建碑無書撰人名氏而筆畫遒美玩之無倦蓋開皇仁壽以來碑碣字畫多妙而往往不著名氏惟丁道護所書嘗著之然碑石在者尤少余每與蔡君謨惜之自大業以後率更與虞世南書妙盛既接於唐遂大顯

周萬歲通天碑報恩光孝觀在石泉縣有周萬歲通天碑前內供奉書手王惠元書其石擊之清亮全類玉音碑陰鐫段文昌留題

唐信宗碑圖經云今碑子渡有唐信宗一碑云乾符四年漢陰縣助修道施主云云

相如故宅石刻舊志在光聖寺唐陳子昂之文剝落不可讀

廣安州

道德經碑在治北紫極觀唐咸通中刺史陳壽建

鶴棲山古碑鶴棲山在都鎮有古碑字雖漫滅尚髣髴可認其大畧云唐貞元十年歲在甲戌果州女子謝自然白日昇仙刺史李堅以狀聞又爲之傳於時先有雙鶴棲宿此山然後飛迎自然駕之而去自是俗呼爲鶴棲山拔自然昇仙在果州金泉李堅上其事唐德宗賜詔今刻於金泉年月日與前所載不差

顏魯公碑舊傳邑宰有姓顏者魯公之先魯公之刺湖州也過道因有碑銘今碑磨滅存十四字曰命除湖州刺史顏真卿勅銘於道院乾道中移置軍城

敕賜孚惠靈公廟碑在晶然山有晉太康八年碑文

渠縣

二聖碑唐睿宗御製文在縣南州學內

公府建置碑開寶三年張琪記乾德六年許允修創



大唐渠江縣冲相寺碑立於會昌之後

岳池縣

軀山碑在縣東六十里鑿池得斷碑乃唐人經行所記

敘州府

宜賓縣

韋南康紀功碑在舊州壩唐元和五年刺史張九宗立碑陰載南康謝賜表

定誇湖唐碑在縣東門外有日山蒼蒼烟際橫波瀲瀲湖水平其餘漫滅不可考

唐古戎道記在縣治之對西天蒼山巖壁間乃唐乾封二年詹君秀修道記筆畫遒勁

金箱浩在宣化之上三十里宋吳季成卜居在山之阿有黃山谷書盤谷序虔州學記碑刻

花臺寺碑記唐元和五年張九宗撰

唐都督戎州李通破賊碑在縣南一百里

唐黎幹墓表在縣西岸石馬溪之上今石馬尚存

南溪縣

黃山谷悟軒石刻在資聖院

富順縣

漢董孝子墓表聖燈山之近有漢益州刺史廣平都侯董孝子之墓碑

磨崖碑宋皇祐七年知監張齊古題云西山臧郭沿灘數里羣峯重疊一佛獨立容相端正真如塑出高聳數丈古代留跡後倚林翠前瞰江碧圖記謂聖佛

中崖普覺院記天禧丁丑賜院名定慶二年翰林學士李淑撰

咸平獎諭丁處榮勑守臣黃裳跋章聖皇帝錄邦人丁處榮殄殲均賊之功擢榮州長史勑書藏其家



富順志郡守楊汝爲序

長寧縣

五代僞蜀勑牒武成三年牒淯井鎮羈縻十州五團土都虞侯羅元審武成三年牒淯井鎮羈縻淯井土刺史羅元楚永平元年牒土兵馬使羅元審

范百祿誓夷碑宋熙寧七年平五團蠻立在今報恩寺

梅聖俞春雪詩歸田錄載蘇子瞻嘗於淯井監得夷人所貢蠻弓衣其文織梅聖俞春雪詩蓋以其名重轉落夷中

宋朝所給誥劄嘉祐三年給長寧軍夷人頭首斗益充土刺史誥

祥符平夷本末

慶歷皇祐平夷畧

熙寧經制諸夷本末

元豐平乞弟本末

范榮公進誓平夷文表

趙招討平晏夷賀捷表

長寧志嘉定己卯教授賀寅東序

慶符縣

晉張麟夫人墓表在縣南一百六十里

唐南詔王碑在石門界唐貞元七年袁滋題



蜀碑記卷四終

蜀碑記卷五

宋　王象之　撰

夔州府

奉節縣

唐夔州刺史廳壁記長慶二年五月一日刺史中山劉禹錫撰

夔州始興寺移鐵像記劉禹錫撰

夔州都督府記唐會昌五年刺史李貽孫文繆師禹書載集古錄今在漕臺

鑠水記碑字但記官名有都押衙登吾大將軍白元曜等字

關城白帝廟碑碑凡三一元和元年一長興二年一廣政元年

重修大仙廟記唐寧江軍掌書記司空薰撰同光四年建



杜少陵詩石刻少陵遊蜀凡八稔而在夔獨三年平生所賦詩凡千四百六篇可考而在夔者乃三百六十有一治平中知州賈昌言刻十二石於北園歲久字漫建中靖國元年運判王蘧新爲十碑今碑在漕司

移城記景德四年丁謂撰

八陣圖銘舊經有圖銘石刻在磧中今不復見蘇子由詩云中原堯不到置陣狹無所

甃井記陳剛記云夔惟節度府漕臺兩廳有井紹興二年井壞景公領使事發地百尺而及泉以柟木甃之

夔州圖經故相國安陽公乾曜嘗參軍修圖經言風俗甚備見劉禹錫序

舊圖經李國緯編

固陵集費士戣編

新夔州志馬導編

大寧縣

丁謂夔州移城記景德三年記太祖皇帝出師平蜀由劍巫峽分兵以入而灩澦激射峻惡樓船戰艦難進易退步騎自襄州西山界糧乘行林麓無際澗壑相接不知道路之所從得劉民諧王師獻畫由大寧路直趨夔州平蜀之師實取道於此也

巫山縣

漢鹽鐵盆記在巫山黃太史石刻云余弟嗣直來攝邑事堂下有大鹽盆有款識蓋漢時物也其永日永平二年

晉桓溫隸字碑在巫山有太史跋嘉定癸未漕使王觀之併黃太史跋俱徙置漕廨王漕又作跋語攷之爲晉周撫墓碑今亦湮沒



神女廟詩在巫山集古錄唐李吉甫詩一首以貞元十四年刻卯元素一首無刻石年月李貽孫一首會昌五年刻敬騫一首元和五年刻沈幼真書其他皆無名氏

巫山詩碑唐金吾衛兵曹參軍沈幼真撰元和五年建

雲陽縣

周靈王符碑在棲霞宮文末有周靈王三字

漢處士金廣延母子碑初無文字但有人物

唐雲外尊師碑在雲昇宮唐杜光庭撰見九域志今名棲霞宮

人物碑所勒皆車馬人物或云古者修車馬備器械之圖也

梁山縣

涼山呂保藏漢篆源山上有呂保藏在絕壁半腹漢赤眉之亂呂保保藏家貲巨萬舉家

終焉銘與中有樵夫得一券於崖側非銅非鐵其聲鏘然上有古篆云西漢之末赤眉邂逅黄金千兩坑埋而走羌豚十祭其才自阜今藏所猶存

浮蘭碑 通川志記梁山軍忠州兩界舊有石刻漢時官屬及白虎夷王夷民等姓名字多磨滅

梁山驛唐碑 題云令長新誡之記乃明皇御製梁山令尹茂元得此誡於萬州守河東裴公而刻之乃大中十年也嘉定丁卯郡守李錫移其碑於軍治其詞云我求令長保乂下民民之不安必有所因侵漁浸廣賦役不均使夫離散莫閔其身徵諸善理寄爾良臣與之革故政在維新調風變俗背僞歸真敎化爲先惠恤於貧無小無大以躬以親青旌勸農孰不攸遵曷云被之我澤如春

舊梁山驛碑 軍之東四十里相傳李唐時有白虎蛟龍爲民害民遷居以避之韓昌黎嘗按部經行二害乃去作碑識之今名其地爲碑坳猶存溪側字多漫滅不可識



飛練亭碑 多唐人碑刻

圖經 敎授黄震仲撰

萬 縣

報恩寺漢碑 圖經云硤中漢刻少今萬州報恩寺有碑高五尺乃漢桓帝延熹間所刻凡百餘字士人謂之宜子碑

絕塵龕石刻 絕塵龕三字在西山石壁字體清勁類晉宋人書

寶像記 練巖有莊修隋朝寶像記

岑先生銘 嚴挺之撰開元二年立又有段文昌銘貞元三年四月十五日鐫

岑公洞記 在岑公洞元和八年段文昌記

魯直留題 在岑公洞下巖寺

聖業院碑 在蘇溪大江之濱石旁蘚封可見者僅有咸通三年十一月建數字

大雲寺碑 寺有唐僧圓滿傳宣和間萬州守李裁書

冉仁才碑 見沿革門南浦州下

萬州廟碑 乾德乙丑白廷誨爲刺史重修碑雖存而漫滅不可讀

白刺史題名記 開寶二年九月白廷誨題名記上云刺史白延誨今萬州廟有碑仆草莽中攷之字皆漫滅獨白刺史名銜在

靈顯王碑 加封昭毅武惠靈顯王遺愛碑碣於廟

南浦志 趙善贛編

新志 王子申序

開 縣



盛山宿雲亭記 石在縣西北三里唐元和十三年刺史韋處厚詩溫造撰記

盛山十二題詩 唐韋處厚撰韓文序云韋侯所爲十二詩讀而歌詠之令人欲棄百事往與之遊和者元稹許康佐白居易李景儉嚴謩溫造於是盛山十二詩與其和者廣行於時

唐開元刺史新宅記 權德輿撰

盛山集 商有序撰

圖經 李宗諤編

蜀碑記卷五終

蜀碑記卷六

宋 王象之 撰

龍安府

平武縣

牛心山靈異碑 在牛心山之顛濟廟即李龍遷廟也廟碑不載撰人姓名

呂純陽道貌碑 在牛心山相傳純陽眞筆

宋御製封二郎神碑 在玉虛觀

米市碑 在玉虛觀

龍門志 楊熹序

續志 宋之源序



江油縣

宏真觀古碑 在縣南一百三十四里太華山之登真觀不載撰人姓名

匡山碑 鐫李白出山詩或云在江油縣

遊天倉洞記穴碑 在太乙洞明嘉靖中保寧府同知葉松撰

石泉縣

禹穴碑 在縣南二十里夏禹實生於此鐫古篆書禹穴二大字於石壁又有李白所書二字

岣嶁碑 在縣南一里石紐山下禹廟前大禹所書字畫奇古

寍遠府

越巂衛

劉綎碑 在衛北五里天王山下明萬歷二十五年總兵劉綎征王大咱等戮首三千葬此親題曰

鯨鯢封處至今蠻過碑下凜然畏懼

雅州府

雅安縣

羊竇道碑 在廢嚴道縣東三十里漢永初六年碑

漢故檢校巴郡太守樊府君碑 建安十年三月上旬造

高孝廉墓碑 在廢嚴道縣東二十里按其碑年月乃刻建安十四年高君兄弟皆孝廉有二大闕其一曰故益州太守武陰令上計史舉孝廉諸部從事高頤字貫方其一曰漢故益州太守陰平都尉武陽令北府丞舉孝廉高君實字貫光又一大碑其首云故益州太守高君之碑

邛崍關開路記 天寶六年章仇兼瓊記

龍興寺碑 在州城外有咸通四年再建吳行魯建又有二蘇墨跡亦在本寺



平羌繩橋江碑 在廢嚴道縣平羌橋有唐咸通十年上官撰碑字隸體今在江瀆廟

李白月下帖

楊凝式詩帖

魯直木蘭歌帖

魯直梁甫吟帖 舊志俱在郡治

雅安志 李嗣文序

榮經縣

漢蜀郡太守治道記 在縣西三十里建武中元二年立

尊健閣碑記 建武中元年其碑在榮經縣西三十里景峪縣崖間巽嵓李燾有跋以辯正年譜且言按後漢紀建武二十二年夏四月改爲中元無建武字又按祭祀志改建武二十三年

爲建武中元元年以此知記與志合而紀失之矣

神水閣記 在縣東三十里銅山峽中碑字磨滅不可攷故老相傳其體大率知尊健閣字云

蘆山縣

兩面碑 在縣南五里碑面與背皆有篆文歲久訛闕不可識或辨其文曰蘆山縣碑



# 蜀碑記卷七

宋 王象之 撰

## 嘉定府

### 樂山縣

沐川古碑 碑載唐垂拱三年玉津令馬元慶等殺馬湖賊紀功

都安王廟碑 碑載隋開皇九年置青衣縣後周保定三年置青州宣政二年始置嘉州

靈鷲山碑 唐貞元中僧乾光爲其師道眞令徐宗奭撰碑而碑刻於長慶中

韋南康大像碑 在凌雲寺大像之左

放生碑 在凌雲寺前唐建

郭璞移水記 記爲世主播遷於是優游笑傲放意於山水間仍於嘉州城東百步烏尤山鑿



書岩而蘇子由詩亦指其註爾雅於此史謂無入蜀之文謹按移水有嘉州二字則非璞之手筆恐後人之附會耳蓋嘉州之名始於後周自周以前止曰漢嘉郡曰龍游縣耳安得有所謂嘉州哉或者後人追書則未可知耳

張無盡沐川寨記 其略云南蠻東北接境常挾吐蕃以爲中國患其路一出大渡河一出沐川源一出馬湖江等其狹邪之徑曰黎經曰八面箐曰黑水曰中鎮曰賴因曰龍水曰陰川而沐川之路常爲嘯集之地

申孝友西南會要 孝友論唐自開元之際始有南詔之憂蓋合六詔而南詔最强連吐蕃而蜀患乃酷降及太和之際李德裕築籌邊樓南詔頗有所治而蜀賴之以安今西南諸番自祖宗以來以迄於今阻隔大番之要道實爲蜀部之藩籬是致雲吐之二番不復疥疽於中國今邊夷近屬雖衆且微然而勢合則强力分則弱必離其黨使不得親分其勢使不得不弱

斯可矣

嘉定志郭公益編續志林潔已編

嘉定詩岑參編

洪雅縣

漢靈帝時張道陵碑在縣易俗鄉上有嘉平二年三月一日等字

夾江縣

漢二楊墓碑墓在縣東二十里墓前兩闕左隸書漢故益州太守楊府君諱德字仲口墓道右隸書漢故中書令楊府君諱暢字仲普墓道

漢和帝時開道碑在縣西蜀郡青衣越巂道界中有永和七年八年等字

犍爲縣



孝女碑在湍溪口楊洪山下東漢永建初孝女叔先雄以父泥和墮湍水尸喪不歸雄於父溺處自投水死後五日與父屍相持浮江上郡表言爲雄立碑宋元祐中重立

榮縣

大周聖德勒石文碑在子城門外長安三年立章維撰

州院碑僞蜀司倉參軍苟延慶撰

眞義侯碑在本廟唐元和二年遷舊經云即古獨孤白馬蜀將二人廟也

唐刺史薛高卿磨巖碑在榮德山唐開元二十年刺史薛高卿磨崖碑多載仙靈事今字畫已磨滅

榮隱山修道觀石碑在本山

榮黎山古寺碑在本山上

唐元符元年禱雨碑在榮黎山上

榮德山薛刺史磨崖碑在山半

靜難侯廟碑在本廟內

圖經隆興元年李燾爲守教官勾演編

直隸眉州

南康郡王紀功碑唐貞元十三年建碑原在龍興寺乃皇太子誦書天聖五年移在州治前

眉州創羅城記唐大順二年盧極撰

城東貢院佛殿中唐碑及五代碑東城寺殿宇建於唐時今爲貢院有石碑二



大池院題去眉山縣十里蘇文忠公嘗過之今林上有手書云自老翁井還偶憩治平丁未十二月七日子瞻凡十八字

眉州古志孫汝聽編

通義編家安國編

江鄉志張伯虞編劉光祖序

丹稜縣

龍鶴山成鍊師植松碑唐天寶元年建

夷獠誓碑寰宇記在洪雅縣市中

彭山縣

漢黃龍甘露碑在縣之黃龍鎮

楊洪碑 漢隸爲太守碑在今縣北小板橋

北平山碑 在縣之北平山大書北平山治之碑餘不可讀碑陰書大唐上元二年道士施任衡等字

新移彭山縣碑 唐會昌五年樓旦撰

象耳山李白留題 李白書云夜來月下臥醒花影零亂滿人襟袖疑如濯魄於冰壺也



蜀碑記卷七終

# 蜀碑記卷八

宋 王象之 撰

## 潼川府

### 三臺縣

唐護聖寺鐘銘 唐龍紀二年節度使顧彥暉鑄有銘

甘泉寺聾犀碑 李邕書

馬元直開元中誥 圖經云元直在唐爲梓州刺史家藏開元中誥

陳拾遺與趙彥昭郭元振題壁 圖經載杜甫題陳拾遺宅詩跋

梓州官僚磨崖贊 唐武后時司法參軍楊炯撰在北崖僅存十六七字磨滅不可讀

王勃庾信護聖寺碑 在城北護聖寺



彌勒院記李商隱書甘泉亭碑李潮八分書 在城北護聖寺

水陸淨上崗北

劉蛻文冢碑 在城南長壽寺兜率院之崖壁

精舍四證堂碑

道興觀碑

道士胡君新井碣銘 并見李義山集

蓮花漏記 天聖中燕公肅守梓州日置仍自爲之記

梓潼古今記 淯熙間郪令孫汝聽撰

梓潼風俗譜 教授石慶嗣撰

舊圖經 李宗諤序 新潼川志 劉甲序

射洪縣

晉雲南太守段宗仲德政碑 宗仲有德政墓在通泉縣碑在墓下

唐薛稷書慧普寺 稷道衡之孫魏鄭公之甥也以書名天下慧普寺三字徑三尺筆畫雄健在通泉壽聖寺聚古堂

鹽亭縣

李義府碑 寰宇記在永泰縣北

中江縣

游仙觀老君碑田真人殿記 在集虛觀蜀廣政六年碑

遂寧縣

唐張九宗題記 在縣東崇元觀其字遒勁有虞褚風骨



唐劉纂文宣王廟記碑 後唐天成四年

唐天復四年禪林碑 在鶴鳴山福勝寺李仁表撰

蜀安國寺碑 在羅城外有永平二年碑

後唐武信軍衙記 廣政間歐陽炯撰

下高五十六體篆字碑 在小溪山長慶院

蜀明德四年碑 在小溪山嚮尼寺

遂寧好 閬州志載熙寧中遂寧守向公著遂寧好十章寄閬守鄭公申鄭答以南隆好十章

遂寧志 馮崇文序

宋徽宗御書孝經碑 真草分行在學宮內

黃庭堅篆書廣利禪寺碑 在臥龍山

蓬溪縣

唐覺苑寺鑄鐘記 在覺苑寺唐元和十二年遂州刺史張九宗撰鑄鐘記并書

唐磨崖金剛經圖 舊志在長江縣南三十里

唐賈島詩碑 舊志在長江縣

金地院孝童孝女碑 舊志在青石縣九節鎮

安岳縣

唐棲巖山寺讚銘序 唐開元戊辰前刺史楊珪崔克讓及房公立失其名

唐老君應見碑 唐開元觀老君應見碑開元二十九年岳陽郡奉勅建大宋淯化二年重鐫

唐紫極宮碑 集古錄唐樂闓撰賈島書樂彥融篆額即唐明皇帝祠也樂又重修碑以會昌元年立在普州



唐西巖禪師受戒序 普州刺史韋宗撰開元十年建

唐宣宗賜浪仙墨制 大中八年立

賈浪仙墓表字 浪仙燕人廣明庚子東蜀從事上谷侯圭表曰於戲有唐詩流賈君之墓

賈島墓誌 集古錄云唐蘇絳撰馮賢書碑以會昌四年立在普州

聶公真龕記 在靈居山軍事判官何光遠撰廣政四年建

樂至縣

普慈志 郡守楊泰之序

郡北小千佛院記 普慈志開皇十二年建

蒼山平寇錄 見普慈志卷

卷八終

# 蜀碑記卷九

宋　王象之　撰

## 直隸瀘州

蕭齊碑在丁公嵓磨滅難考

唐高宗安樂取丹經詔碑在安樂山

劉真人藏經碑在安樂山

唐眞如寺碑在眞如寺

唐蘇公甘井碑在州城南門上唐乾元中都督蘇元開井記

黄太史書砥柱銘碑在高寺

大像記醉僧圖詩碑黄太史三碑竝在開佛寺



尹吉甫祠堂記許沆爲之記曰父老相傳周尹吉甫寶生此見於圖經舊陳帥損之作淸穆堂以祠之嘗觀酈道元水經注江陽異聞與華陽國志頗類其載揚雄琴淸英敘伯奇流放竝子安之操附之江陽雄蜀人也其說必有據

吏隱閣記治平四年鄧太師綰作邑於瀘川建吏隱閣曰瀘之合江邑居之南轉淸溪而上六十里曰安樂山世傳隋開皇劉珍先生登眞之地杜光庭爲之傳李淑爲之記開皇所置三觀其一尚在乃命道士作劉眞人祠堂因名其閣曰吏隱閣

鏡硯銘黄太史銘曰瀘川之桂林有石黟黑瀘州之人不能有而富義有之以爲硯則宜筆而受墨唐安任君從簡之硯則爲鏡而背三足形駭天下若山林不若而不得訪諸禹也

瀘州平夷記熙寧中范百祿撰在江安縣之偶住亭

劉眞人傳杜光庭撰

合江縣安樂山騰淸三觀記皇祐乙丑李淑撰

江陽志教授李潛序

江陽譜永嘉曹叔遠編集

## 直隸資州

陳君德政碑陳君失其名漢永建五年爲漢安長立有碑在獠井瀰層崖之腹字雖磨滅然尚可攷

隋勑改羅漢院碑隋初勑改建羅漢院碑今在法雲院

唐開元棲神山碣記在法鉢池前刺史房濵撰

唐顏魯公書中興頌碑碑有二一在東嵓一在北嵓

三仙磨崖題名在三江鎮碑鐫貞元十四年十月十日杜錫崔熊席蔓三人同遊此



洗公石馬塔院記　滴水巖結界記　鄧鋼詩在北巖及寧國寺

陳圖南詩在得道山并部傅跋

崇壽觀碑天寶二年建唐明皇御書額御史中丞宋渾撰字多磨滅

杜光庭醮壇山北帝院記　王師閔西巖龍潭瀑布詩　李渭北巖詩　盧弁北巖詩　張公瑾北巖詩在龍水

重修北巖記唐部泰撰

裴晉公自贊在靈虛院

唐裴瞻墓碑記唐左僕射裴瞻墓在盤石縣北五里有世譜碑記藏於寶靈院

唐韋皋紀功碑碑在市中居民室下紹興丁巳掘土有碑太守命工取之其石重欲撤民屋不果其文乃御製紀功碑銘并序皇太子書碑面殘缺不全惟碑陰乃皋從孫疑爲本州守日紀述其文具全遂復覆之

青松亭記唐乾符四年西川節度使成都尹高駢記并書

毗沙門天王讚紹興壬戌郡守鄒傳得碑城北閬唐羊士諤爲刺史撰並序

資陽縣

河相宏農碑在王褒墓左

王褒墓石表在縣北二十五里碑字已磨滅

靈仙觀碑在縣西駟馬里西漢王褒宅今改爲靈仙觀碑碣洗硯池尚存

攻玉銘碑在儒學前相傳趙逵所作其詞曰岫屏其容采雲其丰來自他山豎名不窮我有美



石適子我攻我器之成爾勛爾庸

放生池碑在縣東三里顏眞卿題

嘉禾碑在舊縣治內宋淳熙間産嘉禾立此碑

資中志邑自中編李折序

內江縣

漢永建五年漢安修棧道記在磨崖上字已磨滅

安夷軍詩碑紹興十六年丙江令董昌齡移徙新市平縣基土中得小碑有詩云戰馬向風嘶荒雞隔水啼終日隨征旆何時罷鼓鼙

仁壽縣

漢黃龍甘露之碑在籍縣江口上銳下方大書漢黃龍甘露之碑文多不可讀其可識者羣臣將軍位號益爲龍紀也

豔洞石碑在洞之前書曰豔陽仙洞四字不知何代書旁有款識歲久磨滅東南貴人見此碑寶而藏之以爲眞漢隸也

唐金剛經碑在佛龕山磨崖唐貞觀中率更令歐陽詢書

道超和尚精德碑在古城山平等寺天寶四載薛兼金撰

開國王碑在唱車山貞元元年貴平令王覺紀

天師靈廟碑元和十五年知陵州李正卿撰

貴平縣牟尚書墓記唐同光五年立

文宣王廟碑在貴平縣學長慶五年刺史李正卿撰尹泰階書

龍興寺大藏經碑在報恩寺開成四年吳商撰



篆字心經碑在大小慈閣咸通七年仇游撰併書

修大悲堂碑在大小悲閣景福二年僧承徽記

黃帝書陰符經在玉道觀咸通十五年卯中書

古大悲堂碑在報恩寺乾符三年周宋莒撰

超覺寺記廣明二年陵州刺史蕭銑記

龍華院山門路記在籍縣天復七年立今爲觀音院

靈泉院碑在本寺後唐同光三年立

僧曉微碑在寶林院西蜀明德元年立又有顯教大師碑廣政四年立

鐵騎將軍碑在歸安鎭孟蜀廣政二年立

寶峯院記在貴平縣西北四十里院內有王羲之記王氏盧墓銘

飛泉山碑 其碑有二並在縣東飛泉山

飛泉山院碑 唐神龍元年立在越覺寺

玉堂硯銘 文同將赴陵州縣朱巨源以玉堂硯遺之與可屬蘇子瞻爲之銘

蔡君謨法帖 東坡多心經 文與可書千字文 並在縣治

井研縣

唐節度使楊公墓碑 在道旁石刻云唐銀青光祿大夫檢校御史中丞上柱國節度使楊公墓其旁多楊姓乃其子孫也



蜀碑記卷九終

# 蜀碑記卷十

宋 王象之 撰

直隸綿州

思賢堂 在州東中繪揚雄杜甫李白樊紹述蘇易簡歐陽修司馬光蘇軾唐庚九賢之像以祀之 宋州守史祁記

十賢堂 在州學東繪龐統蔣琬杜微尹默李白陳該蘇易簡王仲華歐陽修黃庭堅十人之像祀之宋史祁記

綿竹縣

先師孔子像碑 吳道子筆在啟聖祠內

岳武穆送張魏公出征詩碑 在縣南二里岳王廟前



無題石刻 張浚登道觀詩一作魏忠誌撰人詩書法遒勁今在縣署內

綿竹縣治水圖碑 今在縣署堂左

梓潼縣

李業闕 在縣西五里前漢侍御史李業葬處遭赤眉燬破二闕

後漢趙相國雍墓石闕 在縣北二里前有石闕石麟其文曰漢趙相國雍府君之墓

漢沛國范伯友墓石闕 在縣東六里

直隸茂州

唐廻車院碑 唐刺史蓋巨源撰大中十三年立

唐刺史題梁 黃堂梁記有寶歷元年刺史賈季餘大中三年刺史劉成師咸通二年刺史蓋

巨源題

張延賞修城記 按董守愚兩路記載唐大歷十四年吐蕃事興元元年張延賞重修其後 其後別駕修建城宇保壁雉堞

茂州治平寺碑 寺舊在城外緣叛羌董阿丹焚元豐初移入城

滋茂池善應廟碑 張商英無盡居士撰其神或傳姓吳或傳姓郭

西山記 紹聖中茂守曹坦撰

更生閣記 政和丁酉作貳跨鼇先生李新目擊靜州之變記載其事甚詳

圖經 郡守史愍序

保縣

鼓角樓記 唐維州軍事判官高測撰乾符五年十月十五日維州刺史李光置



天寶寺碑 唐咸通六年建軍事判官陶師撰

伏波廟碑 唐咸通八年左武衛兵曹參軍崔遂撰

直隸達州

漢車騎將軍馮緄碑 在廢永睦縣之西八十里碑文瞭然可讀其父煥亦有兩碑斷裂不全

漢廣漢屬國侯李翊及夫人墓銘 翊以靈帝熹平二年卒夫人亦不著姓氏疑其爲臧氏字跡多缺

唐處士墓銘 在州城北十五里馬腦鼻山下唐景龍二年刻字畫遒媚

元稹告畬三陽神文 元和志亦作通川之華陽觀

廣福院修佛殿記 在廢永睦之廣福院唐會昌三年王欽說記

瀘潭院鐫佛記 在通川縣東富教里岸側石上乃唐人所鐫旁有中和造像立姓名百餘字餘多漫滅瀘潭又有龍洞

節婦碑 節婦趙氏孀居有凶人欲犯脅以白刃婦不爲動剌殺之時皇祐二年知州薛俅表其節立碑於達州之西北山後邑令薛仲佩爲之建祠

黃庭堅贈通州令韓廣叔文 韓廣叔赴通川日黃庭堅以文贈之日惟勤能辦公家惟淸能律貪吏嚴而信則吏不病民簡而敏則民多在野

太平縣

書字崖碑 舊志在巴渠西十里多斷缺不成文有晉昌太守字按晉孝武方立晉昌郡則此必東晉以後人碑耳



蜀碑記卷十終

# 蜀碑記補

光緒壬午年
鋟於樂道齋

蜀碑記補序

輿地古今沿革不同郡縣名亦因之互異留意金石必先明輿地其大較也余蜀自漢魏迄唐宋元明以來通都大邑叢山峻壑梵宇禪林殘碑斷碣時出雨淋日炙之餘鳥道蠶叢或歸牛礪童敲之後搜討非易編綴維艱有志於古者所爲撫卷而慨歎也宋王象之所著輿地紀勝二百卷近時朱竹垞徐王峯輩猶及見之今已佚不可得矣所存者祇輿地碑記目四卷有自序一篇見元吳師道敬鄉錄所載金華八著述第十二卷中象之慶元丙辰進士博學多聞其



序紀勝一書竊比太史公之不出戶牖而名山大川若躬履焉可謂壯矣夫碑者金石之文也記者志述之文也此殆從地理書摘作而名非專爲碑記而作也其摘出單行不知始自何人中所載東南十六路於蜀刻尤加詳細皆自爲註釋不似寶刻叢編於蜀獨寥寥數語是真益郡之金薤琳琅也然閒嘗稽以地碑帖諸書其所摭取尚不無掛漏之嫌且象之南宋人郡縣皆沿舊名亦有瞠目之苦余因於輿地碑記目中摘出在蜀者爲蜀碑記補每卷先以王所得列於前爲上卷而以已所得列於後爲下卷共合爲

十卷示不敢紊不敢襲也又於下卷中分王本所未有而增入者曰補王本所已有而釐訂者曰考俱遵

國朝郡縣名標之以便繙閱另錄輿地碑記目原本一編以存其舊蜀之金石文章不外乎是矣余之爲此非敢謂羅萬象於無窮實欲存一綫於不墜也夫輿地碑目既從紀勝而摘以單行則蜀碑記又何不可從碑目而摘以單行乎好古之士於以饜飫其中將見蜀之山川亦於是乎恍若遊卧矣象之言曰子長因遊而得作書之趣余乃因書而得山川之趣也不亦信乎其實獲我心乎綿州李調元贊菴序



# 蜀碑記補卷一

綿州李調元童山撰

補輿地碑記目所未有　成都府屬八

## 成都府

石經在成都府石經堂

石刻鋪敘益郡石經孝經一册二卷序四百三十九字正經一千七百九十八字注二千七百四十八字孟蜀廣政七年三月二日右僕射毋昭裔以雍經石本校勘簡州平泉令張德釗書趙希弁讀書附志云孝經不題所書人鐫工潁川陳德謙姓氏殆趙之誤



論語三册十卷序三百七十二字正經一萬五千九百十三字注一萬九千四百五十四字廣政七年四月九日校勘書鐫姓名皆同孝經

爾雅一册二卷不載經注數目廣政七年甲辰六月右僕射毋昭裔置簡州平泉令張德釗書鐫者武令昇

周易四册十二卷又略例一卷正經二萬四千五十二字注四萬二千七百九十二字廣政十四年辛亥仲夏刊石朝議郎國史毛詩博士孫逢吉書

毛詩八册二十卷正經四萬一千二十一字注十

萬五千七百一十九字將仕郎祕書省祕書郎張
紹文書鐫工張延族
尚書四冊十三卷正經二萬六千二百八十六字
注四萬八千九百八十二字將仕郎祕書省校書
郎周德貞書鐫工陳德超
儀禮八冊十六卷正經五萬二千八百二字注七
萬七千八百九十一字
禮記十冊二十卷正經九萬八千五百四十五字
注十萬六千四十九字以唐元宗所刪月令爲首
曲禮次之亦張紹文書



周禮九冊十二卷正經五萬五百八字注十一萬
二千五百九十五字將仕郎祕書省祕書郎孫朋
吉書
春秋左氏傳二十八冊三十卷序一千六百一十
七字經傳十九萬七千二百六十五字注十四萬
六千九百六十二字蜀鐫至十七卷止
穀梁六冊十二卷傳四萬一千八百九十字注三
萬九千七百三十字
公羊六冊十二卷傳四萬四千七百三十八字注
七萬七千三十七字

畢工於皇祐元年巳丑九月望日帥臣樞密直學
士京兆郡開國侯田況益州路諸州水陸轉運使
曹穎叔提點益州路刑獄孫長卿暨倅僉皆鐫銜
於石容齋續筆記日況大書爲三行曹穎叔孫長卿各細字一行又差低於況洪云今准執政作故監司亦與之雁行蓋以當附書役列銜爲妄變前式也成都志又謂公穀
田況所刻
孟子十二卷宣和五年九月帥席貢暨運判彭慥
方入石踰年乃成計四冊
考異一冊乾道六年庚寅三月旦東里晁公武校
石經與監本不同者作爲此書



易五書十詩四十七周禮四十二儀禮三十一禮記三十二
左傳四十六公羊二十二穀梁二十三孝經四論語八爾
雅五孟子二十七此正經不同者如此傳注不與
古文尚書三冊三卷蓋唐天寶末廢古書前傳本
中汲郡呂大防得之於宋次道王仲至家乃元豐
五年壬戌鏤版乾道六年庚寅帥晁公武取以入
石敎官張大囯等監刊
益郡石經肇於孟蜀廣政悉選士大夫善書者模
丹入石七年甲辰孝經論語爾雅先成時晉出帝
改元開運至十四年辛亥周易繼之實周太祖廣

順元年詩書三禮不書歲月逮春秋三傳則皇祐元年九月訖工時我宋有天下已九十九年矣通蜀廣政元年肇始之日凡一百一十二禩成之若是其艱又七十五年宣和五年癸卯益帥席貢始湊鐫孟子運判彭慥繼其成乾道六年庚寅晁公武又鐫古文尚書暨諸經考略洪文敏公邁謂孟蜀所鐫字體淸謹有正觀遺風續補經傳殊不逮前且引魏證虞世南相繼爲秘書監曰請選五品以上子孫工書者爲書手蓋欲字畫淸婉可以傳久是以自經傳以後非士夫所書皆不著姓氏若



漢石經今不易得好古者所藏僅十數葉蜀中又以翻刊入石黃長睿謂開元中藏拓本於御府以開元二字小印印之是元宗時已罕得況今又六百年後耶

按陸務觀劍南集訪楊先生不遇因至石室落句云出門還惘悒到屋打碑聲自注牆東卽石經堂則宋之石經堂卽今之石室

漢益州太守碑 永壽元年隸釋云蜀中漢碑不云在蜀中何所漢之益州卽今成都府亦卽在成都諸屬也

碑圖云上下有朱爵元武左右有龍虎文七行行四十一字故吏門生題名九行行六人碑式云末行字頗多尚餘五字書於碑之末隸釋云碑以朱爵爲頟龜蛇爲趺龍虎銜璧在其兩旁一崇碑也首云永壽元年三月十九日益州太守某君卒其姓獨刓滅或有謂之馮君者豈予所藏偶不明耶碑云澄內淸外以身帥下又云貪饕改操革濁爲淸則素絲羔羊之風必有光前絕後者夫丹書鐵契高帝所以申信誓於功臣也後人以斐豹之事遂指丹書爲罪籍講德者不復用之此云名勒丹書謂丹靑也碑之左有功曹掾故吏題名四十八



人皆屬邑建伶牧靡梇棟滇池穀昌俞元之人也僅有王李數姓可辨名字皆不具矣 碑以犂爲黎倉爲蒼懷郎哀字恩郎惡字巛郎坤字

漢益州太守碑陰有牧靡故吏三人題名在趺之右此碑刻五玉三獸下有牛首蜀中漢碑如是者有柳敏碑陰馮緄墓道雙排六玉碑又有單排六玉碑與此凡四柳敏馮緄兩碑六者皆同此碑無璜單排碑兩璜而無瑁鄭氏注周官云璧圜象天琮八方象地圭銳象春半圭曰璋半璧曰璜惟琥但云琥猛象秋爲之圖者皆云琥以方玉刻伏虎之

形聶崇義所畫琮八出如花片陳祥道禮書又云琮體方而四角此碑之琮則五角單排碑則十角焉柳碑中者則同鄭說玉人云天子執冒以朝諸侯說者謂冒方四寸其下邪刻之廣狹如圭首諸侯執圭來朝以此冒之所以濟瑞信猶合符也碑有玉者三獨無六器之琥爾此碑刻瑁圭璋於上琮璧於下其中則鼎列三獸柳敏碑則一禽刻於首一獸爲之趺六玉之中有牛首一而貫之以環馮緄碑則其上刻禽獸各一其下一牛首六玉之下又刻兩獸有一人跨其右者單排碑上朱爵而



下元武其六玉則左璋右圭又雙璜相向如佩次之璧與琮又次之蜀人名之單排六玉未知何人冢前物也此碑之圭瑁馮緄之璧琮璜則白餘皆黑也緄墓前又有一碑亦上朱爵而下元武其中無文謂之六物碑

益州太守碑陰

碑圖云碑陰所刻者五玉而三獸鼎列其中其一則九尾狐也下有一牛首其右有題名三人

漢祭金馬碧雞文　見升菴金石古文

文云持節使者王褒敬移南崖金精神馬綵綵碧雞處南之荒深溪回谷非上之鄉歸來歸來漢德無疆廣于唐虞澤配三皇黃龍見兮白虎仁歸來歸來可以爲倫歸兮翔兮何事南荒也

漢故吏應酬殘題名　無年月字原云在成都府墨寶云得之北門漁橋之下

隸釋云題名共三十人此石所存者橫兩行爾上行兩人之後則有右郫字其下一行凡十五人末有左江原字二邑皆隸蜀郡此蓋蜀郡太守碑陰也墨寶云後無字非碑陰蓋斷碑爾

漢詔賜功臣家字　無年月字原云在成都府

隸釋云詔賜功臣家五大字今在蜀中似是漢人



所書其事不可詳也墨寶云郭氏犂地得之又有小石一刻永平五年四字甃井雜之壁間今不存

按此四字又是一石非五字之紀年也

漢楊侯伯墓碑　在成都府犀墓北見天下碑錄

成都縣

宋米元章大書墨池扁　在楊子雲故宅今無

盛時泰元牘紀玉泉公還自蜀余往問往蹟言支機石乃一頑石在擔山已入官衙浣花草堂近河惟長松里餘內有一寺楊子雲故宅已廢門楣上尚存米公墨池二字因索以歸海岳公署甚私然

書史言甚高而二字亦無古意正昔所謂心眼高
妙而立論有過中處者歟

華陽縣

重脩蜀先主廟碑在武侯祠東

金石例書碑額例儒林郎前鄭州防禦判官提舉
學校常平倉事武騎尉賜緋魚袋王庭筠撰書篆

漢州

漢王君石路碑建和二年隸釋云在漢州今屬成都府

碑式云其上畫方大書一表字其下六行各有界
道每行二十四字末行低四字書立石人名隸釋



云廣漢長王君攻治崖路標表其事文不滿百楊
子欽所作碑以一表字題其上溝洫志武帝穿漕
渠令齊人水工徐伯表注謂巡行而表記之與此
蓋同意在今漢州按碑文一百八字缺十三字非
不滿百也

郫縣

西漢刻石建平五年字濶六寸許長短不侔

建平五年六月郫五官掾范功平史石
工毄徒要本長廿五丈賈二万五千

隸續在建平郫縣碑二十九字建平者哀帝之紀
年其五年已改爲元壽矣此云建平五年六月者
與周公禮殿碑相類殆蜀道未知改元爾此碑却
無篆體乃西京之佐書也隸法雖自秦始益取其
篆易施之徒隸以便文書之用未有點畫俯仰之
勢終西京之世學士大夫不留意此書故彝鼎所
識碑碣所刻皆不復用之觀此數字可見當時之
書法也郫者蜀郡之邑此碑近出於蜀中名曰鼇
崖碑當是指其地名也碑之始則書年月其次書
掾史又有石工之文而云長二十五丈必是鑿崖
治道如何君尊楗趙尉羊竇之比其末記其所費



故云賈二萬五千

古刻叢鈔建平五年六月郫五官掾范功平史石
工毄徒要本長二十五丈賈二萬五千右西漢刻
石二十九字在永康過紫屏二里許道旁乾道丙
戌余始得之荒棘中出石三面高卑凸坳刻隨其
勢蓋孝哀時刻也建平止四年明年書元壽而不
載改元日月豈詔未至蜀時刻耶如孝獻初平止
四年文翁杜記亦書五年之類也其後僭叛號建
平者凡八皆不載蜀石勒慕容盛慕容堅劉義慕容德督爽賊白馬桑斯賊王愉五官掾續漢志謂掌署諸曹事西京

末郭唐爲姓都五官掾見於後書故知其爲西漢刻石無疑西漢字世罔罕有歐陽文忠以未之見爲恨從劉原甫得銅器款識數字已爲可寶而不得石刻也今此刻天下漢隸莫先焉乃不及與集古所錄蓋不幸矣世豈無抱道負材之士不爲世知如此石者乎可不爲之歎息哉

據上二說碑當在郫縣王氏列于灌縣作漢石刻治道記不詳顛末係誤應補正

什邡縣

郙閣頌 建寧五年 天下碑錄在什邡縣



金石古文歐公跋碑文云醳散關之嶃漯從朝陽之平焂刻畫適完非其訛謬而莫詳其義故錄之以俟博識君子今按醳古與釋通史記張儀傳杖而醳之韓信傳醳兵北首燕路趙明誠金石錄載漢碑文有云農夫醳耒又云醳榮醳黻漯本濟漯之漯漢人或寫作漯借作濕字用嶃漯謂潮濕也焂與燥同分隸小異如摻亦作操之例平焂謂乾燥也言去濕而就燥也以假借之義訓之亦通升庵楊慎重跋

額題云析里橋郙閣頌六隸字爲二行碑式云文十九行行二十七字太守漢陽李翕平闕頌後又有詩並別行又有數行刻年月及書撰人石師姓名余家有舊拓本無此數行重刻本有之其日從史位口口口口字漢德爲此頌者隸續謂以天井題名謂卽仇靖是也其曰故吏下辨口口口子長書此頌者天下碑錄以爲仇子長名紼未知何據豈作碑錄時其三字猶未闕也但重刻本字甚拙惡此之舊拓本已盡失其真集古錄跋李翕作李會會南豐跋此碑云翕字殘缺不可辨歐陽永叔以爲李會余亦意其然及馬珹中玉得此頌以示余始知其爲李翕永叔於學博矣其於是正文字



尤審然一以其意質之遂不能無失則古之人所以闕疑其可忽歟

集古錄目云在興元字原云磨崖在興州宋之興元府今爲漢中府興州今爲畧陽縣屬漢中天下碑錄云在漢州什邡縣漢州今與什邡俱屬成都府此碑今重刻在畧陽則不在什邡可知碑錄誤也

漢馬融墓碣 在什邡縣字跡磨滅今無見天下碑錄

新津縣

黃庭經元趙子昂臨在成都新津縣學

簡州

逍遙漢安元十三字見廖世昭志畧

宋浮鵠亭石刻志畧在西湖側

新繁縣

秦蜀守李冰湔堋堰官碑

碑文云深淘灘淺包隁楊升菴金石古文譯古難字隁即堰也冰在蜀治水澤利民功烈盛矣誓神而神至今不敢違之教民而民至今不能違之其文又簡古如此真異人哉



按誓神王氏作誓水已見碑目楊載碑文亦不仁向考輿地碑記目所已有　成都府屬四

成都府

漢文翁學生題名即學師宋恩等題名在成都周公禮殿門之西序字原云碑凡二一列經師經掾一列文學師諸曹掾史隸釋云漢永平中嘗爲四姓小侯立五經師此則蜀郡諸生也當是郡守興崇學校者鐫石紀德諸生既刻姓名而諸曹史亦綴其末惜無其碑不可考爾成都又有左右生題名一巨碑葢左學右學諸生也其間江陽盜蜀晉原遂寧乃蜀晉所置郡歐陽公以爲漢文翁學生題名非也

漢文翁石柱記即周公禮殿記初平五年在成都府學集古錄目云文翁爲蜀郡守始立學校安帝永初中以火災被焚獻帝時太守高眹重脩立之金石錄云今成都府學有漢時所建舊屋柱皆正方上狹下濶此記在柱上刻之初平五年立距今葢千年矣而字畫完好可讀當時石刻在者往往磨滅此記刻於屋楹乃與金石爭壽亦異矣隸釋云周公禮殿規模古質井斗異制此記刻於東南之



一柱亦木爾歐陽氏以爲文翁石柱記者誤也碑式云周公禮殿記六行行三十八字集古錄云顏有意益州學館廟堂記謂獻帝無初平五年當是興平元年葢時天下喪亂西蜀僻遠年號不通故仍稱舊號也今檢范曄漢書本紀初平五年五月改爲興平顏說是也隸續碑圖云天下碑錄以爲鍾會書此記初平五年立魏書云會以正始中爲尚書郎注謂其弱冠登朝葢已在初平四十年之後矣謂之會所書者非也輿地碑目云鍾會於晉咸熙元年始入蜀距漢興平初禩已七十一年不

應追書也

漢學殿歲月記即石室梁上題字光和六年在成都府學隸續云太守張景題字四行在高联石室梁上磨滅鮮成章句首云光和六年四月太守張景中有追念先祖早失覆口孤煢自悲紀刋先象之句相去尺許有少子早卒之文前有治郡二字蓋張公追遠之詞也按華陽國志文翁爲蜀郡守造講堂作石室一名玉堂安帝永初間烈火爲災堂及寺舍並皆焚燎惟石室獨存至獻帝興平元年太守高眹於玉堂東復造一石室爲周公禮殿此



字乃光和六年所題下距興平改元尚有十一年不應於未造石室之前梁上先有題字全蜀藝文志載李石成都府學十詠其石室詩注云漢孝景時太守文翁始作石室西爲文翁稍南爲高联比文翁石室差大皆有石像蜀守席益奏秩文翁高眹於祀典竊疑二者蜀人所以祠二公之意必非自作則石室之像爲高眹蜀人謂其自作者也而此題字乃有紀刋先像之語因疑石室非高眹所造其像亦非高眹水經注李剛墓有祠堂石室三間魯恭冢前有石祠石廟又金石錄武氏墓前有

石室皆四壁刻古聖賢畫像武梁碑云孝子孝孫躬修子道竭家所有選擇名石前設礓砠後建祠堂雕文刻畫羅列成行亦是敘其作室至刻畫像事蓋漢時子孫多有爲其祖父作石室刻畫像者此題字云追念先祖紀刻先像則此石室乃是太守張景爲其先祖所作而刋先像於壁與李剛魯恭武氏石室正同耳隸續又云此題字蜀人多未知近歲好事者秉燭入室而模之始傳於世故承華陽國志之誤遂謂高眹石室並謂其像爲高眹自作也高眹所作者周公禮殿記石室非即禮殿



華陽國志乃謂興平元年眹復作一石室爲周公禮殿蓋其誤也此題字紀刋先象上又有歸文學三字疑張景即蜀人所云太守非本郡太守歸成都後作此石室於文翁之旁以追崇其先祖考周公禮殿記高眹於光和五年到官景作石室眹巳在郡一時安得有兩太守且未有爲先祖作石室而作於其所治之郡者

石室壁間題字顧氏碑考凡三段其一段隸續作博士題字跋云題字七行可識者五十六字不可識者六十餘字亦在高君石室中末行有博士二字

上下文皆湮沒其中云以詩書發下闕一字京師受業春秋下闕二字仲舒智非胡毋末云道爲國師出典方州忠著金石其人受春秋業而以仲舒胡毋爲比葢是傳公羊春秋者一段隸續作弘農太守張君題字跋云題字五行亦在石室中末行云弘農太守張口子陽張叔之子也首行有故孝廉陵相君伯高弘農十字陵之上闕五字相之下闕一字其文有耆德義方龔父經業春秋尚書海內歸高之句與前一人皆是以經學名家者按此二段題字有弘農太守張字又在石室壁間即張



景稱述其祖父之文也前一人云受業春秋者疑是其祖後一人云龔父經業春秋尚書者疑是其父末云弘農太守張口子陽張叔之子也而闕其名豈卽張景梁上題字所云太守卽弘農太守耶其祖父皆以經學名家故得作石室於文翁之旁又一段隸續作高朕石室六題名跋云刻在石壁之間所題前後不同時其一杜審公乘四人其一武陵守其一武陵令其一中郎將太尉掾幷州刺史三人其一淸白士婣士三人其一楊子雲司馬相如太守趙三行鄉雲二公葢後人追題者字畫淸逸可愛疑此石室亦如李剛魯恭武氏石室壁間皆刻古聖賢畫像題識姓名所云楊子雲司馬相如乃畫像上題識之字隸續以爲後人追書者非也壁間所刻亦不僅此二人或是年久摧剝或是秉燭而入傳模者未見耳杜審公乘諸人則如他碑題名乃共作石室者也

掾杜峻等題字字原云在高公石室隸續作任君殘碑陰跋云蜀人謂之武帝先生任君碑陰可辨者不盈百字惟掾杜峻孟珍姓名獨存今按隸續所載碑文有見左石廟就時之語張景所作石室在



文翁之左而此題字又在石室疑亦是共作石室者故中又有石官字直千二百直九百及四千三千字石室作於光和六年而前有四年九月十日字者豈經營於光和六年落成於中平四年耶隸續信蜀人之傳譌以爲任君碑陰非也

### 成都縣

蜀郡太守會楗閣碑卽何君閣道碑光武中元二年刻洪邁云此碑蜀中近出毗陵胡氏將承公好藏金石刻紹興己未年帥蜀尚未見之東漢隸書斯爲之首字法方勁古意有餘如冠章甫而衣逢掖

者使人起敬不暇雖敗筆成冢未易窺其藩籬也
蜀人以爲尊樵閣碑棧路謂之閣道非樓閣之閣
也邛棘九折坂蓋其地華陽國志道至險有長嶺
楊母閣之峻昔楊氏倡造作閣故名焉按此則宋
以前皆名閣道碑尊樵二字後人所加象之誤引
也見隸釋按墨寶云此碑出于紹興辛未在榮經
縣以通邛莋之路也字原云在雅州王氏据容齋
隨筆以爲在成都誤作建武一年而于雅州府榮
經縣又列蜀郡太守治道記作建武中元二年立
何其自相矛盾也



華陽縣

段古柏行碑成都先主廟側有武侯祠前有柏樹喬
柯鉅圍蟠固凌拔杜甫嘗有歌段文昌有文記其
事勒諸石見儒林公議

諸葛武侯祠碑金薤琳琅蜀丞相諸葛武侯祠堂碑
節度掌書記侍御史內供奉賜緋魚袋裴度撰營
田副使檢校尚書吏部郎中兼成都少尹侍御史
賜紫金魚袋柳公綽書元和四年歲次己丑二月
二十九日建鐫字人魯建碑在成都惠陵之北人
僅知諸葛名垂宇宙而不審裴中立之文與柳子
寬之書均足鼎峙千秋惜僻處西蜀所以好古如
趙明誠都元敬俱未搜輯也余以甲午年遊蜀謁
其祠宇讀其碑文慨然想見其爲人隨購搨本藏
之行篋者已逾二十餘稔今補錄卷尾俾世之博
覽君子或因是書之失收而附刻焉則幸矣

柳公權金剛經又見曹溶金石表

新都縣

漢王渙墓郎王稚子闕元興元年字原云在成都府
今在新都縣闕有二其一云漢故先零侍御史河
內縣令王君稚子闕其一云漢故兗州刺史雒陽



令王君稚子之闕金石錄云後漢書循吏傳王渙
字稚子渙以元興元年卒闕雖蓋和帝時所立也
隸釋云成都新都縣有渙墓此墓前之雙石闕也
其上各刻車馬之狀一則二人乘馬一則二人乘
車挽之者橐佗也隸釋云闕之兩角有斗斗上鐫
耐童兒又作重屋四壁刻神像人物車馬之類亦
有漫滅者有先置二字在右闕南面稚字在北面
子字在東面雒陽二字在左闕西面

新繁縣

誓水碑楊升庵金石古文作秦蜀守李冰誓江神碑

其文云竭不至足盛不殁腰與王氏輿地碑記目所載淺無至足深無至有不同未知孰是

蜀碑記補卷一終



# 蜀碑記補卷二

綿州李調元童山撰

補輿地碑記目所未有　重慶府屬三　直隸忠州屬二

## 重慶府

漢薛劉二君斷碑今在重慶府

額題云漢故益州刺史中山相薛君巴郡太守宗正卿成平侯劉君碑二十四隸字爲四行隸續云隸額頗雜篆體其碑髣髴二十行所餘其上一段它石斷裂不存矣第一行有益州刺史中山相薛八字第二行有巴郡太守宗正卿成八字第三行



有惟二君三字餘皆不可句讀蓋前兩行各舉其官後行始是碑語與廣漢屬國辛李二君碑正同其間有祭死者及薛劉征討字殆是紀述平寇之事趙氏誤以爲墓刻故云古無兩人共立一碑者又以劉君爲成平侯相詳其額初無相字蓋王子侯也

### 巴縣

盧豐碑建安七年未詳所在盧君爲江州夷邑長今四川重慶府巴縣漢之江州也或即在其地

此碑集古金石二錄輿隸釋隸續俱不載見宇原碑目云蜀人謂之漢夜郎碑

## 合州

養心亭記 志畧在合州周濂溪記

## 涪州

劉讓閣道題字 建寍元年隸釋云相傳在蜀中閣道字原云在涪州

題共十六字金石錄誤合緜竹令王君神道爲一碑

緜竹令王君神道 字原云在涪州

題云廣漢緜竹令王君神道凡九字隸釋云微雜篆體緜字作日下木略與緜字相混故趙氏誤作廣漢縣令而謂其借荅爲令也按金石錄又誤合



劉讓閣道題字爲一碑故以爲建寍元年十月造而此碑則無年月也字原既辨其誤又云建寍元年立何也

## 忠州

今改直隸州酆都墊江梁山屬焉

柳敏碑 建寍二年字原云在忠州輿地碑目云在黔州州廨內誤

碑圖云朱爵爲首軀蛇爲趺碑十四行行二十六字首云故孝廉柳君諱敏隸釋云敏歷五官功曹宕渠令碑以孝廉稱之重其行也本初元年再爲郡守所舉不幸而死後二十三年縣令趙臺念其墓無碑識故爲立石時靈帝建寍二年也碑圖云

柳敏碑陰無字其上刻一禽若鳳其下則麟也中有牛首銜環兩旁凡六玉其右則琩圭璧其左則琮璋璜

楊信碑 和平元年字原云在忠州

無額碑首行云故縣三老楊信字伯和隸釋云石已刓剝鮮有成章者墨寶作金溪楊信碑

### 酆都縣

陰長生石刻金丹訣

百川學海治平末東坡泊舟仙都觀下道士持陰長生石刻金丹訣就問真贋坡曰不知也然士大



夫過此必以請久之自有知者按輿地紀勝仙都觀在今酆都縣平都山唐建宋改景德又名白鶴觀陰長生真人蟬脫之所考東坡年譜治平末方在鳳翔焉得泊舟山下或誤以嘉祐爲治平爾

### 梁山縣

嚴舉碑 延熹七年字原云在梁山軍即今夔州府梁山縣

無額碑首行云都鄉都里孝子嚴君隸續云碑崇七尺其二分之下橫有裂文近歲出梁山軍所傳者皆至裂文止石理皴剝文意間斷予再得之始是全碑嚴舉姓名甚分明其碑有文有頌又有亂

曰十六句
考輿地碑記所已有　重慶府屬一　直隸忠州之屬一
巴縣
漢巴郡太守張君碑寶刻叢編張君碑其前題巴郡太守都亭侯張府君功德敘云君諱訥字子朗勃海南皮人也又云炎漢龍興留侯維幹枝裔滋布並極爵秩又云察考除郎中尚書侍郎遷甘陵宛句令親病去官辟司空司徒府復辟太尉舉高第拜侍御史揚州寇賊陸梁作難五府表君中丞督捕又云丙子璽書封都亭侯碑無卒葬年月其後



頗敘述政績而繫以銘詩蓋巴郡太守德政碑爾按漢史自安順以來揚州寇賊屢發不知張君爲中丞督捕在何年也據此則訥應作納王氏誤作汭
漢張納功德敘碑中平五年隸續云在巴州今爲巴縣輿地碑目云在重慶府府學中無額碑首行題云巴郡太守都亭侯張府君功德敘碑式云有穿題一行文十七行行四十八字隸續云此碑乃掾屬李元等爲之碑陰各書曹掾之職而不稱故吏則是張君在郡之時所立

張納碑陰碑式云有穿兩旁有暈前兩行題李元然存二人後十五行行五人張榮一人名氏字多侵及下列末一行書歲月及祝頌之語隸釋云題名七十有四人從事及丞則書其字主簿以下掾吏並書名蓋一郡之吏也此與前說各不同
忠州今改直隸州酆都墊江梁山屬焉
嚴顏碑按忠州漢爲巴郡唐貞觀八年改今名碑二蘇俱有詩王氏全載東坡一首而子由缺焉今補之詩云古碑殘缺不可讀遠人愛惜未忍磨相傳昔者嚴太守刻石千載字已訛嚴顏平生吾不記



獨憶城破節最高被擒不辱古亦有吾愛善折張飛豪軍中生死何足怪乘勝使氣可若何斫頭徐死子無怒我豈畏死如兒曹匹夫受戮或不避所重壯氣吐黃河臨危閒暇有如此覽碑慷慨思橫戈
江原長碣延熹三年輿地碑目云在忠州郡庠隸釋云似闕非闕似碑非碑其文共二十二字由左而右其下刻一怪獸之首若虎而有角復齋碑目作進德闕輿地碑目作江原君闕按漢江原今之崇慶州不知何以移在忠州

梁山縣

浮蘭碑卽繁長張禪等題名輿地碑目云在梁山軍今梁山縣隸續云一天三橫首行云長蜀郡繁張君諱禪字仲閒其次題掾曹十人及三民姓名次橫之首行云夷淺曰側掾趙陵字進惠次曰侯九人邑長三人第三橫邑君三人夷民六人爲云凡世八戶造未有四行高出兩字題白虎三易王及丞尉名字最後兩行及其下一橫字畫差小似是紀事之辭惟夷王謝貢數字分明餘皆不可讀東都益部郡縣夷漢錯居此必蜀郡太守有德政繁



縣夷人共立此碑尊其官吏故書之前列輿地碑目作浮蘭碑云是漢刻未知何據

蜀碑記補卷二終

# 蜀碑記補卷三

綿州李調元童山撰

補輿地碑記目所未有　保寧府屬二

## 保寧府

汝南上蔡令道闕字原云在閬州卽今四川保寧府

隸續云閬州城外一石闕其東面刻十三字與王稚子闕相類蜀人謂之汝南令闕詳其文南之下一上字甚分明蓋汝南之上蔡令也徐求閬苑記以爲貞觀中旌表王氏義門所立謬也

台星巖三相堂石刻城在府



志畧卽堯叟兄弟按金石例論碑文合書不合書歐陽永叔陳文惠公神道碑公諱實前娶曰杞國夫人宋氏後娶曰沂國夫人王氏子男一人長曰述古秦公三子長曰堯叟爲樞密使同中書門下平章事季曰堯咨爲武信軍節度使皆舉進士第一人及第三子已貴秦公尚無恙每賓客至其家公及伯季侍立左右坐客蹴踖不安求去秦公笑曰此兒子輩耳故天下皆以秦公教子爲法而以陳氏世家爲榮公之孫四十人曾孫二人合伯季之後若子若孫若曾孫六十有八人女若孫曾五

此下原缺一頁



卷三終

# 蜀碑記補卷四

綿州李調元童山撰

補輿地碑記目所未有　順慶府屬四　敘州府屬二

## 南充縣

李耳畫卦石見志畧

江萬里金泉字刻志畧在南充城西

譙周宅碑志畧在南充北五里今尚存

## 廣安州

唐顏眞卿書漢閣三字石刻志畧在廣安治西

## 渠縣



城垻碑字原云在渠州今爲渠縣屬順慶府

隸釋云右無名碑蜀人謂之城垻碑未有末三百里圜二尺字及用人用日數似是記板築事或句有可讀而上下文不相屬矣按碑有云有詔拜君益州太守又云口功後世蓋益州太守築城垻以衛民故立此碑以頌其功德也按垻音霸集韻作壩蜀人謂村落曰垻俗作垻非垻音具字彙言堤塘也正字通云垻譌字按堤塘無垻名

李翊碑熹平二年字原云在渠州今四川順慶府渠縣

無額按碑翊拜廣漢屬國侯碑式云碑十行行四

十一字

李翊夫人碑字原云在渠州今渠縣

無額碑式云有穿文十二行行三十六字歎曰別在行穿在最後二行隸釋云廣漢屬國侯夫人碑李翊之配兩碑歐趙時皆未出

是邦雄桀碑字原云在渠州今爲渠縣

碑圖云其上刻麟其下則牛首碑十一行行二十六字有以兩字居一字地位者其後空三行許隸釋云碑之首云是邦峻生雄桀峻之上下各闕一字蓋言其山川孕秀也其間有晉陽侯苗由彼適



深犍爲武陽之句疑其姓楊而家犍爲字畫類李翊碑又有碑陰上朱鳥而下玄武則没字碑也碑圖云與馮緄墓道一碑相類非磨滅者

漢是邦碑陰没字碑

隸續云没字碑是邦雄桀之陰也與馮緄墓道一碑相類非磨滅者朱雀在其上龜蛇在其下

燕居堂戒子詩石刻志畧在渠縣陳義建

大竹縣

漢馮煥殘碑永寧二年立字原云在渠州碑目云在大竹縣古賓城大竹今屬順慶府

碑式云馮煥斷碑六行可見者或行有七字隸釋云建光之元卽永寧二年是歲七月改元煥以四月終故碑尚用舊年也隸釋漢馮煥殘碑三十九字其云北鮮卑叛逆則元初六年詔除幽州時事也其云策書嘉嘆賜錢者馮緄傳載煥死于獄中帝愍之賜錢十萬貫是此事也未有永寧二年四字蓋其卒之年月也帝紀書建光元年正月幽州刺史馮煥率二郡太守討高句驪穢貊不克四月遼東都尉龐奮承僞璽書殺元菟太守姚光緄傳云幽州刺史疾忌姦惡元菟太守姚光亦失人建光元年怨者詐作璽書賜煥光以歐刀下東龐奮行



刑奮卽斬光收煥煥疑詔有異上自訟病死獄中建光之元卽永寧二年是歲月改元煥以四月終故碑上用舊年也碑字無幾而皆與史合

漢馮煥殘碑陰

隸釋云漢馮煥殘碑陰諸曹史及帳下司馬武剛司馬十餘人其間有貫潁川汝南陳國者皆豫州舊部也

漢車騎將軍馮緄碑

寶刻叢編漢故車騎將軍馮公之碑篆額馮公名緄巴郡宕渠人碑云字皇卿而本傳作鴻卿碑云

一要金紫十二銀艾緄綬於廷尉而以將軍題碑
首者以金紫之貴也緄以永康元年十二月卒

漢馮緄墓六玉碑二

寶刻叢編其上有烏三足狐九尾其下則二驢有一人跨其右者最下一牛首蜀人謂之雙排六玉碑隸續又一碑與六玉碑同一石在馮緄墓道中蜀人謂之六物碑其上朱雀而下玄武其中沒字非漫滅也

漢馮緄墓單排六玉碑

寶刻叢編上下有朱雀玄武蜀人既以前碑爲雙



排而謂此爲單排恐亦是馮緄羨道中物也

交阯都尉沈君神道碑目云在大竹縣北一里隸釋云在梁山軍大竹縣今屬四川順慶府梁山軍即今夔州府梁山縣也

輿地碑目云雙石闕其一鐫云漢謁者北屯司馬左都侯沈府君神道其一鐫云漢新豐令交阯都尉沈君神道字原云沈字左字道字豐字發筆皆長過三四寸許令字交字兩筆皆長君字中筆亦長碑圖云其上皆刻朱鳥其下則右刻玄武左刻一獸之首若虎而角環在口已缺其爪據之隸釋云二神道蓋是一人猶王稚子闕盖書其所歷之

官也

儀隴縣

遨月臺古詩刻志畧在儀隴

營山縣

望使樓剝落古碑志畧在營山

敘州府

鎖江二字志畧在敘州鎖崖岸

慶符縣

武侯征蠻故道摩崖

武侯志漢陽山在慶符縣北八十里漢武帝通西



南夷自此山之南皆漢地故云諸葛武侯征蠻過此今崖壁上鐫武侯征蠻故道六字猶存

南溪縣

黃庭堅涼暑亭志畧在南溪縣龍騰山大智

黃庭堅四大字志畧在南溪縣桂輪山

雲臺書院四大字志畧在南溪縣雲臺山

宋黃魯直此君軒詩

元牘紀右宏治辛酉長洲薛英按蜀獲此碑于南榮立于分司覆之以亭自以爲起涪翁九原之英爽亦一蘇醒昨玉泉公在南榮分司早發時忽見

破屋中樹一石自拔剔視之因搨以歸噫好事如玉泉公使薛老有知其亦蘇醒已平涪翁此書與詩頗奇偉自言咄嗟而成文不加點蓋亦一時之興所至爾程嬰杵臼二句大有江西派之意也丁巳六月八日雨中觀于蒼潤軒記按蜀有南平郎綦江南江南溪榮昌榮經並無南榮若以榮昌與綦江之南平並稱則涪翁未到意南榮卽南溪之訛也

考輿地碑記目所已有　順慶府屬一

渠縣



漢車騎崖石刻賜豫州刺史馮煥詔安帝元初六年立字原云在渠州今渠縣隸釋碑文首云告豫州刺史馮煥者漢詔之式如此按馮君車騎將軍緄之父緄傳云煥爲幽州刺史又有墓闕題云豫州幽州刺史馮使君神道季年豫州境內無盜賊事上谷代郡皆幽州部詔有頃屬樂浪北顧傷心之文亦幽州也詔中論其竭心盡慮而使之便宜數上必自豫徙幽而賜此詔其石下斷惟存上八行意不能詳考煥猶在豫故其前尚稱故官也據字原云王氏列于南充縣誤

馮煥神道永寧二年立字原云在渠州今爲渠縣其文曰故尚書侍郎河南京令豫州幽州刺史馮君神道共十九字金石錄云按後漢書馮緄傳緄父煥安帝時爲幽州刺史緄碑亦云幽州君之元子此字在宕渠緄墓前雙石闕上知其爲煥闕也隸釋漢幽州刺史馮煥神道今在渠州馮緄傳云父煥安帝時爲幽州刺史建光元年卒隸釋有元初六年賜豫州刺史馮煥詔煥之殘碑有郎中尚書侍五字惟京令無所見也

蜀碑記補卷四終

蜀碑記補卷五

綿州李調元童山撰

補輿地碑記目所未有　夔州府屬三

奉節縣

黃魯直題字在奉節縣白帝廟

入蜀記肩輿入謁白帝廟氣象甚古松柏皆數百年物有數碑皆孟蜀時所立庭中石筍有黃魯直建中靖國元年題字

巫山縣

黃庭堅古楚宮石刻志略在巫山



張玘白鹽赤甲四大字志畧在巫山城東白鹽山

將軍墓在巫山縣

入蜀記將軍東晉人也一碑在墓後趺陷入地碑傾前欲壓字纔半存

雲陽縣

漢鄭子真宅舍殘碑熹平四年字原云在雲安軍即今夔州府雲陽縣

碑式云所有者二十四行可見者行或十一字隸釋碑所存其上十數字餘石碎矣首云所居宅舍一區直百萬繼云故鄭子真地中起舍一區七萬凡宅舍十有二區其次有辭語有歲月云平四年上存四點必熹平也官吏有郎中及賊曹與掾史又有左都字彥和及胡恩胡陽陳景等姓名似是官爲檢校之文其中有宅舍奴婢財物之句其云妻無適嗣又云未知財事其前有爲後二字則知旋立嬰孺爲嗣也其云精魂未臧而有怨上有一字從女當是其母則知其親物故未久也末云春秋之義五遜爲首所以戒其宗姓或女兄弟之類息爭窒訟也碑今在蜀中

考輿地碑記目所已有　夔州府屬三

巫山縣



漢鹽鐵盆記卽巴官鐵盆銘永平七年輿地碑目云在巫山縣陸游入蜀記縣廨有故鐵盆底銳似半甕狀極堅厚銘在其中蓋漢永平中物也缺處鐵色光黑如佳漆字畫淸質可愛玩有石刻魯直作盆記隸續云銘十六字云巴官三百五十斤永平七年弟廿七酉建中靖國初黃魯直自戎州東歸厥弟叔向攝邑巫山有大鹽盆積水堂下以植蓮芡魯直去其泥而識之其文鑄出鐵上故雖有發筆而勢不可縱人或指以爲篆首行惟有一字如已而反最後一字如西而有連筆魯直以爲前刀

而後酉亦謂之泰篆又以斤爲及皆誤也金石錄作鐵量銘今據云永平七年王氏作二年誤

雲陽縣

徐氏紀産碑光和元年輿地碑目云在雲安軍即今夔州府雲陽縣碑圖云碑上若有額已漫滅而石紋尚存兩旁有龍虎其辭十八行行三十五字隸釋云其辭云光和元年五月中旬金廣延母自傷紀考妣徐氏元初産永壽元年出門託軀金掾季本自此之後其石半滅所存者其下段爾隸釋碑文云徐氏歸于季本有男曰恭字子肅早終故立



從孫廣延爲後廣延弱冠而仕又復不祿碑云廣延年十八娶婦徐氏子肅亦有年十八字而闕其下文當亦是載其昏聘子肅殘碑亦有妻字可證徐氏自言少入金氏門夫婦勤苦積入成家又云季本平生以奴婢田地分與季子雍直各有丘域繼云蓄積消滅債負奔亡依附家得以蘇則雍直似是季本庶孼不肖子分以貲産居之于外者徐氏老而廣延死故又析其財有雍直經管及悉以歸雍直之文慮雍直爲嫂姪之害也故刊刻此石其云大婦小婦則子肅廣延之妻也碑稱小婦玆

仁供養奉順不離左右則廣延夫婦俱孝其云五内催碎則可見子孝而母慈也廣延雖非嫡長而事親久即世新故徐氏舍子肅而稱廣延母也此碑字子肅之上有兩字不甚明上一字髣髴是恭其下頗類成字但漢人無二名而金恭有墓闕及殘碑皆云恭字子肅可以證季本之子字子肅者即金恭也但恭之下多一字所不可曉按以上俱見隸釋王氏言初無文字但有人物未考也

金君闕字原云在雲安軍即今夔州府雲陽縣題云鉅鹿太守金君闕凡七字碑式云四旁皆刻磨紋

金恭闕碑圖云上刻一禽三足次横刻金君姓名次刻一人執扇乘馬似是金君也旁有龍虎銜環其



下斷裂

金恭碑隸釋云近歲出於雲安軍土中雲安軍今爲雲陽縣屬夔州府無額首行題云金君碑君下缺二字碑式云碑有畫方之文上亦有穿題一行文十行後餘三行所存者行十三字隸釋云其石剝缺少有可句者金掾季本即其父也二弟曰廣延曰雍直其母徐氏有紀産碑按徐氏紀産碑刻於光和元年其碑云子男恭字子肅早終此碑蓋刻

於光和之前也

萬縣

報恩寺真道冢地碑延熹五年字原云在萬州即今夔州府萬縣隸續云真道以錢八千從真敖兄弟市此地刻其文戒約後世字扎紊碎不能盡通

蜀碑記補卷五終



# 蜀碑記補卷六

綿州李調元童山撰

補輿地碑記目所未有　雅州府一

## 雅州府

高頤碑建安十四年立隸釋云在雅州輿地碑目云在嚴道縣東二十里嚴道縣今廢省其地入雅州

額題云漢故益州太守高君之碑十隸字爲二行

碑圖云兩螭蟠其首文在穿下凡十八行行二十一字

高頤闕



闕有二其一云漢故益州太守武陰令上計史舉孝廉諸部從事高頤字貫方其二云漢故益州太守陰平都尉武陽令北府丞舉孝廉高府君字貫闕一字隸釋云此兩闕一有高君名字一不稱名而字闕其一予所見六十年前石刻貫字之旁刻云闕一字近世所見乃有以光字補之者此一闕雖無頤之名而陰平北府皆見之碑則兩者皆高頤之碑也輿地碑目以高府君爲高君實貫下有光字云高君兄弟皆孝廉非是

高直闕字原云在雅州

題云漢故高君諱直字文王凡九字隸釋云字畫甚不工漢人題墓有云神道者有云墓道者有云闕者惟高頤及高直但書姓名字爾

造橋碑延熹七年立字原云在雅州

隸釋云碑首刻二人冠帶相向而坐一器居中如豆登之狀後有二人折腰低首雙垂其袖若胡舞者其上橫行有數字惟府卿明府四字不毀二人之下又橫刻二十六字兼篆隸之體曰蜀郡屬國明府穎川陽翟辛君字通達犍為李君字仲曾其下三字不可曉漢碑無如是橫式者碑圖云其下有文十七行行三十七字其後有題名五行隸釋又云蜀人謂此為神水閣碑考其碑則謀謨若神是絕句其水似小其閣似閣特未能判今摘三語而強名之非也

考輿地碑記目所已有　雅州府屬二

雅州府

羊竇道碑永初二年立隸釋字原俱云在眉州墨竇云在嚴道縣東十里嚴道縣今廢其地入雅州碑式云前有文六行空一行後有文九行崖石有裂絡文避石裂故字數不等少者九字多者十五字



最後一行刻書人名及日月隸釋云青衣尉趙君孟麟穿崖易道行人去危即安故刊石以志其事字畫甚拙愚按最後一行云書此盛巨即碑式所謂書人姓字也漢碑之有書人姓字者惟此碑及武班樊敏郙閣頌天井碑側題名而已

滎經縣

漢太守治道記即何君閣道碑建武中元二年立字原云在雅州墨寶云此碑出於紹興辛未在滎經縣洪武碑氏云其文七行字數不等或六字或九字隸釋云范書光武之紀年二曰建武曰中元祭祀志云以建武三十二年為建武中元元年東夷傳云建武中元二年倭奴國奉貢皆以即位初元冠於新歷之上故此碑有建武中元之文東漢隸書斯為之首字法方勁古意有餘蜀人以為尊楗閣碑今王氏據容齋隨筆於成都府首列此碑而于此又列治道記且次又列尊楗閣碑記一碑而分三目雖互加跋識要之一何君閣道碑耳宋人著書好標新目每重出而不知皆未詳考

盧山縣

樊敏碑建安十年三月八分書輿地碑目云在雅州

墨寶云在盧山縣雅州今隸四川盧山縣屬焉盧今作蘆隸釋云在黎州非是今王氏作雅安雅尤誤額題云漢故領校巴郡太守樊府君碑十二篆字爲二行碑圖云兩獸蟠其上就爲圭首若今所謂贔屭者其一有鱗猶龍然篆額兩行偏其右文在穿下凡十八行行三十九字空一行刻亂曰二行又空一行低十三字刻歲月及書造人姓名其云石工劉盛息懆書者劉刻其石而厥子落筆也陳球碑陰書其二故吏之子亦曰息崇寍壬午知縣邱常題其碑陰云此碑相傳爲魏受禪碑而此



乃建安十年所立又在黃初之前雖暴露中埜而字畫醇古文尚可讀余因扶其旣倒植其將仆又爲屋以庇之庶幾永其傳也紹興已卯眉山程勤又題云僕仕於蘆山乃得樊君故碑於荒山榛莽間亟作大屋覆其上表而出之碑陰所記崇寍壬午距今五十八年而任斯邑者皆吾鄉人扶倒植仆偶相似然全蜀藝文志又載李一本跋云此碑踞於道周幾千餘歲在宋以前訛爲魏受禪碑一統志謂其文字漫滅不可考以故惑於聞見者不爲注目宏治乙未偶憩其下因束篠爲帚拂之倏

見字畫隱隱而出亟爲磨洗搨得墨本然其模糊不可讀者亦過半矣顧炎武金石文字云重刻本字甚拙惡其文有云晢爲韓魏者析之異米巫𣧑虐者凶之異歲在汁洽者協之異士女涕洽者零之異呂氏春秋𣧑氣不入身無苛殃漢書藝文志星事𣧑悍後漢書禮儀志大儺中黃門倡侲子和曰甲作食𣧑廣韻𣧑卽凶字古文漢三公山碑攘去寇𣧑魏橫海將軍呂君碑羣𣧑鼎沸竝作此字爾雅歲在未曰協洽史記歷書作汁洽天官書作叶洽方言自關而東曰洽關西曰汁春秋文耀鉤



黑帝叶光紀周禮禮記注並作汁周禮太史讀禮書而協事故書協作叶杜子春云協叶也書亦或爲汁大行人協辭命故書協作叶鄭司農云叶當作汁張衡西京賦五緯相汁五臣本作叶五經文字協字古文作叶而緯書有樂汁徵圖漢書五行志引洪範協用五紀字又作旪師古曰旪讀曰叶四字皆以十爲聲而从劦从口从水从日則各異耳尚書大傳其歌聲比余謠名曰晳陽注謂春厥民析則析之爲晢或亦可通用乎

蜀碑記補卷六終

# 蜀碑記補卷七

綿州李調元童山撰

補輿地碑記目所未有　嘉定府屬一　直隷眉州屬一　直隷邛州屬一

## 嘉定府

漢修官二鐵盆款識建武二十年立字原云在嘉州今爲嘉定府

一有廿五石廿年修官作八字一止有廿五石三字隸續云乾道中陸游務觀監漢嘉郡得之字畫無篆體蓋東漢初年所作其文有廿年字而無紀年之名東都惟建武建安有二十年此必建武之器所謂修官正與永平巴官同恐是識鐵官之地



名未詳其義

### 夾江縣

漢王君平鄉道碑永元八年隸續云在嘉州夾江縣

隸釋云夾江縣涇口有磨崖四百餘字平鄉明亭大道四面危險南安長王君遣掾何童脩治故書崖以頌之崖石增長字體失真復齋碑目作平鄉明亭閣道碑

## 直隷眉州

漢張氏穿中記建初二年字原云在眉州碧雞巖

隸釋云武陽城東彭亡山之巔耕夫劚地有聲鋒鏄入焉石竇如屋大中立兩崖崖柱左右各分二室左方有破瓦棺入泥中右方三崖棺泥中尭仞執燭視之得題識三所一在門旁爲土所蝕僅存其上十許字穿中沙石不堅數日間觀者揩摩悉皆漫滅其二在兩柱前稍高故可拓時紹興丁丑年也一柱二十五字一柱四十九字隸釋云本張公賓之妻之穴也其子偉伯及偉伯妻與其孫陵皆祔葬右方曲内中故志之其一則偉伯之孫元益葬其父長仲弁弟叔元所志也其字古而拙

漢永初官壁文永初七年字原云眉州人掘武陽故城得之



文一行七字云永初七年作官壁隸續云范至能在蜀得其二惟七及官字文有反背不同重有十八斤

黄龍甘露碑建安二十六年立輿地碑目云在隆州籍縣江口墨寶云在眉州彭山縣本朝八題云時以甲辰歲治平元年三月二十七日轉移此碑蓋從隆州移置眉州也

額題云黄龍甘露之碑六隸字隸續云碑亦有穿高五尺餘廣二尺文十四行惟首行有建安廿六年數字可辨建安二十五年漢祚已終次年四月蜀王方稱帝改元則辛丑之春蜀人猶奉漢代正朔故有建安二十六年之文

黄龍甘露碑陰

隸續云存者上兩横每横三十八可辨者侍中議郎從事史中郎將數十人兩横之下崇盛中爲王時彦所磨刻其説

丹稜縣

御書石志畧在丹稜龍鵠山李燾讀書於此孝宗有御書石倉米洞四字志畧在彭山牛山

蒲江縣

漢乘校官掾王幽題名

字原云熹熙二年邛州蒲江縣僧寺治地得之隸續云字畫有東都氣象非魏晉筆法校官掾者東都郡縣之吏屬公乘者漢爵第八級而云永壽元年二月則無此年號東都紀年有延熹光延亦有書光熹爲光熹者漢人作隸好假借或是借熹作喜作熹又作熙光字恐史策之誤但弘農王四月即位改元是年二月猶是中平西晉惠帝雖有永熙而改元亦是四月此碑非光熙永熙明矣俟博古者剖判之

考輿地碑記目所已有 嘉定府屬二 直隸州屬一

洪雅縣



漢道陵碑張普題字熹平二年立字原云在嘉州即今四川嘉定州墨寶云磨崖在洪雅縣碑式云凡七行六十七字字大小疎密不等多者十六字少者九字隸續作米巫祭酒張普題字跋云字畫放縱欹斜畧無典則乃筆小所書以同時石刻雜之如瓦礫之在圭璧中也復齋碑目作張普施天師道法記

夾江縣

漢二楊墓闕隸釋汶陽李長茂爲蜀使者罷歸以此本見遺長茂名公年東州善士以畫山水著

隸釋夾江縣有道崖四百餘字云平鄉明亭大道北與茂陽西與青衣越嶲通界回曲危險扶風王君爲民興利除害遣掾何章修治故書崖以頌之蓋和帝永元八年也筆札亦拙又崖石增長字體失真无可取者按立碑寫年號和帝乃廟諡必非其時所立或後人補刻于崖石磨崖非碑也王象之以爲開道碑誤

漢中令楊暘墓碑在嘉州夾江縣東南古賢鄉右見天下碑錄

彭山縣

黃龍甘露碑額題云黃龍甘露之碑六隸字隸續云碑中有穿高五尺餘廣三尺文十行僅有數字可辨羣臣列名居石之二上下四橫每橫二十餘人可辨者侍中二人司徒尚書五官中郎將大中中散大夫博士各一人議郎四人安漢鎮東等將軍二十餘人官之下皆稱臣姓名碑側題太守李嚴并丞令二人華陽國志云建安二十四年黃龍見武陽赤水九日乃立廟作碑墨寶云眉州彭山縣即漢武陽縣地也今王氏但云在縣之黃龍鎮不注年月未詳考也



蜀碑記補卷七終

蜀碑記補卷八

綿州李調元童山撰

補輿地碑記目所未有

潼川府

唐顏魯公干祿字書（在潼川府大曆九年正月庚子朔七日）

周錫珪唐碑考字書顏元孫撰公中楷元孫公伯父也以韻次字分正俗通大小相間公刺湖州時書刻置之宅東廳至開成中石本殘缺公重刻之漢公亦刺湖州書有鍾法會昌中嘗臨鍾表米氏以入𥳑漢公本大行而原本以殘缺不復行歐公獨寶舊本以損本多失真也予家有內府所出賈氏故物乃不完本斷珪碎璧希世之寶也後又刻于蜀今在潼川州後有句詠跋豈句氏所刻耶據吳文定跋蜀刻亦不完矣楊漢公摹刻自稱不失纖毫黃長睿云精隱勁媚殊得顏真歐公云干祿之注持重舒和而不局促長睿易之曰持重而不局促舒和而含勁氣



附楊漢公記

太師魯公忠孝全德儀型古今存道殁身煥乎國史文學之外尤工隸書盡鍾繇之精能極逸少之

楷則頊因左宦曾牧兹郡才大事簡居多翫閱錄干祿字樣鐫于貞石仍許傳本示諸後生一二工人用爲衣食業晝夜不息刓缺遂多親姪頵頊牧天台懼將磨滅欲以文字移於他石資用乏不能克終漢公謬忝棠陰獲覩墨妙得以餘俸成頵之意自看摹勒不差纖毫庶使筆蹤傳於久永時開成四年六月廿九日刺史楊漢公記

附勾詠記

柳公權對穆宗用筆法曰心正則筆正是言也雖公權時以筆諫然論書法理固如是余觀顏魯公



筆跡乃知公權之言不忘魯公忠正人也功名事業列於國史其全德偉行英風義烈貫映千古文學之外尤工隸書大小二體筆力遒勁如服介胄如冠獬廌凜凜乎若詣盧杞而叱希烈有不可犯之勢蓋其心畫所寓誠可畏而仰之往由左宦臨牧吳興服膺書干祿字樣鐫刻于石傳示後生然石刻在刺史宅東廳院傳之惟艱故世罕得善本而蜀士大夫所見惟板刻尤鮮得其真府尹龍閣宇文公比刺湖州得魯公所書與楊漢公所摹二本特爲精詳公深喜魯公書於干祿字樣尤致意焉非獨愛其字樣而且愛其書法之工非止愛其書法而又愛其心術之正惟愛之篤故惜其久而淪廢於是俾以楊蜀二本叅校若顏書之刓缺者以二本補焉不可推究者闕之合通顏書之士摹勒刊石于泮使學者矜式且欲所傳之廣噫魯公所書實大歷九年自大歷至開成僅踰甲子石已刓缺姪頵欲移他石不果後刺史楊漢公摹勒成頵志時開成四禩也自開成歷五季迄皇朝距今凡五甲子漢公傳本亦寖磨滅魯公真跡所存纔十四五爾矧公去郡今復幾載其石存亡不可知



幸而存焉無好古博雅君子寶而護之且有風雨摧剝之虞則彼筆蹤或未可保今公再傳茲石雖謂摹刻失真然梗槪猶在學者意解神悟尚庶幾得髣髴於斯抑自公始也紹興壬戌八月既望梓學教授成都勾詠記

夷門廣牘右干祿字書再以魯公石刻校之多所更定惟平聲有篪字在四支韻中是作壎篪之篪當竹下从虒今乃从虎自讀爲虎而非可音池也上聲有惚字在十九皓韻中同爲惱攷字書惱字別無此體卽恍惚之惚也音忽夫此帖自唐入宋

已經傳刻當時亦云寖磨滅矣況後世苟簡書寫
先正之風日遠又安知非烏焉之類乎二字俱誤
無疑姑識于此嘉靖丁亥歲春丹陽孫沐書
石墨鐫華此本模刻最多故魯公面目十失八九
世人所傳乃漢公模本真本以不完遂不傳然則
真本不知在否但得漢公本猶勝木本也又讀王
元美跋乃謂無一筆縱緩藏之爲臨池指南元美
好古或宜有真本

蜀碑記補卷八終



# 蜀碑記補卷九

補輿地碑記目所未有　綿州李調元童山撰

直隸瀘州二　直隸資州屬二

## 直隸瀘州

### 武侯廟碑

瀘州寶山之瀘峯有武侯廟碑每歲蠻人貢馬相率拜於廟前宋劉光祖詩云蜀人所至祠遺像蠻徼猶知問舊碑

## 內江縣

### 太尉公墓中畫象（字原云在資州內江縣資州本屬成都府今爲直隸州內江縣屬之）

隸續云太尉公墓中畫象蜀人謂之燕王墓人物未知何所依據一石橫四尺高二尺有半兩傍人高坐右方有伏尉公三字左方有右將軍韓侯子本七字又一石七八分坐三席其中一席二人題其左曰高陵侯右曰曲口侯人物字畫比前石甚小伏尉公葢是用伏爲大卽太尉公也建武中右將軍官廢漢末方復有之益州十二郡國二百年間五人爲三公至太尉者南鄭李固成都趙戒戒之孫謙二趙在威宗獻帝時成都去內江不遠豈其家墓耶

漢陳君閣道碑永建五年字原云在資州內江縣

碑目云在滎井壩層崖之腹碑云漢安長蜀郡青衣陳君省去根閣令就土著郵亭掾尹厚勒此石隸續云漢安舊屬犍爲根字未見所出所謂根閣者猶李翕郙閣何君尊楗閣之比

井研縣

諸葛行鍋八分書

丹鉛錄井研縣中有掘地者得一釜鐵色光瑩將來造飯少頃即熟一鄉皆異有爭之者不得共舉於縣中令君命取看未至堂下失手落地分之爲



二中乃夾底心懸一符文不可辨旁有八分書諸葛行鍋四字

考輿地碑記目所已有　直隸資州屬一

仁壽縣

歐陽詢金剛經碑据王氏言在佛龕山不注年月按唐碑考率更碑帖書存於世者十一碑一九成宮醴泉銘貞觀六年四月一化度寺邕禪師碑貞觀五年十一月一皇甫府君碑一虞恭公碑貞觀十一年一西林道場碑大業十三年一屯衛大將軍姚辨墓志大業七年十月一江夏縣緣果道場碑塔記一鄱陽帖一夢奠帖一孝經一千字文皆不言金剛疑贋書也

蜀碑記補卷九終

# 蜀碑記補卷十

補輿地碑記目所未有　綿州李調元童山撰

直隸綿州屬三

## 直隸綿州

漢平陽府君神道（字原云在綿州州本屬成都府今改直隸州）

題云漢平陽府君叔神道凡八字字原云刻於石闕椽首墨寶云平陽必姓名如建平太守之類叔其字也隸續止有平陽府君叔神六字

漢刺史李項碣（在綿州巴西縣今在開元寺文字磨滅見天下碑錄按綿州古稱巴西郡見寰宇記縣今廢）



漢張寬碣（在綿州東四十步見天下碑錄）

仲秋下旬碑（墨寶云在綿州）

字原云額五字上二字不可辨第三楊字第四元字第五似秀字而不明碑式云有穿兩旁有大白紋如暈之狀碑十三行行二十三字其上一半皆漫滅隸釋云字畫淸逸頗類劉寬碑但石損字闕所餘無幾復齋碑目作楊元君仲秋下旬碑墨寶云俗以爲文處茂碑

## 綿竹縣

漢沈子琚碑（熹平五年字原云在漢州墨寶云在綿竹縣綿江堰側光武廟中）

隸釋云沈君字子琚其名不可辨碑載沈君以熹平三年十月到郡綿竹令樊君以次年三月到縣雖石多剝缺文句斷續其間指意猶可推尋蓋二人相繼到官俱以移風惠民爲意碑稱其視事之初百姓躬耕者少溉田仰荒有遣都水掾水曹史等姓名有繕作㶅灘之句又有陂田及渠口之字末云水由池中通利便好五稼豐茂人民歸附所紀蓋水利之事也蜀人謂之綿竹江堰碑姑因其名云考天下碑錄子琚作子璩

## 梓潼縣



漢五婦神廟碑（在縣北四十里見寰宇記）

漢沛相范君闕（碑目云在梓潼縣東六里）

天下碑錄云漢沛相劍門范皮墓闕文字不甚多記名目而已隸續云圖經有范伯皮闕蜀人云范君有二闕周迴十六字多磨滅今在鳳皇山寺前麥田中近得范君一闕其上橫刻四字尚可認曰府君神道字之下刻四人物次横又有一馬最下三方有白紋其中似嘗刻字闕上四人皆向右行更有一石其人却向左行恐是范之右闕闕旁之軛堅厚如石其重十斤田夫耕墾時或得之上有

小篆韻語每輒十行行一句一在汪聖錫家其文曰嗟痛明時仲治元年結僤孳孳履踐聖門知辨賜張口嘸孔言寬博口約性能淵泉帶徒千八行無遺愆予亦得其一云德積未報曷尤乾巛茂而不實顏氏暴顛非獨范子古今皆然想貌睹形刻畫諸先設往有知豈復恨焉石上姓名雖淪滅而輒文有范字可證乃知范君名皮字仲治圖經誤衍伯字按輿地碑目作沛國范伯友墓石闕則又誤相爲國誤皮爲友

德陽縣



漢上庸長闕文在德陽縣靈龕鎮見天下碑錄按鎮在羅江縣西二十里舊德陽屬也今訛爲林坎鎮按顧氏碑考引字原云司馬孟臺神道在漢川今爲漢州屬成都府題云故上庸長司馬君孟臺神道凡十一字隸釋云銘文皴剝而字札甚精復齋碑錄作上庸闕文誤也

考輿地碑記目所巳有　直隸綿州屬一　直隸達州一

梓潼縣

雍勸闕碑輿地碑目云在梓潼縣北二里梓潼縣今屬四川綿州碑式云漢故趙國相雝府君之闕十大隸字爲兩行其文一面五行一面三行行二十三字第七及第十五字下皆有橫畫第一重惟首行及第四五行則七字餘皆虛其下一字金石錄云其前歷敘家世官爵而所述雝君事甚畧故吏民漢中太守邯鄲某等慕戀恩德刊石稱頌焉隸釋云此碑全類魏晉間所書劉備及劉淵國中所刻碑亦題爲漢存於今者如車騎將軍闕成獻王碑是也此刻甚可疑但無年歲可證趙氏又眞諸漢碑中故存之天下碑錄作縣東二里按今碑在縣西碑錄及王氏皆誤

直隸達州



漢馮緄碑永康元年隸釋云在渠州字原云墨寶作達州此碑與馮煥神道馮煥殘碑告馮煥詔皆在渠州流江縣達州永陸縣之間鄭靄先在夔路得之故墨寶作達州實渠州境按渠州今爲縣屬順慶府達州屬夔州府流江永陸二縣今廢其地一併入渠縣一併入達州額題云漢故車騎將軍馮公之碑十篆字爲二行碑式云有穿在第五字之中文十四行行三十四字將軍體淸守約句將軍字平闕後空三行書威宗得謚之因

補輿地碑記目所未有

蜀中未詳地名各碑

劉涇蘭亭刻

宋桑世昌蘭亭考第十一卷傳刻括蒼三本會宇全有界行後題摹家留刻仙都紹聖丁丑蜀人劉涇按今刻石無可考仙都意卽忠州仙都觀也存疑松窗雜錄載元宋先天時所有異物如雷公鎖辟塵犀簪暖金之類凡十有四西蜀織成蘭亭攷是其一也書之以見蜀俗之好古按李心傳題跋俞壽翁續蘭亭考一卷有淳祐初年題魯雲林所藏本款云後山陰修禊之八百六十有九年仲冬



月上朔蜀人李心傳觀亦奇款也按嘉禾俞壽翁松集蘭亭續考井研李心傳序內載米元章題劉涇所收唐絹本云劉郎無物可縈心沈迷蠹鎌與斷簡求新不獲狂時發自謂下取且謾眼猶嗟斯人今實尠我欲從之官有限何時大叫劉子前蹈閬墨皇三復返劉涇本見于此所稱絹本按蜀又有織成者

侍中楊文父神道 未詳所在

題云漢楊侍中文父之神道凡九字隸續云字體格與馮幽州闕相似必西川所刻者

延年椁字 永初七年隸續云在蜀中

其文云永初七年四月廿日造焉是萬歲延年益壽郭凡十八字爲三行隸續云當是壽塚中所刻

永初甎文 永初元年隸續云近歲出蜀中

甎有二其一直書一行云永初元年縣師造其一云大吉羊宜侯王

浣花草堂碑 明內府書目載天下碑目所列四川碑失其地名

稽叔夜絕交書

唐碑考虞伯生云予幼來崇仁得河東所書絕交書石本云中書李公梅亭李公攜至蜀矣



顏眞卿清遠道士詩 曹溶金石表云在四川未言何地

蜀碑記補卷十畢

# 博物要覽

光緒七年出
墨緣子齋藏

以書生尠見而欲游百寶之市與富商大賈矜賞鑒之精勢必不能然而書冊所載可考而知則或有富商大賈所不能盡者古人以博物歸儒者洵非誣也余素無金玉之玩徒以久宦　京都再至領海足跡半天下凡夫珠玉犀象可珍可翫之物得之耳聞者固多目見者亦復不少居恒無事即爲之紀其名稱考其出産乃取國初谷應泰博物要覽一書未刻者刊行于世仍原名示不敢欺也雨村李調元序



博物要覽序畢

# 博物要覽總目錄

# 博物要覽目錄







# 博物要覽卷一

國初谷應泰撰　綿州　李調元　輯

志鼎彝　志雜器　志銅器

## 歷代鼎彝古器

古之銅器存於今日聊以適用數者論鼎者古之食器也故有五鼎三鼎之供今用爲焚香具者以今不用鼎供耳然鼎之大小有兩大者陳於廳堂小者寘之齋室隨時置宜今其款雅入格者開列如後

古鼎方者

文王鼎　亞虎父鼎



周召父鼎　周花足鼎已上上欵

已上皆方式四足週身花紋

南宮鼎爲次賞　周象簠鼎

百乳鼎爲下品

已上皆方式光素無紋

古鼎方而小者

王伯鼎　單從鼎

周豐鼎

已上皆方式而小花紋大雅可入賞格

古鼎員者

商父乙鼎　父已鼎
父癸鼎　若癸鼎
商子鼎　秉仲鼎
饕餮鼎　季娟鼎
已上皆員式足三花紋精美可入賞格
魚　鼎　周益鼎
素腹鼎次賞
已上皆員式三足花紋全無以其式雅可入次賞
商乙毛鼎　蟬紋鼎
父甲鼎　公非鼎



已上員式三足鼎口下微束花紋甚雅可充上賞
子父鼎飛龍三足有花紋精甚可入格
古鼎員而小者
周大叔鼎　垂花鼎
周緣鼎　唐三螭鼎
已上員而小者三足花紋特美可充上賞
古器式俗不堪入格者
辰腹鼎　雞腿方耳鼎
環耳歛口鼎
已上式俗款低下品之器

古彝員而花紋者
周鷹彝　父辛彝
商虎首彝　百摺彝
已上皆員而花紋式雅佳美可充上賞
古彝方而花紋者
周已酉彝方式而花紋雅美可入格
古彝員而异式者
百乳彝周身百乳有四耳爲上賞
已上諸彝皆堪爲堂上焚香之具
古鬲堪入格者



鬲爐式雅入格者
商母乙鬲　周蔑敖鬲
饕餮鬲　周師望鬲
已上式俱大雅可充賞玩
彝敦式雅入格者
周師望敦　兕敦
翼彝敦
已上俱式雅紋精可供堂上几筵之玩圖載宣和
博古圖中可用按圖索視
古雜器

卮者酒器也義取上窮而危知節卽無危矣寓戒之之意其製如人雙耳外垂又如腰腹翼耳俗云人面杯者是也

杯亦古酒器也以牛首爲製加以籠絡亦戒貪逸之意詩云酌彼兕觥是也

匜者矯口坦腹一靶捏手或三足或員足如鴨形者是也古人以爲盥洗注水之具今俗以卮爲匜以匜爲卮名金銀酒器者誤矣

盤洗二器盤深而洗淺盤用以承弃水內有銘篆者有招耳上冲者有盤內種種海獸者或用三螭爲足



或雷紋圓足又名彝盤俗指爲歃血盤非也今可用作香橼盤其洗用盥手故紋用雙魚用菱花有乳三足者有員足者有獸面翻環者今用以注水爲几筵主賓酬酢滌器似得古人遺意又有似洗而雙靶作掇手者名杅亦可作洗用

尊觚觶皆酒器也三器俱可插花觚尊口徹插花散漫不佳須打錫套管入內收口作一小孔以管束花不令斜倒又可注滚水插牡丹芙蓉等花

古之壺及缾用以注酒詩曰清酒百壺又曰缾之罄矣若古素溫壺口如蒜蒲式者俗名蒜蒲缾乃古壺也極便注滚水插牡丹芍藥之類塞口甚緊惟質厚者爲佳也它如粟紋壺方壺匾耳壺弓耳壺俱宜書室插花之用以花之多寡合宜此五器分置若周之螭缾螭首缾俗云觀音缾者今之酒壺全用此式更變漢之鷹缾形如缾子稍彎背有提梁此缾也俗例爲瓶子壺類誤矣另有瓶壺取詩云酌之以匏之義今以此瓶注水灌溉花草雅稱書室有蒲養蘭之具周有蟠虬瓿魚瓿罍瓿與上蟠螭螭首二缾俱可爲插多花之具

又若今之杖頭用鳩者以老人多噎鳩能治咽之義



故三代有鳩爲杖頭周身金銀塡嵌又見飛鳩頭周身鏒身以作椶竹杖飾妙甚若漢之蟠龍蟠螭杖頭形若瓜槌此便不如三代之式雅

漢有編鍾小而有韻者頗宜書齋清響但得宮商二音者爲最古

布錢有金嵌字者可作界畫之軸

用小樣三代提卣可作糊斗如伯盞瓶盤季姜盂兩耳杯製小者可作硯傍笔洗

鏡有盤陀光背質厚無紋極有受用次如銀背海獸蒲桃荔枝五岳圖形十二生肖寶花雲龍十二符四

靈三端三神八衛六花浮水七乳四乳十六花蟠螭
龍鳳雉馬等俱妙須要清瑩如水分毫無染俗謂面
無打攢輪轉周員形影不改爲貴又有如錢大小鏡
光背花背面無瘢痕更有滿背嵌金嵌銀片子鈒花
小鏡極可人意價亦高貴似不易得評者以爲徑尺
大鏡至三寸以上至如錢小鏡爲上格其五六七寸
者次之菱花八角又其次之方鏡最下者也
古銅腰帶鉤甚有盈尺長者其製有金銀碧瑱嵌者
有片金商者有等用獸爲肚者皆三代物它如羊頭
鈎螗螂捕蟬鈎有鈔金者皆秦漢物也今無所用書



齋用以掛畫掛塵拂等用甚雅
漢有雁足燈鳳軀燈有柄行燈用以秉燭若駝燈羊
燈犀燈用以燃油此皆文具中要用一器似不可缺
有盈尺淺槃下有三足製極精雅乃古之承盞槃也
且紋色甚佳今用爲香橼槖具別無取用也
有古銅蝦蟆蹲螭其製甚精古人不知何用今以爲
鎮紙又有大銅伏虎長可七八寸重有二三斤用爲
壓書妙甚

### 古銅青綠及褐色

曹明仲格古要論云銅器入土千年者色純青如翠
入水千年則色綠如瓜皆瑩潤如玉未及千年雖有
青綠而不瑩潤此語大概未盡然也若三代之物迄
今何止千年豈盡瑩潤而青綠各純色也若云入水
則綠入土則青其水銀色褐色并黑漆古者此又埋
於何地者也凡三代之器入土年遠近山岡者多青
山氣蒸濕鬱而成青近河源者水氣滷浸潤而成綠
余見一物乃三代款識半身水浸年遠水痕涸溢數
層此爲入水無疑而色乃純青其著水潭底方寸則
黃綠色則水土之說豈盡然哉余思鑄銅之時銅質
青瑩不雜者多成青質之渾雜者多成綠譬之白金



成色足者作器純白久乃成黑色不足者久則成紅
成綠此論質不論製理可推矣它如古墓中近尸者
作水銀色然水銀色亦分二種有銀色有鉛色惟鏡
居多者尸以水銀爲殮彼世死者以鏡相遺殮者以
鏡殉取照幽明之義故銅質清瑩者先得水銀沾染
年久入骨滿背皆成銀色千古亮白謂之銀背其有
先受血水穢汚始得水銀浸入銅質原雜則色如鉛
年遠色滯則色如鉛者其半有水銀半青綠硃砂斑
堆者先因受血肉穢腐其半日久釀成青綠其淨者
仍染水鏡故一鏡之背二色兼雜也今之古鏡以水

銀爲上鉛背次之青綠又次之又若鉛背埋土年遠遂變純黑名爲黑漆古此價又高而此色甚易爲假至有古銅鼎彝亦有水銀色何也此在墓中得水銀散漫之氣沾染而成故惟一角一耳有之或地近生水銀處亦成此色所以鼎彝無全水銀色而鐘磬則萬無一二矣上古銅器以質厚爲佳年既久遠土銹侵骨質已鬆脆厚者尚有受用薄者若少擊搏不破卽裂又如無青綠而有純紫褐色者格古要論以爲人間流傳之色此說非是三代之物因入土沈埋後人方得集以傳世若云三代流傳到今方有此色何



能在世數千年不爲兵燹銷爍破損沈淪者耶此等器皿皆因出自高阜古塚磚宮石室燥地祕藏又無水土浸潤又無尸氣沾惹列之石案間惟地氣蒸潤且原製精美光瑩變爲褐色純一不雜故鼎彝居多而小物并秦漢物褐色純少近見褐色上有青綠點子乃出土之後人以醎酸之味點染而成非透骨綠色故褐色上有雲頭班芝麻點硃砂片幷青綠雨雪點者此爲傳世物也非傳世上三五千年始成褐色故古銅以褐色爲上水銀黑漆鼎彝爲次青綠者又次也若得純青純綠一色不雜瑩若水磨光彩射目者又在褐色之上故宣廟銅器喜倣褐色凡宣銅褐色爲多凡銅器出自三代不惟青綠瑩潤其質其製其花紋款識非後人可能彷彿自不能僞若格古要論所云必三代之物方有硃砂班此大謬矣宋元之物亦有大片硃班若魚子者更多蓋因受人血氣浸染便成硃班亦有一二層堆壘者刀刮摩擦不可泯也豈盡三代物哉不可不考

新鑄僞古器顏色

明時山東陝西河南金陵等處僞造彝鼎壺觚尊缾之類式皆法古分寸不遺而花紋款識悉從古器上



翻砂亦不甚差但以古器相形則迥然別矣其上僞色之法以井花水調泥礬浸一伏時取起烘乾再浸再烘三度爲止各作脚色候乾以磠砂膽礬寒水石硼砂金絲礬各爲末以青鹽水化淨筆蘸刷三兩度候一兩日洗去乾又洗之全在調停顏色水洗工夫須三五度方定次掘一地坑以炭火燒紅令遍將醲醋澆下坑中放銅器入內仍以醋糟罨之加土覆實窨藏三日後取看卽生各色班點用蠟擦之要色深者用竹葉燒烟薰之其點綴顏色有寒煴二法均用明乳香合入口嚼濇味去盡方配　蠟融和其色青

以石青投入蠟內綠用四支綠紅用硃砂熅用蠟多寒則乳蠟相半以此點成凸起顏色其推蓋用滷銹針砂其水銀色以水銀砂錫塗抹鼎彝邊角上以法蠟顏色暈盋隱露些少以愚隸家用手擦摩則香腥觸鼻洗不可去或做成入鹽滷地內埋藏二三年者似有古意

宣銅爐鼎款式顏色

宣德之銅器以爐鼎為首爐之製有辨焉色有辨焉款有辨焉取其製式之美者宣書室登几案入賞鑒者開列如左



魚耳爐　鰍耳爐（一名蜒蚰耳）

乳　爐　百摺彝爐

戟耳爐　天雞彝爐

方員爐　石榴足爐

橘囊爐　香奩爐

高足押經爐

已上諸款皆上品賞鑒也

角端爐　象鼻爐

獸面爐　象頭爐

扁　爐　六稜四方直腳爐

漏空桶爐　竹節爐

分鐺索耳爐　馬槽爐

臺几爐　三元爐

太極爐　井口爐

已上品格卑俗雖屬宣鑄皆下等物也

上鑄造顏色

宣鑄如魚耳蜒耳押經等爐多有鑄耳者蓋宣爐之式多倣宋磁爐式中有身耳逼近施錯無餘地者乃別鑄耳磨治釘入分寸始合也釘耳多僞宣爐鑄耳不稱者毀去更鑄十不一存所如魚耳蜒耳真宣銅



者尤為難得故僞造者但能作釘耳也

宣爐之色不一倣宋燒班色者初年色（尚沿永樂爐製）

蠟茶本年中年色（宣德中年爐之色愈工謂燒班色掩其銅質之精乃尚本色用番硇砂擦薰浸洗為之也）

藏經色比本色愈淡末年色也（宣德末年爐色愈淡銅質愈顯故後人評宣爐色五等謂栗色茄皮色棠梨色褐色而以藏經紙色為最）

鎏金色者次本色為其掩銅質也（鎏腹以正曰湧祥雲鎏口以上曰覆祥雲）

雜皮紋者覆首色火氣久而成也（跡如雜皮拂之實無跡）

本色之厄有二嘉靖隆慶之間有燒班厄（時向燒班有取本色

眞爐重加燒斑

本色之厄近有磨新厄過求銅質之露取本色爐磨治一新至有一歲再磨者

款亦辨製辨色焉宣德爐款陰印陽天眞書大明宣德製字完整地平潤與爐色相等非經彫剔薰造者爲佳

宣銅蠟茶鋈金二色最佳蠟茶色以水銀浸擦入肉薰洗爲之鋈金以金鑠爲泥數四塗抹火炙成赤所費不貲豈民間可能彷彿

宣爐惟色不可僞爲其眞者色闇然奇光在裏望之如一柔物可接掐然迫視如膚肉內色火蒸之彩爛善變僞者外光奪目內質裏踈槁然矣傳宣德時內



佛殿災金銀銅像渾而液因用鑄炉非也宣廟欲鑄爐問鑄工銅何法煉而佳工奏煉至六則現珠光寳色異恒銅矣上曰煉十二煉十二巳條之置鐵鋼篩格赤炭鎔之其銅之精萃者先滴則以存格上者乃銅之渣滓卽以作它器

宣爐眞而好者有無款識者乃進呈樣爐也宣德當年監造者每種鑄成不敢鑄款呈上准用方依樣鑄款其製質特精流傳至今謂有款易售取宣別器款色配者鑿空嵌入其縫合在款間邊際但從覆手審視覺有微痕

博物要覽卷一



博物要覽目錄

博物要覽卷二

國初谷應泰撰　緜州　李調元　輯

志窑器

汝官哥窑

昔人論窑器者必曰柴汝官哥柴則余未之見且論製不一有云青如天明如鏡薄如紙聲如磬是薄磁而格古要論云柴窑足多黄土何相懸也汝窑余常見之其色卵白汁水瑩厚如堆脂然汁中棕眼隱若蟹爪底有脂麻花細小掙針余見一蒲盧大壺圓底光若僧首圓處密排細小掙針數十上如吹塤收起



觜若筆帽僅二寸直槊向天壺口徑四寸許上如罩蓋腹大僅尺製亦奇矣又見碟子大小數枚圓淺瓮腹磬口泑足底有細釘以官窑較之質製瑩勝

官哥窑器皿

官窑品格大率與哥窑相似色取粉青爲上淡白次之油灰色色之下也紋取冰裂鱔血爲上梅紋片墨紋次之細碎紋紋之下也論製之器如

商庚鼎　純素鼎

葱管空足乳爐　冲耳乳爐

商貫耳弓壺　周貫耳壺

漢耳環壺　父已尊

祖丁尊　葱管脚鼎爐

環耳汝爐　小竹節雲脚桶爐

冲耳牛奶足小爐　戟耳彝爐

盤口束腰桶肚大缾　一戈立戈觚

周小圓觚　素觚

紙槌缾　膽缾

雙耳匙筯缾　筆筒

筆格　元葵笔洗

桶樣大洗　甕肚鉢盂二洗



水中丞　雙桃水注

扁淺磬口槊　方印色池

四入角印池　委角印池

有文圖書　戟耳彝爐

小方蓍草缾　竹節段壁缾

已上諸器皆官哥窑之上乘品也

橋爐　六稜缾

盤口紙槌缾　大蓍草缾

鼓爐　菱花壁缾

多觜花罐　肥腹漢壺

大椀　中椀
茶盞茶托　提包茶壺
六稜酒壺　瓜壺
蓮子壺　方員八角酒甕
各製酒杯　大小員碟
河西碟　荷葉盤
桶子箍碟　縧環水池
大酒海　方員花盆
菖蒲盆　龜背縧環六角花盆
觀音像　彌勒洞賓像



雞頭罐　楂斗
員硯　筯搠
篆隸圖書　象棋子
齊筯小碟　螭虎鎮紙
已上諸器皆官哥窰之中乘品也
大雙耳高缾　徑尺大盤
夾底骰盆　大撞梅花瓣春勝合子
棋子罐　大扁獸耳彝敦
鳥食罐　編龍小花缾
大小平口藥罈　各製小罐

肥皂罐　中菓合子
蟋蟀盆事件　供水碗
束腰六角小架
已上諸器皆官哥窰之下乘品也
官窰者燒於宋修內司中為官家造也窰在杭州鳳皇山下其土紫故足色若鐵時云紫口鐵足紫口乃器口上仰泑水流下比周身較淺故口露紫痕此何足貴惟尚鐵足以它處之土咸不及此地
哥窰者燒於私家取土亦在鳳皇山官窰質之隱紋如蟹爪哥窰質之隱紋如魚子但汁泑不如官窰料



佳乎二窰燒出器皿時有窰變狀類蝴蝶禽鳥麟豹等像本于本色泑外變色或黃或紫紅肖形可愛皆文明乃火之幻化否則理不可曉似更難得後有薰窰烏泥窰官窰質粗不潤而泑水燥暴溷入官哥窰今亦傳世後元末新燒宛不及此近年諸窰美者亦有可取惟紫骨與粉青色不相似耳若今新燒去諸窰遠甚亦有粉青色乾燥無華即光潤者變為綠色且索文價愚人更有一種後燒者取舊官哥磁器如爐欠耳足缾損口稜者以舊補舊加以泑藥一火燒成如舊製無二但補處色渾而本質乾燥不甚精得

此更勝新者

定窯

定器乃宋時北定州造也其色白間有紫色黑色者然俱白骨加以泑水有如淚痕者爲最其紋有畫花綉花印花三種多用牡丹萱草飛鳳三種時造甚有佳器式多工巧開列如後

獸面彝爐　子父鼎爐
獸頭雲板脚桶爐　膽　餅
花　尊　花　觚
合子内有三四寸者　孩兒持蓮葉枕



長樣兩角楪　四角蓮瓣
洞賓觀音像　水中丞
各種餅罐　燈　檠
大小椀盞　酒　壺
茶　注　蟾蜍注
瓜　注　茄　注
菖蒲盆底　坐　墩
花　囊

已上諸器皆定器上品

定窯器皿以宣和政和年造者佳時爲御府燒造色白質薄土色如玉物價甚高其紫黑者亦少有余僅見一二種其器色黃質厚者下品也又若骨色青涸如油灰者彼地俗名後土窯又其下也近如新仿定器如文王鼎爐獸面戟耳彝爐不減定人製法可用亂眞若周丹泉初燒爲佳亦須磨去滿面火氣可玩若玉蘭花杯雖巧似入惡道且輪廻甚速又若繼周而燒者合爐桶爐以鎖子申毬門錦龜紋穿挽爲花地者製作極工不入淸賞且質較丹泉之造遠甚元時彭君寶仿定窯燒于霍州者名曰彭窯又曰霍窯效古定折腰製者甚工土骨細白凡口皆滑惟欠潤



澤且質極脆不堪眞賞

古龍泉窯

定窯而下古龍泉窯次之古龍泉窯土細質薄色甚葱翠妙者與官哥窯爭艷但少紋片紫骨耳其製器款如

花餅　花　觚
蓍草花餅　鬲　爐
桶　爐　有耳束腰小爐
菖蒲盆底　酒　斝
水　盤　深腹盥槃

大乳鉢　　　　葫蘆缾
酒　海　　　　大小藥有花紋精甚
坐　鼓　　　　高　墩
大獸蓋香爐　　燭　臺
立地插海大缾

已上皆古龍泉窰器之精款者但工匠甚拙製不甚佳僅可通用而器質厚實極耐摩弄不易茆蔑行家以窰器損露日蔑剝落稍日茆

古建窰

古建窰器多鷩口碗盞色黑而滋潤黄兔毫班滴珠



大者爲眞但體極厚薄者少見

均窰

均州窰有硃砂紅葱翠青俗名鸚哥綠者茄皮紫紅如胭脂青若葱翠紫若墨黑三者色純無少變露者爲上品底有一二數目字號爲記豬肝色火裏紅青綠錯雜若垂涎色皆上三色之燒不足者非别有此色樣俗卽取名鼻涕猪肝等名是可笑耳此窰惟種菖蒲盆底佳甚其他如坐墩爐合方缾罐子俱是黄沙泥坯故器質粗厚不佳雜物人多不尚近來新燒此窰皆宜興砂土爲骨泑水微似製有佳者但不耐用耳

大食窰

大食窰者以銅爲器皿用藥料燒成五色有香爐花缾合子之類窰之最下者也

玻璃窰

玻璃窰出自島夷惟閩中有之其製不一奈無雅品惟缾之小者有佳趣它如酒鍾高罐盤盂高脚勸杯等物無一可取色有白纏絲天青黄鎖口三種俱可觀但不耐用耳

新舊饒窰即江西景德鎭燒造者



古之燒造饒器進御者體薄而潤色白花青較定少次元燒小足印花内有樞府字號者價重且不易得若我明永樂年造壓手杯坦口折腰沙足滑底中心畫有雙獅滾毬毬内篆書大明永樂年製六字或四字細若粒米此爲上品鴛鴦心者次之花心者又其次也杯外青花深翠式樣精妙傳世可久價亦甚高若近時仿効規製蠢厚火底火足畧得形似殊無可觀宣德年造紅魚靶杯以西紅寶石爲末圖畫魚形自骨内燒出凸起寶光鮮紅奪目若紫黑色者火候失手似稍次矣青花者如龍松梅花靶杯人物蓮子

酒卮杯硃砂小壺大椀色紅如日用白鎖口又如竹節卮罩蓋滷壺小壺此等物古未有它如妙用種種惟小巧之物最佳描畫不苟而爐餅槃碟最多製如常品若罩蓋扁罐敞口花尊蜜食桶罐甚美多五彩燒色它如蓋心有壇字白甌所謂壇盞是也質細料厚式美足用眞文房佳器又有等白茶盞較壇盞少低而瓮肚釜底線足光瑩如玉內有絶細龍鳳暗花底有大明宣德年製暗款隱隱橘皮紋起雖定磁何能比方眞一代絶品惜乎外不多見又若坐墩之美如漏空花紋填以五彩華若雲錦又以五彩實填花



紋花紋絢艷恍目二種皆深青地子有藍地填畫五彩如石青剔花有青花白地有冰製紋者種種式樣似非前代曾有

成窰上品無過五彩葡萄甃口扁肚卮杯式較宣杯妙甚次若草虫可口子母鷄勸杯人物蓮子酒盞五供養淺蓋草虫小盞青花紙薄酒盞五彩齊筯小碟香合各製小罐皆精妙可人余評青花成窰不及宣窰五彩宣廟不如憲廟盖宣窰之青乃蘇泥勃青也後俱用盡至成化時皆平等青矣宣窰五彩深厚堆垜故不甚佳而成窰五色用色淺淡頗有畫意此余評似確然矣

嘉窰青花五彩二窰製器悉備奈何饒土入地漸惡較之二窰往時代不相侔有小白甌內燒茶字酒字棗湯姜湯字者乃世宗經籙醮壇用器亦曰壇琖製度質料迥不及宣德矣嘉窰如磬口饅心員足外燒三色魚扁琖紅鉛小花合子其大如錢二品亦爲世珍小合子花青畫美向後恐官窰不能有此物矣得者珍之

博物要覽卷二

博物要覽目錄

卷三　志黄金







博物要覽卷三

志金　國初谷應泰撰　緜州　李調元　輯

黄金所産地

黄金産益州四川或生水中沙際

黄金産益州梁州甯州四川産水沙中作屑謂之生金

黄金産建平晉安俱福建出石中乃金砂矣燒煉鼓鑄爲碣雖被火亦未熟猶須更煉

一産嶺南獠夷洞中出獠蠻洞中如赤黑碎石金鐵屎之類南人云此金乃毒蛇齒落石上而成又云毒蛇屎及鴆鳥屎著石上皆碎卽成此等生金有大毒殺人

一産饒州又産信州俱江西産饒州山谷砂中顆如米粒産信州山石中顆如荳顆而圓

一産南劍州澄州俱四川産劍州者乃砂金顆如沙粒淘漉鑄煉而成産澄州者乃塊金在山谷土中掘出顆塊如石狀

一產雲南麗江
產麗水中卽古語云金生麗水處也金浮水面如
沙糖土人以鉄杓取之鑄煉方成
一產鄱陽樂安 江西
產二郡土鑿土十餘丈披沙之中所得大者如荳
小如粟米
一產黔南遂府吉州
三郡所產皆沙中淘漉而出如麩片名麩片金
一產富州賓州涪縣
三郡皆產江漢河沙中居人多養鵞鴨㗖食取糞



以淘取金片日得多寡不等金色不如金之下品
艮金十種
第一馬蹄金
產林邑國名紫磨金又名陽邁金山林邑山峒石
中鑿石取之狀如馬蹄每得必雙每二蹄成一斤
足十二成至難得又名馬蹄金乃生金也
第二橄欖金
產嶺南乃荆南山土中顆形大如橄欖兩頭皆尖
紅紫色足十二成不煩淘煉自然顆粒亦生金也
第三瓜子金
產漢江五溪江中大如瓜子足赤十一成不須淘
煉自然顆粒亦生金也
第四顆塊金
產雲南麗江諸處或土砂中及江砂中顆塊如山
石狀有大塊十餘斤或五六斤一斤八九兩及兩
許者不等足赤十一成不須淘煉自然顆塊亦生
金也
第五胯子金
產湖廣湖南北諸郡砂土中像臈茶腰帶胯子足
赤十一成不須淘煉自然顆塊亦生金也



第六麩片金
產高麗國砂土中土人淘漉而出如麥麩之片足
赤十成土人鑄煉成小餅每十七餅成一兩乃熟
金也
第七豆瓣金
產梁州土中掘土十餘丈方見形員扁如豆瓣狀
足赤十成土人鑄煉成錠每錠重乙兩六七錢不
等乃熟金也
第八麥顆金
產梁州屬縣山石砂土中形尖如麥足赤十成

土人淘煉而成小鋌重三錢三四金亦熟金也

第九沙子金

產湖廣湖南屬縣江水砂中土人淘砂鑄煉而成

小餅重輕不等足赤十成亦熟金也

第十葉子金

產雲南省城者爲道地各店鋪戶將雜色足赤金

拍造葉子有八色九色至九五色止無十成者亦

熟金也諸金中惟葉子金爲最下

生熟金性良惡

本草陳藏器言生金有大毒能殺人云不可入口而



本草綱目則云無毒李時珍云生金與黃金一体而

有生熟之分嘗見人取金掘地至深丈餘至紛子石

石皆一頭黑焦石下有金大者如指小者猶蔴豆色

如桑黃咬時極軟卽是眞金工匠竊而吞者不見有

毒其麩金出水沙中氈上淘取或鵞鴨腹中得之卽

便鑄造打造器物入藥煎取金汁卽堪鎮心

生金一種至毒者出交廣山石內赤而有大毒能殺

人須煉十餘次毒乃已

熟金至艮者有丹穴之還丹金焉金出丹穴中體含

丹砂色尤鮮赤合丹砂服之希世之寶也

外域眞金五種

波斯國紫磨金

東丹國青金

林邑國赤金

西洋國綠金

占城國黃金

假金十五種

水銀金　丹砂金

雄黃金　雌黃金

硫黃金　魯青金



石綠金　石膽金

母砂金　白錫金

黑鉛金已上假金皆藥煮成　銅金

生鐵金　熟鐵金

鍮石金亦用藥點成者

辨黃金眞僞法

黃金眞者剪開有茶口寶光射目脚如新開菜花鬆

黃鮮艷如茶口閃色光潤脚帶紅色者內有紅銅器

子脚帶青色者有銀氣以此别識萬無一錯

凡看金器或錠金先看底面金色昏滯而帶黑氣內

有銅氣多也看金錠法將錠用小鋼鑽于兜底鑽一孔用水銀傾入孔中

眞金味甜而有香如松花凡欲試者將金物于掌心摩熱嗅有香含之味甘者眞金也若嗅之氣腥含之味鹹而苦者內有銅氣或藥點者

凡看金物于杉木卓上金物於手中從高投下卓然不動良久微顫者眞金也投下直躍去者內有銅也投下連顫者內有銀也投下卓然不動良久不微顫而寂然者內有鐵也

凡看金物不可于日中及燈下看之日色及燈光最



能爍眼致令看金不准須于明朗背光處細細留心觀看眞僞自見也

凡疑金物非眞要見原質者用食調山黃泥塗金器入熾炭火中猛煅若有假僞其器即黑

又法以碧綠膽礬濃調水塗金器上入炭火中煅黃者眞黑者僞

又法看金鐲扁方內防包夾者將鐲舒開用竹筒一枚將金鐲箍上若眞金一圈即湊合柔軟若內中有包夾者入手生硬上筒不圓凹凸歪斜也

辨金器眞僞法

凡辨夾金錠或夾金器皿用淡金或銀使赤金葉裹就熟研上錠子僞造者鎚痕器皿看底足有縫即是如無縫看唇耳厚薄必有隙露入手硬夾器也

凡金器有僞造者多用石綠雌黃水銀辰砂縮錫及倭硫黃等再用藥點而試之之法以好釅醋一大盞調眞膽礬青鹽黃泥塗器上一伏時於猛炭火中煅之若眞者色黃如煅者色黑而有小片如鐵屑葉葉落器質成青黑色矣

金器著假多在爵杯酒壺八仙人物走獸空處甚易如酒爵著假在三足中或用鉛條或用鐵屑和膠砂



調稠塡滿三足看法將酒爵再四搖撼中有聲漸漸而響者內有鐵屑因年久膠解鐵屑落散故搖而有聲也

其酒壺著假多在底內用夾底中藏鐵片或鎔鉛貼之所著甚多而重試之之法將壺底用堅重石子或小鐵槌重重擊之一下若眞者金性最柔若遭擊後即或坎陷若有夾底雖擊如故壺裏之底光平不凸起者內有夾假也

八仙人物及走獸著假更多乃在腹中多用鐵屑膠砂或塡鉛錫辨之之法用極細鋼錐于背腹間及脚

頂處鑽下如眞者入若有鉛錫錐頭澀處不進以此
爲法眞僞立辨矣



博物要覽卷三

博物要覽目錄

卷四　志銀

骨董志卷四

志銀　國初谷應泰撰　綿州　李調元　輯

白銀所產地

一產雲南永昌府

生山石銀鉚中乃生銀

一產江西饒州樂平縣

產饒州樂平縣諸坑銀鉚中狀如硬錫文理粗錯

自然者眞

一產山西虢州

銀與金生處不同所在皆有而以虢州者爲勝此外



多鉛穢爲劣高麗作帖云非銀鉚所出然色青不如

虢州者

一產朱提縣 四川

朱提縣銀出礦中朱提銀八兩爲一流直一千五百

八十

一產始安興山縣

始興安山縣出銀產鉚有鉛穢須煉淨方白不煉

色青

一產桂陽州陽安縣

陽安產在陽礦中淨好無鉛穢不須煉冶自然瑩

白

一產閩中

建平山中時產銀淨好無鉛雜

一產浙中

衢溫二郡山中時有產者多鉛雜

一產荆州

產于荆州山礦中有鉛雜不淨

一產滇州 即雲南

產雲南各郡金坑中所得如亂絲者佳

外域銀四種



新羅國銀　波斯國銀

林邑國銀　雲南省銀

官估十三等銀

第一等金漆花銀

足白一百分足

第二等濃稠花銀

足白九十九分九釐

第三茶花銀

足白九十八分八釐

第四大胡花銀

次白九十九分七釐

第五薄花銀

次白九十九分六釐九六色

第六薄花細滲

次白九十九分五釐九五色

第七紙灰花銀

次白九十九分四釐九四色

第八細滲銀

次白九十九分三釐九三色

第九麤滲銀

微赤九十九分一釐九色



第十斷滲銀

次赤九十八分五釐八五色

第十一無滲銀

正赤九十七分五釐七五色

假銀十三種

水銀　銀草草

砂銀　曾青銀

石綠銀　雄黃銀

雌黃銀　硫黃銀

膽礬銀　靈草銀

丹陽銅銀　鐵銀

白錫銀

已上俱藥點煉而成毫無銀氣

銅銀用藥點造者

鼎銀　鋼猫銅銀

白爐雜　天盞地

頓鑵　一見九

二見三　白銅

插香鋌　硇銀

已上俱銅銀將藥點者傾銷入爐即隨焰飛或成



黑滓不銷者皆已上諸種也

白銀所產狀貌顏色

凡銀或生山中或生石鉚內然色要白不可帶青青者銀內有鉛也

生銀初產狀如硬錫若生金礦中所得及在土中或石內滲漏成條若絲髮狀土人謂之老翁鬚極難得方書用生銀必得此乃真

波斯國有天生藥銀用爲試藥指環又燒硃瓮下多年沈積有銀號杯鉛銀光軟甚好與波斯國同功

相似祇是難得今燒錬家每一斤生鉛只錬一二銖

凡銀出於鉚必須煎煉方成故名熟銀其生銀卽不是鉚中出而特然者名老翁鬚大有實用如術士家以硃砂而成以鉛汞而成以焦銅而成者旣無造化之氣豈可入藥不可不別

閩浙荆湖饒信廣滇貴州交趾諸處山中皆產銀有鉚中錬出者有砂土中錬出者其生銀各稱銀笋銀牙是也亦曰山銀

辨銀器眞僞法



凡看銀器須用試金石擦看顏色便知高下更有一種白銅藥銀擦於石上亮白如足紋者便不可辨須將銀器以釅醋調石灰于炭火燒之眞者卽陷以此爲辨可也

看銀錠塊銀眞僞法

銀錠除全銅假銀之外又鑽鉛錠面底邊際皆原錠足紋惟中空灌鉛一定纔三四錢餘晃白僞者皆黑是也

銀器作假多在空心處內藏鐵砂鉛屑瓦磁漆石等項欲識其僞者將檀木或鐵梨木造小銀剪樣備用如銀器搖撼皆鉛耳作僞之法云于面下用鋼鋸截開利刀剜去腹銀以鉛填滿用銀汗藥將錠面汗好毫無隙漏名曰天蓋地試之之法于卓上將錠連旋眞者能轉僞者停處不動

碎銀有銅造成者底面絲孔如其或半定成一角做就毫無隙漏蓋用紅銅洋就煎開鏨成絲孔磨熟用礬梅諸藥煮成銀箔貼口及脚再煮方成與眞無異辨之之法用鋼剪剪開色閃青黃如蜒蚰光者是也

博物要覽卷四

博物要覽目錄





# 博物要覽卷五

志眞珠　國初谷應泰撰　綿州李調元輯

眞珠所產地

一產西洋

色白光耀明瑩有夜光者其價無等

一產廣東廉州

廉州邊海有洲島上有大池謂之珠池每歲刺史親監珠戶入池採老蚌剖取珠以充貢池雖在海上而人疑其底與海通池水乃淡此不可測其珠瑩白光鮮乃官珠中上等價有高下不等



廉州合浦縣海中有梅青嬰三池蛋人每以長繩繫腰攜籃入水拾蚌入籃即振繩令舟人急取之若有一線血浮水面則其人葬魚腹矣

一產蜀中西路女瓜鄉

女瓜地在蜀中有溪產珠光白鮮好與洋珠彷彿但不常有

一產河北塘濼

河北沿山塘濼有數處產珠亦有圍及寸者色多微紅珠母與廉州者不相類但清水急流處其珠色光白濁水及渟水不流處其珠昏暗也

一產淮南高郵及沿江
高郵甓社湖中若產珠蚌有極大蚌如門扉中含寶珠如拳每當望夕其光與日爭輝昔常有人見者百計取之不得土拾小蚌佐餐亦往往得細珠如米豆者
一產安南國
安南國海邊產明珠亦出蚌中國王禁民採取每歲於八月中秋夕看月色晴明則其年多珠或值陰晦則此歲珠少珠色瑩白微紅亦海珠中上品
一產廣西



廣西潯梧二郡沿海產珠色雖白而乏紅潤與合浦產者迥異而價亦賤北人不甚貴重
一產廣陽縣
廣陽縣產珠色青而光瑩卽馬價珠也
一產永昌郡博南縣
博南縣有光珠穴產光珠夜有光彩亦不常出
一產館陽縣
漢章帝永和元年明珠出館陶縣大如李有光耀
一產豫章海昏
豫章永和元年明珠出豫章海昏大如雞卵

一產鬱林州 鬱林明珠
漢和帝永元五年鬱林降人獻明珠圍五寸七分
一產蘇祿國 蘇祿寶珠
蘇祿國產大珠明永樂中貢大珠一顆重七兩五錢
一產日本國 如意寶珠
日本國產如意寶珠青色大如雞卵光彩四射云是鯨魚目睛
一產佛菻國 木難珠
佛菻國產木難珠碧色夜有光明云木難鳥口中



結沫所成
一產錫蘭山 珠簾沙明珠
錫蘭國中有珠簾沙沙中有螺蚌沙明珠國王命採珠戶網取傾入珠池採珠爲用
一產于闐國 瑟瑟明珠又名馬價珠
于闐國產瑟瑟明珠光彩晶明一珠好者易一駿馬因名馬價珠
一產占城國 朝霞大火珠
占城國產朝霞大火珠唐貞觀初遣使獻一顆大如雞卵狀如水晶日午時以艾藉珠可以取火

一産馬八兒國 蝦蠬珠
馬八兒國近占城常貢蝦蠬珠百顆大于彈丸光
明瑩白中成龍紋至寶也
一産㺃弭國 履水珠
㺃弭國于唐順宗朝獻御火雀及履水珠常堅冰
等物履水珠色黑大如雞子王命善浮者繫于左
臂遣之入龍池其人步驟波濤如履平地潛沉潭
底良久復出徧體略無霑溼
一産罽賓國 上清珠
唐代宗爲兒時元宗命取上清珠以絳紗囊之繫



于頸上珠卽罽賓國所貢者光明潔白可照一室
視之珠內有仙人玉女雲雀絳節之象搖動其中
及上卽位藏之寶庫每夜恆光明燭天
一産西洋國 青泥珠
唐武則天朝西洋國獻青泥珠一枚類拇指微青
后不知貴以施西明寺僧布于金剛額上後有講
席胡人來聽講見珠但于珠下諦視而意不在講
僧知其故問欲買此珠耶胡人云若必賣當致重
價僧初索千貫漸至萬貫胡悉不酬遂定至十萬
貫賣之胡得珠納腿內中還至西洋國僧尋奏聞

奏則天敕求此胡人數日得之使者問珠所在胡
於腿中取出則天召問貴賤得此何所用胡云西
國有泥泊泊中多珠多苦深不可得以此珠投泊
中泥悉成水其珠可得矣
一産渠泥國 水珠
唐開元十年大安國寺僧造功德開櫃閱寶物得
一珠狀如片石赤色夜有微光高數寸視其函封
曰值億萬月餘西域胡人閱寺求寶見珠大喜使
譯珠價值幾何僧曰一億萬胡人撫弄遲久而去
明日又至謂僧曰珠價誠值億萬今胡客入以四



千萬求市可乎僧喜問其故胡人曰貞觀初通好
來貢此珠後吾國念之今幸得此此水珠也每軍
行休時掘地二尺埋之水泉立至故軍行常不乏
水自珠亡後軍行每苦渴僧命掘土藏珠試之果
然清泉湧出僧取飲之方悟靈奇胡人持珠去不
知所之
一産羅刹國 火珠
羅刹國其人極陋國出火珠狀如水晶日正中時
以珠承影取艾依之卽時得火
一産渤泥國 力珠

渤泥國產力珠大如梅子色白有光以口含力能舉鼎可走及奔馬以此珠熨面面發寶光希世之寶也

一產南海辟珠

辟珠生南海椰子檳榔果殼中堅如鐵金銅不能損名曰聖鐵

古今奇珠

洞光珠

燕昭王時有黑鳥白頭集王之宮口啣洞光之珠圓經一尺此珠色黑如漆懸之室內百神不能隱其



精靈焉

照乘珠

魏王與齊威王會田于郊魏王曰寡人國小尚有徑寸之珠照車前後各十二乘者十枚豈以萬乘國而無寶乎

青沙珠

舜葬蒼梧之野有鳥如雀名曰憑霄自丹州而來啣青沙之珠積成壟阜名曰珠邱今蒼梧採藥者時得青石潔如珠服之不死帶者身輕

花影珠

漢高后時朱仲獻三寸珠視之中有花影一里之內所種花木皆見

照月珠

漢武帝太初元年起甘泉望風臺臺上得白珠如花一枚帝以賜董偃盛以琉璃之筐覆以錦蓋光如照月矣

昆明珠

漢武帝時昆明池有人釣魚綸絕而去魚遂通夢於武帝求去其鉤帝明日戲於池上見大魚啣索帝曰豈夢所見耶取而放之閱三日池邊得明珠一



雙帝曰豈非魚報耶

不夜光珠

漢成帝時眞臘國夷獻萬年蛤不夜光珠帝以蛤賜飛燕珠賜合德后以蛤裝玉成金霞帳帳中如滿月合德以珠獻后珠之照人無妍醜其形皆美麗

記事珠

唐元宗開元中張說為相有人惠一珠紺色有光名曰記事珠或有遺忘即玩弄此珠心神頓悟

滴翠珠

唐元宗時士人宋迺家有一珠大如雞卵微紺色瑩

激如水手持之映空而觀則末底一點凝翠其上色漸淺若回轉則翠處常在下不知何物或名曰滴翠珠

靈粟珠

唐同昌公主有神絲繡被上繡三千鴛鴦閒以奇花異草其精巧華麗世無其比上絡以靈粟之珠珠如粟粒有光耀五色輝映異寶也

夜光珠

唐同昌公主家豪富宮禁不如公主好爲葉子之戲至夜不點燭命侍妾以紅琉璃盛夜光珠一枚捧



之立於堂中而光明如晝矣

象田珠

白厚貧而圖昏娶劉純材女厚送烏瑠十事焚紙爲書純材大笑答以象田珠十升紫弱千餘頭及使童僕撒燭花盈路厚閉門大慙賓客走散

白影珠

唐人候道昌因雨置龜頭硯於簷下承溜以滌之俄而滴破硯硯中出白影珠十顆有患目者煮水洗之皆愈

岑　珠

端溪俚人岑班入山遇一大珠徑五寸取還夜光明照燭俚人甚懼以火燒之雖損猶照一室

南北西珠身分

凡看北珠顏色須是看訖閉目再閃看顏色一同方爲驗也其珠青色如暑末秋初及晴雲綻處閃出青天帶白雲此青係眞色第一其青不用眞深青只要白包青籠照乃嫩青也其珠青色只在頂上蓋者不披青至頂下乃嫩青也謂之摩孩羅兒頂青上上者其青若至腰下及竅眼謂之轉身青爲第一腰上青者謂之披肩青爲第二若珠頂上只



有一點青不能蓋頂者謂之鬼眼睛不爲奇也

所看北珠身分須是帶圓只用竅眼其珠子身分須是白青色若綠色牽黃磁白骨色者品低如珠帶粉白色者尤易得如北珠身下有白搭膊或面上有牽字格及黃上青色者不佳青上黃色者尤妙如直眼及竅眼身分有損破穴眼并改鑽三眼四眼者亦不佳也且如買直鑽北珠只買肚兒高者且得謂如皺眼上尖乃黍頭下闊者謂之寶裝亦名無鴛珠子如一頭大一頭小者謂之鼓槌中間一穴兩頭圓者謂之橫鑽皆不佳也

凡看南珠要明亮精神搃圓或粉紅色白不要油黃
貫價低次
凡看西珠要白瑩圓活有光彩不帶枯骨色及油黃
磁色者價高若諸病價便低下
凡看馬價珠要青色及蘆甘色者道地珠兒指面大
肉臉高者妙亦有轉身青者多做寶兒用顏色妙
者直錢亦有當三折二錢大者價貴不可一例而
看土番及回回國珠兒顏色不好多與好碧靛相
似也

## 看成匣珠法



凡看成匣北珠用絹帛蘸水突其面貌其絹帛不青
乃眞色者僞色者用好青紙作筒捲珠於內突青
色未珠身者是也又有骨色油黃者用竹紙筒作
捲兒裝粉在內突其珠子粉白色精神仔細突

## 看南北西湖珠法

凡看南北西珠務要於淨室背亮處閉窗戶燃明燭
將珠照看須要中無烏黑絲路色要青白一勻無
斑點者價高有黑紋者名爲砂灶珠心灶空外雖
無傷年久用之或爲重物所壓必至粉碎故不可
不辨

## 南北西珠顏色

南珠色紅西洋珠色白北海珠色微青木難珠色黃
馬價珠色青也
凡採珠在三月用五牲禱祀海神然後敢採取若祭
祀有失則風攪海水或有大魚在蚌左右白蚌珠
長三寸半在漲海中其一寸五分有光色一旁小
形如覆釜爲第一瑠珠凡三品其一寸三分者雖
有光色形不圓正乃爲第二

## 八種官珠

第一瑠珠　第二走珠



第三滑珠　第四磥砢珠
第五官雨珠　第六税珠
第七摩羅珠　第八葱符珠

## 珠飾數目

珠飾有金銀銅鐵四種金銀者內府飾也多成化正
德年製大小三套共二十二隻每隻俱有海靈効珍
四字爲記如此字及隻數不全者無用也其銅鐵者
乃古時民間之飾也

博物要覽卷五

博物要覽目錄





# 博物要覽卷六

志寶石　國初谷應泰撰　綿州李調元輯

## 寶石所産地

一産西番

西番回鶻地方產紅青寶石大小不等

一産錫蘭山

錫蘭國有翠藍山山頂有盤古足迹甚巨產有五色寶石云是盤古淚液結成故有奇光異彩

一産土番

土番國地有寶石穴昔元朝有商人航海遭風匐到岸昏夜黑暗墜入深穴中見大蛇盤結無數亦無呑噬之意其人懼甚久之亦定但腹甚飢無從得食時見大蛇舐石壁間小石其人亦試取噙之頓忘飢渴後聞雷聲見穴中之蛇相飛騰而去其人知是神龍因攬其尾始得出穴遇商船過始得附歸因以所噙小石示人皆鴉鶻青紅寶石也貨之遂至巨富

一産回回國

回回國産寶石其類不一其價亦不一其石以紅而大無昏翳者爲上價值數萬換而不可得

一產雲南
雲南寶井產青紅寶石亦有高下大小大者紅色多帶黃色小者有至米粒豆瓣大者價廉而青寶石名鴉鶻青色翠光瑩亦好

紅寶石十種

第一回回國靺鞨紅寶石

回回國產大紅寶石名靺鞨寶石番名避者達石深紅鮮明如猩血光彩可以照夜元朝大德間本土巨商于彼買紅寶石一塊重一兩三錢官估值中統鈔一十四萬錠用嵌帽頂上其後累朝皇帝



相承寶重凡正旦及天壽大節大朝賀則服用之

第二回回國紅刺寶石

回回國產紅刺寶石石色深紅而嬌豔大者有重兩許八九錢六七錢者可值二三萬換其錢許者可值萬換其六七分者可值五六千換五分者可值千換然無至小者

第三錫蘭國紅寶石

錫蘭國翠藍山產紅寶石石色大紅明瑩夜有寶光可以代燈燭元時曾差官到彼採買得六者一塊重一兩零七錢官估值鈔十萬頂嵌于冠上每大朝會黑夜滿殿紅光如曙名照殿紅又有中者重至七八錢一塊者亦值二三萬換五六錢者七八千換三四錢五六千換色滯有翳水者價低小至錢許或數分者不過值至數百換

第四錫蘭國紅寶石

錫蘭國產紅寶石石色深紅而有白水嬌豔光明瑩異常可愛出平遙坑者中有兔毫紋者最爲上等大者至五錢止可值萬換中者二三錢止可值五六千換小者至三四分止無極小者止值千換

第五錫蘭國紅寶石



錫蘭國產紅寶石石色深紅而帶嬌黃最明瑩有極大者重至二兩已外可值三萬換中者兩許可值萬換其六七千錢五六錢至錢許者止無細小者

第六土番國紅寶石

土番國寶石穴產紅寶石石色大紅而明瑩中有蟹爪小紋大者重七八錢至錢許止無細小者好而大者值五千換中小者值數百換色渾水翳者價低

第七土番國紅寶石

土番國產紅寶石石色灰黄而嬌嫩如櫻桃色石中無紋翳無大者至大者不過重一二錢小者至三五分止價頗重可值五六千換至小者可值數百換

第八雲南寶井紅寶石

雲南寶井產紅寶石有大者明永樂中曾得一顆重三兩一錢深紅色明瑩嬌豔非常當時估值銀三千兩已後從無此大者至大者不過兩許及五六錢錢許至分許者價有高低須看顔色其至小者價甚廉不過一二十換



第九雲南寶井紅寶石

雲南寶井所產紅寶石石色嫩紅嬌俏如新開海梅花光彩奪目但無大者至重不過一二錢一顆小者分許至其價可值二百餘換小者一二十換又有一種淡紅明瑩者名童子色價最高無大顆可值三百餘換

第十雲南寶井紅寶石

雲南寶井中產紅寶石石色大紅而帶黄黑色名爲油煙紅紅石中之至下者有大者重至二三兩者不足爲奇中多蟹爪碎紋其中小者可值一二十換

緑寶石三種

第一西洋默德那國祖母緑

默德那國產祖母緑寶石石色深緑如鸚䳇羽每顆重兩許者價至十餘萬換無小者傳云此石能助催生產母吞之男左女右自手中擒出

又云祖母緑寶石能滅火試之之法煽熾炭一爐投寶石於其中炭火即滅者眞物也

又云祖母緑寶石夜有光明如燭明時内洛曾有數塊每朝會之時黎明將啟殿廷尚暗中使盛以金盤捧而導駕則所至如曙矣故爲至寶其價無等



第二默德那國祖母緑寶石

默德那國祖母緑寶石石色嫩緑如新草葱蒨可愛無大者至大顆不過一二錢許者可值萬餘換

第三回回國祖母緑寶石

回回國所產祖母緑寶石石淺緑微黄如新柳中有兔毫紋大者重二三錢可值六七千換小者至錢許止

酒黄寶石六種

第一錫蘭國酒黃寶石

錫蘭國產酒黃寶石石色嬌黃如鵝鶵色者爲上有大者可重兩許值五千餘換中小者千餘換

第二錫蘭國酒黃寶石

錫蘭國酒黃寶石石色深黃蠟色明瑩光潔可愛無大者至重不過一二錢至五六分止可值五六千換

第三錫蘭國酒黃寶石

錫蘭國產酒黃寶石石色淡黃如松花而明瑩有如黃水狀有大者重至兩許七八錢不等可值三



千餘換無細小者

第四默德那國酒黃寶石

默德那國產酒黃寶石石色深黃如赭麗潤光瑩無大者至重不過四五錢止無細小者可值價三千換

第五土番國酒黃寶石

土番國產酒黃寶石石色嫩黃如秋葵色嬌倩明瑩可愛有大者重至兩許八九錢無細小者可值三四千換

第六雲南寶井酒黃寶石

雲南寶井所產酒黃寶石石色嫩黃如金珀明瑩可愛無大者每顆不過重至錢許亦無細小者可值價千換

紫寶石四種

第一錫蘭國紫寶石

錫蘭國產紫寶石名披耶西石色深紫如葡萄晶瑩光潤有極大者重至五六兩一塊者可值五千換三二兩一兩七八錢可值一二千換小者價低

第二錫蘭國紫寶石

錫蘭國產紫寶石石色深紫如西毯色但色微暗而欠明瑩有大者重至三兩以外可值價一二千



換及五六百換無細小者若色帶黑則價更賤

第三土番國紫寶石

土番國產紫寶石石色淡紫如茄花而明瑩光潔可愛無大者至重不過二錢上下一顆亦無細小者可值五六百換

第四土番國紫寶石

土番國所產紫寶石石色深紫如茄皮而暗晦不明瑩亦無大者中有水裂紋至重不過五錢亦無小者可值價三百換

白寶石二種

第一眞臘國白寶石

眞臘國產白剌寶石石色纖白明瑩如水晶光潤可寶有大者重至四五兩一顆至小者五六錢止價可值千餘換

第二天方國白寶石

天方國產白剌寶石石色白而淡紅如粉肉色明瑩光豔無大顆至重者不過五錢亦無小者可值五六百換

青寶石五種



第一錫蘭國青寶石

錫蘭國產青寶石石色深青藍靛明瑩光潔有大顆重至三四兩者小至五六分者大而好者可值三四百換小者百餘換

第二錫蘭國青寶石

錫蘭國產青寶石石色嫩青如磁藍無大顆及細小者至過五六錢可值價二百換

第三土番國青寶石

土番國所產青寶石石色淡青如天晴色明瑩可愛者有大顆重至兩許者及五六分止大者可值二三百換小者價低

第四雲南寶井青寶石

雲南寶井產青寶石石色嫩青如翠藍者大顆重至兩許七八錢者無小顆其價可值二百餘換

第五雲南寶井青寶石

雲南寶井所產青寶石石色淡青如月下白明瑩光潔可愛無大顆至重者三四錢至數分止價可值百換

猫兒眼寶石二種

第一默德那國猫兒眼寶石



默德那國產猫兒眼寶石石色淡黃中含青紋一縷隨時轉動大者如指頂可值一二百金一顆

又云猫兒眼眞好者其中心活縷與眞猫睛至午時及子卯酉四正時則居正中一線爲異

第二雲南寶井猫兒眼寶石

雲南寶井所產猫兒眼有種者不過重至錢外中雖有紋而散不能居中每顆不過值三四換

看各種寶石要法

凡寶石西石須于日色下以銀淺小盤或白綾方袱籍之將寶石離去銀盤約五寸許承日影照看其

光下射盤如金星銀翅者眞而上等物也若僞者則光結黑影不散是也

凡欲辨寶石之看眞僞者以寶石啣於口片時久而滿口生津不渴而返生凉石不熱者眞物也

海外有罳䍁寶石一種其價最貴試之之法以此寶石置于空野草中命善馳騎者躍馬向前馬至此則不能超越不知何故故爲總戎者購以嵌盔蓋于陣上彼騎見我寶石不能至前故能卻敵所以爲寶也

寶石有僞者用料藥燒成好者與眞無異但紅色者歲久則淡中有冰裂紋所以可辨也



博物要覽卷六

博物要覽目錄

卷七　志玉

# 博物要覽卷七

志玉　國初谷應泰撰　綿州李調元輯

## 玉所產地

一產陝西藍田縣
一產河南河南縣徐善亭部界
一產崑崙山西蔥嶺
一產安南國盧容水中
一產于闐國撈玉河中
一產珠勒國
一產海外瀛洲



一產江南句容縣茅山
一產四川嘉州
一產四川忠州
一產陝西階州

## 玉各種顏色

白玉　黃玉
赤玉　碧玉
黑玉

白玉之色須似羊脂以瑩白微紅光潤滋媚爲絕品若色白帶青并白得齷齪有斑點帶漿水色油色者皆價低

黃玉之色如蒸栗以光瑩明潤爲絕品若色澤焦黃而枯槁者價低

赤玉古所謂璊玉也色鮮紅明瑩如雞冠者爲上若胭脂色紅者次之

碧玉要色如新草青翠明瑩者爲上若色帶菠菜葉色及色如凍柳者乃下品須有蚍蜉斑在上者爲妙

黑玉色如漆滈黑無斑點爲上要不帶青灰色爲上須要塊頭大作得玉磬爲佳古者皇帝居喪腰帶



必以此玉爲之

古玉茶褐色面上尸浸紅如點血白者價高青者次之

寶定石　茅山石
階州石　巴璞
嘉璞　宣化璞
忠州石　萊州石
阿不公石　梳粧樓肖子石

## 玉材

今時玉材較古似多西域近出大塊石劈取之謂之

一山材從山石中槌擊取用原非于闐崑岡西流砂水中天生玉子色白質乾曲多綹裂俗名江魚綹也恐此類不若水材爲寶有種水石美者白勝玉內有飯滲點子可以亂眞

于闐國採玉之地名玉河在于闐國城外其琮出崑山西流一千三百里至于闐界牛頭山乃疏爲三河一曰白玉河在城東三十里二曰綠玉河在城西二十里三曰烏玉河在綠玉河西七里其源雖一而其玉隨地而變故其色不同每歲五六月大水暴漲則玉隨流而至玉之多寡由水之大小七



八月水退乃可取彼人謂之撈玉其國中有禁服用飲食往往用玉中國所有亦自彼來

古人論玉謂白者如截肪赤者如雞冠黃者如蒸栗黑者如湆漆謂之玉符而青玉獨無說焉今青白者常有黑者時有黃赤者絕無雖禮記之六器亦不能得其眞者今儀州出一種石如蒸栗色彼人謂之栗玉或云亦黃玉之類且無潤澤聲不清越爲不及也然服食器用者惟貴純白它色亦不取焉

又云儀州栗玉乃黃石之有光瑩者非玉也玉堅而有理火刃不可傷此石小刀便可雕刻與階州白石同體而異色耳

太平御覽云交州出白玉夫餘出赤玉挹婁出青玉大秦出菜玉西蜀出黑玉藍田出美玉色如藍故云藍田

淮南子云鍾山之玉炊以爐炭三日三夜而色不變得天地之精也

玉書云玉有山玄水蒼之文山產玉而木潤水產玉而流芳藏於璞而文采露於外觀此諸說則玉有山產水產二種中國之玉多在於山于闐之玉多



在於水也

石之似玉者有珷　玞　珉　琨　璁　瓔

北方有罐子玉雪白而有氣眼乃藥燒成者不可不辨然皆無溫潤之色

看石中玉法

凡石韞玉但將石映燈看之內有紅光明如初出之日便知內有玉也若無玉者則黑暗無光

玉色高下

玉以甘黃爲上羊脂次之以黃爲中色且不易得以白爲偏色時有得者故耳今人賤黃而貴白以見

少也然甘黃如蒸栗者佳焦黃爲下甘青色如新柳近亦無之余見甘黃玉馬長四寸神氣如生甘青羊頭鈎螭玦等件皆色嬌可愛碧玉色如菠菜深綠爲佳有細墨灑點淡白間雜者次之黑玉如漆者佳西蜀有石似之紅玉色如雞冠者佳三玉世多不有都中亦寶重之綠玉類碧玉少深翠者中有飯糝點子者佳外此七種皆不足取矣

玉器名目

上古用玉珍重似不敢褻故製玉以封諸侯

璧以祀天帝 璧用蒼玉



琮以祀地祇 琮用黃玉

璋如半圭以禮南方 璋用赤玉

琥如虎以禮西方 琥用白玉

璜如半璧以禮北方 璜用元玉

璁 珩 雙璜 衝牙

已上佩之飾也

若琫 珌 鹿盧

已上劍之飾也

指南人 蚩尤環

弁星 螳蜋鈎

鹿盧環 螭鬣

蟠螭環 商頭鈎

雙螭鈎 玉奎管

璩環 帶鈎

拱璧

已上皆王侯輿服之飾也

琥珥玉 雜佩

步搖 笄珈

玉瑱 玉琀

璃華 璪玉



已上皆后宮夫人之飾也

玉六瑞 寶璽

剛卯玉 明璫

玉魚 玉椀

玉匜 帶圍

弁飾 玉辟邪

玉圖書 玉鳳釵

乳絡環 軀魚帳墜

哇哇 樹石爐頂

帽頂 提攜

袋掛　壓口

方元細花帶板燈板　神像

人物　爐

餅　杯壺

鈎鈕玉　杖頭

杯盂　扇墜

梳背　玉冠

簪珥　繼環

刀靶　猨馬

已上皆唐宋名工所作碾手如刻細入絲髮無隙



敗矩工緻極矣

辨新舊玉器顏色工作

玉器如漢唐宋之物入眼可辨至若古玉存遺傳世者少出土者多土銹尸浸似難僞造古之玉物上有血浸色紅如血有黑銹如漆做法典雅摩弄圓滑謂之尸古如玉物上蔽黄土籠罩浮翳堅不可破謂之土古余見一玉玦半裹青綠此必與銅器墓中相近故爲所染耳亦素物也余又有定窑二餅周身亦有青綠似同此故

南中艮工僞造古玉器法以蒼黄雜邊皮葱玉或帶淡墨色玉如式琢器物以藥薰燒斑點作血浸尸古之狀每用亂眞以得高價

看玉器法

凡看玉器或骰盞碗壺有把手者孔竅要容大指成器或腰帶環笠帽頂頭巾環劍珈納子琴樣納子玉肥長者成器或首飾玉額花玉釵牌玉梳玉鳳玉杯玉合玉花朵玉項牌玉帶縧五事件等皆時樣好者爲最舊入碾造生活合格者値錢不堪改造勿用須要得顏色樣範好妙碾法玲瓏敦厚如實碾粟米臥蠶螭虎等地或玲瓏生活細巧工者



更看不夾雪花及夾石不灑墨點及古疊損破不就材料者玉有五色已見前茲不具論

古奇玉

魚璜玉

太公呂尙釣于渭濱魚腹中得玉璜刻曰姬受命呂佐之

若華玉

堯致舜天下贈以若華之玉

無價玉

魏田父得田耕之于野者得玉徑尺不知其玉也告

詐之曰此怪石也畜之不利田父猶豫歸置廡下明照一室田父大怖而弃之鄰人取以獻王王召玉工相之再拜賀曰大王得天下之寶玉王問其價玉工曰無價以當之王賜獻者千金長食大夫之祿焉

覩日玉

扶桑國于梁武帝時來獻覩日之玉乃一大鏡方圓尺餘明徹如琉璃映日以覩日見日中宮殿皎然分明

赤虹玉



孔子作春秋孝經既成爲戒告天天降赤虹化爲黃玉上有刻文

藍田玉

秦得藍田美玉卽卞和獻楚王者命李斯以蟲魚鳥篆刻爲寶璽名曰傳國璽累代相承以爲重寶璽文附後

昭華玉

漢高祖初入咸陽周行庫藏見玉笛長二尺二寸二十九孔吹之則見車馬山林隱璘相　吹息不復見名曰昭華之玉

軟玉

唐元宗幸興慶宮于複壁間得寶匣匣中獲玉鞭鞭末有文曰軟玉鞭卽天寶中外國所獻者光可鑑物節文端嚴雖藍田之美不能過也屈之則首尾相就舒之則動直如繩雖以斧鑕斫翦終不能傷上歎爲異物遂命以聯蟬綉爲囊碧玉絲爲銷國命藏之寶庫焉

辟邪香玉

唐肅宗賜李輔國辟邪香玉各二各高一尺五寸奇巧殆非人間所有其玉之香可聞數百步雖鎖之



金匱石函終不能掩其氣或以衣裾拂之則芬馥經年縱澣濯數四其香終不銷歇

龍虎玉

唐憲宗時西域進美玉者二一圓一方徑各五寸光彩凝冷可鑑毛髮時伊祈元解方坐于上前熟視曰此一龍玉此一虎玉上驚而問曰何謂龍虎玉耶元解曰圓者龍玉也生于水中爲龍所寶方者虎玉也生于巖谷爲虎所寶若以虎毛拂之卽紫光迸逸百獸慴伏矣上異其試之各如所說詢使人得玉之由對曰一得自漁者一得自獵人上因

命取龍虎錦囊之藏于內府庫中

重明玉

唐憲宗元和八年大軫國貢重明玉枕長一尺二寸高六寸潔白逾于水晶中有樓臺山水樹木之狀四方有十道士持香執簡巡環無已謂之行道眞人其樓臺瓦木丹青眞人衣服簪帔無不悉備如覩水焉

火玉

唐武宗時夫餘國貢火玉三斗玉色赤長半寸上尖下圓光照數十步積之可燃鼎



冷暖玉

唐宣宗大中二年日本國王子來朝獻冷暖玉棋子及楸玉局王子云本國之東三萬里有積眞島島有凝霞臺臺下有手談池池中生玉碁子不由製度自然黑白分明冬温夏冷故謂之冷暖玉云

如意玉

唐同昌公主有如意玉形如寶桃上有七孔通明之象也佩之令人喜悅如願焉

傳國玉璽圖說

秦併六國得卞和所獻之玉命工琢爲玉璽李斯以蟲魚字篆之凡二本其文曰受天之命皇帝壽昌

一曰受命于天既壽永昌

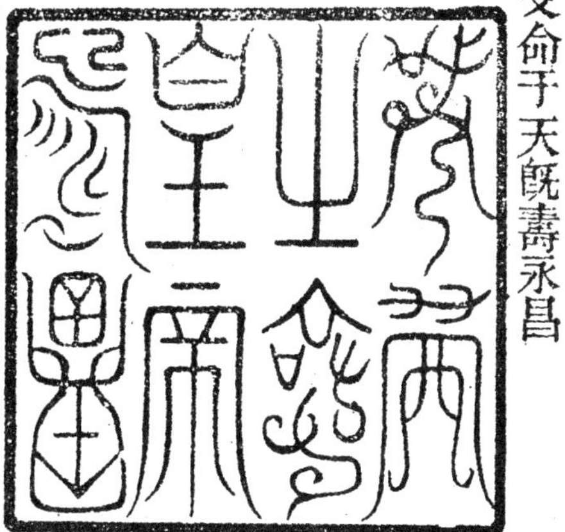

受天 之命 皇帝 壽昌



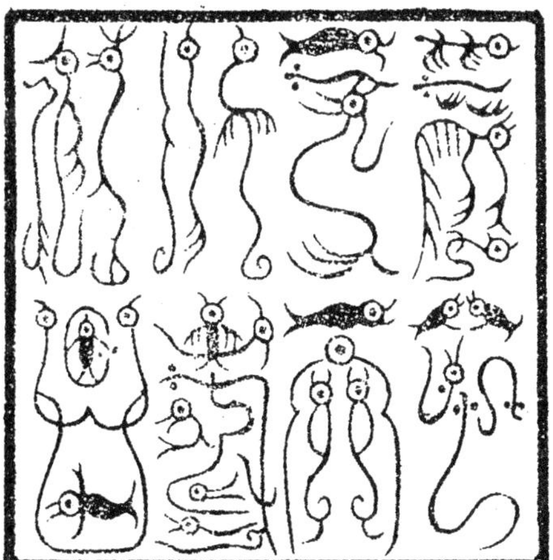

受命 于天 既壽 永昌

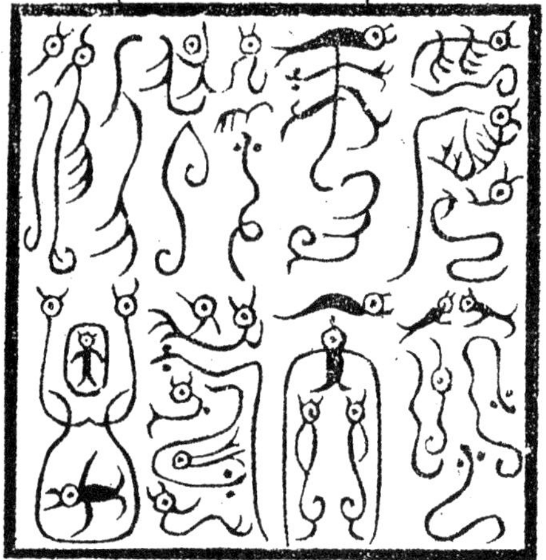

受命于天
既壽永昌



博物要覽卷七

螭鈕

## 博物要覽卷八目錄

# 博物要覽卷八

志瑪瑙　志珊瑚　志水晶　志琥珀　志蜜蠟

國初　谷應泰撰　綿州　李調元輯

## 瑪瑙所產地

一產西洋國
一產日本國
一產大食國
一產西南夷
一產哈艮九國
一產南巫里國



一產甯夏瓜州
一產和州
一產均州
一產沂州

## 瑪瑙身分品第

瑪瑙生西國玉石亦美石之類重寶也來中國者皆以爲器又入日本器用砑木不熟者爲上熟者僞也

瑪瑙非玉非石自是一類有紅白黑三種亦有紋如纏絲者人以小者爲玩好之物大者研爲器具

瑪瑙出西南諸國云得自然灰卽軟可刻也

瑪瑙多出南北番及西番非石非玉堅而且脆利刀刮不動其中有人物花鳥形者最貴重

## 瑪瑙種類

西洋瑪瑙

產西洋大食國色正紅明瑩如琥珀可作杯斝

錦紅花瑪瑙

產西洋有纏絲深紅色有錦文花爲瑪瑙中上品

柏枝瑪瑙

產甯夏瓜州磧中得者碾開白地綠紋成柏枝狀枝



葉如畫瑪瑙中之奇品也

夾胎瑪瑙

產哈艮兀國正視瑩白側視有若凝血一物二色也謂之夾胎瑪瑙

截子瑪瑙

產南巫里國白地黑如山水樹石狀爲奇

合子瑪瑙

產大食及日本國色如漆黑中有白線盤蹙如雲水禽鳥者最好價貴

已上五種皆貴品

漿水瑪瑙

產南巫里國色黃白中有淡紅水花者名漿水瑪瑙

醬斑瑪瑙

產大食國色白中有紫紅花紋者或紫紅斑點如豆瓣者是也

曲蟮瑪瑙

產日本國色白中有粉紅花紋灣曲如蟮狀者是也

海蟄瑪瑙

產西南夷色紅黑無花紋斑點如海蟄之色故名

鬼面瑪瑙



產西南夷色黃黑無花紋斑點

紫雲瑪瑙

產和州色紫有紋如雲霞不甚明瑩

土瑪瑙

產沂州色紅有雲頭花紋纏絲胡桃花者

竹葉瑪瑙

產淮右色黃有紋如竹葉可作棹面圍屏

看瑪瑙器物

凡看瑪瑙碗盞器物先要式樣做得薄紅錦色或間酒色花無夾雜破瑩為奇如鬼面漿無紅花貌或紅花內有粉紅花者謂之曲蟮紅有紫花點者謂之醬斑瑪瑙皆不甚貴重

瑪瑙以西洋錦紅花不雜青白黃黑色者為上若瑪瑙但有雜色而無紅者概不足貴昔人所謂瑪瑙無紅一世貧也

珊瑚所產地

一產南海

一產波斯國

一產師子國

一產渤泥國



一產天方國

一產土番國

一產真臘國

一產廣州府

珊瑚身分顏色

珊瑚生海底作枝柯狀明潤如紅玉中多有孔亦有無孔者枝柯多者更難得

凡取珊瑚作鐵網沉水底珊瑚貫網而生歲二三尺有枝無葉因絞網出之多推折在網中故難得完好者

珊瑚有油紅色無縱紋者爲下品
珊瑚產波斯國海中有珊瑚洲海人乘大舶墮鐵網水底取之珊瑚所生槃石上白如菌一歲而黃二歲變赤枝幹交錯高三四尺人沒水以鏈取其根繫網舶上絞而出之失時不採則成腐蠹
珊瑚生海底五七株成林謂之珊瑚林居水中其枝柯一見風日則曲而硬變成赤色
珊瑚出大海中水底五七株成林橫枝色鮮紅者謂之珊瑚林設放看玩以高而鮮紅者値錢其油紅及丹色并有髓眼者皆價低亦有斷折處用紅蠟粘接宜仔細看之

珊瑚最忌色淡有蛀眼蟲孔者價低設放看玩要枝柯高大作素珠要無蛀眼及零星細小價賤

珊瑚器具名目

環玦　素珠
帽頂　指環
筆架　額花
一枝餅　穿心合
扇墜　流蘇結
袋押

水晶所產地

一產西洋國
一產日本國
一產渤泥國
一產高昌國
一產天方國
一產兜渠國
一產大秦國
一產南巫里國
一產蘇門答剌國

一產土番國
一產高麗國
一產駐輦國
一產火州
一產三佛齊國
一產哈良九國
一產呂梁國
一產眞臘國
一產崑珍國
一產溜山

一產淡巴國
一產江西信州
一產湖廣武昌府
一產均州

水晶身分顏色

南水晶白北水晶黑又有紫者青者未知產于何地但以白而瑩澈毫無纖翳如冰晶爲上其黑晶要如湻漆而明潔者次之其青紫色有綿翳者爲下

水晶第一要白淨光潔內中毫無絲髮露綹及氣魄大無損瑩者可得大價如內綿花朵及色渾濁作



料小難改造者其價最下

水晶白淨光瑩中須白得如光若紋銀者佳若色帶粉紅及蛋青油黃色光如錫箔或中有五色光如蝘蜓涎者爲下品

水晶其性最堅而脆不耐搏擊故內中多有綹裂且礙造艱過玉石所以水晶器物取材任料難得佳器

黑水晶可作掠眼及素珠圖章鎮紙印池方圓五六寸圜元小硯最能收墨掠眼以黑色晶者水精性涼能消眦火故也

水晶有紫者云用血玉草及貝紫礦等藥煮水晶中有花色者可以藏拙色如葡萄光瑩可愛歲久紫色漸退花紋斑斕甚爲可厭其青者色如月下白光俏可愛但未見有大作料不過筆架圖書之類若有大者其價甚高

水晶亦有僞者如白色黃紫青者皆有假造乃以藥料燒成內中有氣焰脆甚不堪

余見水晶有深黃如金珀者光瑩奪目識者以爲酒黃石類也余目見黃晶爲書鎮長七寸高三寸餘光透閃爍儼同金鑄且琢手甚工宋人所琢也惜



不可復見

余又見黃晶獸面洗元徑五寸三分高二寸有餘有二獸頭啣索環三足清潔如冰而色如淡又如秋葵花色且製手精工又不損裂爲可寶也

凡用水晶什物不可用熱湯滾水注之注之粉裂如擊破者切須記之

琥珀所產地

一產安南國
一產林邑國
一產高麗國

一產琉球國
一產高昌國
一產哈罝兀國
一產三佛齊國
一產佛菻國
一產永昌府
一產雲南各屬

琥珀身分顏色

琥珀昔人云千年松脂入地化爲琥珀今若燒之尙作松氣其中往往有蜂蟻之類在其中者

琥珀乃海松木中津液初若桃膠久之凝結復有南琥珀不及舶上來者

楓脂入地千年化爲琥珀不獨松脂變也大抵木脂入地千年皆化但不及楓松之脂多經年歲耳

琥珀今西戎亦有但色差淡而明澈南方者色深而昏濁彼中土人多碾爲物形若其千年茯苓所化則其粘著蜂蟻宛然具在極不然也

海南林邑多出琥珀乃松脂淪入地中所化者有琥珀則旁無草木入土淺者五尺深者丈餘大者如斛小者如升削去皮乃成



琥珀之色以紅如雞血者佳內無損綹及不淨沾土者爲勝如紅黑海蟄色及有泥土木屑粘結并有瑩綹者爲劣

試琥珀眞假法

琥珀亦有假造者或燒蜂窠及煮鰕雞子及青魚魫者與眞無異欲辨其眞僞惟琥珀于掌心摩熱能拾芥子吸草莖者爲眞僞者則否眞者摩熱生香僞者則無香

琥珀眞者能吸片帛不特芥子草莖也

蜜蠟所產地

一產高麗國
一產日本國
一產呂宋國
一產琉球國
一產高昌國
一產紅毛國
一產三佛齊國
一產火州
一產永昌
一產廣州

蜜蠟身分顏色

蜜珀要色蜂蜜明淨光瑩者爲妙氣魄要大內無土塊砂腳及擊損皮糙者方可作器用什物

蜜珀有紅如琥珀而晶瑩者名曰血珀彼土人充作琥珀貨之多作素珠酒杯及簪釵手鐲諸物

蜜珀又有一種淡黃而明瑩者如黃水晶狀名曰金珀頗有雅致可琢圖書酒杯及書鎮素珠等物



博物要覽卷八

博物要覽目錄

骨董志卷九

國初谷應泰撰　綿州　李調元　輯

志玻璃　志琉璃　志車渠　志玳瑁　志犀角
志象牙

玻璃出產地

玻璃本作頗黎頗黎國名也其瑩如水其堅如玉故名水玉與水晶同名

玻璃西國之寶也玉石之類生土中或云千歲冰所化亦未必然

玻璃出南番有酒色紫色白色瑩徹與水晶相似礙間有兩點花者爲眞列丹家亦用之用藥料燒成者有氣眼而輕



梁武帝時扶南人來賣碧玻璃鏡廣一尺半重四十斤內外皎潔向明視之不見其質

玻璃味辛寒無毒治驚悸心熱能安心明目赤眼熨熱腫能摩脹翳

琉璃出產地

琉璃火齊也

琉璃本質是石以自然灰治之可爲器石不得此則不可釋佛經所謂七寶者琉璃車渠瑪瑙玻璃眞珠金寶七種是也

大秦國出琉璃有赤白黃黑青綠縹紺紅紫十種此乃自然之物潤澤光采踰於眾玉今所用皆銷冶石汁以眾藥灌而爲之虛脆不眞

琉璃石質眞者出高麗國刀刮不動色白厚半寸許點燈明于牛角者

琉璃亦名火齊出南天竺國狀如雲母色如紫金重沓可開拆之則薄如蟬翼積之則如紗縠卽玻璃之類也

車渠出產身分



車渠海中大貝也背上壟文如車輪之渠故名車渠

車渠是玉石之類生西國形如蚌蛤有文理西域七寶此其一也

車渠大蛤也大者長二三尺闊尺許厚二三寸殼外溝壟如蚶殼而深大皆縱文如瓦溝無橫紋也殼內白晳如玉亦不甚貴番人以飾器物謬言爲玉石之類或云玉中亦有車渠而此蛤似之故也

車渠大者如箕背有渠壟如蚶殼以作器緻如白玉

車渠作杯注酒滿過一分不溢試之果然

車渠色如白雪纖淨無黃暈及油骨者為上可作酒杯碗醆素杯扇墜等物雅素可愛又且堅緻不易損壞

玳瑁出產

玳瑁一名瑇瑁生嶺南海畔山水間大如扇形似龜甲中有文

玳瑁身似龜首嘴如鸚鵡

玳瑁今廣南多有之龜類也大者盤其腹背甲皆有紅點斑文入藥用生者乃靈凡遇飲食有毒則自搖動死者則不能生矣今人多用雜龜筒作器皿



皆殺取之又經煮拍故生者殊難得

玳瑁生海洋深處狀如龜黿而殼稍長背有甲十二片黑白斑文相錯而成其裙邊缺如鋸齒無足而有四鬣前長後短皆有斑文如甲海人養以鹽水飼以小魚

玳瑁大者難得小者時時有之但老者甲厚而色明小者甲薄而色暗世言鞭血成斑謬矣取甲時必倒懸其身用滾醋潑之則甲逐片應手落下也

玳瑁大者如席小者如盤皆有鱗大如扇取下乃見其文煮柔作器治以鮫魚皮瑩以枯木葉則甲光輝矣

玳瑁以甲上白多紅點少者值錢花斑好者次之胡黑者價極低亦有用栗點甲謂之塞堅打人眼目視假為真

犀角出產高下品第

犀出永昌山谷及益州永昌即今滇南也

犀牛出產武陵交州甯州諸遠山犀有二角以額上者為勝又有鼻角亦佳

犀角各種名目

通天犀角上有一白點縷直上至端夜露不濡入藥



至神驗或云此是水犀角出水中漢書所謂駭雞犀也置米飼雞皆驚駭不敢啄置屋上烏不敢集

通天犀乃胎時見天上物過形于角上故曰通犀但于月下以水盆映之則知

水犀

水犀產西番南番及滇南交州諸處有山犀水犀之分水犀出入水中最為難得並有二角鼻角長而額角短水犀皮有珠甲而山犀無之刻其角為魚啣之入水水開三尺者是也

夜明犀

夜明犀即通天犀之別類夜視有光故名夜明犀能
通神開水飛禽走獸見之皆驚

辟寒犀

唐德宗時外域進辟寒犀其色如金每于隆冬之時
以金盤貯之置于御座則滿殿和煦如春

辟暑犀

唐文宗尚賢才每延學士于内廷討論因李訓講周
易微義頗合上意會時當盛暑命取水玉腰帶及
辟暑犀如意賜之訓謝之上曰如意足以與卿爲
談柄也按辟暑犀出渤泥海角色潤瑩如碧玉當
炎夏暑時置之室中則清涼如在深秋矣



辟塵犀

辟塵犀產南丹國色紅潤如珊瑚可作腰帶簪導即
于塵中騎馬馳驟而纖塵不沾馬尾以其角屑致
之室中纖塵不入

蠲忿犀

唐同昌公主有蠲忿犀佩之心意恆歡忿怒蠲息名
爲至寶

望舒犀

石晉幼主有一犀帶正透中有一月影與月盈望相
准每當望時其影則圓滿過望則缺當時以爲至
寶後幼主北行獻于契丹

壽星犀

宋高宗八袠孝宗以天下養極意訪奇寶名玩爲獻
有巨商賫一犀帶乃正透中現一壽星之形五官
具備衣服履舄種種分明描畫所不能及旁有雀
鹿而壽星作植杖之狀而杖微短商介巨璫以獻
壽皇甚喜擬酬厚値因左右有索賄于商而未遂
者遂譏之曰杖不過頭非吉徵也壽皇默默急命
退出



白犀

白犀出招傜山其犀毛角如雪取其角爲器物緻雅
如玉性大涼能已心熱之疾含之可以走逐奔馬
而不喘渴亦寶物也

墮羅犀

墮羅犀犀中之最大者角一株可重七八及云是牯
犀額角其花多作撒豆瓣色深者堪作腰帶胯斑
散者可作器皿也

暹羅犀

暹羅國產犀色如蜜蠟而潤澤有香如松柏子又有

一種色紫者亦佳俱堪作酒杯簪導帶胯之類諸犀中之上品也價亦甚高

胡帽犀

胡帽犀生嶺表有二角一在額上一在鼻上其角能改毒藥以其角置飲食中若有毒者卽生白沫

牯犀

牯犀一名毫犀卽山犀也亦有二角但其角縱文粗而欠細青黑色大者每角一枝可重五六斤小者三四斤可用作器用雕刻費工摩治因角文粗故也



看犀角高下法

犀牛出南海者上黔蜀者次之形如豬首大腹卑腳腳似象有三蹄黑色舌上有刺好食棘刺皮上每一孔生三毛如豕角文有倒插者一半已下通有正插者一半已上通有腰鼓插者中斷不通其類極多波斯呼象爲白暗犀角爲黑暗言難識也

川犀南犀紋細烏犀有紋頭顯露黃犀紋絶少皆不及西番者紋高兩腳顯也物像黃外黑者爲正透物象黑外黃者爲倒透盖似以黑色爲正以形像肖物爲貴旣曰通犀必須紋頭顯露黃黑分明兩腳潤澤爲第一

犀角紋如魚子形謂之粟紋紋中有眼謂之粟眼黑中有黃花者謂之正透黃中有黑者謂之倒透黃花中復有花者謂之重透並名通犀乃上品也花如椒豆斑者次之黑犀純黑無花者爲下品

象牙出產

象出交趾國及潮循諸州具十二肖物各有分段惟鼻是其本肉炙食糟食甚美又膽不附肝隨月在諸肉間如正月卽在虎肉也

象出交廣雲南及西域諸國野象多至成羣番人皆



出畜之以服重酋長則飾而乘之有灰白二色形體臃腫面目醜大者身長丈餘高稱之大六尺餘面倍數牛目纔如豕四足如柱無指而有爪甲行則先移左足臥則以臂着地頭不能俯頸不能回其耳下軃其鼻大如臂下垂至地鼻端甚深可以開合中有小肉爪能拾芥針食物飲水皆以物卷入鼻中方至口一身之力皆在於鼻故傷之卽死耳後有穴薄如鼓皮刺之則死口內有食齒兩吻出兩牙夾鼻雄者長六七尺雌者長纔尺餘耳交牝在水中以胸相貼與諸獸不同

象五歲始產六十年骨方足其性能久識嗜芻豆及甘蔗酒而畏烟火獅子巴蛇南人常殺野象以爲食多設機穽以陷之

象牙西域最重用飾座牀中國貴之以爲簡笏象每蛻牙則自埋藏之崑崙諸人以木牙潛易焉

象牙殺取者色微紅上品自死者次之脫于山中多年者下品也



# 博物要覽目錄

卷十　志香　志木

博物要覽卷十

國初谷應泰撰　綿州　李調元　輯

志香　志木

沉香出產品第

沉香產天竺國及海南交廣州瓊崖諸處其樹類椿櫸多節取之先斷其木根積年皮幹俱朽心與節不壞者乃香也細枝緊實者爲青桂香黑而沉水者爲沉香半沉半浮者爲雞骨香最粗者爲棧香丁謂在海南作天香傳云香凡二十四狀皆出於一木實化高雷四州中國出香之地比海南優劣則不侔矣既所稟不同售者多而取之速則是黃熟不待其稍成棧香沉香不待其香足蓋趨於戕賊之地非同瓊崖非時不加翦伐云

沉香樹如冬青其成香也枝葉萎黃猶人有癰疽之疾內方蘊結有歷年至千百者色黑味辛入水即沉者謂之生結又有死結者黎人遇香樹伐入水亦沉但不潤澤耳

嶺南徼海諸州及瓊崖山多香有三等曰沉曰棧曰黃熟沉棧皆有二品曰熟結曰生結熟結者於樹中自爛而得生結者伐樹得之又久爛而剔取者故不及熟結爲佳

沉香以堅實爲最以利刀削之香片即卷入口中咀之初苦辛而後回香甘最勝

沉香以堅黑緊實不枯如嘴角硬重沉於水下者爲上凡入藥須用黃葉而佳爲上

奇南香出產品第

奇南香名出占城國及渤泥三佛齊眞臘等國或云奇生樹其香蟠結根節堅實生油滋潤柔輭爲上有黑花者爲上有綠結有糖結金絲結等號用錫匣盛蜜藏之則香潤不枯佩之能歛人氣暑月少汗不解溲氣故近侍官珍之其價甚高稍枯燥者即宿香帶扳其杪柔輭者作牙香不出一奇南香南方之奇木也亦名奇藍乃沉香木之生結者古人詩多用沉香而不奇南故拈出之

奇南香有糖結鋸開上有油如飴糖黑白相間黑者如墨白者如糙米焚之初有羊羶微氣又有金絲結伽楠色黃如黃蠟有綹若金絲惟糖結爲上品

占城國產奇南香國王禁民私採有犯之者斷其手足

隆慶初年京師有人將奇南香帶來售每片黃黑結

花處其紋如張騫乘槎之浮海之像因名仙槎帶竟得重價售去

香中奇南惟綠結糖結爲最重以質軟指刻之如錐畫沙味辣有脂嚼之粘牙爲上上者曰鶯哥綠次者曰蘭花結又次曰金結下者曰鐵結色黑而堅黎人以雞刺木及雞骨木作素珠充奇南恆得善價

奇南香亦生於千年榕樹之上故名寄生香

速香出產品第

速香產交趾瓊崖交廣諸處一名蜜香樹枝柯如柜



柳花白而繁其葉如橘木心與節堅黑沉水者爲沉香木水平者爲雞骨香根爲黃熟香幹爲棧香細枝緊實者爲青桂香根節輕而大者爲馬蹄香花不香成實乃香爲雞舌香

肇慶新興縣出香木俗謂之蜜木香能辟惡氣殺鬼精

速香一名蜜香產安南國千畝林國人有香不欲取先砍待終年皮爛取木心及節堅黑沉水者爲沉香浮者爲雞骨半沉半浮而粗者爲棧香

蜜香中之粗者爲棧香棧香中之尤好者名油速香

香凝結不過數十年名曰速飛香樹已結香爲風吹折飛於它處質枯而輕味極悠遠鐵皮香烙白爲黑眞蟲口粉肚者蠹蛀結成鐵皮差勝餘香莫如花刻色黑者佳色黃者嫩雲頭者結香一線錯綜如雲黃東馬牙者爲下

黃熟有二品一曰夾棧卽棧香也其破者爲散沉香之良者瓊崖生取者爲夾沉宜薰衣木枯朽得之者爲黃沉入藥用近根最鬆者爲黃熟

片速香俗名鯽魚片鷓鴣班者佳有僞者亦以重實爲美更有鐵面生香俗名牙香以面有黑爛色爲



鐵面純白不烘焙者爲生香其生香之味妙甚在廣中價亦不廉

黃白紫檀香出產品第

檀香有數種有黃白紫色之奇今人盛用之江淮河朔所生檀木卽其類但不香耳

檀香出廣東雲南及占城眞臘瓜哇渤泥暹羅三佛齊回回諸國今嶺南等處亦皆有之樹葉皆似荔支皮青色而滑澤

檀香皮質而色黃者爲黃檀皮潔而色白者爲白檀皮腐而紫者爲紫檀木並堅重清香而白檀尤良

宜以紙收則不洩氣

按紫檀乃諸谿峒所出性堅新者色紅舊者色紫有蟹爪文新者以水浸之可染物眞者揩壁上色卽紫故有紫檀色黃檀最香可作帶胯扇骨等物

降香出産品第

降香一名紫藤香長莖細葉根極堅實重重有皮花白子黑其莖截置烟焰中經久成紫香可降神

降香生南海山中及大秦國其香似蘇方木燒之初不甚香得諸香和之則特美入藥以番紫色而堅實潤澤者佳



降香今廣東廣西雲南安南漢中施州永順保靖及占城暹羅渤泥琉球諸番皆有之

降香一名眞香又名雞骨香出海南及谿峒僻處所出者似是而非勁瘦不甚香

降香拌和諸香燒烟直上感引鶴降醮星辰燒此香爲第一度籙功力極驗降眞之名因此

樟木出産品第

樟木者因木理多文成章故名樟木

樟木產豫章西南處處山谷有之木高丈餘小葉似楠而尖背有黃毛赤毛四時不凋夏開花結子木大者數抱肌理細而錯縱有文宜于彫刻氣甚芬烈

柟木出産品第

楠木生雲南豫章及安南川廣溪峒中有三種一曰香楠二曰金絲楠三曰水楠南方者多香楠木微紫而香清紋美金絲者出川峒中木紋有金絲向明視之的爍可愛楠木之至美者向陽處或結成人物山水之紋水楠色青而木質甚鬆如水楊之類惟可作桌櫈之類

影木出産品第



影木產西川溪峒樹身及枝葉如楠年歷久遠者可合抱木理多節縮蹙成山水人物鳥獸花木之紋余昔于重慶余子安家得卓面長一丈一尺闊二尺七寸厚一寸許滿面胡花花中結小細葡萄紋及莖葉之狀名滿架葡萄蜀人以爲罕見此木如許之長大者命工以紫檀鑲成作雲林式几以爲書室燕几之類

烏木出産品第

烏木出海南雲南南番葉似棕櫚木色漆黑體重堅緻可爲筋及器物有間道者嫩木也南人多以繫

一木染色爲之
烏木一名烏文木樹高七八尺其色正黑如水牛角
可作馬鞭日南有之
烏文木出波斯舶上將來烏文爛然溫括等州亦有
產者皆此物也
黃楊木出產品第
黃楊生諸山野中人家多栽插之枝葉攢簇上聳葉
初生槐芽而青厚不花不實四時不凋其性難長
俗說歲長一寸遇閏則退今試之但閏年不長耳
其木堅緻作梳刻印最良

世重黃楊以其無火也用水試之沉則無火凡取此
木必以陰晦夜無一星伐之則不裂碎
花梨木出產品第
花梨產交廣溪峒一名花櫚樹葉如梨而無花實木
色紅紫而肌理細膩可作器具桌椅文房諸具亦
有花紋成山水人物鳥獸者名花梨影木焉
蘇木出產品第
蘇木一名蘇方木出自南海崑崙來而交州愛州亦
有之樹似菴羅葉如榆葉而無澀抽條長丈許花
黃子青熟黑其木人用染絳色

蘇木生海畔葉似絳木若女貞樹
蘇木樹類槐黃花黑子出九眞煎汁忌鐵器則色黯
其木蠹之糞名曰紫納亦可染絳
樺木出產品第
樺木生遼東及臨兆河州西北諸地木色黃有小斑
點紅色能收肥膩其皮厚而輕虛柔軟皮匠家用
以襯靴裏及爲刀鞘之類謂之暖皮胡人尤重之
以皮卷蠟可作燭點
樺皮畫家以其皮燒烟薰紙作僞古畫字故名檑俗
省作樺字也

樺木以山桃皮堪爲燭
樺木皮上有紫黑花勻者可裹馬鞍弓鐙
槵子木出產品第
槵子生高山中樹甚高大枝葉皆如椿特其葉對生
五月六月開白花結實其大如彈丸狀銀杏及苦
楝子生青熟黃老則文皺黃時肥如油煉之形味
辛氣腥且硬其蒂下有二小子相粘承之實中之
核堅黑似肥皂莢之核而正如珠殼中有仁如榛
子亦辛腥可炒食其子可作釋道素珠將其子碾
碎可作眞珠

靈壽木柱杖出產品第

靈壽木生劍南山谷圓長皮紫漢書孔光年老賜靈壽木杖

靈壽木形似竹有節長不過八九尺圍及寸或三四寸自然有合杖製不須削理作杖令人延年益壽

相思紅豆木出產品第

相思子生嶺南樹高丈餘白色其葉似槐花如皂莢其莢似扁豆其子大如小豆半截紅色半截黑色彼人以嵌首飾段公路北戸錄言有蔓生用子收龍腦香相宜令香不耗也





博物要覽目錄

卷十一　志石

骨董志卷十一

國初谷應泰撰　綿州　李調元　輯

志石

各種奇石出產

靈璧石

宿州靈壁縣地名磬山石產缺歲久穴深數丈其質爲赤泥所漬滿土人多鐵刃遍刷凡三兩次既露石色即以黃蓓箒及竹箒兼磁末刷治清潤扣之鏗然有聲石底多漬土不能盡去者度其頓放即爲向背石在土中隨其大小具體而生或成物像峯巒巉岩透空最爲諸石之長有極大者可飾園林有極小者可爲文房硯山及供玩者



太湖石

太湖石產蘇州府洞庭湖石性堅而潤而嵌空穿眼宛轉險怪有三種一種色白一種色青黑一種微黑黃其質文理縱橫連聯起隱于石面遍多坎坳蓋因風浪衝擊而成謂之彈子窩叩之有聲多峯巒岩壑之致大者高數丈至丈餘止可以裝飾假山爲園林之玩又少有小巧可入文房登書案者

崑山石

崑山石產蘇州府崑山縣產土中爲赤泥漬滿倍費洗滌其石質色瑩白磊塊巉岩透空宛轉無大塊峯巒者土人或愛其石色潔白或種植小木或種溪蓀于奇巧處或置之器中互相貴重以求售

英石

英州含光縣眞陽縣之間石產溪水中有數種一種微青白通脈籠絡一微灰黑色一淺綠各有峯巒嵌空穿眼宛轉相通其質稍潤扣之微有聲又有一種色白四面峯巒聳拔多稜角稍瑩澈而面面有光可照物扣之無聲採之人就水中巧處取之



湖口石

江州湖口石有數種或在水中或產水際有二種有一種色青一種色白皆渾天成峯巒巖壑或類諸物石理如刷絲色亦微潤扣之有聲土人李正巨富一石大爲東坡稱賞目爲壺中九華石

永康石

蜀水永康軍產異石錢遜叔斵得一石平如板厚半寸闊六七寸于面上如鋪一紙許甚潔白上有山一座高低前後凡十數峯巉有佳趣迴邊不脫其底山色皆青黑溫潤而堅利刀不能刻扣之有聲

清越有賞鑒者目余石爲江山小平遠

永州石

永州州署依山廳事之東隅前太守黃叔度因其地稍露山骨除治積壤十餘尺得眞山一座凡八九峯巖洞相通翠潤可喜遍有唐人刻字于諸峯之側甚奇右映一石橫尺許映絡石上全若水禽因泉出水瀦滿巖竇其石正浮水面亦有唐人刻字目之爲鸂鶒石

卞州石

湖州西門外十五里有卞山在郡西山最爲酋峯爲



朱先生所居產石奇巧羅山間嵌石磊塊色類靈壁而清潤尤勝宋時葉少蘊得其地葢堂以就其景故號石林石上皆有李唐名人題字自顏魯公而下悉署焉

全州石

全州湘江一帶泝流而上江邊兩岸狹處間有土石如鍾乳嵌空巉巖萬狀扣之有聲清越其色若靈壁青翠可愛余舟過石側擊取數塊高尺許甚奇巧

萍鄉石

袁州萍鄉縣百來里北名石觀突兀一山山洞石穴深六七丈巖上垂石如鍾乳高低無數嵌空奇怪有大山峯巒之狀

修口石

洪州分甯縣地名修口深土中產石五色斑爛全若玳瑁石理細潤或成物像扣之有聲土人就穴中鐫礲爲器頗精緻見風即硬亦堪作硯亦頗收墨

松化石

產婺州永康縣缺　在山一日大風雨忽化爲石仆地悉皆斷截大者徑三二尺尚有松節枝脈土人多運爲坐具至有小如拳者亦



堪置几案間

六合石

眞州六合縣水中或沙土中出瑪瑙石類細碎有絶大而純白者五色紋如刷絲甚溫潤瑩澈土人擇取紋采或斑斕成山水人物花鳥之紋者珍藏求售有一石値至數十千錢者

柏子瑪瑙石

黃龍府山中產柏子瑪瑙石生瑩白上有綠紋成柏枝或綠或黃甚光潤缺年白象亭奉使北虜虜主

遺以一石大若桃實上有鴝鵒如豆許栖柏枝上頗奇怪又有一種多中空不能瑩白偶獲一塊可盛藥百餘粒

寶華石

台州天台縣石名寶華出土中其質頗與萊州石相類扣之無聲色微白紋理斑斕土人鐫琢器具及圖書頗佳

端州石（即端硯石也）

端州今肇慶府石出斧柯山距州三四十里所謂靈羊峽對山也凡四種曰巖石曰小湘石曰沒歷石



曰蚌坑而巖石最貴山極高峻以漁舟入小溪即蚌坑水陡行七八百步至下巖十步許至上巖自上巖轉而南凡百許步至龍巖上巖各三穴下巖一穴半邊上巖石凡九十餘穴又以下巖爲勝龍巖乃唐初取硯處色正紫而細潤不及下巖後不得入龍巖遂不復取之令下巖石遂盡取諸半邊巖近亦塞矣凡北壁石在水底石質乾則灰青紫色石質濕則深紫眼正圓有童子暈數十重綠碧白黑相間如畫青綠處類翡翠色南壁石則水牛石也上巖三穴則土地巖中穴即梅株巖下穴今俗呼爲中巖上穴中穴今已塞矣而下穴中亦能開路採石之處下無積水上有泉滴如飛雨石色乾濕與下巖等但稍多紫色北壁者下巖南壁相類下穴南壁者石色帶微黃眼有瞳子暈七八重青黃綠白黑色相兼已不及北壁眼無暈矣

婺源石

徽州婺源石產水中皆爲硯材品色頗多一種石理有星點謂之龍尾石產于龍尾溪其質堅勁大抵多收墨前世多之以金星爲貴石理微粗以手摩之索索有聲如鋒鋩者尤妙深溪爲上或如刷



絲羅紋棗心或如瓜子如眉子兩兩相對又一種色青而無紋大抵石青紫石理温潤收墨頗與後歷石差堅近時出處倍于常土人各以石材厚太者爲徽州歙縣地名小清出石亦清潤可作硯但石理頗堅不甚判墨其紋亦有刷絲焉

招信石

泗州盱眙縣寶積山與招信縣皆產瑪瑙石紋理奇怪宣和間招信縣令忘其名獲一石于村民大如升其質甚白既磨礲中有黃龍作蜿蜒盤屈之狀歸貢內府

奉化石

明州奉化縣諸山大石中凡擊取之即有平面石色微黃而稍潤扣之無聲其紋橫裂道如細墨描畫一帶夾徑寒林烟霞朦朧之狀或如濃墨點染成高林與無爲軍所產石屏相類

大理石

雲南大理府點蒼山出石白質青章或白質綠章及白質黃紋者多成山水人物飛走之物白質青章成山水者名春山綠章者名夏山黃紋者名秋山石紋妙者以春夏山爲上秋山次之亦有用漆藥點



造而成者但眞者就高下取形磨琢既平故有凹凸若僞者即平坦無底窪

桃花石

韶州產桃花石出土中其色粉紅點膩稍潤扣之無聲

紅絲石

青州產紅絲石出土中其質赤黃紅紋如刷絲縈繞石面而稍軟扣之無聲琢爲硯先以水漬之乃可用益石質燥渴頗收墨唐林甫產猷作硯譜以此石爲第一

無爲石

無爲軍石產土中性甚軟凡就土掘取之見風即勁兩面多柏枝如墨描寫石色帶紫或灰白間有紋理或成岡巒遍列寒林中有徑路全若圖畫之狀頗奇特又有彷彿諸佛像及人物形土人裝治爲屏頗自然

菩薩石

嘉州菩薩石產峩眉山正與五臺山相似出巖竇中名菩薩石其色瑩潔狀如太山狼牙信州水晶之類映日射之有五色圓光其質六稜或大如棗栗則光彩微茫間有小如櫻桃則五色燦然可喜



雪浪石

中山府土中出石灰黑色燥而無聲溫然成質其紋多白脈籠絡如披麻旋繞委曲之勢東坡常目之雪浪石因爲作銘爲後人傳寶

虢石

虢州來陽縣石產土中或在高山上其質甚軟無聲一種色深紫中有白石如圓月或如龜蛇之狀兩兩相對土人就石段揭取用藥化鎔治而成間有天生如圓月形者極少昔歐陽永叔賦雲月石屏

詩特爲奇異又有一種色黃白中有石紋如山峯羅列遠近澗壑相通亦皆修治鐫削度其巧處乃成物像以手礲之石面高低多作硯屏置几案間全如圖畫

仇池石

韶州之東南七八十里地名仇池土中產石多有小者而峯巒巖竇其音泠然色清潤扣之亦有聲頗與清溪品目相似

清溪石

廣南清溪鎮之三五十里山中出石巉巖險怪一種



色甚清潤扣之有聲韻清越一種色白昔年蘇仲恭留臺家致于几案間有七八石甚奇巧此石所產青絲坑尤異于它處者

襄陽石

襄陽府去城十數里有山名鳳凰地中出石長尺餘或如拳大者巉巖險怪往往如大山之勢色稍青黑間有如灰褐者扣之有聲土人不甚重宣和間惟鎮江蘇仲恭留臺有數塊几案間

金陵石

江甯府江水中有碎石謂之螺子石凡有五石大抵全如六合縣靈巖所產石子及它處所產瑪瑙無異紋理縈繞石面望之透明溫潤可喜

博物要覽卷十一

博物要覽目錄





博物要覽卷十二

國初谷應泰撰　綿州　李調元　輯

志錦

錦繡

錦金也作之用功重其價如金故製字從帛與金也

繡修也五色絲彩備者謂之繡

歷代雖有錦而未彰至漢時西蜀貢錦始稱大備至三國時魏則市于蜀矣吳亦資于西蜀也

鄴中記曰錦有大登高小登高大明光小明光大博山小博山大茱萸小茱萸大交龍小交龍蒲桃文錦班文錦鳳凰朱雀錦韜文錦桃核錦或青綈或白綈或黃綈或綠綈或紫綈或蜀綈工巧百數不可盡名也



歷代名錦

鸞章錦

周靈王起昆昭之臺以羣臣張鸞章之錦文如鸞

綈錦

漢制天子玉几冬則加綈錦其謂之綈几以象牙爲火籠籠上皆散華文後宮則五色綾文

斜文錦

漢宣帝有身毒國寶鏡一枚大如八銖錢舊傳此鏡照見妖魅得佩之者爲天神所福故帝盛以琥珀笥緘以戚里織成錦名曰斜文錦

蒲桃錦

霍光妻遺于衍蒲桃錦二十四疋散花綾二十五疋綾出鉅鹿陳寶光家寶光妻傳其法霍顯召入其第使作之機用一百二十鑷六十日成一匹疋值萬錢又與走珠一琲綠綾百端

鴛鴦萬金錦



金

綠地五色錦

漢武帝得貳師天馬以玫瑰石爲鞍鏤以金銀鍮石以綠地五色錦爲蔽泥

蛟文萬金錦

漢成帝賜樊嬺蛟文萬金錦二十四疋

五色雲錦帳

趙飛燕遺女弟昭儀以五色雲錦帳沉水香玉壺

連煙錦

漢武帝元鼎元年起仙靈閣編翠羽麞毫爲簾有連煙之錦走龍之繡

紫鸞錦

漢明帝宮中藉地以紫鸞之錦翠鸞之繡

文龍錦

魏景初中賜倭女王絳地文龍錦五疋

迴文錦

竇滔妻蘇氏織爲迴文迴環成誦以寄滔宛轉成詩詩甚淒切爲絕世奇作

神錦衾



唐元和八年大軫國貢神錦衾錦乃冰蠶絲所織方二尺厚一寸其上龍文鳳彩殆非人工其國以五色石甃池採大柘葉飼蚕于池中始生如蚊睫游泳于其間及老可長五六寸池中有挺荷雖驚風疾吹不能傾動大者可闊三尺而蚕經十五月始入荷池中以成其繭形大如斗自然五色國人縱之以織神錦亦謂之靈泉絲上始覽錦衾與嬪御大笑曰此不足以爲嬰兒綳席曷能爲我被耶使者曰此錦之絲冰蚕也得水則舒水火相返遇火則縮遂于上前令四官張之以水一噴之則方二

丈五色煥爛逾于向時上嘆賞其奇異因命藏之
內庫

浮光錦

唐敬宗寶歷元年高昌國獻浮光錦裘浮光錦絲以紫海之水染其色也以五采𢇁成龍鳳各一千二百絡以眞珠上衣之以獵北苑爲朝日所照而光彩動搖觀者皆眩其目上亦不爲之貴一日馳馬從禽値暴雨而浮光裘略無霑濕上方嘆爲異物也

明霞錦



唐大中初女蠻國貢明霞錦錦練水香麻以爲地光耀芬馥著人五色相間而美麗于中國之錦

神絲繡

唐同昌公主有神絲錦繡被上繡三千鴛鴦間以奇花異葉其精巧華麗絶比其土絡以靈粟之探珠粟粒五色煥爛希世之寶也

魚油錦

唐會昌中女王國貢魚油錦文彩尤異入水不濡云有魚油故也

冰蚕錦

康老子常以錢半千買得舊錦褥一方後波斯胡見之求售以數百千買去曰此冰蚕絲所織也暑日陳于座上滿座清凉此奇物也

宋錦名目

克絲作樓閣　克絲作龍水
克絲百花攢龍　克絲作龍鳳
紫寶階地錦　紫火花錦
五色寶文錦　紫小滴珠方勝鸞鵲
青綠寶文錦　紫鸞鵲錦
紫百花龍錦　紫龜紋錦



紫珠焰錦　紫曲水錦
紫湯荷錦　紅雲霞鸞錦
黄霞雲鸞錦　青樓閣錦
青藻花錦　紫滴珠龍團錦
青櫻桃錦　皂方圓白花錦
褐方圓白花錦　方勝盤象錦
毬路錦　衲錦
柿紅龜背錦　樗蒲錦
宜男錦　寶照錦
龜蓮錦　禾下樂錦

練雀錦　方勝練雀錦
綬帶錦　瑞草錦
八花暈錦　銀鈎暈錦
細花盤鵰錦　翠色獅子錦
盤毬錦　水藻戲魚錦
紅遍地雜花錦　紅遍地翔鸞錦
紅遍地芙蓉錦　紅七寶金龍錦
倒仙牡丹錦　白蛇龜紋錦
黄地碧牡丹方勝錦　皂木錦

宋綾名目



碧鸞綾　白鸞綾
皂鸞綾　皂大花綾
碧花綾　菱花綾
雲鸞綾　樗蒲綾
大花綾　雜花綾
盤鵰綾　清頭水波紋綾
仙紋綾　重蓮綾
雙雁綾　方棊綾
龜子綾　方縠紋綾
鸂鶒綾　棗花綾

鑑花綾　疊勝綾
白毛綾　遼國綾
回文綾　白鷺花綾
白鸞雀綾

博物要覽卷十二畢

# 然犀志

光緒七年重鐫于寶蓮

水族之適用惟魚而魚之類不一江淮河漢之魚尚可約指而海中之魚之衆則尤瑣屑而難名余視學粤東遍至其地如廣惠潮高雷廉瓊半皆濱海以故供食饌者惟魚爲先而其中奇奇怪怪令人瞠目而不下箸者指不勝屈以是博採方言按諸山海地誌一一精細備載每得一物即誌其形狀考其出處即非魚類如介蟲之屬亦附於魚之族日久所得裒然成編以其皆鱗介之物故以然犀名之聊以遮掛一漏萬之譏非如温嶠之必欲照見幽潛也余曾有南越筆記靡不收入而又别爲此編者以粤中之魚較多他處也云爾己亥冬十月羅江李調元雨村撰

# 然犀志卷上目錄

# 然犀志卷上

綿州李調元贊菴鶴洲著

## 三脚蟾

三脚蟾魚類形如蝌斗而扁合左右兩翅視之儼如三足蟾蜍故名口大有齒細如針啗如鼇下齶長于上唇唇之内別生竅空如重唇也眼生背上左右有二刺而分歧腹下有二短足各五爪背黃黑色腹白色而無鱗

## 銅鑼槌

銅鑼槌魚類首體橢圓而尾脩形如擊鑼槌子故名



口有齒而下齶長兩眼平視而近唇背具六刺左右勻排齶下有小划二鰓後有大划二背色黑有斑點如鱧而無鱗

## 虎沙

虎沙沙魚之一種其形條長四划類蜥蜴其頭絕類虎頭身無鱗而有黑紋又類寸白蚍尾有一鬣

## 蝦蛄

蝦蛄形類蝦無鬚而尾扁濶類乎螳螂

## 花蠏

花蠏八跪二螯與諸蠏同但跪小而螯大幾與筐等筐與螯有斑文如湘竹如貝錦其欲螯足之時又如龜之藏六無罅隙可窺

## 石蠏

石蠏匡腯螯足遍體磊砢不啻黃石之纖瘦也故名然匡紋凹凸儼如怒猊大鼻睅目雖繢刻亦遜其巧

## 花螺

花螺橢形如巨貝而尾不尖長黃質黑章肉亦具黑花條條如彪虎之皮

## 指甲螺

指甲螺大可二寸圓長如指甲殼白薄亦如人爪甲



有肉鬚一吐殼外觸之則攝縮入内

## 海鏡

海鏡蛤類也形如荷包其粘連處類口其開張處類囊其内條條亦如褶焉而色一白一紅潮人呼爲日月殼中有紅色小蟹時出覓食蠏飽則海鏡不饑按介屬中腹藏小蠏者尚有二一爲璅珪一爲紅蠃唯此肉白如雪兩殼相合甚圓故又名石鏡其中小蠏謂之蚌奴又謂之蠏奴任昉所謂筯是也

## 璅珪

璅珪狀如珠蚌殼青黑色小者長寸大者長二三寸

唯生白沙中不汚泥淖互物中之最潔者也有兩肉柱能長短又有數白蝌子在腹中狀如榆莢常爲之出取口實郭璞所謂璅蛣腹蟹葛洪所謂小蟹不歸而蛣敗是也一名共命蠃又名月蛄每冬大雪則肥瑩滑如玉日映如雪味甘蓋海錯之至珍者諺曰霜蟹雪蠃味不在多凡蠃皆以雪肥蟹則以霜

紅蠃

紅蠃腹中亦有小蟹漁人以釣取之

魣魚

魣魚一名海燕大者盈車頭如蝙蝠身勢如翔燕尾有蠆其岐亦類燕翦當岐之間復有脩圓之尾形等委蛇其脇各具扁孔五層疊相間大槪與蒲魚相類亦無鱗甲按齊書五行志載永明九年鹽官縣石浦有海魚乘潮來水退不得去長三十餘丈黑色無鱗有聲如牛土人呼爲海燕取食之其卽是歟　瓊府舊志有燕魚脊皮有沙肉白味美新志云有赤白黃三種兩翅似燕能飛翔海上故以燕名俗呼爲老鴉魚新舊二志皆不詳盡疑卽此魣魚也



蒲魚

蒲魚大者盈丈圓扁如蒲葵葉其尾修圓若虵長倍於身有刺能螫人尖鼻前挺形類鏔鞏目生於背目旁有二孔疑是其耳口開於腹口之左右各有五孔扁若刀刺背色黃黑腹青白無鱗又名鱄　瓊州府志云海鷂一名荷魚卽蒲魚也口在腹下目在額上味美而尾極毒昌黎詩蒲魚尾如蛇口眼不相營俗亦呼爲燕魚按海鷂之名又與文鷂同名

章舉

章舉體形橢圓如猪胆端分六足如抽花鬚而其長倍於身每足陰面起小圈子密比蜂窠錯如蓮房八足聚處有細眼如針孔其後尻也其口遡尻幸有足爲之閑上下耳無皮無骨肉頗含脂黑比蟹膏膩同蚌髓非鱗非介又名章魚潮人訛稱章魚曰膨水



烏賊

烏賊非鱗非介形如算子袋有六足聚生口旁其二鬚甚長亦如帶酉陽雜俎曰昔秦皇東遊棄算袋於海化爲此魚遇風能以鬚粘岸如舟之下碇焉故又名纜魚身祇一骨骨狀若梭子層疊可剝如剖欖仁腹中有墨遇大魚來賊則吐墨混流以自蔽一名烏鰂南越志云烏鰂懷墨而知禮崔豹古今注又名河伯度事小吏而南越行記又言烏賊魚常仰浮水面

烏見而啄之反爲此魚所捲食故謂之烏賊云

鱟

鱟介蟲也大者尺餘形如覆箕殼分前後及尾爲三截其色青綠而光瑩骨眼着背口藏于腹首似蜣螂足如蟹而多其四其尾三稜雄小雌大雌失雄則死故常負雄於背而行遇風則背骨開張若帆之趁風謂之鱟帆說者曰鱟者候也命名曰鱟職此之由生子最多而成鱟者僅二餘則爲蟹爲蛖蝦麻蝦及諸魚族凡物之血皆赤而鱟之血獨碧色亦其異也漁得鱟必雙如單者不可食尾有刺者不可食又一種



小者謂之兒鱟亦不可食昌黎南食詩云鱟形如惠文骨眼相負行惠文冠後世已失其製而鱟則千古不變猶可因鱟之形狀以想見古之冠製也

龍蝦

鰕之頭其長與尾相等而巨于尾周圍皆刺兩目上出頭生兩角彎環前向前有巨鬚二長而多刺又有細鬚二長而分岐嘴在其下近嘴有小足長短六枚其腹與蟹臍無異左右排生十足亦類于蝦尾之下每節有划水水行進退是其所賴節左右亦各有刺尾末四出金縷絲絲筋絡分明絕類芙蓉之瓣生者青黑色煮則赤如塗朱磔鬚瞋目不啻錢唐君之怒欲飛去故又謂之紅鰕北戶錄云大者長二尺餘頭可作杯鬚可作簪作杖嶺表錄云最大者長七八尺至一丈也水經注所謂四尺之鬚不足論矣嶺海辨記云潮州海中龍鰕長五六尺形狀與龍無二洗滌其殼可以爲燈

海鰻鱺

海鰻鱺一名慈鰻鱺一名狗魚又名狗頭鰻海語云大者長丈餘鎗嘴鋸齒遇人能鬬往往隨潮陟山人知之布灰於路體粘灰則澁不能行乃擊殺之



比目魚

比目魚狀如婦女鞋底細鱗背紫色腹白無鱗口近於腹兩眼相並一明一暗亦微分大小爾雅曰東方有比目魚不比不行其名曰鰈者是也北戶錄謂之鰜吳都賦謂之魪上林賦謂之魼鰈猶屧也鰜猶兼也魪者相介也魼者相胠也南方異物志謂之箬葉魚言其形如裹稷之竹葉然也臨海志名婢屣魚臨海風土記名奴屩魚其有名鞋底魚者俗稱也

沙魚

沙魚古名鮫魚一名珠皮鮫郭璞鮫贊云珠皮毒尾匪

鱗匪毛可以錯角兼飾劒刀又名鯌魚沈懷遠南越志云環魚錯魚也長丈許腹有兩洞腸貯水養子一腸容二子子朝從口出暮還入腸鱗皮有珠可飾刀劒治骨角一名琵琶魚形似琵琶善鳴此沙之大者也李奉常曰種類不一形並似魚青目赤頰背有鬣腹有翅大者尾長數尺皮背有沙如眞珠斑其背有珠文如鹿而堅强者曰鹿沙亦曰白沙云能變鹿也背有斑文如虎而堅强者曰虎沙亦曰胡沙云虎沙魚所化也鼻前有骨如斧斤能擊物壞舟者曰鋸沙又曰挺額魚亦曰鐇鯌謂鼻骨如鐇斧也鐇音番東



南近海諸郡皆有之蘇恭謂鮫形似鱉無腳有尾者失其狀矣陳藏器謂鮫與石决明同名者以鮫又名腹魚也

魚虎

魚虎生南海頭如虎背皮如猬有刺着人如蛇咬有變爲虎者按倦遊錄云海中泡魚大如斗身有刺如猬能化爲豪猪卽此魚虎也述異記云老則變爲鮫魚臨海記又謂之土奴魚

海豚

海豚候風潮出沒形如豚鼻在腦上作聲噴水直上百數爲羣其子如蠡魚子數萬隨母而行人取子繫水中其母自來就而取之生江中者謂之江豚狀與海豚同而小出沒水上舟人候之以占風其中有油脂可點燈照樗蒱卽明照讀書工作卽昏俗言懶婦所化也李奉常曰海豚狀大如數百斤猪形色青黑如鮎魚有兩乳有雌雄類人數枚同行一浮一沒謂之拜風其骨硬其肉肥不中食其膏最多和石灰艌船良魏武食制謂之鱄䱻南方異物志謂之水猪又名饞魚謂其多涎也郭璞賦海狶江豚是也

黃顙魚



古名黃鱨魚詩注名黃頰魚今人名黃鱧黃軋陸璣誤爲黃楊按顙頰以形言鱨以味言鱧軋以聲言也背青腹黃無鱗腮下有二鬚魚之有力能飛躍者陸佃云其膽春夏近上秋冬近下亦一異云

鯢魚

鯢魚卽山海經之人魚也聲如小兒啼故名鯑魚能緣樹謂之鮎魚以足行又謂之鰕蜀稱曰納秦稱曰鰨四足長尾遇旱則含水上山以草覆身張口伺鳥因吸食之

鯑魚

鯑魚一名人魚又名孩兒魚陶宏景曰荆州臨沮青溪多有之似鯷而有四足聲如小兒其膏然之不消耗秦始皇驪山冢中所用人魚膏是也宗奭曰鯑魚形微似獺四足腹重墜如囊微紫色無鱗與鮎鮠相類按孩兒魚有兩種生江湖中者形色皆如鮎鮠腹下翅形似足顋頰軋軋音如兒啼即鯑魚也一種生溪澗中形色皆同但能上樹乃鯢魚也徐鉉稽神錄云謝仲玉見有婦人出没水中腰已下爲魚乃人魚也徂異記云查道奉使高麗見海沙中一婦人肘後有紅鬣問之曰人魚也此二者乃名同物異實非鯑鯢



鮧魚

鮧魚古曰鰋今曰鮎北人曰鰋南人曰鮎體涎無鱗故名鮎言黏滑也鮎魚上竹竿郎謂此魚大頭偃額故又名鯷爾雅翼云兩目上陳口方尾小有齒有胃有鬚生流水者色青白生止水者色青黃大者至三四十斤

鮠魚

鮠魚生江淮間無鱗亦鱘屬也頭尾身鬐俱似鱘唯鼻短耳口亦在頷下骨不柔脆腹似鮎魚背有肉鬐郭璞所謂鱯魚似鮎而大白色者是矣有鱯鮰鰈鱝等名南人呼鮠北人呼鱯並與鮰音相近邇來通稱曰鮰魚而鱯鮠之名不彰矣鰈又鱯音之轉秦人謂其發癩故呼爲鱝魚

牛魚

牛魚生東海其頭似牛一統志云牛魚出女直混同江大者長丈餘重三百斤無鱗骨其肉脂相間食之味長又異物志云南海有牛魚一名引魚重三四百斤狀如鱧無鱗骨背有斑文腹下青色知海潮肉味頗長按此二說則牛魚鱏屬也鱏與引又聲相近



鱘魚

鱘魚出江淮黃河遼海深水處岫居長二丈餘至春始出而浮陽見日則目眩其狀如鱣而背無甲色青碧腹下白色其鼻長與身等口在頷下食而不飲頰下有青斑文如梅花尾岐如丙字肉色純白味亞于鱣羅願云狀如鬵鬲上大下小大頭哆口似鐵兜鍪能化龍大者名王鮪小者名叔鮪更小者名鮥子李奇漢書註周洛曰鮪蜀曰鮔鰽毛詩義疏遼東登萊人名尉魚言樂浪尉仲明溺海死化爲此魚飲膳正要云今遼人名乞里麻魚古又有鱏魚鮪魚碧魚等

稱

鱸魚

鱸魚無鱗巨魚也狀似鮎灰白色背有骨甲三行鼻長有鬚口近頷下其尾岐出以三月逆水而上其居也在磯石湍流之間其食也張口接物聽其自入其行也潛伏不浮漁人以小鈎沉而取之一鈎着身動而護痛諸鈎皆著船遊數日待其困而掣之小者百斤大則長二三丈重一二千斤白肉黃脂層層相間故有黃魚蠟魚玉版魚等名異物志又名含光魚言其脂肉夜有光也



西施舌

西施舌蛤類珠蜯而薄張口時膚肉潔白圓長而匾絕類乎舌一端又有二肉柱外伸形與蟶等色亦如王烹之甘脆詫嘯妃子唇者以爲何如廉雷人呼爲沙螺

江瑤柱

江瑤柱萬震贊曰江瑤柱厥甲美如瑤玉肉膚寸厥名江瑤柱安南異物名記曰江瑤肉腥不中口僅四肉牙佳耳長可寸許圓半之白如珂雪一沸即起甘鮮脆美不可名狀此所謂柱也東坡嘗以江瑤柱與鮮荔枝爲南中尤物詩云似聞江瑤斫玉柱又云海螯江柱初脫泉其爲嘆賞如此老學庵筆記曰明州江瑤柱有二種大者江瑤小者沙瑤沙瑤可種逾年亦成江瑤矣一名馬頰一名馬甲謂其殼一端圓大一端尖小如馬嘴也一名海月言似半月形耳

海馬

海馬一名水馬其首如馬其身如蝦其背傴僂有竹節紋長二三寸雌者黃色雄者青色徐表南方異物志云海馬有魚狀如馬頭其喙垂下或黃或黑海人捕得不以啖食暴乾之以備産患凡婦人難産割裂而生者手持此蟲即如羊之易生也



海蛇

海蛇劉恂云閩人曰蛇廣人曰水母異苑曰石鏡狀如血䘓大者如床小者如斗無眼目腹胃以蝦爲目蝦動蛇沈故曰水母目蝦亦猶蛩蛩之與駏驉也

海鷂魚

海鷂魚生東海形似鷂有肉翅能飛上石頭齒如石板尾有大毒逢物以尾撥而食之其尾刺人甚者至死李奉常云海中頗多江湖亦時有之狀如盤及荷葉大者圍七八尺無足無鱗背青腹白口在腹下目

在額上尾長有節螫人甚毒皮色肉味俱同鮎魚肉內皆骨節節聯比脆軟可食吳人腊之魏武食制云蕃蹹魚大者如箕尾長數尺是矣又嶺表錄異云鷂子魚嘴形如鷂肉翅無鱗色類鮎魚尾尖而長有風濤即乘風飛於海上此亦海鷂魚之類也又陳藏器云有鼠尾魚地青魚並生南海皆有肉翅刺在尾中此亦海鷂魚之類也

鰽魚

鰽魚錄異記鰽魚狀如鱧能爲魍魎幻惑妖怪亦能魅人



六眸龜

六眸龜宋史太宗時萬安縣獻六眸龜萬安縣即今萬州也

紅龜白龜

瓊郡志云文昌縣北石井中有紅白二龜遇旱禱焉紅出則雨白則否

封龜

封龜瓊海中有封龜大者如島洋船畏之小者亦重二三百斤漁人得之味甚佳可治疥癬

納鼈

納鼈鼈之無裙而頭足不縮者名納鼈不可以食食則令人昏塞煎黃芪吳藍湯服之立解

卷上終

# 然犀志卷下目錄

# 然犀志卷下

綿州李調元贊菴鶴洲著

朱鼈

朱鼈生海南大如錢腹赤如血淮南子所謂朱鼈浮波必有大雨者也

瑇瑁

瑇瑁狀如鼅鼊而殼稍長背有甲十四片黑白斑文相錯而成

鸚鵡螺

鸚鵡螺出澿瀾海中南州異物志云狀如覆杯頭如鳥頭向其腹視之似鸚鵡故名土人取以爲酒器名鸚鵡杯



流螺

流螺通名海螺大如拳其厴謂之甲香格物論云合衆香燒之能發香獨燒則臭然則流螺猶礪石也可以攻玉使玉光瑩而自不免於麄犅

海膽

海膽介蟲也形圓如膽周身有刺如蝟毛琢磨其殼可以爲杯其肉可爲鮓爲醬

車螯

車螯潔白如玉俗呼車白殼厚微黃梁元帝以爲味高食部者此也其大者名蜃能吐氣成樓臺春夏間依約海澨常有此氣

九孔螺

九孔螺本草謂之石决明形如蚌蛤之半片其凸處作螺旋形沿唇有孔一行多者十餘孔也又名鰒魚新莽嗜食鰒魚者即此

牡蠣

牡蠣附石而生不能行游磊磈連屬如房故一名蠣房又名蠔山初生海畔如拳石四面有大至一二丈者每房之內各生蠔肉一塊潮來諸房俱開有小虫入則閉房以充腹肉味甚美殼可砌墻亦可燒灰塗壁覆其殼左顧者謂之牡蠣



蚶

蚶有數種絲蚶紋細如絲即魁陸阿婆蚶似絲蚶稍長而不正海蚶甚大有片甲大如屋者以治器即爲車渠多産崖州按蚶殼似瓦壟文故又名瓦壟子其肉美名天臠

石蛣

石蛣形如龜脚得春雨則花生郭璞江賦石蛣應節

而揚葩

蜆

蜆殼青黃生溪湖中其類甚多大小厚薄不一瓊郡舊志云盛夏取生蜆以酒鹽蘇麻拌𢀖之暴乾名曰晒蜆

蟶

蟶似馬刀而殼薄長二三寸大如拇指又有竹節蟶以夏月出

水豈芽

水豈芽蟶類也鮮時殼中有一肉柱如牙箸醃之則



無

蛤

蛤說文云蛤有三皆生於水蛤蜊千歲鳥所化也海蛤百歲燕所化也魁蛤一名復老服翼所化淮南子云方諸見月則津而爲水高誘注方諸大蛤也按呂氏春秋月望則蚌蛤實群陰盈月晦則蚌蛤虛羣陰缺

紅蟹

紅蟹出儋州殼上有十二點紅深如臙脂北戸錄云其殼與虎蟹堪作疊子

翠蟹

翠蟹色如翡翠出臺灣南澳亦有之

膏蟹

膏蟹出萬州者大而味佳

毛蟹

毛蟹產瓊山淡水中味極鮮美

石蟹

石蟹生崖州之榆林港本活蟹也窟穴甚深掘得即於水中洗滌淨去泥出水見風便化而成石取巨筐螯足全者作怪石供甚奇醫書云石蟹性寒能消腫



毒治目疾

弔

弔介屬也產瓊海港中蛇首鼉身其膏輕利貯以銅瓦等器皆滲惟卵殼成之則不漏治腫毒功同熊膽

海狗

海狗形如狗大如猫純黃色常群遊背風沙中遥見船行則没入海中其腎謂之膃肭臍漁人以技獲之

海獺

海獺似獺而大生海中脚下有皮如胼拇其毛着水不濡其肉亦可食海中又有海牛海馬海驢等剝其

皮皆應風潮潮來毛皆豎起海獺亦然

海鰌

海鰌海魚之最偉者故謂之鰌猶酋長也有大不可限量長數百十里望之如連山者其小者亦千餘尺背常負子以遊蠻人以長繩繫鐵鎗乘小舩截標其子伺其困斃曳至岸取油可值數萬錢其脊骨可作舂臼俗名海龍翁

鰌

鰌有江海湖池之異海鰌生海中極大江鰌生江中長七八寸泥鰌生湖池中最小長三四寸狀似鱓而



小銳首肉身青黑色無鱗以涎自染滑疾難握與他魚牝牡故莊子曰鰌與魚遊也生沙中者微有文采

翻車魚

翻車魚海槎餘錄云秋晚巡行昌化邑俄見海洋煙水騰沸競前觀之有二大魚遊戲水面各頭下尾上决起烟波中約長數丈離而復合數四每一跳躍聲震里許土人曰此翻車魚也間歲一至兩魚跳躍交感生育之意耳

倒挂魚

倒挂魚鮮食醉人宜作鮓出萬州

鱟魚

鱟魚其脊若鋒刃銳喙長嘴大腹鼻在額上能作聲少肉多膏大者長一二丈

黃鱨魚

黃鱨魚儋州志云一名大頭土人呼作赤魚狀如鮎之大者子如龍眼春末夏初海上疊陣而來舉網或不能勝

馬膏魚

馬膏魚即馬鮫魚也皮上亦微有珠然與珠鮫不同其味甚美出昌化



烏魚

烏魚似馬鮫而短小無黑花點

石首魚

石首魚野鴨所化頭中有白石二枚瑩潔如玉故名石首又名黃花魚醃而乾之名鯗魚陸廣微吳地記曰闔閭思海魚而難於生致治生魚鹽漬而日乾之故名為鯗

勒魚

勒魚一名青鱗狀如鰣魚小首細鱗澄邁志云小兒痘疹煮以食之

竹魚

竹魚色青翠如徭葉故名鱗下有朱砂點味甚甘

魛魚

魛魚一名鱭魚又名鰽魚即鮆魚也其狀長而薄形如尖刀故名魛魚郭註山海經曰鮆狹薄而長頭其大者長尺餘常於春三秋八之月乃出

鯧魚

鯧魚即鶬魚一名鏡魚有烏白二種小者名鯧鳊身正圓無硬骨炙味美以其與衆魚交故從昌

鳊魚



鳊魚即魴魚小頭縮項穹脊濶腹扁身細鱗其色青白

鱖魚

鱖魚扁形濶腹大口細鱗有黑斑采斑色明者為雄晦者為雌

鱧魚

鱧魚圓長有斑點夜則首仰朝北諸魚之胆味皆苦獨鱧魚胆味甜

柔魚

柔魚類墨魚而長無螵蛸骨故名柔魚

飛魚

飛魚一名文鰩生海南大者長尺許有翅與尾齊群飛海上便有大風吳都賦云文鷁夜飛而觸綱

赤鬃魚

赤鬃魚瓊府志云鱗鬃皆淺紅色俗謂之紅魚可作鮹出儋州昌化者佳

鯛魚

鯛魚即鮒魚閩中海錯疏云鮒鱸之别種圓厚短鱉味豐楚詞鮒鱅短狐是也

角是



角魚其頭三稜有赤角白角二種白角魚有翅能飛

帶魚

帶魚長二三尺身扁狹如帶尖嘴細尾色白如銀肉細滋膩

鰽白魚

鰽白魚瓊府志云相傳鯽魚是鰽白魚所變在海為鰽白在江為鰣魚鰽白於春鰣魚於夏其味皆美

鱅魚

鱅魚狀似鰱而色黑其頭最大一名鱃山海經云鱃魚似鯉大首食之已疣是也瓊府志云郡人呼為胖

頭魚多出定安

鯛魚

鯛魚北戶錄云鯛魚卽鰯魚瓊州府志云廣之恩州出鵝毛脡細如毛用鹽藏之郭義恭言武陽小魚大如針一斤千頭是也

附 鰯魚舌魚

二魚產高麗形同箬葉比目魚之類

吞魚

生東北海俗名大口魚性平味鹽食之補氣腸與脂味尤佳按字書有吳字注云魚之大口者朝鮮人作



吞文異而義同

松魚

味極珍異肉肥色赤鮮明倉松節故名松魚東北江海中所產

民魚

高麗人以民魚爲鮰魚按鮰魚味美無毒膘可作膠一名江鰾

鰱魚

味甘美卵如眞珠色微紅其味尤美產北江海中

銀口魚

朝鮮國產銀口魚性平無毒寬中健胃合生薑作羹最良卽中國之銀條魚也



卷下終

# 出口程記

光緒七年六月重鋟于廣漢

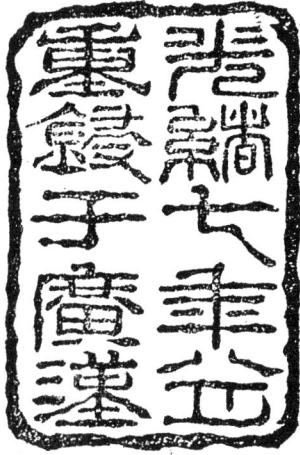

乾隆四十六年辛丑四月初三日酉刻接
制軍檄委熱審熱河所屬之承德府七州縣本年
秋讞卽襆被於初四日黎明自通州啟行竊惟
熱河旗民交處地方遼闊周環二千五百餘里
向未設有州縣惟置理事同知通判管轄乾隆
四十三年奉
旨改六廳爲六州縣改熱河同知爲承德府知府以
統之其六廳一曰喀喇河屯今改灤平縣一曰
八溝今改平泉州一曰塔子溝今改建昌縣一
曰三座塔今改朝陽縣一曰烏蘭哈達今改赤
峯縣一曰四旗廳卽土城子今改豐寧縣向例
各道秋讞俱解省審勘熱河所屬以途遠解四
爲難每年由臬司詳請鄰近口北道親詣各州
縣審錄已委永觀察保以避嫌委霸昌祥觀察
鼐又以護送兵差改委通永道代之秋審
大典覆勘者所以慎重民命恐有寃抑而六州縣
山川風俗向所未經非因公不易至其地用是
夙夜匪懈不遑安息秋讞之餘所有道里風土
隨日記載亦觀俗之一端也以在古北口外故
曰出口程記乾隆四十六年四月二十四日雨村記

出口程記　序　一　一十六至

# 出口程記

綿州　李調元　雨村　撰

辛丑四月四日自通州發五十里渡白河至順義縣食縣古范陽地二十里至牛欄山宿元聖宮宮向稱華鏊　先大夫爲北路廳同知署密雲縣時余來往省親所宿之地今不戒於火廟棟摧殘而花木尚如故也得詩一首云寺當火後花仍放山入春來草自榮惟有大椿枯卧後更無消息望重生

初五日二十里至螺山三十里至密雲縣食密



雲古檀州地即漢魏之烏桓明爲重鎮設提督軍門駐之城東八蜡廟有戚繼光燕山紀功碑形如八卦侍郎王道昆撰文東潮河西白河二水來會潮河源出口外與州白河由土城之西發源是日縣令李崧湖南舉人偕前令呂奎曜四川人候送於此爲言密雲城爲予　先大夫監築崇墉屹如而遺民半非矣爲之潸然二十里至穆家峪向在銓部與同司文選員外鐵冶亭主事景李門宿此作詩余有數家臨水住一鳥下溪行之句二十里至九松山山多松故名

山下有廟頗整潔可憩壁上有崔大司寇應堦詩因和其韻橋南小寺偶停蹤嘯傲居然膝可容入愛綠陰眠一柳天將青色染諸峯百年不老堦前石萬里長思屋後松莫道遺民半非舊癯僧雖老尚能筇二十里至石匣宿石匣以城北有石如匣故名古金溝館也

初六日二十里至南淵河山溪逼狹亂石峭倚似棧道中行十里至南天門北望邊墻繚繞峯巔南對諸山皆如培塿十里至古北口食萬山巉巉中通一線形勝甲天下提督軍門駐此重



鎮也按昌平山水記古北口水淺則絕潮河水大則紆迴從山頂行故石匣至古北口計程爲六十里也宋沈括言自金溝館東北行乍原乍隰三十餘里至中頓過頓屈折北行峽中濟灤水通三十餘里鈎折投山隙以度所謂古北口也時道出其西故云然其曰灤水即今之潮河也古北口城在山上周四里三百一十步三門洪武十一年立守禦千戶所三十年改密雲後衛嶺左右中前後五千戶所其後以參將一人守之唐書檀州燕樂縣有東軍古北二守捉北

口長城口也又北八百里有吐護真河奚王牙帳也金史古北口國言曰留斡嶺元史古北口千戶所於檀州北面東口置司唐莊宗之取幽州也遣劉光濬克古北口遼太祖之取山南也先下古北口金之滅遼希尹大破遼兵于古北口其取燕京也蒲莧敗宋兵於古北口元文宗之立也唐其勢屯古北口撒敦追上都兵于古北口禿堅帖木兒之入也太子出光熙門東走古北口嘉靖中俺答之犯京師也入古北口出古北口故中居庸山海而制其阨塞者古北喜



峯二口焉城北門外有楊業祠業以雍熙中爲雲州觀察使契丹陷寰州遇於雁門北陳家谷力戰不支被擒不食三日死忠矣然雁門之北口非古北口也祠於斯者誤也朱竹垞云按古北口亦名虎北口而太原汾水之北亦有虎北口通鑑石晉天福元年契丹主至晉陽陳于汾北之虎北口開運二年趙延壽部曲降者言契丹主還至虎北口聞晉取秦州復擁眾南向是太原之虎北口也王沂公上契丹事云古北口兩旁峻崖中有路僅容車軌口北有鋪彀弓連

繩本范陽防阨契丹之所最爲隘束出口度得勝嶺盤道數層俗名思鄉嶺八十里至新館過雕窠嶺偏槍嶺四十里至卧如來館考欒城集蘇轍古北口詩有魂歸故國鳥飛處身在中原山盡邊句又塞北小鈔云古北口僧寺刻宋蘇文定轍古北口道中詩云亂山環合疑無路小徑縈迴長傍溪髣髴夢中尋蜀道興州東谷鳳州西宋史元祐間轍嘗代軾爲翰林學士尋權吏部尚書使契丹館客者侍讀學士王師儒能誦洵軾之文及轍茯苓賦此蓋奉使時所題也



四十里至兩間房偶憩觀音菴題詩於壁云闕門初出客程兼四月垂楊綠漸添瀑布雨餘穿石罅邊牆雲裏走峯尖兩間房小何妨憩一盞茶粗已覺甜農事正忙僧未返佛龕拋却破楞巖三十里至青石梁凡口外呼嶺皆曰梁沿巖詰曲大石垂顯歷十餘盤始臻絕頂山下卸馬圈子十里至長山峪宿兩山多樹是日聞有虎食驢事爲之戒心

初七日二十里至三道梁二十里至王家營食自古北口外皆新設灤平縣所管之地十二里

至鬼子峪十八里至灤平縣宿縣舊名喀喇河屯譯漢言灤水平處也縣令瑚嵩額旗人由易州通判調任灤水發源於千里外之弓家鳥經多倫諾爾流入灤州以歸於海諸峯至此稍平坦矣形勝清秀宛然縣治沿河楊柳依依向人是日始見燕子桃花初開

初八日十里過雙塔山石筍對峙高三丈餘卓立山頂天生二浮圖也十里至三岔口十里至廣仁嶺十里至承德府即熱河也

皇上每年巡幸木蘭所駐蹕之地遙望



山莊園林祥雲葱鬱是日食府署太守名當保予故人也劇談久之送至河干別去過熱河望磬椎山上豐下鋭石形如之故名東行二十里至平台子寺後有夾牆山壁立天半如屏風中二層可通人行故名內有鴿子洞深廣丈餘聞野鴿常數千百巢於此五里度紅石磖梁坡陀宛轉直入雲中回望古北口衆山都如土簣嶺上有關帝廟廟中古松一株虬蟠陰森甚可愛爲坐其下久之廊間有碑文甚俚云此去永平府遷安縣之喜峯口不過百餘里便可進口下嶺五里望見天橋山形如橫琴亘長數十丈中空露天宛然虹梁也三十里至黃土梁宿是日桃李雜花開遍山谷聞讀書聲出蘆簾泥壁間琅琅可聽按四十三年於新設州縣添學額各四名府學六名甫經立學而口外編氓已臻臻向化不負

聖天子作育至意如此益見我

朝文敎之遠也是日得詩二首度紅石磖梁云厜㕒一嶺亘虹霓回望南天叠嶂西日落行人千蟻上雲開立馬萬峯低薄裘不禁風聲刮村屋多疑雨色迷記得去年梅嶺路依稀只少鷓鴣啼黃土梁云翠巘迎人路百灣一重山矮一重山漫言春已堂堂去開遍桃花四月間



初九日三十里西柳溝食是日寒甚得詩一首云水細不成河山遙漸作坡民居依樹密驛路傍溝多魯酒甘如醴居民多山東人流寓吳棉薄似羅喜聞

聖化遠到處有弦歌三十里東柳溝題金氏館詩云松蘿一逕下遙岑雲外幽居愜素心瓦雀晴翻窗外影隴牛午卧樹中陰麥因雪凍芽方茁柳

爲風搜葉未深一椀茶甘留舌本新詩寫就自問吟三十五里至鳳凰山二十五里平泉州宿平泉書院州舊名巴溝兩山退分翠嶂東横上通錦州下通喜峯口街長十六里瓦屋鱗次商賈輻輳人煙稠密口外最繁華處也

初十日平泉州接署中包封批回始發自過熱河皆由東行至此始轉而之北三十里大廟食二十里楊樹溝始見蒙古營名三十家子門牆各以小旗標之旗上有蒙古字爲嗎彌杆以奉佛法甚謹故家家有之家子云者如部落之稱



四十里至北宮宿自平泉赴建昌途中云撲面風狂未禁當廉纖小雨點平岡山無向背隨人轉路有高低仗馬强樹聳鐘樓知寺近桃開野店覺村香不須料擻衣塵盡准擬歸時十斛量又題平泉詩一首平泉在州治之南十餘步其泉終年不增不減故曰平泉旁有碑刻平泉二字詩云細脈何年洩泉名冠一州涓涓雖自出混混總平流鏡任來人照錢畱飲馬投夜闌風雨猛兢是老龍湫是日申刻大雨

十一日晴三十里至雙廟食居民三五家店壁有通州糧船圖題一絶句云誰將尺幅寫通州成郭樓船眼底收此日關心催運急風沙千里尚巴溝三十里至宋家莊村廟有演劇者三十里至建昌縣宿於書院規模甚宏敞縣舊名塔子溝縣後雙峯峭拱中嶺凹伏烟雲繚繞彷彿畫圖街市修整頗稱華富

十二日大風復向北行四十五里至王鬍子店食四十五里至公營子南有小山形如覆釜上有小塔土人稱爲小塔子山二十五里過會濟山上有小白塔是日始見喇嘛寺五里至土里根宿出白菜不讓安肅此處麥皆無冬種者而獨白菜初秀地寒故也



十三日早行十五里渡大凌河河發源於塔子溝諸溪至此始大由義州入於海十五里至木頭城食商民繁庶一大鎭也西有金寶山上有泰安娘娘廟山東流寓人所建也東山有塔甚高三十里平房三十里長閣兒懸崖磐路下俯大凌河上臨絶壁壁間有碑皆蒙古字三十里至藍堂三十里至朝陽縣宿縣舊名三座塔以塔有三故名今只存二座其一於乾隆七年傾

塌市人建關帝廟補之基阜尚存縣南有鳳凰
山巉崎秀削山下有朝陽洞縣得名以此洞中
有石卧佛羅漢峯頂有二土塔塔下有延壽寺寺
前即大凌河爲一邑風水之冠是日通判管縣
事成公安來會得詩二首渡大凌河云攬轡大
凌河風聲滿樹柯天連沙磧遠水入亂山多苦
霧蒼蒼合流雲淰淰過不知遷去客鄉思竟如
何又木頭城云萬鴉盤陣處遙指木頭城人雜
牛羊氣山多虎豹聲家家番字幟戶戶梵文旌
莫謂邊風惡香醪異樣清是日理藩院差官員
外郎七十五來會又佑順寺管事大喇嘛四楞
脚來獻奶茶並送哈達華言手巾也以此見長
官爲最敬云是日宿關帝廟即古靈感寺
十四日雨仍駐朝陽按口外州縣金石文唐宋
以前多不可考惟關帝廟内有新出土碑一座
高五尺係元遼時所建碑石間多剝落而文字
端楷可誦今將全碑備録於此前一行書大遼
興中府靈感寺釋迦佛舍利塔碑銘并序新授
尚書都官員外郎遼西路錢帛判官張失其名夫
塔古無有也本出於浮圖氏自佛教東被始有



之是謂佛廟蓋聞不遷者性也性動者情也性
情而能有者生也生不可常必至於滅滅不可
以復轉於生於此流轉中能解生死之縛而得
不生不滅者惟釋迦而已故超然特立於羣聖
之上可謂天人師者也然大耋既至終顯有爲
金身示滅當此之際六種震動如須彌傾損使
諸天無所依也嗚呼去聖雖遠靈跡不無故所
有舍利爲八國以寶塔分瘞之其數凡八萬四
千爾後歷載彌久隤廢者甚衆人心闕字恐闕字隨
益復興起之或發諸寶函或擧以玉粒或葺其
舊制或剏以新作故塔廟之多跡於是也雖殫
其筋力嘗不爲勞然竭力貨財亦不爲費至若
累寶層絡珠網接雲漢而起嘗不爲高併閭閻
夷井竈有郛郭之半亦不爲廣其人小勤厚有
如此者皇朝定天下以文守天下以武太平既
久而人心日善故此教所以感闕字凡民間建立
佛者靡弗如意今此塔自太平九年闕字城人梁
氏之所建也氏弟兄二人長曰守廉夙植善根
次曰道隣素闕字願力自童子時已有聚沙彌懺
後果志於出家既受具大通宗乘先隱於龍岫

之一蘭若後為城中人請居此寺一日於鉢中忽出異光不散者久之既而乃得舍利二粒玉彩晶燦不可正視人爭傳戴之由此乃舍衣盂特興塔像復求化官長并貴戚豎豪族之家各助以金帛車服或諸珍玩計獲數百萬錢共為成辦之於是火其塼廣若山積纍其工巧如雲合負土於堦者若蟻之累埏汲泥於簷者如燕之巢房凡一十三級通百有餘尺珠函之靈瑞以在乎其中觀夫有金搾以銳其上有寶陛以豐其下豈徒然哉我所貴踴出三界而為解脫



之場也有千歲燈以燃於內有百鍊鏡以懸於外亦豈徒然哉我所貴遍照十方而破其黑暗之獄也且鳳鳴寶鐸盡宣妙法時闕字踐崇堦亦成無上道故一塵所霑一影所覆其利樂信不虛矣噫彼土木有穹窿而崔嵬者勿謂我小我小有可觀彼金碧有燦爛而陵隆者勿謂我儉我儉能中禮愚勿克備迷徒止於此焉復嘗有光數見或有五色氣以覆之囙上聞之以精誠有感故靈應必通乃敕其寺曰靈感至大安中有先師之弟子通教師賜紫沙門恩整重修以

潤色之二先師者蓋愚之祖母故河南大君之伯父也塔初成日我先人嘗欲覲志之不意早没故弟克逮言今通教師素與我先人有甥舅之愛每一見必以此事為託師既誘我以先人之志能弗繼之我復成師念先師之德可弗述之此者蓋早為其肯構也故不敢讓乃强為記云其頌曰既生必滅惟性不遷不生不滅惟佛能然金身雖往靈跡可傳舍利所至塔廟興焉在昔所建八萬四千益遠益敬至於無邊凡厥願力非小因緣有脩梁氏獲此舍利千佛共與



一日自至鉢中有光玉粒者二苟非精誠格茲靈瑞乃舍衣盂願作佛事以情淨心置琉璨器藏此塔中以福萬事後有門人以增以新長令淨白不生埃塵叙我以舊託我以文乃强為述昔吾先君後一行書云天慶六年歲次丙申八月壬戌朔申午十三日丙闕字建先君朝散大夫守少府少監甜水鹽院都監前知東京警巡使兼遼陽府少尹特進清河縣開國男食邑三百戶驍騎尉賜紫金魚袋張　建塔先師講經律論沙門守奇同建塔弟講經律論通法大德賜

紫沙門道鄰東平呂又碑陰文云大元國懿州
路與中州大通法寺常住上下院地產碑記云
鄉曲晚進東巖樵隱安思道撰并書佛氏之道
肇興西竺繼入中華綿亘往古其所由來者漸
矣時或乖滅復興稍徵愈熾稽諸前史而有定
論也余少時常陪緇宿輩爲方外游日相親好
一接淸談胸臆灑然終日忘倦尋閱經文粗知
其畧大抵如來示教一方便爲門利生爲本使
學者嚮善背惡去彼取此而已故其化人也易
其入人也深夫如是歷年滋久其法彌彰俾世



之俗咸願歸依奉香火而結靜緣崇祠宇而徼
福利者多矣矧夫童髮捨身服膺是教者尤難
概舉推原其理良有以焉眷此名藍第爲壯觀
襟龍岫而帶狼河接松漠而雄柳郡詢及創始
罔克周知傳聞祖師探公和尚棲息於茲有年
矣元風以之而振佛日以之而明自時厥後生
徒接闕字代不乏人嗣法僧日添日孝琛公之雲
仍也前後歷典寺事殿宇堂廊摧圮者力爲修
葺一旦添與孝窩相謂日僧務闕字井闕字條爲本
派上下院常住地土多寡肥瘠隨宜播種歲計

所入粗供齋粥尚慮陵谷遷變迷惑畛畔殆非
貽厥後闕字二良謀也曷若刻諸石昭示空門永
爲張本固不韙歟二僧謁余以記文見屬添俗
姓胡氏本郡人也爲余有里閈之舊義不能辭
謹摭其實姑述始末云本寺東南北三至官巷西至康家李家魯
家北城西南常住莊田東至崇福寺西至侯家地東西計七百六十步南至
安家地北至官道并張家地南北計六百五十步和龍山華嚴寺東至東山
分水嶺南至南山分水嶺西至大決口並近北去小峪口黑崖子分水嶺北至車道峪水渠
祖塋北墳山東至燒炭峪口南至松坡嶺頭西北至分水嶺靈感寺東至
焦家趙家周家地南北至官街西至蕭家地松巖寺東至者山南至寺家墳西至木



梨樹灣子北至南沙澗嶺頭莊子三處石匣凹東至磨房子山嶺頭南至
堤子西至河漕北至榆樹堤子黃山子坡下地東至古道南至澗坎西至堤子
北至水渠水峪店地東至河南至古道西至堤子北至劉家地北靈山寺
東至分水嶺南至大奇茶峪西至嶺頭北至道寺北南峪莊子地東至土嶺
南至阮口西至羊蘭峪分水嶺北至黑水坑西靈山寺東至白崖子南至井兒澗
西至分水嶺北至澗一山分水嶺歸山院東至車柯打澗亂石頭坡東頭小澗西至
硅頭崖西分水嶺北至草頭底南至柯博山分水嶺增福寺東西二至澗水心南北二
至道西山寺東南二至道西至韓家堤子北至道重修寺東南二至道西至澗
北至東西嶺頭深井寺東北至河心南至賀家澗西至分水嶺靈峯寺東至
武家地南至澗西至墳四北至大山後北嶺雲巖寺東至王家墳南至高嶺西至分

水嶺北至葛家峪澗底黃字闕一寺東至周家地西至馬家地南至丁家地北至張家地洪福寺東至東嶺南至郭家地西至河北至山清修院東南二至道西至菴北至院牆石門山寺東至峪山南至分水嶺西至石門腳北至高本峪嶺龍泉寺東至東山嶺西至闕一字南北至分水嶺迎國寺東南二至張家地西北一至闕二字大官道寺南至道北至堤子東西二至李家地三教院東至道南至東嶺西至小渠北至崔家牆並道華梨院東至峪口西南二至分水嶺北至大嶺觀音堂東南二至道西至李家地北至河心段禪院東至城下南至張家地西至菴北至侯家安家丁家地合家講院東至康家地西至菴南至張家趙家地北至劉家地以上皆碑兩面全文也所載寺名今皆基址不可考而尚可想像存此以備典故是日僧照



鉢求詩爲題禪堂山水畫二首云一幅青山綠水圖居然筆意近黃蘊不知絕頂松根寺可有番僧得到無細雨勾留駐此間禪堂心與白雲間興中州外朝陽洞試問何如畫春山

十五日大雨仍駐朝陽題朝陽洞詩一首云怪石嶙峋下朝陽洞共傳門高常見日樹密不遮天卧佛鬚眉古飛仙羽扇還年深人罕到時有磬聲圓

十六日晴自朝陽縣向西行三十里大廟子食四十里過靑溝梁山溪迂回登頓頗高溝邊有花數株葉似水陽柳而稍圓花單瓣白色土人呼爲山丁香二十里憩牛腰河屯五十里至林家地宿有楊陳二學童來謁頗嫺禮文以上又屬建昌縣所轄蓋各州縣所管蒙古四十九旗以旗分不以地分故往往犬牙相錯如此

十七日八里過熱水塘相傳水可療疾蒙古人常相率於此沐浴是日始見蒙古包以熟牛皮爲之象穹之圓用氊蒙頂上有穴以通烟爨前開小門出入行則用大車以牛馬馱之並載帳房各帶輜輿以載家小是日野宿候休者十餘家十二里至孟哥店食自店轉向西行六十里至五十家子午食所見蒙古多騎駱駝五十里至漢溝宿



十八日五十里過老河源出諸山泉水東流入海橋壞無船人與馬亂流而渡十里至建昌營食四十里過沙爾噶河譯漢音言河之渾也發源自

圍場內大山折曲而下由遼陽入海奔湍甚急以車輪橫鎖爲橋上加黍稭實土如浮橋然河邊即步步屯五十里至赤峯縣舊名烏蘭哈達譯漢

音言山嘴之紅也其峯在縣西南紫翠峭削如霓如雲返照壁間稜角愈見是日通判管知縣事那公穆塔來會公廨潔麗修整𨻶市寬廣人民繁庶

十九日微雨自赤峯向西行山愈遠地愈平沃野數百里晡雨大作六十里至大碾子食沿石碑溝河行河發源於毛金壩東流歸老河入海二十里至木匠營稍憩行榆林中雨益大始聞雷二十里至公爺府宿以地有蒙古公府故名抵旅舍已漏下一刻矣

二十日晴由石碑溝泝河而行平川青草兩岸榆林羊牛遍野過家古喀喇親王府樓閣崔巍潭潭府居與內地無異環以蒙古民百餘家其中紅牆紺宇喇嘛寺也五十里至瓦房食雨復作寒甚聞王子方布圍逐虎得詩一首云塞上清和候寒冬十月同空山一夜雨老屋四邊風面靦貂裘黑爐添獸炭紅更聞人較獵逐虎出林中自此三十里之兩家兒四十五里至馬廠有茅屋一間旁築室三楹為蒙古王出獵棲息之所亦不堪託足少憩大雪塞風射人得詩一



首云大雪從風下邊荒四月天花開無葉樹徑糝未鋪氈毳帳人何往霜騣馬可憐沉霾何處豁見晛出雲烟四十五里至毛金壩宿是日所過溪流淸淺四山多樹異花匝地啼鳥時聞但為喀喇親王圍場禁人樵採亦無內地佃民耕墾是以一百二十里竝無居人而沿溪柳尚未葉桃初含蕊風氣亦異薄暮始抵毛金壩山嶺借宿山神廟樹柵為籬狐嗥狨嘯一燈睒睒寒星在戶是日始覺有行役之苦

二十一日大雪登毛金大梁在天之半懸巖大壑疊翠重巒大風吹衣白雲繞足坂作之字棧出重霄羊腸熊耳不足為險矣其道平治因月前阿米都布魯罕初過華言活佛也有花滿山如錦如火花四瓣倩紫色木本高二三尺無葉幹似梔子不香而土人呼為大紫香又有小白花木本葉似榆高亦二三尺一莖十二朵或十三朵每朵五出黃鬚似稻花俗呼為螞蚱腿然皆不知究何名也乃知奇花異木不列嵇含草木狀者多矣下嶺向南行有溪出嶺下奔輪激石活活有聲亦向南流而沿溝榆柳又皆著葉

相隔一嶺而天時不同如此此後始有居民村落午後雪變爲雨時止時作六十里至七家兒食三十里至黄舖營過楊樹溝三十里至章家營宿是日得詩一首毛金大嶺云曲折峯頭下濃雲撥不開却從平地看始覺自天來花滿千山雪泉奔萬壑雷非言同此馭馬首正東回

二十二日晴四十里至十八汰十里薩喀牛駱過

行宮郎

皇上出哨駐



蹕之所十里至黄姑屯食有巡司得署報閱會試題名錄知舍弟驥元下第會元爲錢棨吾鄉中式者四人三人係解元亦奇事也十里過驛馬兔河發源於哨下由遼東入海三十里至兩間房四十里至欒河沿午食此水下流即欒平縣也四十里至豐寧縣舊名土城子又名四旗廳通判管縣事託公諱倫來會是日共行一百八十里

二十三日自豐寧縣署食罷順舍利塔河南行河在兩山之間曲折作之字故凡過二十餘渡

午雷雨大作兼雹須臾復晴五十里至波羅腦普惠寺食寺即華新金碧輝炫爲口外招提之第一飯罷過波羅腦梁從山半曲折而上頗爲險峻二十里至興州古宜興縣城址尚存土人云有帖木丞相紀功碑在城北字多不可識又有天啓年碑晚未得訪三十里至鞍匠屯宿有巡司是日得詩一首波羅腦普惠寺云沙際波羅腦禪扉一徑分僧眠半菴月馬渡一溪雲紅藥何人贈清談未有羣南山誰得雨已覺礙車聞



二十四日二十里至十八盤逕路遼繞如蛇之蟠於山麓三十里至三岔口食二十里至巴克什營合熱河大道十里至古北口接承德府當太守信並寄熱河土産花榆根小几棹各四茶盤各八盒各二進口拜堤督常公靑十里至南天門大悲菴有

聖祖仁皇帝御題洛迦仙境四字寺壁石刻詩數首有康熙四十三年九月二十一日扈從經南天門大悲菴恭瞻

御詩敬賦翰林院編修勵廷儀詩云岡巒綿亘塞垣邊紺

宇輝煌插碧天仙湧祥開珠貝燦
奎章高并日星懸千春呵護煩神力五夜光明照法筵當
代以來今駐蹕山靈望幸自年年翰林院編修汪灝詩
云層門巀嶭豁南天梵宇靈蟠
御墨鮮員嶠遥臨秦塞側普陀飛落漢關前河流夜急龍
吟宇樹影朝翻鳳舞烟戚戚
鑾輿巡幸過鐘聲嘹喨祝
堯年翰林院編修蔣廷錫詩云崔嵬殿宇挾飛仙海上磐
陀在眼前境似落迦座路字闕一相同水月法輪
圓風高鐘磬經聲遠露濕蛟龍
御墨鮮常看吉祥雲護衛長明燈火盛千年三十里大雨
復晴過潮河至石匣宿口內柳絮飛花麥穗垂
垂矣
二十五日自石匣至密雲六十里食七十里至
順義縣午食五十里回通永道署
出口程記畢

# 南越筆記

光緒七年辛
重鐫于廣蓬

## 南越筆記序

舉缺四字　以談天語辨而失於誣指壖剽沙塢以言地辭强而背於理載筆者間收之水經國志聊存一時應對之捷其去多識之學水火也夫自虞帝明庶物孔門講格致而後之儒者遂不厭詳悉舉凡峙流天喬翾飛喙息之儔無不欲各盡其情實而自成一家言如嵇含之南方草木狀范成大之桂海虞衡志以暨嶺表錄異等篇大抵皆足補禹貢厥包寶竹箭之名職方其畜爲鳥獸之異其爲五嶺九溪搜奇矜異洵哉不少遺漏遠遊者誇與博士著者務精覈



後之入縱有間見又何加焉雖然時有古今則物亦有顯晦今即以東粤論如甌邏巴之入市獻琛前古所無南越王之桂蠹火樹於今未有即此以推固不可以泥於前古或志或不志矣予自甲午典試粤東惜所遊覽僅五羊城而止雖欲徵之前賢所記而未逮也歲次丁酉之冬復來視學此古太史輶軒采訪之職也遂得遍歷全省諸郡縣可以測北極之出地以占時變可以乘破浪之長風以窮海隅可以審扶桑之不宜於北土可以徵靈羽之獨鍾於丹穴幽渺而至五行符瑞所不及載載而莫闡其理者亦可以

徵信而核實瞻見昔人著述詫爲怪怪奇奇驚心眩目者至是又不覺知其或失則誣或當於理而因爲之棄取焉且因爲之上下草木鳥獸各繼其類焉書成計一十有六卷敢曰爾雅注魚蟲壯夫不爲也亦聊以廣俗中之見聞爾

綿州李調元雨村撰



# 南越筆記目錄

綿州 李調元 雨村輯
男 朝夔 竹廬校字

卷一

南越筆記　目錄　六　二十七函



南越筆記　目錄　七　二十七函

卷十五







卷十六

# 南越筆記卷一

粵東氣候　　綿州　李調元　雨村輯

邱文莊奇甸賦云草經冬而不枯花非春而亦放通志謂正月李桃花盛柔桑可採皆南中氣然也又四時皆是夏一雨便成秋子瞻記中語也

## 立春

立春日有司逆勾芒土牛勾芒名拗春童著帽則春暖否則春寒土牛色紅則旱黑則水競以紅豆五色米灑之以消一歲之疾疹以土牛泥泥竈以肥六畜



## 元日元夕

元日拜年燒爆竹啖煎堆白餅沙壅飲柏酒元夕張燈燒起火十家則放煙火五家則放花筒嬉遊者率袖象身香筒打十八閧爲樂城內外舞獅象龍鸞之屬者百隊飾童男女爲故事者百隊爲陸龍船長者十餘丈以輪旋轉人皆錦袍倭帽揚旗弄鼓對舞寶鐙於其上晝則踢毽五仙觀毽有大小其踢大毽者市井人踢小毽者豪貴子歌伯鬬歌觀者爲慶頭其燈師又爲謎語懸賞中衢曰燈信

## 燈公

海豐之俗元夕於江干放水燈競拾之得白者喜爲男兆得紅者謂爲女兆廣州燈夕士女多向東行祈子以百寶燈供神夜則祈燈取采頭凡三籌皆勝者爲神許許則持燈而返踰歲酬燈生子者盛爲酒饌慶社廟謂之燈頭羣稱其祖父曰燈公八月十五之夕兒童燃番塔燈持柚火踏歌於道曰灑樂仔灑樂兒無咋糜塔纍碎瓦爲之象花塔者其燈多象光塔者其燈少柚火者以紅柚皮雕鏤人物花草中置一琉璃盞朱光四射與素馨茉莉燈交映蓋素馨茉莉燈以香勝柚燈以色勝



## 打仔　采青

下番禺諸鄉每正月初兒童集山閧以拳棒相角曰打仔又自初十至十五竊蔬者相逞奔曰采青

## 五月五日

粵中五月采蓮競渡至五日乃止廣州奪標較勝有逾月者今此風已殺惟大洲龍船高大如海舶其鼎龍百戲積物力至三十年一出出則諸鄉舟行以從懸花毬繡囊香溢珠海又載世綵堂在府城西宋知廣州蔣之奇建其下有池列石嶙峋即南漢所爲明月峽玉液池舊有含珠亭紫霞閣每端午令宮人競

渡其閒

夏至

夏至磔雞禦蠱毒農再播種曰挽禾小暑小穫大暑則大穫隨穫隨蒔皆及百日而收

放鴿會

廣人有放鴿之會歲五六月始放鴿鴿人各以其鴿至主者驗其鴿爲調四調五調六七也則以印半嵌於翼半嵌於冊以識之凡六鴿爲一號有一人而印一二號至十號百號者有數人而合印百號者每一鴿出金二錢主者貯以爲賞放之日主者分其二一



在佛山曰內主者一在會場曰外主者於是內主者出教以清遠之東林寺爲初場飛來寺爲二場英德之橫石驛爲三場期以自近而遠鴿人則以其鴿往既至場外主者復印其翼乃放鴿一日自東林而歸者內主者驗其翼印不謬則書於冊曰某日某時某人鴿至是爲初場中矣一日自飛來而歸一日自橫石而歸皆如前驗印書於冊是爲二場三場皆中乃於三場皆中之中內主者擇其最先歸者以花紅纏繫鴿頸而觴鴿人以大白演伎樂相慶越數日分所貯金某人當日歸鴿若干則得金若干有一人而歸鴿數十者有十人千鴿而秪歸一二者當日歸者甲之次日歸者乙之是爲放鴿會

七娘會

七月初七夕爲七娘會乞巧沐浴天孫聖水以素馨茉莉結高尾艇翠羽爲蓬遊泛沉香之浦以象星槎十四祭先祠厲爲盂蘭會相餉龍眼檳榔曰結圓潮州則曰結星二十五爲安期上昇日往蒲澗采蒲濯髯餘水

吹田了

東莞麻涌諸鄉以七月十四日爲田了節兒童爭吹



蘆管以慶謂之吹田了以是時早稻始穫也

剝芋

八月蔘花水至有月則是歲多珠爲大餅象月浮桂酒剝芋芋有十四種以黃者爲貴

九日廣州瓊州風俗

九日載花糕萸酒登五層樓雙塔放響弓鴿重陽登高放風鳶又載風鳶之戲廣州則以重陽瓊州則以五月南風盛時截竹綑布續藤爲繩放之聲聞數里鳶製大可十倍其說洵然但余於秋時在瓊春時在廣亦見有放紙鳶者惟與吳中止嬉春月風候爲特

異耳

迎降

霜降展先墓諸坊設齋醮禳彗謂之迎降

下元會

十月下元會天乃寒人始釋其荃葛農再登稼餅菜以餉牛爲寮榨蔗作糖食鱠爲家宴團

掛冬

冬至祭墓曰掛冬

團年送年

小除祀竈以花豆灑屋次日爲酒以分歲曰團年歲



除祭曰送年以灰畫弓矢於道射祟以蘇水染鷄子食之以火照路又曰賣冷

竈卦

永安歲除夕婦人置鹽米竈上以碗覆之視鹽米之聚散以卜豐歉名曰視竈男子則置水釜旁粘東西南北字中浮小木視木端所向以適其方又審何聲氣以卜休咎名曰竈卦

吹角

順德之容奇桂洲黃連村吹角賣魚其北水古粉龍渚馬齊村則吹角賣肉相傳黃巢屯兵其地軍中爲市以角聲號召此其遺風云

賭蔗鬬柑之戲

廣州兒童有賭蔗鬬柑之戲蔗以刀自尾至首破之不偏一黍又一破直至蔗首者爲勝柑以子多爲勝

俗尚師巫

永安俗尚師巫人有病輒以八字問巫巫始至破一鷄卵視其中黃白若何以知其病之輕重輕則以酒饌禳之重則畫神象於堂巫作姣好女子吹牛角鳴鑼而舞以花竿荷一鷄而歌其舞曰贖魂之舞曰破胎之舞歌曰雞歌曰煖花歌煖花者凡男嬰兒有病



巫則以五綵團結羣花環之使親串各指一花以祝祝已而歌是曰煖花巫自刺其臂血以塗符是曰顯陽七月七夕則童子過關十四夕則迎先祖男子或結場度水受白牒黃誥婦人或請仙姐施舍釵鈿仙姐與女巫不同女巫以男子爲之仙姐以瞽人之婦爲之

婦女足不襪

粵人婦女尚高髻短裙春時以踏青鬭草爲戲非士大夫家大抵足皆不襪唐人咏句云細尺裁量減四分碧琉璃滑裹春雲五陵年少欺他醉笑把花前出

畫袴後人指此詩爲婦人裹足之證

放閒

韶州十月朔日農家大酺爲米糍相饋以大糍粘牛角上曰牛年牛照水見影而喜是日牛不穿繩謂之放閒

小熟大熟

粵中田禾二熟以五月爲小熟九月爲大熟志稱諺云乾冬溼年禾黍滿田各郡皆然惟瓊州獨異曰冬溼年乾禾黍滿田冬乾年溼禾黍少粒

水田旱田坡田牛田人田



濱海諸邑有水田旱田坡田其坡田只宜蒔山藷番藷芋芳諸雜糧兼收可以佐食草木狀云甘藷根葉如芋實如拳有大如甌者蒸煮食之舊珠崖之地不業耕稼惟種甘藷秋熟收之蒸曬切如米粒倉圖貯之名曰藷糧志稱八月芋可剝九月紅藷登按粵俗以葵衣禦雨通志云新會蒲葵其本作扇其末作蓑笠簞篛又有一種油葵出陽江恩平性柔止可作蓑笠上番禺諸鄉地瘠而民皆勵耕者合數十家牛牧以一人人以一日其牧牛之田曰牛田所生草冬亦茂盛食牛肥澤其種稻者曰人田上番禺牛田多下番禺人田多又廣州之地凡潮田稍高者犁必以牛牛必以吉貝核渣飼之乃肥有力核中有仁榨油已其渣尚有潤澤故牛嗜之牛皆水牛春以犁田冬以馱榨榨者榨荻蔗以爲糖也水牛多產神電志云電白庇牛卽此

趁墟

南越志云越之市名爲墟多在村場先期招集各商或歌舞以來之荆南嶺表皆然呂沆化州詩三日一墟人不斷李德裕厓州詩魚鹽家給無墟市故村鎮趁集者謂之趁墟



坐簰

粵中多產竹可結爲筏自那旦登陸王雷沿海山溪迂遠曰多問渡深闊處用船遇淺窄溪流土人多以竹筏撐渡往來行李此製嶺北淺溪中亦有乘之者名曰坐簰六帖云羅浮羅陽溪生龍葱竹葉似芭蕉闊二尺餘長二丈韶州志云英德出鳳尾竹

珠娘珠兒

任昉述異記粵俗以珠爲上寶生女謂之珠娘生男謂之珠兒今粵中女郎善操舟皆戴席帽四圍施巾以蔽面卽古製所稱蘇幕遮也

四鼓

嶺南雜記粵中水塘宵更禁五更僅四鼓而天巳明矣相傳擊五鼓則潮水泛溢此亦謬悠之說然城中猶五鼓也楊誠齋詩云天上歸來有六更葢內樓五更絶梆鼓交作謂之蟇更卽六更也見周遵道豹隱記談

女子採香

嶺南雜記云海瓊沉香俱產黎峒多虎狼毒蛇其俗皆女子採香耳帶金環首纏錦帕腰佩利刀什伯爲羣崖間遇有竊香者卽擒殺焉



中秋女始笄

香山之俗中秋女始笄是夕召親戚爲丸羹食而笄之初加擧髻既嫁變塌髻形頗不雅冬至家以丸羹祀神或以笄女他時率不以笄也東莞娶婦入門廟見後終身不復戴笄南海番禺婦人平居不笄有事則笄女子出閣前一日始笄笄多用蓮花珠笄乳媪筍殼尖笄長樂興甯匾笄大小如其首以金爲梁或四六或八十有偶無奇雖田家婦子笄靡不華靡不朝夕在首永安婦人纛棉大芒衣多青黑髮左右盤無鬟髻皆戴塌笄笄廣五六寸與頭相等以羊皮金紙翦鏤爲條者七或九或十一名曰金縷子以傳其上笄亦以紙爲之外冒黑紗四旁插大釵簪白朝至夕無或有婦不笄者其未笄者有髻子笄則無之故常不去其笄雖至貧笄亦華好嫁日其姑來迎其母送至夫家乃還貧者率務勤苦其俗如此

粵俗好歌

粵俗好歌凡有吉慶必唱歌以爲歡樂以不露題中一字語多雙關而中有掛折者爲善掛折者掛一人名於中字相連而意不相連者也其歌也辭不必全雅平仄不必全叶以俚言土音襯貼之唱一句或延



半刻曼節長聲自迴自復不肯一往而盡辭必極其豔情必極其至使人喜悅悲酸而不能已已此其爲善之大端也故嘗有歌試以第高下高者受上賞號爲歌伯其娶婦而親迎者壻必多求數人與巳年貌相若而才思敏給者使爲伴郎女家索攔門詩歌壻或捉筆爲之或使伴郎代草或文或不文總以信口而成才華斐美者爲貴至女家不能酬和女乃出閣此卽唐人催粧之作也先一夕男女家行醮親友與席者或皆唱歌名曰坐歌堂酒罷則親戚之尊貴者親送新郎入房名曰送花花必以多子者亦復唱歌

自後連夕親友來索糖梅啖食者名曰打糖梅一皆唱歌歌美者得糖梅益多矣其歌之長調者如唐人連昌宮詞琵琶行等至數百言千言以三絃合之每空中絃以起止葢太簇調也名曰摸魚歌或婦女歲時聚會則使瞽師唱之如元人彈詞曰某記某記者皆小說也其事或有或無大抵孝義貞烈之事爲多竟日始畢一記可勸可戒令人感泣沾襟其短調蹋歌者不用絃索往往引物連類委曲譬喻多如子夜竹枝如曰中間日出四邊雨記得有情人在心曰一樹石榴全著雨誰憐粒粒淚珠紅曰燈心點著兩頭



火爲娘操盡幾多心曰妹相思不作風流到幾時只見風吹花落地那見風吹花上枝蜘蛛曲曰天旱蜘蛛結夜網想晴只在暗中絲又曰蜘蛛結網三江口水推不斷是眞絲又曰妹相思蜘蛛結網恨無絲花不年年在樹上娘不年年作女兒竹葉歌曰竹葉落竹葉飛無望翻頭在上枝擔傘出門人叫嫂無望翻頭做女時素馨曲曰素馨棚下梳橫髻只爲貪花不上頭十月大禾未入米問娘花浪幾時收凡村落人奴之女嫁日不敢乘車女子率自持一傘以自蔽旣嫁人率稱之爲嫂此言女一嫁不能復爲處子猶士

一失身不能復潔白也梳橫髻者未笄也宜笄不笄是猶不肯在花棚上也十月熟者名大禾歲晏而米不入花浪不收是過時而無實也此刺淫女亦以喻士之不及時修德流蕩而至老也有曰大姐姐分明大姐大三年擔橇井頭共姐坐分明大姐坐頭邊言女嫁失時也妹自愧先其姊也有曰官人騎馬到林池斬竿簕竹織筲箕筲箕載綠豆綠豆餵相思相思有翼飛開去只剩空籠掛樹枝刺負恩也有曰一更鷄啼鷄拍翼二更鷄啼鷄拍胸三更鷄啼郎去廣鷄冠沾得淚花紅有曰歲晚天寒郎不回厨中煙冷雪



成堆竹篙燒火長長炭炭到天明半作灰有曰柚子批皮瓤有心小時則劇到如今頭髮條條梳到屈兒央乍得不相尋有曰大頭竹筍作三椏敢好後生無置家敢好早禾無入米敢好攀枝無晾花敢好者言如此好也其蛋女子蕩漾如吳下唱楊花者曰絹髻有謠曰淸河絹髻春意鬧三十不嫁隨意樂江行水宿寄此生搖櫓唱歌槳過滘槳者搖船也亦雙關之意滘者覺也如此類不可枚舉皆以比興爲工辭纖豔而情深頗有風人之遺而采茶歌尤善盥俗歲之正月飾兒童爲綵女每隊十二人人持花籃籃中然

一寶燈罩以絳紗以䊵為大圈緣之踏歌歌十二月采茶有曰二月采茶茶發芽姐妹雙雙去采茶大姐采多妹采少不論多少早還家有曰三月采茶是清明娘在房中繡手巾兩頭繡出茶花朵中央繡出采茶人有曰四月采茶茶葉黃三角田中使牛忙使得牛來茶已老采得茶來秧又黃是三章則幾於雅矣東莞歲朝賀食嫗所唱歌頭曲尾者曰湯水歌尋常嗜男女所唱多用某記其辭至數千言有雅有俗有貞有淫隨主人所命唱之或以琵琶箏子為節兒童所唱以嬉則曰山歌亦曰歌仔多似詩餘音調辭雖



細碎亦絕多妍麗之句大抵粵音柔而直頗近吳越出於唇舌間不清以濁當為羽音歌則清婉溜亮紆徐有情聽者亦多感動而風俗好歌兒女子天機所觸雖未嘗目接詩書亦解白口唱和自然合韻說者謂粵歌始自榜人之女其原辭不可解以楚詞譯之如山有木兮木有枝心悅君兮君不知則絕類離騷也粵固楚之南裔豈屈宋流風多洽於婦人女子歟潮人以土音唱南北曲者曰潮州戲潮音似閩多有聲而無字有一字而演為二三字其歌輕婉閩廣相半中有無其字而獨用聲口相授曹好之以為新調

者亦曰秧歌農者每春時婦子以數十計往田插秧一老撾大鼓鼓聲一通羣歌競作彌日不絕是曰秧歌南雄之俗歲正月婦女設茶酒於月下罩以竹箕以青帕覆之以一箸倒插箕上左右二人扶之作書問事吉凶又畫花樣謂之踏月姊令未嫁幼女且拜且唱箕重時神即來矣謂之踏月歌長樂婦女中秋夕拜月曰椓月姑其歌曰月歌蛋人亦喜唱歌婚夕兩舟相合男歌勝則牽女衣過舟也黎人會集則使歌郎開場每唱一句以兩指下上擊鼓聽者齊鳴小鑼和之其鼓如兩節竹而腰小塗五色漆描金作龍



花以帶懸繫肩上歌郎畢唱歌姬乃徐徐唱擊鼓亦如歌郎其歌大抵言男女之情以樂神也東西兩粵皆尚歌而西粵土司中尤盛大約云峒女於春秋時布花果笙簫於山中以五絲作同心結及百紐鴛鴦囊帶之以其少好者結為天姬隊天姬者峒官之女也餘則三五采芳於山椒水湄歌唱為樂男子相與蹋歌赴之相得則唱和終日解衣結襟帶相遺以去春歌正月初一三月初三秋歌八月十五其三月之歌曰浪花歌趙龍文云猺俗最尚歌男女雜遝一唱百和其歌與民歌皆七言而不用韻或三句或十餘

句專以比興爲重而布格命意有迴出於民歌之外者如云黄蜂細小螫人痛油麻細小炒仁香又云行路思娘留半路睡也思娘留半牀又云與娘同行江邊路卻滴江水上娘身滴水一身娘未怪要憑江水作媒人猺語不能盡曉爲箋譯之如此修和云狼之俗幼即習歌男女皆倚歌自配女及笄縱之山野少年從者且數十以次而歌視女歌意所答而一人留彼此相遺男遺女以一扁擔上鐫歌詞數首字若蠅頭閒以金彩花鳥䰂以漆精使不落女贈男以繡囊錦帶約爲夫婦乃倩媒以蘇木染檳榔定之婚之日



歌聲振於林木矣且歌每寫於扁擔上狼扁擔以榕爲之又以五采齡作方段齡處文如鼎彝歌與花鳥相閒或兩頭畫龍猺則以布刀寫歌布刀者織具也猺人不用高機無箸無枝以布刀兼之刀用山木形如刀長於布之濶銳其兩端背厚而捎如弓之弧刃如弦而薄刳其背之腹以納緯而窓其銳而吐之以當梭緯既吐則兩手攀其兩端以當箸也歌每書於刀上閒以五彩花卉明漆沐以贈所歡獞歌與狼頗相類可長可短或織歌於巾以贈男或書歌於扇以贈女其歌亦有竹枝歌舞則以被覆首爲桃葉舞有詠者云桃葉舞成鸞睆晛竹枝歌就燕呢喃

## 廣東方言

廣東謂平人曰狫亦曰獠賤稱也北史周文帝討諸獠以其生口爲賤隸謂之壓獠威壓之也謂平人之妻曰夫娘夫娘之稱頗古劉宋蕭齊崇尚佛法閣內夫娘令持戒夫娘謂夫人娘子也廣州則以爲有夫之娘也東莞女子未字者稱曰大娘已字稱小娘衆中有已字未字則合稱曰大小娘廣州謂新婦曰心抱謂婦人娠者曰有歡喜免身而未彌月曰坐月亦曰受月謂子曰崽水經注弱年崽子是也謂雲孫曰



衞元孫曰塞息訛爲塞也謂父曰爸曰爹南史湘東王人之爹是也陽春謂外祖父曰公爹外祖母曰婆爹自稱則曰儂高明謂外祖父曰公低外祖母曰婆低東莞謂曾祖曰白公曾祖母曰白婆或止稱曰阿白廣州謂母曰嬭亦曰媽媽者母之轉聲即母也亦曰毑凡雌物皆曰毑謂西北風亦曰毑盎颶與颷皆名母故西北風亦曰毑也婦謂舅姑曰大人公大人婆亦曰家公家婆賈誼曰與公併倨列子曰家公執席是也子女謂其祖父曰亞公祖母曰亞婆母之父曰外公母之母曰外婆母之兄弟曰舅父母之兄弟

妻曰妗母母之叔伯父母曰叔公曰叔婆孫謂祖母
之兄弟及妻曰舅公曰妗婆謂從嫁老婦曰大妗醮
子之夕其親戚送花於新郎房中者男曰花公女曰
花婆子初生者曰大孫頭子女末生者則名曰藎新
會則曰長仔或曰屘奴僕曰種仔惠州曰賴子言主
人所賴者也廣州凡物小者皆曰仔艮家子曰亞官
仔耕庸曰耕仔小販曰販仔游手者曰散仔船中司
爨者曰火仔亡賴曰打仔大奴曰大獠嶺北人曰外
江獠小奴曰細仔小婢媵曰妹仔奴之子曰家生仔
螟蛉子曰養仔盟好之子曰契仔姻婭之使役曰親



家郎東莞稱無賴者曰躠子又多以屎爲兒女乳名
賤之所以貴之男曰屎哥女曰屎妹謂賃田者曰佃
丁曰田客賃地者曰地丁曰地客僦屋曰房客巫曰
師公師婆覡之夫曰覡公瓊女賣檳榔者曰山子猺
之嫲者亦曰山子廣州謂橫恣者曰蠻又曰蠻澄鋹
鋹劉鋹澄龔澄樞也言其不循法度若此二人也謂
外省人曰蠻果興甯長樂人曰哎子海外諸番曰番
鬼司柁者曰柁公梢公在船頭者曰頭公二人爲舟
司命故公之郎三老也搖櫓者曰事頭宋書蕭惠開
有舫一餘事力二三百人事頭者事力之首也立桅

斗者曰班首司篙者曰篙長打牽曰牽夫香山謂佃
而服役者曰入倩謂田主曰使頭其後反以佃戶之
首爲使頭廣州謂美曰靚顛者曰廢䲛直曰硬頸迂
腐曰古氣壯健曰筋節輕捷曰轆力言其力如車之
轆也角勝曰鬭轉曰翻飲食曰喫遊戲曰則劇雜劇
也訛雜爲則也謂淫曰姣姣音豪又曰嫪毒謂聰明
曰乖謂不曰吾問何如曰點樣來曰釐溺人曰碇走
曰趯取詩趯趯阜螽之義攻治金鐵之器曰打爲醮
事曰打醮取事物曰邏罵人曰鬧挈曰扱起東莞謂
事訖曰効遊戲曰瞭順德曰仙曰欣新會曰流指何



處曰蓬蓬順德謂欺曰到史記張儀曰不如出兵以
到之索隱曰到欺也猶俗云張到謂張網得禽獸也
到得也張儀善欺故謂欺人者曰張到也以言託人
曰訣一作映謂猥褻者曰魁擢出賈誼哀時命篇郎
詩之虺隤也縫衣曰敹書曰敹乃甲胄凡細者縫粗
曰敹著裏曰縫著邊曰敹也東莞謂光曰皎皎音効
美好曰灑持物曰的肥曰凹肉熟曰肣禮記曰腥肆
爓腍祭注曰腍熟也爓或爲腤也廣州謂烹物曰腤
亦曰焵也謂港曰涌涌衝也音冲凡池沼皆曰塘其
在江中者亦曰塘若白蜆塘蟠塘菱角塘是也猶合

浦海中之珠池也凡水皆曰海所見無非海也出洋
謂之下海入江謂之上海也出洋曰開洋亦曰飄洋
謂潮曰水潮起則曰水大潮落則曰水乾廉欽州謂
潮以朔望而大者曰老水曰止一潮者曰子水謂水
通舟筏者曰江不通舟筏者曰水二水相通處曰滘
稱山之有林木曰山無者曰嶺廣州謂門橫闗曰閂
謂帆曰㡠纜索曰纏旁出者曰纜枝小舟曰艇泅水
曰游南州異物志贊合浦之人習水善游芰艸曰薅
艸亦曰勞諺曰耕而不勞不如作暴樹椮水中以掛
罾曰罾砇亦曰罾門西甯謂魚種曰魚口小猪曰猪



口廣州謂卵曰春曰魚春曰蝦春曰鵞春鴨春數食
籮曰幾頭晉元帝謝賜功德淨饌一頭是也數檳榔
曰幾口陸倕謝安成王賜檳榔一千口是也亦曰幾
子陳少主嘗勅施僧智顗檳榔二千子是也數蕉子
曰幾梳蘇軾詩西鄰蕉子熟時致一梳黄謂衣一套
曰一沓沓襲也訛襲爲沓也楮錢一片曰一佰線縷
一綹曰一子一家曰一主一熟曰二造擲骰子者一
擲曰一手禽之窠曰闘雌雞伏卵曰哺闘石湖云雌
雄曰一闘十雞併種嵩得六闘是也瓊州數尚六禾
六束曰一把錢六百孔曰一貫物六十觔曰一擔萬

州則以禾十二把爲一擔潮陽以錢八十爲一佰曰
東錢築墻縱橫一丈曰一井化州石城閒貧者欲避
火門於野外搆茅以棲名曰艼雷州有艼村有蒲艼
有新艼島吳川有芷艼鎮瓊有芒艼港儋有鄖艼墟
定安有坡艼市萬有黎艼都樂會有薄艼鄉陵會同
有李艼塘文昌有署艼墩黎峒有岑艼黑艼居艼陳
婆艼自陽春至高雷廉瓊地名多曰那某羅某多某
扶某過某牙某義某陀某打某黎岐人姓名亦多曰
那某抱某扶某地名多曰那某滴某婆某可某曹某
爹某落某番某其近漢者多曰妚某妚音不香山中



秋夕劇飲月下曰餖中秋發引之日役夫蹋路歌以
娛尸曰踏鷓鴣海豐方言其濱海者大約與潮相近
如髻曰莊鼻曰鄙耳曰鬆鬚曰秋鴨曰啞牛曰悟之
類其屬於山者語又不同謂無曰冒我曰儗溪曰階
嶺曰諒其蛋人則謂飯曰遭筋曰梯碗曰愛瓦盆曰
把浪拿網曰今網很人謂父曰扶我曰譶彼曰往女
謂男曰友友又曰友二男謂女曰有助謂娶曰換野
郎曰苦郎那家曰扶閭有心有意曰眉心眉意扁擔
曰閂木曰肺以榕木擔相贈曰送條閂肺榕頭曰圖
有欽曰三十六圖羊四十雙圖鷄貓謂花辮曰花脈

花朶曰花桃䍃謂魚曰牛不曰陷有歌曰牛大陷到
石頭邊謂兄曰表來曰大有歌曰表大便到木橫底
娘大便到木橫枝犛人謂火曰桃花滔滔謂飯曰拐
㺜𡏖語有數種曰東語又曰客語似閩音有西江黎
語有土軍語地黎語地黎稱峒名有三字者如那父
爹陀橫大陀橫小之類有四字者如曹奴那紐曹奴
那勸曹奴那畀之類有六字者如從加重伯那針從
加重伯那六從加重伯那撈之類有七字者如從加
重伯那白吾之類其山多曰鷓鴣啼村多曰荔枝廣
州語多與吳趨相近如鬚同蘇逃同徒豪同塗酒同



走毛同無早同祖皆有字有音潮州或無字有音德
慶亦然新會音多以平仄相易如通作痛痛作通東
莞則謂東曰凍以平爲去謂莞曰官以上爲平香山
謂人曰能番禺謂人曰寅東莞之南頭謂刀曰多增
城謂屋曰竇廣州謂父又曰爸母曰嬭或以阿先之
亦曰亞兒女排行亦先之以亞謂視不正曰乜斜乜
音咩射覆曰估以刀削物曰剃音批細切物曰剩音
速削去物曰𠢕音撇食飽曰餲音救以鼻審物曰嗅
許用切謂多曰夠少曰不夠音遘謂無尾曰屌音掘
謂人無情義者亦曰屘謂腿曰屬音彼髀也以手搓

物曰挪音儺以手按物曰捺難入聲以拳加物曰捕
音斂以手覆物曰揞庵上聲以指爬物曰搲烏寡切
般運曰揵連上聲積斂穢曰攋撻漱口曰漱口漱音
朔謂人愚曰𡂿殘怒目視人曰䁖音利謂田多少曰
幾畛肉動曰䏊音徹瘡腫起曰𦢊興去聲以足移物
曰蹬裸體曰𨈆䠷音赤歷不謹事曰邋遢鼻塞曰鼻
齆音甕露大齒曰齙牙新婦入門使親屬老婦迎之
曰檯步是夕夫婦同牢食曰㬋房飯次早見舅姑親
屬獻幣帛悅履曰荷惠冬至圍爐而食曰打邊爐元
夕黏詩燕謎以示博物通微曰打燈以鴿翎貫皮錢



踢之曰踢毽毽亦曰燕謂雲腳跦直曰風路不知人
之來歷曰不知風路龍門謂娶婦時置酒延賓以迎
之曰接路高要人謂壻曰郎家女巫曰鬼䰡

粵人多以捕魚爲業

粵人多以捕魚爲業其漁具多種最大者曰罛次曰
罾罛之類有曰深罛上海水淺多用之其深六七丈
其長三十餘丈每一船一罛一罛以七八人施之以
二罛爲一朋二船合則曰罛朋別有船六七十艘佐
之皆擊板以驚魚每日深罛二施可得魚數百石有
曰繚罛下海水深多用之其深八九丈其長五六十

丈以一大緶爲上綱一爲下綱上綱閒五寸一藤圈下綱閒五寸一鐵圈爲圈甚衆貫以繚以爲放收而以一大船爲罛公一小船爲罛姥二船相合以罛連綴之乃登桅以望魚魚大至水底成片如黑雲是謂魚雲乃皆以石擊魚使前魚驚迴以入罛魚入則二船收繚以闔罛口徐牽而上有曰板罛以小船施之小船有罛姥而無罛公故一名罛姥船有曰圍罛製如繚罛而小深二三丈廣七八十丈連合二罛爲一圍以二船一前一後施之亦以板驚魚凡魚首有石者皆驚入罛無者則否首有石者曰黃花曰鯛曰獅



曰罾罾竿墜而起之有曰綾罾形亦方周五丈餘以四角繫於柱中放之人在岸上離罾十餘丈魚至則轉轆轤以起之此罾之事也大抵罛皆用於海罾皆用於江罾之利常不如罛罛者漁具之可大得志者也罾之外有以箔者以籠者以塗跳者以跳白者箔以竪竹編之每一箔其崇五尺廣丈漁者嘗合五十箔而爲一其長五十丈虞其過大則箔口爲魚房二重以藏魚歲三月大禾已蒔魚始上田漁人以箔三方依田塍一方依水潮至則張而大潮退則卷而小是爲塞箔箔亦曰簄陸龜蒙詩織作中流萬尺簄故

凡以石爲梁絕水者曰洪以竹爲梁取魚者曰簄亦曰滬皮日休漁具詩列竹於海澨曰滬今有滬瀆是也魚籠長五六尺寬二尺口通尾塞以山藤繫之置於上流魚入則爲倒卽鬚所罥不能出又中置樹枝以聚魚塗跳以木爲之長三四尺厚半寸首尾翹然狀若上弦之月前有二丈直之上有一木橫之其底則舟而兩旁無牆所謂攝也當海水乾落魚蝦蛤鱔之屬膠黏淺沙跣踏之輒深入漸洳不可得漁者於塗跳曲其左足而以右足蹕泥左扶橫木而右手捃拾板輕坦滑擿行若飛蓋大禹泥行之所乘者也跳



白者船也其製小僅受一人於灣環隈澳閒乘暮入焉乃張二白板於船旁而鳴其榔魚見白板輒驚躍入網然諸魚不驚惟鯖鰺鰏三者驚三者味甘美故粵人最重跳白之魚魚以曉散而暮聚聚必於水之涯涘故跳白船之出以暮而多在岸草蒙茸之際無風波患其照公魚則以火枝搖颺公魚搶火乃以罾漉之取花魚則以藤竹爲竿竿長丈有三寸貴軟而輕以左紐絲爲綫長丈有四寸繫以四鉤鉤分四方施於沙泥之上足輕手疾日可得花魚半石花魚者七星魚也取鱭魚以釣其竿五尺繫以天蠶之絲餌

以公魚騰鮮取鰣以蕟生釣以輕絲爲之往來游颺則不損其鱗取河豚以秋潮始盛垂千百釣於綱中河豚性嗔觸綱輒不去欲與綱鬬以故往往中鉤又或以一大繩爲母以千百小繩爲子子繩繫於母繩之末而母繩之末各繫一鉤一河豚中鉤則衆河豚皆中鉤是名兄弟釣亦名拖釣其鉤皆空不以餌亦子曰鯠魚曰鴿曰鱸曰馬鰟曰鱸此八者善驚有曰牆罛則以繚罛爲之專以取鰽白及黃白花魚亦曰黃花罛每一船一罛罛深六七丈長三十餘丈相連數百千罛以爲一牆橫截海水魚觸牆罛不能去大



小壅積起罛時魚多不可勝取每割罛之半以放魚大抵繚罛疏專以取大魚春則取鰽白鯠冬則取黃花一歲僅兩用之圍罛密以取雜魚終歲用之此罛之事也罾之類有曰撈罾其形四方廣三丈有六尺以舟施之以二竹爲罾子竹長四十丈許上有多圈貫繩以爲放收而爲一罾椏以架罾魚至乃下罾以石擊魚有曰沉罾沉音朕方言也長十餘丈口大而尾小尾旁有一穴以出水母及鱟魚之屬而浮二木於水中以支罾口又於水中置二水攪木以繫支罾口之木是曰罾門其口廣三丈有六尺常向上流潮緩則罾口合急則口張而魚大入凡一沉罾以紵麻十二石爲之九人舁之罾之巨者也有曰知州罾其廣丈餘樹二木於水中以綳罾是曰硬門常浮而不沉費人力少罾之小者也有曰車罾其形方以三石曰生釣然生釣之河豚多雌者雌者多子味不美惟南亭海心岡撒網而取者其河豚多雄雄者多腴味絕美取貼沙魚以細釣先一夕放之江中次日乃收一細釣有鉤數百漁者夫婦各放細釣至數千好水旬則得貼沙數十百斤矣細釣以蝦以七星魚或蚯蚓爲餌綱魚亦如是取是皆番禺茭塘各鄉取魚之



其也

卷一終

# 南越筆記卷二

綿州　李調元　雨村輯

## 梅嶺

梅嶺者南嶽之一支星經曰南戒門戶漢書曰臺山輿地志曰臺嶺其名不一其曰秦關者以始皇三十四年所適治獄吏不直者所築也南康記云南野三十里至橫浦有秦時關其下曰塞上是也南越呂嘉叛殺漢將軍韓千秋函封使者節置塞上卽此故又曰漢塞也曰東嶠者以居五嶺東偏也曰臺者以高而平曰嶠者以高而峭銳臺專言梅嶺嶠則兼言五



嶺也五嶺一嶺也其在東則爲梅嶺也然自昔皆以梅嶺爲五嶺之第一嶺也五嶺皆越門若臺關則秦所築故亦曰秦南門也漢之北塞至寒門南塞至暑門臺關又暑門之大者也以其山曰臺山故關亦曰臺關又曰橫浦關而梅嶺之名則以梅鋗始也鋗本越句踐子孫與其君長避楚走丹陽臯鄉更姓梅因名臯鄉曰梅里越故重梅向以梅花一枝遺梁王謂珍於白璧也當秦并六國越復稱王自臯鄉踰零陵至於南海鋗從之築城湞水上奉其王居之而鋗於臺嶺家焉越人重鋗之賢因稱是嶺曰梅嶺其曰大庾嶺者漢元鼎五年樓船將軍楊僕出豫章擊南越裨將庾勝城而戍之故名大庾其東四十里勝弟所守名小庾是則嶺名梅以鋗嶺名庾以勝兄弟秦之時嶺名梅漢之時嶺名庾也然漢時亦稱梅嶺史記云漢破番禺東越兵不至楊僕請從便擊之上令屯豫章梅嶺以待命餘善聞之遂反入白沙武林梅嶺殺三校尉上乃遣僕出武林王溫舒出梅嶺擊之是也然此或豫章梅嶺也史記索隱云豫章三十里有梅嶺在洪崖山當古驛道要之梅嶺皆以鋗名非以梅蓋鋗奉其王自梅里至豫章又至臺山亦名臺山



曰梅嶺其姓爲梅復從梅里至以臺山爲梅嶺猶之乎以臯鄉爲梅里也

## 五嶺

五嶺之稱始史記張耳傳曰秦南有五嶺之戍師古曰西自衡山南東窮海一山之限耳而別標五者裴淵廣州記曰大庾始安臨賀桂陽揭陽是爲五嶺鄧德明南康記曰大庾一桂陽騎田二九眞都龐三臨賀萌渚四始安越城五輿地記一曰臺嶺一曰塞上卽大庾也二曰騎田三曰都龐四曰萌渚五曰越嶺鄙意竊謂九眞太遠當以裴說爲是王伯厚曰騎田

即郴州臘嶺都龎即道州永明嶺甿渚即道州白芒嶺則道州有二可疑也大抵五嶺不一五嶺之外其高而橫絕南北者皆五嶺不可得而名也

三峽

自英德至清遠有三峽一曰中宿一曰大廟一曰湞陽大廟介二峽之間尤險隘故尉佗築萬人城於此漢楊僕先陷尋陝姚氏云尋陝在始興三百里地近連口即此然其險蓋與蜀異蜀三峽其險在灘粵三峽其險在峽自皐石山而下危巒峻巘爲鐵步障爲玉屏凡數百里不斷其在中宿者有南北二禺南禺



峯三十有六北禺少其四峯峯相抱一水縈迴而出水如環肉北禺爲之好而北禺之山且憩南禺之山且行而南以東至廣州爲白雲諸峯又東至海上爲羅浮其憩者聳而爲峯兩兩壁合鑱銳絕特望之若攢玉插天其下蒼磴屈盤箐叢茂密臨危飛石與古木互相撐拒往往有崩陷之患蓋粵山之第一險南禺路陡絕挽舟者率從北禺衣鉤笮罣仰作前至湞陽路益緊束彼此繩索相牽騰藉而上踝血沾漑利石往往至劇陳巖野先生詩云雙峯若人立舉手相攀摘步障四十里愷崇勢均敵磴道雖新鑿猨猱苦絕壁往年胥靡夫山鬼至今嗅其險如此

連峽

自洭口西北行有數坻石橫江狀若橋云神人之所設灘勢彭怒篙者胸腫痛鉤者手酸十人之力嘗不給上一峽不知其名連峽自此始越三十里又一峽下有豆豉村望前山如千葉芙蓉半包半解解者爲峯巒包者爲石絕與西華相似峯峯有樹樹樹有峯瀑布橫穿而出其不成瀑布者紛披四注如雨雪密葉叢箐中有影無聲每與猨鳥幽咽此連峽中第一境如此者二十餘里上一峽絕壁頗寬廣上有石窟



數口前後相穿綆藤梯棘從峯罅而上人力營治飛巢爲避亂之所自此水益灣環灘益高石益廉利魚陂高低水車砯擊舟行益艱苦既至陽山縣縣西二里有石刻曰韓文公釣磯磯左爲祠一石刻文公像爲南海陳昻所寫城絕卑小郭外屋高於城茅茨數十間火烟寥落文公所云隔江荒林密箐小吏十餘家鳥言夷面今恍然在目也二十里至老牙大理二峽夾壁嵌疊狀若頹城無數古木支拄石色蒼綠皆作雲水紋柟杉茶子諸樹纍之怪藤千尺多有黃猨嘯牽而下或戲丸墮之空中猶能翻接柔枝已入晾

紗峽水叩石牝鳴咽有聲水石相吞久之始荅有數覆巖噴水從風飄滴峽盡猶沾濡不已又入一峽名同冠壁之石皆爲白筍芽叢乳蕨㲯倒披而下有一洞甚大多文石丹青綺分樹影森沉瀑光明滅駐舟其下久之峽轉峯旋舟層層如入螺尾乍出陰崖乍入陽竇淒神寒魄一日不知幾變一潭曰龍湫湫旁有三穴甚深水出穴中爲瀑布者二上有洞洞中石柱無數自上生下復自下生上望之有如堂廈又有小瀑布五六道與峯上諸水相連爲大水簾其前有灘灘上爲羊跳峽言峽小羊可跳而越也一巨石塞



峽沿石角欹側過之一巖張其口若吸舟狀數里得楞伽峽峽勢欲隳兩崖相磓石皆雕鏤通透如破蓮蓬內外有懸乳千萬枝長者踰千尺白者成人黑者成物石脈所出者色多白石膚所出者多黑有一大瀑布作數折大風一激騰躍三四峯乃散一石人傳爲丁蘭所化旁多篆刻苔蝕不可讀越半里林上又一瀑布參差與數折者對土人謂之雙龍灌水水在峽中又絕異日光所蕩含艸色則綠含石色則青亦多金沙丹礫粼粼可拾自此至銅鼓龍涎二峽皆然龍涎去連州南五里其水發源九陂流二十里或隱不見乃自峽之腰吐一小乳噴薄而出因曰龍涎元

諸峽

嶠南之山自西自北自西北自東北皆兩山相夾成峽西自德慶至高要有大湘小湘羚羊三峽北自英德至清遠有湞陽香爐中宿三峽西北自樂昌平石下六瀧有泠君藍豪二峽東北自連州至連溪口有楞伽羊跳同冠三峽而樂昌二峽尤險其險在六瀧六瀧之險在水諸峽之險在山連州兼山水之險羚羊峽山水稍平東上揭陽則蓬辣烏蠻諸灘亦甚險蓋以居上流多石故也



白雲山

白雲者南越主山在廣州北十五里自大庾逶迤而來旣至三城從之者有三十餘峯皆知名每當秋霽有白雲蓊鬱而起半壁皆素故名曰白雲其巔爲摩星嶺嶺半有寺亦曰白雲左一溪曰歸龍其上飛流百仞盤舞噴薄陳宗伯渚以爲湖湖東北爲樓館十數所環植荔支梅竹之屬名雲淙別業下有古寺二右景泰左月溪林徑水石皆絕異黎太僕譽之仙女見人散髮垂腰而姿態自遠絕不染烟火之氣亦一說也月溪下有九龍泉流爲大小水簾志所稱重重

挂玉簾處其北爲鶴舒臺安期昔上昇有白鶴舒翅以迎故曰鶴舒又北一里有峯曰寶象上有動石游人吒之輒動前有泉因虎跑而得甚甘其西南五里有太霞洞泰泉之水出焉故有李忠簡玉虹飲澗亭小隱軒及孫典籍白雲山房今皆廢又一里有洞曰玉虹其南曰聚龍岡折而西有宋高宗御書閣又七里爲蒲澗水安期舊居此始皇遣人訪之太白詩所云秦帝如我求蒼蒼向烟霧是也記稱安期將李少君南之羅浮至此澗采菖蒲一寸十二節者服之以七月二十五日仙去今郡人多以是日采菖蒲沐浴



靈泉以祈霞舉而宋時郡守嘗醼士大夫往遊謂之鼇頭會云澗旁有寺曰蒲澗前爲丹井水甘溫微有金石氣其陽有滴水巖水濊微不斷無風則滴有風則不滴上有一石狀懸鐘人至輒鏗然有聲其下又有水簾濺灑如霧時大時小下注爲流杯池沿澗而南爲文溪爲上下二塘至粤秀山麓則分流爲二左曰菊湖右曰越溪又會東溪之水至此山下爲甘溪水馳雪驟喧豗震山是曰辭辭水吳刺史陸允唐節度使盧均常疏濬以通舟允傳云州治臨海海流秋鹹允畜水民得甘食是也均又築堤百餘丈豬水給

田建亭榭其上列植木棉刺桐諸木花敷殷豔十里相望如火僞南漢引以流觴與宮人荒宴稱甘泉苑是山之勝尤在水其大水凡二其源於月溪者爲溪一曰雙溪溪本一而名曰雙以其上爲月溪而下復爲此溪也溪上瀑布交流陳宗伯嘗築邀瀑亭焉其源於泰泉者爲澗一曰蒲澗澗流爲溪者二而湖一

## 羅浮

蓬萊有三別島浮山其一也大古時浮山自東海浮來與羅山合崖巘皆爲一然體合而性分其卉木鳥獸至今有山海之異浮山皆海中類云漢志云博羅



有羅山以浮山自會稽浮來傅之故名羅浮博傅也傳轉爲博也浮來博羅羅小浮博而大之羅卑浮博而高之故曰博羅也或曰羅山亦蓬萊一股故浮來依之羅主而浮客客蓬萊而依主蓬萊故袁宏竺法眞作登山疏皆言羅而不及浮言主而客在其中也然羅爲浮主而羅浮之東麓有博羅之白水山焉西麓有番禺之白雲山焉與之鼎立人亦以爲三島則羅浮又爲白水白雲之主矣其峯四百三十有二羅與浮半之遊者自西而入則羅多而浮少自東而入則浮多而羅少羅之嶺曰飛雲其西有三峯亦峭絕

鼎峙往往中夜可候日而浮山極巔每當雨霽白雲洶湧四出大風蕩漾乍往乍迴若尙在大海之中浮而未定嘗欲遠於羅山然者或曰首陽大華一山而分羅與浮二山而合實有巨靈主之分之者所以通黄河合之者所以鎮南海然二山下合而上分其巔有分水凹是曰泉源山之交嶼也水分於西則爲羅分於東則爲浮浮之水與羅相吐吞羅之山與浮相補綴水分其上而山合其下故觀其合而得山之情狀焉觀其分而得水之情狀焉當二山之交有磴穹然如衡二砥柱峙其兩端而色蒼黝是曰鐵橋非橋



也一石飛空裊裊數十百丈上横絶𪩘下跨懸厓以接二山之脉故曰橋也蓋浮山善浮下有浮碇岡以定之上又有鐵橋以貫之而後與羅長合而不離也山故有二鐵橋皆天生石梁而此爲上鐵橋其在大石樓南者曰下鐵橋大石樓在上鐵橋西相去五里許有小石樓三石對峙上下俱方峻削嶄空岌岌欲墮登之則重簷四柱窗戸相通烟霞開闔常若有人往來度其高僅得山頂十分之四然俯視滄溟夜半見日亦不減飛雲之上焉二石樓兩峯相際其脊乃鐵橋故凡登飛雲者自二樓而上必度此橋率以此爲鐵橋矣不知乃下鐵橋也蓋石樓二以大小分鐵橋二以上下分也下鐵橋西有一大瀑布所謂分水嶼泉源爲二山之界者羅浮瀑布凡九百八十有奇流爲長溪者七十有二豬爲潭七爲神湖一爲淵池者六天下名山未有瀑布多於此者

## 西樵

廣州有三樵曰東樵曰南樵曰西樵西樵者南海之望而東樵羅浮之佐也去廣州治西百餘里奇秀峭拔抯雲霄而上之望若青蓮之華而四面方立皆内向諸峯大小相聯屬皆隱於削成之中又若芙蕖



之未開然者山之東凡二十峯南十有五西十有八北亦十有八合爲七十二峯而以大科爲絶頂巖二十有一洞有十其飛泉散出於諸峯閒乍合乍分合者爲卧泉分者爲立泉狀各不一凡泉三十有二其一在噴玉巖一在錦巖一在漱玉巖二在垂虹洞左右交流如雙虹下飲故曰垂虹又有二泉在雲谷中羣峯迴合勢若層城有白沙書院瀑布左右夾之合流行石上委曲數里從巖頂噴飛因名其下巖曰噴玉又有泉二在天峯左者曰左天泉右者曰右天泉合奔雲谷注於九曲之溪有二亭曰左瀑曰右瀑以

收其勝其在廣朗洞口者凡作三級透迤而下冰轟雪吼倒射青冥勢益暴又一在水簾洞是曰水簾爲孔曲溪下流披灑壁間霏微若珠箔又一在雲端村其曰瀉錢泉者從空細下傾擊有聲石薄巖虛琮琤相應亦一瀑布也其在碧玉洞者擘崖而出橫直恒無定勢餘氣爲烟爲霧者宜濛竟數十丈望之常若非泉然蓋自噴玉巖至此爲飛泉者十有三矣而以此碧玉之瀑爲最奇

霍山

霍山在龍川縣北周旋七十餘里爲峯三百七十有



二最秀者曰大佛跡秦始皇時有霍龍字靈陽者居之因名霍山其巔有二巖東向者曰望月無甚奇西向者曰太乙深八九丈廣倍之高二丈餘上有覆石平如掌左右兩峯夾之是爲霍山洞天其東有橫巖在半壁巖中有一石出地數尺人偶撼之輒動及力撼之反不動亦一異也巖上峯名酒甕石蜩起平地百餘仞上銳中博下頓如甕然泉涓涓傾出味甘如醴因名酒甕泉所注成潭大畝許清深不測旁多萬年松風蘭仙人掌金星艸黃精白朮之屬遠近隨風處處芬馥如入羅浮之百花逕矣大佛跡峯在山南石上有大人跡十四所跡有黃牛漿甚澄澈鄰峯曰石樓亦有巨人履跡下有一石可坐數十人爲仙樂石又有搗藥石常聞杵聲而不可見尋之多在志公樓峯之腰又有七星石井大各如盆深數尺水隨汲隨盈不汲不盈必七井一時盈其上一峯曰船頭凌晨望之若大舶在海島中雲氣往來山如鼓枻搖動亦一異也

頂湖山

頂湖者端州鎮山去郡四十里從羚羊峽望之紫翠滴瀝若在帆際舍舟後瀝水從大蕉園取道入有白



雲寺當山之正麓寺右溪向產嘉禾每粒雙米不垂穗已三十年矣沿澗而東里許有鋤雲精舍又十里爲上龍湫所謂上飛水潭也若不甚深而黝黑可怖砰訇作勢轉下三四折爲大龍湫垂綆測之百餘丈不得其底旁通乾穴可達七星巖水洞每大風雨有青白氣一縷從中起其黝黑過於上湫又東有數疊泉經小豬潭二一大瀑布長可三十餘丈是謂大飛水潭自西菴而下又有短瀑布八九小湫潭四是皆所謂頂湖也廣中之山其頂多有積水而是山爲湫爲潭者八九絕與西樵相似

## 東安諸山

自六都水口三十餘里至石夾自石夾以上峯皆純石其中一一空洞水聲入之鞺鞳四應瀑泉大者瀦成潭小者成澗諸小石亦各自爲巖穴鼻口相呀有驚泉噴薄其中有一谷兩壁崯岈甚隘仄身以入漸寬豁可藏數百家室山高林黑陰風颯颯然不能以久立也三十里許至東安山尤詭怪城北有天柱峯拔地峭秀民居其下環引清泉灌溉花竹叢中與猨鳥相爲主客城南有天馬山亂石驚飛勢若風雨自天而下者其石大自地而上者其石小望之以爲奔



馬也其東爲錦鯉峯上盤危磴百級四壁皆穿石中有圓竅六七窺其下百千孔穴相連如藕心錢泉水噴射作數道而下注於陂塘其在城西者有翠屏山方正如削在城東北者九星峯日光照之如太阿出匣赤精芒耀左右有數峯黛横紫擁與爭勝西南一峯稍平圓峯半吐一舌爲宮觀有欄楯飛接下有巖曰九星軒明爽塏滴水不漏石氣暖乾絶去蝙蝠松鼠之跡石乳穿地履之丁丁有聲其西又有一巖與衆峯連兩水潛出其下澎湃爭流石梁茅宇參差映帶有數十人家依之此近城之山勝槩也其在西北十五里爲大紺山山高絶雲霞常罩其半樵采者每見有池館數所碧桃垂實白犬吠人倏忽不知所在蓋仙窟也其西有路通羅定從山麓仰行攀林援葛手口並運凡百餘里經溪澗者四五皆在積葉之中谷中時有白雲塡塞一望渺瀰閒漏出蒼厓碧樹不可計自白石墟度橋橋長者數百步或木或石架之溪多坻石可作魚梁水峻急乃反多魚居人持以爲鮓其在西南五十餘里者曰雲霧山在楊柳都者曰聖山並高千仞聖山有神祠歲旱折去數瓦以竹引泉過祠下霖雨立至其曰書山厓牢鐵嶺雲扶諸山



皆絶高大則遠城之山大槩也

## 錦石山

山在德慶州西高百餘丈一石狀天柱削成而圓旁有數大石若箕踞而坐然蓋自崧臺而西舟行三日夾岸皆土山綿亘惟此石拔起若連莖上矗旁無附麗漢大夫陸賈使南越從桂嶺取道至此施錦步障以登嘗禱山靈若佗降當以錦爲報其後佗去帝號受南越王封與賈泛舟珠江遡牂牁而上賈因以錦包山石錦不足植花卉代之遍巖谷閒望若霞絢因名錦石山至今異花甚衆終歲如春採擷者多不識

其名

丹霞山

丹霞山從別傳寺右折爲錦石巖巖中多石花如千瓣芙蕖大小黃白紅綠不一倒生石腹朶朶可以攀摘葢鍾乳之所爲左折至海螺巖絕壁下其懸崖相倚下如層城上如列屏須飛梯再緣乃可上上至蘭若其地蜿蜒伸縮開麓者九或深三四十丈二十丈十餘丈如西番蓮一一花瓣相附麗其下臨大江明砂繡發清瀾鏡瑩外則遠近峯巒爭奇競峭多上豐而下削狀若倒生苞筍盎山水之絕怪處也



五指山

五指山在瓊海中亭亭直立上參霄漢若端人正笏峩冠之象以故瓊州諸邑多出瓌瑋卓犖士五指而外又有小五指其餘峻嶒巉嶪若瓊山白石諸嶺皆其支派也迤邐而來至邱文莊王尚書宏誨所居之左有馬鞍岡與文筆金雞二山錯立掩映文筆從平地特起高數百仞天色晴霽輒有蒼烟一道界破碧空若天門華表歲多科第則吐光如炬王尚書詩云不知浩渺中地脈潛何寄突然五指伸復此擎一臂緜文筆渡清溪而西爲金雞嶺嘗有金雞飛鳴其上故名蘇子瞻詩人間文筆無雙士天上金雞第一星至今文士舉者多以酉科

三白水山

陽春西南一百三十里有白水山高二百餘丈其周四百餘里上有天池龍井注爲飛泉一派十三疊一疊一狀或橫或直在壁中則直在壁外則橫各隨石壁之勢增城之西二十里有白水山高千仞餘上寛平狀若仰盂可田百畝有飛泉長百餘丈直至山足繚繞丹邱而東水車所激無高不至灌田數千百畝兩崖怪石夾東如砥柱懸橋者不可勝數其旁多雲



母石是曰白水丹邱博羅東北三十里許有白水山北連象頭山爲羅浮東趾有懸泉百仞下注山凡八九曲一曲一潭深者墜石四五丈不能窮蘇軾詩劈開翠峽走雲雷截破奔流作潭洞又云坐看驚鳥投霜葉知有老蛟蟠石甕金沙玉礫粲可數古鏡寶奩寒不動旁有巨人跡數十下有湯泉是爲東粵三白水山之勝

白鶴峯

歸善有白鶴峯下臨東江與豐湖諸山對聳蘇學士故宅在焉學士上梁文所謂鵝城萬室錯居二水之

間鶴觀一峯獨立千巖之上是也中有思無邪齋其銘云飲食之精艸木之華集我丹田我丹所家書煉於日赫然丹霞夜浴於月皓然素葩金丹自成曰思無邪予愛其語書之於座間齋前又有德有鄰堂其左爲硃池右爲墨沼木棉榕梡之屬古色蕭森學士之所手植也

圭峯

圭峯在新會城北二里許秀拔玉立其頂四方名玉臺上有兩瀑布從肘腋間飛出下注丙仞白沙詩弄罷飛泉下玉臺謂此莊定山云吾聞南海之山名玉



臺者有巨人靜而無欲深知所謂潛之道者沈石田因作玉臺圖以寄白沙山上又有綠護屏登之可望厓門按昔人詩綠護天荒南渡迹玉臺鐘巖建和年屏半神臯奥衍灌爲天田田方百畝有界水三分與白虹亘天而下中紐滙處是曰聖池池中龍吹息成雲㶇欻萬狀白沙嘗與周鎬爲雲潭之游有雲潭記莊定山見之謂卽濂溪太極圖云

春岡

春岡在增城城中一名鳳岡其東麓有唐時何仙姑宅羅浮經云其陰雲母峯峯之西北曰鳳凰岡神女居之是也仙姑常往來羅浮其行如飛天后遣使召赴闕中路失之天寶九年五色雲起麻姑壇有仙子縹緲而出道士蔡太一識其爲仙姑也大歷中又見於小石樓廣州刺史高暈上其事賜明霞衣一襲取所作餌雲母詩入大內詩云鳳臺雲母似天花鍊作芙蓉白玉芽笑殺狂遊勾漏令郤從何處覓丹砂仙姑故善詩孫典籍嘗記其羅浮口占寄家三絕留研屏一絕又昔有人見其題黍珠菴東壁一絕字比晉人差清婉少骨壁將半毀惟餘百尺水簾飛白虹笙簫松栢語天十三字其下必風也越女以能詩知名



者自綠珠始至唐初有南海七歲女子若仙姑尤其清麗者也

七星巖

七星巖在瀝湖中去肇慶城北六里一曰岡臺山一曰員屋七峯兩兩離立不相連屬二十餘里間若貫珠引繩璇璣迴轉蓋帝車之精所成而瀝湖則雲漢之餘液也玉屏居七峯之東是象玉衡或以七峯純作金形上應西方白虎七宿予謂易稱效法謂坤天有七星以爲象則地有七峯以爲法象者精氣之所爲峯無精氣以星爲精氣其含雲吐雨居禽獸而生

艸木皆星之所爲之石乳者星之津液寶藏者星之光芒一卷之多皆珠斗之子孫也其或巖閒積溼之光熒熒若星則鹹之所作鹹始於潤下終於炎上潤下爲火之陰炎上爲火之陽亦皆星之變化也七峯皆中空各爲一巖巖皆南向一小者名阿波巖北向南向者陽明之洞道書所謂大天日月分精照之者也日月忽然起滅不繇孔穴則陽明之所爲也大巖當諸巖中央有南北二門前後相通是爲崧臺正室其頂穹窿如蓋高數百丈上開天井雲氣可以直出折而北洞戶益敞有龍床坐八百餘其平如砥又有



龍磨角石有大小龍井三四與潮汐上下巖中復多石乳始滴爲乳終滴則凝爲石長者玉柱短者瑶簪自上而下復自下而上互相撐抵如此者以千萬計其爲人物諸瑰異五色閒錯亦皆石之餘髓非他物大抵山空則氣蒸於內而爲乳山實則氣蒸於外而爲雲雲煖故散乳寒故凝雲與乳同類故皆詭怪萬狀變化成章乳者山之精液雲者山之華也巖外之石色多白瓊脂的皪一一穿漏亦有乳流注其閒乳乾者膏膩嚼之淅淅有聲其薄而成片者聲皆淸越中空竅穴以衣覆而叩之作鼓聲杖擊則作鐘聲其一在厓閒者小如碗吹之嗚嗚若海螺又以石擊巖餘地亦作鼓聲謂之地鼓曰河鼓巖者亦兩門然皆南出中有水圓積如疊鼓又如半月之弦其淺處淸見數丈諸巖皆水環石此獨石環水澄淵深故以水勝曰辟支巖者距後瀝水二里許舍舟循平田北入奇石森列房櫳戶牖咸具有水自巖端下注漑田數百畝土人於此祀水花仙女以祈歲當西水漲時諸巖皆可舟遊宛似武夷九曲古時肇慶稱兩水夾州蓋西江之水一從城南出羚羊峽一從七星巖前出後瀝水今此水淤塞半爲田半爲瀝湖瀝湖者言西



江之餘瀝所成也雨水夾州則西江勢分無泛濫之患形勢更宜

玲瓏巖

去始興江口十里有二山在城南峦岑對峙左大而右小左山多巖穴大者曰玲瓏巖巖中有巖以大小相閒燠室涼房靡不備類巧者之所爲其最勝者凡八巖初自南壁上爲二小巖形如半月相環外隔而中通數十步一巖差大上至山半一巖甚大可容人數百日月盛實其中名天光巖路左一巖差小石乳垂下有紅綠蒼翠色稍上又一巖兩柱屹立如樓閣

一一嘗東日初出則陽光先貫朝霞滿壁內有洼注水可飲是謂下巖自天光前繩屈而上數十級有一巖穹然其石乳懸者爲杵陷者爲臼云葛洪煉藥之所又級而上有一巖石龍勢欲昂舉泉自頷垂滴味甘以洌下有坎不盈不涸又有琉璃艸生其上可療風疾曰風藥折而左路稍黑晦火行數十步一竅圓明上通是謂上巖自半月至此凡八巖而山中人但稱爲上三巖下三巖云

陽春巖洞

陽春縣夾江奇石自雲霖鋪至下馬水峯峯峭削巖



巖勾漏凡百餘里不窮最著者有空同巖從郭西三里度水而南又四里矗石五六中方横不甚銳拔者空同巖峯也巖口前後斜出深廣數十丈上下層疊如巨廈二石柱支之上有天圻甚光耀一石名龍床雲氣嘗濕其鐘鼓石左扣左應右扣右應左右扣則一巖皆應以是山中空故也凡石山皆中空蓋艮象一實二虛二虛其洞穴也山以虛故能通澤之氣山無氣氣皆從澤而出氣凝則爲乳洞穴所有物象皆乳所成歲久乃堅爲石石者氣之渣滓也巖中又有暗竇炬行十餘丈昔有金膏銀液之異出巖從高流

河口行十餘里有三峯出水東曰潭西石道書所謂潭西玉髓是也一穴深廣百餘笏古溜所積多爲雲霞鳥獸形鍾乳隨手折之輕鬆瑩透疑即玉髓四壁作龍鱗有艸叢疊下垂若龍鬚金翠相映土人云此金芝也嗅之辛辣從潭西亂流數里爲高岡巖未至巖一峯庳小爲角石一峯張其口爲馬口石二峯相屬爲蓮塘口石水穿洞腹而出勢甚噴薄冬月捕魚人始能行洞底里許無所觸礙西二里爲南巖寺有元至正碑束炬稍北爲銀輝洞循厓行螺旋螻屈可數十穴極其幽窅石瑩膩得火發光鍾乳懸冰層砌



交拄傳有銀甕涌出不知何世之物也又循厓行至西巖得天然洞闕稍加追琢爲之左右支洞委宛各高數丈其與有一古龍蛻土人療疾每琢石出之是曰龍蛻巖又前有童貞人騎赤豹處曰赤豹洞廣敞得龍蛻之半入里許上通日光洞前爲合水口從水口而東越陂陀三四里有寺曰川山旁倚危峯四五一洞下廣上銳兩扉仄暗捫其壁高下隱起有鳥跡書爲苔蘚所蝕鏤光射處時見片片琉璃是曰玉玻巖從水口而西一石曰下那虹石有虹陽洞在水次其旁小峯曰小那虹石北有數峯不相屬曰上那虹

石又北有瑯陽洞洞上有三峯曰大瑯小瑯瑯背從水口而北五六里經鳳羅口其西岸有峯四五南戸之巖一北戸之巖一東戸之巖一北戸在山麓不甚廣邃東戸去地二百尺鐵壁平削非人可度又三四里則皆東石也凡三十餘峯或相屬或不相屬謂之石城其南巔則多甃壘北壁直瞰江堧又有二十餘峯曰合簍石作四連北四峯爲焦青石又北三峯爲中部石又北八峯相屬爲中青石四峯不相屬爲亂坑石又北六峯相屬又不相屬爲兵營石四峯相屬爲那青石東北五峯不相屬爲那烏石那烏水所自



注也其東三峯爲鯨石又東二峯爲蒳石又東二十餘峯爲潭葛石自石城至潭葛凡百餘峯屈蟠十餘里隱隱皆有洞穴厓岫多蘚水皱潭葛北有石角洞其縣溜高下相濺其凝乳潔晶相積其蘚花若翦玉而成其嵐烟時吐五色土人云寳玉氣也又北三四峯相屬半出陂陀半入湖浸爲浮曜洞亦曰小銅石巖人家在巖口蕉竹連陰甚有致去巖里許東北有四峯平坡帶岨曰隔岡石又北六七峯曰銅石其東南去人家半里有磴道數曲至下巖又百餘級至中巖巖劉仙蛻所也炬探之亂花瑤芝倒垂四壁壁光

瑩射炬如玉旁有一石房狀屏盂筐宛若鬼作又數十級壁有周敦頤祖無擇題刻爲元鶴巖下坂則黃泥灣矣自灣至天塘道旁有六七峯相屬曰黃泥灣石北五里許有八九峯不相屬曰梧桐石又十數峯横倚平嶂曰石盎往往洞戸出翠微或隱林際或覆重厓下凡五六見非鈎梯飛縆不可至又三四里在羣峯相矗間曰雲霖砦負石而居曰客砦前踞泓湖曰三砦砦下夾路數峯高四五丈許尺尺皱皺絡藤垂篠青翠消滴石上猨狙狎人冬寒時羣至就火撫弄不去湖外有雲霖洞歷數十磴乃至灑濶之聲與



風葉相荅洞中急溜又若汎瑶瑟然里許循人徑行高下不知其幾四旁委洞時人身蹲膝窺之不能悉達也數百步出後洞門有白水飛瀑十三疊嵐烟擁蔽其半與響石大巖石竇三寵皆奇絶白水之山最高大在陽春西南去縣遠其在城北有峯隆然起如寳幢者凉織岡也左右則雲林射木磁木之山烟翠隱見皆面江互相映帶江絲黃泥灣七十里至縣與左龍水合又南五十里與輪水合又漠陽江一路皆奇石或有名或無名或石也而以峯名或峯也而以石名無不峻削奇詭玲瓏穿空不可得而窮也

碧落洞

英德之南約五里一石壁高千餘仞上有洞曰碧落循磴而上至一洞其廣二丈袤倍之高四五之從洞右仄行未及半石斷有飛梯出於壁外閣道空懸兩翼爲楯檻承之仄行復至一洞兩壁牙交容二人旣東復舒爲虛樓一疊一石吐出上平下銳可坐而臨水從洞左仄行又有虛樓一其石皆長蕭艸雲霞所垂乳變態千萬將雨則乳枝濕潤生雲僧常爇火以辟雲一水窪深二尺許乳之涓滴所成也有魚長數寸見人弗畏上有石棺古仙人蟬蛻於此蓋靈窟也



僞南漢命爲雲華御室有記唐人周藝爲到難篇云湞陽之石室兩崖捲束勢合如屋屝顏百開開待朝旮峭然巖壁宛矣仙蹋羽容霓色霏遙瑤局又謂忽驚呀豁危赴騰立背倚青壁久而汗浹是此洞也洞外峯巒四合一屏前立江光樹色掩映虛無境絕幽麗

穗石洞

穗石洞在會城坡山之下坡山向在江干稱坡山古渡頭山本不高大爲劉龔所鑿今僅一培塿耳昔有五仙人持穗騎羊降此仙人去而羊化爲石故名穗石洞有一巨石廣可四五丈左有腳跡跡中碧水以然雖旱不竭似有泉眼在其下亦一異也城中天然之石惟此餘皆客石

甘泉洞

甘泉洞在增城東洲西嶺下湛文簡之母陳因禱是洞生文簡故文簡以爲號而建甘泉書院其上其後文簡所至輒爲樓名曰見泉以示不忘所生之地

紫霞洞

瓊州治南二里蒼屹山之北有紫霞洞洞戸一石版題曰遠七里近七里不遠不近七里壁閒復有盤龍



屈曲自何起伏入篆書郡人產子者多鐫名石上以硃塗之謂可得長命云

泐溪石室

泐溪石室在樂昌治西北三里其山曰泐溪嶺泐溪在嶺下嶺以溪名石室亦如之高三丈許廣倍之左石各有斜竇甚深漸入若螺螄尾一飛來碑刻眞武贊八句字如呴嘍碑不能盡識云飛自武當有陸羽題名及樞室二楷書字大四尺右有石牀長二丈平整可臥其東四里又有巖縱橫十字平廣若大衢名十字巖橫者甚深有地道可通泐溪石室似有陰曬

主夜陽精主晝形如日月飛在元空之中流入洞天
之內其光明與外無別者

揚歷巖

揚歷巖在保昌西北三十里以漢將軍楊僕經其下
故名絕壁有瀑布瀑布中有祇林寺瀑布爲寺之屏
遊者以爲入瀑布中不知其且入寺中也巖高深各
數十丈廣三之可置室十餘間而瀑布之橫懸正足
蔽之從外望之但見瀑布不見寺並不見有巖巖下
又有一巖如巨口吸水水噴薄至雨花臺乃成溪潭
旁有大小蒲團石甚怪



三洲巖

三洲巖在德慶州東七十里哮豁靚深如堂如房者
半雨旁有隙坼二日光分透從右壁而上初甚暗不
數十武即洞如飛磴盈尺行者前後不相顧從穴中
屈首穿而出乃至頂有一亭古木叢蔭丹竈硯池仙
羊窩石柱皆在焉古有皎與修眞於此地李綱書玉
乳巖三大字祖無擇銘之其石皆蒼綠色摩挲如玉
可愛也其南又有亭瀧江繚繞足底下視烟波茫然
無際矣

白面巖

白面巖在翁源縣東南七十里石色中青外白故曰
白面其寬敞可容千人黑暗處炬之約深數里不能
窮也春夏時有泉下滴日供三四人飲擊其石片片
音響各別又謂玉磬巖常有神飛至居巖一二年輒
去去之日有大風雨拔木發屋人以爲異

穿鏡巖

穿鏡巖在靈山縣西二里峯半一孔相通有如穿鏡
望之以爲前後二鏡也旁有三海巖皆高廣石乳森
森四垂肖諸物象又有呂君洞出入上下如環無端
絕與穿鏡相髣髴宋州守陶弼登此見有螺蚌之異



疑古滄海之變其玲瓏穴漏或泡沫所成賦詩紀之

卷二終

南越筆記卷三

綿州　李調元　雨村輯

西江

西有三江其一爲灕一爲左一爲右右江至潯而滙左爲一而右江之名隱左江至梧而滙灕爲一而左江之名亦隱惟曰西江西江在西粤爲三在東粤爲一一名鬱水唐志稱南海名山靈州大川鬱水亦曰牂牁江予以其源遠委長經流四省可爲一大瀆而岣嶁碑有南瀆衍亨之語因名之曰南瀆蓋東粤江之大者無如牂牁故南海一名牂牁海亦曰牂牁大



洋南海固以江而重也則祠牂牁於廣州以爲南瀆也亦宜牂牁者江中兩山名左思云吐浪牂牁西江之水以牂牁之山爲始以厓門之口爲終牂牁其郎西江之岷山也

三水

三水者自肇慶而來者曰牂牁江爲一水自清遠而來者曰湞江爲一水自廣寧而來者曰綏江爲一水皆會於三水縣東南之崑都山下是爲三水志以牂牁湞二江達於廣州入海者爲一水非也綏江至四會會龍江顧水東南出南津口以入湞江又分一支西南出清岐口以入牂牁江其水甚大不減湞江一源而二流西北二江皆受其灌注可以爲一水與二水參夫以一水而能灌注二江天下之所少入西江以爲上流入北江以爲下流而不得合西北二江以稱三水此前人志山川者之疎也

潮

廣人以潮汐爲水節或曰一潮而一汐或曰兩潮而兩汐皆謂之節其在番禺之都朝潮未落暮潮乘之駕以終風前後相蹙海水爲之沸溢是曰沓潮一歲有之或再歲有之此則潮之變水之不能其節者也



若以歲之十月自朔至於十有二日候潮朔日潮盛則明年正月必有大水二日則應二月日直其月至於十有二日皆然此亦潮之常而人罕知之蓋水之神於節者也然大率潮與月相應月生明則潮初上月中則潮平月轉則潮漸退月沒則潮乾月與日會則潮隨月而會月與日對則潮隨月而對月者水之精潮者月之氣精之所至氣亦至焉此則水之常節也蓋水與月同一坎體故以月爲節者在在有常而以日爲節者在在有變也余靖云月之所臨則水往從之故月臨卯酉則水漲乎東西月臨子午則潮平

南北彼竭此盈皆繫於月不繫於日是也

廣州潮

廣州潮以潮日長至初四而消以望日長至十八而消謂之水頭以初四消至十四以十八消至二十九三十謂之水尾春夏水頭盛於晝秋冬盛於夜春夏水頭大秋冬小故防倭者自清明前三日至大暑前一日謂之春汛春汛爲大以水頭故言大汛也自霜降前一日至小寒前一日謂之冬汛冬汛爲小以水尾故言小汛也

瓊州潮附流水指掌圖說



瓊州潮候與江浙欽廉不同其地勢異也郡與徐聞對境兩岸相夾故潮長則西流消則東流日有消長常也八月九月其勢獨大每日兩有消長者其變也故舊潮漸減漸小謂之老潮新潮漸進漸大謂之穉潮十一月朔或時不測而長謂之偷潮其大小之候隨長短星不係月之盛衰舊志云瓊海東南諸港朔望前後潮大上下弦前後潮小二至前後潮大二分夏至潮大于晝冬至潮大于夜又云晴則望南而吼陰則望北而吼人以爲陰精驗之果然又云交廣潮候與閩粤相去亦少差而瓊崖儋萬之候大小俱各差殊其半月東流半月西流則同不係月大小之盛衰今附流水指掌圖說以便參觀倪邦良曰雷之海安横渡至瓊之海口計程約八十里非遇大順風則往返舉帆均以水流東爲候而逐月逐日各有差移難以他郡潮信推測癸未六月承乏定陽適初旬伏流待渡海安偶閱舟師流水簿繁不勝紀因撮其略繪圖于左每月兩次起新流相距十四日如十一月十三起流二十七又起流是也惟四月十月則新流三次其逐月爭差各縮二日退一時俱逆算如十一月十三一十七起子十二月十一二十五起亥是也



三九月之初四十八十月之初一十五則縮三日而流在上半月者則起時未在下半月者則起時初惟四月十月之十五流起時中其起新流之前三日俱伏流每日一次流東四個時辰便退西其逐日爭差各半個時歷兩日差一時俱順算如十一月十三起子末十四起丑初十五起丑末是也若遇閏月則以上半月照前月下半月以下半月照後月上半月又海口北海安流早半個時辰海口瓊地海安雷地按潮爲天地呼吸之氣所運而適與月應蓋月行每月一周天與日會十二會得日三百五十四有奇是一

歲月行之數也歲有三百六十日常數也而又有六小月今倪氏此圖以十二月編定三百六十日每月相距十四日起流一月縮三日兩月差一時又以三九十月朔望內各縮多一日共得六日以準六小月併月行三百五十四日適符三百六十之數準定潮候起伏洵屬簡便但月行尚有奇零今只整齊配去不計餘分歲久必差故天后廟碑所定起伏月日時刻久已不符以其便于渡海者姑錄之以俟智者考正云

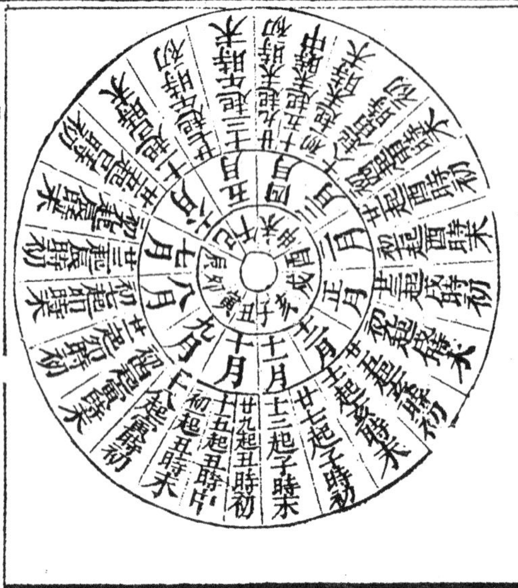



按天妃廟碑言十六七八九四日伏流可渡至中流始有怒濤乃東西合流處所所謂中洋合窠洄也過此可勿戒心如風大則半日可渡又歲三月二十三日天妃渡海南必有北風舟楫宜候之以是日須臾可渡是日廣東邊海地亦皆有風雨又不可泥於圖說也

二湖

會城中故有二湖其一曰西湖亦曰仙湖在古甕城西僞南漢劉龔之所鑿也其水北接文溪東連沙澳與藥洲爲一長百餘丈歲久淤塞宋經略陳峴疏濬之葺龔故苑奇石置其旁多植白蓮因易名曰蓮池而湖亡其東偏今有仙湖里遺焉其一曰蘭湖南越志番禺北有芝蘭湖廣州志蘭湖在雙井街其水常瀦今亦亡其地亦猶曰蘭湖里云城中又有二洲一曰粵洲在元覽臺西爲白雲之水所注一曰藥洲在越王臺西南一里卽龔所鑿仙湖與之爲一者也



昌樂瀧

昌樂瀧在昌樂縣西北六十里自瀧口以上至平石凡有六瀧乃酈生所稱崖壁峻阻巖嶺千空交柯雲蔚霾天晦景謂之瀧中者瀧中之山名監豪兩峽相抵觸欲崩欲陷楓柟豫章諸大木撑之天從石罅中出僅尋丈許隨峽勢以爲大小屈曲縈迴百餘里至瀧口乃稍開豁峽中一名武溪其水源出桂陽王禽

山入臨武經鸕鷀石南流合瀘水泠君之水激爲大瀧灘流最怒驚湍飛注凡有六處最險其曰寒瀧者濤風沫雪凜冽如深冬舟出沒者衣盡濕如裸而涸凍不可忍上有廟祀漢桂陽太守周昕報始疏鑿之功也廟左祀昌黎韓愈愈昔至此不敢涉有瀧吏詩云險惡不可狀船石相舂撞故亦稱韓瀧一曰金瀧其崖昔爲雷擊傾裂數百丈頹波所入衆壑砯衝鼓若出崩轉如雹掣嘗有金銀光怪一曰白茫瀧一曰衆瀧懸洪百餘仞滙爲巨潭渹㵝騰沸望之茫洋一曰梅瀧上多梅樹有獸白毛而長臂旦夕吟嘯人以爲猿公一曰腰瀧言在瀧之腰也亦曰穿腰瀧舟人率以兩篙穿腰舁舟而上日不能十里二十里舟下者勢如劈箭直入九淵離巨石嘗一髮許路或窮折而入巖竇則山液滴瀝陰濕毒淫若有蛟蛇鬼怪之物欲相捕噬令人凄神寒魄不能自持自寒瀧至此皆絶險舟上者與石爭下與水爭與石爭者勢在篙與水爭者勢在舵其可爲力者人半之不可爲力者天亦半之出峽至瀧口有鵝公石在水中險若滛預過此乃敢泊舟嶺南謂水之湍浚者曰瀧諸州皆有瀧英德有瀧頭水羅定有瀧喉而以此六瀧爲大六



瀧又以穿腰爲大予有瀧中號子云舟子穿腰欲上天下瀧船笑上瀧船上瀧爭似下瀧險一片風帆亂石邊又云舟隨瀑水天邊落白浪如山倒翠微巨石有時亦却立白鷗欲下復驚飛瀧口東岸有趙佗古城佗昔自王首築此以扼楚塞蓋以秦新道惟此瀧中最險彼北從湞水西從瀧水以入者險皆不及瀧口有望瀧樓去縣西北三十里縣西門曰西瀧其東曰東川南曰武水武水至縣南有鼉峯橫當水口水爲縈紆倒流上有一亭曰武溪亭有記

潮水泉



韶州清溪驛東五里許有潮泉泉有雌雄雄大而雌小一雄長則一雌消日凡三長三消初以鷄鳴次午酉消則涓滴不留惟秋冬間泉無消長乃有細水長流土人以泉應潮名曰潮泉

貪泉

石門有泉飲之輒使人貪名曰貪泉語云登大庾嶺則芳穢之氣分飲石門泉則清白之質變繇來久矣

豐湖二泉

惠州豐湖有二泉曰清醒曰古榕清醒在豐湖南姚坑泉口僅如盂日汲數十石不竭水比他泉稍重古

榕在湖峯西麓迸出石隙甚芳冽清醒則甘然冬盡春初古榕泉味復與清醒埒清醒不變而古榕獨變亦異甚二泉因東坡在惠改名西湖今統名西湖

壽泉

壽泉井在興寧東二十里每大雨諸坑塹濁水交流於井井水獨清土人名其地爲井子脣濁在脣而清在腹汲者去其脣之濁取其腹之清味甚甘飲之多壽是曰壽泉

三泉

瓊州有三泉其在府城東北者曰雙泉相去咫尺一



甘一鹹異味蘇子瞻名曰洞酌有詩云酌彼兩泉挹彼注茲一缾之中有澠有淄其在州北郭三里者曰粟泉出石罅中甚甘泉底多銀沙星有粟葉長青時時浮出粟米啖之香美子瞻名爲粟泉或曰泉非真浮粟可食者也泉脉上湧細白沙纍纍若浮粟耳

毒泉

長樂有兩毒泉其一在曾峒嶂下相傳宋鄒太尉引兵征鐵板僧去毒泉二尺許以劍劃地泉即隨劍入地不爲害一在黃麖嶺有軍士誤飲而死文文山移營其上禱而止之曲江濛瀼驛對岸亦有毒泉沾足潰爛泉所注田數十頃食其田穀者一二年輙死號蠱毒田斯乃地之孽氣所注也安得有鄒文二公者以至誠消其患害乎

九眼井

九眼井在歌舞岡之陽相傳尉佗所鑿其水力重而味甘乃玉石之津液志稱佗飲斯水肌體潤澤年百有餘歲視聽不衰又嘗投杯於井從石門浮出舟人得之以爲神名越王井通典謂南海有天井門天井者越王井門者石門也井又名越臺井以在越王臺之下也廣州諸井此最古南漢主亦嘗飲之號玉龍



泉其廣丈餘有九孔文石爲蓋汲者欲得井華分綆而下瓶罌各滿毋相抵觸人甚便之自漢至今以爲尉佗之遺澤云

肇慶七井

包孝肅爲端州守嘗穿七井城以內五城以外二以象七星其在西門外者曰龍鼎岡井民居環抱清源滑甘爲七井之最此都城來脉山川之秀所發也大凡幽谿邃澗之水飲之消人肌體非佳泉佳泉多在通都大路之側土肉和平而巽風疏潔乃爲萬竈所需食之無疾孝肅此舉端之人至今受福大矣哉君

子爲政能養斯民於千載用之不窮不過一井之爲井亦何所憚而不爲乎易曰君子以勞民勸相言鑿井之不可緩也江城婦女冒風雨出没在在皆然惠州城中亦無井民皆汲東江以飲堪輿家謂惠稱鵝城乃飛鵞之地不可穿井以傷鵞背致人民不安此甚妄也然惠州府與歸善縣城地皆鹹不可以井僅郡廨有一井可汲而飲云

流杯曲水

流杯曲水有二其一在增城張老巖石版斜鋪十餘丈一水從石罅中流縈紆百折遊人每以小石障下



流以畜其勢乃兩兩夾水而坐使人酌杯酒置上流聽浮游所至取而飲之然有不得飲者有一再飲者有杯流至前忽復流而之他者有順流而下忽復旋迴而上者於是譁然爭飲相歡以笑其一在從化之北四十里一泉自山巔飛下分爲兩帶上下凡二級曰百丈帶其深處滙爲淵潭不可測淺者流離四出引之可以浮觴又龍門有聖磜嶺流水九曲注爲飛泉百十丈下成深潭亦可以浮杯逐暑

漈

龍門縣其溪灘之極險者名之曰漈有曰濠雙十二漈有曰白水漈漈與瀧皆天下絶景六瀧可比閩之九龍十二漈可比浙之五泄

廣東諸水之不同

白水山在陽春西南上有飛泉一道注於潭中天霽潭有聲則雨雨有聲則霽九牛瀧在南雄城南五十里一名龍罩水下有深潭雨久響則晴晴久響則雨臨高之東南邁龍村江中有灘久旱灘響則雨久雨灘響則晴瓊山博落溪中有大石橫亘曰銅鈸石下有穴大巖水注其中有聲旱聞之則雨雨聞之則晴澄邁縣南王家都有東巽泉流瀉可三丈餘朝響則



雨暮響則晴稱聖井仁化有龍王坑一泉湧出溉田千餘畝霔則小流旱則大流天久無雨雲自其泉騰至山巔則雨澄海縣南有鳴洋在南灣海中聲起若雷自東則風西則雨廣寧之西三十里有石澗出泉自竇出旱則聲聞數里雨則否南海縣治之北有日泉井東有月泉井日出則日泉井中先見日與月泉井相望月出則月泉井中先見月與日泉井相望南海西樵山有金銀井一赤一白相距尺許烏利丹井也注赤水於銀井赤水不白注白水於金井白水不赤茂名觀音山上有金玉井潘真人昔煉丹於仙坡

其烟通於金井烟則黃通於玉井烟則白茂名上宮灣之水與府治後龍井相通名曰龍眼下宮灣之水與寶光寺虎井相通名曰虎眼信宜東有龍山其南有石孔曰風窖北有石孔曰雨窖韶州有雌雄泉一日兩潮雄長則雌消雌長則雄消始興有朔水朔長而晦消博羅有白水泉東熱而西寒翁源有燕子泉春出而秋伏與燕子同其來去鎮平有長潭與綠水湖相通湖清則潭清湖濁則潭濁清遠有米貴水在金釵灣上中有二水有謡云米貴水流朱溪岸米賤水流綠林塘甘竹灘在順德之南四十里凡灘水皆



一流而甘竹灘兩流潮長則水滿而下灘潮消則水乾而上灘諺曰水消水上灘水長水下灘是兩流也蓋潮自灘入汐自灘出也舟行者每紆道象山之陰以避之名偷洋滘文昌有浮山屹立海中分潮水西東朝潮至浮山而東暮潮至浮山而西謂之分洲洋瓊海分東西二溜凡渡海必候流水東海鳴則風西海鳴則雨土人每占之以候渡又瓊海半月潮長則西流海南易渡半月潮回則東流海北易渡朔望前後潮大上下弦前後潮小雷之州東有調黎之水日兩潮兩汐西有那黃之水日一潮一汐粵中古謡曲云郎心好似調黎水不起風波春復秋日日兩潮還兩汐令儂消卻別離愁又云花下歡聞白馬嘶郎來日日在南溪莫如瓊海潮相似半月東流半月西文昌西北有分水江一水分兩溪左者色黑右者白交流至海始興有墨江水黑如墨流至江口與湞水合五里間黑白判然萬州樟樹嶺石上有人馬跡或沙水上跡隱則歲豐見則歲歉合浦南有潿洲去海壖千二百里天陰雨輙望見之晴霽則否定安江中有石人令賢則石人出否則隱

永安五江



永安縣有五大水以江名名曰五江自鷄公嶂至小黃花佛子凹岡脊之地其水四馳南為秋鄉江其流最長西則神江諸水東則琴江北則藍口水源秋鄉江神江義容江琴江其大者小水注之甚衆大者為經小者為緯源流見矣五江一曰秋鄉江在永安城西南一百二十里其源二一出琴江寶峒山一出官山嶂下合流而北過火帶社西納車峒水東納石坑鍾坑水折而西田子逕水南注之至縣轎尾水東北注之堤坑水北注之南下猪母坑水又北注之至半江東納牙溪水至馬頭山西納下瀨水又西納官坑

水又東納黄沙水又東納雙螺濁水又西納逆坑水東南納單糧水至鳳凰岡北納清溪水又東納南山水又西納龜坑水吉田水至曲派納下義水入於東江廣東輿圖云其源一出縣東一出縣北衆山環繞萬壑交流百餘折而經馴雉司前又折而至梅花嶺入於江口其曰牙溪者一出羊角嶂北一出公坑西至番流水合流而北納羅坑村水西至牙溪口入秋鄉江曰黄沙水者一出燕尾山一出烏禽嶂至磜頭合流北過上下湯梅子派西入秋鄉江曰軍糧水者出梅坑逕北過唐田西北入秋鄉江曰清溪水者其



出寶山嶂者爲上下窖水出狗頭山者爲員墩水合流納瓦屋頭水過沙子逕神宮前半逕至旱塘其出天子嶂者爲苦竹水至旱塘合流至鳳凰岡入秋鄉江曰南山水者出犂壁山北過南山至石屯其在歸善境者一出黄草嶂一出石塘至湴塘合流至上石屯合南山水西北入秋鄉江曰下義水者出礆石逕北爲捲蓬水出犂壁嶂西爲犂壁水過上義高岡合流納梅子坝水過下義至曲派入秋鄉江二曰神江在縣西北一百一十里其源二一源在林村埔北東出小黄花西出嶂下一源在林埔南東出佛子凹西

出雞冠山合流至龍潭脛北受辣菜坑水至黄竹逕又北受曹坑水至黄塘南受白溪水至横石又南受苦竹坑水至鹹口北受陳田水至魚潭逕又北受楊坑水至陂角沙南受龍頭山木公坑水至停塘北受花坑水至企山下南受大梨水至鄧村又南受禾坑水入東江廣東輿圖云其源出鷄冠嶂周迴百折衆水注之經梧桐山之前又折而至江口入於東江三曰義容江在縣西七十里發源蔣崗尾至飛鷺嶺合月角嶺水過義容屯至烏鵲潭其出大魯嶂貓兒山者至安全合流至中田合桃子園水至烏鵲潭入義



容水至黄坭塘受湯坑入於東江廣東輿圖云其源出大魯山折而至寛仁司之前復折而入於東江四曰東琴江在縣東四十里自鷄公嶂發源西受北坑水至上鎮東受象鼻逕水至水口村西受塔凹水至練坊西受龔坑水至官屋埔東受甘坑水至楊梅埔西受馮坑水至寺坑東受黄小塘水至牟焦西夕黎坑龜湖水過長樂米潭至琴口會南琴江入於横流渡黎坑水出逕軍嶂龜湖水出寶崗嶂廣東輿圖云北琴江自簾紫嶂發源由山谷嶂折四十里入長樂界琴口按東琴江初志稱曰北琴江故廣東輿圖本

之然此江在縣之東當名東琴江稱北琴江誤今改正其曰塔凹水者一出芙蓉逕過賀岡一出解沙逕過袁田至塔凹合流入東琴江五曰南琴江在城東南六十里其源自西來者一出嶂下一出横排嶺合流至龍窩納吉崗水一出公坑嶂一出岑裏合流至清溪合施坑水俱至明亭水合流至中湖納柗坑水至柘口自南來者一出磜頭一出黄坑合流至小鰲合貉老坪水過細女灘納掩桑水至柘口會西水過長樂大梧至琴口會東琴江廣東輿圖云自羊角山發源沿流由南嶺後曲折二十里入長樂界琴口與



東琴江之水會合入横流渡其曰黄花水者東出芙蓉逕西出陳塘上不至鯉魚頭合流北至散灘逕納白溪水出康禾

西樵三十二泉

西樵有三十二泉其出於大科中峰之南天峰之北東流兩崖之下瀉於雲谷者爲左天泉南自福老峯流於天峯之南瀉於雲谷者爲右天泉二泉最高西樵第一泉也雙流過仰眠峯飛瀉於噴玉巖下出於大坑又南則四峯之泉注洗研池出於厓子坑流於九龍洞出於西坑口至於大坑會噴玉泉而東入於江西則煙霞洞泉伏流洞口會於錦巖泉又會於鐵泉又會於龍泉流於石子田瀉於樂堯莊爲左垂虹泉其雲端井泉二溢流於龜頭社瀉於樂堯莊爲右垂虹泉合流洞口出於羅漢巖達於黄岡而西入於江北則大科村泉流於西竺會於寶鴨池西出會於飲馬泉南下爲瀉錢泉歸於天湖其碧雲三泉一出流清館一出山坳一出村邊盈積五六池瀉於觀翠巖北會於階梯泉與貴峯大槽之泉歸於天湖流出於猪坑注無底井又注於官山下而北入於江南則雲路二泉流於村南出於大觜山下帽峯達於江村



而南入於江噫一山之巔九十六峯之間飛泉四出其多若此

日月二泉

廣州城中有日月二泉日之泉每夜輙有一日在其中月之泉每夜輙有一月在其中日泉今失其處惟月泉在金華夫人廟神座下有巨石覆之又有星泉又廣州有三井亦分日月星之名日井在舊青紫坊千佛寺側月井在城西南古月華樓下今鹽倉街舊月泉菴址星井在城西六里古金肅外繡坊

粤東温泉有三

粵東温泉有三其一在羅浮白水山東坡詩所謂鷩然丞相井疑浣將軍布是也一在雹白熱水池一在陽山温泉灘二俱在道傍行人皆得浴焉

韶石

粵東之北之西北皆多石其所爲山皆石也居人所見無非石故皆不以爲山而以爲石蓋自梅嶺以南湟關以東南千餘里間天一石也而石外無餘天地一石也而石外無餘地巖巖削出望之不窮其高而大者以千數小者紛若亂雲亦無一不極其變石多中空或一峯爲一洞或數峯相連爲一洞此出彼入



四際穿漏外覩之皆無所有色青藍間以白理雨後若新染然花木蒙茸其上恍若錦屏是皆絕奇石也然尤以韶石爲大宗韶石在韶州北四十里雙峯對峙若天闕相去里許粵人常表爲北門旁有三十六石環之一一瓌琦無端互肖物象各爲本末不相屬聯有記其狀者云韶石前後怪石相望直若危柱削若堵墻圓若廩囷半削如鼉爪首尾翹翹似舟航方幅如布帆廉起如檐宇約畧盡之大抵韶之山多奇而韶石爲最若雙闕又韶石之最

英德石

英德石有大小大英石者言乎英德之峯也英德之峯其高大者皆石故曰大英石蓋地至英德有石而無土土不生於英德石獨生焉其爲狀多直而少橫每一直石起輒至數千百仞各自爲根不相緣引一石一峯或數峯峯無餘石石無餘峯卑者不相附高者不相摩卑者或側出而多欹高者必矗豎而特幹蓋自英德至陽山數百里相望不絕皆直石之爲怪而英德之峯奇而野陽山則奇而秀英德之峯少樹陽山之峯多樹樹少故其石盡見見而數百里間似但有石而無山然者凡以皺瘦透秀四者備具爲美



其出土者曰陽石受雨露多質堅而蒼潤扣之清越入土者曰陰石則反是石生山谷間大小相疊一一嵌空闘竦具峯巒巖洞之狀即一卷許亦輒芙蓉亂削乳竇交通巉巗勾漏小心覩之須五日始盡其一峯十日始盡其一谷此以小而奇者也

蠟石

嶺南產蠟石從化清遠永安恩平諸溪澗多有之予嘗溯增江而上直至龍門一路水清沙白乍淺乍深所生蠟石大小方圓磥砢多在水底色大黃嫩者如琥珀其玲瓏穿穴者小菖蒲喜結根其中以其色黃

屬土而肌體脂膩多生氣比英石瘦削嶄巖多殺氣者有間也

## 會城三石

會城有三石東曰海印西曰浮邱中曰海珠皆地之肺也海珠在越王臺南廣袤數十丈東西二江水環之雖巨浸稽天不能沒語云南海有沉水之香亦有浮水之石謂此也相傳有賈胡持摩尼珠至此珠飛入水夜輒有光怪故此海名曰珠海浦曰沉珠其石則曰海珠云石上有慈度寺古榕十餘株四邊蟠結遊人往往息舟其陰端陽七夕作水嬉多有龍卽蛋



女鱠魚酤酒雲販荔支蒲桃芙蕖素馨之屬隨潮來往遙望是寺魚沫吹門蠔光次壁朝晴暮雨含影虛無恍忽若鮫宮貝闕而不可卽也海印濳石也在下方之東半出波際其上有京觀樓周以雉堞覩海珠浮邱隱隱若三台象浮邱去城西一里爲浮邱丈人之所遊古時浮邱在海中與海印海珠若離若合宋初有百二十歲老人陳崇藝言兒時浮浮邱山足舟船數千山四畔篙痕宛然今浮邱距水四里餘矣邱下有井葛稚川嘗飲之有海神獻珊瑚一株因名珊瑚井井旁多莃薟草三月上巳遊人多往采擷

## 五羊石

周夷王時南海有五仙人衣各一色所騎羊亦各一色來集楚庭各以穀穗一莖六出留與州人且祝曰願此闤闠永無荒饑言畢騰空而去羊化爲石今坡山有五仙觀祀五仙人少者居中持粳稻老者居左右持黍稷皆古衣冠像下有石羊五有蹲者立者有角形微彎勢若抵觸者大小相次毛質斑駁觀者一一摩挲手迹瑩然諸番往往膜拜之薫以沉水有烟氣自竅穴中出若石津潤而生雲也

## 九曜石

九曜石在藥洲旁南漢主劉龔使罪人移自太湖靈



壁浮海而至者石凡九高八九尺或丈餘嵌岩峍兀翠潤玲瓏望之若崩雲旣墮復屹上多宋人銘刻一石上有掌跡長尺二寸旁有米元章詩一石白色中空一圓石爲頂若牛頭大可五尺身中直通至頂四旁有十餘竇相穿有刻云花藥氤氳海上洲水中雲影帶沙流直應路與銀潢接槎客時來犯斗牛一石通身有小孔如水泡沫一石獨大合三石爲之下有數萌長三尺許瑳如雪父老云向未經見此客石也久而生萌豈地之靈使然耶然今亦摧折矣

應雨石有二

應雨石有二其一在封川西南錦錢山石上有巨人跡歲旱以水濯之則雨名聖石其一在揭陽黃岐山山有一窪池容水數斛旁有峙石方厚二丈許歲旱積水池中以戛灑峙石石滋潤即雲蒸而雨有銘者云元氣之核風雨之胎我疑爾腹定有潛雷邑人因名其石曰潛雷

犀象二石

有犀象二石在始興玲瓏巖其色獅青而象白土人取二石各一片磨薄置盤中以醋沃之二石相去咫尺輒能相就離之復合蓋獅之青陽也象之白陰也磨薄者以火之力使之陽陰相合而醋又炎上之苦所作也有鷄啼石在從化縣東二十里高丈許方廣稱之相傳自他所飛來以鷄啼而止有二魚王石其一在陽春城北屹立江潭古木蒼藤羃其上歲旱禱之投藤藥以毒潭水有巨魚紛紛浮出即雨其一在陽江東南沸村歲有鷄尾魚氷朝之有鴛鴦石在肇慶七星巖口石凡二各長丈許大四五尺一俯一仰號曰鴛鴦石乙卯歲巖上一巨石墜擊傷俯者明年春兵亂婦女多被擄掠人以爲此石破碎之兆又有



鴛鴦石在德慶雲蘢山上石亦二一大一小崇正間大石先墜去平田數里而止後一日小石復墜與大石同止一處又號公婆石是皆石之爲怪者也

石糞

從化北九珠山是多青石居民燔灰以糞田名曰石糞蓋田之瘠以石而肥以灰灰有火氣田得其煖而陽氣乃生火生於地地之火不足以人力之火補之亦一道也英德陽山諸縣耕石田者十家而九亦純用石糞以石而瘠亦以石而肥故其田多穀

錦石

錦石出高要峽青質白章多作雲霞山水人物蟲魚諸象以爲屏風凡案不讓大理石但質微脆耳其純白者產七星巖名白端爲柱爲礎及几案盤盂皓然如雪皆可愛蓋七星巖內外純是白玉亦有白質青文然望之蒼黑如積鐵以歲久風雨剝蝕也最白者婦女以之傅面名爲乾粉與惠州畫眉石始興石墨皆閨閣所需

四石鏡

四石鏡一在東莞青紫峯朝霞則青暮霞則紫一在和平仙徑山色明則雨暗則晴一在澄邁曰石嶺色

白則晴黑則雨一在羅定八片嶺體甚圓大可數尺其下一水横流水映日日映石鏡而光生焉譬之月然受日之光以爲光

石船

高州潘仙坡有一石船中圬兩端微起若荷華片長八尺有半廣四尺又有石篙一在雲爐洞長二丈許相傳潘茂名真人遺物

彈子磯

彈子磯在英德之北臨江壁立如半破彈子其中有石的云



五層樓

五層樓一名鎮海樓在廣州城内觀音山之東北明洪武初永嘉侯朱亮祖所建巋然上出重霄登至第五層全府境象皆歸一覽之中真巨觀也粤中樓閣無傑出者當以此爲第一

卷三終



# 南越筆記卷四

綿州　李調元　雨村輯

雷神

雷州英榜山有雷神廟神端冕而緋左右列侍天將一輔髦者捧圓物色壑爲神之所始蓋鳥卵云堂後又有雷神十二軀以應十二方位及雷公電母風伯雨師像其在堂後則雷神之父陳氏鉷也志稱陳時雷州人陳鉷無子其業捕獵家有九耳犬甚靈凡將獵卜諸犬耳一耳動則獲一獸動多則三四耳少則一二耳一日出獵而九耳俱動鉷大喜以爲必多得



獸矣既之野有叢棘一區九耳犬圍繞不去異之得一巨卵徑尺攜以歸雷雨暴作卵開乃一男子其手有文左曰雷右曰州有神人嘗入室中乳哺鄉人以爲雷種也神之天建三年果爲雷州刺史名曰文玉既沒神化大顯民因祀以爲雷神此事誕甚然厥初生民皆繇氣化虬卵吞於簡狄帝武感乎姜嫄神聖之生天必示之怪異况雷於天地爲長子易曰震一索而得男神生於霹靂爲天地始陽所孕理或有之

羅浮君

羅浮山洞名朱明耀真之天青精朱靈芝治之今山

中伏虎巖上有朱子庵蓋青精之所嘗居青精者羅浮始開闢之人故居人稱之曰青精君而號華子期曰玉源君子期淮南人相傳角里先生弟子居羅浮玉源玉源在分水嶼所謂泉源福地也他如陰長生居鐵橋葛孝先居飛雲頂鮑靚居酥醪觀葛稚川居麻姑峯下單道開居石室蘇元朗居青霞谷軒轅集居蛇穴是皆羅浮君所與共治斯山者羅浮君亦稱四百三十二君蓋山之神也羅浮君每嘗出見陳武帝時見於大石樓上長三丈所通體皓然衣服楚麗山中人莫不伏拜其祀肇於晉著於唐唐元宗嘗於



五龍堂南築壇以禱使道士申太芝王之又於都虛觀置守祠者十家宋乃著爲令歲十月下元長吏醮山以禮事神淳熙甲午守臣王寧奉祀有慶雲起於祠所五色輪囷繪圖以奏謂爲太平之應而先朝承樂中遣官設醮瘞所降玉簡於觀中蓋皆以羅浮之神絕靈爲望秩所必焉者也

## 南海神

南海神廟在波羅江上建自隋開皇年大門內有宋太宗碑明太祖高皇帝碑其在香亭左右則列宗御祭文使臣所勒者也韓昌黎碑在東廊宋循州刺史陳諫重書神自唐開元時祭典始盛嘗册尊爲廣利王歲以立夏氣至命廣州刺史行事祠下祝文書御名宋真宗錫王玉帶至和元年加王冕九旒犀簪導青纊充耳青衣五章朱裳四章革帶鉤鰈綪韍素單大帶錦綬劍佩履韈內出花釵九株袿襡簪鏁署曰賜明順夫人明順者王之夫人皇祐所封號也元時數遣使奉錦幡銷金幡金銀香盒吳萊古蹟記言南海廟有玉簡玉簫玉硯象鞭林霞所獻銅鼓面濶五尺臍隱起有海魚蝦蟇周匝及宋真宗所賜玉帶蕃國刻金書表龍牙火浣布今皆不存洪武六年賜黃



金香盒重十六兩黃綾幡一副藩臬大夫每春秋仲月壬日致祭先出香盒於官庫賚至神前祭畢復歸藏焉

## 禾穀夫人

香山村落多祀禾穀夫人或以爲后稷之母姜嫄云

## 伏波神

伏波神爲漢新息侯馬援侯有大功德於越越人祀之於海康徐聞以侯治瓊海也又祀之於橫州以侯治烏蠻大灘也灘在橫州東百餘里爲西南湍險之最舟從牂牁至廣必經焉灘有四曰雷霹曰龍門曰

虎跳曰挂舵每灘回折折必五六里出入亂石叢中勢如箭激數有破溺之患夾岸皆山侯廟在其北麓凡上下灘者必問侯侯許乃敢放舟每歲侯必封灘十餘日絶舟往來新舟必磔一白犬以祭有大風雨侯輒駕銅船出灘櫓聲喧豗人不敢開蓬竊視晴霽時有銅篙鐵槳浮出則橫水渡船必破覆須祭禳之乃已此皆侯之神靈所爲云凡過灘每一舟撥招者四人使舵者四人前立望路者一人左右側竪其掌則舵隨之然此地僅一姓人知水道世爲灘師餘人則否其人亦馬流遺裔也灘爲交趾下流徼側叛時



侯疏鑿以運樓船至今石勢縱橫宛如壁壘大小石分曹角鬬奇陣森然戈甲之聲喧闐十餘里外侯威靈蓋千年一日也祠中床帳盤盂諸物祝人拂拭惟謹居民每食必以祭事若嚴君子亦皆以交趾薛珠爲薦薛珠者薏苡也

飛來神

羅定州西五里許地曰牛頭灣有尉佗廟萬歷閒廟乘風雨飛越數里至玉樹岡譚石鄉民乃增飾而祀之號其神曰飛來神廟曰飛來廟其鐘與香爐未飛去者數移入廟而數去

天妃

天妃海神或以爲太虛之中惟天爲大地次之故天稱皇地稱后海次於地故稱妃然今南粵人皆以天妃爲林姓云

龍母

龍母溫夫人者晉康程水人也秦始皇嘗遣使盡禮致聘將納夫人後宮夫人不樂使者敦迫上道行至始安一夕龍引所乘船還程水使者復往龍復引船以歸夫人没葬西源上龍嘗爲大波縈浪轉沙以成墳會大風雨墓移江北每洪水淹没四周皆濁而近



墓數尺獨清墓之南有山天將雨雲氣必先羣山而出樹林陰翳有數百年古木人不敢伐以夫人有神靈其間云夫人姓蒲誤作溫然其墓當靈溪水口靈溪一名溫水以夫人姓溫故名或曰溫者媼之訛也

斗姥

斗姥像在肇慶七星巖名摩利支天菩薩亦名天后花冠瓔珞赤足兩手合掌兩手擎日月兩手握劍天女二捧盤在左右盤一羊頭一兔頭前總制熊文燦之所造也文燦招撫鄭芝龍時使芝龍與海寇劉香大戰菩薩見形空中香因敗滅文燦以爲菩薩即元

女蚩尤爲暴時黃帝仰天而歎天遣元女下授黃帝兵符伏蚩尤又嘗下天女曰魃以止蚩尤風雨古聖人用兵皆以神女爲助於是傾貲十餘萬爲宮殿極其壯麗以答之

花王父母

越人祈子必於花王父母有祝辭云白花男紅花女故婚夕親戚皆往送花蓋取詩華如桃李之義

金華夫人

廣州多有金花夫人祠夫人字金華少爲女巫不嫁善能謌媚鬼神其後溺死湖中數日不壞有異香卽



有一黃沉女像容貌絕類夫人者浮出人以爲水仙取祠之因名其地曰仙湖祈子往往有驗婦女有謡云祈子金華多得白花三年兩朶離離成果越俗今無女巫惟陽春有之然亦自爲女巫不爲人作女巫也蓋婦女病輒跳神愈則以身爲賽垂髻盛色纚結非常頭戴鳥毛之冠綴以纓珞一舞一歌迴環宛轉觀者無不稱豔蓋自以身爲媚乃爲敬神之至云女巫瓊州特重每神會必擇女巫之姣少者唱蠻詞吹黎笙以爲樂人妖淫而神亦爾尤傷風教

東莞城隍

洪武二年三月朔上在朝陽殿夢一臣幞頭象簡一白髯老者隨之山呼舞蹈稱臣東莞城隍老者縣中鉢盂山土地謹奏陛下東莞歲中致祭無祀一次不敷乞敕有司遞年祭三次庶幽魂得以均沾上覺而異之召禮部議乃封東莞城隍顯佑伯仍管城隍司事賜伯爵儀仗暨異錦龍緞一端印曰東莞縣城隍之印遞年三月三日九月九日有司以少牢致祭別頒敕封鉢盂山土地賜以冠帶詔東莞及天下無祀者歲中清明日七月望日十月朔日致祭著爲令

南越人好巫



南越人好巫葉石洞爲惠安宰淫祠盡廢分遣師巫充社夫遇水旱癘疫使行禳禮又遵洪武禮制每里一百戶立壇一所祭無祀鬼神祭日皆行儺禮尋常有病則以酒食置竹箕上當門巷而祭曰設鬼亦曰拋撒或作紙船紙人皤之紙人以代病者是曰代人人以鬼代鬼以紙代博羅之俗正月二十日以桃枝插門童稚則以桃葉爲佩曰禁鬼也廣州婦女患病者使一嫗左持雄鷄右持米及箸於閭巷間嘷曰某歸則一嫗應之曰某歸矣其病旋愈此亦招魂之禮是名鷄招人知越有鷄卜不知復有鷄招亦曰叫鷄

米云至始死則招師巫開路安崖有二司神者一日降魂童言曰欲與蕭公鬬法於是二司神各發馬腳馬腳者神所附之人也以鎗自刺其腹洞貫焉刺咽亦如之有疾病者許火棚既愈如數伐薪請二司神醻愿病者率眾與二司神跣行烈焰毫髮無損廣有三界神香人有爭鬬多向三界神乞蛇以決曲直蛇所向作咬人勢則曲背則直或以香花錢米迎蛇至家囊蛇而探之曲則蛇咬其指直則已有許愿者不還蛇則騰至人家索飲食又或有讎怨於神前書其人年生八字以碗覆之神前碗大小紛然無有敢動



其一者有急腳先鋒神者凡男女將有所私從而禱之往往得其所欲以香囊醻之神前香囊堆積乞其一二則明歲醻以三四新與有東山神者有處女採桑過焉歌曰路邊神爾單身一蠶生二繭吾舍作夫人蠶家果一蠶二繭且甚巨是夜風雨大作女失所之有一紅絲自屋起牽入廟中追尋之兀坐無聲息矣遂泥而塑之稱羅夫人番禺石壁有恩情神者昔有男女二人於舟中目成將及岸女溺於水男從而援之俱死焉二屍浮出相抱不解民因祠以為恩情廟此皆叢祠之淫者

洗夫人廟

洗夫人廟在高州按志洗高涼人其家世為南越首領轄部落十餘萬洗幼賢明曉兵畧善撫部眾羅州刺史馮融聞其賢為子寶求娶焉侯景反高州刺史李遷仕召寶洗止之曰刺史無故不當召欲邀君共反耳既而遷仕果反洗自將千餘人襲擊大破之遂與陳霸先會於贛石還謂寶曰陳都督非常人也厚資給之陳永定間廣州刺史歐陽紇反發兵拒之紇徒潰散冊洗為石龍郡大夫人賜繡幰輜軿如刺史及隋繼陳隋高祖遣韋洸安撫嶺外洗因陳主遺之書令其歸化遂遣孫暄迎洸嶺南遂安未幾番禺王仲宣反又遣孫盎進兵攻破仲宣洗被甲領彀騎巡撫諸州高祖異之冊為譙國夫人仍開幕府為置官屬給印章便宜行事年八十卒謚誠敬夫人



韶州蘇黃墨蹟

政寶堂石刻在韶州府治西蘇軾黃庭堅墨蹟楊萬里跋云嶺南無二先生帖大似曾人不識麟惟韶有之精光異氣上燭南斗

海瓊子

自玉蟾本葛長庚也隨父任之瓊自號海瓊子博洽

羣書善隸篆兼工梅竹嗣以仙去王忠銘序文云文章之變不可勝窮而其發於性術也亦異吾鄉自白海瓊仙而邱文莊相一先生詩文出業已彪炳藝林爲出世經世者之宗後有作者不可及已

桂陽周府君碑

舊志碑跋云歐文右桂陽周府君碑按韶州圖經載桂陽太守周府君碑其廟在樂昌縣西武溪上武溪驚湍激石數百里昔馬援南征其門人袁寄生善吹笛援爲作歌和之名曰武溪深周使君開此溪合湞水桂陽人爲立廟刻石又云碑在廟中郭蒼文今碑



文磨滅府君字君光而名已訛鈌不可辨圖經亦不著其名後漢書又無傳不知爲何人也南豐集云熙寧間某從知韶州王之材求得此本并以書來曰按曲江圖經周府君名昕字君光則永叔未之詳也又有碑陰列故吏工師官號姓名之材并模以來永叔亦未之得也其碑曲江字皆作曲紅而蒼江字江夏字亦作紅葢古字通用不可不知此學者所以貴乎博覽也

韓文公祠

韓文公祠在潮州府治後竹坡詩話云韓祠有異木世傳退之手植去祠十餘步種之輙萎有題詩者云韓木有青春谷暖鱷魚無種海潭清潮陽東山有二峯曰雙旌石昌黎嘗建亭於此鱷溪在府城東溪有鱷魚食民畜產且盡昌黎作文驅之是夕風雨大震西徙六十里民賴以安

連州二詩人

石文德孟賓于皆連州人石有楚王夫人挽歌云月沉湘浦冷花謝漢宮秋楚王異之授水部號其鄉爲儒林鄉孟亦官水部以詩名陳堯佐序其詩云如百丈懸流灑落蒼翠間清雄奔放望之豎人毛骨五季



詞人無有過之者

白沙先生

陳獻章字公甫新會人正統間鄉薦第九兩上春官過臨州謁吳與弼有解悟比歸聲名蔚起時錢溥謫順德見而知其醕儒雅重之勸之竟業成均時祭酒邢讓命和楊龜山此日不再得詩覽之驚曰警敏絶倫青於藍矣闕下競傳之南歸從學日益衆於是天下無不知有陳白沙也有司屢荐勉起赴京以母老身病上疏詔許之授翰林檢討得家居以紹明聖學爲己任及門如遼東賀欽之嘉魚李承基番禺張詡

增城湛若水東莞林光皆紹江門之緒其詩自名其家書法宗晉唐晚喜爲茆筆書世競珍焉通志盧草精舍在新會縣南小廬山上距江門二里陳獻章建白沙村名

六如亭

東坡故居在惠州府城白鶴峯下昔有白鶴觀東坡寓此有詩云爲報先生春睡足道人輕撞五更鐘傳至京師章惇笑曰蘇子尚爾快活耶復貶昌化六如亭在府城南豐湖上侍妾朝雲葬此

載酒堂



東坡以别駕安置儋州時負大瓢行歌田畝間有饁婦年已七十謂曰內翰昔日榮貴一場春夢耶東坡大然之因呼爲春夢婆今儋州有載酒堂

蘇泉

瓊州城東有浮粟泉因蘇文忠飲此得名今俗稱蘇泉

枕書堂

宋包拯合淝人知端州蒞事明察不遺隱伏端產硯前守緣供貢率取數十倍以事權貴拯命製者止足貢數歲滿不持一硯歸尋擢龍圖閣待制拜樞密童稚婦女皆知其名志載枕書堂在郡治東菊圃在郡廳西拯建

花船

粤郡遍集舟舫廣州城外載酒移棹春遊者名曰花船又有高尾艇檳榔艇諸名船戶間有鬻色者此風近已懲格清異錄云四方指南海爲烟月作坊以言風俗尙淫今沐中鬻色戶甚夥至於男子舉體自輕遂成蠭窠巷陌又不止烟月作坊也

河船

自肇慶至河頭所乘舟楫皆稱河船輕利淺窄首尾



尖銳婦人俱能操篙櫓風帆皆以蒲席合成各隨大小縫就往往兩帆斜繫迎風如蝶翅沿溪收放却極穩便

卷四終

# 南越筆記卷五

綿州　李調元　雨村輯

## 金

開建有金莊水焉其源出金鷄涌二百里間爲大瀧小瀧者二皆有瓜子金麩金越一山有金縷水流聲清激亦產生金土人淘其沙日得麩金分許不能多或有得一金龜則其地數日無金矣崖州黎田其水深洄清徹浮光躍金有商人以百金貿而淘之陽江木朗白石山澗中及廣甯溪峒亦有金坑而生金甚微色亦低劣民竭一日之力僅足糊口英德之金山



逕溪東西田脚亦有金河源之藍田瀨蒸煮其沙日得生銀錢許若得三四錢則三日不能復得

## 銀

粤之山舊有銀穴銀沙始興記云小首山崩崩處有光耀悉是銀礫鑄之得銀而英德清遠其山傳有銀礦者輒有白氣上升草木沾之皆白或山石盛熱時有銀汗白而味辛其卝或紅如亂絲或白如草根或銜黑石或有胍謂之龍口循龍口挖之淺者一二丈深者四五丈有焦路如竈土然斯礦苗也又挖則礦見矣綵微而盛盛而復微或如串珠或如瓜蔓微則漸絕絕而復焦焦復見礦若焦已絕則又盤荒也凡礦以有銀星大點而柔者爲上小點而堅者次之謂之明礦次則夾石礦以色綠者爲上紅黑黃白者次之又次則砂土礦淘去浮者留其沉重者煎之以成瓜者爲上如瓜蔓者次之然往往盤荒時見有人騎白馬望空而去此銀氣也氣去則其銀亦去故往往不得銀云東莞東南百餘里有寶山其穴有銀礦數百片相傳郭將軍所鍊取之輒昏迷不得出旁一深洞在水中土人嘗祭以白鷄入水鑿之其剛者石也柔則爲鉛鉛一石或得銀數兩然每爲神所擊鑄不



及成電白東有紗帽山山有石大小數萬非石皆銀塊也取之亦輒昏瞀曳以巨藤藤盡斷有爲齋醮以鑄者費三百金第如其數如償餘不能動潮州西豐水有一穴中有銀餅數千枚亦不可取始興林水源有斜潭潭底有銀數千甕以青石蓋之可開覰而不可取羅浮一洞有大銀版無數有取其二者夜夢山神訶責復納還之雷卽震擊此洞塞以巨石至今遂不復識云

## 銅

考唐建中初趙贊判度支采連采白銅鑄大錢一以

當十而韶州城南七十里宋初置場採銅曰岑水銅場謂場水能浸生鉄成銅今不然矣而連州亦絕無白銅大抵廣東無銅礦惟廣西右江州峒有之往時掘地數尺卽有礦故蠻人好用銅器然廣東亦有赤銅宓山云

## 鐵

鐵莫良於廣鐵廣中產鐵之山凡有黃水滲流則知有鐵掘之得大鐵卝一枝其狀若牛是鐵牛也循其脈路深入掘之斯得多鐵矣然產鐵之山有林木方可開爐山苟童然雖多鐵亦無所用此鐵山之所以



不易得也凡鐵卝一枝層層剖之皆有木葉紋向背不一山有某木則鐵卝中有某葉紋深掘之至數十丈莫不皆然嶺南當隆寒時木不落葉惟產鐵之山落葉蓋鐵之精華所攝金尅木之道也鐵卝有神爐主必謹身以祭乃敢開爐爐之狀如瓶其口上出口廣丈許底厚三丈五尺崇半之身厚二尺有奇以灰沙鹽醋築之巨藤束之鐵力紫荆木支之又憑山厓以爲固爐後有口口外爲一土墻墻有門二扇高五六尺廣四尺以四人持門一闔一開以作風勢其二口皆鑲水石水石產東安大絳山其質不堅不堅故

不受火不受火則能久而不化故名水石凡開爐始於秋終於春以天氣寒涼鐵乃多水金爲水之源水盛於冬故鐵水以寒而生也下鐵卝時與堅炭相雜率以機車從山上飛擲以入爐其焰燭天黑濁之氣數十里不散鐵卝既溶液流至於方池凝鐵一版取之以大木杠攪爐鐵水注傾復成一版凡十二時一時須出一版重可十鈞一時而出二版是曰雙鈎則爐太大爐將傷須以白犬血灌爐乃得無事鐵於五金屬水名曰黑金乃太陰之精所成其神女子相傳有林氏婦以其夫逋欠官鐵於是投身爐中以出多



鐵今開爐者必祠祀稱爲湧鐵夫人其事怪甚凡一爐場環而居者三百家司爐者二百餘人掘鐵卝者三百餘汲者燒炭者二百有餘馱者牛二百頭載者舟五十艘計一鐵場之費不止萬金日得鐵二十餘版則利贏八九版則縮是有命焉然諸冶惟羅定大塘基爐鐵最良悉是鍇鐵光潤而柔可拔之爲線鑄鑊亦堅好價貴於諸爐一等諸爐之鐵冶既成皆輸佛山之埠佛山俗善鼓鑄其爲鑊大者曰糖圍深七深六牛一牛二小者曰牛三牛四牛五以五爲一連曰五口三爲一連曰三口無耳者曰牛魁曰清古時

凡鑄有耳者不得鑄無耳者鑄無耳者不得鑄有耳者兼鑄之必訟鑄成時以黃坭豕油塗之以輕杖敲之如木者良以質堅故其聲如木也故凡佛山之鑊貴堅也石灣之鑊賤脆也鬻於江楚間人能辨之以其薄而光滑消湅既精工法又熟也諸所鑄器率以佛山爲良陶則以石灣其炒鐵則以生鐵團之入爐火燒透紅乃出而置砧上一人鉗之二三人錘之旁十餘童子扇之童子必唱歌不輟然後可煉熟而爲鍱也

## 鉛錫

鉛一曰連徐廣云連鉛之水煉者昔王莽鑄作錢布皆用銅殽以連錫孟康云連錫之別名也李奇云鉛錫之璞名曰連應劭云連似銅許慎云鏈銅屬也連州有鉛錫冶故以名州然今廣東錫多從廣西賀縣而至賀縣出錫故名賀賀錫也語云羊脂耎銅牡羊角縮賀然廣東長樂興甯河源永安皆產錫堅白甲於洋錫有馬蹶蜈蚣門限之名貧民採者賴以生天啟末年以來甚盛又韶州產錫余靖云韶處嶺阨雜產五金四方之民聚而游手牒訴紛拏常倍他郡皆以爭錫穴之故則宋時韶實多錫矣



## 珠

合浦海中有珠池七所其大者曰平江楊梅青嬰次曰烏坭白沙斷望海猪沙而白龍池尤大其底皆與海通海水鹹而珠池淡淡乃生珠蓋月之精華所注焉故珠生池中央者色白生池邊者色黃以海水震蕩鹹氣侵之故黃也珠者蚌類也蚌之陰精圓澤爲珠故郭璞曰璵蚌䁘曜以瑩珠或以爲石決明產非也珠一名神胎凡珠有胎蓋蚌聞雷則痳瘦其孕珠如孕子然故曰珠胎蚌之病也珠胎故與月盈朒望月而胎中秋蚌始胎珠中秋無月則蚌無胎呂氏春秋云月羣陰之本月望則蚌蛤實羣陰盈月晦則蚌蛤虛羣陰虧淮南子云蛤蟹珠龜與月盛衰又云月死而蠃蚌膲語曰瀾蜯之精孕爲明月又曰蚌胎之珠隨月圓缺予詩云合浦珠池瀾蜯窟吐納清光孕明月每年秋夕曬珠時半天閃爍紅霞發是也凡秋夕海色空明而天半閃爍如赤霞此老蚌曬珠之候蚌故自愛其珠得月光多者其珠白曬之所以爲潤澤也凡採生珠以二月之望爲始珠戶人招集蠃夫割五大牲以禱稍不虔潔則大風飊攪海水或有大魚在蚌蛤左右珠不可得又復望祭於白龍池以斯

池接近交阯其水深不可得珠冀珠神移其交珠至於邊海也採之之法以黃藤絲棕及人髮紐合爲纜大徑三四寸以鐵爲杷以二鐵輪絞之纜之收放以數十人司之每船杷二纜二輪二帆五六其纜繫船兩旁以垂筐筐中置珠媒引珠乘風帆張筐重則船不動乃落帆收杷而上剖蚌出珠蚌有一珠者數珠者有絕無珠者有僅得珊瑚碎枝及五色文石金銀者蓋有數焉珠身以圓白光瑩細無絲絡者爲精珠半明半暗者爲褪光珠次肉珠次糙珠藥珠大而稍匾者曰璫珠所爲南海之明璫也其曰走珠滑珠碌



砢珠官雨珠稅珠蔥符珠稗珠古有此名今莫能盡辨但以精珠龍精粉白重一分者銀六倒二分者四十倒肉珠二分重者四倒合八百顆而成一兩者曰八百子則十倒合千顆而成一兩者曰正千八倒其重七分者爲珍八分者爲寶故曰七珍八寶其價則莫可定云

玉山

曲江縣東有玉山卉木茂滋泉石澄瀏相傳爲昔人穴玉處又瓊山石白潤如玉故名瓊山高州海中有文魮其鳴似磬而生玉山海經云文魮狀如覆銚是生珠玉是粵亦有玉云

水晶

瓊州五指山多水晶光瑩照人望如雪霽取以爲假山高至丈餘價甚翔其銀晶及黃紫者多從閩漳而來或謂色紅者火晶可以取火白者水晶可取水亦可取火水晶所在夜輒有火光云

珊瑚

珊瑚水之木也生海中磐石之上初白如菌一歲乃黃海人以鐵網先沉水底俟珊瑚貫出其中絞網得之或以鐵貓兒墜海中得之在水直而耎見風則曲



而堅得日光乃作鮮紅淡紅二色其五七株合成者名珊瑚林夜有光景常煜煜欲然南越王以爲烽火樹是也狀多如柏亦曰烽火柏或謂此物貴賤並隨眞珠大抵以樹身高大枝柯叢多紋細緻而色殷紅如銀硃而有光澤者爲貴色淡有髓眼者次之其色善變可以占災祥圓之爲珠帶臘上或以爲簪其人有福澤則益紅潤高明云

琥珀蜜蠟

琥珀來自雲南者多血珀來自洋船者多金珀蜜蠟水珀廣人雕琢爲器物特工餘則以作丸藥之用琥

珀者龍陽而虎陰龍爲魂而虎魄蓋得松液之陰精因巳土而結者也廣中拖龍丸爲天下所貴以其琥珀之眞也其以油煮蠟蠟爲金珀吸芫草易但不香

貝

徐聞之西每天霽海水清徹見底渾然砥平皆石也石土多有石欄杆海菜鐵樹雲根石茵靈栭土芝等物砂中復有蠃蛟蠶蜊螺蚶蛹蚌之屬凡古之威斗大鍾刑鼎瓊升敦牟巵匜以及罌缶甗釜豆匾棬笥之狀無不畢具磨瑩既久肌理滑瑩皆作五色光怪有客嘗撫拾之凡得貝類三百餘蠃類五百餘蛤類



二百餘石類一百餘樹類五十餘其最精麗纖巧如相思子甲香指甲蠃石蠃石蟹石燕琿璖璕等有六十餘種一一不同是皆所謂貝也

玻璃瑠璃

玻璃來自海舶西洋人以爲眼鏡兒生十歲即戴一眼鏡以養目光至老不復昏矇又以玻璃爲方圓鏡爲屏風昔漢武帝使人入海市瑠璃者此也南州異物志云瑠璃本質是石欲作器以自然灰治之自然灰狀如黄灰生南海濱今西洋人不知亦用此灰否每裁鋸爲大小物或以鑲嵌壁障潘尼所謂灼爚旁燭表裏相形凝霜不足方其潔澄水不能喻其清者廣人或鑄石爲之相去遠甚矣

龍腦香

龍腦香出佛打泥者良來自番舶粤人以樟腦亂之樟腦本樟樹脂色白如雪故謂之腦其出韶州者曰韶腦樟腦以人力龍腦以天生者也凡腦皆陽氣所聚陽香而陰臭而龍者純陽之精尤香其腦與涎皆香品之最貴者

綿布

東粤之綿布良苦不一最美者白氎史記榻布者白



疊或作答是也其布細膩精密皚如雪輕如繭紙幅廣至四五尺吉終爲之其織爲巾者兩頭組結方勝葳蕤及諸物象織者每拋一梭則念一佛故廣州人殮死者以爲面衣是曰西洋布以來自番舶者爲眞其出於瓊者或以吳綾越錦拆取色絲間以鵞毳之綿織成人物花鳥詩詞名曰黎錦濃麗可愛白者爲幰雜色者爲被曰黎單四幅相連曰黎幕亦曰黎幔以金絲者爲上又有花被假被漢書儋耳朱崖皆服布如單被穿中央爲貫頭即今之黎單也亦有織爲巾帨與裙者裙曰黎補橫幅合縫如井欄皆素花假

錦百褶而成所謂迦盤之衣也黃文裕賦云布帛則攀枝吉貝機杼精工百卉千華淩亂殷紅疎絺蘅碧窖斜弭風蓋謂瓊布也斜謂斜文布其文或作象眼或卍字或大小方勝文皆側理故曰斜廣州有麻經絲經兼絲布或綿緯絲有雙經布甚厚實有榜被絮絁所織其緯粗如小指或謂即䋷被亦名䋷罽或方文斜文雷州有雷被以白綿線爲之亦有紅者紫者崖州多織綿儋州多織生絲崖州組織綿線如布帛狀繡人物花鳥其上有十金一具者名曰帳房俗稱儋崖二帳是皆越布也志曰南方之布葛越木綿草



本亦越也其曰織貝者織爲貝文詩所謂貝錦也貝或吉貝也志稱高昌有草實如繭絲如細纑名曰氎子織之爲布白疊即吉貝也島夷以卉服來貢而織吉貝之精者以入篚故曰織貝臨川吳氏云染其絲五色織之成文曰織貝不染五色而織之成文曰織文是也綿與絲一也綿又有木棉之綿即攀枝花絮也其木高四五丈花殷紅朶大於杯花落則絮蘊焉春暮時漫空而飛采之其韌者可以爲褥嶺外以爲吉貝即木棉非也吉貝草綿如斑枝乃木棉耳汪廣洋詩琴皅半拆澌吐綿雪花塡滿行人道又云搓就瓊簪膩如蠒絲成氷縷細如煙謂斑枝也又有樹綿一曰樹頭綿以吉貝枝接烏桕俟生時截去烏桕樹長可八九尺四季開花夏秋尤盛每一株生數十年不壞絮同木綿德慶以上多種之

葛布

粵之葛以增城女葛爲上然不鬻於市彼中女子終歲乃成一疋以衣其夫而已其重三四兩者未字少女乃能織巳字則不能故名女兒葛所謂北有姑絨南有女葛也其葛產竹絲溪百花林二處者良采必以女一女之力日采衹得數兩絲縷以鍼不以手細



入毫芒視若無有卷其一端可以出入筆管以銀條紗襯之霏微蕩漾有如蜩蟬之翼然日曬則縶水浸則蹙縮其微弱不可恒服惟雷葛之精者百錢一尺細滑而堅顏色若象血牙名錦囊葛者裁以爲袍直裰稱大雅矣故今雷葛盛行天下雷人善織葛其葛產高涼碙洲而織於雷爲絺者綌者分村而居地出葛種不同故女手良與沽功異焉粵故多葛而雷葛爲正葛其出博羅者曰善政葛李賀羅浮山人與葛篇云依依宜織江南空又云欲剪湘中一尺天謂此出潮陽者曰鳳葛以絲爲緯亦名黃絲布出瓊山澄

適臨高樂會者輕而細名美人葛出陽春者曰春葛然皆不及廣之龍江葛堅而有肉耐風日凡此皆絺葛也絺葛外有新會細苧蕊左思所謂筩中黃潤又曰黃潤比筒者凡疊布必成筒一筒十端而葛之大者率以兩端爲一疋苧則一端爲一連他布則以六丈爲端四丈爲疋此其別也古時爲木綿皆以細麻爲布帷粵之苧則自上古已有禹貢曰島夷卉服傳曰島夷南海島上夷也卉草也卉服葛越也葛越南方之布以葛爲之以其產於越故曰葛越也左思曰蕉葛升越弱於羅紈正義曰卉服葛越蕉竹之屬越



即苧郁也漢徐氏女賂其夫以越布鄧后賜諸貴人白越是也漢書云粵地多果布之湊韋昭曰布葛布也顏師古曰布謂諸雜細布皆是也其黃潤者生苧也細者爲絺粗者爲苧苧一作紵禹貢曰厥篚織貝傳曰織細紵也疏曰細紵布也漢志所謂蘭干細布也蘭干者獠言紵也翁源以爲苧霜布是也其曰花練曰縠纑曰細都曰弱折皆其類許愼云南方筩布之屬皆爲荃荃絺也蕉竹之屬皆絺也蕉布黃白相間以蕉絲爲之出四會者良唐時端潮貢蕉布韶貢竹布竹布產仁化其竹名曰丹竹丹亦曰單竹節長

可緝絲織之名丹竹布一名竹練庾翼與燕王書曰竹練三端是也志稱蠻布織蕉竹苧麻都落等麻有青黃白絡火五種黃白曰苧亦曰白緒青絡曰麻火曰火麻都落即絡也馬援在交阯嘗衣都布單衣都布者絡布也絡者言麻之可經可絡者也其細者當暑服之涼爽無油汗氣煉之柔熟如椿椒繭綢可以禦冬新興縣最盛估人率以綿布易之其女紅治絡麻者十之九治苧者十之三治蕉十之一紡蠶作繭者千之一而已又有魚凍布莞中女子以絲兼苧爲之柔滑而白若魚凍諸紗羅多澣則黃此布愈澣則



愈白云外有蔴布芙蓉布以木芙蓉皮績絲爲之能除熱汗又有罾布出新安南頭罾本苧麻所治漁婦以其破敝者翦之爲條縷之爲緯以綿紗線經之煮以石灰漂以溪水去其舊染薯莨之色使瑩然雪白布成分爲雙單雙者表裏有大小絮頭單者一面有之絮頭以長者爲貴摩挲之久毿毿然若西氈起絨更或染以薯莨則其絲勁爽可爲夏服不染則柔以禦寒粵人甚貴之亦奇布也諺曰以罾爲布漁家所作著以取魚不憂風飋小兒服之又可辟邪魅是皆中州所罕者也粵布自禹貢始言遷固復言宜其地

者往往以爲貨賂昔孫皓謫朱崖廣幅布蠻不堪役遂作亂殺皓而士燮獻吳大帝細葛以千數粵人苦之宋恭帝時廣州獻入筒細布一端八丈帝惡其精麗蠹害女紅卻之詔嶺南禁作此布誠慮小民淫巧風尙侈靡使貪吏得以爲暴也雷州婦女多以織葛爲生詩正義云葛者婦人之所有事雷州以之增城亦然其治葛無分精粗女子皆以鍼絲之乾撚成縷不以水績恐其有痕迹也織工皆東莞人與尋常織苧麻者不同織葛者名爲細工織成弱如蟬翅重僅數銖皆純葛無絲其以蠶絲緯之者浣之則葛自葛



絲自絲兩者不相聯屬純葛則否葛産緩福都山中以蔓生地上而稚者爲貴若蔓繞樹間則葛多枝葉不中爲絲采者日得觔城中人買而績之分上中下三等爲布陽春亦然其細葛不減增城亦以紡緝精而葛眞云蕉類不一其可爲布者曰蕉麻山生或田種以蕉身熟踏之煮以純灰水漂澼令乾乃績爲布本蕉也而曰蕉麻以其爲用如麻故葛亦曰葛麻也廣人頗重蕉布出高要寳查廣利等村者尤美每當墟日土人多負蕉身賣之長樂亦多蕉布所畜蠶惟取其絲以緯蕉及葛不爲綢也綢則以天蠶食烏桕葉者織之史稱粵多果布之湊然亦夏布若蕉葛苧麻之屬耳冬布多至自吳楚松江之棱布咸寧之大布佑人絡繹而來與綿花皆爲正貨粵地所種吉貝不足以供十郡之用也蕉布與黃麻布爲嶺外所重常以冬布相易云

程鄉繭

程鄉繭紬爲嶺南所貴其蠶分畦而養各以其葉飼之飼某葉則爲某繭紬其繭布則羅浮大胡蜨繭所成云

文昌繭



文昌繭其蠶惟食山栗葉故吐絲堅韌其綢可久服弗敝新興繭亦然若南海官窑繭順德龍江繭則劣矣

烏衣

南方多烏衣烏衣者諸種烏布所成一曰天鵞絨巳人剪天鵞細管雜以機絲爲之其製巧麗以色大紅者爲上有冬夏二種雨灑不濕謂之雨紗雨緞粵人得其法以土鵞管或以戕物品既下價亦因之一曰瑣袱出哈烈國亦鳥毳所成紋如紈綺其大紅者貴然服之身重不便粵人倣爲之似素紡綢而自起雲

殊不逮也又有以孔雀毛績爲線縷以繡譜子及雲肩袖口金翠奪目亦可愛其毛多買於番船毛曰珠毛蓋孔雀之尾也每一屏尾價一金一屏者一孔雀之尾也以其尾開如錦屏故曰屏

黎毯

方勺泊宅編閩廣以木綿紡績爲布名曰吉貝海南蠻人以爲巾上出細字雜花卉尤工巧即古所謂白疊布今黎人居海南山峒多業紡吉貝鬻市中婦女兼工繡毯稱黎毯虞衡志云黎幕出海南黎峒人得吳越錦綵折取色絲間木綿挑織而成每以四幅聯成一幕



紅藤簟

北戶錄瓊州出紅藤簟其色殷紅瑩而不垢志稱粵東多藤產於海南者爲最瓊州有赤黃白青諸藤又有苦藤圭藤土藤皆堪爲器用按方言謂簟爲筌亦曰籧篨紅藤席較嘉紋諸席更屬經用朱彝尊詞瀫紋細織邐羅席方花盈尺

蠟丸

南方草木入藥者甚夥市人製丸裹蠟俗稱廣丸遠方攜用頗驗

竹器

惠州志竹器出長樂又肇慶志竹器出高要諸橋諸鄉瓊州志出纓櫻器爲酒壺茶甌之屬

鼻烟

烟草今在處有之按熊人林地緯云粵中有仁草名金絲醺可辟瘴氣多吸之能令人醉亦曰烟酒又有鼻烟製烟爲末研極細色紅入鼻孔中氣倍辛辣貯以秘色磁器及玻璃水玉瓶盒中價換輕重與銀相等來自西域市舶今粵中亦造之足以餽遠

羽毛紗緞

廣南尙羽毛紗緞悉攜自番船以出賀蘭者爲上紅



毛諸處亦有販至者即不能同其軟薄矣今粵地亦製羽毛緞以絲織成之頗適於用按毯氈舊產罽賓國今諸洋俱有之

潮布

潮陽產絨布極重密足蔽風雨俗稱潮布行用遠近梁四公說南海商人資火浣布二端杰公遙識之曰此火浣布也一是緝木皮所作一是績鼠毛所作以問商人具如杰公之說因問木鼠之異曰木堅毛柔是異也

廣紗

廣之線紗與牛郎綢五絲八絲雲緞光緞皆爲嶺外京華東西二洋所貴

紙

東莞出蜜香紙以蜜香木皮爲之色微褐有點如魚子其細者光滑而韌水漬不敗以襯書可辟白魚南浙書皆用栗色竹紙易生粉蠹至粵中必以蜜香紙易之始不蠹最堅厚者曰純皮過於桑料細者曰紗紙染以紅黃以帷燈恍若空穀以其細點如沙亦曰沙紙晉武帝賜杜預蜜香紙萬番嶺表錄異廣州



多棧香以作紙名爲香皮是此紙也長樂有穀紙厚者八重爲一可作衣服浣之至再不壞甚煖能辟露水穀紙自昔見重庖蕭倣爲嶺南節度使敕諸子以穀紙繕補殘書予廩諫曰州距京師且萬里書成不可露齎必將貯以囊笥貪者伺望得薏苡之嫌乎倣曰善吾思偶不及此此穀紙之故事也從化有流溪紙紙出流溪一堡有上流紙艘下流紙艘二艘專以運紙故名其竹名曰紙竹與他竹異男女終歲營營取給篁箐絕無外務其法先斬竹投地窖中漬以灰水久之乃出而椎練漬久則紙潔而細速則粗而滲

粗者一名後紙



卷五終

# 南越筆記卷六

綿州　李調元　雨村輯

## 雌雄鐘

五仙觀大禁鐘洪武初永嘉侯朱亮祖所鑄然不敢擊歲乙酉有司命擊之城中嬰兒女死者千餘於是嬰兒女皆著絳衣繫小銀鐘以厭之越一年城破乃止勿繫鐘有雌雄其雌者向飛入白鵞潭往往與城中鐘相應

## 銅鼓

通志銅鼓在南海廟中者二大者徑五尺高稱之中空無底鈕垂四懸腰束而臍隆起旁有兩耳通體作絡索連錢及水㶖紋色微青艷若鋪翠小者殺大者五之一高亦稱之製類大者考後漢書注廣州記俚獠鑄銅爲鼓宋史蠻號有銅鼓者曰都老今之銅鼓葢諸峒獠所遺然今廟中所藏内有鐫云漢伏波將軍所鑄何以稱焉張穆異聞錄云昔馬伏波征蠻以山溪易雨製銅鼓粤人亦謂雷廉至交阯海濱皐涇革鼓多痺緩不鳴無以振威故伏波鑄銅爲之狀亦類鼓名曰駱越之鼓此又一說也廉州有銅鼓塘欽州有銅鼓村靈山有銅鼓嶺文昌萬州亦有銅鼓嶺



皆以掘得銅鼓而名廟中銅鼓一得之唐節度使鄭絪所獻一得之潯州知府所獻

## 韶州鐵鼓

韶州忠惠公祠有鐵鼓一面微損擊之有聲先時江中有一蛟舟行者多爲所害公以鐵爲鼓及船使役人乘之一日夜來往五羊得蛟斬之至今蛟骨二段存祠中

## 鐵柱

制略小志載鐵柱十有二周七尺五寸高一丈二尺五代南漢鑄建乾和殿宋柯取其四植於帥府正廳今藩廨鐵柱其一也一沒於城東濠一没於司直泥淖中餘莫知所在

## 秦犧尊

英德峽山廟有秦犧尊制作奇古嘗爲權貴人取去舟出峽風濤大作乃復還廟中

## 瓊州鐺

瓊州有黎金似銅鼓而區小上三耳中微其臍黎人擊之以爲號此即鐺也右時蠻部多以銅爲兵以銅爲器富者鳴銅鼓貧者鳴鐺以爲聚會之樂

## 番刀

粤多番刀有曰日本刀者聞其國無論酋王鬼子始生卽以鑌鋏百斤淬之溪中歲凡十數煉比及丁年僅成三刀其修短以人爲度長者五六尺爲上庫刀中者腰刀短小者解腕刀初冶時殺牛馬以享刀師刀師卜曰乃冶以毒藥入之刀成埋諸地中月以人馬血澆祭於是刀往往有神其氣色陰晴不定每値風雨躍躍欲出有聲匣中鏗然其刀惟刻上庫字者不出境刻漢字或八幡大菩薩單槽雙槽者澳門多有之以梅花鋼馬牙鋼爲貴刀盤有用紫銅者鏤鑴金銀者燒黑金者皆作梵書花草有小匕在刀室中



謂之刀奴其水土旣良鍾煆復久以故光芒炫目犀利逼人切玉若泥吹芒斷毛髮久若發硎不折不缺其人率橫行疾鬬飄忽如風常以單刀陷陣五刀莫禦其用刀也長以度形短以趨越蹲以爲步退以爲代臂以承腕挑以藏撇豕突蟹奔萬人辟易眞島中之絶技也其爽者以金銀雜純鋼煉之卷之屈曲如游龍首尾相連舒之勁直自若可以穿鐵甲洞堅石上有龍虎細紋或旋螺花或芝麻雪花鑿之以金絲鬐則見所謂繞指鬱刀也刀頭凡作二層一層金羅經一置千里鏡澳尸往往佩之又有兩刀如劍隱出層紋可沾積毒藥然皆不可多得外有紅毛西洋諸刀鏤鑿亦異其割食者首以珊瑚琥珀嵌之柄以金珠古窑鑲之率奇瑰奪目輕薄如紙可割裁充文房玩器有交蠻長刀有槽無脊輕利頗如日本而精瑩鋼銳遜之有苗刀其紋以九簾爲上輕便斷牛有交趾刀甚長亦有槽無脊精美如倭然亦不能多得尋常戰鬬之用惟以惠陽刀爲良

粤人善鳥鎗

粤人善鳥鎗山縣民兒生十歲卽授鳥鎗一具教之擊鳥久之精巧命中置於肘上背物而擊之百步外



錢孔可貫鳥鎗以新會所造爲精鎗成置於掌上擊物而鎗不動掌亦無損然後架之於肘用之其人在前則轉身而橫擊之無不妙中鎗旣鍾煉精熟夜必懸於牆否則曲而不直引藥又宜長帶在身使人氣溫煖方易著火炭則以糯穀爲之蓋沙砲貴長鳥鎗貴輕而藥皆宜乾燥此外有三眼鎗者有置於刀槍之末本末互用者有交鎗者其曰爪哇銃者形如强弩以繩懸絡肩上遇敵萬銃齊發貫甲數重其曰沙砲者以百煉精鐵爲之長者一丈五六或二丈每一發可斃人於三箭地外其爲製也皮宜厚腹宜光滑

口宜稍大於身使彈子易於噴撒彈子多至升許一發斃數十百人雜以快鈀藤盾長短相救用之戰陣可以每戰輒無敵矣

西洋銅銃

西洋大銅銃者重三千斤大十餘圍長至二丈許藥受數石一發則天地晦冥百川騰沸蟄雷震燁崩石摧山十里之内草木人畜無復有生全者紅毛尼擅此大器載以巨舶嘗欲窺香山澳門奪市利澳尼乃倣爲之其製比紅毛益精云

覷面笑



澳門所居其人皆西洋舶尼性多黠慧所造月影海圖定時鐘指掌櫃亦有裨民事其風琴水樂之類則淫巧詭俯而已如機銃者名覷面笑袋藏於衣袂之中小石如豆鑿庋匫外鐵牙摩戛火透匫中益皆精鐵分合而成分之二十餘事遡不相屬合之各以牝牡櫜籥相茹納紐篆而入蝸戶栝轉相制機轉相發外以五六鐵椢椢之大四寸圍長六七寸以帶繫置腰間帶有銅圈可插機銃二十枚鉛彈亦懷於身用時乃入彈重八九分用止二枚不可多用則壞銃危急時一人常有二十銃之用百不失一此亦防身之奇技也

佛山眞武廟會

佛山有眞武廟歲三月上巳舉鎮數十萬人競爲醮會又多爲大炮以享神其紙炮大者徑三四尺高八尺以錦綺多羅洋絨爲飾又以金縷珠珀堆花壘子及人物使童子年八九歲者百人倭衣倭帽牽之藥引長二丈餘人立高架遙以廟中神火擲之聲如叢雷震驚遠邇其椰炮大者徑二尺內以磁罌外以篾以桕脂漉青又以金銀作人物龍鸞飾之載以香車亦使綵童推挽藥引長六七丈人立三百步外放之



拾得炮者則其人生理饒俗明歲復以一大炮酬神計一大炮紙者費百金椰者半之大紙炮多至數十枚椰炮數百其眞武行殿則以小爆構結龍樓鳳閣一戶一窗皆有實鐙一具又以小炮層累爲武當山及紫霄金闕四圍悉點百子鐙其大小鐙燈裙燈帶華蓋瓔珞宮扇御爐諸物亦皆以小炮貫串而成又以錦繡爲飛橋複道兩旁欄楯排列珍異花卉莫可算觀者駢闐塞路或行或坐目亂煙花鼻厭沉水簪珥礙足簫鼓喧耳爲淫蕩心志之娛凡三四晝夜而後已

龍門木槍

龍門健兒多以棉木爲槍長三丈餘三人持之一進一退以四尺爲率從地上挑起人馬敵不能近謂之八步長槍

水翻車

水翻車一名大輣車從化之北凡百餘里兩岸巨石相拒水湍怒流居民多以樹木障水爲翻車子瞻詩永上有車車自翻其輪大三四丈四周悉置竹筒筒以吸水水激輪轉自注槽中高田可以盡漑西寧亦然每水車一輛可供水碓十三四



木牛

木牛者代耕之器也以兩人字架施之架各安轆轤一具轆轤中盤以長繩六丈以一鐵環安繩中以貫犂之曳鉤用時一人扶犂二人對坐架上此轉則犂來彼轉則犂去一手而有兩牛之力耕具之最善者也

羅浮銅龍銅魚

羅浮冲虛觀當宋時有道士于朝斗壇下得銅龍六銅魚一細玩之非金非石非銅鐵其龍皆具四足而微鱗魚則空洞其中無孔堅若窑瓷輕如木葉蓋神物也蘇長公嘗以爲異

大甑

廣州光孝寺有大甑六祖時飯僧之用大徑丈深五六尺韶州南華寺亦有之大與相若當飯僧時城中人爭持香粳投之

太平粵海二關

粵東省境北通西江東浙南楚諸處者爲太平關在韶州其東南接諸洋面及粵西閩滇各省海運商販者爲粵海關各關口俱濱海岸粵地出產繁多陳若冲記中所云人物富庶商賈阜通故市中出納喧闐盛於他處



十三行

按余靖志云番禺大府號爲都會海船貿易商賈輻輳今諸番歲攜氈罽氍毹諸物與中土互市皆剡屬也廣州城南設有十三行按十三行今實止八行爲豐進泰和同文而益逢源源泉廣順裕源云

花邊錢

花邊錢以銀鎔爲錢樣面有水草燭臺諸紋間有作人馬形者邊輪有花俗稱花邊錢自洋外來以便於鬻物市中多用之然內地亦能製故眞贋相錯云

端硯

嶺南雜記端硯出肇慶羚羊峽東有上巖中巖下巖之別有水坑旱坑之分有舊坑新坑之目其石之精粗美惡人人聚訟皆由身不至端溪究莫能辨眞石也大約不論石之大小眼之有無細潤光嫩者爲上其發墨與否人而後貴初出未有不發墨也其眼亦不論大小以層次分明色澤圓活者爲佳魏泰東軒筆錄云端硯有三種石色青紫襯手而潤叩之清遠有青綠圓小鸜鵒眼乃巖石巖有上巖中巖下巖品最貴其次赤色呵之乃潤鴝鵒眼色紫紋漫而大乃



西坑石其下青紫色向明側視有碎星光點如沙中雲母乾而少潤謂後歷石通志又據嶺南雜記云宋時舊坑今無所得石至於城外廟前肆中所賣皆屏風巖旱坑之石卽新坑不可得矣按長安李觀察家藏一硯當時以爲寶下刻字云天寶八年冬端溪東州石刺史李元書劉原甫取視之大笑曰天寶安得有年自改元卽稱載矣且是時州皆稱郡刺史皆稱太守安得獨爾耶出唐書示之莫不嘆服

石墨

陸應陽廣輿記石墨出始興小溪中長短如墨人或取以畫眉通志一名畫眉石顧微廣州志懷化縣掘塹得石墨甚多精好寫書

丹砂

輿地志連昔昔產丹砂按葛洪修道羅浮山鮑倩南海守絶粒取白石煮食之嘗夜訪葛洪於羅浮之冲虛觀今蓬萊閣遺履軒乃二仙夜談之所潘茂名煉丹高州之東山服食仙去何仙姑增城何泰女食雲母粉遂得輕身往來羅浮山頂

自鳴鐘

廣州志自鳴鐘出西洋以索轉機機激則鳴晝夜十



二時皆然按自鳴鐘每交一時又有眾音並作鏗鏘如度曲聲少頃乃止今謂之樂鐘又謂之八音鐘

龍鬚席

肇慶志龍鬚草出廣寧生巖崖間似蒲而細通志云亦出儋州工人織作席墊及佩囊諸色花紋細密光緻瑩潤間有裏飾邊稜裝鑲底面加以紗緞絲綢曲盡其妙志又稱龍鬚席甚有名以廣寧金渡村者爲佳高明長樂亦有之織手微不及然猶不及西洋芨文席也余視學肇慶以此出題使諸生作賦並使作鳳尾蕉詩皆端州產也

木癭

廣多木癭以荔支癭爲上多作旋螺紋大小數十徽細如絲

茅君

新會茅筆以白沙所居圭峯其茅多生石上色白而勁以茅心束縛爲筆作字多樸野之致白沙嘗稱爲茅君故今人倣之

石灣鋼瓦

南海之石灣善陶凡廣州陶器皆出石灣尤精鋼瓦其爲金魚大鋼者兩兩相合出火則俯者爲陽仰者



爲陰陰所盛則水濁陽所盛則水清試之盡然諺曰石灣鋼瓦勝於天下

佛山多冶業

廣州佛山多冶業冶者必候其工而求之極其尊奉有弗得則不敢自專專亦弗當故佛山之冶遍天下石灣陶業亦然

粵中多尚屐

粵中婢媵多著紅皮木屐士大夫亦皆尚屐沐浴乘涼時散足著之名之曰散屐散屐以潮州所製拖皮爲雅或以拖木爲之拖木附水松根而生香而柔韌可作履曰拖香履潮人刳之爲屧輕薄而耎是曰潮屐或以黃桑苦楝亦良香山土地卑溼尤宜屐其良賤至異其製以別之新會尚朱漆屐東莞尚花綉屐以輕者爲貴廣州男子輕薄者多長裙散屐人皆呼爲裙屐少年以賤之

西洋菱文席

粵之席以西洋菱文者爲上其草隨船而至澳人得之亦能織然皆複而不單單者作細方勝斜紋惟西洋國人能織

東莞席



有莞席出東莞縣莞叢生水中其中莖圓美拾遺記曰穆王時西王母來敷黃莞薦宋起居注曰廣州刺史韋朗作白莞席三百二十領莞音完又音官蓋其爲用最古東莞人多以作莞席爲業縣因以名縣在廣州之東故曰東莞

瓊州席

瓊有藤席有定安席有椰葉席檳榔席皆席之美者檳榔山檳榔也葉如蘭大三指許長可數尺淡白中微帶紅紫績爲布似葛而輕亦可作席人知粵多奇布不知有檳榔布與檳榔席也又澄邁染茜草爲飭

久而愈滑曰黃村席又瓊有紅竹邊篠潮有流黃席

## 酒器

粵酒器有鸚鵡杯鸚鵡者越王鳥也其喙黃白黑色長尺許光瑩如漆以為杯可受二升有鶴頂杯鶴者海鶴也其大者修項五尺類淘河而味銳頂色丹堅潤如金玉以為杯可受一升有鸕鷀杯本海蠃殼也出瓊州三亞港青欄海中前屈而朱如鸕鷀嘴然尾旋尖處作數層一穴相貫甚詰曲可以藏酒其色紅白青紫相間生取者鮮明異物志云扶南海有大蠃如甌其體蜿蜒委曲盛酒在中自注至傾覆終不盡



以伺誤相罰為樂有紅蝦杯紅蝦大者鬚數尺以金鑲口為杯可受酒升許有顱顬杯磨海蠃殼為之有海膽杯海膽生島與石上殼圓有粟珠粟珠上有長刺纍纍相連以漆灰厚襯之為杯一名共命杯以其取一帶十也有火鷄卵杯受一升有纓櫻杯沉速香杯因香之大小方圓刻成狀千百出以金銀鑲之粵人頗尚奇器以地之所少者相高然大抵近山多用蠃杯近海多用香杯而東西洋之金銀器不與焉

## 椰器

凡椰出於瓊者處處相似獨文昌鋪前所產者大小形殊小者至如拇指作杯以此為貴椰殼有兩眼謂之萼有斑纈點文甚堅橫破成椀從破成杯以盛酒遇毒輒沸起或至爆裂征蠻將士率持之故唐李衛公有椰杯一嘗佩於玉帶環中椰杯以小為貴一種石椰生子絕纖小肉不可食止宜作酒杯其白色者尤貴是曰白椰粵人器用多以椰其殼為瓢以灌溉皮為帚以掃除又為盎以櫃挂蘭挂竹葉為席以坐臥為物甚賤而用甚多如此

## 檳榔合檳榔包

廣人喜食檳榔富者以金銀貧者以錫為小合雕嵌



人物花卉務極精麗中分二隔上貯灰臍蔞鬚檳榔下貯蔞葉食時先取檳榔次蔞鬚次蔞葉次灰各有其序蔞鬚或用或不用然必以灰為主有灰而檳榔蔞葉乃回甘灰有石灰蜆灰以烏爹泥製之作汁益紅灰臍狀如臍有蓋以小為貴居者用合行者用包包以龍鬚草織成大小相函廣三寸許四物悉貯其中隨身不離是曰檳榔包以富川所織者為貴金渡村織者次之其草有精粗故也

## 陽春瓦盤

陽春東有馬鞍山山巔一古瓦盤圍八尺許中有清

泉登者掬飲將半詰朝復滿雖積雨一不溢

温坑瓦甕

永安温坑所作瓦甕內外純黄火炙不裂以藏酒味能不變又有康禾白磁諸器亦堅好又越人謂石甕曰石涌



卷六終

# 南越筆記卷七

綿州 李調元 雨村輯

## 馬人

馬人一曰馬留俞益期云壽泠岍南有馬文淵遺兵家對銅柱而居悉姓馬號曰馬留凡二百餘戶自相婚姻張勃云象林縣在交阯南馬援所植兩銅柱以表漢界處也援北還留十餘戶於銅柱所至隨有三百餘戶悉姓馬土人以爲流寓號曰馬流人銅柱尋没馬流人常識其處嘗自稱大漢子孫云其地有掘得文淵所製銅鼓如坐墪而空其下兩人舁之有聲如鼙鼓馬流人常扣擊以享其祖祖即文淵也有詠



者云銅鼓沉埋銅柱非馬留猶著漢時衣銅船在合浦相傳馬援鑄銅船五以其四往征林邑留一於此天陰雨浮出湖面樵浦者常得見之因名湖曰銅船湖昔人詩銅船亘旁流又云冒險觸銅船是也馬人今已零落而欽州之峒長皆黄姓其祖曰黄萬定者青州人初從馬援征交阯有功留守邊境後子孫分守七峒至宋皆爲長官司元時以貼浪峒長黄世華有討賊功賜金牌印信洪武初年收之仍爲峒長其在時休峒者祖曰碍純旺亦馬援戰士永樂初時羅

峒長以事被革移純旺孫貴成守之其如昔搏是淅凛鎰山古森五峒亦皆以姓黄者爲長益皆萬定後裔馬留之人也然黄氏繁盛而馬氏衰矣

黑人

林邑記有儋耳民以黑爲美離騷所謂元國卽今儋州也其地在大海中民若魚鱉魚鱉性屬火而喜黑水之象黑儋耳民亦水之族故尚黑也然儋州今變華風絶無縷肩鏤頰耳穿縋爲飾之狀獨暹羅滿刺伽諸番以藥淬面爲黑猶與古儋耳俗同巨室多買黑人以守戶號曰鬼奴一曰黑小廝其黑如墨脣紅



齒白髮鬈而黃生海外諸山中食生物捕得時與火食飼之累日洞泄謂之換腸此或病死或不死卽可久畜能曉人言而自不能言絶有力負數百斤性淳不逃徙嗜慾不通亦謂之野人

猺人

萬歷初兩廣寇之劇者曰羅旁猺猺每出刼人挾單竹三竿炙以桐油涉江則編合爲筏所向輕疾號爲五花賊其巢有九星巖一石竅深二尺許猺輒吹之以號衆又有石其底空洞撞之淵淵作鼓聲猺亦以爲號其謠曰撞石鼓萬家爲我虜吹石角我兵齊宰剝而羅旁水口有竦石狀若兜鍪高百仞猺每夜隔江呼石將軍石應則出刼無患不應則否將軍陳璘以此石爲賊嚮啗妖甚燒巨石頂有鮮血迸流其怪遂絶葢鬼物之所憑焉猺故多妖術又所居深山叢箐亂石易以走險其謠曰官有萬兵我有萬山兵來我去兵去我還其大紺天馬諸山尤嶮峻陳璘嘗以馬不能較人不能甲爲慮大征時勤兵二十萬部分十道凡兩踰月乃蕩平覆其巢穴八十餘斬獲數千萬今東西山尚有雲欑雲洋諸種人率短小蹻捷上下如猱玃帶三短刀持鐵力木弩弩長二尺重百斤



頭作雙槽釘以燋銅錯鐵藥箭長僅尺許無事射獵爲生有事則鳴小鑼舉衆蠭起以殺人爲戲樂雖設有猺官狼目以主之然薄稅輕猺示以羈縻而已猺狼以語音相别猺主而狼客狼稍馴初大征羅旁調廣西狼兵爲前啗今居山以西者有二百餘丁其後裔也諸猺率盤姓有三種曰高山曰花肚曰平地平地者良歲七月十四拜年以盤古爲始祖盤瓠爲大宗其非盤姓者初本漢人以避賦役潛竄其中習與性成遂爲眞猺袁昌祚云羅旁之地土著之民多質悍利入猺爲雄長容耤之民多文巧利出猺爲圍奪

茲固長蘖之媒也則備諸猺當自齊民始羅旁猺其稍馴聽約束與齊民無異從不入城有見官長者還語其類謂不畏中閒坐者但畏左右雞毛官謂皂隸也婦人皆著黑裙裙脚以白粉繪畫作花卉水波紋獞則以紅絨刺繡猺貞而獞淫猺之婦女不可犯獞婦女無人與狎則其夫必怒而去之猺欲娶婦入山見樵采女輒奪其衫帶以歸度已之衫帶長短相等乃往尋求其女負之女父母乃往壻家使成親否則女仍處子不敢犯也西甯東安諸生猺亦然或者謂猺人以十月祭都貝大王男女連裾而舞謂之踏猺



相悅則男騰躍跳踴背女而去此西粵之猺俗也又謂獞人當娶日其女卽還母家與鄰女作處閒與其夫埜合既有身乃潛告其夫作欄以待生子後始稱爲婦婦曰丁婦男則曰獞丁官曰峒官峒官之家婚姻以豪侈相尙壻來就親女家於五里外以香草花枝結爲廬號曰入寮鼓樂導男女入寮威兵爲備小有言則戲兵相鬬成親後婦之婢媵稍忤意卽手刃之能殺婢媵多者妻乃畏憚半年始與壻歸威兵陳樂馬上飛鎗走毬鳴鐃角伎名曰出寮舞壻歸則止三十里外遣猺貶持藍迎之脫婦中裙貯籃中命曰

收魂蓋欲其妻悸畏而無他念也瑤貶者巫也東粵有猺而無獞吾故詳言猺而畧言獞曲江猺惟盤姓八十餘戶爲眞猺其別姓趙馮鄧唐九十餘戶皆僞猺其男子穿耳飾銀環衣服綵繡花邊首裹花帕腰刀掛弩下跣足女人無袴繫重裙皆繡花邊其戴版者曰板猺以油蠟膠髮裹於板上光閃似蜻蜓羽月整一次夜以高物庋首而卧下亦跣足婚姻不辨同姓食多野獸以膏粱釀酒七月望日祀其先祖狗頭王以小男女穿花衫歌舞爲侑性亦工巧或製器以易鹽米有山官約束之號猺總歲時一謁縣令其無



板猺民猺耕山者花麻而不賦耕畝者編戶與庶民同女子飾耳環婦則屏之連山有八排猺性最獷悍其臂微有肉尾脚皮厚寸許飛行林壁自號猺公而呼連人爲百姓自稱猺丁曰八百粟言其多也稱官長則曰朝廷月送結狀至縣庭不跪納糧則以委縣之里長里長利其財物與交好少拂則白刃相加矣有猺目八人司約束歲仲冬十六日諸猺至廟爲會闔悉懸所有金帛衣飾相誇燿猺目視其男女可婚娶者悉遣入廟男女分曹地坐唱歌達旦以淫辭相和男當意不得就女坐女當意則就男坐既就男坐

媒氏乃將男女衣帶度量長短相若矣則使之挾女還家越三日女之父母乃送牲酒使成親凡女已字頂一方板長尺餘其狀如扇以髮平纏其上斜覆花帕膠以蠟膏綴以琉璃珠是曰板猺未字則戴一箭竿髮分數綹左右盤結箭上亦覆繡帕自織麥稈帽戴出入叢箐首頻側而不礙是曰箭猺其領袖皆賴五色花絨垂鈴錢數串衣用布或青或紅堆花疊草名猺錦女初嫁垂一繡袋以祖妣高辛氏女初配槃瓠著獨力衣以囊盛槃瓠之足與合故至今仍其製云後漢書言槃瓠諸子織績木皮染以草實好五色



衣服製裁皆有尾形於寶言赤髀橫裙槃瓠子孫是也槃瓠毛五采故今猺姎徒衣服斑斕其性兇悍好鬬一成童可敵官軍數人又善設伏白晝匿林莽中以炭塗面黑衣黑袴爲山魈木魅之狀見商旅則被髮而出見者驚走棄財物呼曰精夫殺我乃已精夫者猺之渠帥也自洸口至連州四百餘里陘路艱險商旅不敢陸行行必從水官軍與交通爲盜而猺官歲入其租稅千金縱容弗問四方亡命者又爲之通行囊橐或爲鄉導分受鹵獲其巢窟與連山相對僅隔一水官兵至盡室而去退則擊我惰歸跟鎗叢簿

中不可蹤跡拒敵則比耦而前執鎗者前卻不常以銜弩執弩者口銜刀而手射人矢盡則刀鎗俱奮度險則整列以行遯去必有伏弩往時常勤五省之兵征之德慶有菑猺山菑翁山皆熟猺所居猺曰菑猺猺之長曰菑翁也又有菑馬山猺馬之所生故曰菑馬又猺人多以其人爲馬馬多力善走倏忽百里故羡之而以爲名其曰狑人者猺之別種狑猶詩所謂盧令令也猺人者舊居文昌東北百里東猺山其人如猨故云猺詩遭我乎猺之閒註謂猺山名非也猺



犬類也猺人一作狙人莊生所謂狙公也與狑人皆高髻雕題狀若猩狒散居林莽饑拾橡栗莊生賦芧朝生暮四之言殆謂是也

黎人

黎母山高大而險中有五指七指之峰生黎獸居其中熟黎環之熟黎能漢語常入州縣貿易暮則鳴角結隊而歸生黎素不至城人希得見歲壬子忽有生黎二十餘獻物上官旗書黎人向化四字以檳榔木竿懸之一人負結花沉一塊大如車輪外色白內有黑花紋一人抱油速一樹長七八尺二人舁一黑猪熊二人舁一黃鹿貌皆醜黑蓬跣短衣及腰以三角

布掩下體覩者以為鬼物也當額作髻髻有金銀鈀或牛骨簪其縱插者生黎也橫插者熟黎以此為別婦女率著黎補以布全幅上與下緊連自項至脛不接續四圍合縫以五色絨花刺其上裙衩作數百細摺用布至十餘丈長不能行則結其半於腰間纍纍如帶重物椎髻大釵釵上加銅環耳墜垂肩面涅花卉蟲蛾之屬號繡面女其繡面非以為美凡黎女將欲字人各諒已妍媸而擇配心各悅服男始為女紋面一如其祖所刺之式毫不敢訛自謂死後恐祖宗不識也又先受聘則繡手臨嫁先一夕乃繡而其花



樣皆男家所與以為記號使之不得再嫁古所謂雕題者此也題額也雕繡也以針筆青丹涅之有花卉蟲魚之屬或多或少而世以為黎女以繡面為絕色又以多繡為貴賤家之女方繡婢媵不得繡皆非也黎婦女皆執漆扁擔上寫黎歌數行字如蟲書不可識男子弓不離手以藤為之藤生成如弓兩端有弰可掛弦弦亦以藤箭鏃以竹無羽但三了為菱角倒鈎入肉必不能出被射者以身就竹林下屈垂竹尾繫箭鏑於其上以多人按定被射者使身不動徐放竹尾鏃即出然筋骨俱已散碎敷以藥散僅不死而

已生黎最兇悍其弓重二百餘斤戈以標刀甲以角盛以香木皮熟黎弓則以雜木若擔竿狀椶竹為弦筋竹為箭幹而不甚直鐵鏃鋒銳有雙鈎一小繩繫之臨射始直箭端遇猛獸一發即及獸逸而繩絆於樹乃就獲焉凡欲買沉香者使熟黎土舍為導至生黎峒但散與紙花金勝及鋤頭長一尺者箭鏃三角者或絨線針布等物生黎則喜每峒置酒餉客當客射牛中腹即以牛皮為鍋熟而薦客人各置一碗客前滿酌椒酒客能飲則一一嘗之否則竟勿嘗也如或嘗或不嘗彼則以為有所輕重雖盡與客沉香必



要於隘路而殺客其兇暴若此生黎以熟黎勾引嘗出盜劫男婦盡室以行蹻捷如飛官兵不能追逐惟婦女以黎補太長行稍緩往往被擒乃稍屈伏其別種有生岐者尤獷悍雖生黎亦輒畏之大抵五指山中多生黎小五指山中多生岐岐隋所謂俚也黎漢所謂俚也俚亦曰里漢書曰九眞蠻里又曰歸漢里君是也熟岐稍馴善其巢居火種者為乾腳岐與熟黎同俗半生半熟者次之計黎疆圍凡一千二百餘里絕長補短可四百有奇山勢盤旋贏然黎舉種盡落居其外岐居其中二三十里間輒有一峒峒有十

數村土沃煙稠與在外民鄉無異第層峰疊巘林竹叢深水毒山嵐氛翳四塞外人不能恒入故諸獠得以負固爲患黎有二種五指山前居者爲熟黎山後爲生黎熟黎亦有二種與生黎近者爲三差黎與民近者四差黎征徭稍稍加焉熟黎者生黎之根荄而糧長又熟黎之蟊賊凡生黎蠢動皆熟黎爲之挑釁而熟黎之奸欺又糧長之苛求所激也糧長者若今之里長其役黎人如臧獲黎人直稱之爲官而糧長當官亦呼黎人爲百姓凡征徭任其科算盡入私囊詰之則曰此生黎也激之恐變其奸欺若是官或詣



黎村徵糧所至宜一一嘗其酒饌黎人喜官公平乃相戒速完國課如遺其一即瞋恚陰挾弓矢伏林間凶其水草之性矣赴州縣裸而額髻直豎一雉鷄尾横插骨簪斯則其冠冕也官必歡然笑語受其所獻賞以銀牌紅布彼欣然持歸供之香火爲遺愛或鄙其裸程使著衣見彼遞相傳語見者遂希而納糧亦怠黎多符王二姓非此二姓爲長黎則不服欲立長則繫一牛射之矢貫牛腹而出則得立黎長不以文字要約有所借貸以繩作一結爲左券或不能償雖百十年子若孫皆可執繩結而問之負者子孫莫敢

諉力能償償之否則爲之服役貿易山田亦如是黎死無子則合村共豢其婦欲再適則以情告黎長囊其衣帛擇可配者投於地男子允則拾其囊婦乃導歸宿所攜挾牲牢往婚焉父母死斂所遺財帛會黎長與衆瘞之以爲父母恩深我無以報不敢享其遺貲而旁人亦不敢竊取懼其鬼能祟人云每扛負諸物惟以一肩登高陟險不更移曰祖宗相沿如是不敢更也其愚孝又有如此黎善咒鬼能作祟或與客商牴牾即咒其已亡父母逾時其人身如火爍頭腹交痛知其故勿暴其過第曰獲罪土神請爲解謝覓



酒脯與之祭於地喃喃其詞祭畢夫婦分而啖之病人歘然起矣其或土商與貿易欺以贋物則出伏路旁執途人以歸極其箠楚俾受者通信於家訟其人償以原物始釋之如其人不可得訟其同侶聞官遣熟黎持牒曉之雖不識字覩印文而亦釋遣焉其俗最重復讎名算頭債然不爲掩襲計先期椎牛會衆取竹箭三刃其簳誓而祭之遣人齎此矢告讎辭曰某日某時相報幸利刃鍛矛以待讎者謀於同里亦椎牛誓衆如期約兩陣相當此一矢來彼一矢往必斃其一而後已或曲在此曲者之妻於陣前橫過呼

曰吾夫之祖父負汝勿斃吾夫甯斃我可也其直者妻即呼其夫曰彼妻賢良如是可解鬬亦即釋焉如已報矣若力微則能敵則率同里避之最者至見無人相抗即焚其茅蓽曰是懼我也可以雪吾先人恥矣凱還不再出

畬人

澄海山中有畬戶男女皆椎跣持挾鎗弩歲納皮張不供賦有畬官者領其族畬巢居也其有長有丁有山官者稍輸山賦賦以刀爲準者曰猺猺所止曰畬曰峒亦曰畬海豐之地有曰羅畬曰葫蘆畬曰大溪



畬與甯有大信畬歸善有窖畬其人耕無犂鋤率以刀治土種五穀曰刀耕燔林木使灰入土土煖而蛇蟲死以爲肥曰火耨是爲畬蠻之類志所稱伐山而畬菑草而播依山谷采獵不冠不履者是也潮州有山畬其種二曰平鬃曰崎鬃亦皆猺族有莫猺號白衣山子散居溪谷治生不屬官不屬峒首皆爲善猺其曰斗老與盤籃雷三大姓者頗桀驁難馴樂昌有僞猺多居九峯司諸山其始也苦於誅求以其田產質客戶竄身猺中規免旦夕久之性情相習遂爲眞猺相率破犯條要恣行攻刼爲地夫之害即善猺亦

且畏之猺或作繇漢書江都王建遣人通越繇王是也越東多猺而無獞獞惟粵西多有之自荔浦至平南獞與民雜居不可辯大抵屋居者民欄居者獞欄架木爲之上以棲人下以棲羣畜名欄房亦曰高欄曰麻欄子狼人則不然自荔浦至平南多獞人自潯陽至貴縣多狼人粵東惟羅定東安西甯有狼人蓋從粵西調至征戍羅旁者族凡數萬每人歲納刀稅三錢於所管州縣爲之守城池灑掃官衙供給薪炭性頗馴畏法

瘋人

粵中多瘋人仙城之市多有生瘋男女行乞道旁穢



氣所觸或小遺於道路間最能染人成瘋高雷間盛夏風濤蒸毒嵐瘴所乘其人民生瘋尤多至以爲祖瘡弗之怪當壚婦女皆繫一花繡囊多貯果物牽人下馬獻之無論老少估人率稱之爲同年與之諧笑有爲五藍號子者云垂垂腰下繡囊長中有檳門花最香一笑行人齊下騎殷勤紫蠏與瓊漿蓋謂此也是中瘋疾者十而五六其瘋初發未出顏面以燭照之皮內頹紅如茜是則賣瘋者矣凡男瘋不能賣於女女瘋則可賣於男一賣而瘋蟲即去女復無疾自

陽春至海康六七百里板橋茅店之間數錢妖冶皆可怖畏俗所謂過癩者也瘋爲大癩雖餘溼熱所生亦傳染之有自故凡生瘋則其家以小舟處之多備衣糧使之浮游海上或使別居於空曠之所毋與人近或爲瘋人所捉而去以厚賂遺之乃免廣州城北舊有發瘋園歲久頽毀有司者倘復買田築室盡收生瘋男女而養之使瘋人首領爲主毋使一人闌出則其患漸除矣

蜑家

蜑家本鯨鯢之族其性嗜殺彼其大艟小艑出沒江



海上水道多岐而呂朋之分合不測又與水陸諸兇渠相爲連結故多蜑家賊云

諸番

諸番之在廣東者曰婆利曰古麻剌曰狠牙修曰占城曰眞臘曰瓜哇曰暹羅曰滿剌加曰大泥曰蒲甘曰投和曰加羅希曰層檀曰赤土其直安南者曰林邑曰槃槃曰三佛齊曰急蘭丹曰頓遜曰洲湄曰浡泥曰闍婆曰扶南曰彭亨曰毗騫曰天方曰錫蘭山曰西洋古里曰榜葛剌曰蘇門答剌曰古里班卒是皆南海中大小島戻見於明祖訓會典者也其不可攻者有葦羅蘭頓田離其門毒右笪羅越佛逝訶陵箇羅哥谷羅婆露獅子摩逸佛郎機諸國則未嘗入貢懋遷有無者也安南本漢交阯地洪武初朝貢其物有金銀器皿熏衣香降眞香沉香速香木香黑線香白絹犀角象牙紙扇占城本古越裳氏界洪武二年其主阿答阿首遣其臣虎都蠻來朝貢其物有象犀象牙犀角孔雀孔雀翎龍腦橘皮抹身香熏衣香金銀香奇南香土降香檀香柏香燒碎香花藤香烏木蘇木花梨木蕪蔓番紗紅印花布油紅綿布白綿布烏綿布圓壁花布花紅邊縵雜色縵番花手巾帕



兜羅綿被洗白布泥暹羅在占城南洪武四年其王參烈昭毘牙遣使柰思俚儕剌識悉替等來朝貢進金葉表其物有象象牙犀角孔雀尾翠毛六足龜龜筒寶石珊瑚金戒指銅鼓片腦米腦糠腦腦油腦柴檀香速香安息香黃熟香降眞香羅斛香乳香樹香木香烏香丁香丁皮阿魏薔薇水琉石紫梗藤竭藤黃硫黃沒藥烏爹泥肉豆蔻胡椒蓽撥蘇木烏木大楓子苾布油紅布白纏頭布紅撒哈布紅地絞節智布紅杜花頭布紅邊白暗花布細棋子花布織人象花文打布西洋布織花紅絲打布剪絨絲雜色紅花

被面織雜絲竹布紅花絲手巾織八象雜色紅文絲縵眞蠟本扶南屬國洪武六年其王忽兒那遣使奈亦吉郎等來貢其物有象象牙犀角孔雀翎蘇木胡椒黃蠟烏木黃花木土降香寶石瓜哇本古闍婆國洪武三年其王昔里八達剌遣使八的占必等來朝貢其物有胡椒蓽茇黃蠟烏爹泥金剛子蘇木烏木番紅土薔薇露奇南香檀香麻藤香速香降香木香乳香黃熟香安息香烏香蓽澄茄龍腦血竭肉豆蔻白豆蔻藤竭阿魏蘆薈没藥大楓子丁皮番木鼈子悶蟲藥碗石寶石珍珠錫西洋鐵鐵鎗摺鐵刀銅鼓



苾布油紅布孔雀火鷄鸚鵡瑇瑁孔雀尾翠鶴頂犀角象牙龜筒滿剌加在占城南永樂三年其王西剌八兒速剌遣使奉金葉表來朝貢其物有番小厮犀角象牙珠母殼瑇瑁鶴頂鸚鵡黑熊黑猿白麂鎖袱金母鶴頂金廂戒指撒哈剌白苾布薑黃布撒都細布西洋布花縵片腦梔子花薔薇露沉香乳香黃速香金銀香降眞香紫檀香丁香丁皮琫胡椒血竭烏爹泥肉豆蔻没石子阿魏窠鉛片腦肉果瑪腦珠竹布蘇合油烏木蘇木大楓子番錫番鹽三佛齊本南蠻別種在占城南洪武四年其王哈剌札八剌卜遣

使王的力馬罕亦里麻思奉金字表來朝貢其物有黑熊白獺火鷄孔雀五色鸚鵡諸香兜羅錦被苾布龜筒胡椒肉豆蔻番油子米腦渟泥本闍婆屬國洪武四年其王馬謨沙遣使亦思麻逸朝貢其物有珍珠寶石金戒指金絲環金銀八寶器龍腦牛腦梅花腦降香沉香速香檀香丁香肉豆蔻黃蠟瑇瑁龜筒蠃皵鶴熊皮犀角孔雀倒掛鳥五色鸚鵡黑小厮錫蘭山正統十年其王遣使耶把剌謨的黑啞等來朝貢其物有寶石珊瑚水晶金戒指撒哈剌象乳香木香樹香土檀香没藥西洋細布藤竭蘆薈硫黃烏木



胡椒碗石蘇門答剌永樂三年其王鎖丹罕難阿必鎭遣使阿里來朝貢其物有馬犀牛龍涎撒哈剌梭眼木香丁香降眞香沉速香胡椒蘇木錫水晶瑪瑙寶石石青回回青硫黃番刀弓大坭稱隸暹羅助貢國其來貿易有胡椒乳香血竭没藥片腦蓽澄烏爹泥土檀黃檀香降香沉香沉粟香丁香皮烏木蘇木藤黃木食子龜筒象牙番牛角瑇瑁珠皵寶石打麻西洋布竹布茭張席灰筒念蘭丹正德四年來貿易有胡椒烏木丁皮巳上凡二十國皆嘗來往廣東者舊例貢船三艘至粵使者捧金葉表入京朝貢其船

市物還國次年三船復至迎敕又市物還國三年三貢或五年一貢一貢則其船來往三度皆以澳門爲津市黃文裕云往者番舶通時公私饒給其貿易舊例有司擇其良者如價給之次則資民買賣故小民持一二錢之貨卽得握椒展轉交易可以自肥廣東舊稱富庶良以此云



卷七終

# 南越筆記卷八

綿州 李調元 雨村輯

## 鳳

山海經南禺之山有鳳凰鵷鶵南禺者謂羅山之南番禺之東也莊子云鵷鶵發南海飛于北海是也有山鳳凰者亦鳳之類大如鵝鴈伏卵時雄者以木枝雜山桃膠封其雌於巢而留一竅雄飛求食以飼之子成發封否則窒之又有大頭鳳卵於石積柴封之鶵則抉石而起通志云博白淥含之山多鳳有高三尺者五彩冠似金杯天晴則雙飛而衆鳥隨之又有



大如鶩者尾甚長羽聲甍甍響若輪轉諸鳥見之斂翼俛首伏不敢鳴名大頭鳳猺獞閒射得之肉備衆美鞾娘握兵者多以其毛爲裘或以鷫鷞代之色久逾鮮湼而弗滓小鳳凡數種有曰桐花鳳丹碧成文羽毛珍異其居不離桐花飮不離露桐花開則出落則藏蓋以桐花爲胎以露爲命者也兒女子捕之飮以蜜水用相傳玩漁洋有詞云郎似桐花妾似桐花鳳謂此也此種蜀中亦有又有鳳頭雀大小毛片皆如燕惟頭作鳳冠而尾紅兒女養之馴放去一二日復來有曰金鳳出儋州大如指許身五色冠首修尾

儼如釵上金鳳花有曰鳳鷄毛色花班似鵪鶉而小尾短身圜度之僅及荔支大足脛微細如一髮裊裊欲斷歲十月從羅浮飛至新安田上或至東莞茶滘人以紅絲爲網見輒驚入畜久馴習然畏寒至臘月必死其聲頗似鷄雛故名曰鷄喉小穀麥不能進食惟芝蔴稗米而已多巢花蕚中亦桐花鳳之類

孔雀

孔雀產高廉雷羅定諸處截其尾編列瓶中足供玩飾南裔異物志云自背及尾皆作圓文五色相遶如帶千錢虞衡志謂雄者尾長數尺金碧晃耀時奮張



其尾團如錦輪嶺南雜記云其毛羽初春而生四月後復凋與花相榮衰自愛其尾欲棲息必先擇置尾之地捕者先施網罟俟其雨尾露而重不能高翔即羅網罟不肯妄飛土人取其尾每數十莖長短相雜爲一價亦不甚貴其徧身毳毛及尾毛之破碎者取以織補服

翠羽

爾雅注翠鷸似燕紺色生鬱林其羽可爲飾按翠羽點婦人首飾色最鮮明俗稱廣翠

五色雀

羅浮諸處有五色雀羅浮志云產羅者以鐵冠爲長蘇公在海南見者常以兩絳者爲長又異苑云山鷄愛其毛映水則舞魏武時南方獻之翡翠山鷄皆出肇慶舊屬南海郡

鸚鵡

鸚鵡出惠州及吳川石城諸處南方異物志云鸚鵡有三種青一種白一種五色凡鳥四指三向前一向後其目下瞼眨上此鳥兩指向前兩指向後兩瞼俱如人目廣輿記新興有六眞院蔡確貶新州寓此有侍姬名琵琶畜鸚鵡甚慧每爲確喚琵琶及琵琶



死鸚鵡猶呼其名確賦詩傷之有純紅者自番國來

倒挂鳥

羅浮志倒挂鳥一名么鳳東坡詞倒挂綠毛么鳳是也李之儀云此鳥以十二月來有收香倒挂子採香使諸名蘇詩蓬萊宮中花鳥使綠衣倒挂扶桑暾自注云嶺南珍禽有倒挂子綠衣紅觜似鸚鵡而小自海東來非塵埃中物也鳥獸考云日間好焚香藏之羽翼間夜張尾翼倒挂以放香故高啟詩云綠衣小鳳啼愁罷瘦影翻懸挂枝下芙蓉帳裏篆烟消解斂餘香散中夜劉績霏雪錄云即桐花鳳

了哥

本草綱目釋名秦吉了卽了哥也嶺南容管廉邕諸山峒中皆有之如鸜鵒能效人言廣州志云有三種眼黃者金了爲上眼白者銀了爲次眼黑者鐵了爲下產邕州唐志開元初廣州獻之言音頗雄重能識人情慧於鸚鵡嶺南錄異記謂有廉州民獲赤白吉了各一頭獻於刺史盧會要謂了哥形似鸚鵡而色白頂微黃頂毛有縫如人分髮出杜薄州禽蟲述謂生秦中元稹詩紅羅著壓逐時新吉了花紗嫩麴塵謂紗色相似也



潮鷄

潮鷄產南海述異記謂之伺潮鷄沈約袖中記云潮鷄鳴長且清其聲如角每潮至卽鳴李贊皇詩三更洋吏報潮鷄余武溪亦云客聽潮鷄迷早夜自注曰番禺雞三更卽鳴南越又產長鳴鷄幽冥錄云宋處宗買得長鳴鷄愛養甚至恆籠置窗間鷄遂作人語與處宗談論極有深致終日不輟處宗因此功業大進鷄名燭夜見崔豹古今注

鴿

鴿之大者曰地白廣州人稱鴿皆曰白鴿不曰鵓鴿地白惟行地不能天飛故曰地白人家多喜畜之以治白蟻亦以其多子可嘗食其子每四十日一乳乳時雄者餐米至咽米成漿液乃吐出以餵其子雌復受孕性絕淫雌嘗乘雄故多乳富者畜至數百頭惟所指使以穀令就掌飼之鴿有高下之殊其異在目有黑底天青者黑底插黃者黃油白氣者焦油者以此四種爲上其睛清而深有重暈以日照之精光四閃暈邊復有血粒如石榴子則極聰慧者矣其頭宜小尾宜短翼宜與尾齊翼與尾齊則飛高飛高則可免鷹擊之患故鴿之佳者價之輕重與金等翼凡



大毛十二莖每出㲉至二三月則調毛四調五調六七調曰初王則可用調至十一十二則老調者何脫其胎毛更生新者故曰調

鷓鴣

鷓鴣豫章以南諸郡皆有之采蘭雜志一名花豕開翅之始必先南翥酉陽雜俎云飛逐月數如正月一日飛而止但伏巢中不能起矣至十二月十二日起最難採採設網之僧齊已詩好聽鷓鴣啼雨處木蘭舟晚泊春潭李羣玉詩荳蔻花入船鷓鴣啼送客鄭谷詩座中亦有江南客莫向春風唱鷓鴣樂章集註

云正平調有鷓鴣天按古今注鷓鴣其名自呼廣志言鷓鴣鳴云但南不北南越志云其名自號杜薄州惟本草說鳴云鉤輈格磔又云行不得哥哥

畫眉鳥

畫眉鳥草堂詩餘又名黃眉鳥閩書云好鬬善鳴粵志謂眉長而不亂者善鳴胸毛短者善鬬又必越鬬日一浴使毛羽光澤身不生蝨則其音流麗歐陽修詩云百囀千聲隨意移山花紅紫自高低高翥詩云春色滿山歸不得刺桐花裏畫眉啼廣中多刺桐每行諸峽中禽音倍勝他處



鵔鸃

鵔鸃一名越王鳥大如孔雀有黃白黑色喙如尺許狀如鳶口句未可受二升許南人以爲酒爵珍於文螺不踐地不飲江湖不啄百草不餌蟲魚惟噉楓柟諸木葉故其糞香似薰陸山人以爲香末又治雜瘡其名一曰象鶌亦曰越王鶌言其大也古詩山鳥狀如人謂此

丹歌

海南鶴皆灰色白者則小去頂二寸許毛始丹亦能鳴舞有水鶴亦小狀類白鷺其性通風雨有風雨則鳴而上山否則鳴而下海尋常多在榕樹廣人以其頂丹可貴故曰丹歌有丹歌時引舞之句

淘鵞

淘鵞即鵜鶘一名逃河陽江人謂之水流鵞以其大如鵞能沉水取魚也或竭小水取魚頤下有皮袋當盛水二升許以養魚隨水浮遊每淘河一次可充數日之食漁童謠云水流鵞莫淘河我魚少爾魚多竹弓欲射汝柰汝會逃何其詞頗近樂府

白鷴

白鷴即白雉周成王時越裳貢白雉建武中南越徼



外蠻獻白雉唐肅宗時日南徼外蠻獻白雉皆白鷴也素質黑章喙丹雄者有朱冠皆純白腹有黑毛尾長二三尺時卹之以自矜神貌清閒不與衆鳥雜故曰鷴耿介不欲近人故曰雉雉摯也雌雄摯而有別終日並遊人未嘗見其乘居而匹處雌雄不相戲狎若朋友然故曰雉雌者多朱毛白中綵朱而變爲純白亦以黑爲邊襴如水波形其音唶唶藏喉間甚隱而微

珊瑚鳥

珊瑚鳥一名山鵑性靜似畫眉尤易畜其鐵脚者眼

赤而突者善鬬臆閒有黑毛一片圓小而長者善鳴雄者尾長雌尾短雄者音長雌音短

青雖

青雖狀如鴿青色喜食橄欖烏者囫圇吞之肉爛乃吐其核一名橄欖雖秋深自粵西來春半乃去宿則倒懸一足樹杪弋得之肉厚味脥其生於檳榔林者曰檳榔雖喜食檳榔之未熟者性亦相類

石燕

石燕西西樵山之巖穴中大如乳燕足生翼末山人小兒羸瘦取食之諺曰嬰兒瘦探石轂香山有山燕



黑而健疾衆鳥畏之隼也與此二類

相思仔仔

相思仔仔一名巧婦鳥卽鷦鷯詩所謂桃蟲也因此蟲而變故其形小性絶精巧以茅葦羽毳爲房或一或二若鷄卵大以麻髮懸繫樹枝雖大風雨不斷久畜之可使爲戲及占卦名和鵠卦其身小其曰相思仔仔者小也相思者身紅黑相閒如紅荳紅豆者相思子也

吉弔雀

吉弔雀一名兜兜產東莞大奚山中狀如鴝鵒而大青首翠翮其名自呼曰兜兜其出則風

元鈎雀

元鈎雀產高明粟砦山中每鳴必雨

鈎割雀

鈎割雀四五月夜半向東飛鳴如云鈎割則年豐鈎割則年必歉

卷八終

# 南越筆記卷九

綿州　李調元　雨村輯

## 虎

羅浮有啞虎不嘯不咥相傳葛眞人上昇留二丹粒以與其隸黃野及啞虎食爲羅浮四菴守者今冲虛觀葛眞人像旁有黃野及一蹲虎是必啞虎也然土人皆云山中虎率不嘯不咥從不傷人八九十歲老人未嘗聞有虎哮吼亦可異也

## 犀

犀角出暹羅者內凹外凸氣微腥出古城者四周圓



整注沸酒且香照之有血暈者價兩倍飲食中以犀角攪之有毒則白沫生

## 山牛山馬

瓊州多山牛牛也而兩睛紅常百十成羣見人吆喝弗避或曰山牛有四眼以其眼上有兩旋毛狀似四眼故云瓊州又多山馬似鹿而大千百爲羣角彎而內向無岐眼下復有二眼日閉夜開以燭物善入棘叢黎人得之以其皮易布可爲卧具禦溼其毛牛也不識者以爲山牛也

## 果下牛果下馬

果下牛出高涼郡爾雅所謂犤牛也郭璞云犤牛絕卑小可行果樹下故又呼果下牛粵謠云果下馬果下相逢爲郎下果下牛果下相逢爲儂留果下馬者以其小而堅壯亦名石馬粵人凡物之小者皆曰石然果下馬非有種馬中偶然產之不可常得故其價倍於常

## 熊類不一

熊類不一多出黎母山中有人熊豬熊狗熊之名熊多力黎人搏而獲之一峒畢賀以熊多則其地不祥前明樂會有熊無數自山中出捕得百餘首自是頻



年大旱蓋旱徵云

## 鷳鷳

鷳鷳者如人面脣黑身有毛反踵見人亦笑笑則上脣掩目大者丈餘俗呼爲山都酈氏云山都形如崑崙青毛有尾見人輒閉目張口而笑鷳鷳見人則握手而笑人以竹筒置臂姑與之握握則必笑笑而上脣掩目因曲臂以錐穿其脣於額格而殺之吳都賦云猩猩啼而就擒鷳鷳笑而就格一也

## 狒狒

狒狒狀如獮猴紅髮髼鬆人言而鳥音能知生死笑

似罵罵上吻覆額得之生飲其血可見鬼物是皆人熊之屬也又云熊名子路獞人於熊館呼之子路可出熊卽出子路可鬬熊卽鬬有綠者土司猺獞取其皮爲駿馬障坭塵不敢揚威懾虎豹一尺百金其牝曰羆披髮人立力能拔樹指爪利如鋒攢遇虎豹樵牧皆抗其喉捏鮮血飲之其脂亦曰羆白味過於前掌後蹯也

猩猩

猩猩人面猨身一名熊人謂其熊而人也曰紅人則謂其毛髮純紅也性機警通八方言聲如幼女子啼



亦清越閒學蟲鳥語音一一曲肖蓋獸中之百舌也最嗜酒人以酒滿注甕中復置高屐其旁猩猩見輒毀駡而去去已復還姑以指染酒嘗之遂至醉著屐而笑人因縛取問之曰汝飲我酒須還我血猩猩許以血一升卽得一升不能多血以染緋久而不變最可貴

騰豺

騰豺者生高要西七十五里騰豺嶺狀類沐猴頭正方髮長丈許覆其面欲有所視輒搖頭以兩手披之一名騰豺上樹甚捷故以名東粵無豺狼惟此嶺有之疑亦人熊之類

猨

大庾嶺有白猨洞洞多梅樹白猨嘗攀挂其上花與猨恬然莫辯也行者聞風生始知爲白猨吟嘯復有緋猨善啼啼必三聲高州青山鎭其山多猨有黃緋者絶大毛彩殷鮮有黃色玉面者有身面俱黑者羅浮則有金絲猨毛如織絨其啼聲絶大瓊州多猨射之輒騰躍樹杪於四周伐去竹木然後張網得之嘗於石巖深處得猨酒蓋猨以稻米雜百花所造一石穴輒有五六升許味最辣然絶難得封川之北三十



里有猨嶺多猨牡黃而牝黑牝能嘯牡不能也或云純黑者雄金絲者雌雄者能嘯雌不能瓊州又有石猨小者拳許飲以井猨卽長又有黑猨能磨墨磨畢跳入筆筒中

猴

瓊州多猴以小者爲貨曰拳猴大者曰獨猴亦曰母猴母非牝也母音轉爲馬故又曰馬猴

狨

東粵山中有狨大小類猨色純黃名金線狨一名猱以其毛柔長可緝藉也尾絶自愛中藥矢卽自齧其

尾蹻捷善緣木獨猴絶怖畏之其以獨猴爲食也甚
怪

猓然

猓然生從化山中似猴身黑面白其尾長過於身數
以尾自度其身以自娛其自愛尾亦似狨

番狗

蠔鏡澳多產番狗矮而小尾若獅子可值十餘金然
無他技能番人顧貴之其視諸奴囝也反不如狗寢
食與俱甘肥必先飼之坐與立番狗惟其所命故其
地有語曰寧爲番狗莫作鬼奴



獺

粤人多以水獺占水旱水獺一名偏獺類青狐而小
豕尖足駢能知水信高下爲穴故云善捕魚一歲二
祭魚淮南子云畜池魚者必去偏獺廣人謂蛋家男
曰獺公婦曰獺婆以其能入水取魚也其以猨爲雌
者插翅山獺也語云猨鳴而獺應莊子云猨猵狚以
爲雌言非類爲牝牡也鄺氏云山獺性淫而無偶猺
女採樵歌歗爲猨聲以誘之山獺聞之卽躍抱猺女
因扼殺之以其骨續骨解箭毒以陰莖入藥名插翅
春

蒿豬

蒿豬一名箭豬卽封豕也封者大也故象亦曰封獸
封豕初本泡魚泡魚大如斗身有棘刺故化爲毫豬
毫在項脊間尺許如箸白本黑端人逐之則激毫以
射人婦女以金銀鑲之爲簪能止頭癢除白屑其毫
如蒿然亦曰蒿豬

嬾婦

嬾婦卽山豬雄大而多力口旁出兩牙長六七寸甚
猛利肉味美多脂以機軸絍織之器置田間則不敢
近齒長輒入海化爲巨魚狀如蛟螭而雙乳垂腹名



曰奔䱐諺曰朝爲泡魚暮爲蒿豬朝爲嬾婦暮爲奔
䱐刺婦女之不能服勤者也以奔䱐油爲燭照飲酒
則紫焰生花照讀書則昏昧作暈箭豬以魚始山豬
以魚終物之相變如是

香貍

南越有貍無狐雷州產香貍所觸草木生香臍可代
麝本草稱靈貓自爲牝牡者也亦名果貍其食惟美
果故肉香肥而甘秋冬百果皆熟肉尤肥香貍外有
玉面貍白面紅爪牛尾亦食果飲則以水淘淡乃食
有貓貍文如錦錢有火貍毛色如金錢豹其錢差大

歲久化爲豹有藤貍生長藤間食藤實而多倒挂

香麞

香麞味甘性温食之不畏蛇毒臍名麞香非麝也貍之似麞者也猺女當春時多採生香麞子以爲佩動則香氣遠聞山歌云生麞香吹猺女風

竹豚

竹豚卽竹鼬穴地食竹根毛鬆肉肥美亦鬆內一二臠可盈盤色紫味如甜筍血鮮飮之益人猺中以爲上饌故謂之竹豚



獴猬

爾雅蒙頌猱狀郭璞注卽蒙貴也狀如蜼而小紫黑色健捕鼠勝於猫九眞日南出之海語云獴猬有白有黑有黃有貍狀酷類猫而六足高而尾結捕鼠捷於猫也諸國皆產惟暹羅者良船估挾至廣常猫見而避之豪家每十金易一云今粵人有自番船購者正類此稱之曰洋猫大抵卽獴猬也爾雅巂猫又名猫奴記事珠云猫有名白鳳紫英錦帶雲圖者

象牙

嶺表錄異廣之潮循州多野象牙小而紅通志云牙以文爲眞以紅爲貴不文則假不紅則枯按象牙多出滇南粵西裁爲梳具東省所製特佳工聚業精流播閭閻凡在他省往往販取用之

卷九終

# 南越筆記卷十

## 龍涎

綿州　李調元　雨村輯

南海龍之都會古時入水采珠貝者皆繡身面爲龍子使龍以爲已類不吞噬在今日人與龍益習諸龍戶率覩之爲蝘蜓矣新安有龍穴洲每風雨卽有龍起去地不數丈朱鬣金鱗兩目熌熌如電人與龍相覩久之弗畏也其精華在浮沫時噴薄如瀑泉如雨爭承取之稍緩則入地中矣是爲龍涎或謂龍涎者多積於海上枯木如鳥遺狀其色靑黎其瓤腥雜百



花焚之翠烟千結蜿蜒蟠空經時不散可以翦分香縷然多不眞從番舶來者出大秦波斯於雨中焚之煏爆有聲則眞又羅浮多龍潭嘗有人小遺潭中巷僧見之使之蒲伏土上俄有白氣千百道從谷中起迅雷乘風雨如注海上舟船已破溺無數矣人必蒲伏土上乃免若在木石之閒必爲龍所掣又新興有天露山其頂有潭歲旱以石投之聲震如雷卽雨又有井千湖其深莫測歲旱以土掊擊之亦有雨又化州有石龍其首蟠州廨之左其尾注於江中身多竅穴每爲風潮所激則噴沙如雪霏霏滿空有時鳴以一歲鳴以二三歲其聲隱隱與鶯鸛同在左如右在西如東有探其尾於急湍之下者皆得古錢或爲五銖或爲開元或古或近或缺或全紫碧交散靑黃雜煇其爲數歎不八九盈不二十雖百十人各有所給又茂名靈湫山有一龍井昔時有潘茂名眞人者以金鑄五龍納井中自永嘉至今每遇旱高凉太守出五金龍祭之雨立至

## 蜃氣

東莞合蘭海其水漩洄而黝黑三江之所滙有龍窟焉嘗有積氣如黛或如白霧鼓舞吹噓倏忽萬化其



爲城闕樓臺塔廟諸狀人物車騎錯出於層峰疊巘之間尤極壯麗舟行其中弗見也自外望之變幻斯見卽之輒遠離之復近雖大風雨不能滅人以爲蛟蜃之氣所爲云其氣或大或小晴則大陰則小五色光芒不定或如旌旂戈甲則兆其地有兵革如倉廩則兆其地豐登居人每候之以知災祥歲正月初三四五日必一見不見則以爲怪或謂此乃海氣春晴始見非也此蜃氣也蜃者千歲之雉所化其爲物最神

## 海市

海市多見於靖康場當晦夜光忽生水面盡赤有無數燈火往來螺蚌鮫人之屬喧喧笑語聞賣珠鬻絹數錢量米麥聲至曉方止則海市也或曰海上有珊瑚之市在虎頭門西蓋卽海市或曰其地故有沉洲每月出龝有鬼物就海中爲市所謂沉洲夜市也蓋南海蜃氣有氣而無聲海市有聲而無氣以此爲別而靖康海市又與青州不同靖康海市見於夜青州見於晝番禺雜記云海邊有鬼市半夜而合鷄鳴而散人從之多得異物始所謂狠𤠣之民也水經注狠𤠣之民冥夜爲市以鼻嗅金卽知美惡疑卽此種



海鰌

海鰌出長亘百里牡蠣蚌蠃積其背峰岏如山舟人誤以爲島嶼就之往往傾覆晝噴水爲潮爲汐夜噴火海面盡赤望之如天雨火

怪魚

近海上之地怪魚甚多其狀不一開洋時隨風鼓舞往往飛入船中人不敢取有一魚長數十丈其首有二大孔噴水上出遇船則昂首注水船中須臾而滿亟以巨甕投之連吞數甕則逝有一魚觜長丈許有齒刻如鋸能與力戰而勝以救海船又有魚長二十餘丈性最良善或漁人爲惡魚所困此魚輒爲漁人解圍又大風雨時有海怪被髮紅面乘魚而往來乘魚者亦魚也謂之人魚人魚雄者爲海和尚雌者爲海女能爲舶祟火長有祝云毋逢海女毋見人魚人魚之種族有盧亭者新安大魚山與南亭竹沒老萬山多有之其長如人有牝牡毛髮焦黃而短眼睛亦黃面黧黑尾長寸許見人則驚怖入水往往隨波飄至人以爲怪競逐之有得其牝者與之婬不能言語惟笑而已久之能著衣食五穀攜至大魚山仍没入水蓋人魚之無害於人者人魚長六七尺體髮牝牡



亦人惟背有短鬣微紅知其爲魚間出沙汭能媚人舶行遇者必作法禳厭海和尚多人首鱉身足差長無甲亦怪事也

鯢魚

鯢一作暨魚之大者長二丈餘脊若鋒刃嘗至南海廟前謂之來朝或一年數至或數十年一至若來數則人有疫疾志稱南海歲有風魚之災風颶風魚謂暨魚也有烏白二種來輒有風故又曰風魚

潛龍鯊

南海有巨魚曰潛龍鯊蓋魚種而龍者也有綱得者

長五尺許重百斤其小魚從者數千至不可網肉甚甘諸骨柔脆惟鱗堅不可食鱗大者如掌可爲帶及酒器飾小者中雜佩脊一行腸二行鱗皆十三兩翅兩行鱗皆三十

黃雀魚

惠州產黃雀魚八月化爲黃雀十月後復化爲魚

鼠鮎

鼠鮎者產於南海每暴尾沙際以紿鼠鼠見之謂且失水舐而將食之被卷入水而去

烏賊



烏賊腸中有墨吐之以自衛嘗浮水上烏見之以爲死矣往啄之被卷入水

魚

廣州魚多池塘所畜者鰱鱅鯇鯿鯽皆以魚秧長之鱅一名鱒語曰網魚得鱒不如啗茹言不美也鯇之美在頭鯉在尾鰱在腹語曰鯇魚頭鯉魚尾鰱魚之腹甘且旨又曰水鯿土鯽病人宜食鯿浮鯽沉可以滋陰蓋鯽屬土其性沉長潛水中鯿屬水中性浮游長躍水上鯽食之可以實腸鯿食之可以行氣鯽守而鯿行故以爲美也江海魚之美者語有曰第一鯧第二鯛第三第四馬膏鯽又曰黃白二花味勝南嘉又曰寒鱭熱鱸黃者黃花魚白者白花魚也又春曰黃花秋曰石首也凡有鱗之魚皆屬火二花不然其功補益而味甘故美鱭魚至冬益肥故曰寒鱭鱸至夏益肥故曰熱鱸言一以寒而美一以熱而美也凡鱸魚以冬初從江入海趨鹹水以就煖以夏初從海入江趨淡水以就涼漁者必惟其時取之語曰魚鹹產者不入江淡產者不入海未盡然也白花魚鹹淡之水皆有黃花魚惟大澳有之大澳者鹹水之邊也自十月至十一月以日昃盡浮出水漁者必伺暮取



之聽其聲稀則知未出大澳也聲老則知將出大澳也聲老者黃花魚嘯子之候也其嘯子必於大澳故於大澳取之取鰽及黃皮蜆鱭青鱗亦皆聽其聲聲齊則開罛取之鰣魚以孟夏隨鱭魚出其性喜浮游網入水數寸即得或候其自海入江逆流至潯州之銅鼓灘觸石壁不能西上則多得語曰黃魚不上雙魚石三鰲不上銅鼓灘三鰲者鰣魚也黃魚每新水長則出嘉魚以孟冬天大霧始出出必於端溪高峽間其性潔不入濁流嘗居石巖食苔飲乳以自養霜寒江清潮汐不至乃出穴噓吸雪水凡嘉魚在蜀中

丙穴者以三月出穴十月入穴在粵中大小湘峽者以十月出穴三月入穴西水未長則四五月猶未入穴蜀嘉魚畏寒而喜熱粵嘉魚不然白沙詩兩山斷處小湘峽十月嘉魚出水鮮是也鯀魚鱛白皆以仲春出大者重數十斤入自大洋望之如黑雲至虎門則鯀魚之穉者多變爲鰣漁者輒合圍取之又鯀魚大至時其下堆積至數十百丈不可底極以鎗刺一魚取之次魚飲其血復上復鎗刺取之如是者相連不斷不可勝取故鯀魚時節所在人民饜飫多糟之爲終歲食蓋鯀魚放卵雄者爲雌者含卵口中卵不



分散故類繁彼此尾相啣無一斷續故得其一則千萬源源可得竹魚產二禺連口以盛夏出色如篠葉青翠鱗下多朱砂點味甘馬膏鯽以臘月出至三四月有馬伍者以九十月出似鱸而肉厚爲馬膏鯽之次故曰馬伍貼沙一名版魚亦曰左魪身扁喜貼沙上故名市歸以貼牆壁兩三日猶鮮卽比目魚也一名鰈一邊青綠一邊白一目在青綠邊亦有兩目合而爲一者吳都賦云雙則比目片則王餘河魨以番禺茭塘所出者爲美自虎頭門至茭塘六七十里許其河魨小色黃而味甘少毒與產他縣大而板牙色

白者異其價賤土人以當園蔬秋時競爲河魨之會以火燔刺以沸湯沃涎浣至再三雜肥肉烹之皮骨脫落斯可食矣河魨終歲皆有入秋尤宜多食益胃煖人可滅一衣產婦每以爲補其腴在腹卽肝也俗以爲八珍之一云鮓魚狀如鱸肉鬆少刺味甘大者重數十斤出海豐鰐魚多產端州以春時出浮陽見日則眩漁者輒於陽處取之一曰鰐龍魚長至丈有甲無鱗魚之至貴者也鮎魚出流水者色青白出止水者青黃故以灘瀨中者爲美鯰魚狀如鯿圓頭縮尾狹鱗肉厚而細一脊之外其刺與骨皆肥美新安



人每以奉客味甘以平食之肥健益氣一名鏡魚以其圓也魦有犁頭魦劍魦斑點魦虎鹿鋸魦背鬣而腹將大者丈餘皮有沙圓細如珠可以治木發光潤海水將潮天皮雨毛皆起溼雖千里外不爽一名潮鯉腹中有兩洞以貯水養子子必二皆從胎生朝出口暮則入臍其肉淡而鬆以翅作銀絲菜稱珍品蠟魚產陽江似鯽而白肉柔膩性喜溫煖臘月時漁人立水中魚爭附足可掇也紅者肉稍粗鯧魚一名狼藉笋魚如笋長尺許與鯌鰥二魚皆惠州出鯌魚大者盈丈鰥魚大如指許長七八寸脊骨美滑宜羹䰞

魚大如小兒臂有腹無口其足三十如笄簪章魚足有八一名章舉昌黎南食詩其五爲章舉魚是也石冷魚似蝦蟆而黑生石穴中倒挂魚鮮食醉人宜鮓出萬州鳳尾魚一名馬鱭其子宜醢葵鯉出羅旁水口圓如葵扇已上皆魚之美者大率出於海者十之七出於江者十之三然皆美於池塘者也其最微細而美者曰鱎魚春時自巖穴中出狀似初化魚苗宜乾之食以薑醋曰銀魚以秋九月出九月有風曰銀魚風諺云九月銀魚出水長銀魚風起水泱泱是也其出惠州豐湖之第一橋下者長二黍許光滑無鱗



表裏朗徹以白滋盆浥之與水無異惟見兩目瑩漆希貴邦多瀹者但量器計值賣以湖上清醒泉及姚坑水有味無渣而出於清明節者尤美曰鵞毛魚取之不以網罟乘夜張燈火艇中鵞毛魚見光輒上艇須臾而滿多則滅火否則艇重不能載其氣味絕香一曰香魚外有錦鱗魚者大可二指長寸許身有横理十二道鱗如錯錦具五色尾長於身如帶金彩縷縷以盤盂畜之於午日中投花一二瓣皆爭覆陰不得者忿而相鬬翩反鼓舞各有態度鬬罷復比目而游又有金魚者分鯉鯽二種春深咬子咬子者雄以口咬雌者眼子則出腹子出腹宜即取之否則雌者還食之矣或不食則子著葦藻間遇雷雨輒隨電光而去子初出色黑緑黑而紅而黃則鈍金矣以鼠小三尾五尾者爲貴謂之蝦尾咬子又名跌子當跌子時以大蝦盎之則多蝦尾尾尾又以撒開象木芙蓉葉者爲貴謂之芙蓉尾此二種則魚之可玩者

## 魚花

魚花產於西江粵有三江惟西江多有魚花南海有九江村其人多以撈魚花爲業曰魚花戶取者上自封川水口下至羅旁水口凡八十里其水微緩爲魚



花所聚過此則魚花希少矣魚花之步凡數十步皆有餉魚花戶承之歲納於朝當魚汛種時雄者擦雌者之腹則卵出卵出多在藻荇間雄者出其腹中之腹覆之卵乃出子然見雷則子不出矣土人謂魚散卵曰汛腹者魚之精也子曰花者以其在藻荇之間若生又方言凡物之微細者皆曰花也亦曰魚苗

## 魚生

粵俗嗜魚生以鱸以鱮以鰽白以黃魚以青鱭以雪鯿以鯇爲上鯇又以白鯇爲上以初出水潑剌者去其皮劍洗其血鮏細劊之爲片紅肌白理輕可吹起

薄如蟬翼兩兩相比沃以老醪和以椒芷入口冰融至甘旨矣而鰣與嘉魚尤美

鱔

鱔之族有曰鰻鱺背有肉鬣連尾無鱗口有舌腹白大者長數尺脂膏最多其有黃脈錦紋者名金絲鰻鱺善穿深穴冬時穴熱乃出名走風鱓有曰白鱔以産池塘中烏耳者爲佳有曰黃鱔黃質黑章多涎沫大者長二三尺小者佳有曰藤鱓其曰泥鰍長二三寸無鱗以涎沫自染曰溫魚與泥鰍相似而多肉與諸鱔皆喜伏水土之下味甘可以滋陰大抵鱔與魚



相反魚屬火可以滋陽故蛋人多子以多食魚又方書魚鰾白爲丸可以種子鱔屬水滋陰故患痰火者宜食之白鱔或塞笱或裝龍取之笱鱔爲佳黃鱔以釣或於坑田掘取之凡鱔畜於盆中夜以火照之其騰而搶火火輒滅者噴火蛇也與鱔相類而頷下有細鱗數片食之殺人故凡食鱔者不可不愼諺曰魚浮鱔沉沉者滋陰雖則滋陰其毒亦深

鱟

鱟大者尺餘如覆箕其甲瑩滑而青綠眼在背口藏在腹其頭蜣螂而足蟹足蟹而多其四尾三稜長一二尺其血碧凡諸血皆赤惟鱟碧色碧生於鹹赤生於淡海之水鹹故色碧鱟之血與海水同得鹹之氣多故也其子如粒珠出而爲鱟者僅二餘多爲蠏爲蠊蝦麻蝦及諸魚族蓋淡水之魚多生於魚鹹水之魚多生於鱟鱟乃諸魚蝦之母也鱟乃候也善候風諸水族亦候之而出故曰鱟性喜羣遊雌常負雄於背背有骨如扇作兩截常張以爲帆乘風而行雌雄相積雖遇驚濤不解名曰鱟帆漁者每望其帆取之持其雄則雌者不去如持其雌則雄去矣然失雌亦不能獨活故曰鱟媚取之又多以夜凡海中夜行舉



棹撥浪則火花噴射鱟蠏之屬緣行沙潬亦一一有火花水鹹成火漁者每拾一火則得一鱟蠏之屬焉

珠鱉

珠鱉産高州海中其背隆起者有珠珠或從口吐出六足珠鱉味甚美

玳瑁

玳瑁産廉瓊一作瑇瑁龜夜伏沙汀注目上視與月爭光月之精華因入焉而爲文介漁人捕得之覆其背即不能去比曉其介文采益鮮明因阨於沙而磨瑩焉自脊兩分得十四版以厚而黃多有物形者爲

貴

毛龜

毛龜出韶州大如錢以水養之其毛披放色碧綠置之几案可辟蠅有六目龜出欽州本兩目其四目乃金黃花紋圓長中黑與眞目排比狀似六目故名有卜龜出雷州俯行者靈有巨龜出惠州背生樹木望之儼如洲渚然不常見有紅白二龜在文昌北石井中旱禱之紅出則雨白出則否亦龜之神者

蟹

蟹類甚多有曰小娘蟹其螯長倍於身大者青綠如



錦味與諸蟹同而新安人賤之惟蒸熟其螯以進客有擁劍五色相錯螯長如擁劍然新安人以獻嘉客者曰進劍爲敬之至有飛蟹小者如錢大者倍之從海面飛越數尺以螯爲翼網得之味勝常蟹此三者蟹之異者也尋常以膏蟹爲上蟹之美在膏而其容善於俯仰俯以八足之折故曰跪仰以二螯之倨故曰螯螯者敖也以螯敖人故昔人食蟹尚螯今則尚膏

崖州石蟹

環瓊水鹹獨崖州三亞港水淡故產石蟹石上有脂如飴膏蟹食之粘螯濡足而死輒化爲石是爲石蟹取時以寸鈎出之故螯足不全或謂石蟹浮游海中見風則堅誤也

羅浮仙蟹

仙蟹產羅浮阿耨池旁形如錢大色深紅明瑩如琥珀大小數十羣行見人弗畏以泉水養之可經數月見他水則死相傳仙人擲錢所變

卷十終

南越筆記卷十一

蟛蜞

綿州　李調元　雨村輯

凡春正二月南風起海中無霧則公蟛蜞出夏四五月大禾既蒔則母蟛蜞出其白者曰白蟛蜞以鹽酒醃之置荼蘼花朶其中曬以烈日有香撲鼻生毛者曰毛蟛蜞嘗以糞田飼鴨然有毒多食發吐痢而潮人無日不食以當園蔬故諺有曰水潮蟧食鹹解鹹解者以毛蟛蜞入鹽水中經兩月熬水為液投以柑橘之皮其味佳絕解其渣滓不用用其精華故曰解



也蟧者蛤之屬諺曰蟾蜍蛤蟧三者形狀相似而廣州人惟食蛤不食蟾蜍蟧蟧惟潮州人食之故名曰水潮蟧蟧有一種生海泥中長二三寸大如指兩頭各有兩岐以其狀怪故曰蛏氣味甘溫能去胸中煩悶然病後不可食食惟白蟛蜞稱珍品

蠔

蠔鹹水所結其生附石磈礧相連如房故一名蠣房房房相生蔓延至數十百丈潮長則房房開消則房闔開所以取食闔所以自固也鑿之一房一肉肉之大小隨其房色白而含綠粉生食曰蠔白醃之曰蠣黃味皆美以其殼累牆高至五六丈不仆殼中有一片瑩滑而圓是曰蠔光以砌照壁望之若魚鱗然雨洗益白小者珍珠蠔中嘗有珠東莞新安有蠔田與龍穴洲相近以石燒紅散投之蠔生其上取石得蠔仍燒紅石投海中歲凡兩投兩取蠔本寒物得火氣其味益甘謂之種蠔又以生於水者爲天蠔生於火者爲人蠔人蠔成田各有疆界尺寸不踰踰則爭蠔本無田田在海水中以生蠔之所謂之田猶以生白蜆之所謂之塘塘亦在海水中出無實土也故曰南海有浮沉之田浮田者蕹簰是也沉田者種蠔種白蜆



之所也

蠕

蠕比黃蜆而大聞雷則生故文從雷粵故有蠕田在番禺市底之南春初取小蠕種之至冬乃取故曰蠕田田在鹹海中亦曰蠕塘猶夫白蜆之塘也蠕與白蜆螄蚶雖生於天亦恒生於人惠潮多蚶田蚶與沙蛨蠕皆味甘性溫益人蚶從甘不用調和自然甜美愈大愈嫩志稱嶺南炙之名天臠是也一名花蠕沙蛨不可種故粵人貴沙蛨而賤蠕蠕凡沙坦皆有冬月時漁者以足取之謂之踢蠕蠕以天寒乃肥其

以仲秋孕者腹黑廣人有釀蠕之食以白者爲貴

白蜆

番禺海中有白蜆塘自獅子塔至西江口凡二百餘里皆產白蜆歲二三月南風起霧氣蔽空輒有白蜆子飛落微細如塵然落田輒死落風中得鹹潮之力乃生秋長冬肥積至數丈乃撈取粵人諺云南風起落蜆子生於霧成於水北風瘦南風肥厚至丈取不稀殷勤祭沙潭莫使蜆子飛外有黑蜆黃蜆一名扁蠃遇風雨亦輒飛徙蛋女率於黑沙泥處取之貧者以爲蔬然味不如白蜆凡生於海者曰白蜆生於江



者曰黑蜆黃蜆而金鋑蜆者生大海中獨珍劉鋹時取以自奉禁民不得採亦曰金口蜆有無耳蜆產韋涌相傳宋帝昺幸韋涌時食蜆而美之曰惜不令其無耳至今帝泊舟處蜆皆無耳甘美異常進蜆漁人配祀將作大匠梁公廟中人稱蜆子丈人云蜆之美可以解蠱以爲腊不能水土者宜之白蜆多生於霧每當春暖白霧瀰空濛濛霂霂之中土人知爲白蜆也名落蜆天

蛤

蛤生田間名田雞冬藏春出篝火作聲呼之可獲三月三日農以其聲卜水旱聲小水小聲大水大諺曰田雞聲啞田好稻把田雞聲響田好蕩槳又田雞上晝鳴上鄉熟下晝鳴下鄉熟終日鳴上下齊熟唐詩田家無五行水旱卜蛙聲蛙蛤也或謂大聲曰蛙小聲曰蛤韓退之南食其四曰蛤未知是此否珠蚌亦名蛤然非嘗食一種肖田雞而無腰股鳴長聲俗呼爲蚜主療瘀卽螻蟈云

璅蛣

璅蛣狀似珠蚌殼青黑色長寸許大者二三寸生白沙中不汙泥淖互物之最潔者也有兩肉柱能長短



又有數白蟹子在腹中狀如榆莢合體共生常從其口出爲之取食蓋二物相須璅蛣寄命於蟹蟹託身於璅蛣郭璞謂璅蛣腹蟹葛洪謂小蟹不歸而蛣敗是也

蠃

蠃種最多以香蠃爲上產潮州大者如盤盂其殼雌雄異聲可應軍中之用次則珠蠃出東莞大步海南漢常置三千人採之名其地曰媚川都人曰珠蠃戶有銀母蠃狀若蚌內多小珠而珍色不及殼厚而瑩可以截鏇器皿亦名珠母其肉最勝而性寒有九孔

蠃產珠與蚌珠類有鸚䳇蠃珠光隱隱可燭衣采五色類鸚䳇有指甲蠃一名紫蜐荀子東海有紫紶紶卽蜐也一名石蜐味甘鹹能利小水江淹謂石蜐有足翼得春水則生華郭璞謂石蜐應節而揚葩是也味絕鮮美虛損人以米酒同煮最補益有馬甲柱形形如指甲蠃殼薄肉少味頗清昌黎南食詩章舉馬甲柱鬭以怪自呈有寄生蠃生鹹水者離水一日卽死生淡水者可入畜彀五色如鈿或純赤如丹砂其蟲如蟹有螯足腹則蠃也以佳殼或以金銀爲殼稍炙其尾卽出投佳殼中海人名爲借屋以之行酒行



至某客前而駐則飲故俗以爲珍有蝓螯者二螯四足似彭蜞其尻朶脆蜿屈則蠃每竊枯蠃以居出則負殼退則以螯足扞戶稍長更擇巨殼遷焉與寄居蟲異名多足蠃亦曰竊蟫越記負屋之螯飼以雲母能產白珠梅華國志屋蟫千歲出海爲螯龍蓋此物也有神仙蠃產羅浮曾經仙人所嚙尾端盡破味甚甘有流蠃大如小拳一名甲香蠃肉亦視月盈虧有蛤蜊生海濱土中白殼紫唇一名赤口蠃以殼爲粉曰蛤粉可入藥凡蠃類兩殼相合皆名蛤而此蠃肉殼大利於人故曰蜊有車螯者似蛤蜊而大甲厚而

瑩有斑點如花絕水佯死烏鳥信而啄之輒爲所得一名沙蛤有海膽生島嶼石上殼圓有要珠大小相串粟珠上又有長刺纍纍相連取一帶十如破其一餘皆死粘於石上殼頗流漿終不得起肉色黃鮮以作醬味佳已上諸蠃皆舉其知名者史稱楚越之地飯稻羹魚果隋蠃蛤不待賈而足地勢饒食蓋謂此

## 蚌

蚌川澤處處有之凡狹而長者皆曰蚌廣而圓者皆曰蛤車白與蜆皆蛤屬車白卽車螯土人以爲沙白者謬也



## 弔

弔介之屬也產瓊州海口港中蛇頭鼉身水宿不棲其膏甚輕利貯以銅瓦皆滲出惟雞卵盛之則不漏以治諸腫毒功同熊膽

## 穿山甲

穿山甲一名鯪鯉似鯉有四足能陸能水其鱗堅利如鐵黑色絕有氣力能穿山而行蓋陸之魚也楊孚異物志鯪鯉吐舌螻蟻附之而因吞之又開鱗甲使螻蟻入之乃奮迅而舐取之

## 銀魚

銀魚産惠州豐湖第一橋下以秋九月出九月有風曰銀魚風長二黍許光滑無鱗表裏融澈以白磁盆浥之與水無異出於清明者尤佳又有紅蝦産潮州番州南巳諸處色奪榴花頭可製杯見異物志又通志云儋州有紅蟹張藉詩云大魚如柳葉小魚如針鋒

河豚

海語河豚出於江河者皆不盈尺海中大者如豕有重數十斤者通志味美在肝而有毒吳中以初春而粤中以秋蘆爲河豚之會中其毒者水磨降香汁擣



橄欖汁飲之可解

江瑤柱

爾雅注蜃小者玉珧即江瑤柱也安南異物名記云江瑤如蚌而稍大中肉腥而韌不中口僅四肉牙佳耳長四寸許圓半之白如珂雪一沸即起甘鮮脆美不可名狀此所謂柱也通志馬甲柱惠州美其名曰西施舌瓊州志江瑤以柱爲珍崖州者佳按江瑤又名海月謝朓詩挂席拾海月指此蘇長公曾云荔枝風味惟江瑤柱可以敵之

海鏡

嶺表錄異海鏡廣人呼蠔菜盤兩片合以成形殼圓日照如雲母內光有小肉如蚌胎腹中有小紅蟹子其小如荳黃而頭足俱備海鏡饑則蟹子走出取食蟹飽歸腹海鏡亦飽通志云其殼爲明瓦圓如鏡崖州産者佳

牡蠣

牡蠣本草衍義云牡蠣附石而生磈礧相連如房故曰蠣房一名蠔山初生海畔身如拳石四面漸長有一二丈者一房內有蠔肉一塊每潮來則諸房皆開有小蟲入則合之充腹韓昌黎詩蠔相粘爲山十百



各自生通志謂蠔以左顧者爲雄故曰牡蠣粤人以爲常饌其殼用以壘牆亦可燒灰塗壁嶺南雜記云蠔殼砌牆鱗鱗可觀志又云介與鱗相若粤中獲介之利居多鏤甲爲珍亦生民所資也

黄甲

粤中少螃蟹惟黄甲到處有之味畧帶腥陸龜蒙有蟹志呂亢作蟹圖黄甲蟳蠘諸種俱不載又萬州出石蟹宜治眼疾白香山眼病詩案上漫鋪龍樹論盒中虛撚決明丸

瓦屋子

南人名蚶爲瓦屋子嶺表錄異云瓦屋子蓋蚌蛤之屬也南中舊呼爲空慈子盧尚書鈞改爲瓦屋子以以其殼上有稜如瓦故名殼中有肉紫色而滿腹廣人尤重之多炙以薦酒俗呼爲天臠肉廸志惠潮多種蚶有蚶田南越志凡蛤之屬開口聞雷鳴不復閉口楊萬里詩鮓帶桃花楚水蜮蜮卽蚶字

蝦

蝦之種類甚繁小者以白蝦大者以蟧蝦爲美蟧蝦產鹹水中大者長五六寸出水則死漁人以絲粘網其深四尺有五寸長六尺者仄立海中絲柔而輕蟧



蝦至則鬚尾穿罥弗能脫也兩兩乾之爲對蝦以充上饌鮮者肉肥白而甘其次曰黃蝦白蝦沙蝦最小者銀蝦狀如綉針以紵布爲綱綱大丈有二尺以二罾緘繫之口向上流取蝦卵及禾蟲亦復如是銀蝦稍大者出新安銅鼓角海名銅鼓蝦以鹽藏之味亦美其蝦醬則以香山所造者爲美曰香山蝦其出新甯大襟海上下二川者亦香而細頭尾與鬚皆紅白身黑眼初醃時每百斤用鹽三斤封定缸口俟蝦身潰爛乃加鹽至四十斤於是味大佳可以久食一種名蝦春粤方言凡禽魚卵皆曰春魚卵亦曰魚春子唐時吳郡貢魚春子卽魚子也然蝦春非蝦之卵也江中有水蟣大僅如豆其卵散布取之不窮產新會者卵稍粗滋味益好燒之通紅紅故鮮明多脂而可口次則番禺深井江勒海所產村落間家有數甕終歲醃食之或以入糟名泥蝦又丹蝦產惠州西湖其色青煮熟丹紅絕鮮美諺云湖上漁家白飯丹蝦白飯者水晶魚也長不盈寸大不過分其色瑳潔無乙有丙八九月有之

水母

水母生海中以鹹水之渣滓爲母故名水母鮮煮輒



消釋出水一名海蛇氣最腥爲蟲之所宅蟲者蝦也水母以蝦爲浮沉故曰水母目蝦性冷能化物不能自化脾胃弱者勿食乾者曰海蜇腹下有脚紛紜名曰蜇花八月間乾者肉厚而脆名八月子尤美

黃魚蟲

黃魚蟲一名天蝦色白狀如蛺蝶四五月間從空飛入水化而爲蟲黃魚食之而肥名黃魚蟲魚人取其未化者炙食之云味甘美或以爲蝦所化以其自天故曰天蝦崔豹云海間有飛蟲如蜻蛉名繙紺七月羣飛闇天眉人食之云蝦所化或曰腐艸爲螢朽麥

爲蕃蕃爲蝦天蝦者蕃之所化未知然否

卷十一終



# 南越筆記卷十二

綿州　李調元　雨村輯

## 五色蝶

越南蛺蝶翅紋鮮麗羅浮有五色蝶能作繭可攜至遠方羅浮志云蝴蝶洞有仙蝶文彩陸離爲仙人彩衣所化大如盤而五色人得其繭蝶亦化出數日即有一蝶來引之而去雖數千里外藏之箱篋亦化出也

## 粵土多蟻

粵土多蟻廣志謂有飛蟻木蟻黑黃大小數種善齧



物嶺南雜記云新構房屋不數月爲其蝕壞傾圮者有之粵志潮人土人以蟻害稼有蟻祖廟在大馬蟻山歲五月郡蟻來朝有詠者云馬蟻山頭馬蟻朝年年五月趁江潮蟻祖主蟻之神猶周禮翨氏蟈氏之命其官也嶺表錄異云廣州多蟻其窠如薄絮囊連枝帶葉彼人以布袋貯之賣與養柑者以辟蠹雞肋編謂之養柑蟻

## 紅蝙蝠

羅定州產紅蝙蝠北戶錄云瀧州有蝴蝶背深紅惟翼脉淺黑名紅蝙蝠多雙伏紅蕉花間採者獲其一

則一不去又南方草木狀載鶴子草蟲化蝶丹青野錄又載綵裙化蝶

蚺蛇膽

有蚺蛇膽嶺南雜記蚺蛇粤西及南海州縣有之北戶錄云大者長十餘丈圍七八尺多在樹上候麞鹿過者吸而吞之至麂消即纏大樹上出其頭角乃不復動土人伺之以竹鐵籤殺之取其膽按蚺蛇膽諸說不一嶺南雜記謂捕之之法度其出入之地先釘羅椿數行狹僅容其身壯士持橄欖棍其中一人出外颺婦人裙以招之蛇望見即昂頭高五六尺來逐



入退入羅椿內蛇到狹處蜿蜒屈伸間人持棍擊之且退且擊覷其首俯地則無懼矣以葛藤繫其頸而牽之每擊一下則皮肉壁縮成泡而血凝即護身膽也其力大減多以亂眞眞者乃在腹內價過兼金瓊州志云遇人擊傷膽即至傷處護之故獨重膚膽腹中之膽無用也廉州志云上旬在頸中旬在心下旬在尾性耐死取膽釋之猶活廣州志云膽有三一曰旱膽能療目一曰水膽能止瀉一曰護身膽爲熬刑藥南裔異物志又云蚺蛇牙長六七尺土人尤重之云辟不祥利遠行

蚊子木

越南蚊蚋大小纖細不一善螫人冬月不斷本草拾遺云嶺南有蚊子木葉如冬青枇杷熟則拆裂而蚊出元微之謂蚋子之下有蟆子蟆子之下有浮塵子皆蚊屬也人嘗絮被自蔽輒通透故昔人有已微於蠢蠢仍害及人人之句

十二時辰蟲

酉陽雜俎載南方有避役蟲一名十二時辰蟲夏日常見於籬落間見者多稱意事嶺南異物志言其首隨十二時變易博物志言其陰多緗綠日中變易或



青或綠或丹或黃北戶錄言不能變十二色但黃褐青赤四色而已據本草引陸佃言蜥蜴能十二時變易禽蟲述云守宮長細五色者名蜥蜴則此蟲即蜥蜴矣說者謂守宮點婦人臂終身不滅偶則落故前人句云守宮落盡猩紅色明日低頭出洞房然春秋考異郵云以其常在屋壁故名守宮亦名壁宮則飾臂之說大抵不眞

蝍蛆

蝍蛆能伏蛇每自口入食蛇腹出行筒置蝍蛆蛇不能近又能嗅龍腥天將雨爭就木最高處嗅聞龍腥

故也廣中多蝍蛆而少蜈蚣絕無蠍蝍蛆多生古牆
中盛暑輒出大者有珠雷常搜而擊之

蛤蚧

蛤蚧唯雷瓊爲多長五六寸似蜥蜴四足有毛尾絕
短嘗自呼其名以鳴一歲則鳴一聲有鳴至數十聲
者人以爲神羅浮亦有之方言曰桂林之中守宮能
鳴卽此一名吉度蛇吉度者象其聲也其背色綠有
黃斑點若古錦自旦至暮常變十二種色有得其一
鬭於籠中玩之止見變黃褐赤黑四色多居古木竅
間人以其聲與色之異喜捕取之得其雌雄合者益



陽

斷草烏

斷草烏似小蛇大僅指許長五六寸頭如龍形而小
身純烏其行也百艸沾之立斷人見斷草輒跡得之
故蛇每離地丈許使身如矢直以入穴使不沾草故
人莫得而取之以酒煮食愈麻瘋

海珠

海珠狀如蛞蝓大如臂所茹海菜於海濱淺水吐絲
是爲海粉鮮時或紅或綠隨海菜之色而成曬晾不
得法則黃有五色者可治痰或曰此物名海珠母如

黑魚大三四寸海人冬養於家春種之瀕海田中遍
插竹枝其母上竹枝吐出是爲海粉乘溼舒展之始
不成結以點羹湯佳

害人蟲

害人蟲有數種一曰蜞有青黃二種青者生深山樹
葉中名曰飛蜞聞聲輒飛刺人取血專集耳後使人
不知始如鍼血飽則如指隨手拔去稍遲深入膚理
矣凡山行以無患子或蒜或薑汁或茶子末塗身則
飛蜞不敢近黃者生地下吮血如螞蝗入水則死螞
螞蝗一名水蛭池澤處處有之入人肌肉咂血誤吞



之則生子腹中噉食臟血飲黃土水數升可解或以
蠡竇則螞蝗化水而死有狗鼻揹者生陰溼處似山
蜞而長好入犬豕鼻中吮血間入人鼻血出不止曰
含釅醋塞兩耳自低其首則此物儵然而出被刺時
人不可拔重力拍之則自墮有沙蝨者生水中大不
過蟣喜入皮膚害人以茅根竹葉刮之或以苦苣汁
塗之可愈或以火炙身則隨火去有飛蛟者生於瘴
霧有三足無身呼吸間入人肺腑則食漸減而斃或
入魚腹牛馬腹中令食之者劇病先毒物以毒人也
之最惡者也然亦猶黎中乃有之又有蛇蟲狀如蜘

蛛而足短最毒出瓊州見者以爲蜘蛛也易視之忽爲所中有諺云生恨蜘蛛無結網無絲無緒最傷人

雨師雲師

霍山有雨師雲師雲師如蠶長六寸雨師如蛸長七八寸每出則有雲有雨山人以爲驗

蠱

粤東之估往贅西粤土州之婦人寡者曰鬼妻人弗娶也估欲歸則必與要約三年返則其婦下三年之蠱五年則下五年之蠱謂之定年藥愆期則蠱發膨脹而死如期返其婦以藥解之輒得無恙土州之婦蓋以得粤東夫婿爲榮故其諺曰廣西有一留人洞廣東有一望夫山以蠱留人人亦以蠱而留粤東諸山縣人雜猺蠻亦往往下蠱有挑生鬼者能於權量開出則使輕而少入則使重而多以害商旅蠱主必敬事之投宿者視其屋宇潔淨無流塵蛛網斯則挑生鬼所爲飲食先嚼甘艸毒中則吐復以甘草薑煎水飲之乃無患入蠻村不可不常攜甘草也挑生鬼亦蠱之屬蓋鬼而蠱者也凡下蠱皆出於猺出於獞之婦若猺娘則不能下蠱蠱有鬼名曰藥鬼藥鬼之所附獞婦恒不得自繇代代相傳必使其蠱不絶以



爲神其中於人得解者或吐出生魚生蝦生鴨子之屬皆藥鬼之爲之粤東無獞故無藥鬼

恩平蚯蚓

恩平蚯蚓生恩平水中屯結每水一升可得蚯蚓數十許色黄濁飲之立蠱又羅旁之水多有柯木葉木犀花葉浸其中飲之亦輒脹滿以死所謂水蠱者是也

白蠟蟲

粤人以蟲大如蟣虱者芒種後置之菁紬樹上樹狀類冬青蟲食樹汁吐沫粘嫩莖上化爲白脂至秋取之以水煮鎔濾成蠟文理瑩徹若石膏然以之澆燭入藥甚適用蟲嫩時白色作蠟及老則赤黑其結苞於樹枝初若黍米入春漸長如雞頭子大色紫赤纍纍抱枝宛如樹之作實是稱蠟種亦白蠟子子內有白卵一苞數百次年立夏以箬葉包之繫於樹上芒種後苞拆白卵化蟲乃復上樹作蠟也黄蠟成於蜜蜂白蠟成於此蟲各有其能若此白蠟瓊州最多以之爲炬大者可五六觔每夜蘸用至數百石其價頗賤諺曰東家白蠟蟲西家黄蠟蜂養蜂得蜜食養蟲得燭紅

禾蟲

夏雨過多禾中蒸鬱而生蟲或稻根腐而生蟲稻根色黃禾蟲者稻根所化故色黃大者如筋許長至丈節節有口生青熟紅黃霜降前禾熟則蟲亦熟以初一二及十五六乘大潮斷節而出浮游田上網取之得醋則白漿自出以白米泔濾過蒸爲膏甘美益人蓋得稻之精華者也貧者多醃爲脯作醢醬以食之

蠭蠠

蠭蠠多產於陽春以爲貨蠭爲房於巖石林木間者其釀白蠠脾謂之山蠠亦曰蠭糖霜後割之白如脂



味勝家蠠家蠠取以夏冬爲上秋次之春易發酸冬曰梅花糖最甘香唐詩云天寒割蠠房然其性熱多食發溼墊病生蟲䘌新興有薑蠠尤忌不若川蠠溫西南蠠涼爲可嗜又海濱巖穴野蠭窠蠠曰石蠠多泛溢於草間石罅露積日久必宿蛇虺之毒不可食也

蠬蠭

蠬蠭出陽春嘗附橄欖樹而生雖有首足與木葉無別須木葉凋落乃得之土人以置篋笥每遇蠱毒必鳴鳴則自呼又以其聲之清濁卜禍福粵以鷄卜又以蠬蠭卜人罕知之史稱昆蟲之所長聖人不能與爭其謂此歟

天蠶

天蠶產陽江嗜食樟楓葉歲三月熟醋浸之抽絲長七八尺色如金堅韌異常以作蒲葵扇緣名天蠶絲亦有成繭者大於家蠶數倍禹貢厥篚檿絲或即此類然不可繅爲絲入貢首齊魯之山繭也有沙柳蟲腹中絲亦可作緣

石背蟲

石背蟲生荔枝樹上喜食荔枝花蕋荔枝多虛花花



十千乃一又以石背之爲賊場師必務去之石背闘中尤多冬伏荔枝葉下荔始花蟲亦生子一生十二粒數應一歲閏則增其一荔花時石背輒溺溺則全枝脫蔕雨時尤盛其背堅如石故曰石背廣中荔花所苦多雨耳石背無甚害也

金鷄蟲

金鷄蟲食龍眼花立虛歲大寒節場師必搖樹使金鷄蟲盡落乃掃除而溺之江非大寒節雖搖樹蟲亦不落也有黃虫者將類蟲蠭春社後江崖地中乘日暮而出食百樹葉色轉翠蕋葉之所化也與金鷄亦

相類

綠金蟬

綠金蟬一名金花蟲大者如班貓有文采其背正綠如金貼有翅生甲下喜藏朱槿花中

卷十二終



# 南越筆記卷十三

綿州 李調元 雨村輯

荔支

羅浮志荔有數種產增城者尤佳挂綠為上出新興者香荔實小核焦而香美荔枝之最珍者也白樂天荔枝圖曰如離本枝一日色變二日香變三日味變四五日外色香味盡去矣番榴洋桃皆粵產虞衡志云五稜子形甚詭異瓣五出如田家碌碡狀味酸久嚼微甘謂之洋桃志云能解嵐瘴之毒中蠱者以自然汁飲之即吐而愈或曰種自外洋來故名按番榴俗又名秋果土人鬻物者多以葵葉編傘當市梢隙處以蔽風日



龍眼

草木狀云龍眼似荔枝但枝葉稍小殼青黃色形圓如彈丸肉白而帶漿其甘如蜜一朶五六十顆作穗如蒲萄然荔枝過則龍眼熟故謂之荔枝奴言常隨其後也通志龍眼曰早花者以六月六日可食按龍眼粵地多有之熟時兒童販賣者塡街盈籠

柑柚

柑柚廣中多產之其佳者有獅頭羊額諸名裴淵廣

州記云柚有雷柚實如斗大廣州志柚有大小紅白數種產於增城者小而尖長甚芬郁名香柚十月熟一種如斗大者曰斗柚十二月熟餘皆八月熟又有名賀正柚至正月始熟羅浮記云羅浮香柑有赭黃二色潮州志云潮果以柑爲第一品肇慶志云乳柑産四會上林者佳北戸錄載新州出變柑有苞大於升者且皮薄如洞庭之橘也他柑之所弗及相傳移植不百里形味俱變因以爲名

香橼佛手

本草陳藏器云枸橼生嶺南實如蓋蘇頌曰彼人呼



爲香橼子形長如小瓜李時珍曰木似朱欒植之近水則生實如人手有指俗呼爲佛手柑清芬襲人按今粵人呼爲五指香橼內典以佛手爲兜羅綿手白香山詩十指剝春葱謂女手也

化州橘紅

嶺南雜記化州仙橘相傳仙人羅辨種橘於石龍之腹唯此一株在蘇澤堂者爲最清風樓次之紅樹又次之凡近州治聞譙樓更鼓者其皮亦佳志云今廣東柑橘橙柚之皮皆充用按廣陳皮入藥者化州爲上新會次之新會卽岡州地本草云橙橘同屬能下氣消痰與柑柚性極不同形質大小粗細固自有辨醫方多誤用宜愼之

檳榔

南裔異物志檳榔無花而實堅如乾棗以扶留古賁灰并食則滑美下氣及宿食消穀南中八郡志云土人以爲貴款客必先進鷄林玉露曰檳榔食之醺然頰赤東坡詩所云紅潮登頰醉檳榔也雖婦女亦競啖之婚禮用以當委禽志稱今產瓊州廣志又謂椰樹高六七丈無枝葉其實大如寒瓜其漿美如蜜飲之乃醉今產文昌志云清漿升許微酒氣名曰椰酒



虞衡志云椰酒新者極清芳按椰子蒂可作念珠皮可爲器皿

橄欖

橄欖一名諫果草木狀云樹身聳枝皆高數丈其子深秋方熟味雖苦澁咀之芬馥勝含鷄舌香通志粵中多種烏橄其利多白欖種者少號曰青子按粵產實繁纖長而小鮮時亦登果盤可醒酒正味森森苦且嚴東坡咏句也

桄榔

桄榔木海南所產虞衡志云直如杉又如椶櫚有節

如大竹一幹挺上高數丈花數十穗草木狀謂皮中有屑如麪木性如竹紫黑色有文理工人解以製奕枰按桄榔性堅韌可為器作轎幹尤佳世爭購之

綿木

肇慶志新興產綿木其質柔韌以為負擔雖負重不折為輿槓最佳

波羅蜜

虞蜜志波羅蜜大如冬瓜外膚磊砢如佛髻削其皮食之味極甘子瓤悉如冬瓜生大木上秋熟廣州府志又載波羅樹無花結果果成或生一花花甚難得



即優鉢曇花也

食竹衣竹

廣州志韶州出丹竹亦曰䈂竹節長二尺練以為麻織之是名竹布故曰南越食竹衣竹按唐開元嶺南有調有貢韶州調以竹子布亦有名絲而無以為織者志又載陽江出天蠶其食必樟楓葉歲三月熟酸浸之抽絲長七八尺色如金堅韌異常以作蒲葵扇緣名曰天蠶絲

廣漆

廣中產漆售行他省皆稱廣漆粵中工人製造几匣器皿無不精雅髹器中磨砑最細者退光為上次之瓊州志漆器釁漆雕漆有剔紅剔黑諸色虞衡志云南漆如稀飴氣如松脂霑霑無力通志謂廣漆色甚明光而不甚粘出陽春新興德慶廣州志又載海上有花如芍藥曰到粘子漬以為膠可代柹漆謂之海漆陸應陽謂東坡造

菩提樹

菩提樹子可作念珠廣州志云訶林有菩提樹梁智藥三藏攜種樹大十餘圍根株無數通志謂葉似桑寺僧採之浸以寒泉歷四旬浣去渣滓惟餘細筋如



絲可作燈帷笠帽瓊州志又稱金剛子產瓊山圓如彈堅實不朽可為數珠按菩提子每顆面有大圈文如月周羅細點如星謂之星月菩提又有木槵子色較黑而質更堅結亦可為念珠大姚諸處俗亦呼為菩提子

紫檀花梨鐵力諸木

紫檀花梨鐵力諸木廣中用以製几匣牀架古今注紫梅木出扶南色紫亦謂之紫檀廣州志花櫚色紫紅微香其文有若鬼面亦類貍斑又名花貍老者文拳曲嫩者文直其節花圓暈如錢大小相錯者佳瓊

州志云花梨木產崖州昌化陵水鐵力木理甚堅緻質初黃用之則黑黎山中人以爲薪至吳楚閒則重價購之通志云一名石鹽一名鐵稜

烏木

烏木瓊州諸島所產土人折爲箸行用甚廣志稱出海南一名角烏色純黑甚脆有曰茶烏者自番舶賈堅實置水則沉其他類烏木者甚多皆可作几杖置水不沉則非也

梅

梅花惟嶺南最早冬至雷動地中則梅開故廣中梅



於一之日已花二之日成子得春獨早故羣卉資之以爲始韶州梅長至已開臘月大雪梅復開尤盛有於舊蔕而作新花者其地屬嶺北故梅以臘以正月開廣則秋末冬初梅且開盡往往不待長至以地煖故早梅嶺多梅唐六帖言庾嶺梅花南枝已落北枝未開而宋之問有魂隨南翥鳥淚盡北枝花之句好事者往往植梅其上宋淳熙閒知軍事管鋭植三百株明正統中知府鄭述復補植正德中參政吳廷舉增植及松至萬五千餘株有某推官女亦植梅三十株鐫詩於石崇正初年博羅張郎中萱植三百株知府趙孟守題曰梅花國書額於紅梅驛以旌之

楓

楓喜風故從風嶺南楓多生山谷閒羅浮連亘數嶺皆楓每風起則楓鳴風去楓聲不止不與衆林俱寂故謂之楓楓者風之所聚有癭則風神之曰楓子鬼嵇含云楓老有癭中夜大雷雨癭暗長一枝長可數尺形如人口眼悉具謂之楓人越巫取之作術往往有神

榕

榕容也以其材無所用爲斧斤所容故曰榕葉甚茂



盛柯條節節如藤垂其幹及三人圍抱則枝上生根連綿拂地得土石之力根又生枝如棟柱互相撐抵望之有若大廈直者爲門曲者爲窗牖玲瓏四達人因目之曰榕廈其中常產香木炎精所結往往有伽倆焉粵人以其香可來鶴子可肥魚多植於水際又以其細枝曝乾爲火枝雖風雨不滅故今州縣有榕鬚之徵其脂乳可以貼金接物與漆相似亦未盡爲不材也性畏寒踰梅嶺則不生故紅梅驛有數榕爲炎寒之界又封川西三十里分界村二廣同日植一榕相去三丈許而東大西小東榮西瘁東榕又不落

葉咫尺間地之冷暖已分如此自韶州西北行榕多直出不甚高與廣州榕婆娑偃蹇者異高州道中榕夾路衆陰凡百株狀甚詭怪皆束千百根以爲一身有紅白大葉小葉諸種有子無花子落時常如密雨中多嶺西副使吳廷舉所植父老稱吳公榕新興東北一帶亦有之先是宋延祐間有倉振者知新州夾道植榕其後高芝復植松於是行旅歌之曰倉榕高松手澤重重高松倉榕夾道陰濃而僉事劉洵者修高倉故事自高要南岸至新興令里胥分地植榕遣官以時驗勤怠至今榕樹存者大十圍又歸善葉春



及知惠安令民植榕下教曰榕者容也其陰大當馳道植自白水至雒陽五丈而樹田間恐妨穀凡植幾本以報嗚呼遠者種德近者種樹吾無德且種樹此皆仁人之澤也其榕凡四百二十一本云

### 筆管樹

筆管樹卽梡樹也廣州故屯田道署有一樹通體根鬚蟠結大可數十抱枝𣞤而勁葉初發細卷如辛夷之蕾葉開則色殷紅望之如花其樹無花葉卽其花葉至冬而落春間乃發初發又如筆管粤人因名爲筆管樹舊有一碑在樹腹兵婦得之以搗衣有聞石聲清越者求之則冢宰李默所誤孤樹裒談記也默嘗爲屯田副使居此故有之

### 椰

椰生瓊州栽時以鹽置根下則易發樹高六七丈直竦無枝至木末乃有葉如束蒲長二三尺花如千葉芙蓉白色終歲不絕葉間生實如瓠纍房房連累一累二十七八實或三十實大者如斗有皮厚苞之曰椰衣皮中有核甚堅與膚肉皆緊著皮厚可半寸白如雪味脆而甘膚中空虛又有清漿升許味美於蜜微有酒氣曰椰酒蘇軾詩美酒生林不待儀言椰子



中有自然之酒不待儀狄而作也瓊人每以檳榔代茶椰代酒以款賓客謂椰酒久服可以烏鬚云瓊州多椰子葉昔趙飛燕立爲皇后其女弟合德獻諸珍物中有椰葉席焉椰葉之見重也自漢時始瓊州人無分男女首皆戴笠以竹絲爲之其用椰葉爲笠者貴之也以爲席則賤之矣

### 番禺多桂

番禺多桂山海經云賁隅之東八桂生焉故舟楫多采桂爲之曰故番禺之桂爰始爲舟

### 肉桂

肉桂一名越桂飲食中古稱蜀葛越桂越桂以高州肉桂爲珍雜檳榔食之口香竟日秦時羅浮有桂父者象林人也嘗服肉桂及葵以龜腦和之列仙傳贊云偉哉桂父挺直遐畿靈葵內潤丹桂外綏著謂是也

洋桃

洋桃其種自大洋來一曰羊桃樹高五六丈大者數圍花紅色一蔕數子七八月間熟色如蠟一名三斂子亦曰山斂斂稜也有五稜者名五斂以糯米水澆則甜名糯羊桃廣人以爲蔬能辟嵐瘴之毒中蠱者



搗自然汁飲毒即吐出脯之或白蜜漬之持至北方不能水土與瘧者皆可治蘇長公詩添傾白蜜收五稜謂此

冬桃匾桃

冬桃似橄欖而圓色綠味甘酸有匾桃似桃而匾一曰偏桃大者若鴨卵色青黃味酸微甜

望果

望果一名蜜望樹高數丈花開繁盛蜜蠭望而喜之故曰蜜望花以二月子熟以五月色黃味甜酸能止船暈飄洋者兼金購之有天桃者與相類樹高亦數丈巨者百圍正月花六七月子熟大如木瓜味甜酢以羹魚尤善凡渡海者食之不嘔須然年荒乃多結實粵諺云米價高食天桃

黎檬子

黎檬子一名宜母子似橙而小二三月熟黃色味極酸孕婦肝虛嗜之故曰宜母元時於廣州荔支灣作御果園栽種果木樹大小八百株以作渴水里木即宜母子也吳萊詩廣州園官進渴水天風夏熟宜檬子百花醞作甘露漿南國烹成赤龍髓著以里木子榨水煎糖也



人面子

人面子以增城水東所產爲佳子如大梅李其核類人面兩目鼻口皆具肉甘酸宜爲蜜煎仁絕美以點茶如梅花片光澤可愛茶之色香亦不變水東在城南雁塔下其樹僅數十株子皮薄落之使潰爛乃乾其核囊之其仁皮寬稍搖即脫去此樹最宜沙土沙土鬆則根易發數歲即婆娑偃地山居家其祖父欲遺子孫必多植人面烏欖人面賣實烏欖賣核及仁百餘年世享其利番禺大石頭村婦女多以斲烏欖核爲務其核以炊仁以油及爲禮果有詠烏欖者云

祗應人面子與爾共成仁葢粵中惟此二果以仁重故諺語云爾

蠅樹

西樵多種茶茶畦有蠅樹葉細如豆葉落畦上則茶不生蟣旱則蠅樹降水以滋茶潦則蠅樹升水以暵茶故茶恒無旱潦之患又夏秋時蠅皆集於蠅樹不集茶故茶不生蟣而味芳好葢蠅樹者茶之所賴以爲潔者也

藥樹

化州石城之閒有藥樹狀似木棉其精液色白見風



則黑是名藥脂土人以濡箭鏃爲暝藥以射虎虎三躍而斃山豬中藥箭則嚙木槵根以自療土人知之用藥箭必含一木槵子戒橄欖葢藥樹與橄欖性相犯故也

柊葉

有柊葉者狀如芭蕉葉溼時以裹角黍乾以包苴物封缸口葢南方地性熱物易腐敗惟柊葉藏之可持久即入土千年不壞柱礎上以柊葉墊之能隔溼潤亦能理象牙使光澤計粵中葉之爲用柊爲多蒲葵次之有油葵者似櫻葉而性柔以作簑衣耐久不減蒲葵諺曰油葵簑蒲葵笠朝出風乾暮歸雨溼又曰只賣葉休賣花花貧葉富二葵成家廣州竹枝詞云五月街頭人賣葉卷成片片似芭蕉謂柊葉也參差葉尾作簑篷謂蒲葵也篷形方大三尺許以施於背遮雨名曰葵篷葵曰蒲葵者以葉如蒲而倒垂葢蒲之木也

油葵

油葵生陽江恩平大山中樹如蒲葵葉稍柔亦曰柔葵取以作簑禦雨耐久諺曰蒲葵爲扇油葵簑家種二葵得利多



馬纓丹

馬纓丹一名山大丹花大如盤蕊時凡數十百朶每朶攢集成毬與白繡毬花相類首夏時開初黃色蕊鬚如丹砂將落復黃黃紅相閒光豔炫目開最盛最久八月又開有以大紅繡毬名之者又以其瓣落而蒂枝矗起槎枒成與珊瑚柯條相似又名珊瑚毬名大紅繡毬者以開時也言珊瑚毬者以落時也唐詩越人自貢珊瑚樹意卽此

步驚花

步驚花有幽香步行遇之往往驚爲蕙蘭故曰步驚

永安人每以嫩葉乾之持入京師作人事

槌子

槌子一名員子多生則歲歉永安人每以為驗

泡木

泡木高明高要皆有之千百成行出於江海堧沙水間乃無始以前之木質不朽爛火之不然漁人斲之以繫罟網尚其性甚浮故也

海苔樹

海苔樹出陽江海中石上狀如樹枝根如鐵亦稱鐵樹柯條蟠結有枝無葉分紅黑二種火稍炙之隨手



作各種古樹甚有畫意

海棗

海棗俗名紫京堅重過鐵力木鐵力木不甚宜水此則入水及風雨不朽以作屋嫌小皺裂故不貴

鹽醋子

鹽醋子陽江山林多有之高四五尺葉如苦楝秋生白花結子最繁冬即枯死子味酸如醋酷日暴之能出白鹽故名

刺桐

刺桐花形如木筆開時爛若紅霞風吹色愈鮮好絕無一葉開之或謂刺桐即蒼梧瓊州田家以刺桐葉糞田門巷多種之耕時視其花為候

香桃花

香桃花與中州桃花不異獨於八九月盛開有微香中宿峽秋海棠亦香大抵嶺南眾香之國花木多香蓋陽德之所發生也

散沫花

散沫花樹高五六尺枝條柔弱花繁細如半米粒許廣人多使丐者著敝垢衣種之花香尤烈葉以染指甲故亦名指甲花



瓊南花木

瓊南氣候大抵在新夏初秋之間半涼半燠諺云葉茂四時花開八節扶桑自春木芙蓉自夏桃菊自秋皆開至冬春而止蓮亦有四季花者木蘭花如粟淡黃芳似珠蘭而蘊藉過之樹本大者圍數尺眞可以為木蘭舟也木槿花比廣州較大名土牡丹皆從夏至冬有花有青茉莉本如藤蘿盤結成叢花時香甚酷烈土人多結竹為亭坐卧其下為消暑之會有仙人掌自下而上一枝一掌無花葉可以辟火有鐵樹葉朱紺色形如江南老少年其本則椶也有人面竹

可爲杖瓊南竹此爲佳種他竹率生荆棘有藤竹堅實耐久長踰尋丈皆與諸花雜植以爲園林之玩者

### 孔雀花

瓊州有孔雀花可以辟暑有爲苦熱詩者云葛衣半解方流汗涷殺牖陰孔雀花是花性宜陰涇對之生寒故云

### 廣東諸果

廣東諸果多於他處瑣屑難名今姑取俗所稱者一曰穀子大如橄欖而長初亦苦澁後甘嫩者蜜漬之可食一曰餘甘子樹高丈餘葉如槐子如川楝白色



有文理核作六稜亦初苦澁後甘行者以之生津一名菴摩勒一曰鬼目子大如梅李皮黃肉紅味甚酸人以爲蔬以皮上有目名鬼目一曰麂木麂者鬼之譌也一曰山棗子葉似梅子如荔支九月熟一曰卍果果作卍字形畫甚方正蒂在字中不可見生食香甘一名蓬鬆子一曰楷欏子樹似甘蕉子如馬乳而小俗稱牛奶柹亦曰牛乳子廣人言乳曰奶中有美漿若牛乳故曰牛奶子一名楰棗一曰千歲子蔓生子在根下有綠鬚交加如織一苞恒二百餘子皮青黃乾者殼肉相離撼之有聲似肉豆蔻一曰秋風子色褐如梨而小味酸澁熟乃可食一曰金紐子色紅黃味甘大如秋風子俗歌云一雙金紐子無計上羅衫一曰青竹子如桃而圓味酸色黃一曰羊齒子一曰羊矢如石蓮而小色青味甘一曰不納子實如圓棗十月黃熟味甜酸蓋蘋果之小者粤中少蘋果花紅二種以不納子代之一曰山葡萄一名蘡薁其莖細裊花紫白實比葡萄而小色赤味酢可爲酒八九月熟一曰山韶子類荔支而鮮麗過之微有小毫一名毛荔支亦曰毛挑子肉薄而酸澁著核不離蓋荔支之變者一曰臙脂子子赤如臙脂味甜酸諺曰不



采紅蓼花但采臙脂子持以作朱顏其餘入玉齒一曰都捻子撲樕叢生花如芍藥而小春時開有紅白二種子如軟柹外紫內赤亦小有四葉承之每食必倒捻其蒂故一名倒捻子子汁可染若臙脂花可爲酒葉可麴皮漬之得膠以代柹蘇子瞻名曰海漆非漆而名爲漆以其得乙木之液凝而爲血而可補人之血與漆同功功逾青黏故名取子研濾爲膏餌之又止腸滑以其爲用甚衆食治皆需故又名都捻産羅浮者高丈許子尤美一曰黃皮果狀如金彈六月熟其漿酸甘似葡萄可消食順氣除暑熱與荔支並

進荔支饜飫以黃皮解之諺曰饑食荔支飽食黃皮之有曰白蠟子者與相似其味尤勝諺曰黃皮白蠟甜酸相雜曰蘋婆果一名林檎樹樹高葉大而光潤莢如皂角而大長二三寸子生莢兩旁或四或六子老則莢迸開內深紅色子皮黑肉黃熟食味甘蓋頁栗也相傳三藏法師從西域攜至與訶梨勒菩提雜植虞翻苑中今遍粵中有之一曰水栩子多生水間或謂林檎爲雄水栩爲雌與蘋婆相似

三醉木芙蓉

三醉木芙蓉本拒霜之變也其花重臺多露而顏色



不定一日三換故稱三醉將紅曰初醉淺紅曰二醉暮而深紅爲三醉故亦曰酒芙蓉又有添色芙蓉初白花次日稍紅又次日深紅又謂三日醉芙蓉其子自秋至春不落皮可爲筆爲布廣州有芙蓉布卽此種所成

含笑

含笑與夜合相類大含笑則大半開小含笑則小半開半開多於曉一名朝合小含笑白色開時菩蕾微展若菡萏之未敷香尤酷烈古詩云大笑何如小笑香紫花那似白花粧又有紫含笑初開亦香是子瞻所稱娟娟泣露暗麝著人者羅浮夜合含笑其大至合抱開時一谷皆香亦異事也

木樨

木樨與桂相似而花多過之秋深尤盛白沙有九月木樨盛開寄賀黃門詩云香逐西風起氤氳入杳冥不知從此去幾日到邊城

月貴

月貴花似荼蘼月月開故名月貴一名月記有深淺紅二色宋子京云花亘四時月一披秀故又名月月紅廣東爲長春之國雖涸陰沍寒花開不輟月貴其



一也佛桑亦然而瓊州芙蓉一種自五月開至冬盡佛桑多與牡丹相似花朶大有重樓子而香終歲盛開梅菊亦大朶梅不以春菊不以秋二花時時相見也

貝多羅

貝多羅來自西洋葉大而厚梵僧嘗以寫經唐人詩貝葉經文手自書是也花大如小酒杯六瓣瓣皆左紐白色近蕊則黃有香甚縟落地數日其香朶朶不散

杜鵑花

杜鵑花以杜鵑啼時開故名西樵巖谷間有大粉紅黃者千葉者一望無際羅浮多藍紫者黃者香山鳳凰山有五色者是花故多變而殷紅為正色

丁香

丁香生廣州木高丈餘葉似櫟花圓細而黃子色紫有雌有雄雄顆小稱公丁香雌顆大其力亦大稱母丁香從洋舶來者珍番奴口嘗含嚼以代檳榔其樹多五色鸚鵡所棲以丁香未熟者為餌子既收則啄

丁皮

女青男青



女青一名萬年枝即冬青亦曰女貞木身大合抱肉厚皮麁經冬不謝結子青黑色有瓤核飛禽嗜之亦名凍青又有男青與相似條藥皆朱色尤易植人罕知之

佛桑

佛桑一名福桑又名扶桑枝葉類桑花丹色者名朱槿白者曰白槿有黃者粉紅者淡紅者皆千葉輕柔婀娜如芍藥而小盞麗木也一曰花上花花上復有花者重臺也其朱者可食白者尤清甜滑婦女常以為蔬可潤容補血

白瑞香

白瑞香多生乳源山中冬月盛開如雪名雪花刈以為薪雜山蘭芎藭之屬燒之比屋皆香其種以孿枝為上有紫色者香尤烈雜眾花中眾花往往無香皆為所奪一名奪香花乾者可以稀痘

合歡

合歡木似梧桐枝柔弱葉細而繁每風來輒自相解不相牽綴五月花發上半白下半肉紅散垂如絲秋實作莢子極其薄細其葉至暮即合一名合昏亦曰夜合蓋夜合花其花夜合合歡木其葉夜合性各不同高州有合歡樹枝葉若拘繫然互相交結其狀甚古



指甲花

指甲花似木樨細而正黃多須菂一花數出甚香粵女以其葉兼礬石少許染指甲紅艷奪目唐詩彈箏亂落桃花片謂此一種金鳳花亦可染名指甲桃葉小如豆花四瓣層層相對一幹輒有二種花一深紅一黃邊紅腹其蕊大者為鳳頭小者鳳尾尾修長纓纓又有兩翅粵女多象之作釵二三月時栽之與指甲花為一叢兒童向街頭賣者多此二花

南燭

南燭產羅浮高處初生三四年狀若菘漸似梔子二三十年成大株葢木而似草者也葉似茗而圓厚冬夏常青枝莖微紫大者高四五丈肥脆易折子如茱萸九月熟酸美可食昔朱靈芝眞人以其葉雜白秔米九蒸暴之爲青精飯常服人稱青精先生今蘇羅猺人每以社日爲青精飯相餉師其法

西樵山四種花

西樵山有四種花他處所無曰山石榴三月盛開稱滿山紅曰錦鷺花葉如碧蘭花瓣上紅下白曰白鶴花葉如三藾莖上出花狀白鶴頭頸翅足皆具頭又有黑點如眼睛開於暮春曰粉蝶花枝條甚柔花如粉蝶然湛文簡嘗爲四花亭玩之又有月桂二株石榴一株在烟霞隱居之前月桂多花石榴多實則是年禾茶皆熟山人以爲驗

九里香

九里香木本葉細如黃楊花成苑色白有香甚烈又有七里香葉稍大其木皆不易長廣人多以最小者製爲古樹枝幹拳曲作盤盂之玩有壽數百年者

白嬋子



白嬋子一名山礬葉如梔子可辟書蠹灰其葉以染紫爲黝可不用礬故名三月作白花六出甚香亦曰白嬋子入藥名山梔子

水松山松

水松者櫻也喜生水旁其幹也得杉十之六其枝葉得松十之四故一名水杉言其幹則曰水杉言其枝葉則曰水松也東粵之松以山松爲牡水松爲牝水松性宜水葢松喜乾故生於山檜喜溼故生於水水松檜之屬也故宜水廣中凡平堤曲岸皆列植以爲觀美歲久蒼皮玉骨礧砢而多瘿節高者塵駢低者葢其根浸漬水中輒生鬚鬣嫋娜下垂葉清甜可食子甚香

花開四季

粤中候暖花開四季儋州有四季荷廣州諸處有四季桂又芭蕉佛桑皆四季著花虞衡志又載石榴花南中一種四季常開

木棉花

嶺南雜記木棉花大可合抱高可數丈葉如香樟瓣極厚一條五六出正二月開大紅花如山茶而蕊黃色結子如酒杯老則拆裂有絮茸茸與蘆花相似土

人取以作裀褥女工不能治通志亦云詢之粤人無有織者一名攀枝花肇慶志云以吉貝苗接烏桕根結花爲棉按此則以木棉可績爲布者大抵因接本使然與草棉固自有别然當開時殷紅照耀實非他花所可媲美又南海神廟木棉花開時最盛海珠寺亦然

茉莉

茉莉自波斯移植粤中芳香不改東坡稱爲暗麝香越記云彼之女子穿綵絲以爲首飾洛陽名園記作抹厲王十朋作潑利洪景盧作末麗皆以己意名之



宋時遣使至南漢不識茉莉劉鋹紿曰此小南强後鋹使至不識牡丹前使者復曰此大北勝按茂名志云粤無牡丹以佛桑代之

卷十三終

# 南越筆記卷十四

綿州　李調元　雨村輯

沉香

嶠南火地太陽之精液所發其草木多香有力者皆降皆結而香木得太陽烈氣之全枝幹根株皆能自爲一香故語曰海南多陽一木五香海南以萬安黎母東峒香爲勝其地居瓊島正東得朝陽之氣又早香尤清淑多如蓮蕚梅英鵝梨蜜脾之類焚之少許氛翳彌室雖煤燼而氣不焦多醞藉而有餘芬洋舶所番沉藥沉往往腥烈即佳者意味亦短木性多尾



煙必集其出海北者生於交阯聚於欽謂之欽香質重實而多大塊氣亦酷烈無復海南風味粤人賤之海南香故有三品曰沉曰箋曰黃熟沉箋有二品曰生結曰死結黃熟有三品曰角沉曰黃沉若敗沉者木質既盡心節獨存精華凝固久而有力生則色如墨熟則重如金純爲陽剛故於水則沉於土亦沉此黃熟之最也其或削之則卷嚼之則柔是謂蠟沉皆子瞻所謂既金堅而玉潤亦鶴骨以龍筋惟膏液之內足故把握而兼斤無一往之發烈有無窮之氤氳者也凡采香必於深山叢翳之中羣數十人以往或

一二日即得或半月徒手而歸葢有神焉當夫高秋晴爽覘山木大小皆凋瘁中必有香乘月探尋有香氣透林而起以艸記之其地亦即有蟻封高二三尺隨挖之必得油速伽南之數而沉香爲多其木節久蟄土中滋液下流旣結則香面悉在下其背帶木性者乃出土故往往得之沉香有十五種其一曰黃沉亦曰鐵骨沉烏角沉從土中取出帶泥而黑心實而沉水其價三換最上其二生結沉其樹尚有青葉未死香在樹腹如松脂液有白木間之是曰生香亦沉水其三四六沉香四分沉水六分不沉水其不沉水



者亦乃沉香非速其四中四六沉香其五下四六沉香其六油速一名土伽㑲其七磨料沉速其八燒料沉速其九紅蒙花劘蒙者背香而腹泥紅者泥色紅也花者木與香相雜不純劘木而存香也其十黃蒙花劘其十一血蒙花劘其十二新山花劘其十三曰鐵皮速外油黑而內白木其樹甚大香結在皮不在肉故曰鐵皮此則速香之族又有野猪箭亦曰香箭有香角香片香影香影者鋸開如影木然有鸞鷟背半沉半速錦包麻麻包錦其曰將軍兜茇㲉雨淋頭鯽魚片夾木含泥等是皆香之病也其十四老山牙香其十五新山牙香香大塊剖開如馬牙斯爲最下然海南香雖最下皆氣味清甜別有醞藉若渤泥暹羅眞蠟占城日本所産試水俱沉而色黃味酸香尾焦烈若至鷄骨香乃雜樹之堅節形色似香純是木氣本草綱目以爲沉香之中品誤矣

伽㑲

伽㑲雜出於海上諸山凡香木之枝柯竅露者木立死而本存者氣性皆溫故爲大螘所穴大螘所食石蠠遺漬香中歲久漸浸木受石蠠氣多凝而堅潤則伽㑲成其香本未死蠠氣未老者謂之生結上也木



死本存蠠氣膏於枯根潤若餳片者謂之糖結次也歲月旣淺木蠠之氣未融木性多而香味少謂之虎斑金絲結又次也其色如鴨頭綠者名綠結掐之痕生釋之痕合挼之可圓放之仍方鋸則細屑成團又名油結上之上也伽㑲木與沉香同類而分陰陽或謂沉牝也味苦而性利其香含藏燒乃芳烈陰體陽用也伽㑲牡也味辛而氣甜其香勃發而性能閉二便陽體陰用也然以洋伽㑲爲上産占城者剖之香甚輕微然久而不減産瓊者名土伽㑲狀如油速剖之香特酷烈然手汗沾濡數月卽減必須濯以清泉

膏以蘇合油或以甘蔗心藏之以白蕚葉苴之瘞土數月日中稍暴之而後香魂乃復也占城者靜而常存瓊者動而易散靜者香以神行動者香以氣使也藏者以錫爲匣中爲一隔而多竅蘿其下伽楠其上使薰炙以爲滋潤又以伽楠末養之他香末則弗香以其本者返其魂雖微塵許而其元可復其精多而氣厚故也尋常時勿使見水勿使見燥風衢溼出則藏之否則香氣耗散

東莞香

東莞香以金釵腦所產爲良地甚狹僅十餘畝其香



種至十年已絕佳雖白木與生結同他所產者在昔以馬蹄岡今則以金桔嶺爲第一次則近南仙村鷄翅嶺白石嶺梅林百花洞牛眠石鄉諸處至劣者烏泥坑然金桔嶺歲出精香僅數斤某家有精香多寡人皆知之馬蹄岡久已無香其香皆新種無堅老者凡香先辨其所出之地香在地而不在種非其地則香種變其土如鷄子黃者其香鬆而多水熟沙黑而多土者其香堅而多生結能耐霜雪又以泥紅名朱砂管者或紅如麴粉者磽确而多陽者爲良土莞人多種香祖父之所遺世享其利地一畝可種三百餘株爲香田之農甚勝於藝黍稷也然可種之地僅百餘里他處弗茂且弗香凡種香先擇山土開至數尺其土黃砂石相雜堅實而瘠乃可種其壤純黃純黑無砂至雨水不滲潮汐潤及其香紋或如飴糖甜而不清或多黑絲縷味辣而濁皆惡土也不宜種香木如樹蘭而叢密行人每折枝代傘謂之香陰其葉似黃楊凌寒不落種五六年即結子子如連翹而黑落地即生經人手摘則否夏月子熟種之苗長尺許乃拔而蒔蒔宜疎使根見日疎則香頭大見日則陽氣多歲一犂土使土鬆草蔓不生至四五歲乃斬其正



幹鬻之是爲白木香香在根而不在幹幹純木而色白故曰白木香非香故曰白木而不離香故曰白木香此其別也正幹已斬留其支使益旁抽又二三歲乃於正幹之餘出土尺許名曰香頭者鑿之初鑿一二片曰開香門亦曰開香口貧者八九歲則開香門富者十餘歲乃開香口然大率歲中兩鑿春以三月秋以九月鑿一片如馬牙形即以黃土兼砂壅之明歲復鑿亦如之自少而多今歲一片明歲即得二三片矣然貧者鑿於三月復鑿於九月耳富者必俟十閱月乃再鑿蓋以十月香胎氣足香乃大良也既鑿

矣其爲雨露所漬而精液下結者則其根美其葉茂不能漬水不能腐者其精液滲成一縷外黃內黑及名黃紋黑滲以此爲上蓋香以歲久愈佳木氣盡香氣乃純純則堅老如石擲地有聲昏黑中可以手擇其或鬃紋交紐穿胸而透底者或不必透底而面滲一黑線者或黑圈斑駁如鷓鴣斑者或作馬尾滲者或純黃者鐵殼者皆爲生香生曰生結亦曰血格曰黑格熟曰黃熟亦曰水熟黃熟者香木過盛而精液散漫未及凝成黑線者又土壅不深而爲雨水所淋者是爲黃熟生結者香頭之下閉有隙穴爲日月之



光所射霜露之華所漬日久結成胎塊其實不朽而與土生氣相接者是爲生結以多脂膏潤澤洽於表裏又名血格曝之日中其香滿室不必焚爇而已氤氳有餘矣

鶴頂香

鶴頂香在古榕之腹常有鳥啣香子墮落其中歲久香木長成其枝葉微出榕杪白鶴之所盤旋朝夕不散久之香木作結堅潤如脂人取而爇之香煙翔舞悉成白鶴之形白鶴大小則視香煙之穠薄是名鶴頂香東莞或時有之或曰是遯香也身在榕中而氣與鶴相感蓋以榕爲體以鶴爲用者也

諸香

諸香有曰鷄蹦香枝條似鷄距故名一曰鷄香一曰鷄藤香一曰鷄骨香有冷生香似降香而小降香一曰降真香雜諸香焚之其烟直上輒有白鶴下降有馬眼香其藤大如臂歲久心朽皮堅甚香周遭有小眼如雕刻香筒狀粵人多以供神謂之比降降之真者從海舶而來曰番降根極堅實色紫潤似蘇方木燒之初不甚香得諸香和之特美其屑可治刀傷有水藤香有楓香即楓膠也一曰白膠香有左紐香石



檀香有海漆香產文昌海港色甚黑焚之油出如漆有龍骨香其樹叢生有刺汁甚毒枝老而根結者美有芸香山中樹液所結雜諸香焚之能除溼氣有恩勞香狀乳香而青黃褐色氣似楓膠有橄欖香橄欖之脂也如黑飴狀以黃連木及楓膠和之有清烈出塵之意有薰陸香一名馬尾香山記羅浮有越王搗薰陸香其曰白木香則東莞香木之枝幹也經斫傷則成黃熟否則歲久亦止白木故曰白木香廣中香族甚多其未知名者味皆酷烈廣人生長香國不貴沉檀顧以山野之香爲重也

檀香

嶺南亦產檀香皮堅而黃者黃檀白者白檀皮腐而色紫者紫檀皆有香而白檀爲勝與紫檀皆來自海舶然羅浮亦有白檀竺法真謂元嘉末有人於羅山見一樹大三丈餘圍辛芳酷烈其間枯條數尺援而刃之乃白梅檀也比年三水縣西北百餘里有香樹一株大七八丈圍其幹至四丈乃發枝衆陰二畝逼體純白土人稱白銀香蓋白檀也某帥使數百人伐之僅於樹根一竅爲雨水所浸漬者得香二十餘斤味如沉水其餘枝條皆不香又新安黃松闌有香樹



三株葉細如豆類九里香然不降不結以不經斬伐故精液不凝而皆散爲枝葉也

南方花皆可合香

南方花皆可合香如素馨茉莉闍提佛桑渠那大小含笑之類又有麝香花夏開與麝香木皆類真麝香或傳美家香用此諸花合之

奇艸

嶺南奇艸大抵多蕉竹類葉多如芭蕉幹多如竹若檳榔桄榔椰蒲葵皆木之竹木之竹以葉而失其木竹之木以幹而失其竹者也羅浮有芭蕉竹有檳榔竹信宜之東山有木竹皆以葉而名之爲竹故嶺南竹類繁

芭蕉

艸之大者曰芭蕉雖復扶疎若樹株而莖幹虛軟苞裹重皮皮之中無所謂膚也即有微心亦柔脆不堅蓋草之質爲多故吾以屬於艸其大者兼圍高二丈餘葉長丈廣尺至二三尺中分如幅帛有雙角其葉必三三開則三落落不至地但懸挂莖間乾之可以作書陸佃云蕉不落葉一葉舒則一葉蕉巴是也花出於心每一心輒抽一莖作花聞雷而拆拆者如倒



衆菡萏層層作卷瓣瓣中無蕊悉是瓣漸大則花出瓣中每一花開必三四月乃闔一花闔成十餘子十花則成百餘子大小各爲房隨花而長長至五六寸許先後相次兩兩相抱其子不俱生花不俱落終年花實相代謝雖歷歲寒不凋此其爲異也子以香牙蕉爲美一名龍奶奶乳也美若龍之乳不可多得然食之寒氣沁心頗有邪甜之目其葉有硃砂斑點植必以木夾之否則結實時風必吹折故一名折腰娘曰牛乳蕉曰鼓槌蕉曰板蕉皆大而味淡鼓槌蕉有核如梧子大而三稜曰佛手蕉者子長六七寸小而

皮薄味甜是皆甘蕉之知名者蕉之可愛莊葉盛夏時高舒淼蔭風動則小扇大旗蕩漾飄空清涼失暑其色映空皆緑其高五六尺者葉長幹小蕭疎如竹曰水蕉其花如蓮亦曰蓮花蕉一種瘦葉花若蕙蘭而色紅日折一兩瓣其端有一點鮮綠春開至秋盡猶芳名蘭蕉亦名美人蕉宜種水中其最小可插瓶中者曰膽瓶蕉此三種皆花而不實但可名芭蕉不可言甘蕉言甘蕉者以其實言芭蕉者以其開花郎萎故名芭蕉芭者花也所謂縣孕蕉花花時無不萎耳粤故芭蕉之國土人多種以爲業其根以蔬實以



餱糧餅餌絲以布其絺綌與荃葛同而柔靭遜之名布蕉布蕉多種山間其土瘠石多則絲堅韌土肥則多實而絲脆不堪爲布諺曰衣蕉宜瘠食蕉宜肥肥宜蕉子瘠宜蕉絲子熟時大小排比或以十餘二十餘爲一梳彼此相餉子瞻詩西鄰蕉向熟時致一梳黄其形相梳子長短者如梳齒黄時生割之置稻穀中數日即熟熟乃大香可食增城之西洲人多種蕉種至三四年即盡伐以種白蔗白蔗得種蕉地益繁盛甜美而白蔗種至二年又復種蕉蕉中間植香牙與小柑橘芋蘋等皆得芳好其蕉與蔗相代而生氣味相入故勝於他處所産

朱蕉

朱蕉葉芭蕉而幹椶竹亦名朱竹以枝柔不甚直挺故以爲蕉葉紺色生於幹上幹有節自根至杪一寸三四節或六七節甚密然多一幹獨出無傍枝者通體鐵色微朱以其難長故又名鐵樹

蔗

蔗之珍者曰雪蔗大徑二寸長丈質甚脆必扶以木否則摧折世說云扶南蔗一丈三節見日即消風吹即折是也其節疎而多汁味特醇好食之潤澤人不



可多得今常用者曰白蔗食至十挺膈熱盡除其紫者曰崑崙蔗以夾折肱骨可復接一名藥蔗其小而燥者曰竹蔗曰荻蔗連岡接阜一望叢若蘆葦然皮堅節促不可食惟以榨糖糖之利甚溥粤人開糖房者多以致富蓋番禺東莞增城糖居十之四陽春糖居十之六而蔗田幾與禾田等矣凡蔗歲二月必斜其根種之根斜而後蔗多蔗出根舊者以土培壅新者以水久浸之俟出萌芽乃種種至一月糞以麻油之麩已成干則日夕揩拭其蟲剝其蔓荚而蔗乃暢茂蔗之名不一一作秆蟅蔗之甘在干在庶也其首

甘而堅實難食尾淡不可食故貴在干也蔗正本少庶本多故蔗又曰諸蔗諸衆也庶出之謂也庶出者尤甘故貴其庶也曰都蔗者正出者也曹子建有都蔗詩張協有都蔗賦知其都之美而不知其諸之美也增城白蔗尤美冬至而榨榨至清明而畢其蔗無宿根悉是當年故美榨時上農一人一寮中農五之下農八之十之以荔支木爲兩轆轆轆相比若磨然長大各三四尺轆中餘一空隙投蔗其中駕以三牛之牯轆旋轉則蔗汁洋溢轆在盤上汁流槽中然後煑煉成飴其濁而黑者曰黑片糖清而黃者曰黃片



糖一清者曰赤沙糖雙清者曰白沙糖次清而近黑者曰糞尾最白者以日曝之細若粉雪售於東西二洋曰洋糖次白者售於天下其凝結成大塊者堅而瑩黃白相閒曰冰糖亦曰糖霜余嘗舟至羅定州之界牌塘見岸上竈煙冲突停舟上岸訪之始見作糖之法一一不爽如此

高州多種葛

高州多種葛雷州人市之爲絺綌秋霜時有葛花菜即葛乳涌生地上如芝如菌色赤味甘脆微苦其性涼乃葛之精華亦曰葛蕈

蕨

從化山中多蕨以雷鳴出土故蕨惟雷鳴乃可食蕨决也乘怒氣决然而生故曰蕨其芽微也初生萌甚微故曰薇

藜白

藜白者葉心有粉如灰名灰藋亦曰鹽菜紅心者曰臙脂菜嫩時可食莖老以作杖謂之藜

薯莨

薯莨產北江者良其白者不中用用必以紅紅者多膠液漁人以染罛罾使苧麻爽勁既利水又耐鹹潮



不易腐薯莨膠液本紅見水則黑諸魚屬火而喜水水之色黑故與魚性相得染罛罾使黑則諸魚望之而聚穴

睡菜睡蓮

睡菜一名瞑菜葉類茨菰根如藕采根爲鹽葅食之使人好睡與五味草食之不睡名卻睡草相背睡蓮布葉數重葉如荇而大花有五色當夏晝開夜縮入水底晝復出也與夢草晝入地夜即復出相背廣州多有之

石花菜

石花一名海菜產瓊之會同歲三月菜厰主人置酒廣集菜丁使穿木蘇入海采取海有研石廣數里橫亘海底海菜其苺苔也白者爲瓊枝紅者爲草珊瑚泡以沸湯沃以薑椒酒醋味甚脆美以作海藻酒治癭氣以作琥珀糖去上焦浮熱

落樹石柏

南海有落樹附石而生有枝無葉側類石柏氣似落歲久堅凝風日雨露不能浥損色黝以蒼大者咫尺小數寸根幹爲決明蛤蛎所因依波濤所噴齧沙石所軋礎嶮岈窯竇勁陷曲詰大類繡澁古鐵亦謂之



鐵樹其紅者脂膩瑩滑曼衍柔脆又若珊瑚然以火揉之多之隨其形狀爲松栝梅柳諸樹可供几案之玩石柏生陽江雷白海上色潔白而質堅脆扣之鏗然乃浮沫所積海苔所化入水不浥火不焦枝葉理緻於側柏亦無不肖皆石樹之珍也

仙人掌

仙人掌多依石壁而生其葉勁而長若齟齬狀其花形如鳳子生花下曰鳳栗葉則曰鳳尾芳發苞外類芋渠內攢瓣如毬各孳子珠於掌一枝一掌自下而上子自青赤而黃有重殼外厚內薄熟其仁食之味兼芡栗可以輕身延年一名千歲子

諸異草

粵多異草有曰萬年松非松也苔成樹而枝葉類松者也高數寸莖端布葉葉上有毛乾之數歲不死漬以泉水二三日碧綠如故以他水及穢手觸之皆死得天雨仍生羅浮山中所產一名卷柏亦曰苔松有曰千歲竹其葉類竹而無枝長數寸或尺乾之不死有曰朱草狀如小桑栽長三四尺枝葉皆丹朔望生落如蓂莢周而復始有汁如血以染絳成黼黻文章以金銀投其汁輒成圓泥成水爲金漿玉醴飲之長



生有曰挂蘭挂竹皆生於空中雨露沾濡久而彌秀有曰長命草多產潮陽詠者云潮陽女兒梳掠好鬢邊斜插長命草瓊州有長生草亦生類有還魂草一名地膽葉如芥花如地茶以蛤試之能起死回生產陽江山中有接骨草叢生高二三尺葉大如柳而厚莖有節色綠而圓花白午開自三月至九月不絕折傷者裹之即愈始興玲瓏巖有琉璃草莖如芹食可已風與肇慶七星巖風藥相類風藥叢生石隙其葉圓厚和酒嚼之治風疾一曰風草亦曰風菜諺曰風病須風菜此皆不死之草也其可爲餌者曰石菖蒲

以小者爲貴有一寸十二節者以甲子日採陰乾至百日爲末每日服三四七能益智聰耳明目羅浮東澗石上所產質甚堅氣味清芬他產則辛有曰白菖蒲溪蓀也根肥白節疎作葅食殺蟲有曰凉粉草莖葉秀麗香猶藿檀以汁和米粉煮之止饑名仙人凍山人種之連畝當暑售之有曰香薷生石上葉似白蘇甚香缺二水及爲餅消暑散腫一名石香菜亦曰香茸有石蓴似紫菜色青味甘平此皆草之可資服食者也其可佩者曰排草狀如白茅對節生葉葉兩兩相連長五六寸而幹中穿以細嫩者爲貴番禺人



種之動至數畝以其葉售於海外諸番諸番歲有瘡痏煎其葉爲湯浣之卽愈其根莖以合諸香爲囊能使衆味久而不減故一名留香草亦曰養香一種夏開細粉紫花如蒔蘿乾之香亦曰排草有曰千步草香聞十里然不可多得或謂千步草卽排草廣人種之成畦長至千步故十里聞香有曰瑶草生羅浮山中如白茅而小莖圓而香有曰金縷草色赤如金云麻姑金鈿所化羅浮麻姑峯有之其可用者曰龍蒭與莞與茈與龍修皆以充席簟及坐團曰蕢者種之流沙則成田有方圓二種曰鹹草多以束物爲箔席

其無所可用者曰白草叢生三四寸許莖葉與衆草無異每天雨先一日變白晴則如常產仁化扶溪都有曰知羞草葉似豆瓣相向人以口吹之其葉自合名知羞草有曰鶴草葉似鶴翡翅尾足皆具麴塵色紫蔕以其葉如柳而短亦曰蛾眉草

## 斷腸草

斷腸草一名苦吻亦曰苦藥曰苦蔓公然皆以爲胡蔓花如茶花黄而小又名大葉茶葉按月數多寡一葉入口血潰百竅腸斷而死其死之緩急則視所下之水緩急急水者湍激之水也高雷間人有讐怨者



輒茹之或置食物中以斃其親或自含口中勒人財物急則嚥下訟於官以人頭錢償則不終訟人頭錢者被誣之人以錢抵命也高雷人號爲妖草近之葉輒蠕動將取毒人則招搖若喜舞狀葢以殺爲性所謂毒也陶貞白云斷腸草其花美好名芙蓉花故太白云昔作芙蓉花今爲斷腸草

## 嶺南藤類不一

嶺南藤有數百種其可食者曰甘露藤蔓如節花如指甲花性甘以溫久服令人肥健一名肥藤有凉口藤狀若葛葉如枸杞去地丈餘絕之更生中含淸水

渴者斷取飲之甚美沭髮令長一名斷續藤常飛越數樹以相繞一名東風菜先春而生東風乃至農夫以驗土膏之動東風一作菄風又名綠耳可爲蔬有白花藤味如甘蔗以美酒調服能補衰老有浮沉藤繭子藤子皆如黎色赤如鷄冠生食甜酢有紅藤可代檳榔食有小藤產於東莞微細如髮直起數丈無一節常飛越數樹如百千游絲牽綴紅者名紅龍鬚紫者紫龍鬚凡有五色然生無根蒂以穢物投之卽消釋不知所去土人以其液和細土石灰塗甕糖釜其堅如鐵雖猛火不裂其花及子浸酒可補骨筋有



盒藤其莢有白子數枚殻扁狀如盒子水浸數日炒食之味佳有乳藤蔓如懸鉤倒挂葉尖而長斷之有白汁如乳婦人產後以臘搗汁和米作粥食之乳湩自通此皆食藤也諸藤初生嫩條爲薹爲筍而以其大實曰冬榮子者大如柚子中有瓤瓣瓣相疊白如豬脂炙食皆甘美身懷數日香不減秋末冬初間采以相餉矜爲服食之珍云其可爲藥者曰黃藤熬其汁則藤黃也性最寒以靑魚膽和之治眼疾間有白者葉如土茯苓身小而長外有籜包以埜浸水洗目並除腫痛有丁公藤蔓生著地高尺許葉長二寸面

綠背微白傷風者以一二葉煮酒服之汗下如雨卽愈有皆治藤蔓延牆壁野樹間長丈餘葉似泥藤中暑者以根葉作粉食之虛損者雜猪胃煮服有買麻藤其莖多水渴者斷而飲之滿腹已餘水尚淋漓半日可解蛇毒乾之亦然性柔易治以製履堅韌卽麻故名言買藤得麻也藤名而麻實人爭買取又以他藤多而賤聽人自取是藤適中頗貴必須買之而其子味微苦可食因曰買子也有靑藤仔葉長三四寸多芒刺莖大如指而堅韌人日用之比北地之用柳條花名假素馨煎湯以洗瘡疥甚良有忍冬藤名左



紐有麴藤瓊州酒無麴糵似此藤葉辛香雜米粉爲餠以釀亦曰酒藤有曰金藤以爲筋遇毒則烟氣迸出此皆藥之藤也其爲器物者曰白藤子斑駁可爲素珠出文昌山中曰五色藤以紅者爲簟曰桃笙色如天桃甚瑩滑白者名瓊枝以紅紫間之爲席爲盤及屏風匳甲馬韉之屬其用甚者其可以爲屋桁桷者曰泥藤可以繫牛其大如筆竹者曰苦藤稍小而性柔可爲牛繩船纜曰括藤以磨礪器物能發光膩曰澀皮藤其葉饒有芒刺曰蚪葉可爲香者曰鷄香藤堅而酷烈能辟水霧之氣山中多用之大抵嶺南

藤類不一多貨於天下其織作藤器者十家而二五芋汾水之肆衣食於藤蓋多於果布也

油艸

油艸永安縣水際多產之每開花結米可占有年粤人多植之

蕨粉

蕨永安最多凡有二種[illegible]其芽者名龍頭菜一以其根爲粉者名粉蕨性寒多食患黃腫農家當早晚稻未收多以蕨粉爲食廣州春間爭以餉客

水蠟燭



水蠟燭艸本生野塘間秋杪結實宛與蠟燭相似有詠者云風搖無弄影煤具不燃煙

冬筍

通志云詩義疏謂筍皆四月生巴竹筍八月生篃竹筍冬夏生永嘉記含膸竹筍六月生今冬筍惟浙中者行遠嶺南則四時常有之地煖發生故也按雜記又稱粤東之筍十九皆苦須以黃荳同煮先去苦味

油葱

嶺南雜記油葱形如水仙花葉厚一指而邊有刺不開花結子從根發生長者尺餘破其葉中有一膏婦人塗掌以澤髮代油貧家婦多種之屋頭問之則怒以爲笑其貧也

蘇合香

通志按神農本草云蘇台香生中臺川今從西域來色如紫檀重如石燒之灰白者佳大秦人采蘇合先笮其汁以爲香膏曰蘇合油乃賣其滓與人展轉達中國不大香也

薔薇露

香譜云薔薇露出大西洋國花如牡丹花露晶瑩芬芳襲人以澤體髮香膩經年不滅國人貯以鉛缶行販他處



洋艾

洋艾本不甚高宜種盆盎綠葉茸茸如車薟可療疾兼卻火災按仙家炙藥有靈叢艾張播之艾贊云論藹靈叢蔚彼修坂

山波羅

粤中凡村居路旁多種山波羅橫梗如拳葉多刺足衛衡宇

卷十四終

# 南越筆記卷十五

綿州　李調元　雨村輯

## 諸蘭

蘭爲香祖蘭無偶乃第一香以樫蘭爲上樫者葉多也次公孫偪每一大莖輔以二小莖若公領孫其花從上開下次曰出架白花高出葉上甚潔白從下開上次則青蘭葉長二尺小兒直其花青碧以白幹者爲上青幹柔幹次之次黄蘭葉長而稍大花淡黄有小紅成紋艸蘭以短葉白幹者爲上其花肥喜食霜雪不畏灌穢有雙花單花之别外有風蘭花如水仙



黄色從葉心抽出作雙朶繁置簷間無水土自然繁茂又有花如秋海棠蕊則蘭花紫蕊黄甚幽媚名鹿角蘭葉細如鹿角海藻有石蘭生於石上與相類葉長四五寸小而柔韌花色淡白有小玉蘭花亦作淡白色甚清香有倒蘭花倒緌紫色有報喜蘭如蠟梅而色紅紫香味亦同每莖作七八枝懸樹間勿侵地氣遇吉事則開寤生者以花根縣戶上卽生亦曰催生蘭是皆以空爲根以露爲命乃風蘭之族有賀正蘭每當立春及元日開有夜蘭尋之不見夜乃聞香羅浮多有之凡蘭生深林中微風過之其香靄然達於外故曰幽蘭林愈深則莖愈紫香更有餘而夜蘭開於夜尤爲幽絶斯又蘭之隱者也有翡翠蘭六瓣二蘂色如翡翠有鶴頂蘭鳳蘭龍蘭皆以花形似名然不香鶴頂蘭花大面青緑背白蘂紅紫卷成筒形微似鶴頂一莖直上作二十餘花葉甚大有朱蘭花小色麗開只一兩兩六出葉如百合有毬蘭開至五十餘朶團圓如毬有竹葉蘭葉似竹似萱花則蘭也深紫叢生有微香有文殊蘭葉長四五尺大二三寸而厚花如玉簪如百合而長大色白甚香夏間始開是皆蘭之屬或謂蘭與蕙難辯凡生下溼方莖赤花



者爲蕙所謂薫也凡多花者皆蕙非眞蘭眞蘭者葉短而柔一莖一花色如玉瓣中無黑脈紫紋蕾未出土香已噴人幽谷中亦不可多得是爲眞蘭然大抵春芳者爲春蘭色深秋芳者爲秋蘭色淺而樫蘭四時有花春秋尤盛故爲蘭之伯長舊說謂楚人賤蕙而貴蘭故其室西養蕙而東養蘭南粤亦然

## 薏苡

薏苡一曰贛米亦曰薏珠子交趾人呼爲簳珠食以代米或雜米中熟之諺曰食米得薏薏一米二從郎二米儂只一薏

仙茅

仙茅產大庾嶺自嶺之巔折而東稍下爲嫦娥嶂相傳葛稚川棄其丹生仙茅葉似蘭蕙花六出其根獨莖而直傍有短細根相附八月采之濯以嶂下流泉色白如玉以酒蒸曬嘗服補益真氣土人多以餉客羅浮仙茅高僅一二寸八月生黃花根如指大長寸許外有白茅生山谷中狀如排草以作浴湯合諸香甚良又有香茅名辣草皆瑤草之族

素馨

素馨本名耶悉茗珠江南岸有村曰莊頭周里許悉



種素馨亦曰花田婦女率以昧爽往摘以天未明見花而不見葉其稍白者則是其日當開者也既摘覆以溼布毋使見日其已開者則置之花客涉江買以歸列於九門一時穿燈者作串與瓔珞者數百人城內外買者萬家富者以斗斛貧者以升其量花若量珠然花宜夜乘夜乃開上人頭髻乃開見月而益光艷得人氣而益馥竟夕氤氳至曉萎猶有餘香懷之辟暑吸之清肺氣花又宜作燈雕玉鏤冰玲瓏四照遊冶者以導車馬楊用修稱粵中素馨燈爲天下之至艷信然兒女以花蒸油取液爲面脂頭澤謂能長髮潤肌或取蓓蕾雜佳茗貯之或帶露置於瓶中經一宿以其水點茗或作格懸繫甕口離酒一指許以紙封之旬日而酒香徹其爲龍涎香餅香串者治以素馨則韻味愈遠隆冬花少曰雪花摘經數日仍開夏月花多瓊英狼藉入夜滿城如雪觸處皆香信粵中之清麗物也

廣州有花渡

廣州有花渡頭在五羊門南岸廣州花販每日分載素馨至城從此上舟故名花渡頭花謂素馨也花田亦止以素馨名也



蔞

蔞以東安富霖所產爲上其根香其葉尖而柔味甘多汁名曰穫扶留他產者色靑味辣名南扶留殊不及然番禺大塘康樂鷺岡鳳岡頭諸村及新興陽春所產亦美冬間以篛草覆之稍沾霜雪立萎矣凡食檳榔必以蔞葉爲佐有夫婦相須之義故粵人以爲聘果

西洋蓮

西洋蓮其種來自西洋蔓細如絲朱色繚繞籬間花初開如黃白蓮十餘出久之十餘出者皆落其蕊復

變而爲蘜瓣爲蓮而蕊爲蘜以蓮始而以蘜終故又名西洋蘜

露頭花

露頭花產番禺蔘涌其葉如劍脊邊皆有芒刺花抽葉中與葉彷彿相似色白而柔花中有蕊如珍珠粟形常含淸露涓滴故名露花以火燔其根便成大頭出土上花乃茂盛故又名露頭花夏月大開以花置油上曬之香落油中芬馥隔歲不滅以膏髮照讀香芳盈一室廣人甚珍之

愼火



愼火者可以禦火廣人多種屋上以防火一名戒火其形如火始然又名火秧扁者不枝不葉圓者多枝葉叢生成樹四稜有芒刺皮中有白漿能盲人廣人以作籬落村墟間竻竹爲圍火秧露頭花爲界在在皆然諺曰爾有垣牆我有火秧

換錦花

換錦者脫紅換錦脫綠換錦也葉似水仙冬生至夏而落獨抽一莖二尺許作十餘花花比鹿葱而大或紅或綠葉落而花故曰脫紅脫綠花落而葉故曰換錦花與葉兩不相見也

胡蜨樹

胡蜨樹高三五尺葉皺而有稜蓓蕾叢生至二三十許花皆四兩相對鬚眼微具一花謝一花復開相續不斷新會白水爲盛

蕹

廣州西郊爲南漢芳華苑地故名西園土沃美宜蔬多池塘之利每池塘十區種魚三之種菱蓮芡菰三之其四爲蕹田蕹無田以筏爲之隨水上下是曰浮田

藤菜



藤菜一名落葵蔓葉柔滑可食味微酸宜以羹魚其子有液紫紅可作口脂出惠州豐湖者尤美子瞻詩豐湖有藤菜似可敵蒓羹

高涼薑

高良薑出於高涼故名其根爲薑其子爲紅豆蔻子入饌未拆開者曰含胎以鹽醃入甜糟中終冬如琥珀味香辛可膾其根不堪食而藥中多用之人不以其子而掩其根所重在根故不曰紅豆蔻而曰高良薑也蔻者何揚雄方言云凡物盛多謂之蔻是子形如紅豆而叢生故曰紅豆蔻

猴薑

猴薑蔓生石壁如藤蔓卽薑也味甚辣猴以爲薑故曰猴薑一名樹鷄葉生蔓上不作枝采之爲笠甚輕西甯多有之

三蘈

三蘈根似薑而軟脆性熱消食宜兼檳榔嚼之以當蒟子或以調羹湯微辣而香聘婦者以三蘈雕鏤花鳥胡蝶諸狀薄金薄之佐檳榔椰肉桂薑花等以實筐三蘈一名山柰亦曰廉薑可爲虀

解草果



解草果人多種以爲香料蓋卽杜若非藥中之草果也其苗似縮砂三月開花作穗色白微紅五六月子結其根勝於葉味辛以溫能除瘴氣久服益精明目令人不忘

香花菜

香花菜叢生莖葉花子皆辛香花絕小紫色婦人多以香茅並植之以香手爪去垢穢乾之香氣不減持以相貽

陽春砂仁

陽春砂仁一名縮砂蔤新興亦產之而生陽江南河者大而有力其種之所曰果山曰縮砂者言其殼曰蔤者言其仁鮮者曰縮砂蔤乾者曰砂仁八月採之以嫩者鹽漬爲貨售於嶺外最珍其稅頗重

葳蕤

葳蕤産羅浮鐵橋諸峯莖幹強直似竹箭節節有鬚葉狹長表白裏青其尖處有小黃點三月開青花結實根大如指許長一二尺補益之功逾黃精方家稱黃芝亦曰青黏以漆葉同爲散可延壽

放杖竹

放杖竹者似竹非竹酒浸服之理腰脚老人一月可放杖故名出羅浮第十四嶺



藷

東粵多藷其生山中纖細而堅實者曰白鳩藷似山藥而小亦曰土山藥最補益人大小如鵞鴨卵花絕香身上有力者曰力藷形如猪肝大者重數十斤膚色微紫曰猪肝藷亦曰黎峒藷其皮或紅或白大如兒臂而拳曲者曰番藷皆甜美可以飯客稱藷飯爲穀米之佐凡廣芋十有四種號大米諸藷亦然番藷近自呂宋來植最易生葉可肥猪根可釀酒切爲粒蒸曝貯之是曰藷糧子瞻稱海中人多壽百歲繇不

食五穀而食甘藷番藷味尤甘惜子瞻未之見也芋則蘇過嘗以作玉糝羹云

芋

廣芋之美者首黃芋次白芋次紅芋芋皆小惟南芋大南芋色紫生沙甚可食而白者尤良凡以春種以夏收者曰早芋以夏種以秋收者曰晚芋與紅藷並登如稻故有大米之稱芋大者魁小者奶奶贅魁上下四旁大小如乳奶者乳也魁亦曰肥俗以婦人多子爲南芋肥猶以茨菰一乳十二子爲慈姑也又芋奶應月生子稱十二奶芋奶宜爲蔬羹其性與茯苓



皆屬土性重厚故皆養脾和鯽魚食之調中補虛有銀芋莖瑩白與葉皆可生食廣芋多種然芋莖必熟乃可食銀芋不然故多以爲葅

地腎

羅浮多地腎蓋松之膏液因鬱蒸之氣而成或松花落地而成一名松黃其爲狀小若彈丸大若鷄卵紅黃相錯一一晶瑩熟之味甘以香蕈僧嘗以甜藷百合籠葱竹胎涌生葛乳雜之爲素饌其生無根蔕散布松下土鬆石瀸潤處輒有之凡物出於松者無不可愛而地腎無所附麗氣與松合而形與松離則尤異蓋亦茯苓之類

茂名木耳

茂名多以木耳爲貨陽春亦有之其山深故多朽木而木火之精華未盡得水氣復蒸爲耳以桑槐榆柳榕樹上生者良柘木次之生於桑者治痢生木香者治瀉生於梅者治腹痛楓木生者令人笑不止亦異事也

從化多香菌

從化多香菌冬末者良其木曰羊矢畬人伐置山閒至冬雨雪滋凍腐而生菌無蛇虺之毒謂之雪菌色



白而香亦曰雪蕈或以朽桑樟枏三者只斷當臘時於肥陰處埋之爲深畦如種菜法春月以米泔水澆灌不時菌出日灌之三即大如拳許是謂家蕈他蕈產於木之根土處精華鬱結有白者有淡黑者其莖皆白皆甘美不下蘑菰性溫補益陽然溼氣熏蒸未免有毒若夏閒瘴雨所成與最大者煮時投以薑片飯粒其色不黑乃可食

落花生

落花生草本蔓生種者以沙壓橫枝則蔓上開花花吐成絲而不能成莢其莢乃別生根莖閒掘沙取之

殼長寸許皺紋中有實三四狀蠶豆味甘以淸微有參氣亦名落花參凡草木之實皆成於花此獨花自花而莢自莢花不生莢莢不蔕花亦異甚

### 留求子

留求子一名使君子廣州多有之狀如梔子有五六稜瓣而兩端銳半黃已熟殼脆薄中有白肉微甘小兒患食積者煨熟與之食以當乾果食輒下蟲而疾愈語曰欲得小兒喜多食使君子

### 桃金孃

草花之以孃名者有桃金孃叢生野間似梅而末微



銳似桃而色倍賴中莖純紫絲綴深黃如金粟名曰桃金孃八九月實熟青紺若牛乳狀味甘可養血花則行血或謂產自桂林今廣州亦多有之

### 二蘭菜

二蘭菜一曰馬蘭其葉似蘭而大馬者大也故曰馬蘭花似菊而紫味辛性微溫以作茹甚良能養新血一曰芥蘭葉如芥而綠花黃花比葉尤甘葉有鉛不宜多食以微藍故又名芥藍諺曰多食馬蘭少食芥藍

### 羅浮百合

羅浮百合最盛根如葫蒜而大重疊二三十斤相合如蓮瓣故名百合色白和肉煮之或作粉益人五六月一本一花花紅白如文殊蘭重常傾側名天香中有檀心色黃味甘宜蘸蒸食之人稱爲山中之仙蔬云

### 麻藍

麻多舊根一年凡四刈五月刈者曰首藍性柔未刈者脆其苗之穉者可茹是曰麻藍廣人多以醋炒食之廣州多青麻高州多黃麻青麻藍最美

### 薛瓜



廣州西瓜種有絕佳者傳自薛將軍攜種植之俗呼爲薛瓜

### 夜來香珍珠蘭

夜來香藤本香微黃分尖瓣入夜始開香特奇郁又珍珠蘭藤本花蕊纍纍如貫珠駢附于梗色微黃香特濃郁又如魚子狀亦名魚子蘭二花花之最香者

### 鐵樹

嶺南雜記鐵樹高數尺葉如老少年開花如桂而不香或云此樹週甲子一開開必丁卯年然甚無異致王濟日詢手鏡云吳浙間有俗諺見事難成則云須

鐵樹開花許寄槎云余在廣西殿指揮家見一樹高可三四尺幹葉皆紫黑色葉小類石榴質理甚厚問之曰鐵樹也每遇丁卯年乃花花四瓣紫白色如瑞香瓣較少圓一開累月不凋嗅之有草氣乃知鐵樹花開之說有自來矣今粵地多見盆缶中未知植者何取

鹿葱宜男之分

南方草木狀水葱花葉皆如鹿葱花色有紅黃紫三種出始興婦人懷孕佩其花生男者即此非鹿葱也交廣人佩之極有驗然其土多男不厭女子故不常



佩也潛確類書水葱生水中如葱而中空又名萱王維詩水驚波兮翠菅靡是也此草亦可爲席按風土記云宜男草花如蓮婦人佩之則生男梁徐勉萱草花賦云其花四垂其跗六出亦曰宜男嘉名斯吉則鹿葱與萱草爲二種矣

卷十五終

南越筆記卷十六

綿州 李調元 雨村輯

東粵稻種不一

東粵稻種不一一曰香秔粒小而性柔甚香其紅者曰香紅蓮一曰珍珠稻粒圓而白最早者曰六十日種六十日而熟一曰蟬鳴稻又有西風早光早烏早最遲者曰芮稻二月種至十月熟曰界稻十一月種至四月熟界在兩年亦曰三時稻其出於徐聞陽春澄邁者曰香稻出番禺者曰斜禾與吉貝茶豆胡麻雜植丘阜間名曰種斜粒白而長亦絕香而從化有



赤黏白黏黃黏花黏著粱黏鷓鴣黏深水蓮糯則有黃白紅麻四種秔有餘秔秔赤秔宜作糍餌皆穀品之良者其生畬田者曰山禾亦曰山旱曰旱稻藉火之養雨露之糍粒大而甘滑所謂雲子亦曰山米也當四五月時天氣晴霽有白衣山子者於斜崖陡壁之際劉殺陽木自上而下悉燔燒無遺根株俟土脂熟透徐轉積灰以種禾及吉貝綿不加灌溉自然秀實連歲三四收地瘠乃棄更擇新者所謂畬田也而羅浮山上神阜粵沃瀑水流離四注悉成天田雖千仞之巔皆可稼焚石本之薪而不耘歲且兩收此尤

山田之美者其生沙潬者曰大禾三四月間乘水節種之潮而潤至汐而膏畱蒔得其強則毛蟚蜞不食八月花收九月縣頭粒大而飯多其田在海瀕彌望斥鹵自一沙至於八沙外沙歲有贏壞三歲種草四歲種禾子田之利常浮於其母有肥母磽秋糧亦薄此則水田之美者凡粵之田近海者虞潦則有基圍近山者虞旱則有水車故凶荒之患常少其大禾田歲一收早禾田歲種早黏早糯則二收晚收於九十月米得金氣多性熱而功用不及然大率以黏米爲貴黏米似粳而尖小長身其種因閩人得於占城故



名占亦曰秈秈音仙先熟而鮮明故謂之秈氣味清芬性溫無毒最可以和脾養胃嶺南之穀多黏有青黏黃黏花黏銀黏油黏又有鼠牙虎骨冷水拋犁麻包錦黃魚串之目而交阯黏爲多糯則有安南糯斑魚糯白糯黃糯蕉糯油糯翻生糯金包銀糯十餘種而其性多變蘇子瞻言海南秫稻率三五歲一變頃歲儋人最重鐵腳糯今歲乃變爲馬眼糯草木性理有不可知者嶺南以黏爲飯以糯爲酒糯貴而黏賤其價倍之蓋以其性善變罕得佳實云

## 異飯

西甯之俗歲三月以青楓烏桕嫩葉浸之信宿以其膠液和糯蒸爲飯色黑而香楓一名烏飯木故用之以相餉南雄以寒食前後婦女相約上丘壠以烏糯飯置牲口祭墓又以蠟樹葉搗和米粉爲粔籹色青而香長樂人以香桂皮葉蒸飯食之亦香東莞以香粳雜魚肉諸味包荷葉蒸之表裏香透名曰荷包飯瓊州以南椰粉爲飯曰椰霜飯南椰與椰子樹不同其精液形色氣味皆類藕蕨之粉故曰南椰粉性溫熱補中本草以爲莎木麪也

## 茶素



廣州之俗歲終以烈火爆開糯穀名曰炮穀以爲煎堆心餡煎堆者以糯粉爲大小圓入油煎之以祀先及餽親友者也又以糯飯盤結諸花入油煮之名曰米花以糯粉雜白糖沙入猪脂煮之名沙壅以糯粳相雜炒成粉置方圓范中敲擊之使堅如鐵石名爲白餅殘臘時家家打餅聲與搗衣相似甚可聽又有黃餅鷄春酥蠶餅之屬富者以餅多爲尚至寒食清明猶出以餉客尋常婦女相餽問則以油糤膏環薄脆油糤膏環以麵薄脆以粉皆所謂茶素也端午爲粽以冬葉裹者曰灰粽肉粽置蘇木條其中爲紅心

以竹葉裹者曰竹筒粽三角者曰角子粽水浸數月剝而煎食甚香重陽爲糕冬至爲米糍曰冬丸平常則作粉果以白米浸至半月入白粳飯其中乃舂爲粉以猪脂潤之鮮明而薄以爲外茶蘼露竹胎肉粒鵞膏滿其中以爲内則與茶素相雜而行者也一名粉角又有以椰子以芝麻以豆糖爲餈者以蕨以葛以菱以茨菰以甘藷爲粉者皆謂之餢食

## 兩廣鹽

兩廣鹽有鹽田鹽之爲田也於沙坦背風之港夾築一堤堤中有竇使潮水可以出入也天雨水淡晴水



鹹潮消則放淡水使出潮長則放鹹水使入也凡鹽田五畝以其半分爲四區布之以細沙周之以溝水是曰沙田日以蠶魚之殼屑水者三而沙田始不涸也以蠶魚殼者以其堅而耐鹹不易壞也澆溉三日沙與鹽相雜乃毵鬆而乾之置於漏也漏在溝之旁長七八尺兩旁有牆崇二尺中廣二尺橫以木覆以草之萌蔑也漏旁復有溝置鹽沙於萌蔑上以溝中水再淋之沙沉於底鹽鹵乃流也鹵者鹽之精爾雅曰天生曰鹵人生曰鹽也鹵既流至三四丈爲一槽載之以火照鹵鹵氣衝火火滅則良鹵也投以鷄子或飯或截小魚爲兩以試之咸皆浮矣或杓鹵而置蓮子數枚三浮五沉者淡七八浮者則滷也於是煮之則爲熟鹽曬之則爲生鹽也生鹽浮游於面不雜泥沙其白如雪則爲鹽花也語曰無雲而兩有日而雪言厚水淋沙如無雲之兩也日色烈而鹽花始白也

## 粤中諸茶

粤中諸茶其在珠江之南有三十三村謂之河南粤志所謂河南之洲狀若方壺是也其土沃而人勤多業藝茶春深時大婦提籠少婦持筐於陽崖陰林之



間凌露細摘綠芽紫筍薰以珠蘭其芬馨絕勝松蘿之茨每晨茶估涉珠江以鬻於城是曰河南茶好事者或就買茶生自製葉初摘者曰茶生猶芥山之草子也而西樵號稱茶山自唐曹松移植顧渚茶其上今山中人率種茶間以苦耋耋樹森森望之若刺桐叢桂每茶一畝苦耋二株歲可給二人之食其采摘亦多婦女諺云春山三二月紅粉半茶人茶人甚守禮法有問路者茶人往往不荅昔湛文簡方文襄二公講學山中其流風遺化有存者文簡嘗泊雲谷精舍中有稻田茶丘十餘畝旁有人居七八村皆衣食

於茶其茶宜以白露之朝采之日出則味稍減或謂此茶甲天下早春摘者尤勝三日一摘餘則每月一摘早春一月之茶可當餘月一年云端州白雲山其上有湖僧於巖際種茶歲收石許烹之作素馨花氣味甘淡而滑稱頂湖茶然不能恒得而羅浮幽居洞北有茶菴每歲春分前一日采茶者多寓此菴其茶以受日陰陽分味之高下試以景泰泉亦芳香勃發是曰羅浮茶景泰泉者羅浮諸泉之冠淳祐中有逍遥子爲茶菴詩活水仍將活火煎茶經妙處莫虛傳陸顛所在間題品未試羅浮第一泉黎美周云泉以茶爲友以火爲師火活斯泉眞味不失蓋謂此云曹溪茶氣味清甜歲凡四采采於清明寒露者佳新安杯渡山絕壁有類蒙山茶者烹之作幽蘭茉莉氣水濯十餘次甘芳愈勝或經一宿再濯氣味不減飲者無不驚異山勢高雲露滋潤得太清之精英多故也樂昌有毛茶茶葉微有白毛其味清涼潮陽有鳳山茶可以清膈消暑亦名黃茶嶅以產新安河源者爲良其味最苦而粵人烹河南茶者必以點嶅少許爲可口南越志稱龍川縣出皐蘆葉葉大而澁南海謂之過羅今稱爲苦艼艼一作嶅長樂有石茗瓊州有



靈茶即江南黃連茶也有烏藥茶以烏藥嫩葉爲之能補中益氣一名山葉或以金鷰盞搗去苦汁合兒茶毛茶爲之東莞以芝麻藷油雜茶葉爲汁煮之名研茶謂能去風溼解除食積可以療饑云

嶺南諸酒

嶺南諸酒則有靈谿博羅靈谿在樂昌東北源出泠君之山以其水釀曰靈谿酒博羅蠻村有桂以其花釀曰桂酒蘇長公有桂酒頌並與釀法刻於羅浮鐵橋下謂非忘世求道者不以授云惠州有羅浮春長公以寄山中道士鄧守安者又有海醞及萬戶酒長公詩嶺南萬戶皆春色又有雪釀長公詩雪花浮動萬家春蓋宋時酒皆官釀惟嶺南以煙瘴不禁謂之萬戶酒唐子西以萬戶酒之和者名養生主勁者名齊物論梅堯臣云越林多蔽天黃甘褋丹橘萬室通釀酤地遠無禁律粵地故多靈泉甘液終年花果鮮美芬芳而當時人民饒裕戶戶爲酒爭以奇異相高故名賢遷謫至此多好嗜之而粵又有酒泉焉一在陽江之南泉甘而香以爲釀曰陽江香一在龍川霍山之青華觀泉甘如飴曰醴泉昔時出酒極清異日滿數斗今泉孔滴水猶含酒味有酒峽焉東莞之龍

潭峽是也以其水釀曰龍潭清有酒山在香山境以其白泥爲餅雜藥物釀之有酒井在開建似龍山之下其泉如醴有酒樹曰嚴樹産於瓊州擣皮葉浸之和以香粳或以石榴葉釀醞數日即成酒曰巖樹酒又有酒花以石榴花著甕中經旬而成其曰荔枝酒則土人齎持釀具就樹下以荔枝煏酒一宿而成者有倒捻酒以倒捻子爲之醞釀日深陽精純固以之爲酒益人有酒草其形如艾名曰甜娘以爲釀曰甜娘酒有酒藤以葉之辛香者和米粉釀有曰酒香則以角沉黄熟等爲釀所謂七香酒也大抵粤中花木



多稟陽明之德色多大經氣多香紅以補血香以和中故無不可以爲酒者龍眼之籥橘之凍蒲桃之冬白仙茅之春紅桂之月月黄荔枝之燒春皆酒中之賢聖也荔枝燒唐時最珍白樂天云荔支新熟鷄冠色燒酒初開琥珀春然以陳者爲貴志稱廣有十八仙韶有換骨玉泉皆名酒今不可考今廣州所常用者惟龍江燒細餅而陳者以諸鮮花投其中封缸兩月加沉香四兩以發羣芳之氣名百花酒一名百末酒漢景星歌云百末旨酒布蘭生師古云百草華之末曰蘭生者漢武之百味旨酒也太宗賜魏徵詩醽淥稱蘭生是也葢以百華乾之爲末入之若廣中則以鮮花爲用或專以松黄以荔枝花以蒲桃殼以香蕉子浸之亦佳而龍眼花尤勝

## 油

韶連始興之閒多茶油子樹以茶子爲油客至輒以油煎諸物爲獻燕吳人購之爲澤膏髮謂非是油則玫瑰桂蘭諸香不入梁簡文云南油俱滿西漆爭然南油必茶子也晉傳巽云南中茶子西極石蜜是也瓊州文昌多山柚油海棠油山竹果油儋州多麻子油皆美廣州有露花油露花生番禺蓼涌狀如菖蒲



其葉脊邊有刺葉落根露以火煏之則成枝幹而多花花生叢葉中其瓣大小亦如葉而色瑩白柔滑無刺芭花抱蕊心如穗朝夕有零露在苞中可以解渴又有粉可塗兒女肌膚止汗粟以其花結芳勝戴之或搨疊衣笥經久猶香其生於地土者蕊落結子大如瓜曰路頭花多不香香惟露花盛夏時露花始熟以花覆盎盎曬之香落茶子油中其氣馥烈是曰露花油蓼涌及增城人善爲之洋船爭買以歸暹邏者曰寒花陽氣微斂香益淸徹然不可爲油其生東安山中者叢卑葉小自春至秋皆花近水者尤香然亦

不可爲油東莞有鼊香油以㰖香子榨之然燈明亮蠅蛾百蟲不敢近觸之輒折翼脫足而死性大熱誤入飲食令人吐外有欖仁油菜油吉貝仁油火麻子油皆可食然卒以茶子油白者爲美曰白茶油又有山茶油以烏欖子色紅如珠者榨之火麻產端州江岸間黑色炒蕉以爲小磨香油名曰秧油然以生榨者爲良

糖

廣中市肆賣者有繭糖窠絲糖也其煉成條子而瓏瓏者曰糖通吹之使空者曰吹糖實心者小曰糖粒



大曰糖瓜鑄成番塔人物鳥獸形者曰饗糖吉凶之禮多用之祀竈則以糖磚燕客以糖果其芝麻糖牛皮糖秀糖葱糖烏糖等以爲雜食葱糖稱潮陽極白無滓入口酥融如沃雪秀糖稱東莞糖通稱廣州烏糖者以黑糖烹之成白又以鴨卵清攪之使渣滓上浮精英下結其法本唐太宗時貢使所傳大抵廣人飲饌多用糖糖戶家家曬糖以漏滴去水倉囤貯之春以糖本分與種蔗之農冬而收其糖利舊糖未消新糖復積開糖房者多以是致富云

糖梅

自大庾以往谿谷村墟之間在在有梅而羅浮所產梅花肥大尤香蘇詩羅浮山下梅花村玉雪爲骨冰爲魂他處花小然結子繁如北杏味不甚酸以糖漬之可食段公路云嶺南之梅小於江左居人以朱槿花和鹽曝之其色可愛曰丹梅又有以大梅刻鏤爲瓶罐結帶之類漬以棹汁味甚甘脆東粵故嗜梅嫁女者無論貧富必以糖梅爲舅姑之贄多者至數十百罌廣召親串爲糖梅宴會其有不速者皆曰打糖梅糖以甜爲貴諺曰糖梅甜新婦甜糖梅生子味還甜糖梅酸新婦酸糖梅生子味還酸糖欖亦然有糖



梅必有糖欖欖貴其有雌雄雄者花而雌者實也凡女既入門諸媵姈相與唱歌其歌曰解解糖梅者詞美新婦解糖欖者詞美新郎

荼蘼露

廣人多種荼蘼動以畝計其花喜烈日當午澆灌則大茂有細瓣而蕊三四卷者有瓣粗而蕊一二卷者有細心者疎宅者以甑蒸之取露或取其瓣拌糖霜暴之兼旬以爲粉果心餡名荼蘼角甚甘馨可嗜然猶以大西洋所出者爲美大西洋天氣寒時荼蘼始花露凝花上晶瑩分郁若甘露諸花木則否暹羅滿

剌伽人購以銀錢貯以玻璃瓶攜至占城占城婦女以香蠟調之膏髮客至則以髮拂拭杯盤之屬以爲敬澳門番女得之以注飲饌或以霑灑人衣外有薔薇水暹羅瓜哇滿剌加三國釁以進貢其薔薇乃三佛齊所種與中國薔薇不同廣人多以土薔薇浸水效之試以琉璃瓶翻搖數四泡周上下則真也

燕窩

崖州海中石島有玳瑁山其洞穴皆燕所巢燕大者如烏啖魚輒吐涎沫以備冬月退毛之食土人皮衣皮帽秉炬探之燕驚撲人年老力弱或致墜崖而死故有多獲者有空手而還者是爲燕窩之菜或謂海濱石上有海粉積結如苔燕啄食之吐出爲窩纍纍巖壁之間島人俟其秋去以修竿接鏟取之海粉性寒而爲燕所吞吐則暖海粉味鹹而爲燕所吞吐則甘其形質盡化故可以清痰開胃云凡有烏白二色紅者難得蓋燕屬火紅者尤其精液一名燕蔬香有龍涎菜有燕窩是皆補草木之不足者故曰蔬榆肉産於北燕窩産於南皆蔬也石花亦然石花出崖州海港中三月採取過期則成石矣

乳源石鍾乳



乳源縣西有乳巖乳大者曰乳牀小曰乳枝葳蕤下垂一一空中相通乳自其末溜至端且滴且凝滴者如冰凝者如脂膏乃鍾乳之最良者他巖洞及陰濕之所雲氣噓噏亦卽生鍾乳蓋石之精華隨寒暖而爲融結昌黎所謂泄乳交巖脈也然惟石有脈有津氣者方出乳頑石則否石之腴者乳益潼流瘠而透漏者則否乳源多良乳故縣以名其乳巖之水流至白土二三百里間亦皆鍾乳之純英所注飲之甘香或謂乳穴之水皆味甘性溫重而有力煎之似鹽花噴起皎潔如霜是真所謂石髓久服肥健以釀酒尤宜功過鍾乳鍾乳性澁而凝精不可服服者多生奇疾

雲母

羅江之上多雲母日照之寶光煜煜昔有羅辯者服之得仙騎一白牛而去今化州白牛潭有石僅五六礫是其煉雲母之所遺云增城有大溪出雲母粉何姑服之亦得仙去羅浮記云是溪有雲母石名雲母溪何姑嘗煉其石如紅玉服之可以辟穀云

石耳

韶陽諸洞多石耳其生必於青石當大雪後石滋潤

微見日色則石生耳大者成片如苔蘚色碧綠望之如煙蓋石之精英以寒而發其花爲雪蕈其葉爲石耳也石耳亦微有蔕痕大小筩筩如花烹之面青紫如芙蓉底黑而皺每當昧爽擷取則肥厚見日漸薄或且消化爲水或以爲苔蘚之變北方有榆肉此則苔蘚之肉云

粵西鮓粵東膾

粵西善爲魚鮓粵東善爲魚膾有宴會必以切魚生爲敬食必以天曉時空心爲度每飛霜鍔泡甖醪下薑蔞無不人人色喜且餐且笑其膾也皆以男子鮓



則以婦人凡女始嫁其家必以數十黃罌與之能善爲鮓使甘酸而香可飫口是爲好歸粵東羅定所居在山谷中少魚俗亦尚鮓廉州則以珠桂肉爲鮓連州以筍蟲膾之色白如雪味甚甘

廣爲水國

廣爲水國人多以舟楫爲食益都孫氏云南海素封之家水陸兩登貧者浮家江海歲入估人舟算緡中婦賣魚瀉漿至客舟前儵忽以十數弱齡男女皆身手便利卽張羅竿首晝釣泥中鼈蟹蜃蛤之入日給有餘不須衣食父母又舟人婦子一手把舵筒一手煮魚橐中兒女在背上日猴猴如負瓜瓠扳脅搖櫓批竹綴蠅兒女苦襁褓索乳哭啼恒不遑哺地氣多燠既省絮衣之半跣足波濤不履襪或男女同屐男子冬夏止一褲一襦婦人量三歲益一布裙如是則女恒餘布地惟秔稻土厚獲多人日計米一升加以魚蚌鳥菱蕉橘諸芋減炊米十可二三如是則男有餘粟故古稱饒富居甲焉

卷十六終

光緒七年立
重鋟于廣漢

# 通俗編



通俗編序

予前在南海會輯制義科瑣記刊行制義科者今之

鄉會兩闈也我

朝於科舉最重得人最盛場屋佳話士林每津津樂道之因於獺祭之下採其稍涉新異者彙爲前編以資塵談而於制義設官取名沿革之制尚未詳備也因備檢案牘續爲此編舉漢唐以來損益廢興畫如列眉于俚俗之言亦歷歷稽之載籍而不爽後之博雅者知所考焉夫制義之設也所以代先聖立言非以取士也而士之所以進身非制義科無由焉誠使身列儒林者循其名必覈其實則由士希賢由賢希聖庶幾不負乎設科之美意也夫綿州李調元童山甫撰

通俗編總序

楊子雲曰觀書者譬如觀山及水升東嶽而知衆山之峛崺也況介邱乎浮滄海而知江河之惡沱也況枯澤乎棄常珍而嗜乎異饌者惡覩其識味也委大聖而好乎諸子者惡覩其識道也信哉斯言也然獨不言多聞則守之以約多見則守之以卓乎寡聞則無約也寡見則無卓也故曰君子之道有四易簡而易用也要而易守也約而易見也法而易言也夫所謂易用易守易見易言者人生日用常行之道也事不越目前言常在唇間而白首窮經或有不能舉其名求其本者矣不嘗異饌安知常珍之美也不探諸子安知大聖之道也夫古人之書皆古人之方言也而十三經二十二史諸子百家之書則又各隨一國一鄉一隅之言唾涕無盡一器盛焉萬卷無盡一理包焉理非他道也道也者不可須臾離也欲知道所在不外格物物格而天下之道在矣此翟子通俗所由編也事不越目前言常在唇間而搜列衆書有如獺祭每啓一緘必嘗其味日事咀嚼而後知常珍之多在散寄也日事校讐而後知大道之多在眉睫也約分門類而不列其目以其通於方言故曰俗夫奇



山僻水馬遷或有未遊矣河源星海張騫或有未到矣譬如指山一簣指井一泉而曰天下之道在是豈理也哉余故校入函海以比錫我百朋而並公諸天下也

通俗編卷一

仁和翟灝撰　綿州李調元校

荀子注彭祖堯臣經虞夏商壽七百歲莊子注亦有彭祖八百之語按大戴禮帝系篇陸終娶女隤氏一產六子其一爲彭祖時猶帝嚳世也而商之老彭說者謂卽彭祖自帝堯元年迄夏桀末共五百九十二歲以前以後容更歷年一二百而書無明文又或云八百或云七百均未可謂其虛搆神仙傳鑿言七百六十七歲便不經矣

淮南子覽冥訓羿請不死之藥于西王母恆娥竊以



奔月悵然有喪無以續之注云恆娥羿妻後漢書天文志注引張衡靈憲以恆爲姮集韻收姮字列十七登恆紐下不作桓音按此事特好事者寓言其造爲名字卽取詩日升月恆義耳唐人避穆宗諱宋人避眞宗諱凡經籍恆字多讀爲常時人因亦呼恆娥爲常娥或并以其字改之爲嫦字書惟正字通收之見其晚俗也楊愼謂古者羲和占日常儀占月儀俄音近因訛爲嫦娥詞若可聽其實不然

呂氏春秋本味覽有侁氏女子採桑得嬰兒于空桑之中獻其君君令烰人養而長之是爲伊尹按太平寰宇記空桑城在外黃西三十里帝王世紀云此是伊尹生處空桑之爲地名信也呂氏所述乃六國時造割烹等言者之妄流俗以不知自出者嘲曰若豈生空桑中耶俗人不足譏若雅人未可附和

孔叢子記問篇太公勤身苦志八十而遇文王按此今語所據也而荀子君道篇文王舉太公于州人而用之行年七十有二齳然而齒墮矣東方朔答難亦云太公體仁行義七十有二乃設用于文武



則其年未及八十越絕書計倪曰太公九十而不伐紂磻溪餓人也楚詞九辨亦云太公九十乃顯榮則其年已過八十孔叢豈酌其中言之歟據說苑尊賢篇太公望故老婦之出夫也朝歌之屠佐也棘津迎客之舍人也年七十而相周九十而封齊蓋荀子所言乃其相周初越絕言其封齊未而八十正其閒得意秋也

汝南先賢傳介子推以三月三日自燔後成禁火之俗按後漢書周舉傳太原舊俗以介子推焚骸至其亡月士民輒一月寒食舉旣到州乃作書置子

推廟言盛冬去火殘損民命非賢者之意以宣示愚民使還溫食依此則寒食乃在冬矣琴操言子推抱木而死文公哀之令人五月五日不得舉火依此則寒食又在夏矣總之介子推事未足典要

禮檀弓齊莊公襲杞于奪杞梁死焉其妻迎其柩于路而哭之哀孟子杞梁妻善哭其夫而變國俗按左傳但言杞妻辭齊侯之弔而不言哭檀弓孟子雖言哭未有崩城事也說苑立節篇云其妻聞之而哭城爲之阤隅爲之崩列女傳云枕其夫之屍于城下哭十日而城崩然亦未言長城也長城築



于齊威王時去莊公百有餘年而齊之長城又非秦始皇所築長城唐釋貫休乃爲詩曰築人築土一萬里杞梁貞婦啼嗚嗚則竟以杞梁爲秦時築城之人而其妻所哭崩乃卽秦之長城矣後之作小說者遂因其語謂秦築長城有范杞梁妻孟姜送寒衣至城下聞夫死一哭而長城崩至今童婦道之

皇侃論語疏引論釋曰公冶長自衛還魯聞鳥相呼往食死人肉須臾見一嫗兒道哭長以鳥語告之嫗往看卽得死兒村司錄長付獄曰當試之若解鳥語便放不解令償死長在獄已六十日有雀緣獄柵呼長含笑獄主問雀何所言而笑之長曰雀鳴嘖嘖唶唶白蓮水邊有車覆粟收斂不盡相呼共啄獄主遣人看之果如其言于是得放沈佺期燕詩不如黃雀語能免冶長災白居易鳥雀贈答詩序余非冶長不能通其意皆本皇疏按史記稱秦仲知百鳥之音後漢書言伯翳綜聲于鳥語又高帝時太史魏尙曉鳥語見緯畧楊宣見羣雀喧知前有覆車粟見後漢書廣漢楊翁偉聽鳥獸之音見論衡平原管輅解鳥語見博物志崔長謙



風角鳥言靡不開釋見北史侯瑾解鳥語見燉煌實錄釋安清綜達鳥獸之音見高僧傳據周禮夷隸掌牛馬與鳥言列子黃帝篇東方介氏之國其人數數解六畜語隋書經籍志有鳥情雜占禽獸語一卷又有和菟鳥鳴書王喬解鳥語經異聞錄白龜年授李白素書一軸曰讀此可辨九天禽語九地獸言蓋風角鳥占兵家之所不廢古人自有此學不可遽謂之誕

史記甘茂傳羅年十二事秦相呂不韋以說張唐說趙功封爲上卿按上卿非丞相也今言丞相者當

以羅祖茂爲左丞相誤然其誤久矣北史彭城王勰傳曰昔甘羅爲秦相未能書儀禮疏曰甘羅十二相秦唐杜牧詩曰甘羅昔作秦丞相

博物志西王母七夕降九華殿以五桃與漢武帝東方朔從殿東廂朱鳥牖中窺之王母曰此窺牖小兒嘗三來盜吾此桃漢武故事東方國獻短人帝呼東方朔朔至短人指謂上曰王母種桃三千歲一子此子不良已三過偷之矣按二說不同未知孰是博物志又云武帝得不死酒示東方朔朔一飲致盡帝欲殺之朔曰殺朔若死此爲不驗以爲



有驗殺亦不死此與戰國策中射士奪食不死藥之言絕相類漢書謂朔事多爲童豎聒耀好事者因更取奇言附著之此類是已

葛洪神仙傳麻姑是好女子年十八九許于頂中作髻餘髮垂至腰其衣有文章而非錦綺光采耀目漢桓帝時偕王方平降蔡經家名進行廚皆金盤玉杯李肇國史補言李泌宮麻姑送酒朱子取其事載綱目中按仙鑑謂麻姑姓王氏卽方平之妹依葛洪傳似非一統志謂麻秋之女尤于世代差遠

杜牧之赤壁詩東風不與周郎便銅雀春深鎖二橋按此詩人推擬之詞非曹氏當日果蓄此念也演義附會之有改二橋爲二喬之說據正史周瑜傳橋公兩女皆國色策自納大橋瑜納小橋則喬字本當作橋

南史梁武德郗皇后傳后酷妬忌及終化爲龍入于後宮通夢于帝或見形光彩照灼帝體將不安龍輒激水騰涌太平廣記引兩京記郗后因忿怒投殿庭井中衆趨井救之已化爲毒龍煙燄衝天人莫敢近帝悲歎久之因册爲龍天王便于井上立



祠按釋典梁王懺其序畧同而以龍爲蟒蛇

太平廣記張果嘗乘一白驢日行數萬里休則疊之如紙置巾箱中乘則以水噀之還成驢矣開元二十三年至東都帝謂曰先生得道者何齒髮之衰耶果因于御前拔去鬢髮擊落牙齒少選靑鬢皓齒愈于壯年帝欲令尚玉眞公主不承詔每云余是堯時丙子年人時莫能測也帝以問葉法善對曰臣知之然言卽死若陛下救臣得活許之法善曰此混沌初分白蝙蝠精言訖仆于地帝請果以水噀法善面卽時起按俗言張果老倒騎驢各傳

記未去葢倒騎驢乃宋潘閬事
五代史王彥章軍中號王鐵鎗今北直琉璃河橋倚
一相傳是彥章所遺鐵篙乃由鐵鎗附會
湖廣總志劉元英號海蟾子廣陵人仕燕主劉守光
爲相一旦有道人來謁索雞卵十枚金錢十枚置
几上累卵于錢若浮圖狀海蟾驚嘆曰危哉道人
曰人居榮樂之塲其危有甚于此者復盡以錢擘
爲二擲之而去海蟾由是大悟易服從道歷游名
山所至多有遺蹟宋初于潭州壽甯觀題詩仍自
寫眞其旁按海蟾二字號今俗呼劉海更言劉海



戲蟾舛謬之甚
香祖筆記警世通言有拗相公一篇述王安石罷相
歸金陵事極快人意乃因盧多遜謫嶺南事而稍
附益之耳
水東日記廣東人相傳宋嘉定中有厲布衣者自江
右來精地理之學名傾一時廣州林某者宋元富
家永樂初中衰術者言其祖穴向稍偏所致因發
地得石書云布衣厲伯韶爲林某葬此後學淺識
不許輕改遂仍揜之今林氏頗復振廣人口音稱
賴布衣云

穀梁傳桓二年蔡侯鄭伯會于鄧注云鄧厶地釋文
云不知其國故云厶地困學紀聞今或書某爲厶
已見于此按厶本古私字其讀如某始玉篇
禮記投壺載魯鼓薛鼓之節但爲○口而無文注云
圜者擊鼙方者擊鼓正義云頻有圜點則頻擊鼙
聲方點亦如之每一點則一擊按今譜十番鼓者
猶循此例
古鍾鼎文子二孫二等字皆不複書周宣石鼓文君
子員獵員獵員遊雖四字相間猶作員二獵二漢
石經改篆爲八分如易之乾二書之安二亦如之



後漢書鄧騭傳時遭元二之災章懷注元二即元
元也葢古人楷書又有然者涪翁雜記複語書二
字重二文也升庵外集二乃古文上字言字同于
上省複書也按二說未定孰是今人或書二或書
匕各于舊說有合
齊侯鎛鐘銘以都俞作都都俞俞關尹子以裴回作
裴裴回回韓詩外傳以馮翊作馮馮翊翊皆以成
語硬疉唐宋人猶或放之如樊紹述絳守園池記
用文文章章朱子語錄謂呉才老說梓材是洛誥
中書眞恰恰好好是也按此葢由小兒學語多爲

疊辭如爹爹孀孀哥哥姊姊之類其實無當疊之義也盧仝詩添丁郎小小別吾來久久脯脯不得契兒兒莫撚搜對小兒爲言因遂作小兒口吻

韓詩外傳孔子聞皐魚之哭曰驅驅鄭元夢孔子告之曰起起世說王丞相以麈尾指座呼何充曰來來娵兒齎牛酒詣劉道眞道眞曰去去此皆因泆切而重也晉書佛圖澄傳與石季龍升中臺驚幽州火災取酒噀之曰變變南史宋前廢帝紀壽寂之懷刀直入帝走大呼寂寂北史宋繇傳宋士遜誣奏李構夢父責之驚跪曰不敢不敢此皆因急遽而重也又有鄭重而重之者如巴志漢桓帝時郡守貪國人刺之曰錢錢何難得令我獨憔悴之類有接口而重之者如北史魏靜孝帝曰朕亦何用此活高澄怒曰朕朕狗腳朕之類



古有以語急而省其文者左傳莊二十二年敢辱高位昭二年敢辱大官注皆云敢不敢也儀聘禮辭曰非禮也敢注亦云敢言不敢又論語患得之得亦言不得左傳若愛重傷則如勿傷愛其二毛則如服焉如亦言不如今語如此類甚多

容齋三筆世人語音有以切腳而稱者如以蓬爲勃籠槃爲勃闌鐸爲突落鉦爲丁甯精爲鯽零螳爲突郎旁爲步郎圈爲屈欒窠爲窟駝是也宋景文筆記孫炎作反切語本于俚俗常言尙數百種俞文豹唾玉集亦錄俗語切腳字數十

晉藝術傳以肉爲內中人清異錄以粥爲雙弓米今謂米曰八木茶曰草木中人乃其類吳志謂蜀爲橫目苟身容齋四筆唐人稱比部爲昆腳皆頭今謂一曰平頭二曰空工三曰眠川四曰睡目乃其類又今于姓氏一端尤多折字之語如吳曰口天張曰弓長楊曰木易李曰木子孫曰子系許曰言午魏曰委鬼裴曰非衣劉曰卯金刀徐曰未入人凡此俱見自前籍矣漢書王莽傳劉之爲字卯金刀也後漢公孫述傳八厶子系十二爲期三國志魏文帝紀注言午許字兩日昌字魏當以許昌吳薛綜傳無爲天有口爲吳又越絕書以口爲姓承之以天參同契後序委時去害與鬼爲隣宋書王景文傳張永自爲謠言一士不可親弓長射殺人一士王字弓長張字也北史徐之才傳盧元明戲之才曰卿姓是未入人隋書宗室傳詔數秀罪曰重述木易之姓妄說禾乃之名唐書裴度傳張權

輿作僞謠云非衣小兒坦其腹天上有口被驅逐宜室志寇天師嵩山銘記所謂木子滿天下乃言唐氏受命又甘澤謠載李雲封事曰樹下人是木子木子李字也按此例之昉自春秋傳止戈爲武皿蟲爲蠱反正爲乏人十四心爲德二首六身爲亥已甚言之益覺乎尙矣

啟顏錄唐封抱一任櫟陽尉有客過之旣短又患眼及鼻塞乃用千字文語嘲之云面作天地元鼻有雁門紫旣無左達承何勞罔談彼又一人患眼側及翳一人患鼻齆以千字文互相嘲謗齆鼻人云



眼能日月盈爲有陳根委患眼人績云不別似蘭斯都由雁門紫按此今市井偎習亦自唐有之

鮑略集有井字龜字二謎南史有屐謎北史有著謎

七修類稿隱語轉而爲謎至宋蘇黃極盛金章宗刊本以行按古無謎字玉篇始收入之原其意制則卽呂覽所謂讔也越絕庚米之辭參同委鬼之句蔡伯喈之黃絹幼婦管公明之燕印蜘蛛皆其濫觴

六朝樂府子夜讀曲等歌語多雙關借意唐人謂之風人體以本風俗之言也如理絲入殘機何悟不成匹攤門不安橫無復相關意黃檗向春生苦心隨日長打金側瑇瑁外豔裏懷薄玉作彈棋局心中最不平蚊子叮鐵牛無渠下觜處玲瓏骰子安紅豆入骨相思知也無合歡桃核眞堪恨裏許元來別有人皆上句借引他語下句申釋本意今市俗有等諺語如云秤鉤打釘曳直黃花女兒做媒自身難保黃檗樹下彈琴苦中作樂火燒眉毛且顧眼下雲端裏放鱉頭露出馬腳啞子喫黃連說不出底苦乃其遺風又風人之體但取音同不論字異如霧露隱芙蓉見蓮不分明以蓮爲憐也梧



樹生門前出入見梧子以梧爲吾也朝看暮牛蹟知是宿蹄痕以蹄爲蹄也石闕生口中銜碑不得語以碑爲悲也風吹黃檗藩惡聞苦籬聲以籬爲離也明燈照空局悠然未有期以棋爲期也愁見蜘蛛織尋絲直到明以絲爲思也逆風猶挂席苦不會帆情以帆爲凡也曉天窺落宿誰識獨醒人以星爲醒也丹青傳四瀆難寫是秋淮以淮爲懷也篠蠟爲紅燭情知不是油以油爲由也東邊日出西邊雨道是無情還有情以晴爲情也今諺亦然如云火燒旗竿好長嘆月下提燈虛挂名船家

燒紙爲何牆頭種菜没緣外甥打燈籠照舊石臼裏舂夜义禱鬼堂前挂草薦不是話呂布跌下井使不得急以炭爲嘆明爲名河爲何圓爲緣舅爲舊搗爲禱畫爲話戟爲急體應如是不嫌其謬悠也皮日休雜體詩序云古有採詩官採四方風俗之言故命之曰風人然則此等之言固採風者所不棄歟



古籍之語今多有祖其意而變其文者雖極雅俗之殊而淵源猶可溯也詩小雅側弁之俄疏云醉不自知而傾側其弁今變之曰側戴帽兒喫白酒左傳僖四年風馬牛不相及注云馬逐上風而去牛逐下風而來故不相及也今變之曰牛頭不對馬嘴國語伐木不自其本必復生今變之曰斬草不除根萌芽依舊發管子齊桓好服紫齊人尚之五素易一紫今變之曰一紫蓋十紅韓詩外傳引語曰不知爲吏視已成事今變之曰不會做官看前樣急就章長樂無極老復丁郎參同契所云老翁復丁壯也今變之曰反老還童太元經劓鼻食口喪其息主今變之曰鼻頭一塊肉割不到口裏淮南子說林訓嘗我貨者欲與我市今變之曰惜嫌是買主又屠者羮藿陶者用缺盆匠者處狹廬今變之曰賣油娘子水梳頭賣肉兒郎齕骨頭詮言訓中心常恬漠累積其德狗吠而不驚今變之曰平生不作虧心事夜半敲門心不喫驚世說庾翼與人札云小兒輩賤家雞愛野雉今變之曰滿山趕野雞家中失却哺母雞抱朴子食毒中蚤蝨則愚甚也今變之曰喫了砒霜藥老虎應璩詩住車問三叟何以得此壽中叟前致辭量腹節所受今變之曰晚飯少喫口活到九十九蘇軾詩富死未必輸生貧又珠襦玉匣萬人相送歸北邙不如懸鶉百結獨坐負朝陽今變之曰好死不如惡活普燈錄藥山彝肅云大樹大皮裹小樹小皮纏今變之曰走盡天邊路沒有皮寬樹



諺槪俚語有習而不察者如勸人莫動氣則曰君子不器自謙未周備則曰周而不比贊人話好則曰巧言令色俱甚可笑按此類訛謬于今尤甚思之誠堪捧腹如言人逃遁曰桃之夭夭言事消釋曰洋洋乎遭遇危險曰憲憲令德儀文減省曰簡而文勸人和好曰和爲貴事無過分曰哀而不傷交久敬衰曰孰不知禮作事精詳曰食不厭精舉事

昌明曰嗚鼓而攻之思念懇切曰切切偲偲臥看書籍曰困而學之反覆不常曰出乎爾反乎爾投贈菲薄曰薄乎云爾其他如和而不流惠而不費三思而行未同而言卻之不恭言歸于好之類俗人每每挂及即朱注中不偏之謂中典守者不得辭其責敬其主以及其使等語亦然雖或文義未謬而以聖賢經語夾雜鄙猥且于四子書外別無所稱馬令南唐書所云掉書袋者未必至如是荒陋也

輕言曰吝音兜轉舌呼曰嚩音綽以言難人曰嗑音盤摑人曰刎多上聲手捻鼻膿曰擤亨上聲謀人財物曰贜遭去聲以上俱見篇海屋斜用拄曰牮音薦用力以堅舉物曰夯呼講切強與人曰挜音亞搕撞曰搋彭去聲以手推止曰摷音湯偷視曰音樵著眼視曰瞟音標甏蒲孟切大帶曰䜌音欒以上俱見字彙抱持人物曰揲音傑舍去曰丟丁由切俱見李氏俗呼小錄虛張曰諣音掤布列曰拏音擺俱見焦氏俗書刊誤將男作女曰要音飢見楊氏正韻箋曬暴曰晾音亮兩腕引長曰庹音托完整曰薑東本切以物相質曰戤渠蓋切俱見



吳氏字彙補秤錘曰鉈音佗平斛器曰㮧音盪俱李氏字學訂譌揭蓋曰搡音梟掀起曰橇音轎皮起曰皺音竅棄擲曰甩一作掩環去聲俱見智燈難字又時俗以乾魚之小者曰鮳音若考水濱曰垶音若罕平聲此類頗多各字書則猶未載按字之通于俗用者前已有專卷矣諸以不見宋前字書不論而吏胥商賈傳習于世儒者聞其音而不得其文亦足以爲病也因并綜以附焉

劉向戰國策序本或脫誤爲半字以趙爲肖以齊爲立如此者多北史江式傳追來爲歸巧言爲辯小兎爲𧆑神虫爲蠶如斯之類皆不合孔氏古書按此即里俗僞字之肇端也所論惟追來今有書者餘不復行而惡上安西鼓外設皮見于顏氏家訓文字爲學辭亂從舌見于郭氏佩觿孟子宿晝章齋亦作斋載孫氏音義荀子修身篇體亦作躰載洪武正韻凡此則皆循用至今也里俗造僞之情大抵由趨省便而字之省筆者卻未得盡斥爲僞如萬之爲万箇之爲个禮之爲礼節之爲卩從之爲从處之爲処與之爲与號之爲号爾之爲尒鬚之爲須鶴之爲隺多屬說文本字或見于經傳大

典士君子所不避也餘若疋字本讀疏音說文足也弟子職有問疋何止之文而小爾雅倍兩謂之疋以代匹字則匹書疋可也离字本讀摛音廣韻謂與魑同而晉書宣帝紀司馬公神形已离以代離字則離書离可也昇字本讀怡音堯典昇哉傳云已也退也而列子楊朱篇何以昇哉以代異字又梁書武帝紀稱朱昇寔異則異書昇可也寔字本讀室音說文止也而大雅實墉實壑注云實當作寔增韻正韻直云寔與實同則實書寔可也麗字古或省文作丽載于集韻棄字唐石經皆以避太宗諱變體為弃吳字下不從天而吳志薛綜言無口為天有口為吳桑字上不从卉而齊書庾溫言桑字四十二點則麗書丽棄書弃吳書吴桑書桒猶有說可援也至于廟字說文載古文作庿儀禮筮于庿門用此字今更去草為庙寶字玉篇載古文作寚今更去缶為宝風字集韻載古文作凬今更去捩為凧此雖因緣自古而輾轉訛脫蓋已難染文士之筆端矣乃今市井所用不惟任意減除且多誤犯別字如以聖為圣以賢為贤以體為体以聽為听以蟲為虫以蠶為蚕以猶為犹以燭為烛以燈為灯以繡為綉以擔為担以圍為园以機為机舊俱原有其字而音義大殊圣乃古文在字見尚書古文訓⿱止矢乃古文族字其上从止見集韻体與笨同唐書注謂舉柩之夫听牛隱切笑貌上林賦云听然而笑虫即古虺字象形見說文蚕字他典切寒蚓別名見爾雅犹音同宥獸名烛為爥字之省旱灼也並見集韻灯音丁烈火也見玉篇綉音透綿一片也亦見集韻担音亶博雅云擊也玉篇云拂也园字音義皆與刓同莊子齊物論五者园而幾向方是也机音几木名山海經單狐山多机木又與几通家語俯察机筵是也士林豈可隨俗用之乎能免笑于士林乎

日知錄兄弟二名而共用其一字者世謂之排行如德宗德文義符義眞之類起自晉末漢人所未有也水經注云北平侯王譚子與生五子並避亂隱居光武即位封為五侯其名曰元才益才顯才仲才季才此是後人追撰妄說東漢人二名者亦少也單名以偏旁為排行始見于劉琦劉琮此後應瑒衛瓘衛玠之流踵之而出矣

漢書王尊傳長安宿豪大猾箭張禁酒趙放皆通邪

結黨注云此二人作箭作酒之家按江北俗指稱某家每以其所執業冠其姓上若此箭張酒趙是也江南則繫其業于姓下然據武林舊事有笙張薑魚周鋤頭段爊肝朱㾮兒徐榮包頭陳彬倉張二酒李一扇李二故衣毛三則宋時此俗亦通行于江南

雞肋編天下方俗各有所諱渭州諱賴常州諱打爺娘楚州諱烏龜頭泗州諱靠山子眞州諱火柴頭蘇州諱賊秀州諱佛種按此宋時俗也元明以來所諱又不同堅瓠集云畿輔曰響馬陝西曰豹



山西曰瓜山東曰胯河南曰驢江南曰水蟹浙及徽州曰鹽豆浙又曰歔江西曰臘雞福建曰癩四川曰鼠湖廣曰乾魚兩廣曰蛇雲貴曰象務各以所諱相嘲成化中司馬陝西楊鼎與司寇福建林聰會坐林戲曰弧兒十歲能窺豹以楊多鬚而年少楊卽曰癩子三年不似人河南焦芳過李西涯邸見簷曝乾魚戲曰曉日斜穿學士頭西涯曰秋風正貫先生耳以諺有秋風貫驢耳句故也廖道南戲倫白山曰人心不足蛇吞象倫曰天理難忘獺祭魚又蜀舉子張士儼與廣士某戲曰委蛇某卽應曰碩鼠又李時嘗以臘雞獨擅江南味戲夏言言卽答以響馬能空冀北羣以上諸諱至今多未改者

十二屬論衡物勢篇言其十一所缺惟龍言毒篇有辰爲龍巳爲蛇二語今說已無參差而統謂之曰禽北史宇文護母貽護書曰昔在武川鎭生汝兄弟大者屬鼠次者屬兎汝身屬蛇梁沈炯創爲十二屬詩屬之稱著于此時法苑珠林引大集經言其所由來曰閻浮提外四方海中有十二獸並是菩薩化導人道初生當此菩薩住窟卽屬此獸護



持得益故漢地十二辰依此行也所說十二獸無虎而有師子葢彼方名虎曰師子耳其所以分配之義論衡綦詳宋元來說此者復紛紛不一暘谷漫錄子寅辰午申戌俱陽故取相屬之奇數以爲名鼠虎龍猴狗皆五指而馬單蹄也丑卯巳未酉亥俱陰故取相屬之偶數以爲名牛羊雞猪皆四爪兎兩爪蛇兩舌也草木子每肖各有不足之形如鼠無牙牛無齒虎無脾兎無脣龍無耳蛇無足馬無膽羊無瞳猴無臀雞無腎犬無胃猪無筋人則無不足也七修類稿理固屬陰陽而皆于時位

見之子為陰極幽潛隱晦以鼠配之午為陽極顯明剛健以馬配之丑陰也俯而慈愛生焉牛有舐犢故以配之未陽也仰而秉禮行焉羊有跪乳故以配之寅為三陽陽勝則暴配以虎申為三陰陰勝則黠配以猴日生東而有西酉之雞月生西而有東卯之兔此陰陽交感之義故曰卯酉為日月之私門辰巳陽起而動作龍為盛蛇次之戌亥陰斂而潛寂狗守夜豬守靜故各以配焉按三說中似以七修為長朱子嘗論易乾馬坤牛震龍巽雞坎豕離雉艮狗兌羊曰此取象自有來歷非假譬



之十二屬頗與八卦取象相類得云無來歷乎觀倉頡造字亥與豕僅一筆小殊而巳字直象虵形則其來歷負矣

漢書藝文志有嚏耳鳴雜占及占燈花術隋書經籍志有占夢書占嚏書目瞤書太平廣記引陸賈曰目瞤得酒食燈火花得錢財午鵲噪而行人至蜘蛛集而百事喜小既有之大亦宜然物類相感至人或下頤無故癢搔不止當食異味劍南詩注俗以螢飛入室為有客至之兆唐音癸籤權德輿詩昨夜裙帶解今朝蟢子飛鉛華不可棄莫是

稾砧歸俗說裙帶解有酒食蟢子緣人衣有喜事其來益遠豳詩蠨蛸疏云俗名蟢子荆州河南名喜母著人衣主有親客至久入三百篇注腳也按以上諸占為今童婦傳述亦往往有驗

劉熙釋名綺文有長命其綵色相間皆橫終幅言長命者服之使人壽命長史游急就章錦繡縵紝雲離爵乘風懸鐘華洞樂豹首落莫兔雙鶴注曰皆言織刺此象以成錦繡繒帛之文也今時錦繡綾羅及氍毹毾㲪之屬摹寫諸物無不備具其來久矣離雲言雲氣離合之象也乘風海魚也懸鐘云



云謂華藻之中兼列眾樂器以成文章也豹首若今獸頭錦落莫謂文采相連按今織文之簡略者惟以屯字蟬聯曰挽不斷猶釋名所云長命也華藻者雜列諸物往往不相倫類猶急就所云懸鐘豹首屬也

暖姝由筆今訪友偶無名帖及紙筆或以土墼石灰書其家壁板此率易拙俗事吾子行閒居錄云蔣洎居葛嶺名公士大夫多器重之每一入城終日既歸白上書門者又滿矣則前此亦有之按雲仙雜記引儱上書喬敷嗜魚日向漁人貸食漁人送

魚一斤則以白堊標門記之後日償價年律一終
白堊盈門今小經紀不識字者行此法頗多又唐
書吐蕃傳言其吏治無文字結繩齒木爲約留靑
日札云今杭之賣豆腐者亦刻木以記斤兩刻木
與誌土二事誠愚氓大方便法
游覽志餘浙江杭州三百六十行各有市語不相通
用倉卒聆之不知爲何語有四平市語者以一爲
憶多嬌二爲耳邊風三爲散秋香四爲思鄉馬五
爲誤佳期六爲柳摇金七爲砌花臺八爲灞陵橋
九爲救情郎十爲舍利子意義全無徒以惑亂聽



聞耳按今松木場香市中猶習用此語而其餘諸
行正如志餘所云各有市語不相通用如米行則
一子二力三削四類五香六竹七才八發九丁十
足絲行則一岳二卓三南四長五人六龍七靑八
谿九底紬綾行一乂二許三沙四子五固六羽七
落八末九各十湯線行一田二伊三寸四水五丁
六木七才八戈九成銅行一豆二貝三某四長五
人六士七木八令九王十合藥行一羌二獨三前
四柴五梗六參七苓八殼九草十芎典當一口二
仁三工四比五才六回七寸八木九巾故衣鋪一

大二士三田四東五里六春七軒八書九籍道家
星卜一太二大三蒙四全五假六眞七秀八雙全
九淵雜貨鋪一平頭二空工三眠川四睡目五缺
丑六斷大七皂底八分頭九未丸優伶一江風二
郎神三學士四朝元五供養六么令七娘子八甘
州九菊花十段錦江湖雜流一畱二月三汪四則
五中六人七心八張九愛十足江湖人市語尤多
坊間有江湖切要一刻事事物物悉有隱稱誠所
謂惑亂聽聞無足採也其間有通行市井者如官
曰孤司店曰朝陽夫曰蓋老妻曰底老家人曰弔



腳僧曰廿三道士曰廿四成衣曰戳短鎗擡轎曰
扱樓兒剃頭曰削靑船曰瓢兒屋曰頂公銀曰琴
公錢曰把兒米曰軟珠餅曰匾食鹽曰濆老魚曰
王八鞋曰踢土鏡曰照兒抹布曰踢郎坐曰打墩
拜曰薦拂揖曰丢圈子叩頭曰丢匾子寫字曰擲
黑說話曰吐剛被欺曰上當虛奉承曰王六大曰
太式多曰滿太式無曰各念俱由來于此語也西
京雜字記云長安市人語各有有同有葫蘆語鏁
子語鈕語練語三摺語通謂市語宋汪雲程蹴踘
譜有所謂錦語者亦與市語不殊蓋此風之與已

久或云盧敖作市語其信然乎
俚語對句周遵道豹隱記談郎瑛七修類稿沈德符
野獲編馮猶龍談概各載有數聯如狗毛雨雞腳
冰三叉路十字街象棋餅骨牌糕掘地洞開天窗
賊摸笑鬼見愁誠意高香細心堅燭天理肥皂地
道藥材酒肉兄弟柴米夫妻哈湯湊飽忍屎耐餓
兩手脫空四腳著實三更火旺六缸水渾灰勃六
禿泥拌千鍬夏雨分牛春秋風貫驢耳猫口裏宂
食虎頭上做窠鍾馗捉小鬼童子拜觀音老手舊
肮髒窮嘴餓舌頭口甜心裏苦眼飽肚中飢好心



不得好報痴人有痴福缺嘴口裏咬跳蚤鬍黎
頭上拍蒼蠅強將手下無弱兵死人頭邊有活鬼
俱自然工穩愚嘗于客窗閒暇戲倣其為復集得
數十聯附錄以供覽者一粲雨淋雞雷驚鴨隨風
轉舵順水推船細水長流孤峰獨聳出路由路隨
鄉入鄉說一是一拳三道三爭長論短隨高逐低
忙裏偷閒苦中作樂奸好先生花花公子黃花閨
女白木盌生相女配夫討妻看舅關門養賊坐產
招夫鬼禱十七變法三千酒落歡腸棋逢敵手敲
敗兵鑼打退堂鼓抛磚引玉點鐵成金瓶滿缽滿

盤光碟光散心蠟燭亂頭阡張瓜熟蒂落藕斷絲
連騎騾擂鼓對牛彈琴螞蟻官兒獮猻君子猫要
公事狗臉親家枕頭邊告狀門背後求情缺嘴三
娘子老臉二官人好漢惜好漢見家識見家瞎婆
彈琵琶瓜背吹叭喇眼睛裏出血鼻子上轉肩臉
上挂招牌口裏送盆子隨手薩摩訶順口波羅蜜
倚著閻王勢錯過喜神方鬼門前貼卦佛面上刮
金無梁不成殿有路莫登船步步起花頭箭箭上
靶子好戴高紗帽愁穿溼布衫捉猪上樁凳牽驢
過板橋將蝦兒釣鯉兒兔子放鷹螞蟻扛曲蟮壺



蜂叮痢黎前客讓後客小魚喫小魚天宮折壞半
邊地皮捲去三尺水聾船船聾水人防虎虎防人
胡孫要花子弄苗蠻服土官管一身不充二役雙
手難敵四拳背領挂豆芽菜眼睛起蘿蔔花鵓鴿
只揀旺處燕子不入愁門寒蟲鳴嬾婦驚喜鵲叫
遠人到那箇猫不偷腥做著狗要喫屎羊肉當狗
肉賣死馬做活馬醫清官難斷家裏事好漢不喫
眼前虧清官難出猾吏手巧妻長伴拙夫身死棋
肚裏有仙著強將手下無弱兵爬得千錢想萬錢
喫了五穀要六穀只顧自己碗裏滿常怨他家井

底深一番生活兩番做千般道路萬般難七碗跳到八碗裏東天搶向西天頭無情無義崔君瑞不忠不孝蔡伯喈張天師弄得沒法海龍王愁甚少寶大匠手裏掉鉞斧强盜頭上撮網巾前船已覆後船警上梁不正下梁歪斫得樹倒有柴燒識了秤來沒肉賣鼻涕拖得一丈長骨頭沒有四兩重牛頭不能對馬嘴狗口何曾出象牙大家馬兒大家騎鄉裏獅子鄉裏跳雲眼上望仙鶴飛陰溝裏想天鵝喫鴨見礱糠空歡喜猫哭老鼠假慈悲鷺鷥腿上割股肉螺螄殼裏做道場說話不明猶如



昏鏡飲酒未醉甚于活埋一佛世二佛升壇大鬼上天小鬼落地錢近手頭食近口頭酒在肚裏事在心裏今年種竹來年喫笋前人種樹後人乘涼蘿蔔剁半節喫半節韭菜割一披生一披硫黃發焠見火就灼杉木麩炭得水便浮瓶兒罐兒有隻耳朵蚊子虱子生條肚腸脚指頭抓三抓也是今眼睛梢帶一帶便有顏海剛峯棺材擡進擡出沈和猷磨子挑去挑來公修公得婆修婆得不修沒得東風東倒西風西倒無風直倒東坡謂古今語未有無對者雖鄙諺有然也

楊升庵轉注古音弱音穆卽說文紏字道經借爲卷帙之卷非也按說文紏當作弓道經卷當作弓東觀餘論文小宋太乙宮詩瑞木千尋琳仙圖幾弔開注云眞誥謂一卷爲一弔不知眞誥所謂弓卽卷字葢從省文非弔字也碧虛子陳景元據眞誥以此字卽篇字亦誤

蜀人謂村落曰垻見集韻垻音霸卽霸字也黃庭堅詩君家冰茹白銀色殊勝垻裏紫彭亨卽此垻字入詩亦見于此今俗書皆作垻垻本字亦不音霸字彙垻音貝堤塘也正字通云此譌安按堤塘無



垻名

金石文字記云揚雄反離騷昔仲尼之去魯兮婓婓遲遲而周邁師古曰婓婓往來貌也列仙傳江婓二女則竟以爲妃之異文文選左思蜀都賦娉江婓與神遊吳都賦江婓於是往來五臣並作妃魏書刑法志有河陰縣張智壽妹容妃則固有以民間而稱妃者按郭輔碑娥娥三妃其銘辭也文云有四男三女三妃卽此三女則知漢人以妃爲女之通稱

漢書地理志巴郡朐忍師古曰朐音劬後漢書郡書

志同說文新附字作朐䏰注朐䏰蟲名漢中有朐䏰縣其下多此蟲因以爲名考其義當作潤蠢據兩漢書字本作朐䏰在巴郡不在漢中未知新附字何所據不足信也

京中士夫賀正皆于初一元旦例不親往以空車任載一代身遣僕用梅箋裁爲小帖約二三寸寫單款小注寓邸款下各門遍投之謂之片子吏部郎韓開雲余同年友也善詼戲作京月令其正月元旦云是日也片子飛空車四出聞者絕倒按此風自宋已然周煇清波雜志至正交賀多不親往令人持馬銜每至一門攄數聲而留刺字以表到有知其詼者出覘之僕云適已脫籠矣司馬溫公自在臺閣時不送門狀曰不誠之事不可爲也脫籠京師閂賺諺語也今之空車即宋之馬銜留刺字即投片子也

宋時所降帝音勑諭名爲告詞東坡之責惠州也其告詞世多不之見偶閱清波雜記所載因錄之詞云勑具位軾元豐間有司罪軾罪惡甚衆論法當死先皇帝赦而不誅於軾恩德厚矣朕初即位政出權臣引軾兄弟以爲已助自謂得計罔有悛心



志國大恩敢肆怨誹若譏朕過失何所不容乃代予言詆毀聖考乖父子之恩害君臣之義在于行路猶不戴天顧視士民復何面目以至交通閹寺矜詫倖恩市井不爲縉紳共恥尙屈彝典止從降黜今言者謂軾指斥宗廟罪大罰輕國有常刑朕非可赦宥爾萬死竄之遠方雖軾辨足以飾非言足以惑衆自絕君親又將奚憝保爾餘息毋重後愆可責授甯遠軍節度副使惠州安置當時軾爲小人排詆誣陷以至帝旨震怒切責醜詆如此乃僅安置惠州此實宋法外之寬仁也先東坡入翰苑林文節以啟賀有句云父子以文章名世盍淵雲司馬之才兄弟以方正決科邁晁董公孫之學此二聯可以包括三蘇學問

通俗編卷二

仁和翟灝撰　綿州李調元校

西京雜記大姓文不識家富多書匡衡與其傭作而不求償按此疑假設姓名如今小說之例續萱錄有賈博諭全若虛蓋其類云

後山談叢善書不擇紙筆妙在心手不在物也王肯堂筆麈能書不擇筆謬語也古來唯稱率更令不擇筆然晉人遺意至歐陽漸失矣

唐書陸餘慶傳善論事而短於判人嘲之曰說事則喙長三尺判字則手重五斤按俗有一枝筆管千



斤重之語本此

隋書禮儀志正會日諸郡上計付紙遣陳士宜書跡濫劣者飲墨水一升又策秀孝考廉良其有脫誤書濫文理孟浪者起立席後飲墨水太平廣記陳繼達本武夫不知書夢人以墨水升餘飲之遂能識字黃庭堅詩睥睨紈袴兒可飲三斗墨劉靜修詩老覺胸中無墨汁按俗有丁倒轉來無墨水語本此

古今名畫記李成作畫惜墨如金樓鑰題崔老融戲墨詩古人惜墨如惜金老融惜墨如惜命

嬾眞子臧武仲名紇音恨發切唐時有誤讀為核者蕭穎士曰汝紇字也不識耶俗言瞎字不識又紇字之訛

唐書張宏靖傳天下幸無事爾輩挽兩石弓不如識一丁字洪容齋俗攷今文多用不識一丁字謂祖唐書以出處考之乃个字非丁字蓋个與丁相類傳寫悞焉田藝蘅留青日札天水姜平子仕荷堅堅宴羣臣賦詩平子詩有丁字直而不屈堅問其故曰曲下者不正之物未足以獻也堅悅擢上第夫丁字不屈乃古下字矣蓋堅麤人正所謂丁字不識者爾鮑鈐亞谷叢書蜀志南史皆有所識不



過十字之語恐丁字是十字亦未可知十與丁又相似其文亦有據也

南部新書有胡釘鉸張打油二人皆能爲詩升菴外集載張打油雪詩即俚俗所傳黃狗身上白白狗身上腫也故今又謂之打狗詩

朝野僉載景龍中權龍褒爲左武衛將軍好賦詩而不知聲律皇太子夏日賜宴獻詩云嚴霜白皓皓明月赤團團或曰豈是夏景曰趁韻而已太子援筆贊之曰龍褒才子秦州人士明月晝耀嚴霜夏

起如此詩章迹韻而已今人每作詩自謙曰迹韻本此

李濟翁資暇錄代稱士流爲措大言其峭醋而冠四民之首一說衣冠儼然望之有不可犯之色如醋之酸而難飲也故亦謂之酸子或又云有士人貧居新鄭之郊以驢負醋巡邑而賣復落魄不調邑人指其醋馱而號之又云鄭有醋溝其溝東尤多甲族以甲乙敘之故曰醋大愚謂四說皆非也止當作措以其能舉措大事故云以上皆濟翁所錄按全唐詩話宣宗謂侍臣曰崔鉉眞貴人裴休眞



措大頗合於舉措大事之說他如摭言方干與李主簿互嘲有措大喫酒點鹽之語李義山雜纂窮措大喚妓女必不來又云鴉似措大饑寒則吟五代史東漢世家王得中叩馬而諫劉旻怒曰老措大毋妄阻吾軍九域志蜀王宗銖授司戶參軍笑曰若要頭便斬去何能作措大官耶宋史杜衍食於家惟一麪一飯曰某本一措大耳海錄碎事宋太祖言措大眼孔小賜與十萬貫則寒破屋子矣北夢瑣言江陵號衣冠藪澤琵琶多如飯甑措大多如鯽魚凡此俱以措大爲輕慢辭濟翁說未盡然矣

束脩見論語又漢書朱邑傳廉潔守節退食自公無彊外之交束脩之餽北史甄儒傳時俗人學書亦行束脩之禮謂之謝章張鳳翼譚輅人知束脩爲子弟餽師之禮不知鄧后紀云故能束脩不觸羅網注以約束脩整釋之又鄭均束脩安貧恭儉節整馮衍圭潔其行束脩其身劉般束脩至行皆是此意又杜詩薦伏湛疏自行束脩訖無毀玷注云十五以上也延篤亦云自束脩以來爲臣不陷於不忠何朱註論語只以禮物言耶



漢書陳遵傳與人尺牘主者藏弆以爲榮按牘本方版古人長者稱簡短者稱牘凡筆迹文辭皆得謂之尺牘後漢書曾王瞻傳上令作草書尺牘乃筆迹也杜篤弔比干文敬申弔於比干寄長懷於尺牘乃文辭也自謝宣城詩云誰謂情可書盡言非尺牘後人遂但以箋書當之又山谷刀筆皆尺牘刀筆二字見史記謂吏也以作尺牘亦不可辨

聽雨紀談古人私印有曰某氏圖書或曰某人圖書之記蓋惟用以識圖畫書籍而其他則否今人於私刻印章概以圖書呼之可謂誤矣按劉屏山集

有詠圖書詩方秋厓稿有題刻匠圖書冊詩吾衍竹素山房稿有贈刻圖書錢拱之詩則宋元人已多以私印爲圖書或自有所據也

東觀餘論唐令羣臣上奏任用眞草惟名不得草後人遂以草名爲花押按古言署名卽今押也其謂之押者見自魏書崔元伯尤善行押之書特盡精巧而不見遺迹是也或以其體之變化謂之花字北齊後主紀開府千餘儀同無數領軍一時二十連判文書各作花字不具姓名莫知其誰是也其後復合二文言之遂曰花押唐彥謙詩公文持花押鷹隼駕聲勢已嘗用之益花押之名不待唐以後也

王楙野客叢書杜默爲詩多不合律故言事不合格者曰杜撰然又觀俗有杜田杜園之說杜之云者猶言假耳如言自釀薄酒曰杜酒此正與杜撰說同按湘山野錄盛度撰張知白神道碑石中立急問之曰誰撰盛率對曰度撰對訖方悟滿堂大笑盛度在杜默前則知杜撰之說其來久矣或云道藏五千餘卷惟道德經二卷爲眞餘皆杜道士杜庭光所撰故曰杜撰靑藤山人路史又云杜本土



音桑土國土並音去聲故相沿舍土而直用杜今人言專局一能而不通大方者謂之土氣卽杜也其說亦通

南唐書彭利用傳言必據書史斷章破句以代常談俗謂之掉書袋

荆楚歲時記社日小兒以葱係竹竿於窗中攪之曰開聰明

溫革隱窟雜志楊文公有盛名嘗因草制爲執事者多所點竄公甚不平遂取其稿上塗抹處以濃墨傳之就加爲鞋底樣題其旁曰世業楊家鞋底人問其故曰是他人腳迹當傳爲嗢噱自後行文遇人塗抹者必相謔曰又遭鞋底按玉堂閑話羅隱訾韋貽範曰我腳閒夾筆可敵數輩亦以腳迹侮慢人也

新論小說家合蕞殘小語近取譬諭以作短書按古凡雜說短記不本經典者槪比小道謂之小說乃諸子雜家之流非若今之穢誕言也輟耕錄言宋有諢詞小說乃始指今小說矣水東日記書坊射利之徒僞爲小說雜書農工商販抄寫繪畫家蓄而人有之癡騃婦女尤所酷好因目爲女通鑑七

修類稿小說起宋仁宗時盖時太平日久國家閒暇欲進新奇之事以娛之故小說每得勝回頭之後卽云話說趙宋某年

五代史劉岳傳馮道本田家朝士多笑其陋且入朝任贊劉岳在其後道行數反顧贊問岳何爲岳曰遺下兎園冊耳兎園冊者鄉校俚儒教田夫牧子之所誦也道聞之大怒按類書言梁孝王圃名兎園王卒帝以園令民耕種籍其租以供祭祀其簿籍皆俚語故鄉俗所誦云兎園冊子此文未知何出晁公武讀書志云兎園冊十卷唐虞世南撰纂



古今事爲四十八門皆偶麗之語至五代時行於民間村塾以授學童故有遺下兎園冊之誚

小學引楊文公家訓童稚日記故事不拘古今如黃香扇枕陸績懷橘叔敖陰德子路負米之類只如俗說便曉此道理按今村塾閒卽纂黃香等事爲一書取用楊文公言題曰日記故事

南史周興嗣傳帝次韻王羲之書千字使興嗣爲文奏帝稱善按字爲羲之所書而王溪清話云梁武帝得鍾繇破碑愛其書命周興嗣次韻成文尙書故實亦云武帝命殷鐵石於鍾王書搨千字召周興嗣韻之一日綴成則其中兼有鍾繇書矣詹和仲言見唐刻千文儼然鍾繇筆法不謬也時梁武帝亦嘗自製千文南史沈旋傳旋子衆仕梁爲太子舍人武帝製千文詩衆爲注解是也梁武前先有爲千字文者齊書宗室傳南平王稱子範奇才使製千字文其辭甚美是也梁武後復有爲千字文者舊唐書袁朗傳朗製千字詩當時以爲盛作是也又隋時秦王俊令潘徽爲萬字文見北史徽傳

玉照新志百家姓是兩浙錢氏有國時小民所著盖



趙乃本朝國姓錢氏奉正朔故以錢次之孫乃忠懿王之正妃其次則南唐李氏次句周吳鄭王皆武肅而下嬪妃也戒菴漫筆百家姓單姓四百零八複姓三十近見有包括謎子詩末題至正三年中吳王仲端引百家姓盡包成謎其複姓乃有四十四與今本不同按陸放翁詩自注農家十月乃遣子入學所讀雜事百家姓之類謂之村書則百家姓之有自宋前無疑也陳振孫書錄解題有千姓編一卷不著撰人末云嘉祐八年宋貞子記又明洪武時翰林編修吳沈等據戶部黃冊編爲

千家姓以進傳之天下詳楊升菴外集
蕭良有龍文鞭影里中熊氏藏有大板三字經明蜀人梁應井爲之圖聊城傅光宅爲之序較坊刻多敘元明統系八句乃知出於明人究未知誰作也明神宗居東宮時曾讀是書按趙南星集有三字經註一卷其敘宋以後亦多出數句而與鞭影所述不同近人夏之翰序王伯厚小學紺珠曰吾就塾時讀三言之文不知誰氏作迨年十七始知其作自先生因取文熟復焉而歎其要而該也或又曰是書乃宋區適子所撰適子字正叔廣東順德



人也論其世則王與區俱不應敘及元明別本衍出之句必屬明人意增故是各不同耳
湧幢小品汪洙字德溫鄞縣人也九歲善詩上官聞而召見時衣短褐以進問曰神童衫子何短耶應聲曰神童衫子短袖大惹春風未去朝天子先來謁相公世以其詩銓補成集訓蒙爲汪神童詩汪登元符三年進士仕至觀文殿大學士諡文莊按其前二三葉相傳皆汪詩其後則雜采他詩銓補
宋劉後村克莊有分門纂類唐宋千家詩選所錄惟近體而趣尚顯易本爲初學設也今村塾所謂千家詩者上集七言絕八十餘首下集七言律四十餘首大半在後邨選中蓋據其本增刪之耳故詩僅數十家而仍以千家爲名下集綴明祖送楊文廣征南之作可知其增刪之者乃是明人
上大人邱乙己化三千七十士爾小生八九子佳作仁可知禮也葉盛水東日記宋學士晚年寫此必知所自祝允明猥談此孔子上其父書也上者上書大人謂叔梁紇某聖人名乙己化三千七十士爾乙一通言一身所化士如許小生八九子佳八九七十二也言弟子三千中七十二人更佳作仁



可知禮也仁禮相爲用言七十二子善爲仁其於禮可知按傳燈錄或問陳尊宿如何是一代時教陳曰上大人邱一己五燈會元郭功甫謁白雲雲曰夜來枕上作箇山頌謝公甫大儒乃曰上大人邱乙己化三千七十士爾小生八九子佳作仁可知禮也公切疑後聞小兒誦之忽有省據此則知唐末先有此語北宋時已爲小兒誦矣其文特取筆畫簡少以便童蒙無甚義理祝氏說傳會無稽
漢書霍去病傳鏖皐蘭下師古注曰鏖謂苦擊而多殺也今俗猶謂打擊之甚者曰鏖唐書王翃傳引

兵三千與賊鏖戰范成大詩逡巡怯大敵勇往決
鏖戰今云打仗或即此意

戚繼光紀效新書有各兵吶喊語元人兩世姻緣劇
搖旗納喊作納按玉篇吶下聲也言不出口也與
喊叫適相反矣不若用納字納致也尚爲有說

孫子軍爭篇不用鄉導者不知地利

史記申屠嘉傳以材官蹶張從高帝漢書高帝紀發
材官及中尉卒三萬人注云材官騎士有材力者

南史丨天與傳弟天生少爲隊將十人同火杜佑通
典五人爲列二列爲火五火爲隊木蘭詩出門看



火伴火伴始驚惶柳宗元段太尉逸事狀叱左右
皆解甲散還火伍中按其所以名火以共以竈爲
火食也後世賈客挾伴亦謂之火俗因有火計之
稱元稹估客樂出門求火伴入戶辭父兄劉攽中
山詩話南方賈人各以火自名一火猶一部也今
或作夥作伙皆非

唐書回紇傳合具綠華言婁羅也蓋聰明才敏之意
五代史劉銖傳謂李業等曰諸君可謂僂儸兒矣
宋史張思均傳思均起行伍征伐稍有功質狀小
而精悍太宗嘗稱樓羅自是人目爲小樓羅焉蘇
鶚演義人能摟覽羅綰謂之摟羅摟字从手不从
木酉陽雜俎天寶中進士有東西朋各有聲勢稍
僞者多會于酒樓食畢羅故有樓羅之號然梁元
帝辭云城頭網雀樓羅人著及南史顧歡傳蹲夷
之儀樓羅之辯則知樓羅之言非始于唐按古人
多取雙聲字爲形容之辭其字初無定體故或作
婁羅或作僂儸或又以婁作樓摟笑林載漢人過
吳吳人設筍問是何物曰竹也歸而煮其狀簀不
熟乃謂其妻曰吳人轣轆欺我如此轣轆亦婁羅
之轉大率言其僄狡而已蘇說以義說之皆屬穿



鑿

管子宙合篇以琅湯淩轢人人之敗也常自此按今
以不斂攝爲琅湯

宋史兵志熙甯間造箭四種一曰出尖按俗以强出
任事曰出尖或謂其本于此猶史記脫穎而出意
也或又謂出尖乃毬門色目汪雲程蹴踘譜三人
定位一人當頭名出尖五人場戶名小出尖六人
場戶名大出尖竝著備參

晉書諸葛長民傳夜眠中每驚起跳踉如與人相打
宋書黃回傳回于宣陽門與人相打

舊唐書武宗紀有纖人言宰相作赦書欲減削禁軍衣糧草料仇士良曰必若如此軍人須至樓前作鬧蔣氏昌黎詩注宋慶歷中西師未解晏元獻大雪置酒西園歐陽永叔賦詩曰須憐鐵甲冷徹骨四十餘萬屯邊兵晏曰昔韓愈亦能作言語赴裴度會時但云園林窮勝事鐘鼓樂清時不曾如此作鬧鬧字始見

南渡錄康王南奔倦息崔府君廟夢神曰追騎已至宜速去已備馬矣天祿志餘今北京方言將出則令人備馬本此按說文有犕字平秘切引易犕牛乘馬玉篇云犕服也以鞍裝馬也則備馬當正用犕字南渡錄未足爲據

墨子公輸篇公輸般爲雲梯之械按雲梯似始于此然虎韜軍略篇已云臨衝覘城中則有雲梯飛梯

五燈會元曹翰征胡則渡江入廬山寺緣德淡坐如常翰曰汝不聞殺人不眨眼將軍乎德熟視曰汝安知有不懼生死和尚耶又僧問風穴沼如何是大善知識沼曰殺人不眨眼按眨側洽切說文目動也皮日休詩當中見魚眨用入洽韻今言目瞬者皆以爲眨及見眨字往往誤讀爲貶可笑也



通俗編卷二終

通俗編卷三

仁和翟灝撰　綿州李調元校

魏武帝讓禮令引里諺云讓禮一寸得禮一尺斯合給之要矣按今俚語爾敬我一尺我敬爾一丈本此

東坡集以土物寄少游詩且同千里寄鵝毛何用孜孜飲麋鹿山谷集謝陳適用惠紙詩千里鵝毛意不輕又詩千里鵝毛贈所重以其人寓簡載刑俊臣嘲買花石綱臨江仙詞巍峩萬丈與天高物輕人意重千里送鵝毛靑藤山人路史雲南俗傳昔



代土官緬氏遣緬伯高貢天鵝于中朝過沔陽浴之飛去俄墮一翎高拾之至闕下上其領作口號云將貢唐朝山高路遠遙沔陽湖失去倒地鵝哭號號上覆唐天子可饒緬伯高禮輕人意重千里送鵝毛按此不知何祖恐屬傳會之說蘇黃二公旣俗用之爲詩但以爲古諺可耳

晉書武帝紀泰始四年頒五條詔書于郡國五日去人事按人事乃餽遺之稱韓退之撰王用神道碑用男送馬匹鑾鞍及白玉腰帶朝廷令公受領集中有謝許受王用男人事物狀後撰平淮西碑韓宏寄絹五百匹充人事又有奏韓宏人事物狀白居易奏于頔裴均欲入朝事宜狀云上須進奉下須人事杜牧謝許受江西江宋撰韋丹碑綵段等狀亦有所寄人事綵段之語又杜甫詩粔籹作人情耐得翁都城紀勝趂趁茶酒人每日與人傳語往還或講集人情分子元典章出使經過州縣中間要做掉已人情者必然惠送段匹禮物按以禮物相遺曰送人情唐宋元人皆言之也

漢書趙廣漢傳界上亭長曰至府爲我多謝問趙君師古注多厚也言殷勤若今言千萬問訊矣辛延



年羽林郎詩多謝金吾子私愛徒區區陶潛詩多謝綺與角精爽今何如方干詩多謝郢中賢太守常時談笑許追陪

左傳僖三十一年牲成而下郊上怠慢也史封禪書昔東甌王敬鬼而壽後世怠慢故衰晉書郗超傳王獻之兄弟見愔甚修舅甥之禮及超死見愔怠慢北史趙彥深傳子仲將溫良恭讓雖妻子亦未嘗怠慢又見嫚見漢書五行志

漢書汲黯傳見田蚡未嘗拜揖之按此當謂其不拜僅揖也揖之二字爲一句今有以拜揖爲一事者

乃俚俗之訛而宋方回已以入詩云幼兒初拜揖
癡女僅梳妝
百拜出樂記曰知錄古人之拜如今人鞠躬故通計
一席之間賓主交拜近至于百註云百以喻多是
也若平禮止一拜卽人臣于君亦止再拜唐以下
有四拜明會典四拜者百官見東宮親王之禮見
其父母亦行四拜其餘親友相見止兩拜禮今人
書狀動百拜何也
周禮太祝辨九摻一曰䭬首二曰頓首注摻音拜䭬
音啓本又作稽稽首拜頭至地也頓首拜頭叩地



也疏云稽首拜中最重臣拜君之拜頓首平敵自
相拜之拜二種拜俱頭至地但稽首至地多時頓
首至地則舉故以叩地言之禮檀弓拜而後稽顙
而後拜頎乎其至也三年之喪從其至者顧湄咫
聞錄今喪牌孝帖孫及曾孫俱寫稽首拜以為稽
顙首太重頓首太輕殊不知周禮稽首九拜之首
並非凶拜何可通用據檀弓子宜寫稽顙拜孫及
曾孫宜寫拜稽顙按拜稽所以形哀拜所以致敬
禮有先後無偏廢也惟秦穆公使人弔重耳稽顙
而不拜此以出亡在外不得為後故不成拜衞靈
公弔季康子拜稽顙于位君子譏之此以魯哀公
為主客公旣拜賓康子不應更拜也若儼然為後
而又無他人主喪拜賓禮斷無可廢邇來喪家謝
簡稽顙下每不用拜字殊失
宋書恩倖傳前廢帝言奚顯度刻虐比當除之左右
因唱諾卽日宣旨殺焉按喏本古諾字倡諾似卽
唱喏也玉篇喏訓敬言春渚紀聞才仲攜一麗人
登舟卽前聲喏聲亦唱之義
比來起居何如見能改齋漫錄今世書問往還必有
此語漢武內傳上元夫人曰天靈至尊下降于至



濁不審比來起居何如乃知此語久矣又貧暇錄
致書結尾云附狀起居狀下宜加候字王肅云起
居猶動靜也若不加候字但云附狀動靜乎又謁
尊崇皆云祇候起居近者復云謹祇候起居其義
安在
浩然齋視聽鈔今人札云不宣備本文選楊修答臨
淄侯牋末曰造次不能宣備香祖筆記宋人書問
尊與卑曰不具以卑上尊曰不備朋友交馳曰不
宣見東軒筆錄今人多不辨然三字之分別殊亦
未解

沈括補筆談前世卑者致書于尊書尾作敬空字如從尊暨卑但于空紙尾批所欲言曰反某人如今批答之類故紙尾結言敬空者示行卑不敢更有他語以待尊者之批反耳

觚不觚録故事吏部尚書體最重六卿以下投皆用雙摺刺惟翰林學士以單紅刺往還六部尚書侍郎大小九卿于內閣用雙紅帖報之單帖五部九卿于冢宰用雙帖亦報之單帖按雙帖似卽今所云古柬

開天遺事長安平康坊妓女所居每年新進士以紅箋作名紙游謁其中留靑曰札古者削竹木以書姓名故曰刺後以紙書謂之名紙嘉靖初士夫名紙不過用白籙如兩指濶近者官司年節悉以大紅紙爲拜帖矣按今惟常往來客遇主人他出或留名紙其濶仍僅二三指也

五石瓠官司移會用六扣白柬謂之手本萬歷間士夫刺亦用六扣然稱名帖後以靑殼粘前後葉而綿紙六扣稱手本爲下官見上官所投其門生生見座師則用紅綾殼爲手本亦始萬歷六年按劉熙釋名下官刺曰長刺書中央一行而下之也又



曰爵里刺書其兵爵及郡縣鄉里也今手本單書官銜姓名俗號一炷香者長刺也備書履歷者爵里刺也其手本之初創乃卽今所謂全柬也

寓圃雜記有御史欠謹厚者頗以言路自恃署名字大至寸許一郎官厭之賦之口占有諸葛大名垂宇宙今人名大欲如何語諸司傳聞以爲談笑大書之風由是稍息按今翰詹科道相沿用大字簡功令未嘗有之豈特效尤此御史歟

老學菴筆記辰沅靖州蠻男女未嫁娶者娶而踏歌歌曰小娘子葉底花無事出來喫簑茶按俗以女子許嫁曰喫茶有一家女不喫兩家茶之諺

晉樂府歎好曲窈窕上頭歎那得及破瓜花蕊夫人宮詞年初十五最風流新賜雲鬟使上頭韓偓香奩集有新上頭詩按世但以女子始笄曰上頭其實不專主女子也南史孝義傳華寶年八歲父戍長安臨別曰須我還當爲汝上頭長安陷寶年至七十不冠鐵圍山叢談國初諸王冠止于宮中行世俗之禮謂之上頭二條皆主男子說

棄書近時娶婦以帕蒙新婦首不知起于何年通典杜佑議曰拜時之婦禮經不載自東漢及東晉咸

有此事或時屬艱虞歲遇艮吉急于嫁娶爲此至以紗縠幪女氏之首而失氏發之因拜舅姑便以成婦六禮悉捨合巹復乖隳政教之大方成儀容之弊法由是觀之蒙首之法其傳已久但古爲失時急娶不備禮者而然而今遂爲通行耳按儀禮士昏禮婦乘車加景乃驅註云景之制葢如明衣加之爲行道禦塵令衣鮮明也疏云以禪縠爲之此與今蒙首之帕酷似但令未明言其加首而隋書載后婚之禮云頭身加幜至將拜姆去幜之幜固並頭身皆加之矣通典所譏爲以其拜時而不



以其首蒙紗縠今時婚禮中尚此加景一端稍有古制存焉不當以誤讀通典而并議之

事物紀原漢景房之女適翼奉擇日迎之房以其日不吉謂三煞在門新人不得入犯之損尊者及無子奉不然之婦將至門但以穀至與草禳之則煞避而可入也自是凡嫁娶者皆置草于門閫內下車則撒穀豆揩爲故事按今浙江風俗皆然

歸田錄劉岳書儀婚禮有女坐壻之馬鞍父母爲合髻之禮不知用何經義據岳自敘云以時之所尚者益之則是當時流俗之所爲爾今士族當婚之夕以兩倚相背置一馬鞍反令壻坐其上飲以三爵女家遣人三請而後下乃成婚禮謂之上高坐或有偶不及設此者則相與悵然咨嗟以爲闕禮雖名儒巨公衣冠舊族莫不皆然事文類聚引蘇鶚演義云國初婚姻坐女于馬鞍側此外裔尚乘鞍馬之義也按唐書突厥默啜請尚公主詔送金縷鞍具默啜以鞍乃塗金非天子意請罷和親鴻臚卿知逸堯曰漢法重女壻而送鞍欲安且久不以金爲貴默啜從之然則坐鞍之俗唐以通行而外國皆由中國教之耳此俗吳人多用之



今新人入宅參拜謂之拜堂唐人有此言也王建失釵恐雙杯行酒六親喜我家新婦宜拜堂

芥隱筆記輟耕錄俱云今新婦至門則傳席以入弗令履地唐人已然白樂天春深娶婦詩青衣傳氊褥錦繡一條斜按白本集却謂此爲嫁女家事

儀禮士昏禮從車二乘執燭前馬注云使從役執炬火居前照道按此是從役之事婦未入門之儀世俗于參拜禮畢擇親族中妻子圓滿者持飾映燭導引入室不合于禮

戊辰雜鈔女初至門壻迎之相者授以紅綠連理之

錦各持一頭然後入謂之通心錦按開天遺事張
嘉貞欲納郭元振爲壻曰吾有五女令各持一絲
于幔後子便牽之得者爲婿元振牽一紅絲得第
三女所謂通心錦者殆昉于此今江南俗皆尙之
夢華錄凡娶婦男女對拜畢就牀男向右女向左坐
婦女以金錢綵菓散擲謂之撒帳戊辰雜抄撒帳
始于漢武帝李夫人初至帝迎入帳中共坐飲合
巹酒預戒宮人遙撒五色同心花果帝與夫人以
衣裾盛之云得多得子多也按佛家有珍珠撒帳
之說前志有撒帳錢



北史節義傳李式坐事被收于憲生始滿月汲固抱
歸藏之按滿月二字見此其以爲慶宴則始于唐
唐書高宗紀龍朔三年子旭輪生滿月大赦外戚
傳安樂公主產男滿月中宗韋後幸其第李嶠有
長甯公主滿月侍宴詩今或文其辭曰彌月詩誕
彌厥月彌終也鄭氏曰終十月而生惟呂文成注
彌滿也然亦非謂兒生及月不若直云滿月爲是
矣元稹集有妻滿月詩蓋乳婦踰一月亦云滿月
今語猶然
顏氏家訓江南風俗兒生一期爲製新衣盥沐裝飾
男則用弓矢紙筆女用刀尺針縷並加飲食之物
及珍寶物玩雜置兒前觀其發意所取以驗貪廉
智愚名爲試兒玉壺野史記曹彬周晬日左手提
干戈右手取俎豆乃其事愛日齋叢抄今俗謂試
周是也
姚旅露書南州宗室謂親死日爲暗忌生日爲明忌
宗中極重明忌親死者遇十生日如五十六十之
類猶追壽焉族人具禮謁賀一如存日按唐祝欽
明等請列帝誕日遣使者詣陵如事生鄭泳麟溪
集始遷祖初生之辰奉神主堂上行一獻禮生忌



有祭雖不具禮經亦推孝之一事也若致親族謁
賀謂之陰壽搢紳先生恐難言之
宋書儀禮志古有懸重形似凶門後世出之門前以
表喪俗遂行之孔琳傳奏罷凶門栢歷之式表以
素扇按凶門既本古懸重而若栢枝之歷歷然今
喪家結白綃爲旒表之門外俗呼爲子前者當即
是也素扇蓋卽今所謂喪牌
儀禮士喪禮幎目用緇布方尺二寸注幎目覆面者
也七修類稿人死以覆覆面小說以爲起于吳王
夫差臨終曰吾無面目見子胥爲我以帛冒之此

說恐非只是生人不忍見死者之意

淮南子氾論訓世俗言曰葬死人者裘不可以藏世以爲裘者難得貴賈之物也無益于死者而足以養生故因其資以讋之按或云俗惑釋氏轉輪之說裘屬獸皮慮轉生之爲獸也故不以衣死者今據淮南時釋教未行中國已有此言則或云未是也

宋玉招魂像設君室說者謂後世影堂始此按論衡休屠王子金翁叔與父母俱降漢母死武帝圖其母于甘泉殿翁叔從上上甘泉拜謁起立向之泣



涕沾襟久乃去世說鍾會兄弟以千萬起一宅始成未得移住荀最潛住畫鍾門堂作太傅形像如平生二鍾入門便大感慟宅遂空廢據二事似漢魏時影堂之制尚未通行故偶見感傷如此宋玉所云止是他人爲之非人子所自設也溫公書儀曰世俗皆畫影置于魏帛之後男子生時有像用之有無所謂至于婦人生時深居閨闥出則乘輜軿擁蔽其面既死其可使畫工直入深室揭掩面之帛執筆望相畫其容貌此殊爲非禮程伊川亦不取影堂言若多一莖鬚便是別人然就今翁叔鍾會二事觀之見人子觸目感心每有因之油然自發其孝思者則事雖不本禮經而于聖人教孝之意頗有裨益且古之祭皆有尸漢後廢尸不行因時起義別具影堂似于禮亦宜之

留青日札高子臯曰買道而葬後難繼也今人出喪柩行之道于前拋金銀紙錢名曰買路錢即高季買道之遺意也按日本考凡殯出殯前設香亭一座名曰設孤臺今一人在前撒銅錢而行名曰買路錢任其貧乞也拾之似此俗又自日本流及中國矣



宋書禮志周廣順元年葬故樞密使楊邠用一品禮香輿影輿蓋輿錢輿五穀輿酒醢輿衣物輿庖牲輿各一按世亦以帛結小亭舁以代輿南宋已然陸游家訓云近時出葬或作香亭魂亭寓人寓馬之類當一切屏去是也

顏氏家訓風操篇偏傍之書死有歸煞子孫逃竄莫肯在家畫瓦書符作諸厭勝凡如此比乃儒雅之罪人彈議所當加也俞文豹吹劍錄避煞不知所起惟唐太常博士李才百忌歷載喪煞損害法如已日死者雄煞四十七日回殺十三四歲女雌煞

出南方第三家殺白色男子至二十日及二十九日兩次回家喪家故世俗相戒至期必避之而俗又以人死日推算如子日死則損子午卯酉生人犯之者殮時雖孝子亦避尤可怪也按近世惟北方避煞南方反之乃曰接煞陰陽家以人死年月日之干支推算其離魂之日數自九日至十八日謂死之日如其日數而魂來復于是訃日用巫覡以招之此亦邑說而較愈于避煞禮經有換臯某復文楚此有招魂篇益猶略爲依附

唐書玄宗詔曰寒食上墓禮經無聞近代相承浸以



成俗士庶有不合廟祭者何以展孝思宜許上墓按周禮冢人云凡祭于墓尸孟子有東郭墦間祭者左傳辛有適伊川見適髮于野而祭者墓祭古未嘗無或不甚通行耳唐享儀云宗子在他國庶子無廟孔子許望墓以時祭祀逮秦始皇起寢殿墓側漢因不改諸陵寢皆以晦望二十四氣三伏社臘及四時上飯今民間以新歲寒食十月朝三次據程子遺書拜墳則十月一日拜之感霜露也寒食則又從常祭禮似時僅二次而李之彥東谷所見云歲節非掃松也祇賞梅耳清明非省墓也祇踏青耳因其所識可見宋世亦兼于新歲上墓

朱董祥讀禮記略或問期功緦麻皆制乎曰然不特期功緦麻也冠昏喪祭皆制王者治天下之法無不爲制制王制也按禮記喪服四制有以恩制以義制以節制以權制世專于喪言制蓋本于此朱氏說似是實非

晉書孟陋傳喪母毀瘠殆于滅性不飲酒食肉十有餘年親族迭勸之然後從吉從吉字見此唐律不孝條居父母喪釋服從吉徒三年疏議云謂制未終而著吉服者齊家寶要今多有嫁娶慶賀諸事



事冒禁忘哀釋服從吉者而且公然于簡帖中直書從吉二字眞可痛哭流涕矣按今律釋從從吉載于十惡之條卽期喪從吉亦杖六十

唐書儀禮志武王伐紂五方神來受事各以其職命焉旣而克殷風調雨順𫄨詩有雨順風調百穀登句王業燕在闕知新錄凡寺門金剛各執一物俗謂風調雨順執劍者風也執琵琶者調也執傘者雨也執蛇者順也獨順字思之不得其解升菴菽林代山云所執非蛇乃蜃也蜃形似蛇而大字音如順

漢書形法志齊桓任管仲而國富民安後漢書方術
傳許楊謂鄧晨曰明府與立廢業富國安民誠願
以死効力皮日休詩化之未期年民安而國富又
文選景福殿賦注引春秋說題辭曰國富民康今
槪言國富民安江南野史應用于一粒麻上書國
泰民安四字六研齋筆記項子京藏芝麻一粒一
面書風調雨順一面書國泰民安云出南宋宮中
異人所獻者

江山不老見宋林外詞嘆今來古往物換人非天地
裏惟有江山不老按今嬰飾間多鏤江山不老日



月同年等字爲祝辭

唐書姚崇傳引佛經求長命得長命求富貴得富貴
泉志唐中宗出降睿宗女荆山公主特鑄撒帳錢
其形五出文曰長命守富貴

唐書郭子儀傳八子七壻皆貴顯朝廷按高則誠琵
琶曲有無七男八壻句俗承其訛謂郭子儀七子
八壻

泉志福慶錢文曰五男二女三公九卿東京夢華錄
凡孕婦八月母家以盆盛粟稈上插花朵及通草
帖羅五男二女花樣送之夢粱錄催妝用五男二
女花扇按周禮職方氏冀周其民五男二女男之
多于女者無如此周更云二女甚祝其陽盛也

宋史竇儀傳竇禹鈞五子儀儼侃偁僖相繼登科馮
道與禹鈞有舊嘗贈詩有靈椿一株老丹桂五支
芳句陳後山談叢華陰呂君聘里中女未行而盲
女家請辭呂曰既聘後盲君不爲欺又何辭遂娶
之後生五子皆中進士第其一丞相汲公也

文嘉嚴氏書畫記有宋繡七子圖丁玉川七子團圓
圖石君寶秋胡劇有人家七子做團圓語按團圓
字唐人多用如張祜詩願得人郎手團圓郎眼前



白居易詩家居雖濩落眷屬幸團圓

老子金玉滿堂莫之能守世說王長史謂林公眞長
可謂金玉滿堂林公曰金玉滿堂復何爲簡選易
林離之兌金玉滿堂忠直乖危叉井之乾左輔右
弼金玉滿堂樂府孟珠曲人言孟珠富信實金滿
堂嵇康六言詩金玉滿堂莫守古人安此麤醜顧
況哀囝詩囝生閩中乃絕其陽爲臧爲獲金玉滿
堂

通俗編卷三

# 通俗編卷四

仁和翟灝撰　綿州李調元校

史記陸賈傳一歲中率不過再三過數見不鮮無久恩公爲也注曰新殺曰鮮謂時時來見不必鮮美作食按今直以習見爲不鮮美非

杜甫詩相逢惟衮衮告別莫怱怱按怱字說文作悤解云多遽悤悤也晉書王彪之傳無故悤悤正作悤字愔文字志張芝怱怱不暇草書南史雍州童謠莫怱怱且寬公及工部此詩皆變體爲怱說文別有勿字解云州里所建旗以之趣民故遽稱勿



勿王右軍帖頓乏勿勿陸雲與平原書南去轉遠洛中勿勿少暇杜牧詩浮生長勿勿所用則俱勿字近俗書怱字往往省去其心形與物類而其義又同爲遽昧者遂疑二字爲一附辨正之

西溪叢語蔡州有一道人善棋凡對局輒饒人一先有詩云自出洞來無敵手得饒人處且饒人老學庵筆記紹興末朝士多饒州人時有監察發薦京官狀以關節欲與饒州人或規其當先孤寒監司者憤然曰得饒人處且饒人時傳以爲笑

杜甫感懷詩問知人客姓誦得老夫詩白居易酬周從事詩腰痛拜迎人客倦今云客來爲人客來本此詩

淮南子原道訓聖人使人各處其位守其職而不得相干也又兵略訓前後不相撚左右不相干太公經陰守戸陽守門物莫相干按干者犯也故衛玠傳云非意相干可以理遣今北方人謂無妨礙曰不相干是也南方乃以爲不得當之詞干義未通魏志杜恕傳注若不見亮使人刳心著地正與數斤肉相似何足有所明今作諒非



左傳僖三十年燭之武見秦伯曰若舍鄭以爲東道主行李往來共其乏困君亦無所害南史王僧辨討侯景晉州刺史魯廣達出境迎接資奉軍儲僧辨謂沈炯曰魯晉州亦是東道主人按世俗謂主人曰東家具觴欵客曰作東道並因左傳語也不知鄭在秦東故曰東道若漢光武謂耿弇曰是我北道主人北魏孝武帝謂咸陽王曰昨得汝主簿爲南道主人北道南道俱有所出則不當概以東道言矣陸爍庚巳編云禮記主人就東階客就西階故諺呼主人爲東道此因其窒礙通變然可備一說

左傳正義襄八年傳一介行李杜預云行李行人也昭十三年傳行理之命杜預云行理使人周語敵國賓至關尹以告行理以節逆之賈逵云理吏也小行人也孔晁注本亦作李字然則兩字通用按史記天官書熒惑爲李徐廣注外則理兵內則理政漢書藝文志黄帝李法一篇師古注李者法官之號北史敘傳李氏先爲堯之理官因爲氏管子書大理皆作大李兩字通用誠不誣也蓋李者治也猶俗云料理也世未有不料理而行者故謂使曰行李資暇錄言古文使字作岑左傳行李乃是行使後人悞爲李字恐是曲說然行李總以人言世俗但爲資裝之稱大非



東觀餘論古者謂使爲信故逸少帖云信遂不取答眞誥云公至山下又遣一信見告謝宣城傳云荆州信去倚待陶隱居帖云明旦信還仍過取反凡言信者皆使人也今之流俗以遺書餽物爲信遂謂之書信而不知前人之語不然丹鉛錄古樂府有信數寄書無信長相憶可證信之必爲使人日知錄以使爲信始見自東漢以下若古人所謂信者乃符驗之別名如今人言印信信牌之信故梁武帝賜到溉連珠曰研磨墨以騰文筆飛毫以書信而今人遂有書信之名

曹植樂府龍欲升天須浮雲人欲仕進待中人晉書李密傳常望內轉而朝廷無援作詩曰人亦有言有因有緣官無中人不如歸田按魯褒錢神論亦云仕無中人而令惟貨產交易有所謂中人者其義實即相因又云居間見史記灌夫傳賓客居間遂止俱解游俠傳邑中賢豪居間者以十數又云作保唐拾得詩爲他作保見替他說道理

朝野僉載梁簡文之生寶誌謂武帝此子與冤家同年其年侯景亦生于雁門也道山清話彭汝礪晚娶宋氏有姿色承順恐不及臨卒書夙世冤家四字鍾嗣成點鬼簿沈和甫撰歡喜冤家曲本極爲工巧按諺所云不是冤家不聚頭見元高則誠鄭廷玉曲



王令詩淸坐想高絕語言誰應酬陸游詩老來萬事嬾不獨廢應酬

後漢書馬援傳丞掾之任何足相煩晉書宣帝紀此不足以勞君事欲必克敬以相煩耳慕容垂載記予毋之軍殆難爲敵非冠軍英略莫可以滅欲相

煩一行可乎又奉煩見白居易和元微之詩序序
云微之以近作四十三首命和題曰奉煩只此一
度幸勿見辭
本事詩李司徒大開筵席女奴百餘人皆殊色杜舍
人問云聞有紫雲者孰是李指示之杜凝睇良久
曰名不虛得宜以見惠許丁卯集謝人贈鞭有蜀
國名鞭見惠稀句
搜神記董元範屈李楚賓願過傲舍無見外也見外
始此
漢書朱博傳遣吏存問致意晉書簡文帝紀謂郗超



曰致意尊公孫綽傳桓溫見綽表曰致意興公
韓詩外傳麥邱叟爲齊桓公壽無使羣臣百姓得罪
于吾君無使吾君得罪于羣臣百姓桓公不說叟
曰子得罪于父可因姑姊妹謝也臣得罪于君可
因左右謝也昔者桀紂得罪于臣民至今未有爲
謝者也桓公曰善晏子春秋作景公事
王銍跋范仲淹墓志魏泰作碧雲騢假名梅聖俞毀
范文正文正與梅公立朝同心詎有異論特聖俞
子孫不耀故挾之借重以欺世按書見說郛內今
無單行者

近朱者赤近墨者黑見傅休奕太子少傅箴又淨住
子近墨必緇近朱必赤王績文化赤漸乎鄰丹爲
黔資乎邇墨又云麗朱者丹附墨者黑葢漸累而
得之也
劉餗隋唐佳話許敬宗性輕傲見人多忘之或謂其
不聰曰卿自難識若遇何劉沈謝暗中摸索著亦
可識按今悉以此爲科場閱選之語其實無關也
索一作搽集韻摸搽捫搎也
南史衡陽公諶傳弟諶謂蕭季敞曰君不憶相提拔
時也庾子山集天澤沛然謬垂提拔提拔二字始



于六朝
白居易詩院名擡舉號爲賢元稹詩大都只在人擡
舉又咏牡丹詩風光肯擡舉猶可暫時看張元晏
謝宰相啓驟忝轉遷盡由擡舉
歐陽公集與焦千之簡云某不久出疆欲且奉託照
管三數小子又與弟煥云大小墳域與掛意照管
東坡尺牘答潘彥明云吳待制謫居不免牢落望
諸君一往見之諸與照管又答徐宜之云詹使君
仁厚君子也極蒙他照管楊誠齋集插秧歌秧根
未牢時未匝照管鵝兒與雛鴨是照管二字宋以

前己有之

書予思日孜孜傳禹言已孜孜不怠奉承臣功而已

左傳嬰齊受命于蜀奉承以來不敢失隕後漢書樊準傳朝廷雖勞心元元事從省約而在職之吏尚未奉承按諸皆奉禮奉法之謂而世以趨奉尊貴言之謬矣然復別有因也小學范質示從子杲詩舉世好承奉昂昂增意氣不知承奉者以爾爲玩戲蓋今世所云奉承乃因承奉之詞上下相悮易耳

周禮調人掌司萬民之讎而調和之言鯑今此職官



不舉而凡親友于兩造相關切者爲之調停解釋猶古意

漢書賈誼傳反唇相稽注云相與計較也三國志孫堅傳夜馳見袁紹畫地計較按一以爭論爲計較一以商量爲計較今皆言之

方言已不欲喜而旁人說之不欲怒而旁人怒之謂之慫恿又云相勸曰聳中心不欲而由旁之勸語亦曰聳按慫聳二字古通用也又從容亦通作慫慂史記衡山王傳日夜從容

俗謂誘人爲非曰攛掇朱子答陳同甫書告老兄且莫相攛掇元典章禁宰殺文書到呵攛掇各路分裏榜文行者史彌甯杜鵑詩春歸怪見難留住攛掇元來都是他又曰勾引見北史蠻獠傳元法僧在任貪殘獠遂勾引梁兵圍逼晉壽

漢書杜周傳阿黨所厚排擠英俊薛宣傳王氏擅朝排擠宗室此排擠二字所由來

毛詩鄭箋豕之性唐突難禁制後漢書段熲傳羌遂陸梁覆沒營隖轉相招結唐突諸郡曹植牛鬬詩行至土山頭欻起相唐突晉子夜歌小喜多唐突相憐能幾時晉書周顗傳何乃刻畫無鹽唐突西



施南史王思遠傳吐論縱橫唐突卿宰陸厥傳那得此道人祿蔌似隊父唐突人又漢書孔融傳搪突宮掖文選長笛賦犇遯碭突搪與碭皆唐之通用字按困學紀聞云唐突見南史陸厥傳不知其前已多見

史記高祖傳乃紿爲謁索隱曰紿欺負也漢書韓延壽傳待下吏施恩厚而約誓明或欺負之者延壽痛自刻責北史郤護傳戴天履地中有鬼神勿謂冥昧可以欺負

李陵答蘇武書陵雖孤恩漢亦負德毛晃增韻凡孤

負字當作孤俗作辜非按唐詩亦有用辜負者

雞肋編渭州潘源諱言賴太祖微時至潘源與人博大勝邑人欺其客也毆而奪之及即位幾欲遷發此縣故以賴爲恥然未知以欺爲賴其義何本按左傳昭十二年楚子曰今鄭人貪賴其田而不我與我若求之其與我乎外傳晉語已賴其田而又愛其寶漢書酷吏傳靑楊僕受詔不至蘭池宮如淳注曰本出軍時欲使之蘭池宮賴而不去方言賴讎也南楚之外曰賴郭璞注曰賴亦惡名據此則賴之爲言已久其義兼抵脫讎忤不僅欺而已也



說苑權謀篇孔子曰聖人轉禍爲福報怨以德史記管晏傳其爲政也因禍而福福後漢書郅惲傳陛下令就臣位轉禍爲福馮衍傳聖人轉禍而爲福智士因敗而爲功晉書江統傳王敦傳五代史梁本紀皆云轉禍爲福又焦氏易林因禍受福喜盈我室潛夫論夢列篇見瑞而縱恣者福轉爲禍見妖而戒懼者禍轉爲福

宋史藝文志有鍾輅前定錄一卷按前定字已見中庸而中庸言人定恆俗言天定不同



莊子繕性篇物之儻來寄也江總自序軒冕儻來之一物豈是預要乎唐書紀王愼傳愼女東光縣主曰榮寵貴盛儻來之物可恃以陵人乎

吳越春秋勾踐入臣傳時過于期否終則泰梁宣帝賦望否極而反泰何杳杳而無津白居易詩樂往必悲生泰來由否極所由本也

邵氏聞見錄康節先生誦希夷語作詩云珍重至人嘗有語落便宜是得便宜西淸詩話石曼卿見二舉子繫邏舍號呼求救因召卒長問之知以窺穴隙被執曼卿既爲揮解復占集句調之曰司空憐汝汝須知月下敲門更有誰叵耐一雙窮相眼得便宜是落便宜此語宋以前多有之



我本無心圖富貴誰知富貴逼人來北史楊素傳帝謂曰善自勉勿憂不富貴素曰但恐富貴來逼臣臣無心圖富貴也按世傳句全演素語

富貴他人合貧賤親戚離見文選曹顏遠感舊詩殷浩嘗誦之泣下按愼子家富則疏族聚家貧則兄弟離又此二語所本

與其濁富甯此淸貧姚崇冰壺誡云云又傳燈錄道匡曰甯可淸貧自樂不作濁富多憂

南史鄭鮮之傳范泰誚曰卿居僚首今答颯遼遠何不肖之甚文與可集有懶對俗人常答颯句能改齋謾錄俗謂事之不振者曰踏趿唐人有此語酉陽雜俎錢知微賣卜爲韻語曰世人踏趿不肯下錢是也按踏趿答颯字異義同或又作塌颯范成大詩生涯都塌颯心曲漫崢嶸又集韻有傝儑字訓云惡也似亦塌颯之通

明皇雜錄李白杜甫孟浩然雖有文名俱流落不偶江總詩流落今如此杜甫詩流落意無窮按史記有云留落卽流落也霍去病傳諸宿將常坐留流



不遇注云謂遲留零落

史記酈食其傳家貧落魄無以爲衣食業注落魄志行衰惡之貌應劭曰魄音託鄭氏曰音薄晉灼曰與落薄落託義同又通作落泊陳書杜稜傳少落泊不爲當時知北史盧思道傳再被笞辱因而落泊不調又傳燈錄神山僧密與洞山行次忽見白兎過密曰大似白衣拜相洞山曰積代簪纓暫時落魄按今爲此語者皆讀魄爲薄

郭彖睽車志逆亮自制尖靴頭極長銳取于便鐙足底處不及指謂之不到頭又制短鞭僅存其半謂之没下鞘按朱子集與潘叔昌簡元鄭德輝倩女離魂谷子敬城南柳等曲皆有没下梢語用字不同

老學菴筆記宣和間婦人鞋底尖以二色帛合而成之名錯到底

朱子語錄當商之季七顛八倒上下崩頹五燈會元道匡朋彥道誠法昭子涓諸師皆舉此語按俗或以顛倒爲丁倒亦有所本宋彭城王讀曲歌鹿轉方相頭丁倒欺人目葢顚原有丁音故詩每以顚叶令也



白居易詩亦知數出妨將息不可端居守寂寥王建詩千萬求方好將息杏花寒食約同行五燈會元石霜圓辭李遵勗臨行曰好將息按北史薛道衡傳帝曰爾侍奉誠勞朕欲令爾將攝攝較息字義長將息恐將攝傳訛然自唐以來多作息字范文正與姪帖云將息將息不具司馬溫公與姪帖亦云時熱且各自將息

禮記主人不問客不先舉注云客自外來宜問其安否無恙周禮大行人三問三勞注云問問不恙也司儀問君問大夫注云問君曰君不恙乎問大夫

曰二三子不恙乎戰國策趙威后問齊使曰歲亦無恙耶民亦無恙耶王亦無恙耶呂氏春秋孔子問弟子從遠方來者曰子之公不有恙乎子之父母不有恙乎楚辭九辨頼皇天之厚德兮還及君之無恙說苑魏文侯語倉唐曰擊無恙乎又曰子之君無恙乎史記李陵傳霍與上官無恙乎應劭風俗通義恙噬蟲也食人心古人草居露宿故相勞問必曰無恙史記外戚傳注承其說云恙者噬人蟲神異經變之云北方大荒中有獸咋人則病名曰㺊㺊音恙按恙之爲蟲不見經傳惟說文它



字注云上古草居患它相問無它乎它卽蛇字蛇可稱蟲蛇未嘗別名恙也則二說似是難弁神異經更易蟲爲獸加恙以犬尤屬謬悠事物紀原獨取其說特好奇之過也世俗相承則但以恙爲疾病今卽史傳所用審之亦若未是漢公孫宏傳不幸罹霜雪之疾何恙不已旣云罹疾矣復云疾病耶晉書顧愷之牋殷仲堪云布帆無恙布帆何疾病耶爾雅釋詁恙憂也說文解恙字亦曰憂也顏師古注漢書亦云何憂于疾不止也持此義以爲準則于凡言無恙者悉無疑滯而推之風俗通說亦可測其所因蓋上古或自有憂患蟲蛇之事應氏傳聞少差乃以其問憂患爲問蟲蛇耳

凡臨文及對尊長語須忌死字以人皆厭見聞也凡死字替代字甚多如或作故物見史記司馬相如傳或作長眠見太平廣記過世見晉書符登載記或作不在見左傳哀二十七年或曰就木見左傳僖二十三年或曰歸土見禮記祭義或曰仙遊仙遊見道書或曰天年不遂見後漢書安帝詔皆可作替也

史記韓安國傳獄吏田甲辱之安國曰死灰獨不復



然耶田甲曰然卽溺之按安國所言復有所本列子黃帝篇巫見壺子出謂列子曰子之先生死矣吾見溼灰焉明日又與見之曰幸矣灰然有生矣

後漢書方術傳光武謂高獲曰朕欲用子爲吏宜改常性獲對曰臣稟性于父母不可改之于陛下唐戎昱詩千金未必能移性按俗有山河易改本性難移之諺

傳燈錄臨濟自黃檗往參大愚述三度被打話愚曰黃檗與麼老婆心切按世所謂一片婆心卽此

參同契注心猨不定意馬四馳梁簡文詩三修祛愛

馬六意靜心猿許渾詩機盡心猿服神間意馬行
南唐書元宗子從善傳予之壯也意如馬心如猱



通俗編卷四

# 通俗編卷五

仁和翟灝撰　綿州李調元校

尙書故實楊敬之愛才公正知江表士有項斯贈詩云平生不解藏人善到處逢人說項斯斯因此名達長安遂登科第今云逢人說項用此事也

晉書桓溫傳溫得一老婢乃劉琨妓也見溫曰公聲甚似劉司空恨雌耳韓退之詩雌聲吐款要本此又老學菴筆記韓魏公聲雌文潞公步碎

漢書李陵傳未得私語卽目視陵注云今俗所謂眼語者也梁昭明太子詩眼語笑靨近來情心懷心



想甚分明五代史韓建謂梁祖曰天子與宮人眼語恐公不免也按俚俗謂黠慧者曰眼亦能語

五燈會元文悅云語不離窠道焉能出葢纏按窠謂窠臼也達觀有語不離窠臼之語

穀梁傳文六年士造辟而言詭辭而出范甯注詭辭不以實告人也按今以虛誑辭爲鬼話當屬詭話之訛北史夏侯夬傳諸人至靈前酌飲從兄欣宗忽鬼語如夬平生水經注解于冀鬼見白日書表自理云臣不勝鬼言謹因千里驛文此俱是眞鬼話與俗義不符若易林人而鬼口則義符而辭別

羅湖野錄寄寂音頌曰飜身跳擲百千般冷地看他成話欛崔林玉露載安子文自贊曰今日到湖南又成閑話靶按欛靶字通話欛卽猶云談柄

傳燈錄雲門偃曰忽一日眼光落地無汝掠虛說大話處今人有說大話使小錢之語

五燈會元慧林深有插嘴廝罵語按說文插音同插解云疾言失次也俚言插嘴當从女作插爲正

游覽志餘杭人有諱本語而巧爲俏語者如訴人嘲我曰淄牙胡說曰扯淡有謀未成曰掃興無言默坐曰出神則自宋時梨園市語之遺未之改也按



淄牙當作淄牙扯淡當作哆誕

朱子語錄說論語子見南子章云夫子似乎發咒模樣發咒二字見此

見詩採薇箋漢書谷永傳曰食地震以丁甯陛下後漢書郞顗傳丁甯再三北史劉曠傳有諍訟者輒丁甯曉以義理韓愈月蝕詩丁甯附耳莫漏泄按國語戰以錞于丁甯儆其民也丁甯本取儆戒爲義不必定著訓辭加口爲叮嚀字訓爲囑辭始見於景祐集韻陸游和張功父詩叮甯一語宜深聽丁字用口而甯未然

漢書原涉傳具記衣被棺木下至飯含之物分付諸客諸客奔走市買按此言分別委付以其客有多人故也三國志鮮卑傳軻比能每鈔畧財物均平分付終無所私義尤顯白後人只當一付字用雖只一人無亦謂之分付白居易題文集櫃詩只應分付女留與外孫傳韓偓詩分付春風與玉兒蓋已然矣時俗又專以爲囑告之義尤非

漢書高帝紀上令周昌選趙壯士可令將者白見四人後漢書鍾皓傳鍾瑾常以李膺言白皓按今謂陳述事義於上曰白且有稟白之語稟字未見出



處或曰稟本受義之命在下者不敢自專必陳達請命而行因以謂稟然請命與受命終自別也

通雅以言託人曰詇一作呹今俗作央按詇字於亮切說文早知也又於敬切博雅問也並無央音呹雖讀央廣韻集韻並訓應聲通雅言未知何本

焦竑字學俗以恨人陷害曰謈怨按漢書東方朔傳武帝令倉監榜郭舍人舍人不勝呼謈注謈自冤痛之聲也列子天瑞篇向氏以國氏之謬已也往而怨之俗乃以二事合爲一辭

咕噥廣韻噥眞語出字林集韻或从言作譨語不明

也呫字不見字書唯元吳昌齡斷風花雪月曲有
呫噥語
僝僽二字見于宋人詞甚多然亦入詩玉篇僝僽惡
詈也劉克莊詩僝僽書生屋角花
文選東都賦奏嚴鼓之嘈囐文賦務嘈囋而妖冶注
引埤蒼曰嘈啈聲貌玉篇嘈嘈哳哳聲也按囐囋
啈哳四字俱才葛切與雜音近直作嘈雜惟見抱
朴子曲宴密集管絃嘈雜
嘍喝見邵伯溫聞見後錄歐陽公曰蠅可憎矣尤不
堪蚊子自遠嘍喝來咬人也

通俗編 卷五 四

王楙野客叢書包拯爲臺官嚴毅不恕朝列有過必
須彈擊故事言無瑕疵者曰沒包彈按如其說則
作褒彈者非矣
李氏疑躍京師勾欄中諢語以給人者也黃六蕃黃
巢兄弟六人巢爲第六而多詐騙故以爲詈也
晉書王衍傳每談莊老義理有不安隨即改更世號
口中雌黃按古人謄寫卷籍有筆誤則以雌黃塗
而改之故云
莊子天下篇莊周以謬悠之說荒唐之言時姿縱而
不儻音義曰荒唐謂廣大無域畔也按荒與唐皆

空之義或者莊又取此
法言五百篇或問天地簡易而聖人法之何五經之
支離曰支離蓋其所以爲簡易也注云支離言分
散也按俗以語言哤離爲支離因此莊子人間世
所謂支離乃不全貌與今語義遠
唐書顏杲卿傳祿山斷其舌曰復能罵否杲卿含胡
而絕陸贄傳論西北邊守朝廷每爲含糊未嘗窮
究曲直又文選洞簫賦有啞㗅字
兩鈔摘腴方言以濡滯不決絕曰絮有絮之柔韌牽
連無幅也富韓並相時有一事富公疑之久而不
決韓曰公又絮富變色曰絮是何言也劉夷叔嘗

通俗編 卷五 五

用爲如夢令云休休絮絮我自明朝歸去按今又
以言語煩所爲絮所謂絮絮叨叨是也宋景文筆
記有冬許哓絮之語
晉書李密傳張華問孔明言教何碎密曰昔舜禹皐
陶相與語故簡大若與凡人言宜碎孔明與言者
無己敵言教是以碎爾杜預傳凡所興造必考度
始終或譏其意碎北史蘇綽傳爲政不欲過碎碎
則人煩按今西北人嫌人言語煩瑣曰何碎也與
南方云絮意同

能改齋漫錄世言笑之不情者爲乾者宋書范蔚宗就刑於市妻孥別罵范乾笑而已乾笑自此始

莊子盜跖篇人除病瘦死喪憂患其中開口而笑者一月之中不過四五日而已矣杜牧詩人世難逢開口笑用之又北史魏宗室傳元萇未嘗開口笑帝曰公一生不笑今日當爲朕笑

晉書石季龍載記石宣臨石韜喪不哭直言呵呵便舉衾看尸大笑而去傳燈錄百丈海哀哀大哭繼乃呵呵大笑呵呵二字又見宋人詞非俗字也

麗元英談藪王公衮居常若嬉笑人謂之笑面虎又



老學菴筆記蔡元度對客善笑雖見所憎者亦親厚無間人莫能測謂之笑面夜叉

詩願言則嚏傳曰願猶思也蓋他人思我我則嚏之也箋曰今俗人嚏則曰人道我此古之遺語也蘇軾元日詩曉來頻嚏爲何人康進之負荊曲打嚏耳朶熱一定有人說

應璩詩昔有行道人陌上見三叟年各百餘歲相與鋤禾莠住車問三叟何以得此壽上叟前致詞室中嫗粗醜中叟前致詞量腹節所受下叟前致詞夜臥不覆首要哉三叟言所以能長久按諺所云若要好問三老當源於此宋謝良中山狼傳東郭先生紿狼曰民俗有疑必詢三老

北夢瑣言高崇文詩那箇髀兒射鴈落鄙俗語呼人曰髀兒也按玉篇有嘺字渠堯切引埤倉云不知是誰也髀當是嘺之借字

朱子語錄易惟說道箇道理如此何曾有甚張三李四王安石擬寒山詩張三袴口穿李四帽簷長又云莫言張三惡莫愛李四好五燈會元錄酒仙遇賢歌張三也識我李四也識我文僧問龍興裕如何是學人自己曰張三李四僧問澄湜如何是佛



曰張三李四按此是假設爲姓名也三國志王修傳注太祖與修書曰此君沉滯冶官張甲李乙尚猶先之宋顏延之庭誥亦云張甲李乙梁范縝神滅論張甲之情寄王乙之軀李丙之性托趙丁之體蓋姓氏中惟張李等爲衆盛故即泛舉言之顏氏家訓謂士大夫呼中外諸母曰王母謝母科場條貫謂試錄中考官不許稱張公李公亦非其實姓也

朱弁曲洧舊聞俚俗有張王李趙之語猶言是何等人無足掛齒牙之意也宣和間張子能王履道李

士英趙聖從俱在政府張王李趙之語喧于朝野按此語正依梁書張甲王乙李丙趙丁之次非俚俗所偶然杜撰

曾三異同話錄崔大雅在翰苑夜直玉堂忽降旨令撰祭牀婆子文惘然不知格式邀周丞相問之云亦有故事但如常式皇帝遣某人致祭於牀婆子之神曰汝司牀簀云云按此但言牀婆未及牀公逮閻楊循吉詩有云買錫迎竈帝酹水祀牀公知牀公亦已爲宋世所祀

漢書高祖四年梁巫祠房中堂上之屬荆巫祠堂下之屬師古曰堂下在堂之下按庚巳編吳俗雜祀城隍土地諸神别祀馬下謂其神之從官也馬下猶古所謂堂下

張揖博雅鬼慧也揚雄方言儇黠者自關而東或謂之鬼按今不獨關東然矣淮南人間訓荆人鬼越人機當从此解彼注云好鬼未是

元氏掖庭記龍淑妃貪而且妬百計千萬致人苦楚不能飲者强令之飲多至十椀是名醉鬼又酒鬼見楊維楨詩金檣殣地非酒鬼巾箱以驢行萬里

游覽志餘宋時臨安姦黠繁盛有以僞異眞者至以



紙爲衣以銅鉛爲銀以土木爲香藥變換如神謂之白日鬼七修類稿浙江有賊曰白日鬼多在舟船作禍彼中人見凡誕謾者亦指爲白日鬼見宋劉跂暇日錄今人不知所來以空手得錢未之入入已乃反以鬼字爲詭

文選注引海東經東海有山曰度索名曰鬼門萬鬼所聚唐書地理志容州北流縣南有兩石相對遥謫至此者罕得生還俗號鬼門關諺曰鬼門關十人去九不還李德裕詩崖州在何處生度鬼門關

魯褒錢鬼論諺曰錢無耳可使鬼凡今之人惟錢而已一本又引諺曰有錢可使鬼而况于人乎幽求子可以使鬼者錢也可以使人者權也按黄庭堅詩既無使鬼錢又無封侯骨劉克莊詩垂橐何須使鬼兒沈周咏錢詩有堪使鬼原非謬如是用者不一又錢可通神見張固幽閒鼓吹幽明錄有新鬼鬼形瘦疲忽見生時友人死及二十年而肥健問曰卿那得爾友鬼曰但爲人作怪人必怖當與卿食新鬼往一家西廂有磨就推之如生人推法家主語子弟曰神憐吾家貧令鬼推磨乃輦麥益之至夕磨數斛疲頓乃去罵友鬼曰卿何誑我治

世餘聞宏治乙卯有代貴官子弟入試高第者時人詩曰有錢買得鬼推磨無力卻教人頂缸本此
睽車志楊邁畋獵見草中一兎搏之無所得如是者數次卽芟草求之得兎骨一具乃兎之鬼也按俗謂撮空也拾兎兒鬼應本于此
幸蜀記王衍禱張亞子廟抽籤得逆天者殃四字劍南詩自注予出蜀日遣僧乞籤于射洪陸使君祠使君以老杜詩爲籤予得遣興五首中第二首朱子語類謂易爻辭如今籤解耳按諸籤解最家論戶曉者莫如關帝籤據陸粲庚巳編薊州江東神



行祠在教場之側以百籤決休咎甚著靈異記所知者數事一長洲起同督乞得詩云前三三與後三三一縣橋許氏得詩云萬里鵬程君有分一周應艮得詩云巍巍獨步向雲間一陶麟得詩云到頭萬事總成空一毛欽得詩云憶昔蘭房空半釵凡此俱今關帝籤句也陸氏謂其神姓石名固然則此百籤初不屬關帝其移就未詳何時
韓愈謁衡嶽廟詩手持盃珓導我擲程大昌演繁露問卜于神有器名盃珓以兩蚌殼投空擲地觀其俯仰以斷休咎後人以竹木畧斲削使如蛤形而

中分爲二改字作校或作䈥更誤作笅按荆楚歲時紀秋分以牲祠杜擲䈥于社神以占來歲豐歉
石林燕語高辛廟有竹桮筊以仰爲陽筊俯爲陰筊一仰一俯爲聖筊則䈥筊字亦用之久矣
周禮夏官小子掌珥社稷鄭司農注珥以牲頭祭也疏云漢時祈禱有牲頭祭按禮記郊特牲用牲于庭升首于室謂旣用全牲以祭復登其首于北牖下也今人只用牲頭葢沿珥祭之制
王穉登吳社編凡神所棲舍具威儀簫鼓雜戲迎之曰會當人有力者損金借騎以主其事謂之會首



里豪市俠嚮名儔侶亦曰會首荒陬小市不能爲會各殫其才智以佐大會併入之曰助會會所經行市人之家張筵列炬士女羅拜曰接會按此風今到處皆然不特吳中也律例迎神賽會者杖詳禁止司巫邪術條
鹽鐵論古者無出門之祭今富者祈名嶽望山川椎牛擊鼓戲倡舞像按俗于遠處進香謂之朝山據文則此俗之興由于西漢
宣府志市人于五月十三日爲父母妻子或己身疾病具香紙牲醴于城隍廟拜禱自其家門且行且

拜至廟乃止謂之拜愿今各處皆沿其風夢粱錄
東嶽聖誕士庶答賽心愫或專獻信香者或答重
囚帶枷鎖者道路絡繹無日無之
天香錄偶得俗于紙上畫神佛像而祭賽之謂之甲
馬以此紙爲神佛憑依似乎馬也武林舊事有印
馬作坊
同話錄紙畫代人未知起何時今世禱禳者用之板
刻印染背男女之形而無口北方之俗歳暮則人
畫一枚于臘月廿四夜佩之于身除夕焚之謔詞
有若還輩得你可知好裏之語間窗括異志戴荆



南都頭南遇病困魂至陰司方與一相識先死者
語忽又一人曰追到李遇遇遂蘇身下臥一畫人
號爲替代然則替代之來久矣又三國志杜畿傳
注引魏氏春秋曰畿嘗見童子謂之曰司命使吾
召子畿固請之童子曰今將爲君求相代者君愼
勿言言卒不見後二十年畿乃言之其日遂卒此
又後世畫人無口所由來歟
唐書王璵傳漢以來葬者皆有瘞錢後世里俗稍以
紙寓錢爲鬼事至是璵乃用爲禳祓按法苑珠林
紙錢起于殷長史法慶善杜詩辨証云齊東昏侯
好鬼神之術剪紙爲錢以代束帛至唐盛行其事
王叡詩紙錢灰出木棉花李山甫詩可要行人贈
紙錢徐凝詩無人送與紙錢來皆言之邵康節春
秋祭祀亦焚紙錢程伊川問之曰冥器之義也脫
有益非孝子順孫之心乎宋王炎有清明日先塋
掛紙錢詩
穀粱傳僖十年祠致福于君周禮天官膳夫祭祀之
致福者疏云諸臣祭家廟祭訖致胙肉于王謂之
致福春官大宗伯賑膰之禮親兄弟之國注云賜
其肉同福祿也按今謂牲物曰福禮分胙曰散福



本古人之言也

通俗編卷五終

通俗編卷六

仁和翟灝撰　綿州李調元校

康熙字典今謂不知而問爲拾沒訛作什麽

俗有借花獻佛之語按因果經瞿夷寄二花于善慧仙人以獻佛借當是寄之訛

湧幢小品諺云佛面上刮金陋之也嘉靖初用工部侍郎趙璜奏沒入正德末所造諸寺繪鑄佛像刮取金一千三十餘兩正合諺語可笑按祚冥記貞觀二十年征龜茲有薛孤訓者爲行軍倉曹及屠龜茲後乃于精舍剝佛面金是趙璜事唐人有先



爲之者

邢居實拊掌錄趙閱道罷政閑居每見僧接之甚恭有士人以書贄見閽者不爲通士人曰參政便直得如此敬重和尚閽者曰也半看佛面士人曰更那輟不得些少來看孔夫子面

孟郊詩垂老抱佛腳教妻讀黃庭劉攽中山詩話王丞相論沙門道因曰投老欲依僧客遽對曰急則抱佛腳王曰投老欲依僧是古詩一句客亦曰急則抱佛腳是俗諺全語上去投下去腳豈不的對王大笑張世南宦遊紀聞雲南之南一番國專尚釋教有犯罪應誅者捕之急趨往寺中抱佛腳悔過便貰其罪今諺云閑時不燒香急來抱佛腳乃番僧之語流于中國也

元韓邦靖詩更寵番僧取活佛似欲清淨超西天按二字入詩僅見

漢書京房傳道人始去涌水爲災注云道人有道術之人也地理志代郡道人縣注云本有仙人遊其地因以爲名智度論得道者名曰道人按今以不簪薙而執役于釋道門者爲道人非

唐錦夢餘錄吳中呼道士之有室家者爲火居宋太



祖時始禁道士不得蓄妻孥前此皆有家室按唐鄭熊番禺雜志云廣中僧有室家者謂之火宅僧火居之稱猶此

晉書佛圖澄傳法常與法佐對車夜談言及和尚比且佐入見澄澄已知之于是國人每相語曰莫起惡心和尚知汝按此二字見正史之始也魏書釋老志浮圖澄爲石勒所宗信號爲大和尚大和尚又始見此翻譯名義和尚外國名漢言知有罪知無罪也

傳燈錄有尼參保福從展展問阿誰侍者報曰覺師

姑又五臺智通忽大悟曰師姑原是女人作按廣異記大歷時某寺尼令婢往市買餅見朱自勸問云汝和尚好否又云聞汝和尚未挾纊今附絹二疋與和尚作寒具婢承命持絹授尼則唐時尼亦稱和尚雞肋編云市師尼諱師尼諱師姑號女和尚有自來也

後漢書郊祀志注沙門漢言息心削髮出家絕情洗欲而歸于無為也翻譯名義此出家之都名也秦言勤行

寄歸傳梵語阿遮黎耶唐言執範今稱訛畧



青藤山人路史頭陀梵語也元是杜多二字轉音為頭陀華言抖擻也言三毒之塵坌于心胸須振迅而落之也

魏書釋老志為沙門者初修十誡曰沙彌善覺要覽落髮後稱沙彌華言為息慈謂得安息于慈悲之地也或云初入佛法多存俗情故須息惡行慈也

能改齋漫錄唐人多以僧為上人如杜子美已上人茅屋是也增一阿含經有能改過者為上人摩訶般若經一心行阿耨菩提心不散亂是名上人十誦律人有四種一麁人二濁人三中間人四上人

按晉時稱釋子多曰道人至鮑明遠始有秋日示休上人詩

溫公續詩話惠崇詩每犯古人或嘲之云不是師兄多犯古古人詩句犯師兄按五燈會元寶壽稱諱空和尚師兄空曰汝卻與我作師兄則師兄乃其同道中之稱耳

漢書外戚傳近世之事語尚在長老之耳按此為凡年高者之通稱而世俗但以呼僧之老者習成不變可啞也

國語展禽曰夏父弗忌必有殃侍者曰若有殃焉在



漢書外戚傳有侍者李平西域傳有侍者馮嫽按此為凡卑幼之通稱世亦以專屬僧家

傳燈錄潙山在百丈會下作典座又令遵有笊籬木杓分付與典座語按釋家云典座猶居士云司廚凡寺院各僧例分東西兩序其職麁事者屬于東序典座等是也五燈會元雪峰在洞山為飯頭慶諸在潙山為米頭道匡在招慶為桶頭灌溪在末山為園頭紹遠在石門為田頭智通在潙山為直歲曉聰在雲居為燈頭稽山在投子為柴頭義懷在翠峰為水頭佛心在海印為淨頭此類皆東序

職而典座之名尤著于俗

北齊書文宣帝紀晉陽有沙門乍愚乍智時人呼阿禿師北夢瑣言高駢謂開元寺十年後當有禿丁數千作亂五燈會元張無盡敘龍安末後句雲菴罵曰此吐血禿丁脫空妄語不得信太平廣記引河東記夜叉罵經行寺僧行蘊曰賊禿奴何起妄想之心啟顏錄盧嘉言見三僧戲曰阿師並不解摴蒱乎僧未喻盧曰不聞俗語云三箇禿不敵一箇盧按此以犢禿音近借戲

禮玉藻居士錦帶注謂道藝處士也韓非子齊有居



士任矞華仕不臣天子不友諸侯魏志管甯傳胡居士賢者也按居士本于釋家無所涉自楞嚴經以愛談名言清淨自居爲居士普門疏以多積財貨居業豐厚爲居士而釋子乃以之呼在家人

金石文字記漢曹全碑陰義士某千義士某五百義士葢但出財之人今人出財布施皆曰信士宋太宗朝避御名凡義字皆改爲信今之信士卽漢碑所稱義士也

翻譯名義檀那唐言施主也又稱檀越檀卽施也此人行施則越貧窮海矣

冊府元龜唐開元二年制百姓家多以僧尼道士爲門徒相與往還妻子無所避忌甚成傚俗日知錄今江南尚有門徒之稱或云門眷按晉書唐彬傳東海閻德門徒甚衆獨目彬爲廊廟材北史李密傳師事國子助教包愷愷門徒皆出其下南史宋文帝紀上好儒雅命何承天立史學謝元立文學各聚門徒江左風俗于斯爲盛門徒本儒家正當之稱僧道假之遂成傚醜耳

五代史石昂傳禁其家不可以佛事汚吾先人宋史穆修傳母死不飯浮屠不爲佛事儒林公議馬元



居喪不爲佛事但誦孝經而已元史文宗紀至順元年中書省言近歲帑廩空虛其費有五一曰作佛事順帝紀至元二十二年李士贍疏時政二十條一曰省佛事以節浮費按元典章皇慶元年旨云今後但做好事處只與素茶飯所謂好事卽佛事也

西河詩話佛曲在隋書有之不始金元如唐樂府有普光佛曲日光明佛曲等八曲入婆陀調釋迦文佛曲妙華佛曲等九曲入乞食調大妙至極曲解曲入越調摩尼佛曲入雙調蘇蜜七俱佛曲日騰

光佛曲入商調邪勒佛曲入徵調婆羅樹佛曲等四曲入羽調遷星佛曲入般涉調提梵入移風調今吳門佛寺猶能作梵樂每唱佛曲以笙笛逐之名清樂卽其遺意按晉書鳩摩羅什傳天竺俗甚重文制其宮商體韻以入管絃爲善凡覲國王必有贊德經中偈頌皆其式也是佛曲可逐笙管自其未入中國原有然矣樂府雜錄長慶中講僧文敘善吟經其聲宛暢感動里人樂工狀其念四聲觀世音菩薩乃撰文敘子曲至是而佛經無不可吟不獨偈頌然矣南唐書浮屠傳僧應之喜音律



嘗以讚禮之文寓諸樂譜其聲少下而終歸于梵音讚念協律自應之始此更以近俗樂譜參雜更改以取悅衆聽矣今吳門佛寺所作求其爲應之遺聲迨尚未合詎能遠合于隋唐時佛曲耶

隋書經籍志梁武帝于華林園中總集釋氏經典凡五千四百卷沙門寶唱撰經目錄按此是佛經有藏之始南史姚察傳遂有讀一藏經之說

唐會要天寶六載制僧尼道士令祠部給牒唐書食貨志安祿山反楊國忠遣御史崔衆至太原納錢度僧尼道士旬日得百萬緡明年御史鄭叔清與宰相裴冕又議度僧道收貲按此是鬻度牒之始

潛夫論浮侈篇裁好繒作疏頭令工彩畫顧人書祝虛飾巧言欲邀多福按由是言可知疏頭之製自漢有之

荆楚歲時記七月十五日僧尼道俗悉營盆作盂蘭盆會唐六典中尚署七月望日進盂蘭盆楊炯有盂蘭盆賦翻譯名義盂蘭西域之語轉本云烏藍此翻救倒懸盆是貯食之器三藏云盆羅百味式供三尊仰大衆之恩光救倒懸之窘急

陸游家訓黃老之學本于清淨自然地獄天宮何嘗



言及黃冠輩見僧獲利從而效之送魂登天代天肆赦謂之鍊度可笑甚多尤無足議

說文讄禱也累功德以求福也按俗謂延僧祈福曰作功德義昉于此

漢書儒林傳嚴彭祖曰凡通經術固當修行先王之道淮南子詮言訓君子修行而使善無名布施而使仁無章按修行本士君子所共務自晉書謂鳩摩羅什不拘小檢修行者頗疑之後人遂專以爲釋氏言如白居易長齋詩三春多放逸五月暫修行蘇軾僧爽白雞詩斷尾雄雞本畏烹年來聽法

伴修行

周語享祀時至布施優裕文子自然篇爲惠者布施也莊子外物篇生不布施死何含珠爲荀子哀公篇富有天下而無怨財布施天下而不病貧韓非顯學篇上徵歛于富人而布施于貧家是奪力儉而與侈惰也淮南子道應訓不義得之又不能布施患必至矣又齊俗訓爲義者布施而德論衡定賢篇使穀食如水火雖貪悋之人越境而布施矣按諸云布施皆自我施諸人今僧道則但勸人之施我故雖古之善言而其義淆亂擇言者以爲嫌



矣

毛詩蓼莪箋供養日寡矣而我不得終養儀禮既夕注燕養平常所用供養也禮記曾子問注婦有供養之禮故必祭而成婦義戰國策得甘脆以養親親供養備白虎通王者有六樂所以作供養按二字本義如此今徒以奉神佛言不得當矣或且以飯僧道言之悖哉

道藏太上經末世道士講經說法儀軌云何按今惟僧講經道士無其事矣僧之講經始見于晉書鳩摩羅什講經于草堂寺是也

晉書王獻之傳獻之遇疾家人爲上章道家法應首過問其有何得失按此當卽張氏五斗米道所用書疏三通一上之天者也

吳志周瑜傳命道士于星辰下爲之請命按漢書藝文志雜占類有禳祀天文十八卷星斗之禳或源此然書亡久矣

容齋四筆世俗營建宅舍或遭小疾厄皆云犯土故道家有謝土司章醮之文攷後漢書來歷傳安帝時皇太子驚病不安避幸乳母野王君王聖舍太子廚監邴吉以爲聖舍新繕修犯土禁不可御然



則古有其說矣按論衡解除篇世間繕治宅舍鑿地掘土功成作畢解謝土神名曰解土後漢書注引東觀記鍾離意到縣作屋既畢爲解土祝曰興功役者令百姓無事如有禍祟令自當之此二條言更詳明且均漢人之說容齋未之引

列子說符篇邯鄲民正旦獻鳩于趙簡子簡子曰正旦放生示有恩也按放生事始見于此

高承事物紀原唐會要曰武德二年正月詔自今以後每正月五月九月及每月十齋日並斷屠此斷屠之始按隋書禮志祈雨不應乃徙市禁屠百官

斷傘扇許觀東齋記事隋高祖仁壽二年詔六月十三日是朕生日宜令海內斷屠則此事隋已有之不始于唐

鄭康成禮注素食平常之食漢書霍光傳昌邑王典喪不素食注云素食菜食無肉也金史世宗紀山陵每以朔望致祭朔則用素望則用肉東京夢華錄有素食店劍南集有素飯詩鼠璞今俗人食三長月素釋氏智論天帝釋以大寶鏡照四部神州每月一移察善惡正五九月照南贍州唐人于此三月不行死刑曰三長月因戒屠宰是以天帝釋



為可歎也燕翼詒謀錄北俗每遇月三七日不食酒肉益重道教之故東谷所見世人于斗降三八庚申甲子本命日茹素謂之齋戒不知平日之用心何如也古語兩語甚好甯可葷口念佛莫將素口罵人按此風肇始于唐盛行于宋沿至今日名目轉多更有辛素竈素三官素觀音素準提素玉皇素婦人女子有一月間僅三數日不持素者

唐六典凡國忌日兩京定大寺觀各二散齋諸道士僧尼皆集于齋所五代會要晉天福五年令每遇國忌行香之後齋僧一百人永為定制按南北朝

史傳凡云請僧設齋或云設幾百人齋設千人齋皆即齋僧事也二程全書天竺之人重僧見僧必飯之因使作樂于前今乃為之于死者至如慶禱亦雜用之是甚義理

雲麓漫鈔遺教經云比邱欲食先燒香唄案法師行香定坐而講所以解穢流芬也乃中夏行香之始西溪叢語行香起于後魏及江左齊梁間每燃香爇手或以香末散行謂之行香唐文宗朝省臣奏設齋行香事無經紀乃罷宣宗復釋教仍行其儀

演繁露南史王僧達好鷹犬何尚之設八關齋集



朝士自行香次至僧達曰願郎且放鷹犬其謂行香次及僧達者即釋教之行道燒香也行道燒香者主齋之人親自周行道場之中以香爇之于爐也東魏靜帝常設法會乘輦行香高歡執爐步從凡行香者步進前而周匝道場仍自炷香為禮靜帝人君也故以輦代步不自執爐而使高歡代執也以此見行香只是行道燒香無撒香末事也按今作佛事僧俗主齋者持爐巡壇中或儀導以出街巷曰行香與演繁露說正合

廬山蓮社錄謝靈運謂生法師曰道人將謂俗緣未

盡不知我在家出家久矣白氏長慶集有在家出家詩

宋書徐湛之傳沙門惠修善屬文世祖命使還俗魏書釋老志沙門師賢當罷佛法時假爲醫術還俗而守道不改

翻釋名義雙膝雙肘及頂至地名五體投地

白虎通三教篇三教一體而分不可單行按其所云三教謂夏教忠殷教敬周教文也俚俗以儒釋道爲三教而云三教原來是一家蓋近世二氏之徒希推援者所妄造前未有出



法苑珠林南無或作南摩或作那謨又或作納慕娜謨那摸善見論翻歸命覺或翻信從其云和南者此翻恭敬按此屬梵音故無定字古西方人通爲此語穆天子傳膜拜而受一言曰膜兩言卽南無也堅瓠集謂佛居西方西方金也至南而無火尅金也殊屬傅會周憲王元宮詞自從授得毘盧咒日日持珠念那摩二字入詩僅見

燕翼貽謀錄喪家命僧道誦經設齋作醮曰資冥福也出喪用以導引又何義乎至于鐃鈸乃樂也彼方燕饗則擊之而可用于喪柩前乎開寶三年十月詔開封府禁止士庶之家喪葬不得用僧道威儀前引而今犯禁者仍所在皆是也

北齊書孫靈暉傳南陽王綽死每至七日至百日靈暉恆爲請僧設齋行道南史齊宗室傳魚復侯子響旣自縊上心怪恨百日于華林作齋上自行香北史胡國珍傳詔自始薨至七七皆爲設千人齋百日設萬人齋王元威傳獻文百日元威自竭家財設四百人齋皇甫湜韓公神道碑遺命習俗畫寫浮屠日以七數之及據陰陽所謂吉凶一無汚我李翺去佛齋說序故溫縣令揚垂撰集喪儀其



一篇云七七齋以其日送卒者衣服于佛寺以申追福翺以此事傷禮故論而去之吹劍錄載溫公語曰世俗信浮屠以初死七日至七七日百日小祥大祥必作道場功德則滅罪生天否則入地獄夫天堂無則已有則賢人生地獄無則已有則小人入以父母死而禱佛是以其親爲小人爲罪人也萬斯同羣經雜說漢明帝營壽陵之詔有云過百日惟四時設奠百日之說始見于史意者爾時佛法初入明帝卽用其教耶開元禮卒哭篇注有古之祔在卒哭今之百日也二語此可爲唐用百

日之據及攷李習之去佛齋說深詆佛家七七之說則知唐人固多用七七百日以為治喪之節矣按田藝蘅玉笑零音云人之初生以七日為臘死以七日為忌一臘而一魄成故七七四十九日而七魄具矣一忌而一魄散故七七四十九日而七魄泯矣明會典公卿亡故以次遣官致祭十五壇聞喪入殮首七至中七下葬百日新冬周年二周除服至此而七七百日竟著之于典禮

南史夷貊傳劉薩何暴亡更蘇說至十八地獄隨報重輕受諸楚毒唐書傅奕傳上疏極詆浮屠法中書令蕭瑀曰地獄正為是人設矣宣和畫譜吳道子畫地獄變相得陰隲陽授陽作陰報之理按龍舒經謂六根六塵六識為十八界根塵識不得其所即地獄之因緣耳故地獄言有十八蘇子瞻地獄變相偈乃知法界性一切惟心造是也司馬公所稱天堂無則已有則君子登地獄無則已有則小人入本唐虔州刺史李舟與妹書語見李肇國史補



南史梁武帝紀有沙門智泉鐵鉤掛體以燃千燈一日一夜端坐不動蘇舜欽聞見錄歲大旱仁宗祈雨甚切至然臂香以禱宮人內瑞皆然清異錄齊趙人好以身為供養謂兩臂為肉燈臺頂心為肉香爐

葉隆禮遼志遼俗十月內五京進紙衣甲器械十五日國主與押番臣密望木葉山奠酒用番字書狀同燒化以奏山神曰寄庫按今婦人焚寓錢于生前作佛事寄屬冥吏以冀死後取用蓋遼俗之漸染也

吹劍錄出殯之夕有少年僧出弄花鈸花鼓槌耑為悅婦人掠錢物之計古杭雜記佛事有所謂花鼓槌者每舉法樂則一僧三四棒在手輪轉抛弄

青溪暇筆近日一番僧自西域來不御飲食日啗棗果數枚而已所坐一龕僅容其身如欲入定則令人鎖其龕門加紙密糊封之或經月餘謦欬之聲亦絕人以為化去潛聽之但聞掐念珠歷歷有叩其術者則勸人少思少睡少食耳按釋典雖有入定之說而不必封鎖于龕中也今惟坐餓關者有似此僧所為疑此風即從此僧而起



通俗編卷六終

# 通俗編卷七

仁和翟灝撰　綿州李調元校

法苑珠林如來在家時都無欲想心不染黑故得斯報按陶穀逃萊州右長史于義方黑心行謂黑心者繼婦之名也魏吳普本草以黃芩爲妒婦李時珍曰芩根多外黃內黑妒婦心黯故以爲比此言近是

五代史劉昫傳諸吏聞昫罷相皆歡呼曰自此我曹快活矣翰林志梅詢見老卒卧日歎曰暢哉徐問識字乎曰不識梅曰更快活也白居易詩快活不



知如我者人間能有幾多人杜荀鶴詩田翁眞快活婚嫁不離村則快活二字唐人已經入詩蘇軾詩豐年無象何處尋聽取林間快活吟

朝野僉載桑維翰曰居宰相如著新鞋襪外面好看其中不快活也此語最近俗情

後漢書東平憲王傳日者問王處家何等最樂王言爲善最樂按孔安國書傳民之行已盡用善道是多樂也東平語蓋本之內典亦云爲善若熟種種快樂余應考詩題爲善人爲寶有句云南國人堪憶東平語不忘首蒙擊賞

白居易夢井詩念此瓶欲沉荒忙爲求請按荒當爲慌之借字慌見說文廣韻加草作慌今言昏遽者皆云慌忙

左傳哀二十七年荀文子曰君子之謀也始衷終皆舉之而後入焉今我三不知而入之不亦難乎姚福青溪暇筆俗謂茫遽曰三不知卽始中終三者皆不能知也其言蓋本左傳按宋史馬廷鸞阸于賈似道求去陛辭云天下安危人主不知國家利害羣臣不知軍前勝負列閫不知此亦與俗言合識以備參



唐摭言王冷然與御史高昌宇書有此語按元人漢宮秋凍蘇秦風光好范張雞黍魔合羅等曲並云貴人多忘今俗于忘下增事字未見所出

六一詩話客譽呂君工詩胡旦問其警句客舉一篇卒章云挑盡寒燈夢不成笑曰乃一渴睡漢耳明年呂中甲科使人寄語胡曰渴睡漢狀元及第矣嬾眞子載舉子求易韻事曰老人渴睡蘇子瞻詩吳興太守老且病堆案滿前長渴睡按渴本作瞌渴乃借字用之集韻眼瞌欲睡貌貫休畫羅漢詩瞌睡山童欲成夢朱子語錄秦兵曹瞌睡五燈會

元元沙俑云千里行脚不消箇瞌睡窟語㴩潭英云堂中瞌睡寮裏抽解神鼎諲云鶖回多少瞌睡人雪竇雅云霹靂過頭猶瞌睡及鹿苑暉保福展寶應進雲臺岑所云瞌睡漢俱正用瞌字

北史源思禮傳爲貴人當舉綱維何必太子細也杜甫詩野橋分子細醉把茱萸子細看本此

金史赤盞合喜傳性剛愎好自用按左傳先穀剛愎不仁韓非子鮑叔牙剛愎而悍上愎音若別俗以負氣不肯親人曰愎氣卽此字

東坡雜纂二續藏謾不得四事其一曰靈利孩兒買



物陸象山語錄既是一箇人如何不打疊教靈利悅生隨抄范蜀公言家中子弟連名百字幾乎尋盡矣或曰百靈百利百巧百窮必未取以名也蜀公爲之大笑按五燈會元宗智謂雲巖不妨靈利潙山謂智閑聰明靈利及靈利座主靈利道者靈利衲子靈利漢靈利人俱作靈利而此語之見字書者惟廣韻𠝹字下云𠝹利快性人也則𠝹利其正文矣朱淑眞詩云始知伶俐不如癡字彙云方言謂黠慧曰伶俐俱傳文未得眞也

莊子齊物論夫子以爲孟浪之言而我以爲妙道之行也音義曰孟如字或武葬反向氏云無趣舍之謂崔氏云不精要之貌左思吳都賦若吾子之所傳孟浪之遺言注云不委細貌按集韻謂向秀讀孟爲莽今吳中方言所云莽浪乃卽孟浪

史記賈陸傳欲以新造未集之越屈彊于此漢書匈奴傳楊信爲人剛直屈强後漢書盧芳傳論附假宗室握彊歲月之間鹽鐵論倔强倨傲自稱老夫楊泉太元經强梁者亡崛强者折五代史李嚴傳孟知祥倔彊於蜀按以上用字各不同音義悉同

癡獃廣韻獃五來切獃癡象犬小時未有分別范石



湖集有賣癡獃詞宋无啽囈集沈樞紹興中爲詹事和議成樞語同列曰官家好獃上聞之謫筠州按世俗以獃騃通用攷字書騃五駭切從未有平聲讀者益其義雖同訓癡而實爲兩字

容齋四筆柔詞謟笑專取容悅世謂之迷癡雖爲俚言亦有所本列子墨㞑單至嘽咺憋懯四人相與遊于世張湛注墨音眉㞑勑夷反方言江淮之間謂之無賴所釋雖不同然大略具是按列子言若人名者寓言也揚雄方言江淮閒凡小兒多詐而獪或謂之墨㞑與張注所引頗異集韻亦云墨㞑

黠詐貌皮日休反招魂上曖昧而下墨尿

指月錄五祖演禪師綿州人造白雲端端謂曰川藞苴又明覺顯與棲賢諟藞苴不合五燈會元眞淨訴文準曰乃敢爾藞且耶按藞朗假切山谷曰藞薩泥不熟也苴查滓也藞謂其未經鑪鞴所謂糟粕也今凡性情麤率不自檢點者俗以此語目之

漢書賈誼傳奊后亡節註云奊奊而無志節說文奊胡結切頭衺骫骳也奊古屑切頭傾也直讀若列挈按俗謂人胸次不坦夷舉事拗戾以乖忤人者有此目而其字未之知也愚謂當用此二字然蔡



邕短人賦云其餘尫公劣厥僂寠嘖嘖怒語與人相拒眾人患忌難以爲侶劣厥亦乖忤之辭而音相近並著之俟知者擇焉

楊升菴外集氀毼本夷人服名上音兜下音達今人謂性劣者爲氀毼七修類稿挩踏取桔橰取水之義上以手挩而入下以腳踏而出謂其展轉不散釋也借喻人難理會按二說俱牽强不經當但作兜搭晉語在列者獻詩使弗兜注云兜惑也搭則粘附之義多所兜惑而搭住不解竊自顯然

邵子擊壤集有安樂窩中好打乖吟朱子語錄張良少年也任俠殺人後來因黃石公教得來較細此其所以乖也按乖之本義爲戾爲睽爲背異羅隱詠焚書坑詩祖龍算書渾乖角將謂詩書活得人乖角猶乖張也而世卒以慧爲乖角其故不解或云乖者與人相約稍値利害則背異而避之自全反以不背者爲癡此正所謂乖角者然其說亦費折揚雄方言有云凡小兒多詐而獪或謂之姡注云言黠姡也姡字長言之則轉爲乖今正謂小兒黠獪曰乖本指謂泯沒也

集韻㑥部本切性不慧也按晉書豫章太守史疇以



體肥大目爲笨伯唐書注舉柩夫謂之倴夫笨倴皆麤率儜劣之貌字相通用而與㑥有主貌主性之別又三字皆从大从十而不从本世俗概以笨爲不慧據說文笨爲竹裏與笨伯之笨亦不同也

傳燈錄元安辭臨濟去濟曰門下有箇赤梢鯉魚搖頭擺尾向南方去不知向誰家虀甕裏淹殺五燈會元孚上座謂雪峯曰和尚搖頭某甲擺尾僧昭參圜悟曰師若搖頭弟子擺尾今云擺尾搖頭

宋史李先傳人目以俚語爲錯安頭謂其無貌而有材也

元史武宗紀徽政使佤頭等言別不花以私錢建寺爲國祝釐按佤音如哇不正也元俗質朴即其形以爲名海甯有元祭酒榮佤頭墓談遷海昌外志徇俗作歪頭非

開天傳信記黃旛綽嘲劉文樹曰文樹面孔不似胡孫胡孫面孔強似文樹此面孔二字之由

人面獸心見史記匈奴傳贊又晉書孔嚴傳降附之徒人面獸心難以感義劉元海等載記論彼人面而獸心見利則棄君親臨財則忘人義者也宋書明帝紀子業人面獸心見于詔曰北史太武五王



傳人面獸心去留難測隋書盧思道勞生論君家則人面獸心不孝不義舊唐書于志甯上太子書人面獸心豈得以禮教期按列子黃帝篇人未必無獸心夏桀殷紂魯桓楚穆狀貌七竅皆同于人而有禽獸之心三國志陸瑁傳公孫淵屏在海隅雖托人面與禽獸無異孟郊詩古人形似獸而有大聖德今人表似人獸心安可測即皆人面獸心之說又晉書符朗至揚州或問見王吏部兄弟未朗曰非人面而狗心狗面而人心者乎王忱貌醜而才慧國寶貌美而才劣故朗云然此其語意不

同

元人九經引俚語云眼睛飽肚裏饑樺皮臉掩狗皮輸便怒贏便喜喫別人不回禮

博雅目謂之眼珠子謂之睛文選注引韓詩說無珠子曰矇珠子具而無見曰瞍按今所云有眼無珠見元人舉案齊眉曲

五代史趙在禮傳在禮在宋州人尤苦之已而罷去宋人喜相謂曰眼中拔釘豈不樂哉古今風謠宋眞宗時丁謂用事童謠云欲得天下甯須拔眼中丁五燈會元善昭有拔卻眼中楔語



後漢書袁紹傳孤客窮軍仰我鼻息按鄙語向人喉下取氣猶此

齆音甕埤蒼鼻病也十六國春秋後趙錄王謨齆鼻言不清暢埤雅引語云蛇聾虎齆幽明錄桓司空有參軍教鸜鵒語遂無所不名嘗大會令效坐人語有一人齆鼻語難學因以頭納甕中效焉甕齆閑評王充論衡云鼻不知香臭爲甕則今人以鼻不清亮爲甕鼻作此甕字不爲無自矣

金史畢資倫傳宋破金盱眙守將納合買住降北望拜哭謂之辭故主資倫罵曰國家未嘗負汝何所

求死不可乃作如此嘴鼻耶黄庭堅題摹鎖鍊圖陳元達千載人也畫者胸中無千載韻使元達作如此嘴鼻豈能死諫不悔哉按世譏庸劣之貌但云嘴鼻益因此語割裂又揮麈餘話詹大和坐累下大理李傳正操俚語訴之曰子嘴尖如此誠姦人也今有嘴尖舌頭快語

束元嘉知泰州禁醋甚嚴有大書于都門者曰束手無措按束手始見史記春申君傳

周禮司市注質劑若下手書疏云漢時下手書即今畫指券黄庭堅涪翁雜說引此段云豈今細民棄妻子手摹者乎按細民或不知書惟印手指文以取信元人所謂離書手印是也



染指甲始詳自癸辛雜志云時回回婦多喜爲此花史李玉英秋日採鳳仙花染指甲于月中調弦或比之落花流水

劉商擬胡笳十八拍手中十指有長短截之痛惜皆相似七修類藁謂曹植詩誤

事物紀原江淮俗每作諸戲必先設嗔拳笑面村野之人以臘末作之不知何謂也歲時記村人逐除必戴假面作勇力之勢謂之嗔拳五燈會元僧問雲臺因如何是和尚家風因曰嗔拳不打笑面

北齊書慕容紹宗傳吾年二十以還恒有蒜髮昨來蒜髮忽然自盡以理推之蒜者算也吾算將盡乎本草蕪菁子壓油塗頭能變蒜髮漢書王莽傳莽染其須髮進所徵杜陵史氏女爲皇后備嬪御等百二十人日夜與方士考驗方術縱淫樂宋書謝靈運傳何長瑜嘲府僚詩云陸展染鬢髮欲以媚側室青青不解久星星行復出劉禹錫詩近來年少輕前輩好染髭鬚作後生

一毛不拔見孟子文選廣絕交論莫肯廢其半菽罕有落其一毛東坡文集與陳季長尺牘曰鄉諺有云缺口鑷子君識之乎自注缺口鑷子取一毛不拔恐未嘗聞故及



韓非子不吹毛而求小疵不洗垢而察難知漢書景十三王傳今或無罪爲臣下所侵辱有司吹毛求疵語本此又北史崔浩傳云披毛求瑕文心雕龍奏啟篇云吹毛取瑕

徐咸相馬書馬旋毛者善旋五惡旋十四所謂毛病最爲害者也王良百一歌毛病深知害妨人在不占大都如此類無禍也宜嫌黄山谷刀筆有此荆

南人毛病之語按此本說馬人有關德借以喻之然據韓非五蠹篇云不才之子父母怒之鄉人譙之師長教之三美加焉而其脛毛不改今所云毛病正謂其終身不能悛改者也似其源又別出於此非獨借喻于馬矣

摭言陳太師有愛姬徐氏郫城令女也令欲因女求牧私示詩云深宮富貴事風流莫忘生身老骨頭聞者鄙之今老人向後生輩稱老朽意同

晉書劉曜載記隴上歌曰隴上壯士有陳安軀幹雖小腹中寬愛養將士同心肝按世以愛之至者呼曰心肝非無本矣



漢書注中國通呼黑子爲黶子吳楚謂之誌誌者記也廣韻始別有痣字

淮南子齊俗訓親母爲其子治疕禿血流至耳見者以爲愛之至也使出於繼母則以爲嫉也疕魚乙切正字通頭瘡突起也按今以皮膚小腫爲疕瘩當如是寫瘩都合切見字林元人秋胡劇作抏搭非

左傳定三年閽以瓶水沃庭曰夷射姑旋焉注云旋小便也晉語少溲於豕牢注云少小也溲便也史記倉公傳不得後溲注云大便也羣談採餘俗以人有分而已無分慰之者曰待後溲蓋戲慢之辭今訛爲搜索之搜因不以爲慽

通俗編卷七終

通俗編卷八

仁和翟灝撰　綿州李調元校

易說卦傳爲近利市三倍左傳昭十六年爾有利市寶賄我勿與知焦氏易林入門笑喜與吾利市北夢瑣言侯侯孜人號不利市秀才戒菴漫筆唐子畏有一巨冊自錄所作雜文銜面題曰利市又武林舊事歲除后妃諸閤各進珠翠百事吉利市袋兒癸辛雜志監官致諭黃謙之題桃符板句云宜入新年怎生呵百事大吉那般者游覽志餘杭俗元旦簽柏枝于柿餅以大橘承之謂之百事大吉



漢書京房傳陛下雖行此道猶不得如意宋書吳喜傳非惟得活又復如意幽明記餘杭沈縱入山得一玉琢從所所向如意搜神記河閒管弼僑店臨水作商賈往往如意按玩器中有如意者瑯嬛記云昔有貧士多陰德遇道士送與一物謂之如意凡心有所欲一舉之頃隨即如意因即以名之也晉書石崇傳王愷以珊瑚樹示崇崇便以鐵如意擊碎之北史魏獻文六王傳帝令羽歸望其稱効賜如意以表心葢其器之表見久矣

四友齋叢說宋鮮于侁人謂之一路福星載賀陳待制啓云福星一路之歌謠生佛萬家之香火用此按星經天福三星在房西

趙岐孟子注天時謂孤虛王相之屬孫奭音義曰王相二字竝去聲論衡祿命篇春夏休囚秋冬旺相非能爲之也天道自然按陰陽家書五行遞旺于四時凡動作宜乘旺相之氣如春三月則木旺火相土死金囚水休夏三月則火旺土相金死水囚木休故俗語以凡得時爲旺相失時爲休囚也

程子全書生日置酒爲樂若具慶者可以今登科錄父母具存題曰具慶下自宋已然劍南詩稿言蜀



州放解榜第一人楊鑑具慶下

演繁露采本采色之采指投子之文以言也如白黑之以色別雉犢之以物別皆采也投得何色其中程者遂因遂名之曰采今俗語凡事小而幸獲皆以采名之義蓋起此

五福見書洪範又桓譚新論云五福壽富貴康甯子孫眾多與書不同者二

村塾課本有四喜詩曰久旱逢甘雨他鄉遇故知洞房花燭夜金榜掛名時洪邁容齋四筆嘗載之云舊傳詩

舊唐書崔元暐傳母誡之曰兒子從宦有人來云貧乏不能存此是好消息若聞貲貨充足衣馬輕肥此是惡消息按消息二字始見魏少帝紀

游覽志餘杭人以事相邂逅曰豆湊蓋鬬湊之訛也或言吳越風俗除日互擎炒豆交納之且餐且祈曰湊按殆此語所從出歟

天祿志餘唐宋禁中大婚以錦繡織成百小兒嬉戲狀名百子帳按程大昌演繁露唐人婚禮用百子帳特貴其名與婚宜而其制度則未有子孫衆多之象蓋穹廬之具體而微者耳捲柳爲圈以相連



鎖可張可闔爲其圈之多也故以百子總之文選景福殿賦美百子之特居嘉休祥之令名注引西京雜記百子池高祖與戚夫人正月上辰盥濯于此亦謂言有圖狀也惟明解縉有題百子圖詩又張居正應制題百子圖詩

湧幢小品御史張敬之家藏大壽字一幅自其始祖所遺字崇四尺有七寸楷體黑文其點畫中皆小壽字白文一一作別體滿百無一同者昔庾元威書十牒屏風作百體書今壽字百體多晚出而鮮古傳然非精書者不能據此則百壽圖亦自明以來始行于世

宋張綱有咏壽燭古體詩三首代人上鄭伯生日

周禮嫁子娶妻入幣純帛無過五兩注云五兩五端也必言兩者欲得其配合之名史記注引帝王世紀上古嫁娶以儷皮爲禮儷亦取其偶合也今嫁娶凡事物必取成雙蓋古之遺

司馬光書儀疏狀式云伏惟某位尊體起居萬福宋尙宮女論語萬福一聲卽時退步陸游老學菴筆記王廣津宮詞新睡起來思舊夢見人忘卻道勝常勝常猶今婦人言萬福也蓋萬福之言宋已盛



行

禮昏義婦見舅姑執棗栗腶脩何休云執腶脩者取其斷斷自修飾也班固云棗取其朝早起栗取戰栗自正也北史奚康生傳梁直閤將軍徐元明內附賜棗柰果面勅曰棗者早遂朕意果者果如朕心癸辛雜志太學除夜各齋祀神用棗子荔支蓼花三果蓋取早離了之讖

嚴氏書畫記有馬麟福祿壽圖盛子昭三星拱壽圖各名筆畫八仙慶壽圖麻姑獻壽圖天乙賜福圖南極呈祥圖五老攀桂圖四妃十六子圖一秤金

百子圖七子團圓圖公侯食祿圖祿轉三台圖英雄不老圖爵祿雙全圖五福如意圖三陽開泰圖百庶駢臻圖朝綱獨立圖中流砥柱圖補衮調羮圖百祿圖四喜圖及海屋添籌瑤空笙鶴朝陽玉樹五鳳朝陽獨鯉朝天高冠獨步芝蘭毓秀瓜瓞綿延等圖按古之珍圖悉取鑒戒畫史所傳惟輕車迅邁春龍起蟄之類略寓頌揚宋元以前未聞有如是知鄙俚名目見于品論可知此類並起明季惟嚴嵩之權貴而涉意書畫一時士夫遂借以以獻諛也王鏊震澤編言夏原吉誕辰宣宗親繪



壽星圖以賜蓋繪圖祝壽之事明世盛行嚴氏所藏亦大槩祝壽物耳

南史魚宏傳有眠牀一張通用銀鏤金花壽福兩重爲脚按今雖不及其製而牀闌與諸器具之鏤福壽字者多矣又長壽字令童婦輩多鏤爲錢見法苑諸林世尊噠諸比邱咒願言長壽時有居士噠佛令比邱亦咒言長壽

易林元黴黑顏遠抵天門見我眞君人馬安全按元時新官升廳事隸卒排衙例有辭云在衙人馬平按雜劇中見之甚多今遠行及遷居者亦書此自祝

毛詩白華菅兮箋云白華已漚名之爲菅菅柔忍中用矣周禮巾車共其弊車注云取弊車共于車人材或有中用之又山師辨其物以其利害注云利其中人用者害毒物又不中用見禮王制木不中伐不粥于市注伐之非時不中用又禽獸魚鼈不不中殺不粥于市注殺之非時不中用周禮廛人斂其皮角筋骨注其無皮角及筋骨不中用亦稅之史記秦本紀始皇曰吾收天下書不中用者盡去之外戚傳宮人不中用者斥出之漢書王尊傳



敕掾功曹各自底厲其不中用輒自避退按輟耕錄言不中用見杜預左傳注三國吳志攷左傳卻子曰克于先大夫無能爲役使杜注但云不中爲之役使未嘗云不中用吳志嬪妃傳亦云大臣子女歲一簡閱不中乃得出嫁不中雖即不中用意而經史中可證甚多不當但舉此未足之語

隋唐嘉話薛萬徹尚丹楊公主太宗嘗謂人曰薛駙馬有村氣續演繁露古無村名今之村即古之鄙也凡地在中國邑中則名之爲都都美也言其人物衣製皆雅麗也凡言美曰都子都都人事車騎

甚都是也及在郊外則名之曰鄙言其樸質無文
也隋世乃有村名唐令在田野者爲邨別置邨正
一人則邨之爲義著矣故世之鄙陋者人因以村
目之
朱子語錄皇極是指其身爲天下人做個樣子范氏
過庭錄神廟大長公主哲宗朝重于求配遍士族
中求之莫中聖意近臣奏曰不知要如何人物哲
宗曰要如狄詠者天下因謂詠爲人樣子
舊唐書狄仁傑傳則天問仁傑曰朕要一好漢任使
有乎蘇詩人間一好漢誰似張長史用其事新唐



書易好漢爲奇男子通鑑易爲佳士詢芻錄漢武
征匈奴二十餘年馬畜孕重墮殰罷極聞漢兵莫
不畏者稱爲漢兒又曰好漢又曰漢子
譚槩後漢司馬徽不談人短與人語美惡皆言好有
人問徽安否答曰好有人自陳子死答曰大好妻
責之曰人以君有德故此相告何聞人子死反亦
言好徽曰如卿之言亦大好今人稱好好先生本
此按後漢書本傳云佳此易爲好非典則然俗語
實由此也元石君寶曲江池曲有好好先生四字
史記灌夫傳正義今俗云人不辨事曰杌杌若木人

也按論語云木訥漢書地理志云天水隴西數郡
民俗質木皆謂其性之朴而此直以木偶喻之今
流俗所詆爲木者大率本此
李紳拜山川守詩序閭巷惡少年免帽散衣聚爲羣
鬬或差肩追繞擊大毬里言謂之打棍士庶苦之
按此棍所起
白頭閑話都人或十五結黨橫行街市間號爲闖將
祝允明猥談奉化有丐戶俗謂之惰貧自爲匹偶良
人不與接婚官給衣糧而家本不甚窶赤婦女稍
妝澤業枕席其始皆宦家以罪殺其人而籍其牝



官穀之徵其淫賄以迄今也紹興府志丐自言宋
將焦光瓚部落以叛宋投金故擯之曰墮民
五代史前蜀世家王建少無賴以屠牛盜驢販私鹽
爲事里人謂之賊王八七修類稿今詈人曰王八
或云忘八之訛言忘孝弟忠信禮義廉恥不然也
水東日記京師小李之類取人腰藏于稠眾中如己
物小李云者意其爲昔時此盜之首猶健訟者所
云鄧思賢耳
左傳人無釁焉妖不自作後漢書第五倫傳諸出入
貴戚者多瑕釁之人文選廣絕交論敗德殄義禽

猷相若一讐也難固易攜仇訟所娶二讐也名陷饕餮貞介所差三讐也按讐本物瑕而人行有瑕缺亦借以言之自春秋時至今未嘗更別

歹字彙多改切好之反也字學訂譌俗誤作歹歹牙葛切殘骨也與歹不同按此字宋以前未見用之惟元典章有管匠造作或好或歹及朱納鷹鶻如歹徒教耗費支應等語

西湖游覽志餘杭州市人諱低物爲瞉以其足下物也按能改齋漫錄唐人謂事之不振者曰踏跋瞉即踏跋之省字當作跋菈以物之不佳比照于事之不振耳



宋書王皇后傳宮中大集贏婦人觀之后以扇障面帝曰外舍人家寒乞楊萬里詩只有春風不寒乞隔溪吹度嶺花香寒乞二字入詩見此

朝野雜記提點坑冶鑄錢公事自咸平時有之淳熙五年又加都大二字于提字之上以倣川秦茶馬按俚俗謂大之至曰都大或因乎此

家語弟子解孔子答孟武伯曰少成則若性也習慣若自然也漢書賈誼傳少成若天性習貫成自然按爾雅貫習也貫字本不必从心此坊本之誤

魏書北海王詳傳高太妃云今不願富貴但令母子相保共汝掃市作活也張籍詩貧窮作活似村中作活每常嫌費力按此作字當讀去聲

邵子擊壤集未喫力時猶有說到收功處更何言按廣韻㲉音同喫勤苦用力曰㲉喫力字當以㲉爲正

白居易與楊虞卿書賛善大夫誠賤冗耳今人稱不閑曰賤冗所本又窮忙見老學菴筆記元豐時評尚書省曹語云戶度金倉日夜窮忙

江湖長翁集同陳宰黃簿遊靈山宰云吾輩可謂忙



裡偷閑苦中作樂遂以八字爲韻作詩八首

蘇祐逌旃瑣言諺云忙家不會會家不忙嘗聞東郡敖靜之云槐花黃舉子忙閑時做下忙時用管甚槐花黃不黃

傳燈錄龐居士謁道一禪師有適來弄巧成拙語二老堂詩話蜀人縷鳩爲膾配以芹菜或爲詩云本欲將芹補誰知弄巧成皆以拙爲歇後語的本也黃庭堅拙軒頌弄巧成拙爲蛇添足

張國彬合汗衫曲有空急空巴語按巴似波音轉

廣異記魏元忠呼蒼頭未應犬忽代呼之元忠曰此

犬乃能代我勞李百藥詩客心既多緒長歌且代
勞本此
朱子語錄開此一線路恐學者因以藉口小小走作
又文集答林巒曰此段多用佛語尤覺走作按傳
燈錄僧謂宗一曰若不遇于師幾成走作益走作
亦釋家語也
晉書劉聰載記目當不敢北視況敢濟乎不勞驚動
將士也按今言煩擾人曰驚動亦曰勞動白詩勞
動故人龎閣老提魚攜酒遠相尋亦曰起動見元
人雜劇



莊子大宗師安排而去化乃入于寥天一謝靈運詩
處順故安排按安排乃安于推移之謂今爲此言
者多失其本義
白虎通霸迫也把也迫脅諸侯把持其政三國吳志
安有四五人把持刑柄而不離刺轉相蹄齧者也
五代史宦者傳論待人主信已然後懼以禍福而
把持之人主之勢日孤則懼禍之心日切而把持
者日益牢今云把持又云執持
張衡西京賦跳丸劍之揮霍陸機文賦紛紜揮霍按
文選註但訓疾貌魚竑字學云搖手曰揮反手曰

擢以今恒語驗之焦訓似得
錢塘遺事賈似道忌害一時任事閫臣行打算法以
汚之向士璧守潭費用委浙西閫打算趙葵守淮
則委建康閫打算江淮廣帥皆受監錢之苦元史
循吏傳耿宣擅增制語有并打算大小一切衙門
等事十一字
朱子文集答王子合云著力催趲功夫則渠已有行
日矣按廣韻趲訓散走集韻云逼使走也朱子與
鄭子上又有趲得課程語一本作催儹訛
公羊疏無垢加功曰潄若里語曰斗潄揚雄方言東



齊曰鋪頒猶秦晉言抖藪也法苑珠林抖擻煩惱
去離貪著如衣抖擻能去塵垢按三書用字各不
同唐宋人詩多从法苑作抖擻或作斗藪而斗潄
字未見用者
漢書匈奴傳祁連知虜在前逗遛不進後漢書質帝
紀太守王喜坐討賊逗遛下獄或作逗留魏志曹
爽傳訓吏兵以候就第不得逗留北史何安傳東
土克定樂人悉反問其逗留云是梁人所教
元典章出使人員每將站官人等非理拷打站官人
等避怕躲閃轉致違誤按玉篇躲但訓身無隱匿

義夷堅志載車四元事云又祓渠𨏥過了六十年
用𨏥字
吳江志俗謂嬉遊曰孛相太倉志作白相嘉定志作
薄相按皆無可証惟東坡詩有天公戲人亦薄相
句
國老談苑潘邠老詩多犯老杜王直方云老杜復生
須與潘十厮炒朱子集與楊子直簡亦有厮炒字
按說文訬擾也博雅訬獪也則炒當以从言爲正
又厮攪見歐陽文忠集其謝梅聖俞簡云家人見
誚好時節將詩去人家厮攪不知吾輩用以爲樂



蔡寬夫詩話吳人以作爲佐音退之方橋詩非閣復
非船可居兼可過君欲問方橋方橋如此作用此
音也苕溪漁隱叢話老杜有主人送客無所作句
則老杜固先用此方言矣按作字去聲其音有二
一入二十一個梁江洪紅牋詩雜彩何足奇唯紅
偏可作灼爍類蕖開輕明似霞破更在杜韓二公
先也一入七遇其來甚遠莊子行修于內者無位
而不作音義云作在路反荀子肉腐出蟲魚枯生
蠹貪利忘身栽禍乃作作以蠹叶爲韻語漢書景
帝紀注民語曰金可作世可度後漢書廉范傳民
歌曰廉叔度來何暮不禁火民安作昔無襦今五
袴古詩微物雖輕拙手所作餘帛三丈爲郎別厝
所叶皆七遇字也唐開元宮人詩戰袍經手作寒
山詩一生嬾情作如此類者番當讀爲去聲今世
俗別書做字僅釋氏語錄及元雜劇曾偶見之
五燈會元太平安舉語云勸君不用鐫頑石路上行
人口似碑俞琰書齋夜話娶妻不用求良媒書中
女子顏如玉有名何必鐫頑石路上行人口似碑
可謂切對

通俗編卷八終

通俗編卷九

仁和翟灝撰　綿州李調元校

若干見禮曲禮及投壺篇鄭注云若如也干求也言事本無定當如此求之也漢書食貨志或用輕錢百加若干師古注云若干者設數之言也干猶箇謂當如此箇數耳一說干者十幹自甲至癸亦以數言也

說文𠙗字注讀若古人名多夥按今吳語有之其讀夥在許所之閒餘冬序錄謂吳人問多少亦曰幾夥



廣韻夠多也音遘升菴外集今人謂多曰夠少曰不夠多也文選魏都賦繁富夥夠不可殫究五臣註誤作平聲不知夠究本文自協韻也

演繁露古書一二三俱以弋爲母而隨數附合以成其字不知單書一畫爲一二畫三畫爲二三起自何時今官府文書凡其記數皆取聲同而點畫多者改用之于是壹貳叁肆之類本皆非數借以爲用貴其不可改換爲姦耳本無義理可與之相更也若十之用拾八之用捌九之用玖則全無附益也其有在疑似閒者惟參與壹貳字耳按唐張參五經文字每部後凡幾字之題皆作壹貳參等惟七作漆字小殊武后時岱岳觀造像記所用數字亦然則諸字之借行自唐初然矣壹貳參古本通用不僅在疑似也詩壹發五豝大學壹是皆以修身爲本石經中庸可壹言而盡也儀禮士冠賓壹揖壹讓有司徹衆賓皆答壹拜莊子某壹怪之漢書揚雄賦招搖泰壹壹字並與一同易尊酒簋貳禮記雖貳不辭士有貳宗論語不貳過孟子市價不貳貳字並與二同周禮參分去一左價自參以上攷工記闈門容小扃參箇莊子參日而後能外



天下淮南子再言而通參言而究史淳于髡傳飲可八斗而醉二參參字並與三同外如五之與伍七之與柒亦古所閒通未得竟斥爲無義漢藝文志有五子胥書八篇卽伍子胥也呂氏春秋亦言五員亡荆後漢宦者傳越騎營五百妻有美色韋昭注曰五百字本爲伍伯崔豹古今注五人曰伍故伍伯亦稱五百轉互相通五固可爲伍矣七舊通漆墨子周公夕見漆十士太元文擬之二漆是也故張參亦以此代七而廣韻謂柒與漆同山海經剛山多柒木水經注漆水下有柒縣柒渠柒溪

皆變漆為桼是七之為柒亦有所因緣矣至陸六兩字後漢馬援傳今更共陸陸與史記公等錄錄意同而樂府錄要通作六幺捌字別文作扒省其旁即為八此則程氏所謂疑似之關未敢多附會焉

司馬溫公潛虛以川代一至九字按今市曆計籌有所謂號馬者以一作丨二作〢三作〣四作〤五作〥六作〦七作〧八作〨九作〩其一二三與潛虛正同六七八文雖縱橫互易而意亦仍之惟〤乃古文五字之省又與十斜正相比今誤以當



四別用西洋五字為〥與溫公法殊左傳襄三十年亥有二首六身杜注云亥字二畫在上并三人為身如算之六蓋古人記算字原有別就簡易之體

說文廿二十并也人汁切徐鉉曰自古以來二十字從省并為廿字玉篇作卄漢石經論語八佾陽貨篇末皆題云凡廿六章攷工記輪人十分寸之一謂之枚疏云故書十與上合為廿字則二十三十十四十字一字為兩讀因而有之國語行玉廿瑴注云今本作二十舊音獨出廿字當音入顏之推

稽聖賦中山何夥有子百廿魏嫗何多一孕四十春泰山碑皇帝臨位廿有六年皆用此廿字三十字并為卅或作卅又作卉漢石經三十而立為卅而立唐石經為卅王符潛夫論年卅以來韓愈孔戣墓銘孔世卅八吾見其孫音皆蘇沓切史記秦會稽頌德惠修長三十有七年秦碑通以四字為句不應此獨五字以泰山碑廿有六年例觀當亦作卅後人誤分之耳四十古亦并為卌字漢石經年四十而見惡為年卌別作卌卌蘇軾詩惡業相纏卌八年浙江志載杭青枝塢掘得唐貞元開于



府君墓甎四十字并文為卌其音皆先立切按舊唐書肅宗紀先天二年三月詔凡制勑表狀書奏牋牒年月等數作二十三十四十字蓋前通行為廿卅卌雖于經傳表奏皆然故至此乃詔正之

金石文字記開業碑陰多宋人題名有曰元祐辛未陽月念五日題以廿為念始見於此楊慎謂廿字韻書皆音入惟市井商賈音念而學士大夫亦從其誤者也

漢書食貨志仟佰之得注云仟謂千錢佰謂百錢佰音莫白反世俗作陌夢溪筆談百錢謂陌者借字

用之其實只是百字如什與伍耳仟佰皆從人今
作阡陌而皆从阜指田之阡陌當从阜漢志或从
人蓋古字通用
說文十千爲万古文尚書凡萬字皆正作万二王帖
萬每作万禨䉶閒許萬者蠍也万者十千也二字
之義全別惟錢穀之數懼有改移故方借爲萬蓋
出于不得已也其餘万字旣不懼改移安用借爲
哉詩書中如萬邦爲憲無以爾萬方用万字甚多
皆悞借爲萬耳
楞嚴經即時如來從胸卍字涌出寶光其光晃昱有



千百色學古編此字人謂萬字乃出古錢華嚴香
義卍本非字周長壽二年上權制此文著于天樞
音之爲萬謂吉祥萬德之所集也法苑珠林開卍
字于胸前蹑千輪于足下卍與千相偶爲辭
夢溪筆談古秤一斤當今四兩三分兩之一一當今
今六銖半然文選注謂二十四銖爲一兩相去懸
殊而今多從二十四銖之說
日知錄古算法二十四銖爲兩近代乃十分其兩而
有錢之名此字本是借用錢弊之錢非數家之正
名唐書武德四年鑄開通元寶重二銖四絫積十

錢重一兩所謂二銖四絫者今一錢之重也後人
以其繁而難曉故代以錢字
又古時分乃度之名說文寸十分也漢書律歷志一
黍爲一分十分爲一寸孫子算術十氂爲分十分
爲寸皆然惟淮南子十二粟當一分十二分當一
銖十二銖當半兩此則權之名然以十二分爲銖
二十四銖爲兩則小于今之爲分者多矣
日知錄一爲數之初故以小名之骰子之以一爲幺
是也按爾雅幺幼漢書幺佽俱但訓小惟陸機文
賦猶弦幺而徽急幺猶言孤畧于一義相進



五燈會元谷隱照有秤頭半斤秤尾八兩語白雲端
有一個重半斤一箇重八兩語上方益薦福休俱
有左眼半斤右眼八兩語又元李致遠還牢末曲
他重一斤你十六兩按斤兩二字見抱朴子我之
涯畔無外而彼之斤兩有限
明史食貨志一條鞭者以府州縣十歲中兩稅運存
之額均徭里甲土貢僱募如銀之額通爲一條總
徵而均支之也按此法自明季創行至今不改而
凡事之并槩就簡世俗亦借以言焉
七上八下見趙德麟侯鯖錄元賈仲名曲作七上八

落又五燈會元有交圓智俱有七零八落語

車若氷腳氣集王右軍帖多于後結寫不眞猶言不備也其不具草書似不一一蔡君謨並寫不一一祭亦不失理

大學若有一个臣左傳又弱一个焉吳誤一个負矢百羣皆奔攷工記廟門容大扃七个闈門容小扃參个通作箇　方言箇枚也荀子議兵篇負矢五十箇亦作個儀禮士虞及特牲饋食俱云俎釋三个鄭注云今或名枚曰個者音相近也俗言物數有云若干個者按个屬古字經典皆用之箇起



六國時個則用于漢末鄭康成猶謂俗言唐人習用箇字如杜詩兩箇黃鸝鳴翠柳樵音箇箇同今或反疑个爲省筆非也

盧仝月蝕詩當天一搭如烏煤按周禮掌客注秭秅麻荅疏云秅是束之總名秭亦數之總號荅是鋪名刈麻者數把共爲一鋪觀此可知一搭之義

文字解詁續食曰頓世說羅友少時嘗伺人祠曰欲乞一頓食又吳領軍使婢賣物供客比得一頓食殆無氣可語宋書徐湛之傳會稽公主見太祖曰汝家本貧賤今日得一頓飽食便欲殘害我兒子

杜詩家家養烏鬼頓頓食黃魚罝食之所因亦謂頓北史農爲中軍寶爲後軍相去各一頓隋書每之一所輙數道置頓唐書高宗幸并州使是行尚食之處皆稱頓又世俗計打曰頓亦自唐人言之舊唐書章懷太子傳子守禮幽閉宮中每歲被勅杖數頓瘢痕甚厚啟顏錄楊素與侯白作謎有未到日中已打兩頓語朝野僉載婁師德責驛長曰我欲打汝一頓細瑣事徒涴卻名聲且放卻傳燈錄黃檗謂大愚老漢饒舌待來痛與一頓臨濟曰說甚待來卽今便打又大愚謂存獎曰這瞎漢來



納敗闕脫下衲衣痛打一頓

後漢書韋彪傳注江淮人謂一石爲一擔按今不特江淮爲然

儀禮鄉射禮侯道五十弓疏云六尺爲步弓之古制六尺與步相應周禮司裘注凡侯道虎九十弓熊七十弓豹麋五十弓又釋典度地論二十四指橫布爲一肘四肘爲一弓三百弓爲一里

路至近則曰一箭道見法華經

篇海枹防教切音庖出免疑韻俗謂四十斤爲枹按今則以銀十兩爲一枹又蘭十斤爲一枹

後漢書注引華佗別傳有灸此各七壯語三餘贅筆
醫家用艾一灼謂之一壯沈存中言以壯人爲法
其云若干壯壯人若依此數老幼羸弱量力減之
按此說未是周禮攷工記㮚氏云凡鑄金之狀金
與錫黑濁之氣竭黃白次之黃白之氣竭青白次
之青白之氣竭青氣次之然後可鑄也注云古書
狀作壯杜子春曰當爲狀疏云此㮚氏鑄冶所候
烟氣以知生熟之節讀此則知灼艾所云壯者亦
候烟氣節耳灸法出自上古故自與故書言合杜
子春改其文乃杜之傳誤沈存中憑臆爲說亦未



詳攷乎此

漢書匈奴傳平城之下亦誠苦七日不食不能彀弩
唐書張巡傳士才千餘人皆癯劣不能彀按世凡
不勝任不滿意俱借此以爲辭

嬾眞子錄古所云阿堵乃今所云兀底也王衍口不
言錢因曰去阿堵物謂去卻兀底耳後人遂以錢
爲阿堵物眼爲阿堵中皆非是

留青日札杭有貴公子以廕得縣官見土阜當道亟
呼地方人開掘平治耆老以無處容土對官乃操
吳音曰有舍子難快掘箇潭埋了罷按此本俗音

無字用氏借字發之究其實則亦甚麼之轉音耳
餘冬序錄云吳人有以二字爲一字者如甚麼爲
些之類通雅云方言沅澧之原凡言相憐哀謂之
無寫古人相見曰無他或曰無甚甚轉爲申駕反
吳中見故舊皆有此語餘音或近思或近些寫卹
些之轉也又云今京師曰作麼江北與楚皆曰某
讀如母而南都但言甚蘇杭讀甚爲申駕反中州
亦有此聲舍正所謂申駕反者子則語助

容齋隨筆甯馨字晉宋間人語助耳今吳人語多用
甯馨爲問猶言若何也王若虛誤雜辨容齋引吳



吳語爲証是矣而云若何則義未允惟桑榆雜錄
云甯猶言如此馨語助也此得其當按山濤謂王
衍何物老嫗生甯馨兒宋廢帝母王太后疾篤怒
帝不往視謂侍者取刀來剖視我腹那得生甯馨
兒南唐陳睨五十方娶曰僕少處山谷莫預世事
不知衣裾下有甯馨事詳審諸語則雜錄爲的是
世說王導與何次道語擧手指地曰是是爾馨劉
尹因殷中軍游辭不已別後乃云田舍人强學人
作爾馨語又桓大司馬詣劉尹臥不起桓大彈彈
劉枕劉作色曰使君如馨地甯可鬬戰求勝爾馨

如馨皆與甯馨一也通甯爲爾如則寗之猶言如此更可信矣又甯字應讀去聲如甯張謂詩家無阿堵物門有甯馨兒蘇軾詩六朝人物餘邱隴空使英雄笑甯馨可證劉禹錫爲問中華學達者幾人雄猛得甯馨作平聲用恐誤癸辛雜志天台徐子淵詞云他年青史總無名你也能亨我也能亨自注能亨鄉音也按能爲那音之轉亨猶甯馨之馨助辭也世說載劉眞長見王導導以腹熨彈棋局曰何乃渹劉出曰未見他異惟聞吳語何乃渹當亦能亨之意程大昌謂俗狀凉冷曰乃渹未必然



呂氏春秋舉大木者前呼輿謣後亦應之淮南子道應訓作邪許邪亭遮反許讀若虎鄶今舉挽重物羣同作力辭也南史曹景宗傳臘月于宅中使人作邪呼逐除呼去聲與邪許通

玉篇囡戶臥切如倡和之和牽船聲傳燈錄景岑劈胷與仰山一踏仰山曰囡

說文唉譍也烏開切又欸譍也亞改切方言欸譽然也南楚凡言然曰欸或曰譽按尸子禹有進善之鼓備訊唉也莊子知北游狂屈曰唉予知之用唉字楚詞九章疑秋冬之緒風孟郊詩貉謡衆猥欸用欸字唉之與欸猶嘆之與歎嘯之與歗實一字也其分爲平上惟辭有輕重長短別耳又嘆恨發聲之辭曰唉其字則專讀平聲史記項羽紀亞父曰唉豎子不足與謀索隱曰虛其反又飽聲謂之唉其字專讀上聲類篇曰倚駭切元結有欸乃曲其欸字亦讀如倚駭或作襖音者非

韓非子難篇晉平公飲酣喟然曰莫樂爲人君惟其言而莫之違師曠曰啞是非君人者之言也啞音亞注云歎息之聲按元曲多用呀字呀爲張口貌無歎意當依此作啞爲正



龐居士傳龐婆走田中告其子龐大曰汝父死矣龐大曰嗄停鉏脫去五燈會元臨濟謁龍光曰大善知識豈無方便光瞪目曰嗄濟曰這老漢今日敗缺也按二嗄字有疑悟之別當以緩急分也

桂海虞衡志粵中俗字有閄和馘切隱身忽出驚人之聲也按揚子方言嘓聲也廣韻音呼麥切所云閄字當以作嘓爲正

十六國春秋傷陳安歌云阿阿嗚呼奈子何嗚呼阿呵奈子何法苑珠林何名阿呵地獄此諸衆生受

嚴切苦逼之狀叫喚而言阿呼阿呼甚大苦也是名爲阿呼地獄按呵與呼以開口合口爲别

士卒納喊作力聲輟耕錄淮人寇江南臨陣之際齊聲大喊阿癐癐以助軍威是也又口唱痛也朝野僉載南皮縣丞郭勝静因姦民婦被鞭羞諱其事曰勝静不被打阿癐癐是也按集韻云癐病也又小悸也于兩義皆不合士卒喊聲當卽用許許爲正唱痛當作㑸㑸顔氏家訓風操篇有東士庶痛則呼禰禰是父廟之號無容輒呼蒼頡篇有㑸字訓詁云痛而謼音羽罪反今北人痛則呼之聲類



音于來反今南人痛或呼之此二音隨其鄉俗並可行也則㑸爲唱痛之辭久矣然古人借字之例亦不可拘北史儒林傳宗道暉好著高翅帽大屐州將初臨輒服以謁後齊任城王湝鞭之道暉徐呼安偉安偉所云安偉者似亦口唱痛辭又集韻云㑸安賀切痛呼也

大論寒冰地獄一名呵羅羅一名呵婆婆皆像其寒顫聲也

丹鉛錄樂曲羊優夷伊何那若今之哩囉嗹花唵吽也按揚雄方言云周晉之鄙曰讕牢南楚曰謰謱謱謰之與囉嗹猶來羅之與囉唻

集韻吳人謂赤子曰孲𡥅汪价儂雅讀鴉牙二音俗以兒啼則口作孲𡥅聲以慰之

周禮秋官有庶氏注曰驅除毒蠱之言字從聲疏曰庶是去之意取聲也按今凡驅物作聲曰庶庶其字乃如此正字通以嗾爲驅雞聲謬

演繁露紹興中秦檜專國獻佞者謂之聖相無名子爲詩有云呼雞作朱朱呼犬作盧盧世人呼犬不問何地其聲皆然是借韓盧之名以犬爲高美耶按廣韻有嘍字音屢注云嘍嘍吳人呼狗方言也



今俗呼狗曰阿六嘍與六似俱盧字轉音

白珽湛淵静語唇音汁汁可以致貓聲類鼠也

喌喌音祝說文喌呼雞重言之施肩吾詩遣卻白雞呼喌喌按伽藍記沙門寶公曰把粟與雞呼朱朱朱爲喌之轉音風俗通謂雞本朱氏翁所化故呼未必來誕矣俗或借作祝祝亦作咮咮又作粥粥韓退之琴操隨飛隨啄羣雌粥粥

俗呼服器之屬多以子字爲助其來已久舊唐書裴冕自創巾子其狀新奇中華古今注始皇元年詔近侍宫人皆服衫子三妃九嬪當暑戴芙蓉冠子

手把雲母扇子宮人戴蟬冠子手把五色羅扇子又有釵子帽子鞋子等稱古樂府艇子打兩槳催送莫愁來李白詩頭戴笠子日卓午杜甫詩鄭州亭子澗之濱王建詩緶得紅羅手帕子和凝詩鐫花帖子留題處花蕊宮詞平頭船子小龍牀陸游詩龜毛拂子長三尺多未嘗辨其物之大小而槪呼之也湘山野錄吳越王歌云別是一般滋味子永在我儂心子裏雖非呼物而亦以子字爲助

猶云子也升菴集舉古詩用兒字者盧仝云新年何事最堪悲病客還聽百舌兒李羣玉云一雙裙帶



同心結早寄黃鸝孤雁兒孫光憲云晚來弄水船頭濕更脫紅裙裹鴨兒餘如邵堯夫詩小車兒上看青天梅堯臣詩船兒傍岸回蘇軾詩小注肩兒淺畫眉陳起詩點易餘硃抹顯兒如此類甚多夢粱錄載小兒戲耍家事鼓兒板兒鑼兒刀兒鎗兒旗兒馬兒鬧竿兒棒槌兒蓋杭兒板兒鑼兒刀兒物不助以兒者故倣其言云爾

復齋漫錄黃山谷欲和少游千秋歲詞而嘆其海字難押郭功甫遽舉數海字如孔北海之類山谷頗厭未有以卻之次日功甫又過問焉山谷答曰非晚偶得一海字韻曰羞殺人也爺娘海自是功甫不論文于山谷矣蓋山谷用俚語卻之也按今委巷踏歌者作曼聲助之猶有此

世言裏頭外頭之屬如李白詩素面倚闌鉤嬌聲出外頭項斯詩願隨仙女董雙成王母前頭作伴行曹松詩傳是昔朝僧種著下頭應有茯苓神頭亦助辭也郎人體言眉亦曰眉頭駱賓王有眉頭畫月新句鼻亦曰鼻頭白居易有聚作鼻頭辛句舌亦曰舌頭杜荀鶴有喚客舌頭猶未穩句指亦曰指頭薛濤有言語殷勤一指頭句器用之屬則如



鉢頭見張祜詩杷頭見蘇軾詩至江頭渡頭田頭市頭橋頭步頭用之尤甚多也

歸田錄打字義本謂考擊故人相毆以物相擊皆謂之打而工造金銀器亦謂之打可矣至于造舟車者曰打船打車網魚曰打魚汲水曰打水役夫餉飯曰打飯兵士給衣糧曰打衣糧從者執傘曰打傘以糊黏紙曰打黏以丈尺量地曰打量舉手試眼之昏明曰打試名儒碩學語皆如此觸事皆謂之打而徧檢字書了無此字其義主考擊之打自商滴耿不知因何轉爲丁雅也蘆浦筆記世言打

字尙多不止歐陽公所云也左藏有打套局諸庫支酒謂之打發印文書謂之打印結算謂之打算裝飾謂之打扮收拾爲打叠又曰打迸春築之閒有打號行路有打包打轎雜劇有打諢僧道有打供又有打睡打嚏打語打點打合打聽至于打麪打餅打百索打條打簾打薦打席打合色街市戲語有打砌打調之類能改齋漫錄以釋文取偏旁證之謂打字从手从丁蓋以手當其事者也此說得之矣又俗呼小錄俗凡牽連之辭如指其人及某人物及某物亦曰打丁晉公詩所謂赤洪崖打白洪岸禪語所謂東壁打西壁是也



正字通俗呼物不潔白曰腌臢元曲多用此二字按古字書腌訓烹于不潔白無關集氏刊悞又謂物不淨曰婄臟婄讀如諳益無可徵求其本字疑即爲餈餍之音轉耳餈餍見周禮玉人注

樊榭山房集吳山麻易刺佛像元至治時鑿元史泰定帝元年塑馬合吃刺佛像于延春閣之清暉亭下馬合吃刺卽麻曷刺梵音無定字也按今杭人嘲天黥者曰麻曷刺乃借言之

陳郁話腴藝祖咏日詩欲出不出光辣撻千山萬山如火發宋詩紀事作光赫赫係宋人所改

癸辛雜志胡衞道三子孟曰寬仲曰定季曰宕蓋惡从宀其後悼亡妻俾友人作志書曰夫人生三子寬定宕讀者爲之掩鼻蓋當時已有此俚言也

越語肯綮錄身長曰敹謂身莽長者曰長敹篠按集韻有𨈇𨈶字亦訓身長音如滂導恐今敹篠之言別因𨈇𨈶而轉

二老堂詩話康與之重陽遇雨爲謔詞有云茱萸胖黃菊濕蘳蘳又濕淥見元楊顯之瀟湘雨曲

埤雅蕉不落葉一葉舒則一葉焦故謂之舊俗以乾物爲焦巴巴亦取芭蕉之義



元稹詩繞指轆轤圓衮又圓陀陀見傳燈錄

黃溥言閑中古今錄載應履平題部門詩有衣裳糨得硬綳綳句元人硃砂擔曲作硬邦邦又五燈會元黃龍下兒孫一箇箇硬剝剝地

白居易詩覺來未及說叩門響冬冬又賓筆詩惟有側輪車上鐸耳邊常似叫東東按東東本妓名鞏別妓去而車鐸之聲正東東然因感情賦此也又居易詩丁丁漏向盡鼕鼕鼓半過李商隱詩雙佩丁丁連尺素許渾詩紫槽紅撥響丁丁王禹偁竹

樓記宜圍棋子聲丁丁然

溫庭筠詩麒麟公子朝天客珮馬璫璫度春陌亦作
當楊萬里詩寒生更點當當裏雨在梅花蔌蔌邊

崔涯嘲妓詩更著一雙皮屐子紇梯紇榻出門前按
四字寫其著屐聲胡震亨云楚辭突梯滑稽晦菴
注突梯滑澾貌紇梯盎卽突梯紇榻亦卽紇澾也

啟顏錄北齊高祖宴近臣爲樂曰我與汝等作謎可
共射之曰卒律葛答諸人射不得石動筩曰臣射
得是煎餅高祖笑曰射著也按此蓋狀其煎時之
聲



通俗編卷九終

# 通俗編卷十

仁和翟灝撰　綿州李調元校

漢書藝文志儒家者流五十三家道家者流三十七
家陰陽家者流二十一家法家者流十二家名家
者流十家墨家者流六家從橫家者流十二家雜
家者流二十家農家者流九家爾雅疏九流者序
六藝爲九種言于六經若水之下流也今人言九
流本此

唐詩紀事顧著作況在茅山有一秀才行吟得句云
駐馬上山阿久不得屬顧云風來屎氣多秀才審



知是況慙惕而退今嘲惡詩曰屎詩此其出典夢
溪筆談林君復多所學惟不能棋嘗言吾于世間
事惟不能擔糞著棋耳以棋比糞今嘲低棋曰糞
棋此其出典

晉書顧凱之傳傳神寫照正在阿堵中或亦謂之寫
真顏氏家訓武烈太子偏能寫真梁簡文咏美人
看畫詩可憐俱是畫誰能辨寫真白居易自題寫
真詩我貌不自識李放寫我真

史記日者傳卜者多虛高祿命以悅人志論衡命義
篇人有命有祿命者富貴貧賤也祿者盛衰興廢

也
晁氏讀書志云星經以日月五星羅睺計都紫氣月孛十一曜演十二宮宿度以推人貴賤壽夭休咎不知其術之所起或云天竺梵學也按洪範曰歲月日時無易百穀用成乂用明俊民用章家用平康月之從星則以風雨泠州鳩曰武王伐殷歲在鶉火月在天駟一曰在析木之津辰在斗柄星在天黿以此言之五星之術其來尚矣蓋可以占國則可以占事可以占事則可以占人也然術家用日月五星而又加以交初交中之神紫氣月孛之



宿初中者交食之會亦可以意求惟氣孛無稽而術家獨以爲効且曰土木之餘氣五星之行土木最遲而爲吉凶者久故有餘氣云
劉玉已瘧編談星命者惟子平多中傳宋有徐子平精于星學故後世術士宗之予聞之隱者云子平名居易五季人嘗與麻衣道者陳圖南同隱華山蓋異人也今之推子平者祖宋末徐彥升其實非子平也
文海披沙李虛中以人生年月日所直干支推人禍福生死百不失一初不用時也自宋而後乃并其

時參合之謂之八字按唐有珞琭子三命一卷祿命家奉爲本經三命卽年月日干支也宋林開加以時胎謂之五命撰五命秘訣一卷皆見晁氏讀書志今所謂八字既取用時仍不加胎非三命亦非五命乃四命耳然吳融送策上人詩已云八字如相許終辭尺組尋此八字當指推命者說豈唐時亦兼有此推法耶
猗覺寮雜記星辰家以十二宮看人命不知所本而其來久矣李賀惱公詩云生時應七夕夫位在三宮杜牧之自撰墓志云予生于角星昴畢于角爲



第八宮曰疾厄宮亦曰八殺宮土星在焉火星繼來星工楊晞曰木在張爲角爲第十一福德宮木爲福德大君子救于其旁無虞也
許氏說文包字象人懷妊已在中象子未成形也元氣起于子男左行三十女右行二十俱立于巳爲夫婦懷妊于巳巳爲子十月而生男起巳至寅女起巳至申故男年始寅女年始申也演繁露此卽今三命家謂男生一歲小運起寅女生一歲小運起申者是也其說若出附會而今世命術遍用其說禍福甚驗不知許氏于何得之殆漢世已有推

命之法而許氏得之耶或是許氏自推男女之理而日者取以爲用也

丹鉛錄九宮七色之說出于乾鑿度其色六一八爲白二黑三碧四綠五黃七赤九紫大統歷中每月列于下方謂之飛九宮按唐會要載九宮貴神天蓬星太乙坎水白天芮星攝提坤土黑天衝星軒轅震木碧天輔星招搖巽木綠天禽星天符中土黃天心星青龍乾金白天柱星咸池兌金赤天任星太陰艮土白天英星天乙離火紫今時憲書但列其色不著其名



淮南子天文訓寅爲建卯爲除辰爲滿巳爲平主生午爲定未爲執主陷申爲破主衡酉爲危主杓戌爲成主少德亥爲收主大德子爲開主太歲丑爲閉主太陰史記日者傳孝武時聚會占者七家辨訟不決內有建除家按太公六韜有背建向破之語則此十二名目自三代已有今時憲書用之而與十二辰不相配屬

周禮太卜疏就易文卦畫七八爻稱九六用四十九蓍三多爲交錢六爲老陰也三少爲重錢九爲老陽也兩多一少爲單錢七爲少陽也兩少一多爲折錢八爲少陰也儀禮疏亦云重錢九也交錢六也單錢七也折錢八也又父子兄弟財鬼見京房易傳鬼爲繫爻財爲制爻天地爲義爻福德爲寶爻同氣爲專爻陸績注曰天地即父母也福德即子孫也同氣即兄弟也又六神見升菴外集今之易卜以甲乙起青龍丙丁起朱雀戊起勾陳巳起螣蛇庚辛起白虎壬癸起元武蓋不通理者遷就之蔽戊巳同爲土豈可分爲二螣蛇爲北方水獸何以移之中央乎改定其次戊巳共起勾陳而壬起螣蛇癸起元武方得其當此誤千餘年矣卜之不驗豈不由此



晁氏讀書志六壬課鈐一卷未詳何人所纂以六十甲子加十二時成七百二十三謂三傳入以占吉凶隋書載六壬之書兩種金鑾密記及五代史記頗言其驗今世龜筮道息而此術獨行

隋書藝術傳臨孝恭著孔子馬頭易卜書一卷按其書久亡流俗有所云馬頭神數者假其名以冀其術之售耳

揮麈錄云擲卦以錢自嚴君平始唐詩并有君平擲卦錢

漢書藝文志有堪輿金匱十四卷揚雄賦甲堪輿以壁壘注云堪輿天地總名也按周禮疏引堪輿經黃帝問天老事似言厤象之書史記日者傳以堪輿爲占家之一世俗專以談地理者爲堪輿非矣

張子全書葬法有風水山岡之說此全無義理司馬溫公葬論孝經云卜其宅兆非若今陰陽家相其山岡風水也朱子語錄古今建都之地莫過于冀所謂無風以散之有水以界之也二字義即此二語可明賓退錄朱文公言雲中諸山冀州來龍也書錄解題龍髓經疑龍經辨龍經等書多盱江吳炎見遺江西有風水之學往往人皆道之按水經穀水注北芒連嶺修亘自洛口西踰平陰悉芒龍也龍之說已見于此



朱子語錄孤虛以方位言如俗言某方利某方不利之類按史記日辰不全故有孤虛注以六甲旬中所無二辰爲孤中二辰爲虛與方位之說不相應時憲書所云方位則以干支除戊巳排列四正以乾坤巽艮四卦列四維地理家所用羅盤亦然水經注中屢有其說穀水注云晉水合北川二水自乾至巽汝水注云靑陂廟碑言陂在縣坤地消水注云張伯雅墓引水入塋城爲沼沼在丑地洩水注云丙穴穴口向丙蓋六朝時已大行其法矣

論衡詰術篇引圖宅術曰宅有八術以六甲之名數而第之第定名立宮商殊別宅有五音姓有五聲宅不宜其姓姓與宅相賊則犯罪遇禍按今相陽宅所云八宅即八術也其兼五聲五姓之說久置不談

論衡辨祟篇起功移徙祭祀喪葬行作入官嫁娶不擇吉日以避歲月觸鬼逢神則發病生禍又譏日篇引沐書及裁衣書語云沐與洗足盥手浴去身垢等也洗盥浴不擇日而沐獨有日何也在身之物莫重于冠造冠無禁裁衣有忌何也按起功以下七事日者之大凡具矣沐則今兼言浴裁衣之外今更有冠帶日其因王氏之譏而踵增之歟又古詩爲焦仲卿妻作六合正相應良吉三十日今已二十七便可去成婚唐書呂才傳才撰祿命篇日長平坑降卒非俱犯三刑南陽多近親非俱當六合又齊東野語淳熙中孝宗及皇太子朝上皇于德壽宮周益公詩一丁扶火德三合聳皇基蓋高宗生于丁亥孝宗生于丁未光宗生于丁卯故

也陰陽家以亥卯未爲三合用事可謂切當月令廣義如子月逢子年或申辰年皆爲一氣宜配申子辰日謂之三合年月日又後漢書郭躬傳桓帝時有陳伯敬者行路聞凶便解駕留止還觸歸忌則寄宿鄉亭注引歷法曰歸忌日四孟在丑四仲在寅四季在子其日不可遠行歸家及徙也論衡辨祟篇塗上之暴尸未必出以往亡室中之殯柩未必還以歸忌又晁氏讀書志空亡之說本于史記孤虛劉禹錫題破屏詩晝時應值空亡日賣處難逢識別人又越絕書計倪內經太陰在陽歲德



在陰歲美在是聖人動而爲之制又論衡辨祟篇宅在盛衰若歲破直符當知避也又難歲篇移徙抵太歲名曰歲下負太歲名曰歲破皆凶又論衡譏日篇祭祀之歷以血忌月殺之日爲凶又辨祟篇血忌不殺牲而屠肆不多禍按以上俱漢以前日者之言沿傳至今最爲久遠

執論宋術士楊救貧習堪輿術爲時俗所推其膚制一年有十五日百事禁忌名曰楊忌其日多賢哲誕生如孔子及唐代宗宋孝宗孟嘗君崔信明蘇東波之流錯雜不論今用其日者亦未蒙禍害

陸泳吳下田家志嫁娶下葬皆忌周堂不通按陸泳宋人其說似卽起于宋

元典章元貞元年二月中書省奏定陰陽教授令各路公選老成厚重藝術精明爲衆推服一服名三元經書出題移廉訪司體覆舉用按元設陰陽學學中習業者乃謂之陰陽生所習書以周易爲首而凡天文地理星命占卜及相宅相墓選日諸術悉期精通明以來學廢而陰陽生但依附道家名實甚不稱矣

元典章至元二十二年設各路醫學教授學正訓誨



醫生照依降去十三科題目每月習課醫義一道年終置簿申覆尙醫監較優劣但是行醫之家每朔望集本學三皇廟前焚香各說所行科業講究受病根由時月運氣用過藥餌是否合宜仍仰各人自寫曾醫愈何人治法藥方具教授考較備申擢用按史游急就章有醫匠文顏師古注曰療病之工也古之號醫亦但曰匠曰工而已今恃以生稱之乃由元設學校課起也

龍韜王翼篇方士三人主百藥以治金瘡晉書劉曜載記使金瘡醫李永療之按今謂之外科

子華子北宮意問篇醫者理也理者意也意其所未然意其所將然而謹訓于理夫是以謂醫後漢書方術傳郭玉對和帝曰醫之爲言意也腠理至微隨意用巧事文前集唐肖宗善醫或勸其著書答曰醫者意也思慮精則得之口不能宣也

莊子逸篇小巫見大巫拔茅而弃此其所以終身弗如吳志張紘傳注陳琳答紘書云小巫見大巫神氣盡矣

二老堂雜志謝石善拆字徽宗特補承信郎按通志藝文畧有相字書即拆字也其術不始于謝而謝



名爲最著

浩然齋視聽鈔圓夢出南唐近事馮僎舉進士時有徐文幼能圓其夢按占夢事最古漢藝文志載黃帝長柳占夢十一卷周禮司寤掌王六夢蓋其大畧也其謂之圓夢亦非始于南唐李德裕載明皇十七事云或毀黃幡綽在賊中與大逆圓夢皆順其情而忘陛下積年之恩寵已見此圓字矣

嘉話錄貞元末有相骨山人瞽雙目人求相以手捫之必知貴賤吳越備史錢王因事道餘杭有瞽者善摸骨相集龍光橋王請相焉按北齊書神武帝與劉貴獵于沃野一老母自言善暗相遍捫諸人皆貴而指麾俱由神武北史皇甫玉傳文宣試玉相術故以帛巾抹其眼使歷摸諸人俱此術也青箱雜記相形不如相心諺曰有心無相相逐心生有相無心相隨心滅晉書束皙傳汲冢有瑣語十一篇諸國卜夢妖怪相書也按漢書藝文志有相人二十四卷相寶劍刀二十卷相六畜二十八卷揔得謂之相書今相畜者寥寥相器物則成絕響矣

唐書百官志凡工匠以四月至七月爲長工二三八



九月爲中工十月至正月爲短工三餘贅筆吳中田家凡久傭于人者謂之長工暫傭者謂之短工插蒔時曰忙工唐六典凡役有輕重功有短長蓋夏至日長冬至日短若一等定功則枉棄時刻大約中功以十分爲率長功加一分短功減一分至忙功價幾倍之按六典說與百官志同其長短以晷刻定田家所謂長工短工則以顧賃久暫言之都卬牽合爲一非也

李涉詩都市廛長開大鋪疾來求者無相悞按鋪普胡切陳布也又普故切賈肆也唐書食貨志一家

內别有宅舍店鋪所貯錢並須計用在此數宋史禮志開禧後兵興追擾百色行鋪不復舉矣鋪皆从金流俗别作舖未見字書

南史劉休傳休婦王氏妬明帝聞之令于宅後開小店使王氏親賣皂莢掃帚以辱之古今注店置也所以置貨鬻物也

張籍送楊少尹詩得錢只了還書鋪借宅常時事藥欄

唐書百官志校書郎有搨書手筆匠三人熟紙裝潢匠八人歸田錄裝潢匠恐是今之表背匠按表亦



作褾東坡尺牘近購得先伯父手啟一通躬親褾背題跋是也背又見陸務觀詩自背南唐落墨花今俗用裱褙字裱爲領巾褙爲襦皆别字也能改齋漫錄云俗以羅列于前者謂之裝潢子此乃云裝幌子耳幌子者市肆之幖取喻張揚之意與唐書裝潢匠似不相關

周禮縫人注女御裁縫王及后之衣服則爲役助之宮中餘裁縫事則專爲焉按後世衣工本如古之縫人而縫必先裁故鄭氏兼言之今遂習呼爲裁縫矣

文獻通攷宋李誠撰將作營造法式三十四卷其濠寨石作大小木調鏇鋸作泥瓦彩畫刷飾俱各分類爲書

蟹譜錢氏間置魚戶蟹戶專掌捕魚蟹若台之藥戶畦戶畦之漆戶比也按宋元人詩多用漁戶字

文選謝宣遠詩榜人理行艫李善注榜人船長也按杜詩稱梢工曰長年三老猶此時俗謂之家長家當是駕音訛以其駕舵駕艫故號駕長耳

宋史河渠志呂梁百步兩洪湍淺險惡水手捧戶盤剝人邀阻百端商賈不行東坡居士詩便合與官



充手此生何止畧知津本此

五代史盧程傳有假驢夫于程者程帖興唐府給之二字始見史

南史何承天傳東方曼倩發憤于侏儒遂與火頭倉子稟賜不殊按今謂掌炊爨者曰火頭也

夢粱錄凡分茶酒肆賣下酒食品廚子謂之量酒博士師公按廚子之别呼當爲司供而夢粱錄作此二字其義未明應亦率爾音發未足爲典要

鶡冠子天則篇酒保先貴食者注云酒保貨酒者也又世兵篇伊尹酒保太公屠牛史記刺客傳注亦

云伊尹酒保也漢書欒布傳傭賃于齊爲酒人保音義曰可保信故謂之保後漢書杜根傳逃竄爲宜城山中酒家保注引廣雅曰保使也言爲人傭力保任而使也

茶博士見裴啟語林

漢書王莽傳王盛者賣餅容貌應卜相徑從布衣登用爲前將軍崇新公魏志閻溫傳注趙岐于市中販胡餅孫賓碩見之曰視處士之貌非似賣餅者開車戶載之驅歸魏略鍾繇以公羊傳爲賣餅家

後漢書馮衍傳注衍與任武達書曰跳梁叫呼販



糖之妾不忍其態南齊書傳琰傳賣鍼賣糖二老姥爭團絲琰縛絲于柱鞭之密視有鐵屑乃罰賣糖者按二事則古惟婦人賣糖

法苑珠林優波離爲五百釋子剃髮師不輕不重泯然除淨黃庭堅詩身不出家心若住何須更覓剃頭書楊文公談苑唐朝宮中嘗于學士院取眠兒歌者即剃胎頭文也按剃本作鬀周禮薙氏注讀如鬀小兒頭之鬀說文鬀鬄髮也大人曰髡小兒曰鬀徐鍇曰俗別作剃非

素問經絡不通病生于不仁治之以案摩說苑扁鵲治趙太子暴疾使子朝炊湯子儀脈神子術按摩按按摩本醫家之一科而今以爲賤工之役據北史趙邕傳司空李沖之貴寵也邕以年少端謹出入其家給按摩奔走之役斯時蓋已以爲卑賤矣

南史到溉傳何敬容言溉尙有餘臭遂學作貴人溉祖彥之初以擔糞自給故世以爲譏

庚己編有一輩媼能爲收驚見鬼諸法自謂五聖陰教其人卒與鬼魅爲奸按今小兒被驚猶有以此鬼法誑婦女者

百喻經譬如有人卒患脊僂詣醫療治醫以酥塗上



下著板用力痛壓不覺雙目一時併出脊雖得直命不得存後人取入笑林本此

世說謝安鄉人有罷中宿縣者問歸貲曰惟有五萬蒲葵又以非時爲滯貨安乃取其中者捉之按周禮貨之滯於民用者以其價買之閱耕餘錄謂俗以不合時宜曰滯貨出于世說不知其先出周禮

毛詩疏市井者白虎通言因井爲市故曰市井風俗通言人至市有所鬻賣者當于井上洗濯令潔乃到市也春秋井田記云八家九頃二十畝共爲一井因井爲市交易而退故稱市井然則本由井田

中交易爲市國都之市亦因名之後漢書循吏傳注畧同管子注立市必四方若造井之制故曰市井

宋史食貨志太宗鑄太平通寶淳化時改鑄淳化元寶後凡改元更鑄皆曰元寶至改元寶元仁宗仍命以通寶爲文按漢王莽更作錢布之品名曰寶貨嗣後錢文因有通寶元寶之稱北史趙郡王琛取元寶爲字又趙貴亦字元寶唐富人有王元寶似以錢多號之未必其名字也近世復稱金銀大鋌爲元寶則無所證

三國志邴原得遺錢拾以繫樹枝人效繫之者多遂謂之神樹按後世有錢樹之說即本此也明皇雜錄許子和吉州永新倡家女入宮因名永新臨卒謂其母曰錢樹子倒矣又可對孔方兄亦錢也晉書魯褒錢神論親之如兄字曰孔方

董穀碧里雜存國初至宏治皆行好錢正德時京師交易者稱錢爲板兒所使皆低惡之錢以二折一但取如數而不覩善否既而南方亦行板兒好錢遂閣不行按今京師猶有以二折一之例但呼小錢其好錢乃謂之老官板兒陶岳泉貨錄曰閩王



審知鑄大鐵錢亦以開元通寶爲文五百文爲貫俗謂之銠劢今云老板者似當爲銠劢以其亦五百爲貫相承其俗稱耳

獨異志唐富人王元寶元宗問其家財多少對曰臣請以一縑繫南山一樹南山樹盡臣縑未窮時人謂錢爲王老以有元寶字也按今葉子戲有所謂王老者初不解其何義覩此方曉又稱萬貫見居易錄宋張文忠公叔夜招安梁山濼榜文云有赤身爲國不避兇鋒拏獲宋江者賞錢萬萬貫執雙花紅獲李俊義者賞錢百萬貫雙花紅獲關勝呼延綽柴進等者賞錢十萬貫花紅有差今鬬葉子有萬萬貫千萬貫百萬貫花紅遞降等采用叔夜榜文中語也

南史梁廬陵王傳嗣子應不慧見內庫金鋌問左右此可食不舊唐書薛收傳上書諫獵太宗詔賜黃金四十鋌五代史賈緯傳言桑維翰死有銀八千鋌傳燈錄藥山儼令供養主抄化甘行者捨銀兩鋌按世俗計金銀以錠錠爲鋌之訛也錠乃有足燈蓋今燭臺之類與金銀畧無關涉古計量亦曰幾鋌今並訛爲錠矣

周禮天官小宰聽稱責以傅別聽買賣以質劑注云傅別謂爲大手書于一札中字別之質劑謂兩書一札同而別之又秋官朝士凡有責者有判書以治疏云半分而合者卽質劑傅別分支合同兩家各得其一者也按今人產業買賣多于契背上作一手大字而于字中央破之謂之合同文契商賈文易則直言合同而不言契其制度稱謂由來俱甚古矣

周禮遺人疏當年所稅多少總送帳于上漢書光武紀注郡國計若今之諸州計帳也北史高恭之傳



秘書圖籍多致零落詔令道穆總集帳目按幃幄曰帳而計簿亦曰帳者運籌必在幃幄中也今市井或造賬字用之諸字書中皆未見

日知錄市井人謂頻相交易者爲主顧後漢書有主故字顧當是故之譌按元馬致遠青衫泪曲有云舊主顧者則其訛亦久矣

資斧二字見易旅卦又資本按昌黎集男女質錢約不時贖子本相侔沒爲奴婢元稹估客樂子本頻蕃息貨賂日兼并黃山谷詩史當力貧開酒椀走謁鄰翁稱子本按子音孳孳息也俗不知其字或訛資本又子母錢見白孔六帖子本之子卽子母之子也

元典章戶部例有長行馬斟酌盤纏條刑部例有侵使軍人盤纏條按二字元以前未見用者方回聽航船歌三日盤纏無一錢亦是降元後作

心史元人謂自己物則曰梯己物元典章押馬人員于中夾帶梯己馬匹出使經過州縣中間要做梯己人情如此類甚多山居新語嘗見周草窗家藏徽宗在五國城寫歸御批有云可付與體己人者卽所謂梯己



莊子達生篇以瓦注者巧以鉤注者憚以黃金注者殙淮南說林訓作鈺註云鈺者提馬也博家謂之投翮按今博家猶以所累錢物爲注墨莊漫錄載李元膺十憶詩其憶博有袖映春葱出注遲句宋史長編澶淵之役王欽若謗曰寇準以陛下爲孤注元史伯顏傳宋將士曰今日我宋天下猶賭博孤注輸贏在此一擲耳賓朋宴語博者以勝彩累注敗者惟有畸零不累注數謂之孤注

王得臣麈史世之糾率蒲博者謂之公子家又謂之囊家一有賭兩人以上須置囊合依條檢夜投錢

入囊宋濤博經假借錢物謂之囊家計一而取謂之乞頭今人又謂之打頭又謂之頭家按頭家吹景集博戲者立一人司勝負曰頭家唐文英華薛恁有戲擕蒲頭賦云鑒座中之奔北爲席上之司南

周禮泉府凡賒者祭祀無過旬日喪紀無過三月疏云二者事大故賒與民不取利漢書劉盆子傳呂母醞醇酒少年來沽者輒賒與之按此經史中初有賒字

荀子修身篇良賈不爲折閱不市注云折損也謂損



所閲賣之物價也淮南子齊俗訓農無廢功工無苦事商無折貨漢書食貨志攷檢厥實用其本賈取之毋令折錢按今商賈以虧其本價爲折

升菴外集昔高歡立法盜私物十備五盜官物十備三後周詔侵盜倉廩雖經赦免徵備如法備償補也音裴今作賠音義同而賠字俗從備爲古按舊字書皆無賠字惟字彙載焉

邵氏聞見錄康節先生嘗誦希夷之語曰得便宜事不可再作得便宜處不可再去按鄙諺得利不可再往卽此意

孫宗鑑東皋雜錄今人擲錢爲博者戲以錢文面背爲勝負曰字曰幕幕讀如漫漢書西域傳罽賓國以金銀爲錢文爲騎馬幕爲人面注如淳曰幕音漫韋昭曰錢背也顏師古曰幕卽漫無勞借音漢書食貨志市肆異用錢文大亂按錢曰文者以其面字言之而仍不以字數計也孟子疏西子至吳市觀者各輸金錢一文水經注劉寵去郡父老人持百錢出送寵各受一文南齊書鬱林王紀每見錢輒曰我昔思汝一文不得今得用汝唐張祜詩歸來不把一文錢



抱朴子有取人長錢還人短陌語隋書食貨志自破嶺以東八十爲百名曰東錢江郢以上七十爲百名曰西錢京師以九十爲百名曰長錢金史食貨志民間八十爲陌謂之短錢官用足陌謂之長錢

周禮朝士凡民同貨財者注云同貨財謂財主出債與生利還生則同有貨財又凡屬責者疏云謂有人取他責乃別轉與人使子本依契而還財主世說陳仲弓曰盜殺財主何如骨肉相殘按古云財主俱對債者而言非若今之泛稱富室

後漢書崔實傳實從兄烈因傅母入錢五百萬得爲

司徒問其子鈞曰吾居三公于議者何如鈞曰議者嫌其銅臭烈怒舉杖擊之皮日休詩吳中銅臭戶蘇軾詩東縣聞銅臭皆用此

淮南子人間訓掘藏之家必有殃以言大利而反爲害也晉書束晳傳汲冢有梁邱藏一篇言邱藏金玉事採蘭雜志吳俗遷居預作飯米下置猪臟共者之及進宅使婢以箸掘之名曰掘藏臨掘向竈祝曰自入是宅大小維康掘藏致富福祿無疆

野獲編載都城俗事對偶以打秋風對撞太歲蓋俗以自遠干求曰打秋風以依托官府賺人財物曰



撞太歲也暖姝由筆載靖江郭令辭謁客詩有秋風切莫過江來之句七修類稿米芾札中有抽豐二字卽世云秋風之義蓋彼處豐稔往抽分之耳

舊唐書武宗紀會昌二年二月中書奏赴選官多京債到任塡還致其貪求罔不由此按近世外官初選在京借銀辦裝謂之京債唐亦有然

左傳哀八年以王子姑曹當之注云言求吳王之子以交質漢書匈奴傳漢出三千餘騎入匈奴捕虜數千還匈奴終不敢取當注云當者報其直後漢書劉虞傳虞所賚賞典當于夷瓚復抄奪之注云當音丁浪反按俗謂質鋪曰當當字義備此三書唐以前此事惟僧寺爲之南史循吏傳甄彬以束苧就長沙寺庫質錢後贖苧于苧束中得五兩金送還寺庫五燈會元天游過廬山主僧不納曰正是質庫中典牛也老學庵筆記言僧寺作庫質錢取利謂之長生庫皆此也唐異聞集薛仿作霍小玉傳云服玩之物多托于西市寄附鋪侯景先家見此時士庶家有效僧寺爲之者然但謂之寄附鋪而無當名清河書畫舫云展子虔眞跡有宋時印文曰台州市房務抵當鋪印則易寄附爲抵當



矣其更省去鋪字單稱曰當不知又起何時

明會典國初止有商稅未嘗有船鈔宣德間始設鈔關儼山外集鈔字韻書平去二聲爲掠取錄寫之義無以爲楮幣名者今之鈔卽古之布但古以皮今以楮耳宋史有鹽鈔蓋卽鹽引也鈔之名始見金史時有交鈔之制以一貫至五十貫名大鈔一百文至七百文名小鈔元以來沿襲其制今名關曰鈔關所沿襲也

通俗編卷十終

通俗編卷十一

仁和翟灝撰　綿州李調元校

史彌寧友溪乙稿人事當先莫靠天按說文靠訓相違無依倚義唐曹松靠月坐看山始以俗訓入詩宋人用之者如范致明岳陽風土記江南冋曲或遠或近雖無風濤之患而常靠閣朱子答吳伯起札不可只靠一言半句便以為足林逋詩瘦靠闌干搭梵巾趙汝鐩詩愁來獨靠清尊遣數條外亦不多見

老子上篇天門闔能為雌乎注云天門以此心開而



言開闔以心之變化運動言莊子天運篇正者正也其心以為不然者天門弗開矣意即本於老子今有天門開之說按太元經天門大開恢堂之階漢樂章天門開詄蕩蕩三國志賈逵傳臣守天門始終六年天門始開而臣在外此則以天門喻君門也史記天官書蒼帝行德天門開素帝行德天牢空晉書乞伏載記馮跋嘗夜見天門開神光燭庭內北史齊文宣過遼陽山獨見天門開餘人無見者南史薛安都夢仰視天見天門開乃實以天象言者

陶宏景名醫別錄敗笠一名敗天公陸游詩從教打濕敗天公用之按當時似已有此言故有此名也

馮汝弼祐山雜說余不習詩會榜後謂同年王栢湖曰倘公入翰林奈何栢湖笑作吳語曰天坍自有長茶子按廣韻坍字从丹在二十三談俗或從冉或从冄皆誤

南齊書天文志日出三竿謂朱黃赤暈色也按後為此言者如劍南詩美睡三竿日之類似失本意

古今樂錄地驅樂月明光光星欲墮欲來不來早語我按今兒童謠易明為亮亮亦本于古也嵇康詩



皎皎亮月麗于高隅李益詩庭木已衰空月亮

韓湘子傳憲宗出旨的限叔于三日精禱致雪叔大惶措余喜曰叔可度矣而言恐見惡遂出榜擔頭曰出賣風雲雨雪市夫誚予妄報于叔叔收予詰之予索酒大醉登壇半日駁雲漫野六出立降深一尺許按俗作風雲雷雨訛

李白答王去一詩世間聞此皆掉頭有如東風射馬耳按宋元人又有西風貫驢耳語當即因此轉變

李義山雜俎品目數十其一曰殺風景謂清泉濯足花上曬褌背山起樓燒琴煮鶴對花啜茶松下喝

道也西清詩話晏元獻以惠山泉烹日注茶從容
置酒賦詩有未向人間殺風景句自此殺風景之
語頗著于世按又見邵伯温聞見後錄王荆公步
月山中蔣頴叔傳呼過之有怪見傳呼殺風景句

杜甫詩風急打船頭元稹詩船泊打頭風按打字舊
在梗韻讀若頂今語仍然五代史補吳越王初入
覲上賜寶馬馬出禁中驕行郤走王顧左右曰此
豈遇打頭風耶

王安石破冢詩旋風時出地中塵李壁注俗云旋風
鬼所爲也集韻有魊字音或解云鬼魊回風一說



鬼因風伺人也

雷電霍閃今人每連稱之余試雷州題爲迅雷諸生
卷有雷鼓椎擊語幕賓皆掩口余曰此亦有本出
論衡雷虛篇畫工圖雷之象纍纍如連鼓形又圖
一人若力士之容謂之雷公使之左手引連鼓右
手推椎其意以爲雷聲隆隆者連鼓相扣擊之意
也其魄然若獘裂者椎擊之聲也世人信之不知
其妄又按雷公電母并言又見道書且各傳姓名
云雷公名江赫冲電母名秀文英其虛妄更不待
辨矣又考唐顧雲詩金蛇飛狀霍閃過白日倒掛
金繩長按文選海賦矆睒無度註引說文矆大視
也睒暫視也俗狀電光之疾本無定字用霍閃似
不若矆睒

蘇軾詩毛空暗春澤自注云蜀人以細雨爲雨毛郎
今毛毛雨

雪浪齋日記洪覺範詩已收一霎掛龍雨忽起千岩
攧鶴風挂龍雨攧鶴風皆方言古今人未嘗道按
岑羲亦有西山一餉挂龍雨句

吹劍錄載邵經國上樓攻媿詩去時莫待淋頭雨歸
日應防徹骨寒按宋許月卿亦有去時莫待雨淋



頭句五燈會元法昭元善兩師皆云教休不肯休
直待雨淋頭又守初禪師云天晴不肯去直待雨
淋頭蓋其語起于宋人

鄭熊番禺記廣俗婿未見妻之父母先飲酒一大杯
曰盪風字典盪音湯俗有盪風冒雪之語

范成大詩朝霞不出市暮霞行千里我豈知天道吳
儂諺云爾按素問霞擁朝陽雲奔雨府楚辭虹霓
紛其朝霞夕淫淫而淋雨李嘉祐詩朝霞晴作雨
耿湋詩報雨早霞生朝霞主雨之說其來最久而
儲光羲詩落日燒霧明農夫知雨止暮霞主晴亦

經入唐人詩矣

未雨先雷船去歩歸見四民月令按伍燈會元錄鼓山承安師語云雷聲浩大雨點全無今俚語云雷聲大雨點小承本于此

太平御覽引黃子發相雨書天河中有雲如浴猪豨三日大雨蕭立等謂之黑猪渡河有句云黑猪渡河天欲風蒼龍銜燭不敢紅

月子彎彎照九州幾家歡樂幾家愁趙彥衛雲麓漫鈔此兩句乃吳中舟師之歌彭祭酒嘗戲破其義云形于上者無遠近之殊形于下者有悲歡之異人咸嘆賞按楊萬里已嘗翻此歌爲詩又陳亞之詩夕溪漁思月彎彎朱繼芳詩吳兒歌一曲月子幾回彎皆用之月子之稱始見于酉陽雜俎唐居士夜呼其女可將一下弦月子來女遂貼紙月壁上唐祝之朗若張燭是也汪元量有月子纖纖雲裡光句劉侗帝京景物略謂新月曰月芽兒可互叅月子之義

洪容齋四筆兩商人入神廟其一陸行欲晴許賽以猪頭其一水行欲雨許賽以羊頭神顧小鬼言晴乾喫猪頭雨落喫羊頭有何不可按雖戲喻見此等語自宋已有

夏雨如饅頭苕溪漁隱叢話東坡幼時與里人程建用楊咨弟子由會草舍中大雨聯句程云庭松偃蓋如醉楊云夏雨淒涼似秋坡云有客高吟擁鼻子由云無人共喫饅頭坐皆絕倒按夏雨如饅頭乃今笑林之說豈當時已有之而子由戲用之耶

春秋成公十三年公如京師公羊傳今大也師衆也天子之居以衆大言之詩大雅京師之野集註京師高邱而衆居也董氏曰所謂京師者蓋起于此其後世因以所都爲京師也按夏商都無京師名白虎通夏曰夏邑殷曰商邑周曰京師是也大雅所言係當公劉時周尙未爲天子故集註云然

漢書田延年傳霍將軍召問延年欲爲道地師古曰爲之開通道路使之有安全之地按今稱道地藥材似本諸此

山堂肆攷王知訓帥宣州性貪婪因入覲賜宴伶人戲作綠衣大面如鬼或問何爲者答曰吾宣州土地也問何故來此曰王如訓入覲和地皮捲來故得至此按盧仝蕭宅贈答詩揚州惡百姓疑我捲地皮蓋自王知訓前先嘗有此語也

荀子大儒無置錐之地與呂氏春秋無立錐之地同

嚴滄浪詩話語貴脫灑不可拖泥帶水俗語本此

開天遺事楊國忠相公卿以下莫不趨媚之張彖曰君輩倚楊右相如泰山以吾爲氷山耳按司馬溫公採此語入通鑑

王保定摭言鄭光業有一巨箱凡投贄有可嗤者即投其中號曰苦海按釋典有苦海之說此以爲喻

韓非子說林失火而取水于海海水雖多必不滅矣遠水不救近火也北史赫連達傳亦有此語陳師道詩不應遠水救近渴空倉四壁雀不鳴本此



復齋漫錄劉幹爲豐城尉性不飲酒時推官某善飲咲抵邑公會以語譏戲曰小器易盈眞縣尉劉答曰窮坑難滿是推官

日知錄宋時登科錄必書某縣某鄉某里人改鄉爲都改里爲圖蕭山縣志曰自元始嘉定縣志曰不曰里而曰圖者以每里冊籍首列一圖故名圖是也今省作啚謝少連作歙縣志乃曰啚音鄙左傳都鄙有章郎其立名之始其說鑿矣按說文有啚字音與鄙同解云嗇也圖省爲啚亦不始于俗李北海雲麾將軍碑好山水啚纂神仙事已如此寫

楊愼升菴外集今之巷道名爲洞洞或作衚衕又作衙衕皆無據也南齊書注弄巷也南方曰弄北方曰衙衕弄之反切爲衙衕蓋方言耳李贄疑耀世以衚衕爲俗字不知山海經已有之食鸐鳥可以止衕注治洞下也又非魚食之巳痔衕獨衚字未經見按衕字已見說文解云通街也李氏引山海經而不及說文何耶衚字當依楊氏作衙說文衙衙行貌宋玉九辯道飛廉之衙衙與躍韻叶待讀吾音蓋衙衙者猶言行旅通街耳日下舊聞衚衕二字元人有以入詩者



通鑑史憲誠據魏博于黎陽築馬頭爲渡河之勢注云附岸築土植木夾之以便兵馬入船謂之馬頭按晉書地理志武昌郡鄂縣有新興馬頭似亦此制

方以智通雅山岐曰岔水岐曰汊二音同金陵有地名岔口顧公引作跋路口按跋字見景祐集韻或亦借差字用之韻會小補引唐人詩柏木巖前差路多

水經注贛水逕王步步側有城蓋齊王之渚步也述異記吳中有瓜步魚步龜步湘中有靈妃步柳宗

元鐵爐步志江之滸凡可步而上下者曰步青箱雜記嶺南謂水津為步有罾步即漁者施罾處有船步即人渡船處按俗謂問渡處曰埠頭據諸書當作步字而宋史皆從俗作埠度宗紀有武陽埠熊本傳有銅佛埠劉錡傳有黃連埠趙淮傳有銀樹埠宋以前未見用之

太平御覽引莊子逸篇羊溝之鷄中華古今注謂羊喜牴觸坦墻為溝以隔之故曰羊溝也七修類稿俗以暗者為陰溝若靈光殿賦元醴騰湧于陰溝是也則明者宜為陽溝按此說亦通然未見所出



三輔黃圖長安御溝謂之楊溝以植楊于其上也宋之間有楊溝連鳳闕句今所呼或又因緣此耶北人又有羊溝翻船之語

東坡集載王梵志詩城外土饅頭餡草在城裡土饅頭墓冢之瘦辭也范成大營壽藏詩縱有千年鐵門限終須一箇土饅頭

吾衍學古編凡篆口不可太圓亦不可太方只以太墼範子為度按後漢書周紆為渤海太守免歸廉潔無資常築墼自給埤蒼形土而方曰墼今之土磚也急就章注墼者抑泥土為之令其堅激也北方又有糞墼南方又有炭墼歸田錄丁度戲晁宗慤曰啓事更不奉答當以糞墼一車為報豹隱紀談載數九諺云九九八十一家家打炭墼

漢書地理志右扶風有盩厔縣寰宇記山曲曰盩水曲曰厔按二字音若輈質今以事費曲折者曰盩厔其字應如此寫

神異經大荒石湖千里無凹凸名畫記張僧繇畫一乘寺壁遠望如凹凸名凹凸花俗呼其寺曰凹凸寺丹鉛錄土窪曰凹土高曰凸古之像形字也周伯溫乃云凹當作坳凸當作垤俗作凹凸非是反



以古字為俗字矣按凹字詩家多作平聲為韻則叶入三爻蓋與坳音通用然攷唐韻凹為烏洽一音至集韻始又音于交切則烏洽其本音也

舊唐書羅威傳每花朝月夕與賓佐賦咏甚有情致馬令南唐書昭惠周后傳花朝月夕無不傷懷提要錄二月十五為花朝八月十五為月夕

葉夢得避暑錄話唐人言冬烘是不了了語故有主司頭腦太冬烘之言

杜祐通典秦始皇名政諱之故正月字從平聲按雲麓漫鈔仁宗時以御名同音欲改正月為一月有

以本音政爲言者遂改還政音然至今仍習從平聲也

古今書話俗以上澣中澣下澣代上旬中旬下旬蓋本唐制十日一休沐故白居易詩公假月三旬韋應物詩九日馳驅一日閒也按唐世休澣事頻見載咏唐書劉晏傳質明視事至夜分止雖休澣不廢溫庭筠有休澣日謁所知詩劉長卿亦有月晦逢休澣句漢時謂之休沐制以五日張安世傳精力于職休沐未嘗出萬石君傳建每五日洗沐歸謁親是也改沐爲澣見于六朝宋鮑照詩云休澣自公日宴慰及私辰

月令廣義正月巳二月亥三月午四月子五月未六月丑七月申八月寅九月酉十月卯十一月戌十二月辰爲龍虎日龍虎屬神也不宜干上宜制下

按如其說則世以凡月寅辰日爲龍虎非是

靈樞經凡七歲十六歲二十五歲三十四歲四十三歲五十二歲六十一歲是謂年忌按此以七爲始而遞以九數乘之也今俗以二九三九相乘之歲如十八二十七以至九九八十一歲爲暗九謂有疾厄之慮傳之失其眞矣



周密齊東野語俗以初五十四二十三三日爲月忌蓋三日乃河圖數之中宮五數耳五爲君象故民庶不敢用

周髀算經置小月二十九日置大月三十日白虎通德論月行或過或不及日不可分故月有大小蔡邕獨斷閏月補小月劉熙釋名望月滿之名也月大十六日小十五日許愼說文覇月始生也承大月二日承小月三日按漢以前稱月大小者見此數條六經史漢但有其說無其稱也今又謂大月日大盡小月曰小盡此蓋起自宋世朱子語錄月之生時大盡則初二小盡則初三竹坡老人詩話頃歲朝廷多事州縣不頒歷未希眞作小盡行云藤州三月作小盡梧州三月作大盡前此少見大小盡文

文選陳琳檄吳將校部曲文年月朔日子注云子發檄時也隋書袁充上表云歲月日子還共誕聖之時日知錄漢人未見稱半夜爲子時者古人文字年月之下必繫以朔必言朔之第幾日某干支故日朔日子也宋書禮志年月朔日甲子尙書令某甲下此此古文移之式陳琳檄文但省一甲字耳

南史劉之遴傳參較古本漢書稱永平十六年五月二十一日巳酉郎班固而今無上書年月日子此亦可證今俗不知但以子爲日之語助矣

北史魏收傳引董勛答問禮俗曰正月一日爲雞二日爲狗三日爲猪四日爲羊五日爲牛六日爲馬七日爲人按諸惟人日爲古今所盛稱鷄日則呂居仁有避地逢雞日句其餘未經人用今語又增之曰八日爲穀九日爲豎不見出處

楊升菴外集俗謂異日爲另日音命令之令然其字說文玉篇無有也只當作令日戰國策趙燕拜武



靈王胡服之賜曰敬循衣服以待令日郎異日也按國策註令訓爲善謂擇善日衣之升菴說似傳會列子周穆王篇有別日升崐崘邱語另或爲別字之省

老學菴筆記後三日爲外後日異其俗語耳偶讀唐逸史裴老傳乃有此語裴大歷中人也按今又謂之大後日

宋史趙昌言傳陳象與董儼皆昌言同年日夕會昌言第京師爲之語曰陳三更董半夜按後漢彭寵傳甄豐旦夕入謀議時人語曰夜半客甄長伯陳后山談叢刁學士約喜交結請謁常至夜半號刁半夜事皆相類今厭人宵聒不休亦往往以此號之

書無逸傳小人之子輕侮其父母曰古老之人無所聞知按此古老二字平下崔融請封中岳表宣太平之風化聽古老之謳謠李白遊九華山記不經古老之口復闕名賢之記乃謂古先之耆老今俚俗所言如云古老錢古老屏風大抵皆祖書傳

史記晉世家重耳謂齊女曰人生一世必死于此淮南王傳人生一世間安能邑邑如此漢書班倢伃



傳惟人生兮一世忽一過兮若浮後漢書張霸傳人生一世但當敬畏于人蜀有人生一世草生一春之語

簪雲樓雜說春聯之設自明孝陵昉也帝都金陵于除夕前忽傳旨公卿士庶家門上悉加春聯一副帝親微行出觀以爲笑樂按茅亭客話載蜀孟昶題桃符板給諸門俾題元亨利貞四字事及宋趙庚夫歲除郎事詩句好恐動往來人則今之春聯乃或以四字貼門楣源本于桃符板其無板而以紙代之別立春聯之名或昉在明初耳

卷十一終

通俗編卷十二

仁和翟灝撰　綿州李調元校

小學紺珠唐太和時有三宮郭皇后居興慶宮王太后居義安殿文宗母蕭后居大內又有三苑曰西內苑東內苑禁苑按近人有三宮六苑之說語蓋誤

三朝北盟會編王繼先占豐樂橋官地屋宇宏麗都人謂之快樂仙宮快樂二字見此

戰國策齊人馮煖使人屬孟嘗君願寄食門下史記信陵君傳誡門下有敢爲魏王使通者死張儀傳求見蘇秦秦乃誡門下人不爲通鄭當時傳誡門下客至無貴賤無留門者漢書司馬相如傳臨邛諸公皆因門下獻牛酒交驩按諸所云門下皆謂使役之人惟後漢書承宮傳過徐盛廬聽經遂請留門下注引續漢書宮薫其豬豬主欲笞之門下生共禁止又云宮得虎所殺鹿持歸肉分門下取皮上師此云門下者乃門弟子葢弟子之稱門下自後漢起也

北史崔昂傳孝芬兄弟孝義慈厚一錢尺帛不入私房北周書韋叔裕傳早喪父母事兄嫂甚謹所得



俸祿不入私房今俗言婦女積餘錢曰私房本此

石敢當見史游急就章注云敢當言所當無敵也墨莊漫錄慶歷中張緯宰莆田得一石其文曰石敢當鎮百鬼壓災殃官吏福百姓康風聲盛禮樂昌有大歷五年縣令鄭押字記繼古叢編吳民廬舍遇街衢直衝必設石人或植片石鐫石敢當以鎮之本急就章也按或據五代史劉知遠爲晉押衙高祖遇唐愍帝于傳舍知遠使勇士石敢袖鐵鎚侍高祖以虞變謂植石所鐫取此旣大歷時有鐫之者斷知此說非矣劉元卿賢奕錄陳繼儒羣碎錄俱以石敢當三字爲人姓名攷史游原文石本爲姓其敢當字宋延年等雖嘗有名之說而顏注非之今未可遽以爲實

海客日談馬前蹄之上有兩空處名竈門馬之良者後蹄印地之迹反在前蹄印地之前故名跨竈言後步踰過前步也一說竈上有釜釜與父音同故子能勝父謂之跨竈按二說當以前說爲是而東坡答陳季常書有撞破烟樓語卻卽跨竈之義

太元經竈滅其火惟冢之禍按此卽俗語倒竈所本任昉彈劉整文未別火食注云兄弟未嘗分爨也

禮曾子問公館復私館不復注云公館若今縣官舍疏云謂公家所造之館及公之所使爲命停舍之處

學林新編晉孝武幼奉佛法立靜舍于殿門引沙門居之因此俗謂佛寺曰靜舍亦曰精舍按漢儒者教授生徒其所居悉稱精舍范書包咸傳咸住東海立精舍講授黨錮傳劉淑檀敷俱立精舍教授姜肱傳盜就精廬求見注云精廬卽精舍也以此觀之精舍本爲儒士設晉時別居沙門乃襲用其名焉耳三國志注引江表傳曰于吉來吳立精舍



燒香讀道書製作符水以療病晉武以前道士亦嘗襲精舍名矣

古樂府大路起青樓注引齊書武帝興光樓上施青漆謂之青樓曹植詩青樓臨大路高門結重關駱賓王詩大道青樓十二重上官儀詩青樓遥敞御溝前按諸詩俱明指金張門第而後人倒呼妓館則始於梁劉邈採桑行倡女不勝愁結束下青樓太白樓船觀伎詩亦云對舞青樓妓雙鬟白玉童也

羅璧志餘漢設鴻臚寺待四方賓客永平中佛法入中國館摩騰法蘭于鴻臚寺次年勅洛陽城西雍門外立白馬寺以鴻臚非久居之館故別建處之其仍以寺名者以僧爲西方之客若待以賓禮也此中國有僧寺之始

羅璧志餘胡澹菴言觀有四一曰朵樓魯兩觀是也一曰藏書所漢東觀是也一曰遊觀處謝元暉賦屬玉觀是也一曰高可望黃帝內傳置元始眞容於高觀上是也今老氏居疑本內傳按關尹傳尹喜結草爲樓精思致道周康王聞之拜爲大夫以其樓可觀望故號此爲關尹草樓觀又事物紀原



周穆王好神仙召尹軌杜仲居終南草樓因號樓觀由是奉仙之地皆名曰觀

劉熙釋名草圓屋曰蒲又謂之庵庵奄也所以自奄覆也拾遺記漢任末編茅爲庵後漢書皇甫規監關中兵親入菴廬巡視注云菴廬軍行宿室也按今凡奉佛小舍稱菴飜譯名義云菴羅本果樹名此樹開花花生一女國人歎異封其園園既屬女女宿善冥熏以園奉佛佛卽受之而爲所住此說荒誕難信而故書庵或从草因此廣韻云庵小草舍菴果名是也黃山谷謂菴非屋不當从广乃斥

庵爲俗書殆偏惑於菴羅果之說歟

文選東京賦謻門曲榭晉書劉曜載記謻門旦空集韻謻音移凡門堂別出曰謻在閤知新錄今府縣衙門有正門有旁門旁門卽謻門世俗作儀門訛

孫子行軍篇凡地有天井天牢注云四高中下勢如四屆者爲天井按今江以南人多稱庭堦際曰天井或云卽本孫子以其四周簷宇高而此獨下也愚按周禮溯之似以其上露天下設井因謂之天井耳井者漏井屋舍前受水潦之所天官宮人爲井匽除其不蠲是也並記之俟覽者採擇



舊唐書高麗傳冬月皆作長坑下然溫火以取煖按水經注觀雞水東有寺寺起大堂下悉結石爲之上加塗墍基內疏通枝經脉散基側室外爨火炎勢內流一堂盡溫此蓋卽煖坑也則中華已自北魏前有之

山房隨筆元好問妹手自補天花板作詩曰補天手段暫施張不許纖塵落畫梁按天花板卽古所謂綺井

越語祜縻錄竈突曰烟囪讀作匆見隋韻按張祜詩鼻似烟囪耳似鐺窗當是傳刻譌

通雅杸所監切今以屋東西榮柱外之宇爲杸簷見工匠謂屋兩頭爲山猶其遺聲實是杸字按韓退之寄盧仝詩每騎屋山下窺矙渾舍驚怕走折趾王安石詩浮雲倒影移窗隙落木回飈動屋山范成大詩一段農家好光景稻堆高出屋山頭老學菴筆記葉夢錫刺史常州民有起高屋屋山覆蓋鄰家鄰家訟之並卽山字用焉則亦不必泥矣

說文㮵字下云屋㮵聯也音如眠楚辭九歌擗蕙㮵兮既張注析蕙覆㮵屋也按今謂之眠簷二字皆譌



傳燈錄趙州諗謂文遠曰東司上不可與汝說佛法朱暉絕倒錄載宋人擬老饕賦有尋東司而上茅句按俚言毛司據此當爲茅司也

卯眼見木經按程子語錄榫卯員則員榫卯方則方卯蓋卽卯眼

窟籠宋景文筆記孔曰窟籠語本反切按集韻別有竉字訓云孔竉穴也

夢溪筆談韓王治第麻搗錢一千二百餘貫其他可知自注云塗壁以麻搗土世俗遂謂塗壁麻爲麻搗

孫公談圃王青未遇時貧甚有人告曰何不賣脂灰令人家補壘器青如其言家資遂豐是時京師人無賣此今則多矣蓋自青始也脂灰即石灰也

雲笈七籤鍊紫精丹用黃土紙筋爲泥泥瓶子身三遍

韋昭國語注五尺爲墨今木工各用五尺以成宮室其名爲墨則墨者工師之五尺也按今木工所用曰六尺杆小變矣而度材之初謂之落墨猶其遺言

論衡詰術篇五姓之宅門各有宜嚮嚮得其宜富貴



吉昌嚮失其宜貧賤衰耗蓋起宅開門之必定嚮久矣

南史庾杲之傳魏使問杲之曰百姓那得家家題門帖賣宅荅曰朝廷既欲掃蕩京洛尅復神州所以家家賣宅耳按所題如今云此屋出賣

儼山外集京師風俗每正旦主人皆出賀惟置白紙簿并筆研于几賀客至書其名無迎送也按今謂之門簿其風到處皆然

脫冠露頂見杜詩脫帽露頂王公前

北史熊安生傳宗道暉好著高翅帽大屐州將初臨輒服以謁見仰頭舉肘拜于屐上自言學士比三公按今謂虛自張大冀人譽己者曰好戴高帽子蓋因乎此

張冠李戴見留青日札俗諺云張公帽掇在李公頭上有人作賦曰物各有主貌貴相宜竊張公之帽也假李老而戴之云云亦可謂善謔者

舊唐書崔戎傳戎去華州刺史將行州人戀惜至有解韡斷鐙者按好官去任遮道脫韡偶出自一時民情歷今遂循爲故事

詩話總龜詩不着題如隔韡搔癢



太平廣記潘章與楚國王仲先爲友情若夫婦便同衾共枕交好無已後同死合葬冢生一樹柯葉無不相抱人號共枕樹又引八朝窮怪錄劉子卿遇康王廟女有同衾共枕語

傳燈錄趙州稔謂大衆有解問者出來一僧便出禮拜稔曰比來抛磚引玉却引得墼子盧綸詩有投磚敢望酬句

聞見後錄黃魯直稱杜老詩如靈丹一粒點鐵成金

竹坡詩話東坡用樂天語作小詞非點鐵成黃金手不能也又唐劉得仁詩囊中曾有藥點土亦成

金貫休詩安得龍猛筆點石爲黃金
明一統志金櫃山在揚州府南七里山多葬地諺云葬于此者如黃金入櫃故名
唐六典有十四種金曰銷金曰拍金曰鍍金曰織金曰砑金曰披金曰泥金曰鏤金曰撚金曰戧金曰圈金曰貼金曰嵌金曰裹金老學庵筆記紹興中有貴人爲俳諧體詩曰綠樹帶雲山罨畫斜陽入竹地銷金
劉熙釋名有首飾篇按冠冕弁幘簪纓笄瑱之屬劉總列于此篇則凡加于首者不論男女古通謂之首飾也今獨以號婦人釵珥非矣



東京夢華錄相國寺兩廊賣繡作領抹花朶珠翠頭面之類乾淳起居注太上太后幸聚景園皇后先到宮中起居入幕次換頭面按俗呼婦人首飾曰頭面據此則宋已然矣燕翼貽謀錄云婦人冠舊以漆紗爲之而加金銀珠翠彩色裝花諸飾仁宗時宮中以白角改造長至三尺有等肩者今杭俗女子初嫁有所謂大頭面當本于此蓋亦宋俗之遺也留青日札云富貴婦女赴人筵席金玉珠翠首飾甚多一首之大幾于合抱亦指大頭面言歟

元典章工部段疋條本年合造生活比及年終須要齊足又造作生活好歹體覆絲料盡實使用按以段疋爲生活前無所見似即起于元也田藝蘅張應祥蘇志命匠造冰絲不得作僞直不加昂而生活易售則明人遂有用入文者
康熙字典緞音遐履根之帖也又音斷義同今以爲紬緞字非是按今所呼緞者宋時謂之紵絲咸淳臨安志染絲所織是也三朝北盟會編雖有索猪肉段子之文所云乃段疋之段說文帛分而未麗曰疋既麗曰段並非其一種名也此字之誤用似直起于明季



苕溪漁隱叢話世傳有霞頭隱語是半山老人作云生在色界中不染色界塵一朝解纏縛見性自分明按霞頭者帛角識物主姓氏處染時先以草纏結之使不漫滅
禮記深衣袼之高下可以運肘鄭注袼者衣袂當腋之縫也按俗謂腋下曰肋袼支本此
急就章注衣裳施裏曰袷史記匈奴傳服繡袷綺衣注言繡表綺裏潘岳秋興賦藉莞蒻御袷衣杜甫雲安九日詩地偏初衣袷按今或以夾當之宋人

亦有然者邵氏聞見錄言仁宗四時衣夾只用夾
字

唐書車服志幞頭起于後周便武事也廣韻幞頭者裁幅巾出四脚以幞其頭故名焉二儀實錄古以皂羅三尺裹頭號頭巾三代皆冠列品黔首則以皂綃至周武帝依古三尺裁為幞頭宋史儀服志幞頭一名折上巾後周時止以軟帛垂脚隋始以桐木為之唐始以羅代繒惟帝服則脚上曲人臣下垂五代漸變平直國朝之制君臣通服平脚乘輿或服上焉其初以藤織草巾為裏紗為表而塗



以漆後惟以漆為堅去其藤裏前為一折平施兩脚以鐵為之按此則幞頭之式凡屢變君臣文武皆嘗服之今優場所備各冠大半是其遺製

東坡居士集父老爭看烏角巾應緣曾見宰官身溪邊古路三叉口獨立斜陽數過人按後人取此詩意寫東坡像因有東坡巾之稱然此乃坡公謫嶺外時詩其巾為被罪所裹王直方詩話謂元祐之初士夫效東坡頂短簷高桶帽謂之子瞻樣則當時復有東坡帽何後人稱彼不稱此耶

元典章至元五年淮中書省劄娼妓穿著紫皂衫子戴角冠兒娼妓之家長并親屬男子裹青頭巾松雪齋集論曲云院本中有娼夫之詞名曰綠巾詞雖有絕佳者不得並稱樂府七修類稿唐史李封為延陵令吏人有罪不加杖罰但令裹碧綠以辱之隨所犯輕重以定日數後人遂以著此服為恥今吳人謂人妻有淫行為綠頭巾樂人巾制以碧綠意皆由此而來但當時李封何以必用綠巾及見春秋時有貨妻女求食者綠巾裹頭以別貴賤乃知其來已遠李封亦因是以辱之耳按七修說竟無從檢覈其燕說哉欲原此制之因惟漢書東



方朔傳董偃綠幘傅韝隨公主前伏殿下師古注綠幘賤人之服也為可徵引

孟子許子衣褐趙岐注以毳織之若今馬衣按世俗以袍為馬衣製雖不同而其名古

左傳陳成子衣製杖戈杜預注製雨衣也又油衣見隋書煬帝紀觀獵遇雨左右進油衣

象教皮編袈裟一名水田衣王維詩乞飯從香積裁衣學水田按時俗婦女以各色帛寸翦間雜紩以為衣亦謂之水田衣是真王維所謂學水田者據潛夫論浮侈篇云翦削綺縠寸竊八采以成榆葉

無窮水波之文碎刺縫紩詐爲裙襦衣被費繒百縑用工十倍則此衣自漢有之而其源則由于縫人之售所竊耳

傳燈錄普化謂市人乞我一箇直裰林逋寄李山人詩身上祇衣粗直裰馬前長帶古偏提蘇轍孔平仲惠蕉布詩更得雙蕉縫直裰都人渾作道人看按說文襩衣躬縫也集韻云或作襩䙅又周禮疏中央爲督所以督率兩旁莊子養生主緣督以爲經音義亦云中也六書故云人身督脈當身之中貫徹上下故衣縫當背之中達上下者亦謂之督



據此則直裰字本當作襩而督亦可借用若裰則補破之義不應聯直字爲名作裰則更無義矣

鄭思肖詩騣笠毡靴搭護衣金腳駿馬走如飛自注搭護元衣名按俗謂皮衣之表裏具而長者曰搭護頗合鄭詩意居易錄言褡䙱半臂衫也起于隋時內官服之乃名同而實異

中華古今注隋文帝征遼詔武官服缺胯襖子取軍用無所妨也按今缺襟袍亦曰行衣蓋因其意

唐書司馬承禎傳睿宗起問道術錫霞文帔以還公卿賦詩送之劉禹錫有霞帔仙官到赤城句按太極金書謂元始天帝被珠繡霞帔故此衣爲道家所至貴重若婦人冠誥之服但當云帔不當贅以霞字

說文無袂衣謂之䙌趙宦光長箋曰半臂衣也武士謂之蔽甲方俗謂之披襖小者曰背子按半臂蔽甲背子三服似各不同事原引實錄曰大業中內官多服半除卽長袖也唐高祖減其袖謂之半臂則半臂非竟無袖特袖減短耳元史后妃傳曰世祖后製一衣前有裳無衽後長倍于前亦無領袖綴以兩襻名曰比甲以便弓馬此卽武士所服蔽



甲其前後長短不齊而下有綴皆非今背子也而古背子與今背子亦制度別中華古今注曰背子禮見賓客舅姑之服也隋大業末宮人百官母妻著緋羅蹙金飛鳳背子以爲朝服蓋時所云背子乃卽今所云霞帔今背子則爲妓妾輩之常服良貴惟燕褻服之乃元明時樂伎所著皂褙遺製其貴賤直天淵矣

周禮追師注副婦人首飾三輔謂之假紒博雅假結謂之髻晉書五行志太元中婦女緩鬢傾髻以爲盛飾用髲既多不可恒戴乃先于木及籠上裝之

名曰假髻或名假頭
玉臺新詠范靜妻沈氏詠步搖花云珠花縈翡翠寶葉間金瓊低枝拂繡領微步動瑤英按釋名首飾類云華象草木之華也婦飾之有假花其來已久其以珠寶穿綴則僅著于六朝今珠花有所謂顫鬚者行步搖動應即步搖之所以名也
東京夢華錄宮嬪皆眞珠釵插弔朶玲瓏簇羅
外紀晉惠帝正月賞宴百花未開令宮人翦五色通草花唐王叡詩通草頭花柳葉裙李咸用咏紅薇詩畫出看還欠通爲插未輕按今云葱草者訛



隋書禮儀志有喪則九族以下婦人皆骨笄按古喪制婦人笄用篠竹曰箭笄或用白理木曰櫛笄亦曰惡笄其吉笄乃用象骨爲之茲于喪用骨笄實非古也
越語肎綮錄髽髻垂紒曰頭須初疑爲蘇字後見廣韻須字注云頭須即是字也或曰婦首垂巾皆曰須用之孝服特一耳今越俗頭須上亦加孝字可驗按朱子家禮斬衰婦人用布頭須竹釵邱濬家禮儀節補曰頭須以畧細布爲之長八寸用以束髮根而垂其餘于後此即古所謂總也

洪芻香譜三洞珠囊以雜香擣之丸如梧桐子大靑繩穿之此三皇眞元之香珠也按今香珠之製昉此元陳櫟有咏木犀珠詩
唐邊塞曲金裝腰帶重錦縫耳衣寒天祿志餘耳衣即煖耳也
武林舊事載諸小經紀有髮𢃘兒搭羅兒香袋兒符袋兒襻膊兒按搭羅乃新涼時孩子所戴小帽以帛維縷如髮圈然
儂雅小兒被爲褓如俗呼綵裙綵被是也今則轉呼爲抱矣誤又今呼被下鋪者大小皆曰褥此見越語肎綮錄廣韻褥音內沃切初疑內字必肉字之訛及觀其注曰小兒衣始知果內字也內沃切衲



字即俗呼小兒藉者
致虛雜俎袴襪今俗稱膝袴朱子語錄秦太師死高宗告楊郡王云朕免膝褲中帶七首矣餘冬序錄引此云縛膝下褲腳今日婦女下體之飾豈當時男子亦或著膝褲耶俗呼膝褲曰踏𧙕亦本古也張祜柘枝舞詩却踏聲聲錦𧙕催集韻去聲𧙕字訓韈頭上聲作㘞訓韈上二字通用也李肇國史補馬嵬店媼收得楊妃錦𧙕一隻楊維禎詩天寶

年間窄袎留郎言其事東京夢華錄有韈袎巷
褁脚釋名偪謂行縢言以褁脚可以跳騰輕便也
花鞾見魏志武帝與楊彪書云今遺足下織成花鞾
一緉按俚俗有穿花鞾之言
輟耕錄西浙之人以草爲履而無跟名曰靸鞋炙轂
子引實錄云靸與鞋舄三代皆以皮爲之始皇二
年始用蒲爲名靸鞋二世加鳳頭仍用蒲晉永嘉
元年用黃草宮內妃御皆著按此均謂南方之靸
鞋也北方所謂靸鞋則製以布而多其繫北夢瑣
言有霧是山巾子舡爲水靸鞋句不知孰指也靸
悉合切在颯字韻下



劉章咏蒲鞋詩吳江江上白蒲春越女初挑一樣新
纔自繡窗離玉指便隨羅韈步香塵按章五代初
人也今吳下阿娘猶通行此飾胡應麟謂近世婦
以纒足故絕無用之者殆未至吳下耶太平寰宇
記以草履爲蘇州土產當亦指此
留青日札高底鞋即古之重臺履也謝觀詩有來索
纖纖高底鞋句按劉熙釋名晩下如舄婦人短者
著之晩下疑亦高底之類
摯虞决疑要錄流蘇者緝鳥尾垂之若旒然以其蕊
下垂故曰蘇按俗呼絛帨之蕊曰蘇頭又吳音蘇
鬚同呼亦曰鬚頭皆即流蘇之義



通俗編卷十二終

通俗編卷十三

仁和翟灝撰　綿州李調元校

宋書禮志朝服肩上有紫生袷囊綴之朝服之外俗呼曰紫荷或云漢代以盛奏事負荷以行也按此荷字當讀去聲而能改齋漫錄載劉偉明詩西清直寓荷爲橐歐陽修啟以紫荷垂橐對紅藥翻階皆讀之爲芰荷之荷今名小袷囊曰荷包亦得綴袍外以見尊上或者卽因於紫荷耶馬致遠黃粱夢劇云一舉成名是我荷包裏物

漢名臣奏王莽斥出王閎太后憐之親自以手巾拭閎泣古爲焦仲卿妻詩手巾掩口啼世說新語殷浩語左右取手巾與謝郎拭面殷仲堪於手巾函中出文示王恭



說文㨖縫指㨖也玉篇㡉指㨖也按此卽流俗呼頂針者李賀詩繡沓褰長縵羅幬結短封沓與㨖同

西京雜記秘閣圖書表以牙籤覆以錦帊唐書禮儀志讀月令於帝前畢覆以帊說文帍二幅爲帊按世俗多用帕字南史張譏傳錯綵經帕卽母之遺制亦用之然帊爲正文

金史儀衛志東宮視事用明金圍花椅背案衣則用素羅

資暇錄被袋非古製比者遠行則用太和九年以十家之連邐迤連謫人人不自期常虞倉卒之譴每出私第咸備四時服用舊以紐革爲腰囊至是服用既繁乃以被易之成俗今大中以來吳人亦結絲爲之按晉書惠帝紀侍中黃門被囊中齎私錢三千詔貸買飯以供宮人則被囊古非無有李氏所云特其時制度別耳

舊唐書輿服志武官五品以上佩鞊韘七事七謂佩刀刀子磨石契苾眞噦厥計筒火石袋按古人取火之具雖家居亦常佩禮內則子事父母婦事舅姑俱左佩金燧右佩木燧以備長者使令取火但不知易燧以火石肇端自何時也



爾雅釋言黹紩也注云今人呼縫紩衣爲黹陟几切按黹音近指俗云鍼指實當爲鍼黹楊奐孫烈婦歌十三巧鍼指十四婉步趨誤用

魏程曉嘲熱客詩今世褦襶子觸熱到人家天香樓偶得褦襶衣厚貌一云不曉事非今俗見人衣服粗重者曰衲裰卽此之譌耳

左傳篳路襤褸方言凡人貧衣被醜弊謂之襤褸小

爾雅布褐而紩之謂之藍縷說文襤無緣也褸裓
也又俗有襤衫之語衫音如三玉篇衫破貌按此
義與縷同
兎園冊明思陵謂詞臣曰今市肆交易止言買東西
而不及南北何也輔臣周延儒曰南方火北方水
昏暮叩人之門戶求水火無弗與者此不待交易
故惟言東西思陵善之按此特一時捷給之對未
見確鑿古有玉東西乃酒器名齊書豫章王嶷傳
上謂嶷曰百年亦何可得止得東西一百於事亦
濟已謂物曰東西物產四方而約言東西正猶史



紀四時而約言春秋焉耳
後山詩話蘇長公有甚意頭求富貴沒些把鼻使姦
邪有意頭沒把鼻皆俗語也呂紫薇詩話盧陵士
子作賦嘲吳鑄云大段意頭之沒全然把鼻之無
草木子文及翁作雪詞嘲賈似道云沒把沒鼻霎
時間做出謾天謾地按把猶言柄鼻猶言紐以器
為喻也佛經說多根樹一則云我等沒巴鼻只為
求他妻今遭寒與凍各各被他迷東坡詩文往往
暗用佛經後山未深攷但謂其用俗語也鼻毗至
切五燈會元大溈喆偈云月生一二東西南北沒把

鼻雪峯欽偈云不曾地蹉過平生沒巴鼻俱叶賓
韻近人譌讀若別高則誠琵琶曲這般說謊沒把
臂本用賓韻而改鼻為臂得非徇俗誤耶
唐廖融夢仙謠擬就張騫搭漢槎按俗云搭船搭字
見此
呂氏春秋不苟論人有盜鐘者鐘大不可負以椎毀
之鐘況然有音恐人聞而奪之遽自揜其耳晉書
宣帝紀論竊鐘掩耳以衆人為不聞用其事按今
言揜耳偷鈴始見於傳燈錄元沙備云塞耳偷鈴
徒自欺誑溈山祐云嚴上座雖得便宜爭奈揜耳



偷鈴朱子答江德功亦云成書不出姓名以避近
名之譏此與揜耳偷鈴之見何異
漢書百官志將作大匠屬官有木章師古注曰今所
謂木鐘者蓋章音之轉耳按是唐有木鐘之官今
以假借官事欺人曰撞木鐘或者因此
解鈴還是繫鈴人見指月錄
鼎鐺尚有耳見宋史太祖叱雷德驤語按俚諺瓶兒
罐兒尚有耳朶本於此
雞肋編陳無巳詩多用一時俗語如瓶懸甇間終一
碎卽俗語瓦罐不離井上破也按漢書揚雄酒箴

子猶瓶矣居井之眉臧水滿腹掌於纆徽一旦叀礙爲瓽所轠身提黃泉骨肉如泥注云言瓶爲井瓽所擊終破碎也陳詩與俗語皆由於此

黃庭堅拙軒頌有打破砂盆一問何按問音同璺儀禮疏坼兆璺也楊子方言秦晉間器破而未離謂之璺砂盆質極脆薄破則其璺到底俗怪人詰問不已而爲斯語同音假借古風人之例也

歸田錄鄙語云趙老送燈臺此語雖士大夫亦往往道之天聖中有尙書郎趙世長爲西京留臺御史有輕薄子送以詩云此回眞是送燈臺世長深惡



之其後竟卒於留臺也按元楊文奎曲作趙杲送曾哀蓋音之譌

左傳定四年備物典冊疏云謂國君威儀之物若今繖扇之類晉書輿服志功曹吏繖扇騎從繖字始此爾雅纛帛縿注衆旒所著正幅爲縿此卽繖字之原也按古亦謂雨蓋曰繖如史記五帝紀注舜以兩繖自扞晉書王雅傳遇雨請以繖入以其同覆首上借名也傘字始見于南史王縉以笠傘覆面而金史儀衛志書威儀之繖亦概作傘今俗相承遂置繖字不用

演繁露今人呼乘輿所用扇爲掌扇殊無義蓋障扇之譌也江夏王義恭爲宋孝武所忌奏革諸侯制度障扇不得用雉尾是也凡扇言障取遮蔽爲義以扇自障通上下無害但用雉尾飾之則乘輿制度耳蔡嶷小詞有曰扇開仙掌誤也

武林舊事小經紀有開先牌葉紹翁詠先牌詩相隨萬里途汝豈被名驅挂壁疑無用辭家不可無店翁先酒掃津吏認稱呼舉子無錢刻惟將印紙糊按此似卽今所謂起馬牌而當時舉子亦得有之

夢粱錄婚娶用花藤轎往女家迎取新人按今謂花



頂轎蓋訛

蓉塘詩話鎭江以東有獨輪小車謂之羊頭車張文潛輪麥行羊頭車子毛布囊泥淺易涉登前岡始見詩人用之

龔明之中吳紀聞夜航船惟浙中有之然其名舊矣古樂府有夜航船曲按樂府云夜行船不云航也皮日休答陸天隨詩明朝有物充君信樁酒三瓶寄夜航韋莊和李秀才詩酒市多逋客漁家足夜航乃嘗用之方回有聽航船歌詩十首

元稹遭風詩檣烏斗折頭倉掉歐陽詹宿建溪詩隔

簾微月入中倉按流俗用艙字非古

癸辛雜志尹梅津無子螟蛉石羅二姓人爲語曰梅津一生辛勤只辦得食籮一擔按史張敖傳注筩輿編竹木爲之形如今之食輿食輿猶云食籮但輿兼竹木籮則專以竹編

南史殷淑儀傳既薨孝武帝思見之遂爲通替棺欲見輒引替覿屍癸辛雜志李仁甫爲長編作木厨十二枚每厨作抽替匣十二枚每替以甲子誌之

楊億談苑咸平景德中主家造檀香倚卓傳燈錄桂琛指倚問元沙喚這箇作甚麽元沙曰倚子齊巳



白蓮集有謝人寄南榴卓子詩宋史鹵簿有金倚元史爵赦儀閤門官取赦書於卓子讀逼雅倚卓之名見於唐宋而小說有椅棹字黃朝英言椅木名棹與櫂通但當用倚卓按桌字元以前未見椅則陸龜蒙詩竹床蒲椅但高僧已用之程子語錄云天下無一物無禮樂且置兩隻椅子纔不正便無序張子理窟云古人無卓椅智非不能及也但席地則體恭耳朱子家禮載用器具有卓子交椅三大賢俱以倚爲椅則不可斥爲俗又八仙卓見補之雞肋集有八仙案銘云東皐松菊堂飲中八仙案八仙何必來松菊是吾伴按此卓名自北宋有之而所謂八仙乃飲中八仙也

程史秦檜賜第詔就第賜燕假以教坊優伶有參軍前褒檜功德一伶以交椅從參軍方拱揖就椅忽墜其幞頭露巾鐶伶指問曰此何鐶曰二聖鐶伶曰爾但坐太師交椅此鐶掉在腦後可耶檜怒下伶於獄

晉書王獻之傳魏時凌雲殿榜未題而匠者誤釘乃使韋仲將懸橙書之晉陽秋何無忌與高祖夜謀其母置橙於屏風上窺之涪翁雜說橙橋屬今人



書凳爲橙非按橙既屢見舊史而凳惟傳燈錄用之涪翁偏執釋氏文而不信舊史是其蔽也

集韻幬音同壽棺也焦竑字學生前預製棺曰幬俗言幬器按杜樊川集池州李使君沒後十一日處州新命始到矣以詩云縉雲新命詔初行纔是孤魂壽器成祇用壽字又今人棺底用板名七星顏氏家訓吾死當松棺二寸衣帽以外不得自隨牀上惟施七星板識小錄今或仍其製但云牀上似不在棺中

廣韻青帘酒家望子按今江以北凡市賈所懸標識

悉呼望子訛其音乃云幌子

禮月令仲春之月正權概管子樞言釜鼓滿則人概之人滿則天概之荀子水主量必平盈不求概韓非子概者平量者也吏者平法者也按此卽平斗斛具世俗誤呼入聲往往不知其字

史記廉頗傳食肉一秤小爾雅斤十爲衡衡半爲秤太平御覽諸葛亮曰我心如秤不能隨人低昂嘉話錄上官昭容母夢人與秤曰持此秤量天下士按秤字始見廣韻注云俗稱字淮南子角斗稱隋律歷志新稱古稱俱卽稱字用之今人分平去二



音指呼其器爲去聲以懸物輕重爲平聲據月令蠶事既登分繭稱絲攷工記㮚氏注權謂稱分之音義俱尺證切則雖量物亦讀去也杜詩姹女縈新裹丹砂冷舊秤恐是趁筆之誤又秤星見于在閣知新錄今謂秤上斤兩爲花星唐人有之賈島牛山詩鑿石養蜂休賣蜜坐山秤藥不爭星按包何秤送孟儒卿詩亦有衡直衆星隨句又拾得詩銀星釘稱衡綠絲作稱紐傳燈錄寶峯云無星秤子有甚辨處

三器圖義皇祐新樂圖有銖秤其圖一面有星一面槃一盤如民間金銀等子李方叔師友談記邢和叔嘗曰文銖兩不差非秤上秤來乃等子上等來也朱子語錄某集註下字時直是秤等輕重方敢寫出輔廣孟子答問亦云是從分金等子上說將來按等以別金銀等次立名張世南宦游紀聞云寧和殿有玉等子以諸色玉次第排定凡玉至比之高下自見此其制別義同流俗所用戥字近人妄造

禮記投壺篇請爲勝者立馬一馬從二馬三馬俱立請慶多馬註云馬勝算也謂之馬者若云技藝若



此任爲將帥乘馬也周禮大司馬注爭禽者罰以假馬疏云假馬謂獲禽所算之籌庾氏天香樓偶得馬之爲名所施不一如禮記所云是以計數之物爲馬也今俗猜枚之物謂之拳馬賭博者以物衡錢謂之馬子交易者以銅爲法衡銀輕重謂之法馬皆屬計數之意

史記魯仲連傳曾入投其籥正義籥鑰匙也黃庭經玉匙金鑰常完堅

霏雪錄骨董乃方言初無定字東坡嘗作骨董羹晦菴語錄只作汨董今亦稱古董通雅唐引船歌得

董紇那耶揚州銅器多得董之得音丁紇反通鑑唐元宗幸望春樓觀韋堅新潭陝尉崔成甫居前船唱得寶歌胡身之注先是俚歌曰得董紇那耶其後得寶符於桃林成甫乃更紇董曰得寶歌觀此可知唐人方言呼寶近董而得董之音卽今骨董字之原

邵伯溫聞見後錄硯瓦者唐人語也非謂以瓦爲硯蓋硯之中心隆起如瓦狀以不留墨爲貴米芾畫史晉唐皆鳳池硯中心如瓦凹故曰硯瓦筆四凹勢鋒圓故其書畫皆圓按二說相反未知孰是李



咸用有謝人遺端溪硯瓦詩信其爲唐人語也或云古初硯實用陶瓦觀昌黎毛穎傳稱硯爲陶泓可見理亦有之

西京雜記黃帝有玉一紐治爲墨海其文曰帝鴻氏之硯按今書大字用墨多則以瓦盆磨之謂其盆曰墨海此其命名由來

諸臯記宣車坊槐樹下有大蝦蟇扶二筆鍇按卽筆套也古無套字說文搯韜也鍇以金有所冒也皆卽套之本字廣韻收套字但訓長大五代史後唐與梁人戰胡盧套集韻據之增有河曲之訓而其字皆从長今从長者惟宋史輿服志言金輅有金鍍銅套筒其義則正與說文解鍇者同後世相承凡物有所冒悉謂之套非古也

西京雜記玉蟾蜍一枚大如拳腹空容五合水王取以爲書滴林洪文房圖贊稱水盂爲水中丞

陳定宇集有不求人贊云雖不求人兮未免求木奴之指孰若反掌以自搔兮君子求諸已按能改齋漫錄引音義指歸曰如意者古之爪杖也或骨角竹木削作人手指爪安柄可長二尺許或脊有癢手所不到用以搔抓如人之意然則不求人與如



意同原而其本名爲爪杖也

俗呼器物多以子爲助惟刀子與刀似有大小之別宋書朱齡石傳剪紙著舅枕自以刀子懸擲之百擲百中南史到撝傳王敬則執榠樝以刀子削之袁彖傳武帝在便殿用金柄刀子削瓜北史齊文宣帝紀戲以刀子務搨悄腹崔子高擊刀子而去之徐之才傳有以骨爲刀子柄者之才曰此人瘤也隋書薛道衡傳胡仲操就孺借刀子削瓜甲舊唐書輿服志武官佩鞊韘七事一曰佩刀二曰刀子急就章注鋏羊角差小堪爲刀子把觀諸說則

刀子之爲小刀顯然又博異志本師古取篋中便
手刀子手牀頭席下用壯其膽便手蓋猶今云解
手

卷十三終



通俗編卷十四

仁和翟灝撰　綿州李調元校

古有團扇紈扇而無摺疊扇今扇皆用摺疊考之耆舊續傳載摺骨扇詞有數摺聚清風一捻生秋意句容齋四筆謂此詞朱翌所作因張安國書扇而載于湖集中翌與東坡同時東坡言高麗白松扇展之廣尺三四合之只兩指許卽此圖書見聞志高麗使每至中國或用摺疊扇爲私覿其扇用鴉青紙上畫婦人鞍馬或以銀泥爲雲氣月色之狀謂之倭扇本出于倭國也春風堂隨筆南宋以下



詩詞咏聚頭扇甚多予收得楊妹子所寫絹扇面摺痕尙存夢粱錄有小周家摺揲扇鋪按此扇流行中國據諸文則在于北宋天祿志餘謂元時高麗始以充貢明永樂間稍效爲之非也

七修續稿聞貴人有眼鏡老年觀書小字畢見誠世寶也此以活大車渠之珠囊制之常須養之懷中勿令乾死然後可照字吳寬匏翁集謝人送西域眼鏡詩世傳離婁明雙睛不能沒千年黃壤閒化生直百鎰按此物始于明之中葉自西域傳行賈胡夸誕其言故當時人愛其愚罔如此據劉跂暇

日記杜和叔鞫獄取水晶十數種以入案牘故暗
者以此承日照之其文立見斯卽眼鏡所由製不
待西域人發其祕也
馮時可蓬窗續錄外國道人利瑪竇出自鳴鐘如小
香盒一日十二時凡十二次鳴又出番琴其製以
銅鐵絲爲弦不用指彈只以小板按之聲更清越
按二器亦自明有之蓋與眼鏡同入中國
在閣知新錄近樂器中有鎖吶正德時詞曲作嗩哪
蓋後起之名故字體隨人書也
正字通軍中吹器俗呼號頭見戚繼光新書號令篇

按此乃因其聲以爲名名出近俗而其器則早有
之舊唐書音樂志西戎有吹金者銅角是也長二
尺形如牛角蓋卽今喇叭耳號頭文見唐薛懷素
傳數萬人曳一大木千人立一號頭頭一嚬千人
齊和彼以人爲號頭而此器襲其名者以其聲一
發衆悉隨之舉作有似乎曳木所立之頭也
堅瓠集今酒注去柄安提梁如茶壺式始于祖澤深
名自斟壺
林洪山家清事偏提猶今酒鼈武林舊事載御教儀
衛有大小酒鼈了蓋酒鼈之稱宋時已然

資暇錄蜀崔寧之女以茶盃無襯病其熨指取楪承
之旣啜而盃傾乃以蠟環楪夾其盃遂定卽命匠
以漆環代蠟進于蜀相蜀相奇之名爲茶托子而
話于賓親人人爲便用于代自後傳者愈精其製
以至百狀焉演繁露古者彝有舟爵有坫卽今俗
稱臺盞之類也然臺盞亦始于盞托托始于唐崔
寧女前世未有也按此則唐造托子本以承茶杯
至宋則酒盞亦用托矣暖姝由筆云酒盤一名護
衣盤者是明朝創造前代無有豈實錄耶
演繁露西陽雜俎云劉錄事食鱠數叠今俗書楪字

誤以其可叠故名爲叠也然牒乃叠札爲之則以
叠爲楪亦有理也按楪字唐人已用白居易詩三
杯藍尾酒一楪膠牙餳
暖姝由筆滿堂紅彩絹方燈也按今所謂滿堂紅其
製又別蓋屬近時起矣
輟耕錄杭人剪松木爲小片鎔硫黃塗其銳名曰發
燭又曰焠兒史載周建德六年齊后妃貧者以發
燭爲業豈卽此製歟按乾膜子云扶風竇乂剉破
麻鞋擣瓦屑合槐子油靛手團爲挺例長三尺圓
徑三寸號爲發燭將以炊爨與薪功倍則當時自

別有發燭史所云未必謂杭之焠兒
法苑珠林佛法漱口聽嚼楊枝用刮舌不得過三反
不得大振手按是刮舌之製佛時已有其刷牙則
尙未有故以楊枝代也
儼山外集民間俗諱各處有之而吳爲甚如舟行諱
住諱翻以箸爲快兒幡布爲抹布諱離散以梨爲
圓果傘爲豎笠諱狼籍以榔槌爲興哥諱惱躁以
謝竈爲謝歡此皆俚俗可笑今士大夫亦有犯俗
稱快兒者方言箸筩陳楚宋衛之間謂之筲注云
盛札箸籠也



筅帚廣韻筅蘇典切飯具通雅析竹爲帚以洒洗也
宋韓駒有謝人寄茶筅子詩按世亦謂撚耳曰筅
雲烟過眼錄載王齊翰巖僧筅耳圖
容齋三筆世人語有以切脚稱者如以蓬爲勃籠槃
爲勃闌之類按元人陳州糶米曲收了蒲籃罷了
斗用字不同而此器無製以蒲者可見容齋說是
筲箕說文筥筲也徐鉉注曰今言筲箕
柳罐見齊民要術今江北概以柳罐汲水
搖籃戒菴漫筆今眠小兒竹籃名搖籃郭晟家塾事
親曰古人製小兒睡車曰搖車以兒搖則睡故也

蓋搖籃即因于搖車
雲麓漫鈔漢人目溷器爲虎子鄭司農注周禮有是
言唐諱虎字改爲馬今人云廝馬子者是也夢粱
錄載家生動事有馬子
唧筒種樹書凡木旱晚宜沃以水以唧筒唧水其上
今人多用噴壺
夢粱錄人家每日不可缺者柴米油鹽酒醬醋茶按
今去酒一事謂之開門七件元人玉壺春度柳翠
百花亭等劇俱有早晨起來七件事柴米油鹽醬
醋茶句周德淸以七件皆無作折桂令紀之見葉



兒樂府
倪思鉏經堂雜志凡筵宴三杯亦散五杯亦散極于
百杯亦散諺云未有不散之筵余於是有深感
山海經華山首說祠祀禮云湯其酒百壺郭注湯或
作溫按湯讀去聲與禮月令如以熱湯之湯同音
湯酒即溫酒也宋人加皿擬老饕賦有盪三杯之
卯酒句其實爲贅
後漢書賈逵傳逵作酒令學者宗之粱書王規傳湘
東王爲京兆尹與朝士宴集屬規爲酒令皇甫松
醉鄉日月載有骰子旗旛閃壓抛打等令五代史

史宏肇傳會飲王章第酒酣爲手勢令按韓詩外傳齊侯置酒令曰後者罰飲一經程此酒令字見載籍之始其在詩曰旣立之監或佐之史監史猶今所謂令官底官蓋早開其風矣

史記齊悼惠王世家高后令劉章爲酒吏請以軍法行酒諸呂有一人醉亡酒章追伏劍斬之按流俗此諺及謂難與之席曰呂太后筵席皆本此

張鷟耳目記則天時謠言云張公喫酒李公醉張公者易之兄弟李公言王室也北里志載張住住事作李公頭墨客揮犀泉州郭朏夜出爲醉人所詬



太守詰之笑曰此諺所謂張公喫酒李公醉也太守怪其不服命取紙筆使作張公喫酒李公醉賦

石林燕語酒律謂酒巡一匝末座者連飲三杯爲藍尾蓋末座遠酒行常到遲故連飲以慰之按此是酒來遲非謂人之來遲也古凡罰飲之數多限以三韓安國作几賦不成罰三升蘭亭之會王子敬詩不成罰三觥景龍文館記序人題四韻後者罰三杯李白宴桃李園序罰依金谷酒數亦是三斗

北史楊愔傳長廣王伏家僮數十于後室仍與席上諸勳貴約行酒至愔等我各勸雙杯彼必致辭我一曰捉酒二曰捉酒三曰何不捉爾輩卽捉及宴如之按此又諺所謂席上擒人也

何剡酒爾雅樂天以詩酒琴爲三友今人指三友爲酒音同之訛留青日札今稱酒曰三酉皆言三點水加酉也然當作三友按酒雖三友之一未可以一該三俗情自折酒字爲酹未必不樂天事

留青日札酒缺 水而缺 禍泉按晉書地理志有福祿縣廚缺 福祿水出是縣出也俗呼酒爲福水當因乎此

涌幢小品俗有五葷三厭之說厭字義殊不解後讀



孫眞人歌訓天厭鴈地厭狗水厭烏魚鴈有夫婦之倫狗有隱主之誼烏魚有忠敬之心故不忍食

唐宋遺事太宗北征咸云取幽薊如熱鏊翻餅耳呼延贊曰書生之言未足盡信此餅難翻後果無功按俚語以田產回贖轉售曰翻燒餅或亦書其易耶按齊民要術有引食經作燒餅法

陳龍川集荅朱元晦書引此諺雞肋編陳無己詩巧手莫爲無麪餅卽俗語云無米之炊也

調謔編子瞻贈惠通詩氣含蔬筍到公無常語人曰頗解蔬筍語否爲無酸餡氣也按餡字从臽不从

宋人有誤書者歐陽公歸田錄嘗譏之

朝飯晚飯見杜詩晚飯越中行蘇詩却到龜山未朝飯中飯見王維詩中飯顧王程離憂從此始李頻詩向野聊中飯乘涼探暮程

晉書殷仲堪傳食常五椀盤無餘肴飯粘落席間輒拾以噉之按飯之狼藉者曰粘

野客叢書眞州郡齋舊有酒名花露姚合詩味輕花上露色合洞中泉得無取此意乎陸游詩三升花露春壺滿八尺風漪午枕涼

白居易詩燒酒初開琥珀光按東坡言唐時酒有名燒春者當即燒酒也元人謂之汗酒十思義有咏汗酒詩李宗表稱阿剌古酒作歌云年深始作汗酒法以一當十味且濃

東坡集食猪肉詩黃州好豬肉價賤如糞土富者不肯喫貧者不解煮慢著火少著水火候足時他日美每日起來打一碗飽得自家君莫管按今俗謂爛煮肉曰東坡肉由此

大金國志金人舊俗婿納幣戚屬偕行以酒饌往次進蜜糕人各一盤曰茶食按此語至今因之

唐書鄭修夫人曰治妝未畢我未及餐爾且可點心



傳燈錄德山鑒於澧陽路上見一婆子賣餅因息肩買餅點心婆子曰我有一問若答得施與點心河東記板橋三娘子置新作燒餅於食床上與客點心雞肋編宣和間有孫賣魚者餡寶籙宮道院上至院微覺餒孫出懷中蒸餅云可以點心揮麈錄章貫謂賈讜云忽忽未能小歇翌午朝退幸見過點心癸辛雜志阜陵謂趙溫叔曰聞卿健啖朕欲作小點心相請

過庭錄王子野羅列珍品謂水生曰何物可下飯乎生曰惟饑可下飯耳朱子語錄文從道中流出文只如喫飯時下飯耳貴耳錄劉岑未達時貧甚用選官圖爲下飯飢時以水沃飯一擲舉一匙夢粱錄和寧門賣細色異品菜蔬諸般下飯

演繁露世言餛飩是虜中渾民屯氏爲之按方言餅謂之飩或謂之餦餭則其由來久矣博雅作䬳飩

升菴外集餺饠今北人呼爲波波南人謂之磨磨按波當餺饠二字反切或云盧仝詩添丁郎小小餔餔不得喫餔餔猶今云波波或云本爲餑餑北音讀入爲平謂之波波皆未確磨磨之磨據集韻作饝又一作饃

王楨農書北方多磨蕎麥爲麵或作湯餅謂之河漏以供常食滑細如粉今音訛爲活落

清異錄韋巨源拜尚書令上燒尾宴其家故書尚存食帳有見風消乃油浴餅也按俚俗猥兒有以此作諢語者不知古實有此食品

演繁露齊高帝所嗜水引餅今世猶或呼之俚俗又名爲蝴蝶麵也陳達叟蔬食譜有水引蝴蝶麪

乾膘子實乂制造煎餅糰子召小兒擲瓦礫擊標中者以煎餅糰子啗之按白居易有寒食日過棗糰店詩鄒浩有水糰粽子却登門句糰字皆從米



釋名貊炙全體炙之各自以刀割食按此則漢時有燒割矣

齊民要術有灌腸法細剉羊肉及葱鹽椒豉灌而炙之與今法了無異也

輟耕錄今人以米湯和入鹽草灰以團鴨卵謂之鹹杬子據齊民要術用杬木皮淹漬故名之若作圓字寫則誤矣

夢溪筆談凡鐵之有鋼者如麵中有筋濯盡柔麪則麵筋乃見鍊鋼亦然老學菴筆記仲殊性嗜蜜豆腐麵筋皆用蜜漬

三國志孫亮傳注引吳歷使黃門至中藏取蜜漬梅蜜中有鼠矢按今謂之蜜煎煎音餞或遂書餞字非

陸羽茶經凡酌置諸盌令沫餑均沫餑者湯之浮華也華之薄者曰沫厚者曰餑陸龜蒙詩茶器空懷碧餑香按今人讀之若孛之音訛也

左傳襄二十八年梓慎曰元枵虛中枵耗名也土虛而民耗不饑何爲按世以饑爲枵腹本此

韓詩外傳子夏過曾子曾子曰入食子夏曰不爲公費乎曾子曰君子有三費飲食不在其中按世之



謝欵宴者曰過費本此司馬溫公書儀凡弔及送喪葬者必助其事而弗攝也注云攝謂受其飲食按今謝人者亦有奉攝之言

李昌符婢漢詩箇箇能噇空腹茶寒山詩背後噇魚肉人前念佛陀集韻噇食無廉也按今俗言噇嘴頭

通俗編卷十四終

# 通俗編卷十五

仁和翟灝撰　綿州李調元校

公羊傳注今就𡋯爲綴𡋯按俗謂出贅外家曰就親即斯言也蜀人呼爲入贅據公羊則贅字當作綴言如綴旒之綴也

袁文瓮牖閑評世有孃惜細兒之語陟岵之詩云母曰予季行役季少子也母以少子行役其心眷眷然袁氏浙東鄞人今尚有此語見通俗編按婦人亦愛憐其少子乎少細也國策趙威后曾明言之今蜀有百姓愛么兒之語即少子之謂



揚雄反騷有周氏之嬋嫣兮或鼻祖於汾隅方言鼻始也獸之初生謂之鼻梁益之閒謂鼻爲初或謂之祖注曰鼻祖皆始之別名也許旌陽服氣書人受胎於父母其始成鼻畫家畫人亦從鼻始故鼻云祖又說文俗以始生子爲鼻子

洛陽伽藍記隱士趙勉云是晉武時人正光初來京師汝南王聞而義之拜爲義父謝肇淛文海披沙項羽尊懷王爲義帝猶假帝也唐人謂假髻曰義髻彈箏假甲曰義甲皆以外置而合宜者故今人謂假父曰義父假子曰義子義女按唐書王世充傳請事侗母劉太后爲假子李錡傳畨落健兒稟給十萬使號錡爲假父假父假子之稱又見於此若史遷呂不韋傳所云假父乃與後世義父不同

明孝慈錄舅姑即公婆按公婆之稱古有之也漢書賈誼策抱哺其子與公併倨古爲焦仲卿妻詩便可白公姥及時相遣歸乃謂舅爲公也晉樂府後來新婦今爲婆干寶搜神記李信妻走告姑曰阿婆見夜來不知何故變相乃謂姑爲婆也



邱濬家禮儀節家禮舊本于高曾祖考妣上俱加皇字今本改作故字似俗不若用顯字蓋皇與顯其義相符潘昂霄金石例古人書皇祖皇考韓衛公易以顯字元典章大德四年江西省咨淬鄉縣侯震翁告朱惠孫墓菴內供伊母魂牌刊寫皇妣字樣儒學提舉司於禮記內披究得皇妣二字經典該載不曾奉到上司明文合與不合廻避咨請回示部議得省儒學攷究雖出經典理宜廻避已追牌座當官燒毀今後徧行禁止按當時但禁用皇字其應作某字未著明文今通行書顯考妣蓋先經易於韓衛公

府君本漢太守之稱後漢書廣陵太守陳登患胸中

煩滮華佗脉之曰府君胃中有蟲三國志孫策進軍豫章華歆爲太守葛巾迎策策曰府君年德名望遠近所歸近世疏狀譜牒乃以稱其祖考攷司馬溫公書儀慰狀格式先某位奄棄榮養自注云無官改先某位爲先府君朱子家禮祠堂章自注云無官者以生時行第稱號加於府君之上又語錄無爵而曰府君夫人漢人碑已有只是尊神之辭府君如官府之君今人亦謂父曰家府君姚翼家規通俗編蓬窗類記言無官者稱府君蓋襲古式而不知本朝有禁然禁無可攷而嘗於載籍中見湛甘泉告祖文稱曾祖處士府君此公非不知禮不攷典故者邱文莊乃本朝達禮之士其輯家禮亦稱處士府君恐蓬窗所記誤也詩先祖是皇注皇君也而慶源輔氏曰君卽府君之謂則府君乃人子尊祖考之辭非以爵稱也明矣

開元禮虞祭祝文父喪稱孤子母喪稱哀子祖父稱孤孫祖母稱哀孫大小祥祭如之朱子家禮父母俱亡卽稱孤哀子又曰凡禮中所言孤子如當室及不純采之類皆謂已孤之子非所自稱也而鄭氏禮注亦云三十以下無父稱孤三十以上不得



稱爲孤也今欲行古禮父母喪俱宜稱哀子然世俗相承已久恐難卒變語類或問世間孤哀之稱如何曰溫公因今俗以別父母不欲混也從之亦無害陳子昂爲其父墓志自稱孤子李華祭蕭穎士文已有父喪亦自稱孤子

儀禮喪服傳爲父後者則爲出母無服疏云謂父歿適子承重不合爲出母服承重二字見此通典有晉庾純等適孫爲祖承重議按晉書禮志云陳留王奉云爲人後者所承重則承重之言不獨專於祖孫

禮雜記祭稱孝子孝孫喪稱哀子哀孫劉熙釋名祭曰卒哭止孝子無時之哭也期而小祥孝子除首絰也又期而大祥孝子除練服也閒月而禫孝子之意澹然衰也皆因祭以稱之今概謂居喪者曰孝子服曰戴孝不典也而其俗自晉宋來皆然晉書王綏傳父爲殷桓所捕未測存亡綏居處飲食每事貶降時人或爲試守孝子宋書明恭王皇后傳廢帝欲加酖害左右止之曰若行此事官家便作孝子南史周盤龍傳不爲世子便爲孝子孝子則門加素堊世子則門施丹赭梁邵陵王綸傳道

逢喪車奪孝子服而著之吳明徹傳葬日有乘白馬者經壙此是最小孝子大貴之徵北史崔儦傳崔子約居喪哀毀人云崔九作孝風吹即倒王叡傳叡之葬也假烟親義舊衰經縞冠送喪者千餘人時人謂之義孝

水經注變童丱女弱年崽子方言崽者子也湘沅之間凡言是子者謂之崽子按崽音如宰俚俗以爲罵語其實非罵語也顧況哀囝詩郎罷別囝囝別郎罷按閩中方言以父爲郎罷子爲囝也集韻囝音蹇今俗亦以囝子爲罵語



元典章有新附軍人弟男子姪結連惡少爲害四字始見

白虎通男生内嚮有留家之義女生外嚮有從夫之義按孟子疏引作女生内嚮男生外嚮似譌

齊民要術紅花一頃日須百人摘取一家手力十不充一但每日有小兒僮女百十餘羣自來分摘是以單夫雙妻亦得多種單夫雙妻字始見

文選蘇子卿詩結髮爲夫妻恩愛兩不離又曹植詩與君初定情結髮恩義深古爲焦仲卿詩結髮同枕席黄泉共爲友江淹詩而我在萬里結髮不相見黄憲天祿閣外史寡人有母結髮於先君而生寡人北史齊文宣紀謂崔暹妻曰頗憶暹不曰結髮義深實懷追憶又馮翊太妃傳司馬子如曰結是王結髮婦按結髮本言初冠時史記主父偃傳結髮游學李廣傳結髮與匈奴戰漢書霍光傳妃髮内侍後漢書魯褒傳結髮傳父業皆是也蘇子卿詩亦謂自初冠時爲夫妻而後人直借以代夫妻字非也

周禮正室謂之門子注云正室適子將代父當門者禮記文王世子若有出疆之政庶子守公宮正室



守太廟注亦云正室適子也左傳桓二年天子建國諸侯立家卿置側室注云側室衆子也文十二年趙有側室曰穿注云側室支子按諸經則正室側室古不以言妻妾言其所生子也然淮南修務訓稱以楚莊之琴側室爭鼓之注云側室之寵人則妾自有側室之稱漢書文帝曰朕高皇帝側室之子也宋書陸展染鬚髮欲以媚側室妾云側室妻可云正室矣

詩慍于羣小注曰小衆妾也漢書元后傳小婦弟張美人師古曰小婦妾也水經河水注引佛經有國

王小夫人生肉胎大夫人妒之亦分妻妾爲大小
元典章萬戸千戸裡有底渾家孫兒也教依例當差
按續燈錄可眞舉渾家送上渡頭船句蓋宋有斯
稱
南史王玢傳子琳娶梁武帝妹有子九人並知名時
人以爲玉昆金友崔鴻前涼錄辛攀兄弟五人並
以才識名秦雍爲之語曰五龍一門金友玉昆按
今稱人弟兄曰昆玉義應本此但不曰金玉曰昆
友而曰昆玉似復別有出處晉書陸機兄弟生華
亭並有才名人比之崑岡出玉昆玉或崑玉之譌



歟
蘇軾和王子立詩婦翁未可撾王郎非嬌客注曰女
婿曰嬌客子立乃子由婿也老學菴筆記秦檜有
十客吳益以愛婿爲嬌客又名半子本唐書回紇
傳
嬾眞子友婿江北人呼連袂亦呼連衿
晉書何無忌傳無忌劉牢之甥酷似其舅世說新語
桓豹奴是王丹陽外生形似其舅又殷顗是謝鎭
西外甥謝公孰視殷曰阿巢故似鎭西王維詩寧
親爲令子似舅卽賢甥容齋續筆舊有以書句兩

語而証以俗語者如丹朱之不肖舜之子亦不肖
証之曰外甥多似舅
唐書劉季述傳李振謂程巖曰百歲奴事三歲郎主
常也五代史李振傳無郎字四朝聞見錄高宗自
能推步星命或臣下不能始終仰副聖懷則曰吾
奴僕宮星陷也
漢書陳勝傳免驪山徒人奴產子師古曰奴產子猶
今人云家生奴也白居易詩蒼頭碧玉盡家生
漢書西域傳募民壯健有累重敢徒者詣田所注云
累妻子家屬也晉書藏洪傳孫混欲迎其家累佯



言此地當敗而止梁昭明陶靖節傳爲彭澤令不
以家累自隨韓退之與李翱書家累僅二十口攜
此將安所歸托乎按今人自言其妻妾子女曰賤
累子女多曰累重由於此又稱家屬見史記盧綰
傳又稱家口見南史張敬兒傳今俱稱爲家眷
沈約述僧設會論非貧四輩身口無托范梈詩閉戶
讀書古都市四輩冠蓋方隆隆按此似泛謂四方
之人今俗言四輩者乃指親族友鄰殊覺未合逸
周書大武解有四戚之目一內姪二外婚三友朋
四同里蓋今之所言實當爲四戚耳又呂氏春秋

父母兄弟妻子曰六戚
魏書王寶興傳尙書盧遐妻崔浩女也初寶興母遐妻俱孕浩謂曰汝輩將來所生皆我之自出可指腹爲親及婚浩爲撰儀南史韋叡傳韋放與張率側室俱孕因指脂爲婚姻元典章至元六年淮中書省議有依前指腹及割衫襟等爲親者今後竝行革去今指腹爲親者猶言割衫襟葢元巳有之



通俗編卷十五終

# 通俗編卷十六

綿州李調元

莊子盜跖篇料虎頭編虎須幾不免虎口哉音義曰料音聊按俚語虎頭上搔癢卽是語也

王宗沐江西大志嘉靖時燒造磁器所畫有搶珠龍獅子滾繡毬靈芝捧八寶三陽開泰八仙過海等名子滾當作輥五燈會元有三歲孩兒輥繡毬語

猗覺寮雜抄作死馬醫自唐巳有此語傳燈錄雲門亦舉揚之其初出郭璞傳有主人良馬死者璞敎令一人東行遇林木以杖擊之得一物如猿持歸見死馬卽吹其鼻少頃活故世俗於無可奈何尚欲救之者謂之死馬醫春渚紀聞有名士爲酒倅者臥病旣久其子不慧有名醫自都下還其子謁之曰大人病勢雖淹願左右一顧且作死馬醫也聞者無不絕倒今有死馬當作活馬醫之說

莊子齊物論非所明而明之郭象注曰是猶對牛鼓簧耳李石續博物志亦云面牛鼓簧宏明集昔公明儀爲牛彈淸角之操伏食如故非牛不聞不合其耳也按易林云牛耳聾聵不知聲央故諸特舉牛言之而其言皆與今諺小別五燈會元惟簡荅

僧問直云對牛彈琴今云對驢子彈琴
隋書五行志齊後主時犬爲開府儀同雌者有夫人郡君之號按鈎廊偶筆云前朝大內猫狗皆有官名食俸中貴養者常呼猫爲老爺可以作對
新唐書五行志龍朔元年涪州猫鼠同處鼠象竊盜猫職捕齧而反與同處象捕盜者廢職容奸舊唐書代宗紀隴右節度使朱泚于軍士家得猫鼠同乳不相害籠而獻之文獻通攷慶元中鄱陽民家一猫帶數十鼠行止食息皆同如母子相哺今呼不分上下一處謂之猫鼠同眠



元典章大德十年杭州路陳言有等結交官府遇有公事無問大小悉奔投囑托關節俗號猫兒頭留青曰札今言人之幹事不乾淨者曰猫兒頭生活又呼罵達官家人亦曰猫兒頭蓋起於是時
今謂被侵漁曰遭踏應作獺南唐近事張崇帥廬州索錢無厭嘗因燕會一伶假爲死者被遣作水族冥司判云焦湖百里一任作獺俗謂侵漁爲作獺也朝野僉載王熊爲澤州都督百姓歌曰前得尹佛子後得王癩獺見錢滿面喜無錢從頭喝此亦遭獺獺字之證

洛陽伽藍記後魏孫巖取妻三年不脫衣卧私怪之伺其睡熟陰解衣有尾長三尺懼而出之變爲一狐靈怪錄有王生於圃田栢林中見二狐執書言笑引彈中其目狐遺書走生緘書去宿前店方與主人話其事忽有患目者攜裝來聞生之言曰如何得見其書生將出書主人見其一尾垂下以告生生遂收書逐之則化爲狐而走按俗以作僞者露其本色曰狐狸精露尾此其事也
麗元英談藪曹侍郎詠貶新州厲德斯遣介致書啟封乃樹倒猢猻散賦一篇



揚子方言自關而東蝙蝠或謂之老鼠按老鼠與鼠別也而世俗凡言鼠輒云老鼠據南史齊宗室傳潁達罵沈約曰我今日形容正是汝老鼠所爲沈南人故以相詈今詈蜀人爲川老鼠所謂張冠李戴也幽明錄有客詣董仲舒論五經董疑其非常謂曰卿非狐狸卽是老鼠國史補韓退之曰大蟲老鼠俱爲十二屬傳燈錄雪峯謂元沙此間有箇老鼠子在浴室裏韓子蒼詩窮如老鼠穿牛角皆已如今俗所謂
名虎曰大蟲見肘後經傳燈錄百丈問希運見大蟲

歷運便作虎聲僧寶傳諸方稱景岑曰岑大蟲十國春秋桂州兒童聚戲輒呼大蟲來及李瓊拔桂人謂瓊曰李老虎識者以爲應苕溪漁隱叢話載杜默歌云學海波中老龍聖人門前大蟲皆相沿用之

孔平仲談苑俗呼牝馬曰課馬出唐六典凡牝四遊而課謂四歲課一駒也牝馬亦曰草馬爾雅牝曰騇郭注曰草馬名魏志杜畿傳晉書涼武昭王傳俱有草馬字北史許善心傳賜物千段草馬二十匹顏氏家訓詩駉駉牡馬河北本悉爲牧馬鄴下



博士見難云既美僖公牧坰野事又何分騲騭乎騲即草也按淮南修務訓馬之爲草駒時跳躍揚蹄人不能制注云馬五尺以下爲駒放在草中故曰草駒此以馬未調馭爲草又一義也

五代史郭崇韜傳崇韜素嫉宦官嘗謂繼岌曰主上千秋後盡當去之至於扇馬亦不可騎肘後經騸馬宦牛羯羊閹猪加馬旁作騸

北史斛律羨傳羨史騎快騾迎至鄴

北齊書楊愔傳選人魯漫漢在元子思坊騎禿尾草

按亦謂牝驢也今草馬之稱不甚著草驢則人人稱之

漢元嘉刀銘宜侯王大吉羊隷續漢代器物多以羊爲祥說文云羊祥也羊有祥意故卽借爲祥按漢末婚禮用羊亦取其吉祥也吉羊之稱典矣

東坡集與子安兄尺牘此書到日相次歲猪鳴矣老兄嫂團坐火爐頭環列兒女便是人間第一等好事劍南集自注蜀人養猪於歲暮供祭謂之歲猪

風俗通凡人相罵曰死驢醜惡之稱也董卓陵虐王室執政皆如死驢按今俗惟詈僧曰驢其來亦久傳燈錄有俗士謂西睦和尚曰和尚便一頭驢睦



曰老僧被汝騎又僧問投子同曰麤言細語皆歸第一義是不曰是曰喚和尚作頭驢得麼同便打蓋唐時已如是詈之三國志魏三少帝紀又有死狗此何言也之詈

方回桐江續集聽航船歌詩云船頭船尾唱歌聲蘇秀湖杭總弟兄喝攏喝開不相照阿牛賊狗便無情詈語入詩匪夷所思也

元典章刑例有偷頭口條凡達達漢兒人偷頭口一箇陪九箇按牛馬之屬今謂之頭口又稱生口魏志王昶傳注任嘏與人共買生口各雇八匹後生

口家來贖椵自取本價按世俗通以俗産爲生口而馬尤專其稱史中惟此所説爲合餘如後漢書袁安傳單于謀欲犯邊宜還其生口以安慰之晉書武帝紀太康二年賜王公以下吳生口各有差南史蕭勵傳所獲生口寶物軍賞之外悉送還臺諸云生口或是人或是牛馬俱未見明晰若後漢班超傳獲生口萬五千人馬畜牛羊三萬餘頭梁慬傳獲生口數千人駱駝畜産數萬頭西南夷傳楊竦擊破封離獲生口五千人南匈奴傳單于遣輕騎出上郡遮略生口鈔掠牛馬又張耽擊車紐



等獲生口及兵器牛羊甚衆南史袁繼忠傳得生口馬牛羊鎧仗踰萬計凡此多於生口下別言馬畜牛羊繹其辭義蓋指俘虜人口言也

升菴外集俗傳龍生九子不成龍各有所好宏治中御書小帖以問内閣李文正據羅玘錙績之言具疏以對今影響記之一曰贔屓好負重今碑下趺是也二曰螭吻好望今屋上獸頭是也三曰蒲牢好吼今鐘上紐是也四曰狴犴有威力故立于獄門五曰饕餮好飲食故立于鼎蓋六曰蚣蝮好水故立于橋柱七曰睚眦好殺故立于刀環八曰狻猊好烟火故立于香鑪九曰椒圖好閉故立于門鋪按李東陽陸深等俱嘗記此而其名或不同陸謂出山海經博物志攷二書今皆無之相傳錙績倡其説但云得于故冊疑其權時應命所撮造故升庵云影響記之也

論衡講瑞篇鳳凰騏驎生有種類若龜龍矣龜故生龜龍故生龍形色大小不異于前者也傳燈錄丹霞然云龍生龍子鳳生鳳兒普燈錄巳庵深云龍生龍鳳生鳳老鼠養兒沿屋棟此語江右人常言之



南齊書輿服志車上畫飾有鳳凰銜花蜀錦譜建炎三年織造錦綾被褥其名有如意牡丹穿花鳳等今織繡多作鳳穿牡丹應本此

古今詩話唐李明遠爲潘州司馬嘗有詩云北烏飛不到南人誰與游又齊巳詩瘴國頻聞説邊鴻亦不游俗傳句云雁飛不到處人被利名牽同一慨也

雞肋編載俗語蘇軾答陳季常尺牘先生篤于風義自割瘦脛啖我然不爲鷺鷥者恐未能化之也陳師道答黄生詩割白鷺股夫何難食鷀鴣肉未爲

失均用此語

猗覺寮雜鈔鵲塡河俗語也白樂天詩用之云秃似鵲塡河

夢溪筆談吳人多謂梅子爲曹公鵞爲右軍有士人遺人醋梅與燖鵞作書云醋浸曹公一甕湯燖右軍二隻聊備一饌按宋人詩有水底右軍方熟眠句皆可笑甚也今人書簡稱鵞曰羲愛但較愈于右軍耳

南史齊孝宣后傳太廟四時祭詔以笋鴨卵脯薦后以生平所嗜也按京師人以鷄鴨之嫩者爲笋鷄笋鴨其稱舊矣

草木子南人在都求仕者北人目爲臘雞蓋臘雞爲南方饋北人之物也鬱輪岡筆塵嚴分宜生日江西士紳致祝嚴長身聳立諸紳俯身趨謁高中元旁睨而笑嚴問故高曰偶爾憶昌黎詩大雞昂然來小雞竦而待不覺失笑耳衆亦鬨然大笑按二書則元時凡南數省人皆有臘雞之目至明乃惟以之嘲江西人也

戴復古詩區別鄰家鴨羣分各線鷄自注閩鷄一線則一羣各線則別作一羣按二字入詩亦僅見者



負暄雜錄南唐李後主諱煜改鸜鵒爲八哥按廣韻謂鸜鵒爲哵哵鳥八哥之八似宜用哵字

日知錄云殃及池魚呂氏春秋必己篇乃宋桓司馬事淮南子云楚王亡其猿而林木爲之殘宋君亡其珠池中魚爲之殫故澤失火而林憂則失火與池魚自是兩事後人候爲一耳此說甚是

晏子春秋雜上篇景公遊于紀得金䇿發視之中有丹書曰食魚無反晏子曰食魚無反毋盡民力乎按反平聲至今食魚者猶以盡食兩面爲子弟戒

楓窻小牘東坡謂食河魨値得一死本草綱目河魨有油麻子脹眼睛花之語而江陰人鹽其子糟其白埋過治食此諺言所謂拚命喫河豚者耶

韓昌黎集月蝕歌烏龜怯姦怕寒縮頸以殼自遮五燈會元僧問祖師西來意大同旺曰入市烏龜曰意旨何如曰得縮頭時且縮頭元曲選尚仲賢單鞭奪槊劇亦云如今學得烏龜法得縮頭時且縮頭按此悍婦罵街語而昌黎亦不避之以當時未以烏龜爲醜詆也

聖宋掇遺陶穀奉使吳越忠懿王宴之以其嗜蟹自蝤蛑至蟛蚏凡羅列十餘種穀笑曰眞所謂一蟹

不如一蟹也王銍國老談苑載此事作一代不如
一代非
元曲選瀟湘雨劇常將冷眼看螃蟹看你橫行到幾
時今院本襲用甚多
金史斜卯愛實傳好作詩詞語鄙俚人採其語以爲
戲笑因自草括粟榜文有雀無翅兒不飛蛇無頭
兒不行等語以而作兒掾雖知不敢易也京城目
之曰雀兒參政
月令廣義凡四孟年大姑把蠶四仲年二姑把蠶四
季年三姑把蠶按此本自陰陽剋擇書今惟春牛



圖著之而宋元人嘗以入詩趙元云不似二姑忙
更煞馬臻云把蠶今歲是三姑
宋史賈似道傳坐葛嶺賜第日與羣妾據地鬬蟋蟀
按武林舊事載諸小經紀有促織盆鵓鴿鈴等物
見南宋時民閒多養促織俗謂此事始于似道不
然也惟蟋蟀經爲似道著耳戒菴漫筆云宣德時
蘇州造促織盆出陸墓鄒莫二家極工巧有大秀
小秀所造者尤妙鄒家二女名也
金蟬脫殼見關漢卿謝天香曲按金蟬是前代冠制
若脫殼之蟬卽不應綴以金字葢此特俗言

俗謂美人有沉魚落雁之容按莊子齊物論毛嬙麗
姬人之所美也魚見之深入鳥見之高飛
元曲選桃花女劇云哈叭狗兒蛟虼蚤也有咬著時
時有咬不著時按虼字不見字書惟武林舊事以
科斗爲虼蚪楊愼載數九諺蚊蝱獨蚤出則用獨
字葢皆非也虼當爲齕齧之齕此蟲務齧人故呼
齕蚤猶以其善跳呼跳蚤耳
周禮梓人疏蟹謂之缺　以其側行者也按語義當
正作旁今字缺　後人率加埤雅云蟹旁行
故里語謂之旁蟹可證



急就章注海蝦堪爲脯鮓及之所謂蝦米者米之稱
亦舊矣
韓昌黎集孔戣爲華州刺史奏罷明州歲貢淡菜按
淡菜乃不典之物而唐人詩嘗用之李賀云淡菜
生寒日鮞魚噀白濤孫光憲云曉廚烹淡菜春杼
織橦花
酉陽雜俎秦中多巨黑蟻好鬬俗呼爲馬蟻按馬蟻
是蟻之別種而今以概呼凡蟻且益虫旁爲螞字
舉世相承不知其非矣
楚詞元蜂若壺揚雄方言乃謂之壺蜂名醫別錄稱

觚𪏆蜂觚𪏆即亞類也惟廣雅作胡蜂蠚壺象其形胡指其色凡物黑色者謂之胡也

考工記梓人疏螾衍今曲蟮也東方虯蜩賦作逶迤而鱔曲或宛轉而蛇行

魯連子百足之蟲死而不僵本草馬陸一名百足按此即莊子所謂蚿也今俗以蜈蚣爲百脚悮

顧曲雜言京師人呼促織爲趨趨蓋促織二字俱入聲北音無入遂訛至此今南客聞之亦襲其名悮矣

郭象南華經注蛩跳蝨齧人者王十朋詩跳蝨何處來



山堂肆攷宋道君北狩衣上見蝨呼爲琵琶蟲以其形似琵琶也

劉敬叔異苑有小蟲形如大豆咒令叩頭即從所教俗呼叩頭蟲晉傅元有叩頭蟲賦唐人詩有窗間膃肭叩頭蟲句

華嚴經如人護身先護命根種樹書凡花木有直根一條謂之命根

荀子致仕篇水深則回樹落糞本漢書翼奉傳注引賀氏風角曰木落歸本水流歸末傳燈錄六祖慧能涅槃時答衆曰葉落歸根來時無日陸游詩云閒忘出岫葉落喜歸根本此

崔駰達旨高樹靡陰獨木不林梁樂府紫騮馬歌獨柯不成樹獨樹不成林念郎錦襠襠恒長不忘心本此

羅湖野錄黃魯直與興化海老手帖承觀寺虛席上司有意干清兄淸欲不行蟠桃三千年一熟此事黃龍興化亦當助作道之緣莫送入上樹拔却梯也按上樹拔梯語始見此

王濟日詢手鏡吳湘間有俗諺見事難成則曰須鐵



樹開花余在廣西馴象衛見一樹高可有三四尺幹葉皆紫黑色質理細厚問之曰此鐵樹也每遇丁卯年花一開累月不凋乃知鐵樹開花之說有自來矣

林希逸鬳齋十一稿省題詩有惜花春起早愛月夜眠遲長律各一首岑安卿栲栳山人集有題張彥明藏紙剪惜花春起早圖詩其原句不知誰作

侯鯖錄謂王介甫所作石榴花詩遯齋閒覽此唐人詩不記作者姓氏曾見介甫親書于所持扇或以爲介甫自作非也七修類稿英廟召取天下畫工

王京師以萬綠枝頭紅一點動人春色不須多爲題試之

藝苑卮言今人以椿萱擬父母當是元人傳奇起耳大椿八千歲爲春秋以擬父猶可萱引詩言樹之背殊不切觀唐元微之詩萱近北堂穿上早宋丁謂之詩草解忘憂忘庶事則唐宋人必不以萱擬母也覆瓿集婦洗在北堂見于婚禮之文而萱草忘憂出于嵇叔夜之論後世相承以北堂謂母而有萱堂之稱不知何據若唐人堂階萱草之詩乃謂母思其子有憂而無歡雖有忘憂之花亦如不



見非以萱比母也惟醫書萱草一名宜男以之諭母義或本此

容齋隨筆小雅惟桑與梓必恭敬止並無鄉里之說而後人文字多作鄉里事用日知錄張衡南都賦云永世克孝懷桑梓焉眞人南巡覩舊里焉蔡邕作光武濟南宮碑云來在濟陽顧在神宮追惟桑梓褒述之義陳琳爲袁紹檄云梁孝王先帝母弟墳陵尊顯松柏桑梓猶宜肅恭漢人之文必有所據齊魯韓三家之詩不傳未可知其說也胡三省通鑑注桑梓謂其故鄉祖父之所樹者

蒙齋筆譚世因桃李悉在公門一語遂謂門人爲桃李祇若列在門牆者耳不知有報答之義晉趙簡子謂陽虎曰惟賢者爲能報恩不肖者不能植桃李者夏得休息秋得其實植蒺藜者夏不得息秋得刺焉唐人刺裴度詩不栽桃李種薔薇荆棘滿庭君始知正用此

北齊書魏收傳安德王納李祖收女爲妃帝幸李宅宴妃母宋氏薦二石榴于帝前問諸人莫知其意收曰石榴房中多子王新婚妃母欲王子孫衆多帝大喜



陸游書齋壁詩半生憂患苦縈纏菱角磨成芡實圓自注俗謂困折多者曰菱角磨作雞頭

升菴外集仙傳云劉綱與妻將飛昇庭前有皂莢樹妻令綱升樹數丈方能飛俗稱畏內者曰上皂莢樹亦有本

大家飛上梧桐樹自有旁人話短長葉紹翁四朝聞見錄載無名子嘲京仲遠詩楊琚山居新話張左丞語桑哥云大家飛上話短長自有旁人梧桐樹元曲選陳州糶米劇作鳳凰飛上梧桐樹抱粧盒劇作大鵬飛上梧桐樹按此語頗費解較其理却

當以元曲爲是
晉書藝術傳單道開日服鎮守藥數丸大如梧子按
此今醫方所本
後漢書劉元傳諸亡命聚藏于綠林中按注謂綠林
地名在荆州當陽縣自李涉有綠林豪客夜知聞
句後人竟稱此輩爲綠林
梅磵詩話鄭安晚丞相未貴時賦冬瓜詩云生來籠
統君休笑腹內能容數百人集韻曰儱侗未成器
也宋人不識其字止以音發作籠統此何意義耶
五燈會元薦福休雲居舜保寧璣皆有瓠子曲彎



彎冬瓜直儱侗之語
桂苑叢談張祜以詩上鹽鐵使授其子曹渠小職得
堰名冬瓜或曰賢郎不宜作此職張曰冬瓜合出
祜子按此可辨張祜非張祐之証
傳習錄劉觀時問未發之中請得略示氣象否先生
曰啞子喫苦瓜與你說不得你要知苦時還須你
自喫今俗語多言之五燈會元僧問洞山微如何
是點點相印底事微曰啞子喫苦瓜
北周書王羆性儉率有客與羆食瓜侵膚稍厚瓜皮
落地乃引手就地取而食之朝野僉載述其事云

今輕薄少年割瓜侵瓤以爲達官兒郎通人所不
爲也按自以爲達官兒郎乃說大話者也流俗反
云齧瓜皮說大話豈又輕薄少年之轉相誚耶
東坡文集與王元直尺牘想與君對坐莊門喫瓜子
炒豆不知當復有此日否
程伊川語錄邵堯夫臨終時只是諧謔某往視之因
警之曰堯夫平日所學今無事否答云你道生薑
樹上生我也只得依你說
許彥周詩話宣和時予游嵩山極中院見人題一詩
云一團茅草亂蓬蓬驀地燒天驀地空爭似滿爐



煨榾柮漫騰騰地煖烘烘溫公書其旁云勿毀此
詩蓋有所寄托而云也詩又載張氏貴耳集
淮南子修務訓大熈者舉缺四字杠蝯自縱援豐
條龍從鳥集莈蒙踊躍觀者莫不爲之損心酸足
論衡自紀篇充爲小兒與儕倫遨缺二倫戲錢林
熙充獨不缺二此乃緣樹以爲戲也今人謂之溜
樹
太平寰宇記蒙山與嚴道山相接雨露常蒙因以爲
名頂受全陽之氣其茶爲天下稱通雅蒙頂茶乃
出睢州蒙山唐李德裕入蜀得蒙餅以湯餅沃之

移時盡化而袞州費縣之蒙山志亦載蒙頂茶青州蒙陰之蒙山亦云其巔產茶乃草藥耳

李賀詩長鑱江米熟注家謂江南所貢之米今北俗通呼白米曰江米

玉篇蔢蔄藥草步臥火个二切按此屬薄荷之本名本字今習書薄荷此二字遂罕知者本草綱目謂薄荷爲訛稱然陸務觀咏貓詩薄荷時時醉亦用之而荷讀入聲米氏畫史謂黃筌畫貓顫葧荷甚工乃蔢爲葧方書又或作菝作蔢字典云皆傳寫譌也



詩言采其莫疏曰莫味酢五方通謂之酸迷按俗以酸槳草爲酸迷迷正此

羣芳譜引本草鬼見愁出武當山中是樹莢之子彼人以串數珠按以愁爲怕又今言之變也

韋述兩京記東都嘉慶坊有李樹其實甘鮮爲京都之美故稱嘉慶李白香山集有嘉慶李詩洪邁盤州雜咏咏嘉慶子云遊人初識面不作李花猜自注仲弟使金遇此果熟帶其核歸種按嘉慶子雖即是李而種類與凡李殊今人概以爲李脯之號虛譽之耳

卷十六終

# 通俗編卷十七

仁和翟顥撰 綿州李調元校

今人互相稱謂各從其習閒嘗考之多戾於古而莫甚於家庭之閒如稱人妻曰尊夫人唐以前皆以稱人母見昌黎集孟東野墓志始以尊夫人之命來集京師是也男女人倫之始不可不正

韓詩外傳古謂之道者曰先生何也猶言先醒也不聞道術之人則冥于得失眊眊乎其猶醉也故世人有先生者有後生者有不生者鄭康成禮記注元生老人教學者趙岐孟子注學士年長者謂之



先生按今先生之稱泛矣而教學者獨之實合于經訓也

史記賈誼傳每詔令下議諸老先生不能言賈生盡爲之對按三字初見于此未嘗以相稱也相稱則自宋起劉元城語錄曰老先生居洛先生從之菫十年所云老先生乃司馬君實渭南集東坡像贊曰是老先生玉色頩脥俱以稱老前皆乾淯起居注上謂史浩曰當爲老先生一醉則共稱及同時人矣王世貞觚不觚錄云京師稱位尊者曰老先生自內閣至大小九卿皆如之門生稱座主亦不

過曰老先生而已

何氏語林元次山祖元亨卒門人私謚曰太先生按時以爲謚則生時不應稱也

漢書梅福傳叔孫先非不忠也師古曰先猶言先生也鼂錯傳公卿言鄧先師古曰猶言鄧先生也按前明太監稱卿大夫每曰老先而不云生古亦有之矣

搜神記管輅至南陽平原見一少年嗟歎而過少年曰老丈有何事嗟歎或稱丈丈全唐詩話鄭谷幼年司空圖見而奇之曰曾吟丈丈詩否曰吟得丈



丈曲江晚眺斷篇按丈猶言丈人也李白有過崔八丈水亭詩杜甫有贈李八丈判官詩愛日齋叢抄云曾吉甫在館中同舍相約曾公前輩可尊是宜曰丈餘人自今各以字自行稱丈之尊若此

南史沈慶曇傳無處世無才能圖作大老子耳按此與孟子云大老別流俗謂藉勢張大好人趨承曰大老官是也宋時江州民呼其公亦曰大老見侯鯖錄

南史齊廢帝鬱陵王紀高帝方令左右拔白髮問之曰兒言我誰耶荅曰太翁高帝笑謂左右曰豈有爲人作曾祖而拔白髮者乎即擲鑷按此屬曾孫稱曾祖也陸遊戲遣老懷詩阿囝略知郎罷意稚孫能伴太翁嬉似但謂祖又祖曰太公見後漢書李固傳

列子黃帝篇家公執席易林卒成禍亂災及家公顏氏家訓昔侯霸之孫稱其祖父曰家公資暇錄山簡謂年幾二十不爲家公所知按此乃止其父非祖也晉書劉胤傳王悅曰間溫平南語家公云連得惡夢思見代者尋云可用劉胤此乃溫意非家公也所云家公亦謂其父導耳今蜀語乃謂外祖



曰家公

南史孝義傳何子平事母至孝月俸得白米輒貨市粟麥曰尊老在東不辦米何心獨饗白粲按此乃自稱其母而今世專以稱父

周嬰卮林儀禮有司徹曰主婦北堂士昏禮曰姑洗于北洗鄭注曰北洗在北堂主婦也姑也非母之稱乎李陵書老母終堂潘岳賦太夫人在堂顏延之秋胡詩上堂拜家慶固之高堂之上慈母所居自昔然矣隋侯夫人自傷詩偏親老北堂杜甫詩慈顏赴北堂岑參詩北堂倚門望君憶此後代堂

老令堂之稱所祖耳按世俗又或稱萱堂萱親則因北堂而牽連及之孟郊詩萱草集堂陛遊子行天涯慈親倚堂門不見萱草花乃其牽連之祖

史記高帝紀謂太上皇曰大人常以臣爲無賴漢書霍去病傳遣使迎父仲孺跪曰去病早不自知爲大人遺體此稱父爲大人也漢書淮陽獻王傳張博云王遇大人亦解後漢書黨錮范滂傳滂謂母曰惟大人割不可忍之恩勿增慼慼此稱母爲大人也又漢疏受扣頭曰從大人議則以大人稱叔唐柳宗元謂劉禹錫母曰無辭以白大人則以大人



稱他人之父母

老學庵筆記南鄭俚俗謂父曰老子雖年十七八有子亦稱老子乃悟西人所謂大范老子蓋尊之以爲父也按西人並不以老子爲尊雖自稱有然後漢書韓康傳亭長使奪其牛康卽與之使者欲奏殺亭長康曰此自老子與之亭長何罪康乃京兆霸陵人正可爲的證者三國志甘甯傳注夜入魏軍軍皆鼓譟舉火還見權權曰足以驚駭老子否此老子似謂曹操權豈欲尊操而云然乎晉書陶侃傳顧謂王愆期曰老子婆娑正坐諸君輩應詹傳鎮南大將軍劉弘謂曰君器識宏深後當代老子于荆南矣庾亮傳諸君少住老子于此興復不淺諸人不皆西產而其自稱如此必當時無以稱父者故得通行不爲嫌若五代史馮道傳耶律德光誚之曰汝是何等老子對曰無才無德癡頑老子更顯見其稱之不尊矣

南史侯景傳前世無不復憶惟阿爺名標隋木蘭詩軍書十三卷卷有爺名阿爺無大兒木蘭無長兄願爲市鞍馬從此替爺征又云朝辭爺孃去暮宿黃河邊不聞爺孃喚女聲但聞黃河流鳴濺濺



濺程大昌演繁露後世呼父爲爺又曰爹雖宮禁稱呼亦聞其音竇懷貞爲國爺是其事也唐人草檄亦曰致赤子之流離自朱耶之板蕩按爺爹之稱固出唐前而竇懷貞事乃云國奢非爺字也

戴良失父零丁有今月七日失阿爹語方言博雅廣韻爹皆訓父而其音作徒我切或大可切南史始興王憺傳詒徵還朝人歌曰始興王人之爹赴人急如水火何時復來哺乳我荆土方言謂父爲爹故云注亦云爹徒我切至集韻始增有陟邪一切蓋其音自唐後起也陸游避暑漫抄太后回鑾上

設龍涎沉腦屑燭后曰爾爹爹每夜嘗設數百枝上微謂憲聖曰如此此得爹爹富貴

南史齊宗室傳帝謂子良曰汝何不讀書曰孃今何處何用讀書帝卽召后還北史隋宗室傳帝謂勇昔語衞王曰阿孃不與我一好婦女因指皇后侍兒曰皆我物隋書韋世康傳與子弟書曰孃春秋已高溫凊宜奉木蘭詩朝辭爺孃去杜甫詩爺孃妻子走相送朝野僉載婁師德責其鄉人曰汝辭父孃求覓官識不能謹潔知復柰何廣異記李艮聞簷上呼曰旣是狐婆作祟何以枉殺我孃兒輟耕錄娘字俗書也古無之作孃爲是按說文孃煩擾也肥大也其義只如此以之稱母雖始六朝終亦近俗若娘字古非無有特其義更謬戾北史齊后妃傳有馮娘李娘王娘穆娘皆宮中之賤媵子夜歌見娘喜容媚願得結金蘭黃竹子歌一船使兩槳得娘還故鄉江陵女歌拾得娘裙帶同心結兩頭則皆用於男女期會之辭以此思之其可不改而誤用也廣韻云孃母稱娘少女之號此二語最明晰可遵



宋史宗澤傳威聲日著北方常尊憚之必曰宗爺爺



孫穀祥野老紀聞狄青爲樞密使恤惜士卒每得衣糧皆負之曰此狄家爺爺所賜

蘇轍龍川雜志仁宗稱劉氏爲大孃孃楊氏爲小孃孃按後世稱母后曰孃孃蓋自宋之宮禁然矣錢氏私誌董夫人對慈聖云須是娘娘處分避暑漫抄神廟欲問西北虜罪一日被金甲見太皇太后曰娘娘臣著此好否娘娘當是孃孃傳寫譌

龔熙正續釋常談引焦仲卿妻詩媒人下牀去諾諾復爾爾按今本皆作爾爾龔氏所見本或自别耶

胡應麟甲乙剩言有一邊道轉御史中丞作除夕詩云幸喜荆妻稱太太且斟柏酒樂陶陶蓋部民呼有司眷屬惟中丞以上得呼太太耳故幸而見之歌咏讀者絶倒何良俊四友齋叢說松江十來年間凡士夫妻年未三十卽呼太太前輩未有此大爲可笑也按今燕秦之地雖丐婦無不稱太太者

王明清摭青雜記載徐七娘事女常呼項四郎爲阿爹因謂項曰兒受阿爹厚恩死無以報阿爹許嫁我以好人人不知來歷亦不肯嫁我按今農賈之家稱尊老者曰阿爹項故秦州商也



韓昌黎集祭女挐文有阿爹阿八之語正字通夷語

稱老者爲八八或爲巴巴按玉篇有爸字訓父也蒲可切集韻吳人呼父曰爸亦必駕切其字今隨方俗高下轉爲四聲讀平曰巴上曰把去曰覇入曰八巴與八皆借字就音爸則其本字而把覇其本音也

呂種玉言鯖徽俗稱富翁爲朝奉亦有出漢有奉朝請無定員本不爲官位東京罷省三公外戚皇室諸侯多奉朝請奉朝請者逢朝會請名而已退之東坡並用之葢如俗稱郎中員外司務舍人待詔之類按史記貨殖傳秦皇令烏氏倮比封君以時



與列臣朝請朝請之制秦已有之不始漢也宋官階有朝請有朝奉品級相等職官志云諸朝請朝散朝奉大夫從六品諸朝請朝散朝奉大夫郎正七品今徽賈假此稱謂雖屬竊冐官階要亦慕烏倮之爲貨殖雄也方回桐江集郁路有呼予老朝奉者作詩云誰忽呼予老朝奉須知不是膺稱呼徽嚴閒之習爲此稱久矣

江淹賦左對孺人右抱穉子儲光羲詩儒人善逢迎穉子解趨走韓退之詩已呼孺人戞鳴瑟張籍詩公疾浸日加孺人親藥湯按曲禮大夫妻曰孺人士曰婦人庶人曰妻故無論職官大小其妻通稱孺人故見詩文爲多宋宣和時罷縣君改孺人爲第八等而世俗相仍不改邱濬家禮儀節云無職者妣稱某氏夫人今制二品方得封夫人僭越太甚不若從方俗借稱孺人

呂祖謙紫薇雜記呂氏母母受嬸房中婢拜嬸見母母房婢拜卽答按今俗兄婦呼弟婦爲嬸嬸弟婦呼兄婦爲姆姆卽母母也又明道雜志經傳無嬸與妗字攷其說嬸乃世母二字合呼妗乃舅母二字合呼



五代史補李濤弟澣妻婦竇氏出參濤濤答拜澣曰新婦參阿伯豈有答禮按婦人呼夫之兄爲伯唐有之矣

杭州人呼兄曰況老白虎通兄況也況父法也廣雅兄況于父按古書況字多通作兄管子大匡篇召忽曰雖得天下吾不生也兄與我齊之政也耶漢樊毅華嶽碑君善必書兄乃盛德漢書尹翁歸翟牧俱字子兄師古曰兄讀爲況又詩倉兄塡兮職兄斯引注皆云兄與怳同今俗呼兄爲況其來舊矣劉熙釋名兄荒也荒大也青徐人呼兄爲荒荒

與況亦音相近

舊唐書讓帝憲傳册斂之日元宗出手書置靈座前曰大哥孝友近古莫儔又云大哥嫡長合當儲貳謂之手足惟有大哥元宗又有同玉眞公主過大哥園池詩張九齡詩序云上幸甯王第敘家人禮上曰大哥好作主人酉陽雜俎帝亦呼甯王爲甯哥五代史伶官傳孔謙兄事伶人景進呼爲八哥按哥本古哥字無訓兄者廣韻始云今呼兄爲哥則此稱自唐始也晉書西戎傳吐谷渾與弟分異弟追思之作阿干之哥阿干鮮卑謂兄曰阿哥當



即阿干之轉漢武故事言西王母授帝五嶽眞形圖帝拜受王母命其侍者曰四非答哥哥此僞書不足爲據

青城山記青城爲五岳之長故名丈人山世俗呼人婦翁爲令岳妻之伯叔父爲列岳往往因此歸田錄今人呼妻父爲嶽公以泰山有丈人峯妻母爲泰水不知出何書也按以上二説最爲得解但未詳其稱昉自何代漢書郊祀志大山川有岳山小山川有岳壻山推其名義似在漢時已然釋常談唐開元時封禪泰山張説爲封禪使説壻鄭鎰本九品官舊例封禪後自三公以下皆轉遷一階一級惟鎰是封禪使女婿驟遷至五品時人語曰此泰山之力也因此以妻父泰山山事文後集言神仙傳泰山有父老失其姓名今稱婦翁曰泰山或者出此訛以傳訛耶又云晉樂廣乃衛玠妻父所謂岳丈或當云樂丈耳二説似皆未確

王弼易注丈人嚴莊之稱論衡氣壽篇人形一丈正形也尊公嫗爲丈人通鑑唐韋執誼係杜黃裳壻杜勸執誼請太子監國執誼驚曰丈人甫得一官柰何啓口議禁中事乎雞肋編獨稱妻父丈人自



柳宗元呼楊詹事爲丈人始淸波雜志蜀先主傳載漢獻帝舅車騎將軍董承之語裴注云漢獻帝母董太后之姪于獻帝爲丈人蓋古無丈人之稱故謂之舅也後呼丈人爲外舅其本此乎然後漢匈奴傳書且鞮單于云漢天子我丈人行若曰此語止爲尊老言非專指妻之父則可謂古無丈人之名後學竊有疑焉

史記刺客傳注尊婦嫗爲丈人者漢書謂淮陽憲王外王母爲丈人詩云丈人故嫌遲則稱其翁丈人應得并其嫗曰丈人顔氏家訓周宏讓言父母中

外姊妹亦呼丈人然古未見丈人之稱施于婦人也今中外丈人之婦猥俗呼爲丈母士大夫謂王王母謝母云猗覺寮雜記今專稱外姑曰丈母柳子厚有祭楊詹事丈人獨姑氏丈母文則知唐已如此范公稱過庭錄陳叔易自號澗上丈人里人子從叔易學文而好修飾頭面舉止妖嬈人目爲澗上丈母六研齋二筆趙子昂有與管公扎云上覆丈人節幹丈母縣君

韓黎昌集王適墓誌一女憐之必嫁家人不以與凡子杜甫逢唐興劉主簿詩劍外官人冷按唐時惟



有官者方得稱官人宋乃不然若周密武林舊事所載金四官人以棋著李大官人以書會著陳三官人以演史著喬七官人以說藥著鄧四官人以唱賺著戴官人以捕蛇著吳自牧夢粱錄又有徐官人幞頭鋪崔官人扇面鋪張官人文籍鋪傅官人刷牙鋪當時殆無不官人者矣

輟耕錄都下自庶人妻以及大官之國夫人皆曰娘子攷史隋柴紹妻李氏唐平陽公主有娘子軍花蕊宮詞諸院各分娘子位昌黎有祭周氏二十娘子文以此推之古之公主宮妃已與民閒共稱娘子不分尊卑有自來矣按唐書楊貴妃傳宮中號娘子儀禮與皇后等此亦宮妃稱娘子之証也楊國忠傳帝欲以太子監國國忠大懼歸謂姊妹曰今當與娘子等併命矣此大官夫人稱娘子之証也李昌符婢僕詩推道那家娘子臥此民閒通稱娘子之証也雲溪有議或謂李端端曰李家娘子纔出墨池便登雪嶺此倡伎亦稱娘子之証也輟耕錄俱未引

天錄識餘唐女伎入宜春院謂之內人今概稱妻爲內人非按宜春院說見崔令欽教坊記王建宮詞寒食內人常白打庫中先散與金錢張祜詩三百內



人連袖舞內人已唱春鶯囀所云似是女妓然此惟唐時爲然前古大不然也周禮內宰會內人之稍食內小臣正內人之禮事閽人幾內人之出入寺人掌內人之戒令典婦功授內人之事齎內豎有祭祀賓客喪紀之事則爲內人之妻而上方于指女御卽天子八十一御妻也平人之妻而上方于天子九御方嫌其過於尊貴鄭謂之瀆其妻室乎禮檀弓敬姜言文伯死明友諸臣未有出涕者而內人皆行哭失聲鄭康成注內人妻妾也可見

此稱之通于臣下自春秋時然經文詳備如此顧獨王蔵于後世小説乎又世亦稱妻曰內子白居易有化內子賀兄嫂詩攷禮雜記內子以鞠衣注內子卿之適妻春秋傳趙姬請逆季隗于狄趙衰以爲內子而已下之以此自稱其妻亦覺過于尊貴

路史註桀妻妹喜妹者以妹妹目之北齊書南陽王綽兄弟皆呼父爲兄兄母爲家家乳母爲姊姊婦爲妹妹按猥俗間有呼妻爲妹妹者沿此習歟

南史齊宗室傳衡陽王鈞年五歲所生區貴人病左



右依常以五色餅餡之不肯食曰須待姨差又晉安王子懋母阮淑媛病危篤請僧行道有獻蓮花供佛者子懋流涕禮拜曰若使阿姨此此和勝願諸佛令華竟齋不萎按爾雅妻之姊妹同出爲姨釋名母之姊妹曰姨亦如禮謂從母爲娣而來則從母列也故雖不來亦以此名之也通典引晉袁準論曰左傳臧宣叔娶于鑄而卒斷室以其姪穆姜之姨子也以爾雅言之穆姜不得言姨此緣妻姊妹之姨因謂爲姨也姊妹相謂爲姨故其子謂子其母謂之姨母時俗于妻之姊妹單妹單稱曰

姨母之姊妹姨下加母所言是矣其父之側庶亦稱姨者姨本姊妹俱事一夫之稱後世無從媵之禮而側庶實與媵比故雖非母姊妹而得借此稱之

留青日札今人愛其其子每呼曰寶寶蓋言如珍寶也亦作寶保人以爲保保抱護持之義殊不知保保者元人尊重之稱如曰丞相王保保又國初曹國李文忠亦稱李保保見草木子按元人每有以小名著者其名多取自恆語如保保當仍是保護意耳



後漢書應奉傳注至親家翁氏堂令人以他辭請朗魏志王淩傳注淩少子明山投親家食親家告吏執之隋書房陵王勇傳劉金驎呼雲定興作親家翁唐書蕭嵩傳嵩子衡尚新昌公主嵩妻人謁帝呼爲親家避暑雜抄蕭嵩自稱唐朝左僕射天子親家翁儲光義有酬陳掾親家翁秋夜有贈詩白居易有贈皇甫規親眾翁詩五代史劉昫與馮道爲姻家而同爲相道罷李愚代之愚素惡道爲人凡事有稽失者必指以誚昫曰此公親家翁所爲按親字今作去聲古音亦然盧王騎馬花燭詩人

人主人臣是親家可証隋唐李渾傳帝謂宇文述曰吾宗社幾傾頼親家公獲全耳

傳咸贈何劭王濟詩吾兄既鳳翔王子亦龍飛按稱朋儕曰吾兄見簡帖甚多入詩僅見

王季友觀于舍人畫山水詩于公大笑向于說小弟丹青能爾爲按自謙曰小弟二字入詩亦僅有也

郃伯温見聞録吳内翰黯狀元及第歸謁范文正曰某晚生偶得科第願授教按此晚生雖非自稱而亦爲之漸矣觚不觚録翰林舊規先登甲第七科者投刺皆稱晚生餘不爾也



觚不觚録正德間御史于巡撫投刺稱晚生尋稱晚侍生又稱侍教生已而巡撫具稱侍教生已而與巡撫具稱侍生葢由南北多警遷擢既驟巡撫不必耆宿御史多有與之同臺者又功罪勘報其權往往屬之御史也又云翰林後三科者其答刺則曰侍生

禮曲禮大夫七十而致事自稱曰老夫左傳隱四年石碏曰老夫耄矣無能爲也昭元年趙孟曰老夫罪戾是懼昭二十四年鄭太叔曰老夫其國家不能恤史記尉佗爲書謝帝自稱曰蠻夷大長老夫臣佗

五代史漢家人傳太后李氏謂周太祖曰老身未終殘年屬此多難惟衰朽托于始終按婦人老者每自稱老身此其證也然前此男子亦嘗以自稱矣北史穆榮傳元順醉入穆紹寢所紹護曰老身二十年侍中與卿先君亟連職事何宜相排突也

錢氏私誌燕北風俗不聞士庶皆自稱小人按左傳潁考叔曰小人有母皆嘗小人之食如此類頗多則其來古矣又晉書王蘊傳王道子醉呼爽爲小子爽曰亡祖長史與簡文皇帝爲布衣交亡姑亡姊伉儷二宮何小子之有葢小子乃卑賤之稱也



宋會要至道二年九月帝閱試所擇兵士驍騎試射中者六十人以殿前小底爲軍額晉公談錄皇城使劉承規在太祖朝爲黃門小底周耀北轅錄小底人報傳旨免禮字典凡供役使者曰小底金史傳論金人所謂寢殿小底猶周之綴衣所謂護衛猶周之虎賁也按金胥役及庶民緣事對官長俱自稱小的的與底古今字也宋儒語錄凡須用的字爲助語處皆用底字

晉書劉元海載記成都王穎敗元海曰穎不用吾言

遂自奔潰眞奴才也劉曜載記田崧曰若賊氐奴才安敢欲希覬非分水經注李特至劍閣歎曰劉氏有此地而面縛于人豈不奴才也唐書郭子儀曰子儀諸子皆奴才也鮑銯稗勺明代宦官對上稱奴儕今人訛儕爲才

漢書鮑宣傳蒼頭廬兒皆用致富霍光傳使蒼頭奴上朝謁孔穎達禮記疏漢家僕穎謂之蒼頭以蒼巾爲飾異于民也孟康漢書注黎民黔首黎黔皆黑也下民陰類故以黑爲號漢名奴爲蒼頭非純黑以別于良人也按蒼頭之稱不始于漢戰國策



蘇秦說魏曰竊聞大王之卒武力二十餘年蒼頭二十萬奮擊二十萬厮徒十萬巳言之但是兵卒非奴隸爲小別耳

劍南集有示小厮絕句二首觚不觚錄正德中一大臣投書劉瑾自稱門下小厮

夢粱錄雇覓人力有私身轎番安童等人按俚俗小說每有安童之稱嘗疑其爲家童之訛今據此則當時自有此稱

燕北雜記北界漢兒多爲契丹凌辱罵作十里鼻十里鼻奴婢也余氏辨林吳俗諱奴爲鼻解者曰裝門面耳或曰象鼻能觸人豬鼻善掘地義取其生事益臆說也



卷十七終

# 通俗編卷十八

仁和翟灝撰　綿州李調元校

後漢書班昭女誡云三者女人之常道四者女人之大德女人之稱自漢然

漢書文帝七年令列侯太夫人夫人無得擅徵捕如淳注曰列侯之妻稱夫人列侯死子復爲列侯乃得稱太夫人子不爲列侯不得稱也婦人之稱太者古蓋愼重如是

五代史唐家人傳莊宗攻梁軍於夾城得符道昭妻侯氏寵專諸宮宮中謂之夾寨夫人莊宗出兵四方常以侯氏從按近時小說有所云壓寨夫人者前無所聞似卽夾寨之訛

升菴外集南宋蕭齊崇尚佛法法琳辨正論云閤內夫娘悉令持戒麾下將士咸使誦經夫娘之稱本此謂夫人娘子蓋美稱也是時北則胡后卻扇於曇猷南則徐妃薦枕於瑤光龜茲王納女於鳩摩羅什不以爲恥後世緣以夫娘爲惡稱陶九成直謂罵語蓋未見六朝雜說耳

錢惟演玉堂逢辰錄掌茶酒宮人韓小姐與親事孟貴私通多竊寶器遺之後事泄小姐乃謀放火小



姐二字初見於此然是人名非稱謂也元曲則概稱仕女爲小姐明朱有燉元宮詞簾前三寸弓鞋露知是嬡嬡小姐來以之入詩按文選嵇康幽憤詩恃愛肆姐不訓不師註引說文姐嬌也子豫切繁欽與魏文帝牋有史妠謇姐注謂當時樂人開天遺事甯王有樂妓寵姐陶穀淸異錄有平康妓瑩姐東坡集有妓人楊姐姐特甚賤之稱俗惟貴家女方得呼之何相戾也嘗攷說文正本乃知選註所引少欠分晰蓋其訓嬌者乃屬媎字而姐自別見訓云蜀人謂母曰如淮南謂之社茲也切廣



雅亦云如母也四朝聞見錄言高宗吳后稱太后曰大姐姐能攺齋漫錄言近世稱女兒爲姐蓋尊之也然則小姐之姐爲本字其以爲賤名者乃媎字之省耳

廣雅媽母也字本音姥今轉讀若馬按羣碎錄云北地馬分羣每一牡將十餘牝而行牝皆隨牡不入他羣故今稱婦人曰媽媽憑臆之說恐難深信

倦游錄苗振就館職晏相曰宜稍溫習振曰豈有三十年爲老娘而倒繃孩兒者乎則謂穩婆爲老娘其來舊矣楊誠齋詩話潤州大火惟存衛公塔米

元章菴元章喜題曰神護衛公塔天留米老菴有輕薄子于塔菴上漆爺娘二字嘲之以元章母嘗乳哺宮中也則謂妳婆爲老娘來亦舊矣俗或謂妻曰老娘殊不典

晉書桓元傳妳媼每抱詣溫輒易人後王宋書何承天傳荀伯子嘲承天爲妳母舊唐書哀帝紀天祐二年妳婆楊氏賜號昭儀妳婆王氏封郡夫人曰媼曰母曰婆雖小不同乳哺之稱妳一也

北齊書恩倖傳陸令萱配入掖庭後主襁褓之中令其鞠養謂之乾阿妳東坡集與千之姪尺牘有莽



卸老妳語自注云子由乾妳也按保姆不乳哺者今猶襲此稱史記注云但祭不立尸曰乾封乾有權假之義鄙俗謂義父母曰乾爺孃同此

劉禹錫寄小樊詩花面丫頭十三四春來綽約向人時輿地志弋陽有大石如人首而岐名丫頭岩或題詩云何不梳粧便嫁休長教人喚作丫頭

五代史晉家人傳耶律德光遺書李太后曰吾有梳頭泥子竊一藥囊以奔于晉今皆在否王通叟詞有十三妮子綠窗中句今山左目婢曰小妮子

後漢書楊秉嘗從容言曰我有三不惑酒色財也王褘華川危辭財者陷身之阱色者戕身之斧酒者毒腸之藥人能於斯三者致戒焉災禍其或寡矣按明人更益以氣爲四今習爲常言莫知其原祇三也

打扮見廣韻扮字注中原雅音俗以粧飾爲打扮也黃公紹詩十分打扮是杭州何應龍詩尋常打扮最相宜又粧扮見沈明臣竹枝詞女兒粧扮采蓮來

卸頭見司空圖詩邀他女伴卸頭遲按婦人謂髮曰頭全唐詩載南中諺云秋收稻夏收頭謂婦人截



髮而貨歲以爲常也其假髻亦謂之假頭晉書五行志婦女緩髮傾髻以爲盛飾先於木及籠上裝之名曰假頭貧家不能自辦自號無頭就人借頭卸頭語可因二事而明

穿耳見輟耕錄或謂昔唐閒人所畫士女多不帶耳環以爲古無穿耳者然莊子云天子之諸御不凡揃不穿耳是古亦有之矣按說文謂珥即珖耳則詩傳已言之但充耳雖懸于耳而未穿貫耳中釋名云穿耳施珠曰璫此本出於蠻夷所爲中國人效之耳吳志諸葛恪曰母之于女恩愛至矣穿耳

附珠何傷於仁杜甫詩玉環穿耳誰家女乃漢唐來士女穿耳之證至山海經言靑要之山宜女其神小腰白齒穿耳以鐻則更在夐古矣

纏足見張邦基墨莊漫錄婦人之纏足傳記皆無所出惟齊東昏侯有鑿金爲蓮花令潘妃行其上一事而不言其足若何古樂府六朝詞人體狀婦人眉目唇口腰肢手指無不有獨無一言稱纏足唐杜牧李商隱之徒亦然僅韓偓香奩集有咏屧子詩云六寸膚圓光緻緻唐尺短以今較之亦自小然不言其弓也道山新聞李後主宮嬪窅娘纖麗



善舞後主作金蓮高六尺令窅娘以帛繞足令纖小屈上作新月狀著素韈舞其中回旋有淩雲之態唐鎬咏之曰蓮中花更好雲裏月長新由是人皆效之以此知扎脚自五代始也胡震亨唐音癸籤從來婦人足履之制惟晉書五行志附見兩言云男子履方頭婦人圓頭而唐車服志爲最詳其言云后妃大禮著舃燕見用履命婦亦同而民俗不盡遵用武德初婦人曳線靴開元中用線鞋侍兒則著履夫鞋靴同圓頭之式適于足小之用而履之方而貴者反令賤者躡之詳繹時風纏足自寓亦何必明白言之始謂史書有載哉他如鈿尺裁量減四分纖纖玉筍裹春雲五陵年少欺他醉笑把花前出畫裙杜牧有詩新羅繡行纏足趺如春妍見晉清商曲纖纖作細步精妙世無雙見漢焦仲卿妻詩云古無詩亦失攷高士奇天祿志餘史記臨淄女子彈弦跕躧又云揄修袖躡利屣利者以其首之尖銳而言也又襄陽耆舊傳言盜發楚王塚得宮人玉履晉世履有鳳頭重臺分梢之制石崇屑沉香爲塵使姬人步之無跡東昏之事崇已先之矣唐段成式詩知君欲作閒情賦應願



將身托繡鞋花閒集云慢移弓底繡羅鞋亦屢見詩咏矣按五代已前纏足之証尚不止是溫庭筠錦鞋賦縈纖女之束足束非纏之謂乎夏侯審被中繡鞋詩雲裏蟾鉤落鳳窩蟾鉤非新月之說乎白居易新樂府小頭鞋履窄衣裳靑黛點眉眉細長瑯環記馬嵬老媼拾得楊妃雀頭履長僅三寸尤爲顯然溯其最先則漢雜事祕辛載吳姁審視梁后一節有云足長八寸底平指斂約縑迫袜收束微如禁中約縑迫袜四字乃漢時已纏足之的證而其長猶八寸也至唐人詩則云六寸膚圓光

緻緻宋秦少游詞則云腳上鞋兒四寸羅元人雜劇輒言三寸金蓮見此事由漸而甚不必鑿指某時某人創也

孫綽情人碧玉歌碧玉破瓜時郎爲情顛倒宋謝幼槃詞破瓜年紀小腰身按俗以女子破身爲破瓜非也瓜字破之爲二八字言其二八十六歲耳若呂巖贈張洎詩功成當在破瓜年則八八六十四歲

黃帝內經月事以時下謂婦人天癸匝月而至也史記濟北王侍者韓女病月事不下又程姬有所避



注云有月事不御劉熙釋名以丹注面曰的子天子諸侯羣妾以次進御有月事者止不御難以口陳故注此於面的然而識也王建宮詞密奏君王知入月喚人相伴洗裙裾按謝監逸東陽溪中贈詩云明月在雲間迢迢不可得荅云但問情若何月就雲中墮月墮荅狎語此語也李太白越女詞東陽素足女會稽素舸郎相看月未墮白地斷肝腸卽用謝詩而意較顯說文引漢律有姅變之語亦指謂月事

舊唐書高宗詔天下嫁女者所受財皆充所嫁女之資裝其夫家不得受陪門之財按俗云陪嫁本陪門之陪也今亦謂之嫁粧律例非理毆子孫之婦致廢疾者追還嫁粧

十洲記鳳麟洲人以鳳喙麟角合煎作膠能續弓弦漢武外傳西海獻鸞膠帝弦斷以膠續之弦兩端遂相著終日射之不斷帝悅賜名續弦膠杜甫詩麟角鳳觜世莫識煎膠續弦奇自見杜牧之詩天上鳳凰難得髓世間那有續弦膠按今俗謂喪妻曰斷弦再娶曰續弦村農市賈無不言之

韓非子八姦篇凡人臣之所道成姦者有八術一曰



在同牀何謂同牀曰貴夫人愛孺人託於燕處之虞乘醉飽之時而求其所欲此必聽之術也爲人臣者內事之以金玉使惑其主此之謂同牀

番禺記廣州謂婦人娠者曰有歡喜按今江以南通爲此言但省去歡字不同耳

淮南本經訓註孕婦將就草之婦也晉書陳仲弓爲太邱長出捕盜聞民在草不起子者回車治之七修類稿今諺謂臨產曰坐草起此

董斯張吹景錄生子曰養語亦有本韓詩外傳王季立而養文王

漢書外戚傳上望見李夫人之貌愈益相思悲感作詩按後人言男女繫戀爲相思其出處不勝枚舉此爲初見史者詩召南有女懷春即相思也

莊子天運篇西子病心而矉其里之醜人見而美之歸亦捧心而效其矉矉即顰之古字晉書戴逵傳美西施而學其顰李白詩蛾眉不可妬况乃效其顰按此寓言其醜人未嘗著誰某也太平寰宇記載諸曁縣有西施家東施家黄庭堅等始鑿言東施效顰

在閣知新錄世以妬婦比獅子續文獻通攷獅子日



食醋略各一瓶喫醋之説殆本此

南史王琨傳王懌不辨菽麥人無肯與爲婚家以獠婢恭心侍之生琨楊升菴外集獠音擾今罵獠奴本此按今罵者之意乃謂婦人妖淫並不謂其賤陋不當用南史字晉書童謡曰鄴中女子莫千妖前至三日抱胡腰千妖二字反切之乃爲撓也

左傳襄六年宋華弱與樂轡少相狎長相優杜預注狎親習也優調戲也後漢書馮衍傳醉飽過差輒爲桀紂房中調戲散布海外晉書熊遠傳羣臣會同務在調戲酒食而已

晉閣道謡和嶠鞅裴楷鞧王濟剔嬲不得休嵇康與山巨源書足下若嬲之不置隋書經籍志序釋迦之苦行也諸外道邪人並來嬲惱以亂其志而不能得按嬲奴鳥切俗謂纏擾不休也詩家每用其字王安石云細浪嬲雪千娉婷韓駒云弟妹乘羊車堂中走相嬲

杜詩忽忽窮愁泥殺人升菴外集俗以柔言索物曰泥乃計切諺所謂軟纏也元稹泥他沽酒拔金釵楊乘書泥琴聲夜泥書鄧文原銀燈影裏泥人嬌用者不一字或作詎亦作妮



説文婣嫪戀惜也按娼妓謂游婿曰婣嫪乃此二字不知者訛爲孤老將謂義何取耶

晉樂府子夜謌情人不還臥冶游步明月通典敘六朝謌曲云江南皆謂情人爲歡

字典俗謂淫邪曰嫖按傳記中此字少見惟漢景十三王傳廣川王立爲陶望卿謌曰背尊章嫖以忽但言女子別父母遠去不關淫邪事孟康注曰嫖匹昭反與俗讀若飄者亦異

輟耕錄三姑者尼姑道姑卦姑也六婆者牙婆媒婆師婆虔婆藥婆穩婆也

武林舊事載南宋百戲社名行院曰翠錦社吳任臣字彙補俗謂樂人曰術衏衏衏與行院同

唐音癸籤韻書勾闌木為之在階除古今注漢顧成廟槐樹設扶老鉤欄其始也段國沙州記吐谷渾於河上作橋謂之河厲勾闌甚嚴飭王建宮詞李長吉館娃歌俱用為宮禁華飾自晚唐李商隱輩用之倡家情詞如簾輕幕重金勾闌之類宋人相沿遂專以名教坊不復他用據漢書注貢隸爰納闌中則以為麗飾稱可以為寓葡賤意專稱亦可

輟耕錄倡妓為花娘李賀申胡子觱栗歌序命花娘出幕徘徊拜客是也按梅聖俞有花娘歌云花娘十四能歌舞籍甚聲名居樂府



集韻有婊字但云女字不著其賤之別字典俗呼倡家為婊字

晉書武十三王傳姏姆尼僧尤為親暱又五行志會稽王道子寵幸尼及姏母按女之老者能以甘言悅人故字从甘其音讀若鉗或謂老妓曰虔婆說

臧晉叔元曲選引丹邱先生言曰妓女之老者曰鴇鴇似雁而大喜淫無厭諸鳥求之即就世呼為獨豹者是也

堅瓠集古者諸侯立國皆有守龜藏之太廟與寶玉並重目老成人曰國之蓍蔡陸龜蒙王龜齡彭龜年楊龜山等多取為名字不知何時以龜子目倡妓之夫詩文遂不敢用委巷之人取為罵詈之具按東皐雜錄東坡謁徵仲値其晝寢久之方覺戲言唐時有進六目龜者或作口號云六隻眼兒睡一覺抵別人三覺徵仲不悅似當時有以龜為不美者矣雞肋編云天下方俗各有所諱楚州人諱烏龜頭言郡城象龜形常被攻而術者教以擊首而破也此宋時諱龜之證然僅屬一方亦無關於



帷簿不修之事惟輟耕錄載嘲廢家子孫詩宅眷皆為撐目兔舍人總作縮頭龜兔望月而孕喻婦女之不夫而姙也所云縮頭龜者正與委巷訕詈意合然則以龜子目倡妓之夫肇端在元世耳

娼根見元李行道灰闌記曲又養漢精見李文蔚曲

洪容齋俗攷瓦剌虜人最醜惡故俗詆婦女之不正者曰瓦剌國汪价儂雅今俗轉其音曰歪賴貨按言鯖云勢有不便順謂之乖剌剌音賴東方朔謂吾强乖剌而無當杜欽謂陛下無乖剌之心今俗罵人曰歪剌沿此此說雖亦有依據然不如前說

直捷

容齋俗攷雛雉所乳曰窠卽科也晏子春秋殺科雉者不出三月私科蓋言官妓出科私妓不出科如乳雉也

武林舊事游手奸黠有所謂美人局者以娼妓僞爲妻妾引誘少年爲事有水功德局以求官覓舉詃獄交易爲名假借聲勢脫漏財物元典章大德十年禁局騙條亦言及美人局

白居易有感詩莫養瘦馬駒莫教小妓女後事在目前不信君看取馬肥快行走妓長能歌舞三年五



歲間已聞換一主借問新舊主誰樂誰辛苦按俗以揚州教小妓者爲養瘦馬本此詩

儼山外集京師婦女嫁外方人爲妻妾者初看以美者出拜及臨娶乃以醜者易之名曰擢包兒

跳槽見丹鉛錄元人傳奇以魏明帝爲跳槽俗語本此

元池說林狐之相接也必先呂呂者以口相接按此傳奇中猥褻瘦語乃亦有本

晏公類要有左風懷右風懷二類男爲左女爲右鄙俗省其懷字言之宋人詩話有以惡說南風五兩

輕爲謔語者

呂種玉言鯖今婦人褻服中有巾帨之類用於穢處而呼其名曰陳姥姥雖委巷之談非無自也隋禦衞將軍稜討杜伏威伏威率衆拒之稜閉壁不戰伏威送以婦人褻服謂之陳姥姥豈沿其稱歟按舊唐書杜伏威傳但云遺稜婦人之服并致書號爲陳姥以激怒之未有以褻服爲陳姥姥之說呂氏言恐未確



通俗編卷十八終

# 通俗編卷十九

仁和翟顥撰　綿州李調元童山

唐杜牧西江懷古詩魏帝縫囊眞戲劇劇卽戲也戲
劇二字入詩始見此

后山詩話范文正岳陽樓記用對語說時景世以爲
奇尹師魯讀之曰此傳奇體耳傳奇唐裴鉶所著
小說也胡應麟云唐所謂傳奇自是書名雖事藻
繢而氣體俳弱然其中絕無歌曲若今所謂戲劇
者何得以爲唐時或以中事跡相類後人取爲戲
劇張本因展轉爲此稱耳



楊維楨鐵崖集有詩云昨夜阿鴻新進劇黃金小帶
荔支裝元人工劇此一徵也

王陽明傳習錄古樂不作久矣今之戲本尙有古樂
意思相近韶之九成便是舜一本戲學九變便是
武王一本戲學所以有德者聞之知其盡善盡美
後世作樂只是做詞調于風化絕無干涉何以返
朴也此論最爲得旨學古文子字

胡應麟莊岳委談優伶戲文自優孟抵掌孫叔敖實
及漢官者傳脂粉侍中郎後世裝旦之漸樂府雜
錄開元中黃幡綽張野狐善弄參軍卽後世副淨
矣又范傳康上官唐卿呂敬遷三人弄假婦人卽
裝旦矣至後唐莊宗自傳粉墨稱李天下而盛其
搬演大率與近世同特所演多是雜劇非近日戲
文也雜劇自唐宋金元迄明皆有之唐所謂優伶
雜劇粧服套數觀書中郎踏搖娘二事可見宋雜
劇亦然元世曲調大興凡諸雜劇皆名曲寓焉教
坊名妓多習之淸歌妙舞悉隸是中一變而贈縛
遂爲戲文西廂戲文之祖也西廂雖出金董解元
然猶絃唱小說之類至元王關所撰乃可登塲搬
演高氏又一變而爲南曲詞是作者迭與古昔所



謂雜劇院本幾于盡廢沈德符顧曲雜言元曲總
只四折自北有西廂南有拜月雜劇變爲戲文以
致琵琶遂演爲四十餘折幾十倍于雜劇矣滋虛
論元雜劇有十二科一曰神仙道化二曰隱居樂
道三曰被袍秉笏四曰忠臣烈士五曰孝義廉節
六曰斥奸罵讒七曰逐臣孤子八曰撥刀捍捧卽
脫膊雜劇九曰風花雪月十曰離合悲歡十一曰
烟花粉黛卽花旦雜劇十二曰神頭鬼面卽神佛
雜劇其科猶可考也

祝允明猥談南戲出于宣和之後南渡之際謂之溫

州雜劇予見舊牒有趙閎榜禁頗著名目如趙貞女蔡二郎等亦不甚多以後日增今遂遍滿四方輾轉改益蓋已略無音律腔調愚人蠢工徇意更變妄名如餘姚腔海鹽腔弋陽腔崑山腔之類趁逐悠揚杜撰百端眞胡說耳

葉子奇草木子戲文始于王魁永嘉人作之識者曰若見永嘉人作相宋當亡及宋將亡乃永嘉陳宜中作相其後元朝南戲尚盛行及當亂北院本特盛南戲遂絕莊岳委談今王魁本不傳而傳琵琶琵琶亦永嘉人作遂爲今南曲首然葉當國初著



書而云南戲絕豈琵琶尚未行世耶按南戲肇始實在北戲之先而王魁不傳胡氏王實甫關漢卿西廂爲戲文祖耳今戲曲合用南北腔調又始于杭人沈和甫見鍾氏點鬼簿

雲麓漫鈔金源官制有文班武班若醫卜倡優謂之雜班每宴集伶人進曰雜班上按此優伶呼班之始武林舊事載宋雜劇每一甲有八人者有五人者甲猶班也五人蓋院本之製八人爲班明湯顯祖撰牡丹亭猶然多至十八人乃近時所增益

靑藤山人路史高則誠琵琶有第一齣第二齣攷諸韻書並無此字必齣之誤也牛食吞而復吐曰齣似優人入而復出也按齣音笞又音師無讀作折音者豈其字形既誤而音讀亦因之誤耶

莊岳委談今優伶輩大率八人爲朋生旦淨末副亦如之元院本無所謂生旦者雜劇旦有數色謂裝旦即今正旦也小旦即今副旦也或以墨點其面謂之花旦今惟淨丑爲之觀安節樂府雜錄稱范傳康等弄假婦人則唐末有旦名宋雜劇名惟武林舊事足徵每甲八人者有戲頭有引戲有次淨有副末有裝旦五人者第有前四色而無裝旦蓋



旦之色目宋已有之而未盛元雜劇多用妓樂名妓如李嬌兒爲溫柔旦張奔爲風流旦時旦色直以婦人爲之也以今憶之宋之所謂戲頭即生也引戲即末也副末即外也次淨即丑裝旦即旦而元雜劇之末乃今戲中之生即宋所謂戲頭也鄭德輝倩女關漢卿竇娥皆以末爲生今西廂以張珙爲生當是國初所改又傳奇以戲爲稱其名欲顚倒而無實也故曲欲熟而命以生也婦宜夜而命以旦也開塲始事而命以末也塗污不潔而命以淨也猥談生淨旦末等名有謂反稱又或托之

唐莊宗皆謬也此本金元闤闠談吐所謂鶻伶聲嗽今云市語者也生即男子旦曰裝旦色淨曰淨兒末乃末泥孤乃官人即其土音何義理之有太和譜曾略言之堅瓠集樂記注謂優俳雜戲如獼猴之狀乃知生狌也旦狚也莊子援猵狚以爲雌淨猙也廣韻似豹一角五尾丑狃也廣韻犬性驕謂俳優如獸所謂獶雜子女也丹邱云雜劇有正末副末狚孤靚鴇猱捷譏引戲九色之名正末者當場男子能指事者也俗謂之末泥副末執磕瓜以朴靚即古所謂蒼鶻是也當場之妓曰狚狚猵之雌者其性好淫今俗訛爲旦孤當場粧官者是也今俗訛爲孤靚傳粉墨獻笑供諂者也粉白黛綠古稱靚粧故謂之粧靚色今俗訛爲淨妓女之老者曰鴇似雁而大無後趾虎文喜淫而無厭諸鳥求之即就是呼獨豹者是也凡妓女總稱曰猱猱亦猵屬喜食虎肝腦虎見而愛之輒負背猱乃取蝨遺虎首即死取其肝腦食焉以喻少年愛色者亦如遇猱然不致喪身不止也捷譏古謂之滑稽雜劇中取其便捷譏謔故云引戲即院本中之狚也



菊坡叢話北曲中有全賓全白兩人對說曰賓一人自說曰白西河詞話元曲唱者祇一人若他雜色人第有白而無唱謂之賓白賓與主對以說白在賓而唱者自有主也按曲白不欲多惟雜劇以四折寫傳奇故事其白有累千言者觀西廂二十一折則白少可見

遼史伶官傳打諢的不是黃幡綽道山清話劉貢父言每見介甫字說便待打諢古今詩話山谷云作詩如雜劇臨了須打諢方是出場石林詩話東坡繫懣割愁之語大是險諢何可屢打按唐書元結傳諧官顏臣怡愉天顏李栖筠傳賜百官宴曲江教坊倡顏雜侍呂氏童蒙訓云顏即諢字李肇國史補云諢語始自賀蘭廣鄭涉

元雜劇凡出場所應有持設零雜統謂砌末如東堂老桃花女以銀子爲砌末兩世姻緣以鏡畫爲砌末灰闌記以衣服爲砌末楊氏勸夫以狗爲砌末度柳翠以月爲砌末今都下戲園猶有開砌末語

丹邱曲論云构肆中戲出入之所謂之鬼門道言其所扮者皆已往昔人故云鬼道愚俗無知以置鼓于門改爲鼓門後爲訛而爲古皆非也蘇東坡詩

搬演古人事出入鬼門道

陶九成輟耕錄唐有傳奇宋有戲曲唱諢詞說金有院本雜劇諸宮調院本雜劇其實一也國朝院本雜劇始釐而二之院本則五人一曰副淨古謂之參軍一曰副末古謂之蒼鶻一能禽鳥末可打副淨古云一曰引戲一曰末一曰狐又謂之五花爨弄或曰宋徽宗見爨國來朝衣裝鞵履巾裹傅粉墨動如此使優人效之以爲戲又有豔段亦院本之意但差簡耳取其如火燄易明而易滅也其間副淨有散說有道念有筋斗有科汎教坊色長魏武劉三人鼎新編輯魏長于念誦武長于筋斗劉長于科汎至今樂人皆宗之偶得院本名目用載于此以資博識者之一覽其名目有和曲院本如明月法曲等十四目上皇院本如壺春堂等十四目題目院本如柳絮風等二十目霸王院本如悲怨霸王等六目諸雜大小院本如喬記孤等二百零八目諸雜院爨如閙夾捧六么等一百零二目衝撞引首如打三十等一百零七目拴搐豔段如襄陽會等九十四目打略拴搐如星象名等二十八目官職名如說駕頑等四目飛禽名如青鴉等



四目花名如石竹子等三目喫食名如厨難偌等二目佛名如成佛板等二目難字兒如盤驢等四目酒下拴如數酒等二目唱尾聲如孟姜女等四目猜謎如杜大伯等二目和尙家門如禿醜生等四目先生家門如合鬼等四目秀才家門如大口賦等十目列良家門如說卦象等六目禾下家門如萬民快等四目大夫家門如三十六風等八目卒子家門如針兒線等四目良頭家門如方頭賦等二目邦老家門如腳語等二目都子家門如後人收等三目孤下家門如朕聞上古三目司吏家門如罷筆賦等二目仵作行家門如一片生活一目撅倈家門如受胎成氣一目諸雜砌如摸石江等二十九目以上今樂人皆不知其名九成元人所紀皆元曲套數博雅者所當考也

元人劇本見於百種曲僅什分之一考陶宗儀輟耕錄所載陸顯之李取進于伯淵丘伯川康進之王廷秀石子章趙子祥范子安李好古曾瑞卿狄君厚張壽卿孔文卿十四人共三十五本及涵虛子編元羣英馬致遠王實甫關漢卿白仁甫喬孟符費唐臣宮大用尙仲賢庾吉甫高文秀鄭德輝李

費唐臣宮大用尙仲賢庾吉甫高文秀鄭德輝李文蔚侯正卿史九敬孟漢卿戴善夫張時起李寬甫彭伯城趙公輔李行道趙君祥費君祥紀君祥趙天錫梁進之汪澤民楊顯之陳定甫李壽卿王伯成孫仲立韓明遠劉唐卿李子中武漢臣王仲文姚守中李直夫吳昌齡石君寶金志甫陳存甫睢景臣周仲彬沈和甫鮑吉甫趙文寶孫子羽秦簡夫張鳴善鄭廷玉范玉壺何丹丘王子一劉東生谷子敬楊舜民楊景言賈仲名楊文奎羅貫中李致遠楊景賢張國瑤顧仲卿無名氏以上六十七人共五百四十九本又娼夫不入羣英如趙明鏡張酷貧紅字李花李郎四人共十一本以上劇本半皆失傳可知此外所佚多矣中如馬致遠李致遠關漢卿孟漢卿趙君祥紀君祥費君祥陸顯之楊顯之張壽卿名多相同必有訛舛而曲或兩人撰如世所傳韓文公雪擁藍關記太和正音譜紀君祥有韓退之記趙明遠又有韓湘子各劇中昇仙會記究不知何人所撰蓋元曲已失可唱者尙流傳人閒爾



趙松雪子昂云院本中有娼夫詞名曰綠巾雖有絕佳者不得並稱樂府如黃幡綽鏡新磨雷海靑皆古名娼止以樂名呼之亘世無字今趙明鏡訛傳趙文敬張酷貧訛傳張國賓皆非也又云良家子弟所扮雜劇謂之行家生活倡優所扮謂之戾家把戲蓋以雜劇出於鴻儒碩士所作皆良家也彼娼優豈能辦此故關漢卿以爲不過供笑獻勤以奉我輩耳子弟所扮是我一家風月雖復戲宮甚合於理按娼夫自春秋之世有之蓋異類托姓者今流傳趙明鏡有啞觀音錯立身武王伐紂三本張酷貧有汗衫記高祖還鄉薛仁貴衣錦還鄉三本紅字李二有板杏兒病揚雄武松打虎三本花李郎有釘一釘相府院一本多不傳獨薛仁貴武松二曲尙屬原撰不可廢也



輟耕錄達達樂器如箏纂琵琶胡琴渾不似之類所彈之曲與漢人曲調不同其大曲牌名有十五調一哈八兒圖二口溫三也葛倘兀四畏兀兒五閃古里六起土苦里七跋四土魯海八舍舍弼九搖落四十蒙古搖落四十一閃彈搖落四十二阿耶兒虎十三桑哥兒苦不丁（江南謂之孔雀雙手彈）十四苔罕（謂之白翎雀雙手彈）十五苦之把天（品弦）其小曲牌名有十七

調一阿厮鬧扯弼(四盞曲雙手彈)二阿桑捺(花紅)三哈兒火失哈赤(黑雀兒叫)四洞洞伯五曲律買六者歸七牝疇兀兒入把擔葛失九削浪沙十馬哈十一相公十二仙鶴十三阿丁水花十四回回曲十五伉里十六馬黑某當當十七清泉當當凡此皆達達所彈曲調也不可解者半皆番語

劉念臺人譜類記今之院本即古之樂章每演戲時見有孝子忠臣悌弟義士雖婦人牧豎往往涕泗橫流此其動人最切較之老生擁皐比講經義老衲登上座說佛法功効百倍近時所撰院本多是



男女私媟之事深可痛恨而世人喜爲搬演聚父子兄弟並幃其婦人而觀之稍不自制便入禽獸之門可不深戒

沈寵綏度曲須知北化爲南凡腔俱起于洪武而兼祖中州一時有海鹽腔義烏腔弋陽腔青陽腔四平腔樂平腔太平腔之殊雖口法不等而北曲消亡矣嘉隆間有豫章魏良輔者流寓婁東鹿城之間生而審音憤南曲訛陋別開堂奥調用水磨拍捱冷板聲則平上去入婉協字則頭腹尾音畢勻啓口輕圓收音純細所度曲皆折梅逢使昨夜春

歸諸名筆採于傳奇則有拜星月花影夜靜等詞氣無烟火別有腔板絕非戲場聲口名曰崑腔自有良輔而曲詞已極抽祕逞研後世依爲鼻祖洵曲聖也據此則崑腔者實魏良輔一人所創也

樂郊私語海鹽少年多善歌蓋出於澉浦楊氏其先人康惠公梓與貫雲石交善得其樂府之傳今雜劇中豫讓吞炭霍光鬼諫敬德不伏老皆康惠自製家僮千指皆善南北歌調海鹽遂以善歌名浙西今俗所謂海鹽腔者實法於貫酸齊源流遠矣

弋腔始弋陽卽今高腔所唱皆南曲又謂秧腔秧卽



弋之轉聲京謂京腔粵俗謂之高腔楚蜀之間謂之清戲向無曲譜祇沿土俗以一人唱而衆和之亦有緊板慢板王正祥謂板皆有腔作十二律京腔譜十六卷又有宗北歸音四卷以正之謂高腔卽樂記一唱三歎有遺風之意也凡曲藉乎絲竹者曰歌一人發其聲曰唱衆人成其聲曰和其聲聯絡而雜於唱和之間者曰歎俗謂接腔歎卽今滾白也曲本混淆罕有定譜所以後學憒憒不知整曲犯調者有之予故定爲十二律以爲唱法亦竊擬正樂之各得其所云皆立論甚新幾欲家論

而戶曉然欲以一人一方之腔使天下皆欲倚聲而和之亦必不得之數也

俗傳錢氏綴白裘外集有秦腔始於陝西以梆爲板月琴應之亦有緊慢俗呼梆子腔蜀謂之亂彈金陵許苞承云事不皆有徵人不盡可考有時以鄙俚俗情入當場科白一上氍毹即堪捧腹此殆如參俳相對正襟捉肘正爾昏昏思睡忽得一詼諧訕笑之人爲我羯鼓解穢快當何如此外集所不容已也其論亦確按詩有正風變風史有正史霸史吾以爲曲之有弋陽梆子即曲中之變曲霸曲也又有吹腔與秦腔相等亦無節湊但不用梆而和以笛爲異耳此調蜀中甚行

胡琴腔起於江右今世盛傳其音專以胡琴爲節湊淫冶妖邪如怨如訴蓋聲之最淫者又名二簧腔

女兒腔亦名弦索腔俗名河南調音似弋腔而尾聲不用人和以弦索和之其聲悠然以長

文選長笛賦聽簉弄者遥思於古昔注云簉弄蓋小曲按漢樂府滿歌行等篇謂之大曲小曲當對大曲言之非若今之小曲也

南史徐勉傳武帝擇後宮吳聲西曲女妓各一部賚勉通典樂有吳安泰善歌後爲樂令初改西曲以別江南上雲樂樂府詩集西曲歌出於荊郢樊鄧之閒因其方俗謂之西曲按今以山陝所唱小曲曰西曲與古絕殊然亦因其方俗言之

今演劇多演神仙鬼怪以眩人目然其名多荒誕張果曰張果老及劉海蟾曰劉海戲蟾此類甚多備見神仙傳及雲笈七籤此不足論取其略有依據者別爲後卷

劇話卷上

卷十九終

通俗編卷二十

仁和翟灝撰　綿州李調元童山

太公封神傳劇按唐書禮儀志武王伐紂雪深丈餘五車二馬行無轍跡詣營求謁武王怪而問焉太公曰此必五方之神來受事耳遂以名召入各以其職命焉太公金匱亦詳其事此封神所由來

考程嬰屠岸賈事始見說苑復恩篇公孫杵臼別見新序節士篇左傳無一字及之今八義劇所演鉏麑提彌明靈輒三事乃詳宣二年傳中而晉因韓厥之言以立趙武則在成公四年傳



西施浣紗記劇按羅點聞見錄世傳西施隨范蠡去不見所出因杜牧西子下姑蘇一舸逐鴟夷而附會也修文御覽引吳越春秋逸篇云吳亡後西子江令隨鴟夷杜牧乃有此句攷越絕書越王勾踐得採薪二女西施鄭旦以獻吳王實未言浣紗也

元人凍蘇秦劇及金印記兄弟五人代厲秦辟鵠秦行第三故云季子俗乃謂行二與史傳注文不合

蝴蝶夢劇見莊子齊物論其鼓盆髑髏二事見至樂篇

蘇武牧羊記劇見漢書蘇建傳特常惠紿辭非實爲也其餘若嚙雪咽氊臥起操節皆實事

救青劇見漢書衛青傳青姊子夫得入宮有身長公主聞而妬之使人捕青欲殺之其友騎郎公孫敖與壯士往篡之故得不死敖義渠人後封合騎侯按今院本演此事敖爲鐵力奴未詳所自

庾吉甫買臣買薪劇見漢書今俗傳此事大略相符而言買臣既貴妻再拜馬前求合買臣取盆水覆地示其不能更收之意妻遂抱恨死此則太公望事詞曲家所撮合也

張時起昭君出塞馬致遠漢宮秋劇見韓子蒼昭君



圖序漢時呼韓邪來朝言願壻漢氏元帝以後宮良家子王昭君字嬙者配之生二子株累立復妻之生二女至范書始言入宮久不見御因掖庭令請行單于臨辭大會昭君豐容靚飾竦動左右帝驚悔欲復留而重大信班書皆不合西京雜記又言元帝使畫工圖宮人昭君獨不行賂乃惡圖之既行遂按誅毛延壽琴操又言本齊國王嬙女年十七進之帝以地遠不幸及欲賜單于美人嬙對使者越席請往後不願妻其子吞藥而卒蓋其事雜出無所攷正至元人琵琶劇石崇王明君辭序

云昔公主嫁烏孫令琵琶馬上作樂以慰其道路之思其送昭君亦必爾也石崇既有此言後人遂以實之昭君誤矣

漁家樂劇馬融女馬瑤草按　漢書融女有三長女不可考其一字倫爲袁隗妻一女名芝女有才義少喪親長而追感作申情賦今劇場所演云馬瑤草者未知何屬袁氏世爲三公隗少歷顯官富奢特甚馬氏裝遣亦極珍麗與劇場簡生事適相反其子久稽艮匹或不爲融所受乎然瑤草字與芝義合疑所指爲芝



高明琵琶記見青溪暇筆元末永嘉高明字則誠避世鄞之櫟社以詞曲自娛見陸放翁有死後是非誰管得滿村聽唱蔡中郎之句因編琵琶記用雪伯喈之恥國朝遣使徵辟不就既卒有以其記進者上覽畢曰五經四書在民閒如五穀不可缺此記如珍羞百味富貴家其可無耶其見推許如此留青日札時有王四者能詞曲高則誠與之友善勸之仕登第後卽棄其妻而贅于太師不花家則誠恨之因借此記以諷名琵琶者取其四王字爲王四云耳元人呼牛爲不花故謂之牛太師而伯喈曾附董卓乃以之托名也高皇微時嘗賞此戲及登極捕王四置之極刑據說郛載唐人小說云牛相國僧孺之子繁與蔡生文字交尋同舉進士才蔡生欲以女弟適之蔡巳有妻趙矣力辭不得後牛氏與趙處能卑順自將蔡官至節度副使其姓氏相同一至于此則誠何不直舉其人而顧誣衊賢者耶莊岳委談僧孺二子曰蔚曰藂無所謂繁者恐說郛所載不實按蔡邕父名稜字伯直見後漢書注其母袁氏曜卿姑也見博物志琵琶記作蔡從簡秦氏其故爲謬悠歟抑未攷歟



劉關張桃園結義劇據三國志關羽傳先主與羽飛二人寢則同牀恩若兄弟而稠人廣坐侍立終日世俗由此敷演至秉燭達旦劇則前無所據見少室山房筆叢駁之最詳秉燭達旦劇元尙仲賢所撰也關漢卿單刀會劇見三國志魯肅傳有但諸將軍單刀俱會之語

月下斬貂蟬劇見升庵外集世傳呂布妻貂蟬史傳不載李白長吉呂將軍歌榼榼銀龜搖白馬傅粉女郎大旗下似有其人也元人有關公斬貂蟬劇事尤悠謬然羽傳注稱羽欲娶布妻啓曹公公疑

布妻有殊色因自留之則亦非全無所自按原文
關所欲娶乃秦氏婦不得借爲貂蟬證也

截江奪阿斗劇見蜀志劉封傳孟達與封書曰自立
阿斗爲太子已來四字本此

白仁甫祝英臺劇見宣室志英臺上虞祝氏女僞爲男裝游學與會稽梁山伯者同肄業山伯字處仁祝先歸二年山伯訪之方知其爲女子悵然如有所失告其父母求聘而祝已字馬氏子矣山伯後爲鄞令病死葬鄮城西祝適馬氏舟過墓所風濤不能進問知有山伯墓祝登號慟地忽自裂陷祝氏遂并埋焉晉丞相謝安奏表其墓曰義婦冢



祝髮記劇事見陳書徐陵傳孝克陵第三弟也梁末寇亂京師大飢孝克養母饘粥不能給妻臧氏甚有容色孝克謂之曰今飢荒如此供養交缺欲嫁卿與富人望彼此俱有濟不知卿意如何其妻臧氏弗許也時有孔景行者爲侯景將富于財孝克密因謀者陳意景行多從左右逼而迎之臧氏涕泣而去所得穀帛悉以供養孝克剃髮爲沙門改名法整兼乞食以充給焉後景行戰死臧伺孝克于途曰往日之事非爲相負今既得脫當歸供養孝克還俗更爲夫妻今祝髮記所演多與此符

達磨渡江劇見傳燈錄菩提達磨南天竺國香至王第三子也從波若多羅法明心要多羅曰吾滅後汝當往震旦設大法藥直接上根貽偈有路行跨水復逢羊獨自栖栖暗渡江句梁武帝迎至金陵時魏明帝正光庚子也止嵩山少林寺面壁而坐按達磨自庚子渡江至戊申逝凡九年今謂九年皆面壁失實

尉遲恭打朝裝風劇見舊唐書尉遲敬德婞直頗以激切自負嘗侍宴慶善宫有班在其上者怒曰爾



何功合坐我上任城王道宗解喻之敬德勃然拳毆道宗目幾至眇太宗不懌罷召讓之致仕後聞太宗將征高麗上言夷貊小國不足枉萬乘願委之將佐帝不納詔以本官爲左一馬軍總管師復還致仕按劇場演敬德事有曰打朝曰裝風打朝實裝風虛也又單雄信追秦王劇見舊唐書李密傳及新書尉遲敬德傳

薛仁貴白袍劇見舊唐書仁貴自恃驍勇欲立奇功乃異其服色著白衣帝遣問先鋒白衣者誰召見嗟異按元張國賓雜劇稱仁貴白袍將亦實

吳昌齡西天取經劇見獨異志沙門元奘姓陳氏唐武德初往西域取經行至罽賓國道險虎豹不可過奘不知所為鎖門而坐至夕開門見一老僧莫知所來由奘禮拜勤求僧口授多心經一卷令奘誦之遂得道路開闢虎豹潛形魔鬼藏跡至佛國取經六百餘部而歸其多心經至今誦之雙樹幻杪元奘以貞觀三年冬抗表辭帝出玉關抵高昌高昌王護送達于罽賓隨歷大林國僕抵國那伽羅國祿鄞那國至迦闍國麴闍王有勝兵十萬雄寇西域其俗以人祀天奘至被執以風度特異將



戮以祭俄大風作塵沙漲天晝日晦冥彼眾驚異釋之至中天竺入王舍城彼以預聞奘至具禮郊迎安置那蘭陀寺見上方戒賢論師賢時春秋一百有六道德為西土宗師號正法藏奘啓以求法意賢曰吾頃病且死忽夢大殊謂我曰後三年震旦有大沙門從汝受道自爾以來今三稔矣于是慰喜交集奘從賢窮探大乘日益智証至貞觀十六年乃發王舍城入祇羅國國王迎問而國有聖人出世作小秦王破陣樂可為我言之奘粗陳帝神武大畧其主大驚即以青象名馬助奘馱經而

還以貞觀十九年至長安文帝驚喜手詔飛騎迎之親為經文作序名聖教序云按唐藝文志有王元策中天竺國行記十卷法苑珠林謂元策官金吾將軍奉詔扈元奘往西域取經歸撰此記今佚不傳輟耕錄記元人雜劇有唐三藏一段莊岳委談云聖教序雖有三藏要等語文匪元奘號也其以稱奘蓋以唐僧不空號無畏三藏而譌耳

唐明皇遊月宮劇見明皇雜錄上與太眞及葉法靜八月望日遊月宮見龍樓鳳堞金闕玉扇冷氣逼人後西川奏其夕有天樂過龍城錄葉法善與明



皇遊月宮聞天樂上問曲名曰紫雲回也上密記音調歸為霓裳羽衣曲又見集異記異聞錄小異

李白令高力士脫靴劇見舊唐書李白傳

郭子儀滿牀笏劇據舊唐書崔義元傳開元中神慶子琳珪瑤等皆至大官羣從數十人趨奏省闥每歲時家宴組珮輝映以一榻置笏重疊于其上按流俗以此事屬郭汾陽謬

雙紅劇一紅綃見崑崙奴傳所稱奴摩勒負崔生至一品院與歌妓紅綃會逾十重垣雙負出撾殺猛犬者也一紅線見甘澤謠潞州節度使薛嵩家青

衣溢田承嗣金合一夜去來辭嵩不知所往者也
沈德符顧曲雜言梁伯龍有紅線紅綃二雜劇頗稱諧愜今被俗優合爲一大本南曲謂之雙紅遂成惡趣

鄭元和繡襦劇據白行簡李娃傳天寶中常州刺史滎陽公有子弱冠應秀才舉父豐其給抵長安游鳴珂曲見娃憑一青衣而立徘徊不能去密徵于友往詣歡好並止其家囊空鬻駿乘及家童以繼歲餘蕩然娃母意怠設詭計給生他出徙宅去生往來徵詰無音返舊邸與人爭較生父方入計在



京所隨老豎見之遽持其袪至父所父怒其辱門拉至曲江東以馬捶鞭之斃棄而去有歌師往瘞經宿而活撻處潰爛穢甚同輩復惡而遂焉遂持破甌巡里閭乞食爲事一旦大雪生冒雪乞聲甚苦經娃之宅生不知也娃辨其音連步而出見生枯瘠疥癘殆非人狀遽前抱頸以繡襦擁而歸之母大駭趣令迫逐娃佩詞諍且以積貲自贖與生稅屋別居勸以溫習舊業三歲業大就一赴禮應直言極諫科名第一授成都府參軍時生父由常州拜成都尹生投謁大驚命登階撫背慟哭父子如初娃留于劍門築別館處之尋遣媒氏備六禮迎爲夫婦生後歷仕數郡娃封汧國夫人按此與今劇場所演事事相符惟傳不著名而今云李亞仙鄭元和乃別見于元石君寶花酒曲江池劇其殺千金五花馬取版腸以供妓饌則以元王元鼎與國順秀事牽入

馬致遠黃粱夢劇見李泌枕中記所云開元十九年盧生遇呂翁于邯鄲邸舍以枕授之生于寐中列登鼎鉉欠伸而寤主人蒸黃粱尚未熟也按此呂翁非呂洞賓也洞賓生貞元十四年舉咸通進士



翁則開元時已度人矣元馬致遠黃粱夢劇謂洞賓遇鍾離此卽影襲盧生事雜劇例多張冠李戴不必疑也明湯若士以世多熟夢邯鄲復演盧生付伶人歌舞之又呂洞賓戲白牡丹劇乃宋人顏洞賓事亦誤爲呂洞賓續仙傳呂洞賓居岳州白嶽寺有老人自松梢下曰某松之精也元谷子敬有城南柳劇乃訛松爲柳

西廂記元王實甫撰考元稹會眞記詳其事輟耕錄以爲生卽張子野宋王性之著傳奇辨正云微之作姨母鄭氏墓志言其旣喪夫遭軍亂微之爲保

[redacted]白[redacted]母鄭氏志言鄭濟女唐崔[redacted]永甯尉鵬娶鄭濟女則鶯鶯乃崔鵬之女于微之爲中表也傳言生年二十二微之樂天墓志決爲微之無疑特鄭恆爭婣之說不可曉按鶯鶯後實歸恆金石文字記載唐鄭恆暨夫人崔氏墓誌銘大中十二年秦貫撰文崔年七十六有子六人與鄭合葬此銘可証

白兔記李洪義劇五代史漢家人傳高祖皇后李氏晉陽人也其父爲農高祖少爲軍卒牧馬晉人夜入其家劫取之高祖以貴封魏國夫人生隱皇帝



宋史漢李后弟六人長洪信少洪義皆位至軍相洪義本名洪威後以避周諱改周祖起兵漢少帝詔洪義扼河橋及周兵至洪義就降漢室之亡由洪義也按今白兔劇醜詆洪義或緣其降周故耶又何以悞指爲后兄也

雪夜訪趙普劇見宋史趙普傳

楊六郎劇據宋史楊業以驍勇聞人號無敵契丹望見業旌旗輒引去主將戍邊者多忌之雍熙三年以雲州觀察使副潘美北征契丹國母蕭氏領衆十萬陷寰州業議未可與戰護軍王侁沮之業因指陳家谷言請于此張步兵爲左右翼俟業轉戰至此卽以兵來擊救之不然無遺類矣美卽與侁領兵陣谷自寅至巳侁使人登臺望之以爲契丹敗走欲爭其功乃離谷口俄聞業敗卽麾兵卻業力戰至暮果至谷口望見無人撫膺大慟再率帳下士戰身被數十創士卒殆盡馬重傷不能進遂爲契丹所擒其子延玉亦沒焉業不食三日死詔贈太尉大同軍節度錄其子延朗爲崇儀副使次子延浦延訓爲供奉官延環延貴延琳爲殿直延朗後改名延昭眞宗嘉其用兵有父風在邊防



二十餘年官至保州防禦使契丹憚之目爲楊六郎按史延昭當爲長子而目爲六郎六似非行次矣業凡七子延玉先沒契丹或總其見在之兄弟六人歟潘美今劇中誤爲潘仁美

梁灝八十二歲及第劇見錦字箋灝謝表有云皓首窮經少伏生之八歲青雲得路多太公之二年遯齋閒覽灝登第詩天福二年來應試雍熙二載始成名饒他白髮巾中滿且喜青雲足下生又一梁眞物科最早見容齋隨筆

而至破窰劇避暑錄文穆爲父所逐衣食不給龍

門寺僧識其貴人延至寺中鑿山岩有龕居之凡九年後諸子即石龕爲祠堂按元關漢卿王實甫俱撰蒙正風雪破窰記貢性之有風雪破窰圖詩破窰當即石龕又據宋史與蒙正共淪躓者毋劉氏也今傳奇乃謂蒙正妻又飯後鍾事見北夢瑣言乃段文昌事摭言傳爲王播事今以移屬呂文穆乃自元人馬致遠始又彩樓劇饐瓜事見邵伯溫聞見錄

王曾三元劇見宋史曾字孝先咸平中由鄉貢試禮部廷對皆第一按今謂者爲三元信也至謂曾子



復爲右榜三元則無稽矣曾無子以弟融之子繹爲後

包龍圖閣劇據宋史包拯嘗除龍圖閣直學士立朝剛毅貴戚宦官爲之斂手京師語曰關節不到有閻羅包老凡訟訴徑開正門使得至前陳曲直吏不敢欺按今童婦輩凡言平反寃獄輒稱包龍圖或稱包待制且言死作閻羅因包老一言也

平妖傳見居易錄今小説演義記貝州王則事其中人多有依據如馬遂擊賊被殺見宋史使馬遂乃賈魏公借作潞公耳所云成都神醫嚴三點者江

西人見癸辛雜志其多目神借用李文靖一

楊文奎王魁不負心按王魁見齊東野語嘉祐中王俊名爲應天府發解官得狂疾取交股刀自裁左右抱持之免出試院醫云有痰以藥吐之中夜洞泄而死其父訴問道士道士傳冥中語云爲五十年前打殺謝吳劉不結案事因託夏噩姓名作王魁傳實其事皆不然書錄解題陳翰唐宋人王魁乃本朝事當是後人勦人之草木子俳優戲文始于王魁即此人

蔡襄建洛陽橋劇見説郛洛陽橋記附錄又見筠廊偶筆云明鄞人蔡錫爲泉州太守欲修洛陽橋以



文檄海神一醉卒趨而前曰我能齎往乞酒飲大醉自投于海若有人扶掖之者俄而以醋字出錫意必廿一日酉時遂是日興工語載錫本傳中人乃以其事附蔡端明也

陳造懼內劇見蘇詩龍邱居士亦可憐談空説有夜不眠忽聞河東獅子吼拄杖落手心茫然黃魯直亦有與季常簡曰公暮年來想漸求清淨之樂姬媵無新進矣柳夫人比何所念以致疾耶又一帖云河東夫人亦能哀憐老大太任放不解事耶則

柳氏之妬固已按今南劇般演跪池一事未免已甚北劇至有變羊劇尤誕然亦有本但不屬陳季常藝文類聚一士人婦大妬常以長繩繫夫足士與巫謀乘婦睡以繩繫羊婦覺牽繩而羊至大驚問巫巫曰能悔可祈請婦因悔誓不妬巫乃令七日齋舉家詣神禱祝士徐徐還婦見泣曰多日作羊不辛苦耶士曰猶憶噉草不美婦後略妬士即伏地作羊鳴婦驚起永誓不敢

元吳昌齡東坡蘇小妹按歐陽文忠集蘇明允墓志云君三女皆早卒按明允一女適其母兄程濬之



子之才一女適柳子玉而世俗云小妹適秦少游不見傳記豈明允之最小女耶惟元吳昌齡東坡夢雜劇爲是言並云其妹之名曰子美

水滸劇見游覽志餘錢唐羅貫中南宋時人編撰小說數十種而水滸傳敘宋江等事機巧甚詳壞人心術其子孫三代俱啞七修類稿宋江乃施耐菴編昨見點鬼簿載宋江傳記之名則亦有本因而編成故曰編莊岳委談水滸傳所稱三十天罡見宋史張叔夜傳宋江起河朔轉畧十郡官軍莫敢攖其鋒癸辛雜志載龔聖予宋江三十六人贊備列名號曰呼保義宋江智多星無學究玉麒麟盧俊義大刀關勝活閻羅阮小七尺八腿劉唐沒羽箭張青浪子燕青病尉遲孫立浪裏白跳張順船火兒張橫短命二郎阮小二花和尚魯智深行者武松鐵鞭呼延綽混江龍李俊九紋龍史進小李廣華榮霹靂火秦明黑旋風李逵小旋風柴進插翅虎雷橫神行太保戴宗先鋒索超立地太歲阮小五青面獸楊志賽關索楊雄一直撞董平兩頭蛇解珍美髯公朱仝沒遮攔穆宏拚命三郎石秀雙尾蝎解寶鐵天王晁蓋金鎗班徐甯撲天雕李



應較小說多孫立晁蓋無公孫勝林冲其吳學究不著名尺八腿一直撞綽號大異鐵鞭先鋒賽關索金鎗班小異先後次第尤多不同宣和遺事盧俊義作李俊義楊雄作王雄關勝作關必勝并載花石綱等事皆似是水滸事本而呼保義等號無之宋鑑劉豫所害關勝或即大刀也其燕青贊云平康巷陌豈是知名大行春色有一丈青然則時固有一丈青者而不在數中果復有所謂七十二地煞乎又高俅事見居易錄乃東坡小史以屬王晉卿詵詵遣俅送篦刀子于端王邸令對蹴大喜

并送入皆留踰月王登大寶眷渥日厚數年間持節至使相傳所云小蘇學士即東坡而稍變其文耳都尉即詵也至誤走妖魔事見錢氏私志河北賊方定蔡京謂徐神翁曰且喜天下太平徐曰天上方遣許多魔君下生人間作壞世界蔡曰如何得識其人徐笑曰太師亦是按此段即是水滸楔子所由演

續水滸諸劇見甕天脞語載宋江潛至李師師家題詞于壁按陸友仁題宋江三十六人畫贊云睦州盜起塵連北誰挽長江洗兵革京東宋江三十六



懸賞招之使擒賊後來報國收戰功捷書夜奏甘泉宮則江降後自有攻討方臘等事續傳不爲無因

麒麟記韓蘄王夫人見鶴林玉露夫人本娼嘗于廟柱下見一虎蹲臥驚走出復往視之乃一卒也因蹴起問姓名爲韓世忠心異之告其母約爲夫婦後封梁國夫人按今麒麟記演其事

岳武穆精忠傳何立至酆都事見雲薖淡墨所謂告相公東窗事發也又掃秦劇見江湖雜記檜既殺武穆向靈隱祈禱有一行者亂言譏檜檜問其居址僧賦詩有相公問我歸何處家在東南第一山之句其事又見邱氏遺珠元張光弼有咏何立事詩

荆釵劇見鶴林玉露龜齡及第甚晚已有二子並非新娶而其母已沒今之荆釵傳奇乃史氏妄作也天祿志餘謂玉連王梅溪女孫汝權宋進士與梅溪友善先生劾史浩八罪汝權實慫慂之爲史氏所最切齒遂妄作荆釵傳奇謬其事以蔑之南史餘姚許浩嘗賦荆釵百詠即其事也楊升菴外集謂潛説友乃宋安撫使與賈似道同時今傳奇王



十朋有此人詭以爲錢反以爲梅溪前輩謬也

玉簪記見古今女史宋女觀尼陳妙常年二十餘姿色超羣詩文俊雅工音律張于湖授臨江令宿觀中調之妙常不納載名媛璣囊後與于湖友潘法成私通情洽密告于湖以計斷爲夫婦

月明度柳翠劇見姚靖西湖志宋紹興間柳宣教履臨安尹任僧玉通不赴庭參柳便用紅蓮誘破其戒玉通慚悔而死托生于柳隸樂籍報之久之皋亭山僧淸了以化緣詣柳翠爲戴面具現身說法示彼前因翠悟沐浴而化淸了一名月明故云月

明和尚度柳翠也元李壽卿撰曲見臧晉叔選百種曲中考咸湻臨安志五燈會元皆無柳宣教月明之名今所演葢武林舊事所載元夕舞隊之耍和尚也

王孝子尋親劇見元史孝義傳王覺經建昌人五歲遭亂失母稍長誓天願求母所在乃渡江涉淮行乞而往至汝州梁縣春店得其母以歸

沈萬三劇見明史高后傳吳興富民沈秀者助築都城三之一又請犒軍太祖怒欲誅之后諫曰民富敵國民自不祥天將災之何誅焉乃釋秀秀即沈



萬三也明巨富者謂之萬戶三沈本名富字仲榮柳亭詩話云金陵水西門有猪龍爲患相傳明祖以沈仲榮聚寶盆鎮之乃止故名聚寶門仲榮得張三丰鑪火之術致富敵國盆即鼎器也

鐵冠圖劇見宋景濂集張中傳中字景華撫之臨川人舉進士不第遇異人授以太極數學帝下豫章時因鄧愈薦遣使召問後言事往往奇中嘗戴鐵冠人因號鐵冠子按雜說云明祖諭道人汝能先知識言我國事直述無諱道人口誦數十語其後多驗即劇所謂鐵冠圖也

唐賽兒劇見明史成祖紀永樂十八年二月蒲臺妖婦唐賽兒作亂安遠侯柳升帥師討之三月辛巳敗賊于卸石賽兒逸去好事者演其事謂之女仙外史演劇者本之

海瑞市棺劇見明史本傳上疏時先市一棺訣別妻子故俗有海瑞棺材擡去擡來之諺由此

十五貫劇況青天見懸笥瑣探蘇州太守況鍾剛果練達多有惠政九載去任人呼曰況青天

唐伯虎三笑姻緣劇秋香見姚旅露書乃吉道人事與宦家婢秋香遇于虎邱因道人有姊喪白衫內



服紫裩風動裾開秋香見而含笑道人乃鬻身爲宦家奴伴其子讀書具得歡意問其欲求秋香爲妻許之具數百金裝送秋香歸道人道人名之任字應生江陰人本姓華爲母舅趙子按今演其事爲劇移以屬唐寅

通俗編卷二十一終

通俗編卷二十一

仁和翟灝撰　綿州李調元

蘇軾詩逢場作戲三昧俱見傳燈錄竿木隨身逢場作戲又云遊戲三昧古人謂弄亦曰戲非眞作戲也潛夫論或作泥車瓦狗諸戲弄之具以巧詐小兒皆無益也史記所謂櫜者霸上棘門軍若兒戲耳吳志孫琳傳敗壞藏中矛戟五千餘枚以作戲具卽此所謂把戲也元史百官志祥和署掌雜把戲男女一百五十人此類是也故作弄譜若戲文則具載余曲劇二語並不贅說把戲



七修類稿評話謂之淘眞其起處每曰太祖太宗眞宗帝四祖仁宗有道君蓋始宋時姜南洗硯雜錄瞿存齋陌頭盲女無窮恨能撥琵琶唱趙家評話

秧歌本饁婦所唱武林舊事元夕舞隊村田樂卽此北人扮雜色跳舞失其意矣山歌始吳越王鄉飲秧歌

古杭夢遊錄說話有四家一銀字兒謂烟粉靈怪之事一鐵騎兒謂士馬金鼓之事一說經謂演說佛書一說史謂說前代興廢武林舊事百戲社名小說爲雄辯社按今俗謂之說書說書字見墨子耕柱篇能談辨者談辨能說書者說書然所言與今事別說書

舊唐書音樂志上元聖壽樂武后作也舞者百四十人行列必成字十六變而畢有聖超千古道泰百王皇帝萬年寶祚彌昌字樂錄舞人亞身于地而成字謂之字舞王建宮詞每遇舞頭分兩向太平萬歲字當中按今劇場中擺列爲天下太平等字乃其具字舞

古今藝術圖鞦韆本山戎之戲自齊威公北伐山戎此戲始傳中國一云作千秋字本出漢宮祝壽詞



後世誤倒讀爲秋千耳秋千

通典窟礧子亦曰魁礧作偶人以戲本喪樂也漢末始用之嘉禮北齊後主高緯尤所好今閭中盛行顏氏家訓俗名傀儡爲郭秃風俗通謂諸郭皆諱秃當是前代有姓郭而病秃者滑稽調戲故後人爲其象耳按武林舊事有懸絲傀儡杖頭傀儡藥發傀儡水傀儡肉傀儡諸別西河詞話云宮戲本水傀儡其製用偶人立板上浮大池面用屏障其下而以機運之杖頭傀儡以人持其足俗謂之揑腳摳懸絲傀儡俗謂之提線摳魁礧

東京夢華錄有董十五趙七曹保義朱婆兒善弄影戲都城紀勝凡影戲京師人初以素紙雕鏃後用彩色裝皮謂之公忠者雕以正貌姦邪者雕以醜貌其話本與講史書者正同夷堅志載僧惠明咏影戲詩武林舊事載百戲社名影戲曰繪革社青藤山人路史影戲始漢武帝李夫人事宋仁宗時市人有能談三國事者或采其事加緣飾作人影始爲魏蜀吳戰爭之象影戲

禮記優雜子女注云舞者猴戲按此則以猴爲戲其來最久避暑錄話唐故事學士禮上例弄獮猴戲



不知何意又太平廣記蜀中楊于度善弄獮猻伺養獮猴十餘頭能人言或令騎犬作參軍行則呵殿前後戲猴

晉書樂志柸柈舞手按柸柈反覆之通典槃舞漢曲也至晉加之以柸張衡舞賦云歷七盤而縱躡王粲釋云七盤陳於黃庭樂府云妍袖陵七盤鮑照云七槃起長袖皆以七枚爲率今隸清樂部中曹植樂府促尊合坐行觴主人起舞溢盤抱朴子跳丸弄劍摘盤緣案凡人爲之而周孔不能按今之舞盤者皆以竿卓盤底而旋轉之與古之手按反覆不同其伎亦能以一人兼七也摘盤盖卽指舞盤舞盤

通典梁有弄椀珠伎宋都城勝紀勝有踢瓶弄椀張祜詩揭手便拈金椀舞上皇驚笑悖拏兒吳萊椀珠伎篇椀珠闇自宮掖來長竿寶椀手巾迴日光正高竿影直風力旋空珠勢側徘徘徊徊奪日精欸欸傾傾獻玉瓔滑涎器從龍堂出煇爗命與鬼骨爭最能形詩態狀按此伎卽由盤舞滋演今舞盤者具兼能弄之弄椀

漢藝文志兵伎巧類有蹵鞠二十五篇師古曰鞠以



韋爲之實以物蹵踏之以爲戲也蹵鞠陳力之事故附于兵家焉唐音癸籤唐變古蹴毬其法植兩修竹高數丈絡網于上爲門以度毬毬工分左右朋以角勝負按鞠實以毛見漢霍去病傳注而唐時毬製亦不與舊同歸氏子嘲皮日休云八片尖斜砌作毬火中燖了水中揉一包閑氣如常在惹踢遭拳卒宋休盖又今所謂氣毬也蹴毬

文選西京賦都盧尋橦注引漢書音義都盧體輕善緣此卽今緣竿戲也北史禪定寺幡竿繩絕沈光口啣索拍竿直上龍頭繫畢透空而下以掌拓地

倒行十餘步人號內飛仙朝野僉載幽州人劉交
戴長竿高七十尺有女子十二于竿置定跨盤而
立按尋橦戴竿本二舞名而王建尋橦歌云大竿
百夫擎不起裊裊半在青雲裏纖腰女兒不動容
戴行直舞一曲終則以一娼戴竿而數娼環舞其
上并之為一戲也江北有擎梯戲以一婦仰臥翹
雙足而植兩梯柱于足底使一女僮緣梯而舞是
其遺意竿緣
西京賦走索上而相逢薛綜注長繩繫兩頭于梁舉
其中央兩人各從一頭上交相度所謂儛絙者也



通典高絙伎今之戲繩也後漢天子臨軒設樂以
兩大繩繫兩柱相去數丈二娼女對舞行于繩上
切肩而不傾原化記開元中有嘉興囚能以繩不
用繫著將一頭手擲空中勁直如筆人隨繩離地
其勢如鳥唐書回鶻傳王元策西域行傳皆謂之
繩伎文苑英華有繩伎賦繩伎
酉陽雜俎婆羅門八月十五行像及透索為戲按近
世有跳白索即此帝京景物略元夕二童子引索
略地如白光輪一童子跳光中曰跳白索或云百
索訛也又留青日札云今小兒兩頭曳索對挽之

強牽弱者而撲以為勝負喧笑為樂即唐清明節
拔河之戲也見金坡遺事與白索不同跳索
彭文憲公筆記五月五日賜文武觀走驃騎于後苑
名曰走解解字于介切按解似取邂逅之義言其
迅遽也西河詩話謂之賣解妓其戲傳流甚久漢
書張騫傳注所云截馬之術鹽鐵論所云馬戲皆
是也三國志甄皇后傳注后年八歲外有立騎馬
戲者家人皆上閣觀之后獨不行北史麥鐵杖傳
沉光善戲馬為天下最夢華錄詳其戲云先一人
空手出馬謂之引馬次一人磨旗出馬謂之開道



旗或執旗挺立鞍上謂之立馬或以身下馬以手
攀鞍復上謂之騙馬或手握定鐙袴以身從後鞦
往來謂之跳馬忽擲脚著地倒拖順馬而走謂之
拖馬或右臂挾鞍足著地順馬而走謂之趕馬解走
山海經長股國郭璞注曰今伎家喬人蓋象此身通
典後魏天興六年增修雜戲有長趫宋書武三王
傳公主王妃冬會不得為長蹻透狭等戲武林舊
事元夕舞隊有踏蹺按喬趫蹻蹺四字通用均謂
雙木續足戲也列子說符篇宋有蘭子以技干宋
元君以雙枝長倍其身屬其脛並趨並馳此戲自

戰國時有之矣長趫
武林舊事撮弄曰雲機社供奉志載撮弄雜藝十九
人有渾身手等號按撮弄亦名手技卽俚俗所謂
做戲法也夢粱錄雜手伎有弄斗打硬藏人藏劍
喫針等事墨客揮犀夏英公見伶雜手伎有號藏
擫者賦詩云舞拂跳珠復吐丸遮藏巧技百千般
主公端坐無由見卻被旁人冷眼看弄撮
抱朴子禰衡謫爲鼓吏縛角于柱口就吹之乃有異
聲並舉搖鼗擊鼓聞者不知其一人也按今有打
十不閑者乃其遺風十不閑



留靑日札吳越閒婦女用三棒上下擊鼓謂之三棒
鼓江北鳳陽男子尤善卽唐三枝鼓也咸通中王
文舉好弄三杖鼓打撩萬不失一是也杖音與歌
聲句拍附和爲節又能夾一刀弄之三棒鼓
桓譚新論方士董仲君能鼻吹口歌朝野僉載壽安
男子不知姓名肘拍板鼻吹笛口唱歌能半面笑
半面啼按今京師廟集有能鼻吸笛者鼻吹
瑯嬛記絳樹一聲能歌兩曲二人細聽各聞一曲一
字不亂按今有相聲伎以一人作十餘人捷辨而
音不少雜亦其類也相聲

酉陽雜俎載襄州人王固作繩虎對陣之戲尙書夢
華錄京瓦雜技有劉百禽善弄蟲蟻癸辛襍志有
呈水嬉者龜鰍魚鼈皆亦名呼之卽浮水面戴戲
具而舞輟耕錄杭州弄百禽者有鳥龜疊塔蝦蟇
說法等戲按此皆鹽鐵論所謂奇蟲者也弄禽
通典梁有透三峽伎今透飛梯之類也按鹽鐵論有
云唐梯者與戲馬奇蟲並言似亦指飛梯飛梯
趙璘因話錄軍中有透劍門技大燕日庋中設幄編
劍刃爲棖棟之狀其人乘小馬至門審度馬調道
端下鞭而進錚焉聞劍動之聲旣過而人馬無傷



宣威軍有小將善此伎夢粱錄百戲伎藝亦有過
刀門透劍
列子說符篇宋有蘭子能燕戲張湛注云如今絕倒
投狹者張衡西京賦衝狹燕濯胸突銛鋒薛綜注
卷簟席以矛插其中伎兒以身投從中過也抱朴
子云蹴鋒投鋏宋書云透狹舒劍皆指謂此投鋏
說符篇蘭子弄七劍迭而躍之五劍常在空中西域
行傳婆栗闍國王設五女戲其五女傳弄三刀加
至十刀又虛騰繩上手弄三仗刀循鎗等種種幻
術弄刀

史記大宛傳注犂靬多奇幻能口中吐火自縛自解漢書張騫傳注眩人卽今吐火吞刀植瓜種樹屠人截馬之術也文選張衡賦吞刀吐火吐火

梁元帝纂要百戲起于秦漢有魚龍漫延高絙五案跟挂腹旋履索轉石諸戲傳元西都賦亦有跟挂腹旋句按今北俗所謂蟠擯乃其類也又夢粱錄雜手藝有壁上睡虛空挂蟠擯

通典擲倒伎卽倒行而舞也晉咸康中散騎侍郎顧臻表曰末代之樂設禮外之觀逆行連倒足以蹈天頭以履地反天地之順傷彝倫之大乃命太常



罷之唐樂錄睿宗時婆羅門獻樂舞人倒行以足舞于極銛鋒刃旋身繞手百轉無已留青日札今雜戲有名筋斗子者或卽古擲倒之技擲倒

樂府雜錄尋橦跳丸旋槃觔斗悉屬鼓架部崔令欽教坊記漢武時于天津橋設帳殿酺三日敎坊一小兒觔斗絶倫朱子詩只麽虛空打觔斗思君辜負百年身又語錄說學半云前後語皆平正不應得中閒翻一個筋斗言鯖伎人以頭委地而翻斗跳過且四面旋轉如毬謂之金斗相傳趙簡子殺中山王命厨人翻金斗以擊之已見此三字按金斗自是酒器與筋斗何相涉耶李氏疑耀云孫與吾韻會定正于跟字注云腳跟也又跟頭戲倒頭爲跟也觔斗二字當從跟頭今作筋斗兩字皆誤此說甚似有理斗觔

夢粱錄百戲伎有打交輥按輥音衮轉之速也說文引攷工記望其轂欲其輥蘇軾觀潮詩雷輥夫差國元好問醉貓圖詩側輥橫眠卻自如中州集有張澄咏輥馬圖兀兀黃塵輥得休五燈會元鬧市裏輥大海底輥出一輪赫日皆用此輥字方夔雜興打轂箏毛馬彈箏跕躧娼以輥爲轂隨方俗之轉音也交輥



雲笈七籤華佗作五禽之戲一曰虎戲虎戲者四肢距地前三擲卻三擲引腰乍起仰天卽返距行前卻各七過也按今以引腰跳擲曰打虎跳蓋由乎此吳志王蕃傳注孫皓斬蕃使親近將挑蕃首作虎跳狼爭咋齧之以示威虎跳二字又見此虎跳

元稹詩憶得雙文籠月下小樓前後捉迷藏花蕊夫人宮詞內人深夜學迷藏遶遍花叢水岸旁乘興或來仙洞裏大家尋覓一時忙瑯環記元宗與玉眞恆于皎月之下以錦帕裹目在方丈之間互相

捉戲謂之捉迷藏按俚俗謂之捉覓躲

宋史禮志故事齋宿幸後漢作冰戲按此卽北方溜冰之戲始自宋時（溜冰）

漢書武帝紀元封三年作角抵戲注云抵者當也兩兩相當以角力角技藝非謂抵觸也後漢書仲長統傳作角觝述異記古蚩尤有角以角觝人人不能向今冀州有蚩尤戲頭戴牛角而相觝武林舊事以相撲爲角觝社留青日札今小兒俯身兩手據地以頭相觸卽古角觝之戲今又謂之撲交又謂之翻交（角抵）



韻語陽秋帝王世紀及高士傳載帝堯時有八九十老人擊壤而歌于康衢初不知壤爲何物因觀藝經云壤以木爲之前廣後銳其形如履將戲先側一壤于地遠三四十步以手中壤擊之中者爲上蓋古戲也按今小兒搏土爲丸置其一以爲標足蹴他丸擊之或用瓦毬或用胡桃率以中者爲勝應屬擊壤遺習（擊壤）

京中兒僮兩人以錢撞牆壁間視兩錢所迸之遠近立其處以近錢打遠錢謂之撞鐘（撞鐘）

通俗編卷二十一終

# 通俗編卷二十二

仁和翟灝撰　綿州李調元校

鬭百草兒戲也劉禹錫有若共吳王鬭百草句七修續稿謂起于吳王非也申公詩說以芣苢爲兒童鬭草嬉戲歌謠之詞則周初已有此戲矣（鬭草）

木熙出淮南子木熙者舉梧檟據勾枉蝯自縱援豐條王充論衡自紀篇充爲小兒與儕倫遨嬉儕倫戲錢林充獨不肯按此乃緣樹以爲戲也今謂之溜樹（木熙）

鼇山始于三國藝術傳作山岳使木人跳丸擲劍于



上卽元夕鼇山也實本張衡西京賦神山崔巍云（鼇山）

武林舊事迎引新酒有以木牀鐵擎爲仙佛鬼神之類駕空飛動謂之臺閣按今江浙間迎神會者猶多效之（臺閣）

荆楚歲時記五月五日競渡俗謂此日屈原投汨羅人傷其死故以舟楫救之按競渡惟以迅疾爭勝唐王建雖有競渡船頭插綵旗句而未有言其船爲龍形者俗以龍船爲競渡殆未然矣術異記云吳王夫差作天池池中造龍舟日與西施爲水嬉

此事尙出屈原前晉書夏統傳會上巳士女駢塡賈充問統能隨水戲乎則其戲演于三月上巳武林舊事言西湖探春者至禁烟爲最盛龍舟十餘綵旗疊鼓交午曼衍粲如織綿而迤端午之勝不言龍舟見其時猶但于三月爲之也惟元典章云殺賓節撶掉龍舟江淮閩廣江西皆有此戲合移各路禁治五月之風蓋特盛于宋末元初至順帝于內苑造龍船自製其樣首尾長一百二十尺用五彩金裝前有兩爪其龍首眼日爪尾皆動見于元史本紀龍形之製乃于此著明文若西都賦所



云登龍舟張鳳蓋及魏志文帝紀隋書煬帝紀所云龍舟則皆以天子所御畫龍爲飾而已又考馬令南唐書每端午競渡官給綵段俾兩兩較其遲速勝者加以銀椀謂之打標按此亦競渡但爭迅疾之證（競渡）

舊唐書音樂志太平樂後周武帝時造亦謂之五方師子舞綴毛爲師子人居其中像其俛仰馴狎之容二人持繩秉拂爲習弄之狀五師子各依其方色白居易新樂府西涼伎篇云假面胡人弄獅子刻木爲頭絲作尾金鍍眼睛銀帖齒奮迅毛衣擺雙耳咏其事也（師子舞）

漢書禮樂志常從象人注云象人若假面者隋唐嘉話高齊蘭陵王長恭面類美婦人乃著假面對敵勇冠三軍齊人壯之爲舞以效其指麾擊刺之容今大面是也桂海虞衡志桂林人以木刻人面極工巧一枚或直萬錢老學庵筆記政和中大儺下桂林府進面具比進到稱一副初訝其少迨見之乃是以百百枚爲一副老少妍陋無一相似者西京賦總會仙倡戲豹舞羆白虎鼓瑟蒼龍吹篪注曰皆爲假頭也按世俗以刻畫一面繫著于口耳



者曰鬼面蘭陵王所用之假面也四面具而全納其首者呼曰套頭西京賦所云之假頭也周禮方相氏蒙熊皮注云冒熊皮者以驚疫癘之鬼如今魌頭也魌頭猶言假頭字亦作䫏俱說文䫏字注云醜也逐疫有䫏頭荀子非相篇仲尼面似蒙倛方相也然蒙熊皮似非但納首而已愼子曰毛嬙西施天下之美姣也衣之以皮倛則見者皆走可以互參蓋爲周身蒙冒之具亦若師子舞之綴毛爲衣人居于其中也（鬼面）

太平御覽世說正月十五日禰衡被魏武謫爲鼓吏

故世子此日鼓漁陽摻演繁露湖州土俗歲十二月人家多設鼓亂撾之至來年正月半乃止相傳云此名打耗打耗者言驚去鬼祟也世謂禰衡事正是正月十五然其撾不待正月又不相應按荆楚歲時記十二月八日爲臘諺云臘鼓鳴春草生村人並擊細腰鼓以驅疫則驚祟說固是有本〔打耗〕

神異經西方深山中有人長尺餘犯之則病名曰山臊人以竹著火中烞熚有聲聞即驚遁甕牖閑評宗懍云歲旦燎竹于庭所謂燎竹者爆竹也按古皆以眞竹著火爆之故唐人詩亦稱爆竿後人卷



紙爲之稱曰爆仗前籍未見惟武林舊事言西湖有少年競放爆仗及設烟火起輪走線流星水爆等戲又言歲除爆仗有爲果子人物等類殿司所進假屏風內藏藥線一爇連百餘不絕蓋此等戲俱自宋有之也〔爆仗〕

留青日札金鏤金香毬如渾天儀其中三層關棙輕重適均圓轉不已置之被中而火不覆滅即西京雜記言巧手丁緩所作者也又有以奇香異屑製之者亦名香毬乃舞人搏弄以爲劇者故白樂天詩柘枝隨畫鼓調笑從香毬又云香毬趁拍迴環匝花盞拋巡取次飛按今輥燈之製又從此做〔香毬〕

范成大上元節物詩轉影騎縱橫自注云馬騎燈姜夔觀燈口號紛紛鐵馬小回旋幻出曹公大戰年元郝經郭天錫皆有走馬燈詩〔走馬燈〕

七修類稿紙鳶本五代漢隱帝與李業所造爲宮中之戲者見李業乘而紀原以韓信爲陳豨造量未央宮之遠近又曰侯景攻梁臺城內外斷絕羊侃令小兒放紙鳶藏詔于中以達援軍二說俱不見史且無理焉其爲李業所始無疑俗曰鷂子者以鷂飛不甚高而翅挺直也按侯景圍逼京城中外



斷絕有羊車兒獻計作紙鴉繫以長繩藏敕于中簡文出太極殿前因西北風而放冀得書達羣賊駭之謂是厭勝之術又射下之此南史侯景傳文也七修謂不見史謬矣又元速不台攻金城急金將放紙鳶置文書其上以誘被俘者爲速不台所覺哂曰金人欲以紙鳶御敵難矣見續通鑑〔紙鳶〕

後漢書郭伋傳兒童騎竹馬迎拜陶謙傳年十四猶乘竹馬爲戲晉書殷浩桓溫傳少時與浩共騎竹馬竹馬蓋古戲也武林舊事元夕舞隊有男女竹馬乃爲今俗之馬兒燈〔竹馬〕

老學庵筆記鄜州田圯作泥孩兒名天下一對直至十縑一牀直至三十千一牀者或五或七也許棐有咏泥孩兒詩又方輿勝覽平江府土人工於泥塑所造摩睺羅尤爲精功白獺髓游春黃胖起於金門地有杏花園游人取其黃土戲爲人形謂之湖上土宜按摩睺羅游春黃胖俱泥之别稱也又廣異記載韋訓盧贊善事有帛新婦子甃新婦子乃卽今所謂美人兒而肖嬰孩者亦往往覇帛燒甃不一（泥孩）

夢粱錄大街四時玩具有沙戲兒按今以紙具藏沙



少許于其上爲棙外綴以人物弄者將沙倒注人兒俾其漸灑於棙則人物自能運動卽此也（沙戲兒）

吳氏字彙補撻拋足之戲具也劉氏景物畧載京師謠楊柳兒死踢撻子按撻字未見于前字書武林舊事載諸小經紀有鞬子只借櫜鞬鞬字用之今京市爲此戲最工頂額口鼻肩背腹應皆可代足一人能兼應數敵自弄則鞬子終日繞身不墮（踢撻）

景物略陀羅者木製實而無柄繞以鞭之繩卓于地急掣其鞭則轉頂光旋旋影如不動也按宋時兒戲物有千千見武林舊事道古堂集妝域詩序云妝域者形圓圜如璧徑四寸以象牙爲之當背中央凸處置鐵鍼僅及寸界以局手旋之使鍼卓立輪轉如飛復以袖拂則久久不能停蹴局者有罰相傳爲前代宮人角勝之戲如宋人所謂千千也此皆陀羅之類（陀羅）

避暑漫抄光獻曹后在母家時與羣女共爲撚錢之戲而后一錢獨旋轉盤中凡三日方止按此事當爲旋陀羅之權輿（撚錢）

後漢書王符傳或以游博持掩爲事注云掩謂意錢也梁冀傳少爲蹴踘意錢之戲注云卽擲錢也貧



暇錄錢戲有每以四文爲一列者卽史傳所云意錢世俗謂之攤錢攤鋪其錢不使疊映欺戠也（意錢）

白居易詩雙聲聯律句八面數宮棋按王建張籍各有看美人宮棋詩王云宮棋布局不依經黑白相和子數停巡拾玉砂天漢曉猶殘織女兩三星張云紅燭臺前出翠娥海砂鋪局巧相和趁行移手巡收盡數數看誰得最多今人先以碁子黑白雜布局中各認一子爲標左右巡拾拾竟以所得多寡較勝負有挨三頂四擦七馱八罰例謂之遏棋葢卽此耳（遏棋）

酉陽雜俎小戲中于耍局一枰各布五子角遲速名蹙戎夢溪筆談漢書之格五雖止用數棋其行一道亦有能否徐德占善此遂至無敵其法已常欲有餘裕而致敵入于嶮焉耳言鯖今兒童以黑白棋各五共行中道一移一步遇敵則跳越以先抵敵境爲勝卽此蹙戎

史記蔡澤說范雎曰博者欲大投裴駰注云投投子也班固奕指博懸于投不必在行列子說符篇注凡戲爭能取中者皆曰投揍投取投擲其義甚顯古人皆用投字唐人始別作骰子投



卻掃編彩選格起于唐李郃本朝踵之者有趙明遠尹師魯元豐官制行有宋保國皆取時制爲之至劉貢父獨因其法取西漢官秩陞黜次第又取本傳所以陞黜之語注其下局終遂可次第其語爲一傳博戲中最爲雅馴房千里骰子選格序二三子以穴骼雙雙爲戲更投局上以數多寡爲進身職官差數卒局座客有爲掾尉而止者有貴爲將相者有連得美名而後不振者有始甚微而歘升于上位者大凡得失在卜其偶不偶耳按此卽今陞官圖也房氏序作于唐開成三年而其言如是可見其與今戲子無殊矣宋亦謂之選官圖孔平仲清江集有選官圖口號八韻陞官圖

王珪宮詞盡日閑窗賭選仙小娃爭覓到盆錢上籌須占蓬萊島一擲乘鸞出洞天虞兆瀅天香樓偶得俗集古仙人作圖爲戲用骰子比色先爲散仙次上洞以漸而至蓬萊大羅等列比色時首重緋爲德次六與三爲才又次五與二爲功最下者幺則謂之過凡有過者謫作採樵思凡之類遇德復位按此與選官圖無他異惟易官爲仙大凡婦女輩無服官之志小變其名目爲鄭樵通志略有尋



仙彩選格與漢官儀選文武彩選諸格並錄尋仙彩選當卽選仙圖耳選仙圖

文獻通攷葉子格戲一卷不著撰人世傳葉子婦人也撰此戲同昌公主傳韋氏諸宗好爲葉子戲李洞集有打葉子上龍州韋郎中詩按俚俗有以紙牌爲戲號曰馬弔者或云卽唐葉子之遺據咸定錄謂李郃與妓葉茂連撰骰子選謂之葉子以其戲亦兼用骰子與今馬弔不同李易安打馬序云長行葉子世無傳者獨彩選打馬爲閨房雜戲耳常恨彩選叢繁勞於簡閱能通者少打馬簡要又

苦無文今馬弔當屬易安所謂打馬固與葉子彩選分別言之葉子則在宋時已無傳者弔馬

六研齋筆記俗飲以手指屈伸相搏謂之豁拳蓋以目遥覘人爲已伸縮之數隱機闘捷余頗厭其呶號然唐皇甫松手勢酒令五指皆有名目大指名蹲鴟中指名玉柱食指名鉤棘無名指名潛虬小指名奇兵掌名虎膺指名私根通五指名五峯則當時已有此戲矣按明王徵福有腳陣譜專載此戲令辭豁拳

辛氏三秦記漢武鉤弋夫人手拳時人效之目爲藏鉤也東皋雜錄唐人詩有城頭擊鼓傳花枝席上搏拳握松子乃知酒席猜拳爲戲其來已久按今猜拳者有不賭空之說元姚文奐詩剝將蓮子猜拳子玉手雙開不賭空亦已用之藏鉤

酒譜酒令有捕醉仙者爲偶人轉之以指席者噐莊漫錄飲席刻木爲人而銳下置之盤中左右欹側僛僛然如舞狀久之力盡乃倒視其傳籌所至酬之以杯亦謂之勸酒胡按俚俗所謂不倒翁蓋源于此不倒翁

鄭厚藝圃折中童亂時與同隊行笑令曰無聲樂十數輩環立相視笙簫鼓板各司其一無其事而有其形手之所指口之所擬儼如其部瞠目禁聲先笑者犯按時俗每以此爲酒令以爲一時俳諧不料其亦本于古也

通俗編卷二十二

通俗編卷二十三

仁和翟顥撰　綿州李調元童山校

此下原缺十頁



今人不攷例以服闋爲起復誤矣

陛見

北史張普惠傳表乞朝直之日時聽奉見自此之後月一陛見

卓異

漢書宣帝紀故掖庭令張賀輔導朕躬恩惠卓異厥功茂焉後漢書劉般傳陳忠疏薦劉愷處約思純進退有度誠宜簡練卓異以厭衆望

加級

北史齊世祖紀河清元年大赦內外百官普加泛級



按加級字見此而其事漢初已有高祖紀故夫人以上賜爵各一級顏師古注曰就加之也

一階半級

顏氏家訓勉學篇或因家世餘緒得一階半級及公私宴集談古賦詩塞默低頭欠伸而已北史序傳仲舉曰吾少無宦情豈以垂老之年求一階半級

人多缺少

唐趙璘審官六議有人少闕多人多闕少之語闕與缺同苕溪漁隱叢話政和間先君赴調京師步月景德寺指月爲對云圓少缺多天上月同赴調者應聲

戲曰員多缺少部中官按論衡累害篇位少人衆仕者爭進當時蓋已患之

持祿養交

管子明法篇小臣持祿養交不以官爲事故失其能

荀子臣道篇偷合苟安以持祿養交謂之國賊

食祿有地

李義山雜纂凡說食祿有地必是差遣不好

後來居上

史記汲黯傳陛下用羣臣如積薪後來者居上師古注或曰積薪之言出曾子



當官

左傳當官而行周禮疏士師所禁惟在當官晉書熊遠傳當官以理事爲俗吏奉法爲苛刻三國志孫奐傳奐訥于造次而敏于當官

經官

晉書范粲傳高頵曰范伯孫名諱未嘗經于官曹

賣官

後漢書桓帝紀初開西邸賣官自關內侯虎賁羽林人錢各有差又私令左右賣公卿公千萬卿五百萬五代史前蜀世家徐太妃以教令賣官自刺史以下每一官闕必數人並爭而入錢多者得之

買官

後漢書崔寔傳程夫人曰崔公冀州名士豈肯買官賴我得是

賣官鬻爵

宋書鄧琬傳琬父子並賣官鬻爵李百藥贊道賦直言正諫以忠信而獲罪賣官鬻爵以貨賄而見親

官久則富

史記貨殖傳廉吏久久更富俚語因之

官官相爲



見元喬孟符兩世姻緣曲

文官不愛錢武將不惜死

宋史岳飛傳云云李白詩有爲官不愛錢句

相門必有相將門必有將

史記孟嘗君語又魏志陳思王傳引諺云云北史李彪傳亦引諺曰相門有相將門有將斯不惟其性蓋言習之所得也南史王訓傳上目送之曰可謂相門有相王鎮惡傳武帝曰鎮惡王猛孫所謂將門有將又史記任安傳言將門之下必有將類晉書王沈傳言公門有公卿門有卿

將相無種

史記陳涉世家王侯將相寧有種乎玉海許敬宗曰護兒兒作相世南男作將文武豈有種耶

養相體

金史完顏奴申傳金自南渡之後爲宰執者臨事相習低言緩語互爲推讓以爲養相體

忍辱至三公

晉書列女傳杜有道妻嚴氏戒預書引諺云云

宰相肚裏好撑船

水東日記南京大理少卿楊公復能詩有名其家童



往往于元武湖壖採萍藻爲豚食吳思菴以其密邇廳事拒之楊戲答詩云數點浮萍容不得如何肚裏好撑船蓋諺有之宰相肚裏好撑船故云

伴食宰相

唐書盧懷愼傳與姚崇對掌樞密自以吏道不及崇每事推讓之人謂之伴食宰相

鐵面御史

宋史趙抃傳爲殿中侍御史彈劾不避權倖京師目爲鐵面御史曾紆南遊紀舊慶歷中侍御史吳中復時人謂之鐵面御史



五日京兆

詳漢書張敞傳

金祭酒銀典簿

陸深春風堂隨筆國子監自祖宗以來例不刷卷故諺云云

强團練

楓窗小牘臨安有諺凡見人不下禮曰强團練長老言錢氏有國時攻常州執其團練使趙仁澤以歸見王不拜王怒命以刀抉其口至耳丞相元德昭救解云此强團練宥之足以勸忠也遂以藥敷創送歸于



唐故至今以爲美談

破家縣令滅門刺史

敖英東谷贅言人有恒言云云予謂此言强宗豪右當常誦之庶幾不敢作奸犯科爲龔黃卓魯者不可自誦此言楊穆西墅雜記宣德間慈溪一縣令謂羣下曰汝不聞諺云滅門刺史破家縣令乎一父老對曰某等只聞得豈弟君子民之父母縣令爲之默然

只許州官放火不許百姓點燈

馮猶龍譚槩田登作郡怒人觸其名犯者必笞舉州皆謂燈爲火值上元放燈吏揭榜于市曰本州依例

放火三日俗語云云本此

官不威牙爪威

元曲選李直夫虎頭牌孫仲章勘頭巾李行道灰闌記李致遠還牢末皆用此語

好官不過多得錢耳

見宋史曹彬語

笑罵從汝好官須我爲之

見宋史鄧綰傳綰謂王安石除集賢校理鄉人在都者皆笑且罵綰云云

相逢盡道休官好林下何曾見一人



集古錄世俗相傳此二句以爲俚諺慶歷中許元爲發運使因修江岸得石刻于池陽江水中始知爲釋靈徹詩也

通俗編卷二十三終

# 通俗編卷二十四

仁和翟灝撰　綿州李調元童山

## 王道本乎人情

劉向新序引程子曰王道如砥本乎人情出乎禮義

按此程子當是程本子

## 有治人無治法

荀子君道篇有亂君無亂國有治人無治法

## 漢家自有制度

漢書元帝爲太子嘗侍燕從容言陛下持刑太深宜帝作色曰漢家自有制度奈何純任德教用周政乎



## 我自用我法

世說庾子嵩曰我自用我法卿自用卿法

## 奉行故事

虞書若帝之初傳云順舜初攝帝位故事奉行之漢書魏相傳方今務在奉行故事而已

## 便宜行事

史記蕭相國世家卽不及奏上輒便宜施行上來以聞漢書魏相傳漢興以來國家便宜行事

## 發號施令

書冏命文又禮經解發號出令而民悅謂之和鬻子

發號施令爲天下福者謂之道文子道原篇未發號施令而移風易俗者其唯心行也管子輕重篇國非有貧富貴賤發號出令而審于輕重之數漢書天文志王者即位發號施令亦奉天時

奉公守法

史記廉藺傳以君之貴奉公守法則上下平上下平則國彊又說苑至公篇引虞邱子曰奉公行法可以待榮

公耳忘私

漢書賈誼傳人臣國耳忘家公耳忘私



文子上義篇人欲釋而公道行漢書蕭望之傳庶事理公道立後漢書楊震傳論先公道而後身名傳子通志篇有公心必有公道有公道必有公制許渾詩公道世間唯白髮李咸用詩聖朝公道易酬身

明見萬里

後漢書竇融傳璽書既至河西咸驚以爲天子明見萬里之外

徹底澄清

北史宋世良傳爲清河太守有老人前謝曰府君非唯善政清亦徹底

不徇顏面

唐書長孫無忌傳帝曰聞所在官司猶自多有顏面劉知幾傳史局深籍禁門所以杜顏面防請謁也元史相威傳世祖諭曰朕知卿不徇顏面

屬託不行

說苑政理篇晏子曰前臣之治東阿也屬託不行貨賂不入漢書尹翁歸傳于定國欲屬託邑子兩人令坐後堂待見定國與囚歸語終日不敢見其邑子

抑强扶弱

後漢書耿純傳爲東陽太守抑强扶弱三國魏志司馬芝爲河南尹抑强扶弱北史陸馥爲相州刺史抑强



扶弱

矯枉過直

越絕書子之復仇臣之討賊至誠感天矯枉過直仲長統昌言論建至清則復入於矯枉過直之檢又後漢書注引孟子矯枉過直鹽鐵論撓枉者過直

坐鎮雅俗

舊唐書裴度傳雖在江左王導謝安坐鎮雅俗而訏謨方略度又過之任昉薦士表王暕坐鎮雅俗宏益已多

權時救急

詩靡人不周箋賙給之權救其急左傳子產作邱賦注子產權時救急

人微權輕

見史記穰苴傳按今俗每云人微言輕疑其訛然東坡文集與歐陽仲純尺牘已有人微言輕之語

掣肘

呂氏春秋審應覽宓子賤治亶父恐魯君之聽說人而令已不得行其術也請吏二人于君俱至亶父令之書子賤從旁時掣搖其肘書之不善則子賤爲之



怒吏患而辭歸報于君君曰宓子以此諫寡人之不肖也

摸稜

唐書蘇味道傳謂人曰決事不欲明白悞則有悔摸稜持兩端可也故世號摸稜手

容情

搜神記載王子珍事有主者容情不爲區斷語宋史選舉志攷官容情任意許臺諫風聞彈奏

方命

尚書方命圮族孟子方命虐民按近人友朋書簡往往輕易用此二字思其本義當悚然汗下也

具文

漢書宣帝紀上計簿具文而已師古注雖有其文而實不副也

牽制

漢書元帝紀贊牽制文義優游不斷師古注爲文義所牽制故不斷決

鉗制

焦氏易林執囚束縛鉗制于吏

糊塗



宋史李端傳或言端爲人糊塗太宗曰端小事糊塗大事不糊塗按朱子語錄以憒憒不曉事曰鶻突其說書曰百姓昭明乃三綱五常皆分曉不鶻突耳鶻突卽糊塗之音轉

風流罪過

北齊書郎基傳基爲潁川太守淸愼無所營求唯頗令寫書潘子羲遺之書曰在官寫書亦是風流罪過

作威福

書洪範臣無有作福作威荀悅漢紀作威福結私交以立彊于世者謂之遊俠劉向封事大將軍秉事用

權五侯驕奢僭盛竝作威福擊斷自恣

以身試法

漢書王尊傳明慎所職毋以身試法後漢書馮勤傳欲以身試法耶將殺身以成仁耶

為法自弊

史記商君傳亡至關下欲舍客舍舍人曰商君之法舍人無驗者坐之商君歎曰為法之弊一至此哉又晉書劉毅有為法自弊之歎

舞文弄法

史記汲黯傳張湯好興事舞文法又貨殖傳吏士舞



文弄法刻章偽書北齊書孝昭帝紀廷尉中丞執法所在繩違按罪不得舞文弄法梁書武帝求讜言詔舞文弄法因事生奸唐書郎餘令傳陳善宏曰舞文弄法吾不及君

不公不法

司馬光與姪帖不可恃賴我勢作不公不法攪擾官方

受贓枉法

史游急就章受賕枉法忿怒仇注云受人財者枉曲正法忿怒負直反以為仇也史記優孟歌又恐受贓

枉法為姦犯大罪唐書李朝隱傳贓唯枉法當死

賄賂公行

春秋胡氏傳賄賂公行上下離析晉書劉聰載記朝廷內外無復綱紀阿諛日進貨賄公行南史陳張貴妃傳閹宦之徒內外交結轉相引進賄賂公行

權柄

左傳襄二十三年既有利權又執民柄將何懼焉六韜守土篇借人國柄則失其權莊子天運篇親權者不能與人柄漢書劉向傳大臣操權柄持國政未有不為害者也



功令

史記儒林傳余讀功令至廣厲學官之路未嘗不廢書而歎也注云謂學者課功著之于令也按近人用此每若云公家之令非

令甲

戴埴鼠璞令甲令乙令丙乃篇次也漢宣帝詔令甲死者不可復生江充傳注令乙騎乘車馬行馳道中沒入車馬章帝詔令丙箠長短有數當時各有篇次在甲言甲在乙言乙在丙言丙今例以法律為令甲非也按史記年表令甲稱其忠張釋之傳乙令蹕先

至而犯者罰金四兩亦著甲乙之别如淳漢書注曰令有先後故曰令甲令乙令丙若今之第一第二第三篇說更較戴氏詳晰宋史楊時傳云凡元祐之政事著在令甲則已犯例稱之議矣

治下

白虎通伏羲定人道以治下治下伏而化之故謂之伏羲也治下始見此漢書嚴延年敏捷于事吏盡節者皆親鄉之以是治下無隱情

兩造

書呂刑兩造具備孔傳兩謂囚證造至也周禮大司



寇以兩造禁民訟

六曹

文獻通攷政和初改各州推判參軍爲士戶儀兵刑工六曹掾按此乃今經歷照磨之屬非書胥也其士儀二曹吏與今吏禮房稱號不同羣碎錄輒謂州縣吏戶禮兵刑工六曹宋徽宗設未是也

書手

輟耕錄世稱鄉胥爲書手報應記宋衍應明經舉元和初至河陰縣因疾病廢業爲鹽院書手蓋唐已有有此名

快手

宋書王鎮惡傳西將及能細直吏快手有二千餘人又建平王景素傳左右勇士數十人並荆楚快手黃日傳募江西楚人得快射手八百南史亦作快手日知錄快手之名起此

門子

周禮正室謂之門子注云將代父當門者蓋適子之稱與後世官府侍僮絕異韓非子亡徵篇羣臣爲學門子好辯可亡也注云門子門下之人也此稍與侍僮類至舊唐書李德裕傳吐蕃潛將婦人嫁與此州



門子道山清話都下有賣藥翁自言少時嘗爲尙書省門子則竟屬今所謂門子矣

里長

隋書高祖從蘇威議以百家爲里置里長一人又裴蘊傳親閱戶口一人不實則官司解職鄉正里長皆遠地流配按墨子尙同篇里長順天子政而一同其里之義里長既同其里之義率其里之民以尙同乎鄉長里長之名早見于此晉書職官志縣率百戶置里吏一人其土廣人稀聽隨宜置里吏與長稱號小殊而制則一然則里長非隋高所創或廢久而時

乃重置耳

戸頭

後漢書章帝紀加賜河南女子百戸牛酒注曰此言是戸頭之妻不得更稱爲戸蓋謂女戸頭也

人夫

北史魏獻文六王傳趙郡王謐召近州人夫搜掩城人楚掠備至

公文

三國志趙儼傳公文下郡綿絹悉以還民北史蘇綽傳所行公文綽皆爲之條式



文書

周禮小宰府掌官契以治藏史掌官書以贊治注云治藏藏文書及器物贊治若今起文書草也漢書刑法志文書盈几閣典者不能徧睹中論譴交篇文書委于官曹繫囚積于囹圄世說政事門何驃騎看文書謂王劉曰我不看此卿等何以得存

移

漢書公孫宏傳移病免歸註曰移書言病也後漢書光武紀致僚屬作文移注引東觀漢記文書移與屬縣也文心雕龍劉歆之移太常文移之首也按凡官曹不相臨敬者其文書則謂之移

關

文心雕龍關者閉也出入由門關閉當審庶務在政通塞宜詳韓非云孫亶回聖相也而關于州郡蓋謂此也宋書禮志載文移格式云某曹關某事云云被令儀宜如是請爲牋如左謹關按被令猶今云奉此據此儀宜如是猶今云合行

邸報

宋史曹輔傳政和後帝多微行始民間猶未及知及蔡京謝表有輕車小輦七賜臨幸語自是邸報聞四



方按邸報字見史始此而孫樵集有讀開元雜報一篇又唐詩話韓翃家居一日有人叩門賀曰邸報制誥闕人中書進君名已除駕部郎中知制誥矣則唐時已有邸報

告示

荀子榮辱篇仁者好告示人後漢書隗囂傳騰書隴蜀告示禍福

辭訟

漢書薛宣傳辭訟例不滿萬錢不爲移書魏志杜畿傳民嘗辭訟有相告者畿親見爲陳大義令歸諦思

之自是少有辭訟

健訟

容齋四筆易訟卦險而健訟以健字爲句絶乃及于訟蒙師點句輒混訟字于上遂以健訟相連此二字尙爲有說例以他卦若止蒙動豫之類將如之何凡頑民好訟者但曰嚚訟終訟可也

打官司

元人抱粧盒曲有此三字

罪過

史記秦二世紀大臣及諸公子以罪過連逮少近三



郎官無得立者後漢書班超傳塞外吏士本非孝子順孫皆以罪過徙補邊屯按罪過字以大小別不以公私别後人例以公犯爲罪私居違礙則兼稱罪過其言自六朝然矣北史長孫晟傳晟見牙中草穢責令染干除之染干曰是奴罪過又由吾道榮傳晋陽人謂道榮曰我本恒岳仙人有少罪過爲天官所謫

詿誤

史記陳豨傳趙代吏人爲豨所詿誤劫畧者皆赦之後漢書寇恂傳陛下遠踰險阻故狂狡乘間相詿誤耳易林履之革譌言妄語轉爲詿誤

發覺

漢書高帝紀八年秋八月吏有罪未發覺者赦之淮南子氾論訓縣有賊大搜俠者之廬事果發覺夜驚而走後漢書梁松傳數爲私書請託郡縣發覺免官論衡幸偶篇或奸盜大辟而不知或罰贖小罪而發覺

准

周必大二老堂雜志勑牒準字去十爲准或謂本朝因寇準爲相而改之又云曾公亮蔡京父皆名準而避其實不然予見唐誥已作准又收五代堂判亦然



頤在樞密院令吏輩用準字既而作相又令三省如此寫至今遂定按所云則宋孝宗時已復用原文矣而今仍紛紛作准蓋趨便之習一成難變即一字之細有然

審問

書呂刑其審克之詩魯頌淑問如皋陶爲此二字之源

處分

古焦仲卿妻詩處分適兄意那得自任專南史沈僧昭傳國家有邊事須還處分北史宋欽道傳夢見前

妻言被處分爲高崇妻唐邕傳邕手作文書曰且處分耳又聽受按分當音問今讀平聲者誤白居易詩處分貧家殘活計劉禹錫詩停杯處分不須吹可證

坐罪

說苑奉使篇荆王與晏子語有縛一人過王而行王曰何坐曰坐盜按此卽秦漢所云坐罪之坐

抵罪

史記趙世家齊之事王宜爲上佼而今乃抵罪韓非內儲說君殺老儒是將以濟陽君抵罪于齊矣

開釋



書多方開釋無辜亦克用勸

申冤

易林比戸爲患無所申冤舊唐書徐有功傳三司受理理匭申冤

招搖

史記孔子世家衛靈公與夫人同車使孔子爲次乘招搖市而過之

誘人犯法

刑律詐僞科目有詐教誘人犯法

武斷鄉曲

史記平準書兼并豪黨之徒以武斷于鄉曲

通俗編二十四卷終

通俗編卷二十五

仁和翟顥撰　綿州李調元校

## 大比

周禮小司徒三年則大比受邦國之比要又鄉大夫三年則大比攷其德行道藝而興賢能遂大夫三年大比帥其吏而興甿按今爲士者所云大比古鄉大夫之大比也考之爲言亦始于此

## 三場

宋史選舉志寶元中李淑言唐太和以後試進士以詩賦爲第一場論第二場策第三場帖經第四場陛下欲得取士之實願約舊制先策次論次詩賦次帖經而勑有司併試四場通較工拙毋以一場爲去留詔議施行焉神宗罷詩賦帖經仍試四場初大經次兼經次論次策元祐四年分經義詩賦爲兩科竝四場通定高下建炎二年定以三場取士第一場詩賦經義各試所習二場竝論三場竝策紹興十三年從高閌請參合三場以經義爲首詩賦次之論策又次之明史選舉志初設科舉時初場試經義二道四書義一道二場論一道三場策一道中式後十日復以騎射書算律五事試之後頒科舉定式如今制按唐



進士初止試策調露中始試帖經經通試雜文卽詩賦也又通乃試策惟三場其有四場則自文宗時起宋乾德初約周顯德之制定諸州貢舉式亦惟言初場二場三場而未有四場蓋三場非南宋創也

## 十六房

文獻通攷紹定二年以士子多悖經旨始飭攷官各房分經勘校陸深科場條貫洪武十七年頒行科舉成式會試同攷八人景泰五年增二人天順四年又增二人成化十七年又增二人正德六年增三人共爲十七人日知錄嘉靖末年詩五房易書各四房春秋禮記各二房猶止十七房萬歷庚辰以易卷多添一房減書一房至丙戌仍復書爲四房乃爲十八房按國初因其制乾隆十五年始定爲十六房宋史選舉志寶祐二年御史陳大方言凡覆試令日輪臺諫官一員簾外監試又咸淳九年以臣僚言罷簾外點檢雷同官按監試等不預攷校謂之簾外則凡預攷校官時亦當謂之簾內今稱內簾外簾蓋承之也唐王建宮詞天子下簾親考試宮人手裡過茶湯摭言云劉虛白于簾前獻裴垍詩攷試用簾不特見于宋矣

彌封

老學菴筆記本朝進士初如唐制兼採時望眞廟時周安惠公請建糊名法一切以程文爲去留日知錄唐初吏部試選人皆糊名令學士攷判武后以爲非委任之方罷之此則用之選人而未嘗用之貢舉宋史宋白傳陳彭年憾焉後居近侍爲貢舉條制多所關防蓋爲自設也後范仲淹蘇頌並議罷彌封法使有司先攷其素行以漸復兩漢選舉之舊卒未能復按糊名卽今云彌封也宋選舉志謂淳化三年先嘗行之景德時定攷校式編排官第以字號付封彌官



用御書院印封彌景祐時詔開別頭試封彌謄錄如禮部賈昌朝言有封彌謄錄法則公卷可罷皆云封彌今以二字上下轉易不知何故

謄錄

能改齋漫錄仁宗時有糊名攷校之律雖號至公然未絕其弊其後袁州人李夷賓上言請別加謄錄因著爲令而後識字畫之弊絕宋史選舉志謄錄院始置于祥符八年令封印官封卷付之集書吏錄本

編號

事文類聚謄錄編排皆始于景德祥符間宋史編排官去其卷首鄉貫狀別以字號第之按名臣奏議司馬光論圙毬兩號所對策辭理俱高吳任臣字彙補云此宋時取士編號之字也又蘆浦筆記趙清獻充御試官詳定䡾繷䑱䑽虭五號等卷皆補之鷄肋集䔢字號卷余擢爲開封第三蓋時編號之法以卷多慮致複重隨配邊旁以廣其文故于字書多不經見

南北卷

楊士奇三朝聖諭錄上言科舉之弊士奇對曰科舉當兼取南北士試卷例緘姓名請今後于外書南北二字如一科取百人南取六十北取四十則人才皆



入轂矣上曰往年緣北士無進用者故怠惰成風汝言良是命與禮部議奏行之科場條貫楊士奇議會試分南北卷北四南六旣而以百乘除各退五爲中卷成化二十二年又各退二卷以益中數

遺才

宋史選舉志端拱初禮部試已帝慮有遺才取不中格者再試之于是由再試得官者數百人按今惟學使送赴舉生員猶試遺才

覆試

新唐書選舉志高祖詔諸州明經秀才俊士進士爲

鄉里稱者縣官考試州長重覆歲隨方物八貢舊唐書王起傳貢舉猥濫勢門子弟交相酬酢寒門俊造十棄六七及元稹李紳在翰林深怒其事故有覆試之科通雅漢左雄議舉士先試之公府又覆之端門張成除此科黃瓊言覆試之作將以覆實虛濫不宜改革則漢已有此事宋乾德六年詔舉人有父兄食祿者覆試紹興以後省之按今惟童生初入學及府縣錄送童生猶有覆試

殿試

漢書鼂錯傳有司舉賢良文學士錯在選中上親策



詔之按詔有有司各帥其志選有人數及登大夫于朝親諭朕志等語蓋時所同舉皆獲登于殿庭與董仲舒傳只策首選不同後世殿試之制蓋昉于此矣晉書阮种傳或言對策者因緣假託乃更延羣士廷以問之郤詵傳載其對策亦有進之于廷之語或謂殿試始唐武后非也

及第出身

宋史選舉志景德四年定親試進士條例放第之制凡五等一二等曰及第三等曰出身四等五等曰同出身事文類聚進士分甲并賜同進士出身自興國八年王世則榜始

傳臚

史記叔孫通傳羣臣朝儀既定大行設九賓臚句傳雲谷雜記臚句傳者卽傳臚也句字乃衍文故注史文但云傳從上下爲臚而已蘇林注漢書乃析臚句爲二事云上告下爲臚下告上爲句不知何據而云鄭康成注儀禮謂臚爲衆蓋衆相遞傳莊子有大儒臚傳之語最爲可證

立旗竿

王世貞觚不觚錄諸生中鄉薦與舉子中會試者郡



縣則必送捷報以紅綾爲旗金書立竿以揚之若狀元及第則以黃紵絲金書狀元以揚之按此特明代故事前此惟狀元建旗詳文信國集

公車

周禮巾車掌公車之政令注公猶官也漢官儀公車掌殿司馬門天下上事及徵召皆總領之漢書東方朔傳待詔公車音義云公車署名也公車所在故以名焉按今會試者稱赴公車蓋貢舉亦徵召之亞遠省舉子許乘驛卽與公車類也

科場條目

宋史王旦傳翰林學士陳彭年呈政府科場條目旦投之地曰內翰得官幾日乃欲隔截天下進士按今監試者與吏士約法猶謂之科場條例

## 試錄

葉石林燕語試院官舊不爲小錄崇甯初霍端友榜安樞密知舉始刻爲之自後遂爲故事黃佐翰林記洪武甲子鄉試乙丑會試初爲小錄惟刻董事之官試士之題及中選者之名第籍貫經書而已未錄士子之文爲程式也次科戊辰始錄程文自是以爲定式按唐會要大中十年禮部侍郎鄭顥進諸家科目



十二卷勅自今以後放榜訖寫及第人姓名付所司編次則宋以前非不爲此錄特其名目殊耳李詡戒菴漫筆云今試錄唐稱進士登科記宋稱進士小錄

## 龍虎榜

唐書歐陽詹傳與韓愈李觀李絳崔羣王涯馮宿聯第皆天下選時稱龍虎榜

## 榜花

南部新書唐禮部放榜歲取二三人姓氏稀僻者謂之色目人又曰榜花

## 關節

舊唐書穆宗詔訪聞近日浮薄之徒扇爲朋黨謂之關節干擾主司每歲策名無不先定能改齋漫錄段文昌言于唐文宗曰今歲禮部殊不公所取進士皆以關節得之宋史包拯傳關節不到有閻羅包老按漢書佞幸傳籍閎與上臥起公卿皆因關說師古曰言由之納說如行者之有關津關節者關說之節目也

## 懷挾

文獻通攷長興四年禮部貢院奏立條件曰懷挾書策舊例禁止請自今後入省門搜得文書者不論多



少准例扶出殿將來兩舉按燕翼貽謀錄謂懷挾之禁始嚴于宋景德二年未知孰是其懷挾二字見戰國策鼎者非效醯壺醬甀可懷挾提挈以至齊者

## 傳遞

宋史選舉志嘉定十五年何澹言舉人之弊有曰傳義曰換卷曰易號寶慶二年朱端常乞差有風力者爲監門官入試日一切不許傳遞門禁旣嚴再立賞格許告捉傳題傳稿之人則其弊自淸矣

## 座主

舊唐書令狐峘傳張籍寄白使君詩有登第早年同

座主句李肇國史補進士稱有司曰座主觚不觚錄嘉靖以前門生稱座主不過曰先生而已至分宜當國始稱老翁其厚者稱夫子此後俱相承曰老師

門生

唐書楊嗣復傳嗣復領貢舉父於陵自雒入朝乃率門生出迎又令狐峘傳田敦峘門生也白居易詩何須身自得將相是門生裴皡詩三主禮闈年八十門生門下見門生王仁裕示諸門生詩三百一十四門生春風初長羽毛成按門生本猶門人後漢書賈逵傳皆拜逵所造弟子及門生為千乘國王郎歐陽修



孔宙碑陰題名跋漢世公卿多自教授其親受業者為弟子轉相授者為門生是也而古亦有稱同門生為門生者晉書王獻之年數歲觀門生樗蒲諷之是也有依附聲勢為門生者宋書徐湛之門生千餘人皆三吳富人之子每出入行遊塗巷盈滿是也其知貢舉稱新進士為門生葢惟起于唐之中葉後唐長興元年中書門下奏門生者門弟子也大朝所命春官不曾教誨舉子是國家貢士非宗伯門徒今後及第人不得呼春官為恩門師門及自稱門生

同年

國史補進士俱捷謂之同年劉禹錫送人赴舉詩序今人以偕升名為同年友其語熟見搢紳者皆道焉唐書憲宗問李絳曰人于同年固有情乎對曰同年乃九州四海之人偶同科第或登科然後相識情于何有李遠陪新及第赴會詩滿座皆仙侶同年別有情杜荀鶴試後別人詩同年多是長安客不信行人欲斷腸按後漢書李固傳有同歲生得罪于冀同歲郎同年也三國魏武紀與韓遂父同歲孝廉亦然

先輩

詩采薇箋今薇生矣先輩可以行也二字初見自此



三國志陶謙傳注郡守張磐同郡先輩與謙父友而謙不為之屈闞澤傳州里先輩唐固亦修身積學隋書經籍志班固為蘭臺令史與諸先輩共成光武本紀舊唐書孔穎達傳穎達年少先輩宿儒耻為之屈按以上皆謂行輩在先者也國史補云進士互相推敬謂之先輩則以其稱施之同輩而當時新第者且不特同第互推然也北夢瑣言王凝知貢舉司空圖第四人登第王謂人曰今年榜帖全為司空先輩一人而已澠水燕談蘇德讓第一人登第還鄉太守作致語慶之曰昔年隨侍嘗為宰相郎君今日登科又

是狀元先輩韋莊有下第獻新先輩詩彭應求有賀新先輩及第詩自主司郡尊及同試下第者俱以先輩稱之蓋時云先輩直如今之泛稱某先生矣

後輩

通典魏立太學弟子滿二歲試通二經者補文學掌故不通者聽從後輩試遞是試通三經四經五經不通者俱從後輩復試程大昌演繁露唐世舉人呼已第者爲先輩由此也舊唐書劉禹錫傳王叔文于東宮用事後輩務進多附麗之全唐詩話使前賢失步後輩卻立杜甫詩詞華傾後輩風雅藹孤騫按此皆指言之耳未嘗有以爲稱謂者今翰林向前科翰林



自稱後輩御史銓部中書皆效之

先達

晉書虞喜傳喜邑人賀循爲司空先達貴顯又早達見宋書王僧綽傳年二十九爲侍中自嫌早達

英雄入彀中

摭言文帝幸端門見新進士綴行而出喜曰天下英雄入吾彀中矣

謬種流傳

宋史選舉志理宗朝有司命題苟簡或執偏見臆說或發策用事訛舛所取之士既不精數年之後復使之主文是非顛倒逾甚時謂之謬種流傳

一榜盡賜及第

邵氏聞見錄張齊賢赴廷試帝欲其居上甲有司置于丙科帝降旨一榜盡除京官通判

龍頭屬老成

遯齋閒覽梁顥及第謝恩詩也知年少登科好爭奈龍頭屬老成

一舉登科日

相傳是宋汪洙詩琵琶曲假饒一舉登科日難道是



雙親未老時只恐錦衣歸故里雙親的不見兒又云如今端的是男兒行看錦衣歸故里皆用此詩

文章自古憑據惟願朱衣暗點頭

侯鯖錄歐陽公知貢舉常覺座後有一朱衣人點頭者然後其文入格因語同列三嘆嘗有句云云柳子文同文唱和詩徒勞爭罣榜須信有朱衣自注朱衣史事見登科前定錄

一色杏花紅十里新郎君去馬如飛

蘇子瞻送張師厚赴殿試詩今作狀元歸去馬如飛誤

十年窗下無人問一舉成名天下知

歸潛志昔語云云今進士不得入仕則一舉成名天下知十年窗下無人問

一舉首登龍虎榜十年身到鳳凰池

張唐卿登科題寺壁詩見夢溪筆談或言劉昌言上呂蒙正

狀元

摭言放榜後狀元以下到主司宅門下馬又狀元以下與主司對拜拜訖狀元出行致詞按狀元之稱自唐有之矣而放榜後未經廷試即稱狀元則是今所



謂會元耳又其時不獨第一人曰狀元鄭谷登第後宿平康里詩好是五更殘酒醒耳邊聞喚狀元聲攷谷登趙昌翰榜係第八名宋周必大文稿有回姚狀元頴啓回第二人葉狀元適啓回第三人李狀元寅仲啓似凡新進士俱得稱狀元也

榜眼

雲麓漫鈔世目狀元第二人爲榜眼王禹偁送朱嚴詩有榜眼科名釋褐初句蓋榜眼之名起于宋初也二老堂雜志高宗中興以來十放進士其榜眼官職往往過于狀元

探花

天中記唐進士杏園初會謂之探花宴以少俊二人爲探花使遍遊名園若他人先折得名花則二人被罰蔡寬夫詩話故事進士朝集擇中最年少者爲探花郎熙甯中始罷之按此則唐之探花非今所謂探花而其名未始不相因也雲麓漫鈔云世目第三人爲探花郎漫鈔作在紹興時蓋自罷擇年少之後遂以其名歸諸第三人矣明史選舉志殿試第一甲狀元榜眼探花之名制所定也而士大夫又通以鄉試第一爲解元會試第一爲會元二三甲第一爲傳臚



三元

文海披沙宋三元人知有王曾馮京宋庠而不知有楊寘孫何明三元人知有商輅而不知有黃觀楊用修云蜀士在宋時三元三人陳堯叟楊寘何渙也觀此則宋又不止五人矣然陳與何三元事竝未見稱于世按宋未嘗有三元之號謂王曾等三元者明人追稱之耳唐崔元翰京兆解頭禮部狀頭宏辭及制科三等勅頭咸首捷武翊黃亦府選爲解頭及第爲狀頭宏辭爲勅頭時謂武氏三頭章孝標贈翊黃詩花錦文章開四面天人科第占三頭又張又新時亦

號三頭三頭者猶明人云三元也

庶吉士

見書立政篇明史選舉志洪武八年廷試擢一甲進士丁顯等爲翰林院修撰二甲馬京等爲編修吳文等爲檢討進士之入翰林自此始又使進士觀政于諸司其在翰林承勅監等衙門者曰庶吉士進士之爲庶吉士亦自此始也

侍衛

史記弟子傳注王肅曰子路爲孔子侍衛故人不敢有惡言侍衛二字見此



進士舉人貢生

進士見禮記王制舉人貢生連見于後漢書章帝紀每尋前代舉人貢士或起畎畝不繫閥閱是也進士出身入詩則始于唐徐凝苔施先輩曰料得仙宫列仙籍如君進士出身稀舉人入詩則白居易有乞錢羈客面落第舉人心歲貢入詩則孟浩然有孝廉因歲貢懷橘向秦川

武舉

唐書選舉志武舉起武后時長安二年

監生生員

此下原缺一頁



卷二十五終